新世纪高等学校教材

社会心理学系列教材

# 社会心理学研究方法

SHEHUI XINLIXUE YANJIU FANGFA

郑全全 赵 立 谢 天 编 著

北京师范大学出版集团
BEIJING NORMAL UNIVERSITY PUBLISHING GROUP
北京师范大学出版社

**图书在版编目(CIP) 数据**

社会心理学研究方法／郑全全，赵立，谢天编著.—北京：北京师范大学出版社，2010.2
 ISBN 978-7-303-10641-7

 Ⅰ．①社… Ⅱ．①郑…②赵…③谢… Ⅲ．①社会心理学－研究方法 Ⅳ．① C912.6

中国版本图书馆 CIP 数据核字(2009)第 198707 号

| 营销中心电话 | 010-58802181 58808006 |
| --- | --- |
| 北师大出版社高等教育分社网 | http://gaojiao.bnup.com.cn |
| 电子信箱 | beishida168@126.com |

出版发行：北京师范大学出版社 www.bnup.com.cn
北京新街口外大街 19 号
邮政编码：100875

| 印　　刷： | 北京联兴盛业印刷股份有限公司 |
| --- | --- |
| 经　　销： | 全国新华书店 |
| 开　　本： | 170 mm × 230 mm |
| 印　　张： | 30.75 |
| 字　　数： | 500 千字 |
| 版　　次： | 2010 年 2 月第 2 版 |
| 印　　次： | 2010 年 2 月第 1 次印刷 |
| 定　　价： | 49.80 元 |

| 策划编辑：周雪梅 | 责任编辑：齐 琳 周雪梅 |
| --- | --- |
| 美术编辑：高 霞 | 装帧设计：高 霞 |
| 责任校对：李 菌 | 责任印制：李 丽 |

**版权所有 侵权必究**

反盗版、侵权举报电话：010-58800697
北京读者服务部电话：010-58808104
外埠邮购电话：010-58808083
本书如有印装质量问题，请与印制管理部联系调换。
印制管理部电话：010-58800825

社会心理学研究人们极其广泛的社会行为，从个体的社会知觉和判断、对社会现象的认知和情感，到个体间的交互作用和亲密关系；从群体内的人际关系、群体间的合作与竞争，到社会规范的形成和演化；从大规模的社会冲突到跨文化的社会心理比较；等等。为了获得知识、寻求真理，社会心理学工作者秉承实证主义的方法论，从实践到理论，再从理论到实践，不断往复，从而在理论与实际间建立起强有力的联系，使社会心理学的大厦牢牢地建立在实证材料的基础之上。

社会心理学研究的现象如此广泛而多样，促使社会心理学工作者借鉴、探索、发展和使用了多种多样的研究方法，以便获得真实和可靠的实证材料。从调查到模拟，从实验室实验到日常事件记录，从反应时和生理测量到大声思维的原始记录，从因特网和计算机的在线实验到纸笔法的自我报告，社会心理学工作者所运用的研究设计和研究程序之多样、分析策略之精细、测量方法之创新，实在令人目不暇接。然而，在我国还很少有较为全面和综合的有关社会心理学研究方法的书籍。

有一本良好的社会心理学研究方法教科书，其重要性自不待言。我们看到许多社会心理学初涉者有着从事该领域研究的满腔热情和献身精神，但面对活生生的社会心理现象和问题，却不知道从何处入手，感到困惑和焦虑。我们还看到，在社会心理学课程中，虽然教师会给学生讲解一些研究方法，但限于课时和教师个人的经验，所讲解的方法各有所偏，学生难以接触到各种方法的全貌。因此，能够编写一本全面和综合的教科书是我们的心愿。

然而，写一本良好的方法教科书是很难的，除需要一定的专业知识之外，更主要的是，研究方法不是固定不变的。随着旧理论的扩展，新理论的构建，研究的深入和新问题的提出，研究方法也要不断更新，不断发展，与时俱进。就像我们看到的，随着科研文献和研究成果的急剧增加，研究者需要探索前所未有的社会心理学现象及其中介因素和调节因素。例如，在 20 世纪 60 年代，很少有研究者探讨过调节变量问题。认知过程的计算机化测验的诞生，有了对生理过程进行精确测量的工具，以及创建了估计中间变量的结构方程模型，使得对诸如调节变量的探讨成为一种目前常见的研究取向。并且，人们还开发出新的技术，提供了前几代社会心理学工作者想象不到的研究方法的新方向，我们在撰写本书时深切体会到捕捉方法上和研究技术上的创新的重要性及其难度，因此只能尽力为之。

研究方法涵盖之广，绝不可能由一位作者独立完成，须多人通力合作，本书就是集体智慧的结晶。全书共 20 章，大体上分为三部分，或者称为三编。第一编 1～5 章，是有关研究设计的；第二编 6～13 章，是有关研究程序的；第三编 14～20 章，是有关数据分析和处理方法的。各章的具体作者是：第 1 章，郑全全；第 2 章，郑全全；第 3 章，叶映华；第 4 章，谢天；第 5 章，赵立；第 6 章，王颜芳；第 7 章，耿晓伟；第 8 章，李文静；第 9 章，叶映华；第 10 章，温姃；第 11 章，张敏；第 12 章，毛良斌；第 13 章，钱白云；第 14 章，王国猛；第 15 章，谢天；第 16 章，周厚余、谢天；第 17 章，韦庆旺；第 18 章，胡琳丽；第 19 章，张晗；第 20 章，苏倩倩。

本书在撰写过程中，参阅了大量的国内外文献资料，在此，谨向多年以来从事社会心理学和研究方法的专家学者表示敬意和衷心的感谢。然而，限于作者的知识和研究经验，书中内容恐有若干错误和不当之处，敬请读者指教，以便修正。当然，文责由作者自负。

最后，我们要特别感谢北京师范大学出版社的周雪梅，齐琳女士，没有她们的鼓励、敦促、严格要求和辛勤劳动，本书是难以付梓的。

作　者
2009 年 3 月于浙江大学西溪

# 目录

## 第一编　研究设计

**第一章　科学理论与科学方法** ……………………（3）

　第一节　科学理论与科学方法 …………………（3）

　　一、科学 ………………………………………（3）

　　二、科学理论 …………………………………（6）

　　三、科学方法 …………………………………（9）

　第二节　研究的目的、问题与假设 ……………（10）

　　一、研究的目的 ………………………………（10）

　　二、研究的问题 ………………………………（12）

　　三、研究的假设 ………………………………（15）

　第三节　研究类型和研究过程 …………………（19）

　　一、研究类型 …………………………………（19）

　　二、研究过程 …………………………………（22）

**第二章　研究设计与效度** …………………………（28）

　第一节　效度概述 ………………………………（28）

　　一、什么是效度 ………………………………（28）

　　二、效度的分类 ………………………………（29）

　第二节　研究设计与内部效度 …………………（31）

　　一、内部效度中的变量 ………………………（31）

　　二、排除对内部效度的威胁 …………………（34）

　第三节　研究设计与构思效度 …………………（36）

　　一、构思效度与内部效度的区别 ……………（36）

二、从构念到操作的往复 ………………………… (37)

三、排除构思效度中的混淆因素 ………………… (40)

第四节　研究设计与外部效度 ……………………… (43)

一、减少对外部效度的威胁 ……………………… (43)

二、外部效度的表现形式 ………………………… (45)

三、内部效度、构思效度与外部效度的相对重要性

……………………………………………………… (48)

第三章　实验设计 ……………………………………… (50)

第一节　实验设计概述 ……………………………… (50)

一、研究设计简介 ………………………………… (50)

二、实验设计的步骤 ……………………………… (51)

三、实验设计的类型及选择 ……………………… (52)

第二节　自变量的设计 ……………………………… (55)

一、自变量类型——固定或随机因素 …………… (55)

二、单自变量设计 ………………………………… (58)

三、多自变量设计 ………………………………… (59)

四、多因素设计应关注的其他问题 ……………… (66)

第三节　因变量的测量 ……………………………… (68)

一、前测 …………………………………………… (68)

二、选择因变量测量的项目 ……………………… (69)

三、特殊的"因变量"——中介变量的设计 ……… (70)

四、影响因变量测量的混淆因素 ………………… (71)

第四章　因果关系推断及其概化 …………………… (74)

第一节　因果关系的一般概念与鲁宾因果模型 … (74)

一、因果关系的一般概念 ………………………… (74)

二、鲁宾因果模型 ………………………………… (75)

三、实例 …………………………………………… (78)

第二节　统计检验力分析的意义及应用 ………… (81)

一、统计检验力概述 ……………………………… (81)

二、统计检验力分析的应用 ……………………… (83)

第三节　现场实验的因果推断与因果关系概化 … (87)

一、影响因果推断的因素与解决办法 …………… (87)

二、因果推断的概化 ……………………………… (92)

第五章　计算机模拟法 ……………………………… (95)

第一节　模拟法概述 ………………………………… (95)

社
会
心
理
学
研
究
方
法

2

一、模拟法 ……………………………………（95）

二、计算机模拟法 …………………………………（98）

三、计算机模型的分类 ……………………………（101）

第二节 计算机模拟法的应用——伴侣选择模拟 ………

………………………………………………………（101）

一、匹配假设 ………………………………（101）

二、"伴侣选择"的计算机模拟 ……………（102）

三、模型的检验和修正 ……………………（107）

第三节 计算机模拟的检验与评估 …………（109）

一、计算机模拟的检验 ……………………（109）

二、计算机模拟的评估 ……………………（112）

第四节 计算机模拟法的价值 ………………（116）

一、表达的清晰性 …………………………（116）

二、预测力和推断力 ………………………（116）

三、促进理论间的联系与整合 ……………（116）

四、促进动态过程的测量 …………………（117）

五、创造性 …………………………………（117）

六、可检验性 ………………………………（118）

七、心理的一致性 …………………………（118）

# 第二编 研究程序

第六章 行为观察法 …………………………（123）

第一节 观察法概述 …………………………（123）

一、什么是观察法 …………………………（123）

二、观察法的分类 …………………………（124）

三、观察法的实施程序 ……………………（125）

四、对观察法的评价 ………………………（126）

第二节 行为观察的编码方案 ………………（127）

一、行为观察法的定义 ……………………（127）

二、编制行为编码方案 ……………………（127）

第三节 行为编码的过程 ……………………（130）

一、录像资料的转录 ………………………（130）

二、编码者的培训 …………………………（131）

三、对观察资料的编码 ……………………（133）

第四节 编码者信度的评价 …………………（135）

一、编码者一致性 ……………………………… (135)

二、编码者一致性系数的计算 ………………… (135)

三、组内相关系数 ……………………………… (138)

第五节　行为观察数据的统计分析 ……………… (139)

一、数据修正 …………………………………… (139)

二、简单统计量：频次、比率、持续时间等 … (140)

三、条件统计量：关联的度量 ………………… (140)

第七章　小群体研究方法 …………………………… (144)

第一节　小群体研究概述 ………………………… (144)

一、相关定义 …………………………………… (144)

二、研究群体现象的意义 ……………………… (146)

第二节　小群体研究方法 ………………………… (147)

一、现场研究 …………………………………… (147)

二、档案研究 …………………………………… (149)

三、现场实验 …………………………………… (150)

四、实验室实验 ………………………………… (151)

五、群体活动的系统编码 ……………………… (151)

六、群体结构特征的分析方法 ………………… (153)

七、群体研究的新型方法和工具 ……………… (155)

第三节　群体互动的方法 ………………………… (157)

一、群体头脑风暴 ……………………………… (157)

二、焦点群体 …………………………………… (158)

三、质量圈 ……………………………………… (159)

四、具名群体技术 ……………………………… (159)

五、德尔菲法 …………………………………… (160)

第八章　日常经验的研究方法 ……………………… (162)

第一节　日常经验研究概述 ……………………… (162)

一、经验与心理学研究中的经验 ……………… (162)

二、日常经验研究方法 ………………………… (164)

第二节　日常经验研究的设计 …………………… (165)

一、日常经验的取样 …………………………… (165)

二、研究工具的选择 …………………………… (167)

三、几种常见的日常经验研究方法 …………… (169)

第三节　日常经验研究数据的分析 ……………… (171)

一、日常经验研究数据分析的特点 …………… (171)

　　二、使用多层模型对日常经验数据进行分析 … (172)
　第四节　日常经验研究的优劣势及适用范围 …… (176)
　　一、日常经验研究方法的优势 ……………… (176)
　　二、日常经验研究方法的局限 ……………… (177)
　　三、日常经验研究的适用及不适用的范围 … (178)
第九章　调查研究 ……………………………… (180)
　第一节　调查研究概述 ……………………… (180)
　　一、调查研究简介 …………………………… (180)
　　二、调查研究的设计类型 …………………… (182)
　　三、调查研究的优势和局限性 ……………… (188)
　第二节　调查取样和问卷设计 ……………… (190)
　　一、取样 ……………………………………… (190)
　　二、问卷的设计和前测 ……………………… (195)
　　三、调查误差的控制 ………………………… (201)
　第三节　资料收集 …………………………… (205)
　　一、资料收集的方式 ………………………… (206)
　　二、实施访谈 ………………………………… (208)
第十章　启动及自动化加工的心理过程 ……… (211)
　第一节　启动及自动化加工研究的起源与发展 … (211)
　　一、信息和知觉体验 ………………………… (212)
　　二、知觉研究的"新视野"运动 …………… (212)
　第二节　启动技术 …………………………… (213)
　　一、启动技术研究的起源 …………………… (213)
　　二、启动研究技术 …………………………… (215)
　第三节　自动化加工 ………………………… (220)
　　一、自动化加工研究的起源 ………………… (220)
　　二、自动化加工研究 ………………………… (222)
第十一章　访　谈 ……………………………… (231)
　第一节　访谈法概述 ………………………… (231)
　　一、访谈法及其形式 ………………………… (231)
　　二、访谈法的特点 …………………………… (234)
　第二节　访谈的程序与技术 ………………… (236)
　　一、访谈的准备 ……………………………… (236)
　　二、进入访谈 ………………………………… (238)
　　三、访谈过程的控制 ………………………… (239)

　　　　四、结束访谈 ……………………………………………（243）
　　第三节　访谈编码系统的建立 …………………………（243）
　　　　一、编码系统的基础 ………………………………（243）
　　　　二、编码系统的类型 ………………………………（244）
　　　　三、编码系统的修正 ………………………………（247）
　　　　四、编码手册 ………………………………………（248）
　　第四节　访谈编码的信度与效度检验 …………………（248）
　　　　一、信度检验 ………………………………………（248）
　　　　二、效度评估 ………………………………………（250）
　　第五节　编码者和访谈者的培训 ………………………（250）
　　　　一、编码者和访谈者的选择 ………………………（250）
　　　　二、访谈者的培训与管理 …………………………（250）
　　　　三、编码者的培训与管理 …………………………（251）
　　　　四、访谈者与编码者的偏见 ………………………（251）
　　第六节　研究访谈的方法论意义 ………………………（252）
　　　　一、关于访谈本质的认识 …………………………（252）
　　　　二、对访谈资料不同的解读 ………………………（253）
　　　　三、访谈追求的知识类型 …………………………（253）
　　　　四、访谈的研究任务与操作原则 …………………（255）

第十二章　内容分析 ……………………………………（259）
　　第一节　内容分析概述 …………………………………（259）
　　　　一、内容分析的历史背景 …………………………（259）
　　　　二、内容分析的含义 ………………………………（260）
　　第二节　内容分析的方法 ………………………………（261）
　　　　一、分析资料的类型及来源 ………………………（261）
　　　　二、获取分析的资料 ………………………………（262）
　　　　三、设计内容分析的编码系统 ……………………（263）
　　　　四、编码系统的选择和确定 ………………………（265）
　　　　五、编码者培训 ……………………………………（267）
　　　　六、计算机辅助的内容分析 ………………………（267）
　　　　七、内容分析的信度与效度 ………………………（268）
　　第三节　内容分析在心理学中的应用及举例 ……（271）
　　　　一、内容分析在心理学中的应用 …………………（271）
　　　　二、内容分析的研究举例 …………………………（272）

第十三章　生理指标在社会心理学研究中的应用 … (279)

第一节　生理学与社会心理学的联系 …………… (279)

一、有关认识论的问题 ……………………… (280)

二、生理指标的本质 ………………………… (281)

三、生理过程简介 …………………………… (283)

第二节　生理指标简介 ……………………………… (286)

一、心血管指标 ……………………………… (287)

二、面肌电图 ………………………………… (290)

三、功能性核磁共振（fMRI） ……………… (292)

四、大脑活动的脑电测量方法 ……………… (296)

五、眨眼反应 ………………………………… (299)

## 第三编　数据分析与处理

第十四章　信度、构思效度和量表结构 …………… (303)

第一节　信度 ………………………………………… (303)

一、信度 ……………………………………… (303)

二、$\alpha$ 系数 …………………………………… (305)

三、经典测验理论的发展 …………………… (310)

第二节　效度 ………………………………………… (314)

一、效度 ……………………………………… (314)

二、构思效度 ………………………………… (315)

第三节　量表结构 …………………………………… (322)

一、测量的心理测量学取向和代表性取向 … (322)

二、考察量表结构的早期方法 ……………… (323)

三、以构建为导向的现代测验结构 ………… (324)

四、量表结构的文化与翻译 ………………… (324)

第十五章　多元回归框架下的数据分析 …………… (328)

第一节　多元回归与模型比较 ……………………… (328)

一、多元回归 ………………………………… (328)

二、模型比较的思想 ………………………… (330)

三、多元回归中的模型比较 ………………… (331)

第二节　多元回归进行被试间设计的数据分析 … (332)

一、$2 \times 2$ 被试间设计 ……………………… (332)

二、$2 \times 3$ 被试间设计 ……………………… (336)

第三节　多元回归分析被试内设计与混合设计的数据

………………………………………… (339)

社会心理学研究方法

SHEHUIXINLIXUEYANJIUFANGFA

8

一、单因素被试内设计 ……………………… （339）

二、混合设计 ……………………………… （343）

第四节 多元回归进行协方差分析与交互作用分析

………………………………… （346）

一、协方差分析 …………………………… （347）

二、交互作用分析 ………………………… （349）

第十六章 参数检验前提条件的检验及异常值的诊断

与处理 ……………………………… （353）

第一节 单组数据正态分布的检验与异常值诊断

………………………………… （353）

一、正态分布的判定 ……………………… （353）

二、异常值的诊断与处理 ………………… （359）

第二节 方差齐性检验与两组数据中异常值诊断

………………………………… （360）

一、正态分布的检验 ……………………… （360）

二、方差齐性检验 ………………………… （362）

三、异常值诊断与处理 …………………… （366）

第三节 线性假设的检验与回归分析中异常值的诊断

………………………………… （366）

一、线性回归假设的重要性与检验方法 …… （366）

二、一元线性回归中异常值的诊断 ……… （368）

三、多元回归中多重共线性的诊断与处理 … （370）

第四节 异常值的处理 ……………………… （372）

一、剔除异常数据 ………………………… （372）

二、非参数统计 …………………………… （372）

三、数据转换 ……………………………… （373）

第十七章 非实验数据的分析 ……………… （375）

第一节 非实验数据分析概述 ……………… （375）

一、非实验研究的情境 …………………… （375）

二、非实验数据分析的目标 ……………… （377）

第二节 因素分析 …………………………… （378）

一、探索性因素分析 ……………………… （378）

二、验证性因素分析 ……………………… （381）

第三节 多维度测量和聚类分析 …………… （386）

一、多维度测量 …………………………… （386）

二、聚类分析 …………………………… (389)
第四节　多元回归和多层线性模型 ……… (390)
一、因果假设的类型 …………………… (390)
二、多元回归 …………………………… (391)
三、多层线性模型 ……………………… (394)
第五节　结构方程模型 …………………… (395)
一、结构方程模型的基本原理 ………… (395)
二、结构方程模型的统计问题 ………… (396)
三、结构方程模型的研究设计问题 …… (399)
第十八章　小群体数据分析 ……………… (401)
第一节　概述 ……………………………… (401)
一、数据的独立性与非独立性 ………… (401)
二、小群体数据的测量水平 …………… (403)
第二节　个体水平的测量分析 …………… (403)
一、非独立性的评估 …………………… (403)
二、自变量的类型 ……………………… (407)
三、显著性检验的偏差 ………………… (410)
四、组间与组内自变量非独立数据的分析 …… (411)
五、混合自变量研究设计分析：
　　行动者—同伴相互依赖模型 ……… (413)
第三节　社会关系模型 …………………… (416)
一、社会关系模型简介 ………………… (416)
二、基本数据结构 ……………………… (416)
三、社会关系模型的分析 ……………… (418)
第十九章　发展和变化过程的建模 ……… (423)
第一节　概述 ……………………………… (424)
一、基本概念 …………………………… (424)
二、个体水平上的发展和变化 ………… (425)
第二节　针对变化和发展的设计 ………… (426)
一、横断研究和纵向研究 ……………… (426)
二、年龄、群体和时间 ………………… (427)
三、数据缺失和样本流失 ……………… (429)
四、纵向研究中观察的数量、时间和时间间隔
　………………………………………… (430)
五、需要注意的其他问题 ……………… (431)

第三节　纵向研究中的测量 ……………………（431）

一、纵向测量中测量的效度 ……………………（431）

二、测量的精度 ………………………………（434）

三、动态潜在变量的测量：LGS 法 …………（435）

第四节　纵向研究的分析方法 ………………（436）

一、纵向研究的几种分析方法 ………………（436）

二、个体发展曲线建模 ………………………（439）

三、潜在变量转变分析 ………………………（444）

第二十章　元分析 ………………………………（448）

第一节　元分析的概念 ………………………（448）

一、元分析方法提出的必要性 ………………（448）

二、元分析的概念 ……………………………（450）

第二节　元分析的实施步骤 …………………（451）

一、确定元分析的目的，设定取样边界 ……（451）

二、检索相关文献 ……………………………（453）

三、对研究特征进行编码 ……………………（455）

四、定量计算 …………………………………（456）

五、结果的敏感性分析 ………………………（461）

六、结果的分析和讨论 ………………………（462）

第三节　元分析的其他方法 …………………（463）

一、罗森塔尔—鲁宾法 ………………………（463）

二、亨特—施米特法 …………………………（464）

第四节　元分析的局限性及应用 ……………（465）

一、元分析的局限性 …………………………（465）

二、元分析的应用 ……………………………（467）

主要参考文献 …………………………………（469）

社会心理学研究方法

SHEHUIXINLIXUEYANJIUFANGFA

10

# 第一编

## 研究设计

# 第一章 科学理论与科学方法

　　社会心理现象多种多样，从知觉他人到推知他人的心理素质，从熟悉某个异性到与之结成秦晋之好，从形成对某人某事的态度到以证据说服他人，从加入某个群体到成为群体领导，从服从到竞争，从帮助到侵犯，从暗示到谣言传播，如此等等。要了解这些现象，就必须寻找其本质，探索其规律，建构其理论，以达到描述、解释、预测和控制的目的。而理论的建立与检验所要依靠的是科学的方法研究。

　　本章介绍什么是科学理论与科学方法，着重讲述如何对社会心理现象进行科学研究。

## 第一节 科学理论与科学方法

### 一、科学

#### (一)什么是科学

　　科学是对各种事实和现象进行观察、分类、归纳、演绎、分析、推理、计算和实验，从而发现规律，并对定量规律予以验证和公式化的知识体系。

　　从这个定义可以看出，科学是人们借助于科学研究的方法而获取的有关某些现象的知识。科学研究是科学知识的来源，是获取科学知识的必经之路。科学研究不是靠凭空想象来进行的。从近代科学发展史看，绝大多数科学家所进行的研究，都或多或少吸收了其他人的科学知识，在现有的科学知识基础之上进行研究，所以我们可以说，科学知识是科学研究的基础。由此可见，科学研究和科学知识是相辅相成的，共同组成了我们所说的科学。

　　从上述定义，我们还可以看出，科学研究并不限于特定的对象或题材。判断一门学科是否是科学的，并不在于其研究的具体内容，而是要看它是否以科学的方法获取了有组织的知识。不管研究对象是什么，只要用的是系统的、实证的研究方法，都是科学的。

要做到科学，至少有以下几点。

第一，实证性。所谓实证（empirical），就是指所收集的证据或数据是客观的，用客观的、无可辩驳的事实、证据或数据来说明自己的观点。这就需要在控制条件下进行观察和实验。尽管纯粹思辨对研究有指导作用，但通过思辨得出而未经实证检验的观点是不为科学家所接受的。

第二，测量。这是前面第一点在逻辑上顺理成章的延伸。要客观地收集数据，要用无可辩驳的事实说话，就必须进行测量。我们看到，物理学，之所以被公认为是最科学的，是因为它的测量十分精确。

第三，系统性。我们前面提到，事实对科学来说是最基本的，但是光有事实，其本身是没有什么用处的，只不过是一堆杂乱无章、毫无意义的数字、图表或事情（件）的展示和罗列。事实必须有其含义，事实必须说明问题。因此，对科学来说重要的就是从事实中获取意义，从事实中寻找规律和原理，从而使我们理解事实和产生新的事实。要做到这一点，就要把事实组织起来，形成逻辑上互相联系的命题体系，这就是科学理论的工作。

第四，可重复性。可重复性的优点是显而易见的。如果我们能一遍又一遍地重复观察到某一现象，那么我们就可以排除任何可能的疑虑，确信所观察到的事实或研究的结果。例如，我们要证明水是由氢和氧构成的，那么只要在氧气中燃烧氢，把所产生的化合物收集起来，证明是水就可以了。任何一个有简单仪器的人都可以一次再一次地重复，虽然时间和地点都不同，但得到的结果却相同。由此我们对获得的科学规律更为确信。这种"核对能力"是科学的一个显著特征。

第五，明确性。这里的明确性包括两点含义。一是定义的明确性。即对于有关事物的概念或变量的定义要明确，意思要简明，不能有歧义。只有这样，才能准确地表述事物的含义，才能与其他人进行沟通。二是操作方式（如实验程序）的明确性。即能让他人准确地了解结果是通过什么样的操作程序得到的，以便他人能重复验证。

第六，科学的目的是增加理解、进行预测和实行控制。有关这一点我们在下文"理论的功能"部分还要提到。正如我们熟知的，绝大多数科学工作都是为了影响我们周围的世界。运用科学的成果来达到这些目标，就这点而论，也是科学的目的。

以上是所谓科学的几个主要特征。当然还有其他特征，譬如科学知识和科学方法是累积的、渐进的等。我们常常可以看到这样的现象，即一讲到科学，人们就以为这是用系统的实证研究方法所获得的"最终知识"，是刊登在学术论文、著作中的固定的东西。其实不然，没有什么终极知识和绝对真理。任何一位科学家都不会说他已经掌握了某一专业领域的全部知识，或已掌握了科学的绝对真理，尽管他是某一专业领域的权威和专家。在任何一门科学中，科学知识都是逐渐积累起来、逐渐进步的，而不是固定、终极的。在科学研究的历史长河中，科学家不断抛弃被证明为错误的旧知识，探索和积累新知识，从而推动科学不断前进、不断发展。科学方法也一样，也是不断积累和不断发展的。科学家不仅继承前人的经典研究方法，而且依靠新的技术手段，不断改进，不断完善，不断创新，为我们提供更多更广泛的知识。

### (二)社会心理学是科学

然而，在日常生活中，如果问人们"什么是科学"，他们很可能回答"物理、化学、数学、医学、生物学、地理学"。但如果我们说社会心理学是门科学，他们也许会感到迷惑不解。探索有关友谊和爱情的性质、侵犯的原因、助人行为的本质、群体领导和成员的关系等诸如此类现象的学科，难道也能像物理学、生物学那样被称作科学吗？其实答案很简单。正如前面所说的，判断一门学科是否是科学的，并不在于其研究的具体内容，而是要看它是否以科学的方法获取了有组织的知识。

那么，社会心理学是科学吗？我们的回答是肯定的。尽管社会心理学家所研究的课题与物理学或生物学等科学十分不同，但所使用的方法和程序在本质上是与它们一致的。正因为如此，我们认为社会心理学是一门科学。

社会心理学的科学性主要体现在两个方面。

一方面，社会心理学要研究个体和群体的社会心理现象的发生、发展和变化的规律。这种规律指的是个体、群体的思想、情感和行为这些社会心理现象以及这些社会心理现象在个体、群体之间稳定的、重复出现的必然联系。譬如，当群体舆论对个人施加压力时所产生的从众行为。实验室研究表明，这种个人顺从于群体共同观念的现象受到了年龄、性别、文化程度以及群体成员人数等因素的制约，并表现出一定的规律性。类似这样的例子，在社会心理学中有许许多多。

可见，社会心理学的价值，并不在于提供社会心理现象的描述，或者零星、片断的知识，而是要提供社会心理发展和变化的基本原理，或由生活经验经过科学分析和验证而获得的科学知识和科学理论。社会心理学也重视社会经验——"社会心理学常识"，但不停留在这些感性经验上，因为经验不是科学，不能以此作为指导，而是要经过科学分析，再通过实验证实，使之系统化、理论化、抽象化。

另一方面，社会心理学的科学性还在于其研究方法。具体而言，社会心理学是一门实证科学，它用数量的分析替代了对现象的思辨的分析，并利用了实验方法。特别是社会心理学实验方法的运用，大大提高了社会心理学的科学水平。不仅如此，社会心理学从普通心理学那里借用了许多研究方法，如观察法、访谈法、测验法以及实验法等。社会心理学还从其他学科诸如社会学、人类学、语言学、统计学及计算机技术中借用了多种研究方法和研究技术，这些方法和技术武装了社会心理学，使之符合作为科学研究的要求和"科学标准"，具有严格的科学性。

## 二、科学理论

研究者在相对控制条件下的观察和实验的基础上，积累了大量的资料。为了使这些资料更为有用，必须以系统方法对其加以组织，以便使我们能理解这些资料的含义和作用，于是就产生了理论。

### (一)理论的定义

什么是理论？不同的科学研究者对理论有不同的理解。例如，有人认为理论是指任何用来代表变量关系的法则。有人认为，理论是对实际事件做出预测的一组陈述。还有人认为，理论是对客观事物的概括与抽象。近年来，多数研究者逐渐形成了有关理论的共识：理论是有关某个现象或一类现象的已知事实组织而成的互相联系的假设或命题。理论是一种逻辑构思模式或互相联系的符号概念模式。

### (二)理论与实践

人们一谈到理论，往往觉得它是非常抽象、思辨的东西，脱离现实，是属于象牙塔、空想世界的。在他们的头脑中，理论与实践是完全分离、相互独立的两个东西，理论属于不切实际的虚幻世界，只有实践才属于真实世界。这是一种误解。著名心理学家勒温(Kurt Lewin)有一句名言，"没有什么比一个好理论更富有实践性了"。今天，这句名言继续为越来越多的学者所接受。它的意思是说，一个"好"理论是一个被充分研究并证实的理论。为了应用，理论必然是与研究紧密结合在一起的，并且具有超越哲学思辨成为行动的基础和依靠的潜能。好理论必然是从实践中产生又能付之于实践的，因为它为某一领域提供了知识，为研究重要问题指明了方向，为实践提供了指导。

当然，理论与实践的关系会依照理论的种类和性质的不同而变得复杂起来。某些理论明显要比其他理论与实践有着更为紧密的联系。例如，社会心理学中有关拥挤的理论，从表面上看，与实践没有什么关系，但慢慢人们就会发现它在设计居民住房、社区规划、城市建设中有其实际用处。然而，另有一些理论，经检验只是部分符合实际，需要加以修改。例如，有关群体决策的理论，原先人们认为群体决策总比个人决策要好，但实践证明并不是这样。此外，还有一些理论没有经受住实践的检验而被人们抛弃。

所以不管是什么种类、什么性质、什么内容的理论，一个好理论的显著特点就是，它具有有效应用于实际的潜能以及应用后被证明是有用的能力。

### (三)理论的功能

我们已经指出，理论在科学中扮演着重要角色。在这里，没必要也不可能列举出理论的所有功能，但我们需要指出理论所能服务的几个主要方面。

1. 组织经验。理论是组织经验的方便方法。科学的目的不在于发现零散的事实，而在于建立理论化的知识体系。在有关事实的资料积累到一定程度后，就要整合有关的研究发现，形成一定的次序和组织框架，这就是初步的理论。有了理论框架，就意味着我们能统合现有知识，以有意义的方式处理知识，使这些知识简约化、系统化、条理化。否则，知识是杂乱的，且多半是无用的。

2. 解释事实。理论的第二个功能是解释事实，使我们能更好地理解客观现象。从科学意义上说，这个功能的实质是根据理论的一组可信的原则推演出事实的真相和它们之间的关系，使我们能超越实际资料，看到其含义和关系，而这在单纯的资料中是无法显现的。一些哲学家指出，把两个或更多个命题结合起来，有可能发现原先并不包含在命题中的真理。例如，人们在日常生活中发现，说服他人，在有些情况下效果较好，在有些情况下效果很差，甚至没有效果。社会心理学家对此进行了长期的探索，发现有许多因素会影响说服的效果，例如，说服者的权威性、论据的充分性，被说服者的情绪和自尊以及在什么场合下说服等。这些研究结果最终促使态度改变理论的形成。据此我们能够判断他人是否容易被我们说服及其原因，而非仅从单个因素上考虑说服性。

3. 预测未来。理论的另一主要目的是预测。预测是指从已有的知识推出尚未观察到的事实和关系，也就是说，根据理论推出有待观察的事实和关系。预测和上文所讲的"解释"，都是根据理论推论事实和关系，但两者还是有区别的。解释是推论已知的事实和关系，而预测是推论未知的事实和关系。当我们进行预测时，我们所依据的理论便要受到考验。但如果预测获得证实，所依据的理论也就得到了进一步的验证。预测功能，也就是曼德勒和凯森（W. Mandler & G. Kessen，1959）提出的理论的期望功能，它指出个体可能期望在特定条件下发生的事件种类，即使那些条件在以前根本没有出现过。这个功能不仅对日常行为有价值，而且在指导研究者的实验方面也有价值。在某种程度上，我们可以说，理论提供了通向"不在现场"的某些东西的桥梁，这就使我们的世界看起来更合理，更有逻辑性和组织性。

在应用领域，与这一功能密切联系的是对未来的影响和管理，即控制。比如经济学，它能较完全地解释商业循环和准确地预测波动，这样我们就能够采取长期的步骤，在一定程度上减少失业。同样，有关群体动力学的知识具有预测群体可能产生的特定结构和过程的能力，这意味着存在这样一种可能性，即重构情境以使群体效能达到最大化。从希望减少失业或增加群体效能的角度上说，科学就成了达到这些目的的一种手段。事实上，绝大多数科学工作都是为了影响我们周围的世界。

4. 指导研究。理论所提供的超越实际资料的真知灼见，可以激发和指导未来的研究。理论引导我们去预测还没有观察到的事件，鼓励研究者检验这些预测的结果。这就产生了更多的实际资料，它们可能支持该理论，或者提出修正意见，甚至反对这个理论。也就是说，从理论获得预测是研究假设的主要来源。研究可以系统地从同一理论导出若干预测性的假设，然后逐一地加以验证，这样研究所得的发现会有系统性，研究也会有深度。而没有理论根据的研究，则往往彼此孤立，缺乏联系，在重要性上便大为逊色。

**（四）理论的成分**

图 1-1 勾勒出理论成分的画面。可见理论是一个由构念（construct）和变量组成的系统。构念通过命题彼此相连，变量通过假设彼此相连。构念是"一些术语，它们虽然看不到，但可能被应用，甚至可以在可观察物的基础上加以定义"。实际上它们是为了促进理解而创造出来的抽象物。变量则是可以观察到的，具有多种价值，是从构念那里衍生出来的。变量的本质是可操作性的构念，是用来检验假设的。与抽象的构念不同的是，变量是具体的。命题是构念间关系的陈述，假设是变量间关系的陈述。研究则是为了拒绝或肯定假设，而不是命题本身。所有的理论都有一个领域。在领域之内它们应该是有效的，在领域之外不应该是有效的。这个领域的边界受到设想（assumption）的限制，这种限制可以是隐含的也可以是外显的。这里所谓的设想，即是建立该理论的理论家对该理论的设想，它由该理论家认为的理论所隐含的价值决定。如果这些价值不加陈述，那么就不可能得到很好的测量。空间边界限制了该理论对

于特定单元的有效性，例如群体或个体的种类。时间边界限制了该理论对于特定时期的有效性。就时间与空间得到明确陈述来说，时间与空间的边界就能加以测量，于是就有了可操作性。总之，价值、时间、空间在某种程度上限制了一个理论的概化。图 1-1 中"假设的联系 1"与"假设的联系 2"，我们会在下一章提到。

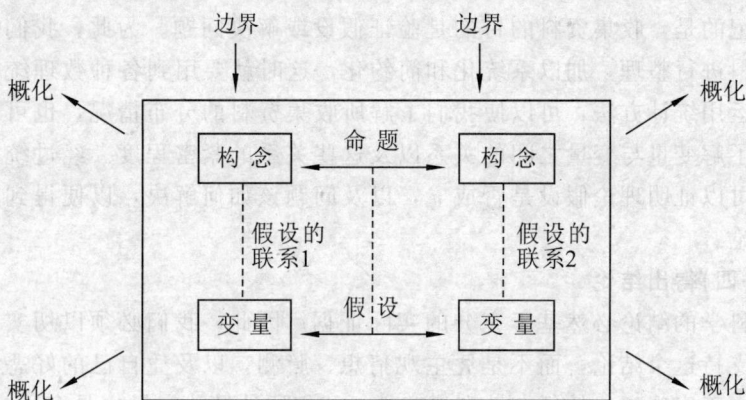

图 1-1　理论及其发挥功能的成分

## 三、科学方法

科学家在追求知识或解决问题时，所用的科学方法常常由下列几个步骤组成。

### （一）建立假设

所谓假设（hypothesis）是对有待解答的问题提出的尝试性答案。假设的产生有多种来源，如现有的理论和研究结果，研究者在日常生活中观察、收集到的材料及由此产生的猜想，还有前人研究之间的模糊之处、矛盾之处和尚未解决的问题等。有关假设的来源，我们在下文还要详细讲述。在社会心理学中，我们已经有了许多或大或小的理论成果。那么，我们便可以根据这些理论依据逻辑演绎的方法提出我们的假设。理论性的推论是我们产生假设的主要来源。一般而言，它要比靠自己观察现象、收集材料，然后分析材料、提出猜想要容易，也更有依据。

### （二）收集资料

为了检验我们所设立的假设是否成立，就必须有实证性的资料作为证据。当然，我们所要收集的实证资料，必须与我们的假设紧密相连，也就是说是直接用来证实我们的假设的，而不是用于其他目的。所以不能用一大堆与假设无关的数据来说明问题。为了有效地、有针对性地收集资料，我们就必须审慎地进行研究设计。研究设计的目的是创造恰当的条件，让我们所要研究的现象得以出现或产生一定程度的变化，然后加以严格和科学的测量。当然，在这个过程中，我们还要对无关变量加以控制。

### (三)分析资料

掌握大量的实际资料是科学研究的基础，但海量的实际资料杂乱无章地堆砌在一起，根本说明不了什么问题，也不能检验假设。我们始终要牢记的是，收集资料的目的是验证假设或解决问题。为此，我们需要对资料进行整理，加以系统化和简约化，这时就要用到各种数理统计方法。运用统计方法，可以使我们了解所收集资料的分布情况，也可以使我们了解变量与变量之间的关系以及这些关系的紧密程度。经过统计分析，可以证明理论假设是否成立，以及问题该如何解决，以便得到恰当的结论。

### (四)得出结论

科学的结论必然基于充分的实际证据。因此，我们必须以切实的证据来支持这个结论，而不是凭主观猜想、臆测，以及凭自己的好恶或情绪。由于客观现象的复杂性和多变性，我们所涉及的变量也是多种多样，并且彼此交织在一起，形成错综复杂的关系。但是经过我们仔细设计的研究，加上运用恰当的统计方法来处理资料，排除一些无关变量的干扰，就可以使主要变量之间的关系变得清晰起来、明确起来，从而可以判断主要变量之间关系，验证我们所提出的假设，得到科学的结论。一般来说，科学工作者还会进一步对结论进行反复地考察和检验，如果该结论多次成立，那么说明它可以概化(generalization)，再经过仔细的构思，便可形成初步的理论框架。

## 第二节 研究的目的、问题与假设

### 一、研究的目的

社会心理学工作者面临着形形色色的社会心理现象，会产生各种疑虑和问题，例如，如何处理好人际关系？中国人的整体观体现在哪里？在紧急事件中人们为什么对受害者会伸出援助之手？农民工进城务工会产生哪些心理问题？

以上这些问题都只涉及一个事件，但还有一些问题会涉及两个或多个事件，即一个事件的产生导致了另一事件或多个事件。例如，两个人接触次数多能促进人际关系吗？与外国人相比，中国人更有整体观，这一点会影响群体的内聚力？在紧急事件中围观的人越多，对受害者伸出援助之手的人也越多吗？有着较强社会支持的进城农民工，与社会支持较弱的进城农民工相比，是否能更快地在城市里找到合适的工作？或进一步说，社会支持感较强的进城农民工，与社会支持感较弱的进城农民工相比，前者中具有高自尊的人，是否也对今后的职业生涯有更明确的打算？很明显，这里的一个问题牵连着另一个问题或多个问题，一个事件引导出另一个事件或多个事件，因此可以构成因果关系的假设，由这些因果关系假设的检验所获得的结果，我们便可进行科学的预测。

但是，除了这些实际问题之外，社会心理学工作者在查阅文献、撰写论文和作学术报告时，常常遇到各种学术性或理论性问题，也会产生许多疑问，于是进行理论研究。例如，近年来，在认知心理学领域的"内隐记忆"研究基础上，学者们提出了双过程理论(Dual-Process Theories)。双过程理论认为，人们在加工信息时存在两个加工过程：一个是快速的、自动的，但是无意识的(内隐的)的加工过程；另一个是缓慢的、精细的但是有意识的加工过程。一些社会心理学工作者对此非常感兴趣。他们推测，既然在记忆等领域存着双过程的信息加工，那么社会心理学的归因应该也有两个过程的信息加工。经研究，他们提出了归因的双过程模型，即存在着一个内隐归因和外显归因双信息加工过程(郑全全、叶映华，2007)。这是一个理论研究。

综上所述，科学研究的目的可分为两大类。一类是以应用为目的或以实用为目的，是应用已经发现的科学规律和科学原理去解决现实存在的实际问题，用于提高人们的生产和工作效率，改善人们的生活，促进人们的健康与幸福。上述有关农民工进城就业的研究就是其中一例。另一类是以追求知识为目的，探求事物的规律，寻求事物发展的机理，构建科学理论或验证科学理论的。上述有关归因双过程的研究则是其中一例。这两类研究分别被称为应用研究和理论研究，或者实用研究和基础研究。

但是，我们常常看到，有些人把理论研究和应用研究截然分开，对立起来，认为理论研究是象牙塔里的东西，没有实际内容，不符合社会需要，对社会丝毫没有作用，只是理论家的自我欣赏，而应用研究符合社会需要，有实际用处；或认为，应用研究太实际，没有理论内容，对社会心理学没有什么贡献，只有理论研究，才算是真正的科学研究。其实，这两种观点都是不对的，是对理论研究和应用研究的一种误解。

我们在前文已讲到，理论不是心理学家无中生有，凭空想象出来的。理论是根据对客观事实的考察，对所获得的知识加以概括和抽象，找出它们之间的关系，总结出规律和法则。所以，理论代表的是事实之间的关系，理论没有脱离事实。如果理论脱离了事实，那么，它就不能被称为科学理论。同样，应用研究也不能离开理论。应用研究一定是把某些理论原理应用于实际之中，只有这样应用研究才能取得成功，所以应用研究应该且必须有理论的指引。

由此可见，理论研究与应用研究不能截然分开，而是一种你中有我，我中有你的关系。它们的区别只是研究目的的不同，在侧重点和取材上有差异而已。

## 二、研究的问题

### (一)明确提出研究的问题

许多社会心理学领域的初涉者对该领域非常感兴趣，既有从事社会心理学研究的浓厚兴趣和满腔热情，也有为这门科学献身的精神。但由于找不到切入点，找不到要研究的问题或值得研究的问题而陷入苦恼彷徨、焦虑困惑之中。所以，明确提出一个研究问题是十分重要的，因为问题的提出是科学研究的第一步。

能明确提出研究问题或题目至少有两大好处。第一，研究问题指明了研究方向。例如，如果我们决定要研究农民工进城务工在选择职业上的心理问题，那么我们的注意力和行动就会集中到这个方向上去，而不是集中到研究儿童侵犯行为的影响因素上去。有了研究方向，我们接下来便可以考虑研究方法、步骤和工具，譬如说，用什么方法我们可以了解进城的农民工的就业心理，是用个案分析法呢，还是用问卷调查呢，等等。第二，研究问题还确定了研究内容。像上面的例子，如果以农民工进城的职业选择为研究问题，那么研究内容和范围大体上就确定了。我们会考虑什么因素能影响农民工的职业选择，是受教育程度，还是社会关系网络抑或个性因素；还会考虑农民工自己对职业发展的规划和城市可以为他们提供的职业培训；如此等等。不管是理论研究还是应用研究都要明确待研究的问题。

### (二)研究的目的与研究的问题

尽管研究的问题常常来源于疑问，但由于研究的目的不同，所产生的研究问题也有很大的差别。

在理论研究中，问题往往来源于以下几方面。

(1)科学文献或研究论文所阐述的学说、观点或假设。就像我们在前面论述的，既然在认知过程中存在信息加工的双过程，那么作为社会认知的归因过程是否也有信息加工的双过程？这是尝试对双过程理论进行扩展的研究。

(2)对前人研究所提出的理论观点的质疑。例如，西方学者提出的群体决策的信息取样理论在我国的文化环境中是否还成立呢？因为中国人是讲面子、讲中庸的。

（3）由于缺乏前人研究或理论，因而想对某一现象进行探索性研究，从而创建初步的理论框架。例如，有关独生子女的人际关系发展的规律和模式。因为独生子女作为我国一种普遍的社会现象在国外是很少见的，也没有现存的理论模式可供参考，所以对我国来说，这是一个有价值的理论问题。

而在应用研究中，要探索的问题多半来源于以下几方面。

（1）社会环境中的实际问题。例如，学生网络成瘾问题。学生网络成瘾影响学生的学业成绩、人格的健全发展，良好人际关系的建立和家庭的亲子关系等。对此问题进行研究所得出的科学结论对于学生的培养和教育有着深远的影响。

（2）对将来的预测。例如，随着城市化的加速，农民工进城务工必将越来越普遍。那么，对农民工务工的职业选择心理进行研究，若能找到科学规律，便能预测农民工的职业选择趋势以及对农民工进行职业培训的需要。

### (三)选择要研究的问题

肖内西(J. J. Shaughnessy)指出，科学家们在开始一项研究之前，要问三个问题：(1)我要研究什么？(2)在研究中，我怎样形成待检验的假设？(3)我研究的问题是一个好问题吗？

第一个问题是研究什么。要问自己，"我要在心理学的哪个领域做研究？"有人对社会心理学感兴趣，有人对认知心理学感兴趣，还有人对心理咨询、发展心理学、变态心理学或管理心理学感兴趣……心理学提供了无数的研究可能性，只要你看看心理学杂志上所发表文章的种类就知道了。更为具体的信息，我们还可以从心理学系开设的课程中得到。若仅就对社会心理学感兴趣来说，社会心理学同样是一个非常广阔的范围，分支众多。因此，就研究什么而论，要取决于你的取向、兴趣，在某一领域的知识积累，现在该领域的研究趋势及其应用前景，当然，很重要的一点是导师的指点。

肖内西讲的第二个问题，我们留到下面部分再阐述。第三个问题"我研究的问题是一个好问题吗"是本部分着重要讲的。

正如斯腾伯格(R. J. Sternberg, 1997)所指出的，选择一个课题进行研究，不应该是草率行事的。有一些课题是不值得探索的，因为所获的答案对推进心理科学毫无作用，也就是说，要研究的课题没有意义，或者说意义不大。要避免选择到这类课题的一个办法是问问自己，"我怎么知道自己要研究的课题是一个好课题？"斯腾伯格建议说，刚进入心理学领域的学生，在选择要探索的课题之前，不妨先考虑下面几个问题：

1. 为什么说这个课题具有重要的科学意义？
2. 要探索的问题的范围是什么？
3. 如果我进行了这个课题的研究，可能会得到什么结果？
4. 知道了该问题的答案，对心理科学有意义吗？
5. 探索该课题所获得的结果，什么人会感兴趣？

从上述问题可以看出，选择一个课题至少应该考虑以下几点：

第一，研究的问题或课题要有科学意义。这就是斯腾伯格所说的第一点和第四点。具有科学意义的研究问题，是指该学科的重大理论问题，学术领域中的前沿课题，有突破性的基础研究，填补该领域空白的课题，或有重要创新的研究。当然，社会心理学研究的初涉者要想马上能进行具有重要科学意义的课题的研究是不现实的，但在选择要研究的问题时至少应当考虑该问题是否有理论价值，是否有创新点，是否能对心理科学的发展有点贡献。

第二，研究的问题的范围要适中。任何一个待研究的问题的范围可大可小，可从宏观的角度来研究，也可从中观和微观的角度来研究。例如，农民工进城务工的职业选择问题，假如从宏观角度来研究，那么要考虑农民工所处的社会环境的诸多变量，如政府的政策、农村经济形态的变化、自然环境及其改变、社会阶层的变动和人口的流动特征等。这个问题若要从中观角度来研究，那么就要考虑特定地区的劳动力富裕程度、农民工的社会支持网络、农民工技能与城市职业岗位需求的适合性等。若从微观角度对这个问题进行研究，那么就应该考虑农民工的个性倾向、受教育程度、职业偏好等对职业选择的影响。但是，要确定研究问题的恰当范围不是一件容易的事，需要考虑许多因素，如自己的能力、知识经验的多寡，研究时间与经费等。研究的初涉者常犯的毛病就是研究的问题定得太大，或者说题目定得太大，涉及地域太广，所需时间太长，或涉及的变量太多，变量关系太复杂等，这些都超出了研究者本人的能力和条件。

第三，研究的问题要有可行性。这也是斯腾伯格所说的"如果我进行了这个课题的研究，可能会得到什么结果？"具体说来，可行性是指：（1）在选择要研究的问题时尽量考虑该问题所涉及的事实，选择重要的事实来构成问题，决定研究的范围。最好能具体一点，例如从变量之间的关系形式来考虑问题，像自变量是什么，因变量是什么，它们之间是否还有中间变量，用什么方法来操控自变量，用什么方法对数据进行统计，预期会得到什么效果，等等。总之，在确定研究的问题时，对这个问题如何进行研究，事前的构思一定要清晰。（2）研究的条件，像是否能得到政府及有关方面的支持以及我们上文所说的研究经费、人手、调查或实验的客观条件、自己的知识积累、研究的经验、时间的限制等。

第四，研究的问题要有应用价值。这也是斯腾伯格所说的"探索该课题所获得的结果，什么人会感兴趣?"如果研究的目的是理论性的、学术性的，那么选择的研究问题应该是学科的重大理论问题，学术领域中的前沿课题，等等。这点我们在第一点已说过。对这类课题的探索，理论界和学术界的学者们会感兴趣。如果研究的目的是应用性的或实用性的，那么选择的研究问题应该是在现实中寻找的题目，即能够满足社会的需要，对国计民生、社会问题的解决有重要贡献的问题，以及能帮助各部门、各单位解决实际问题或对部分群体提供帮助的问题。对于这些应用性很强的问题，相关的政府部门、企事业单位、社会群体会感兴趣。因此，在我们开始研究之前，考虑一下"我们的研究可应用于谁"这个问题是十分必要的。它可以使我们对研究的边界有一个明确的认识。

当然，选择研究问题还受到许多其他因素的影响，例如，个人的政治信仰、价值取向、爱好、兴趣、能力、知识，以及社会发展的现状、主流意识形态，甚至政治因素等。

## 三、研究的假设

这部分内容就是回答上述肖内西的第二个问题，即在研究中，我们怎样形成待检验的假设。

### (一)什么是研究假设

绝大部分科学研究都是探讨两个或多个变量之间的关系的。但在从事研究之前，变量之间的关系是不清楚的，或只能进行模糊的预测。因此，研究者要在研究之前提出变量之间的可能关系，即研究假设。

研究的问题与研究的假设是不同的。假设是对某一事物或事件的尝试性解释，也就是说，假设是对研究问题的尝试性回答。因此，假设包含了问题(尽管有时是隐藏的)，但问题并不一定包含着假设。同一个问题，可以从许多不同的角度进行研究，而这些研究都解决同一个问题。例如，有关"儿童为什么会有侵犯行为"的问题，有些学者从遗传的角度来研究，有些学者从儿童所处的社会阶层和社会经济地位的角度来探讨，另有一些学者从儿童的家庭教养方式的角度来探索，还有一些学者从儿童的信息加工方式的角度来寻找答案……因而存在着多种多样的研究。但是，假设只是具体地针对某一特定的研究而提出来的。例如，就儿童的家庭教养方式这一特定研究来说，可以提出这样的假设：父母的教养方式会影响子女的侵犯行为。

可见，假设通常试图回答"如何"和"为什么"这样的问题，特别是相关变量是如何联系的问题。或者，从理论上说，一个假设为特定变量间的关系提供理由（"为什么"）。像上例中，"父母的教养方式影响了子女的侵犯行为"这一假设就尝试性地解释了为什么儿童会有侵犯行为。

**（二）假设的功能**

1. 假设有指导研究的功能。假设能让我们从中推导出变量之间的关系，并要我们利用已知或未知的事实去加以验证。这样看来，假设有指明研究的方向，说明事实之间的关系，引导研究者如何收集资料与数据，以及以什么样的分析方式和组织方法去整理收集来的资料与数据的作用。

2. 假设有演绎功能。研究者可以根据假设推论出与该假设有关的其他更具体或更特殊的假设。例如，我们可以根据上述假设"父母的教养方式会影响子女的侵犯行为"推论出"专制型教养方式的父母亲所培养出来的子女，比民主型的教养方式的父母亲所培养出来的子女更有侵犯性"这样一个假设。我们知道，具体或特殊的假设更容易被验证。

3. 假设有检验理论的功能。假设常常从理论那里经演绎和推论得到，然后通过事实得到检验。不论假设是否得到验证，都对理论的构建和证伪有着极大的作用。因此，假设是把理论与事实联结起来的桥梁。

**（三）假设的来源**

假设的提出可以有数个来源。

1. 文献资料。不管如何或从什么地方开始形成研究假设，我们终究需要查阅和回顾已刊出的社会心理学研究文献。为什么在我们开始从事研究之前，先要查阅和回顾已有的文献？这有好几个理由。第一，对将要研究的问题，答案可能已经有了。其他人可能已经提出了同样的问题，提出了与我们所想到的类似的假设，并得到了答案或至少部分答案。因此，对其他研究者已经证实了的假设再重复研究就没有什么太大的必要。第二，很可能我们也会发现他们的研究结果与我们所要研究的问题是有关的。其他人在同样或类似的想法上所做的研究和发现，对证实我们的想法是重要的。第三，更重要的是，一旦我们考察了与我们的想法有关的大量文献，我们的阅读会引导我们发现现有研究的不一致之处或矛盾之处。我们可能发现，这些研究结果只限于特定的样本或特定的情境。有了这些发现，我们就有了明确的研究指向、清楚的研究道路。这时我们可以在前人研究的基础上再提出自己的假设，进一步深入研究。科学是一个积累的过程——现在的研究建立在过去研究之上。

2. 现有的理论。由这些现有的理论和研究结果可以衍生出来的一些假设，可能来源于对理论的不满，即认为现有的观点不够充分，也许它们没有解释现有的数据，也许它们有内在的矛盾，也许它们忽略了现象的重要方面，也许它们解释了日常事物但没有经过检验。例如，认知失调理论的创立者费斯汀格（L. Festinger, 1957）认为认知失调导致了一种令人不舒服的紧张状态，这种状态使得人们努力去减少它。也就是说，认知失调产生了一种动机性的激起（arousal）状态。但是，印象管理理论和贝姆的自我知觉理论认为态度与行为不一致的纠正，并不是由于激起。印象管理理论认为，人们之所以纠正态度与行为的不一致，是因为要管理留给他人的印象。我们从小就经过社会化而形成了态度与行为要保持一致的习惯，并没有涉及什么激起。自我知觉理论认为，我们完全是根据行为来推测态度的，其中也没有涉及激起。对人们纠正态度与行为不一致的心理现象，不同的理论提出了不同的观点，可引导我们进一步对此进行研究，产生研究的假设。

对心理学各领域的综合，也是假设的丰富来源。譬如我们上文所说的有关内隐归因的研究，就是试图把认知心理学的研究结果与社会心理学中的归因研究相结合。当然，各个学科的综合，也可提供假设。像社会学、经济学、生物学、教育学等，这些学科也可能产生与心理现象有关的假设，尽管这些假设从心理学角度来说是不完备的或不大符合心理学原理的，然而它们能给我们以启迪，有助于产生创新性的想法和假设。

3. 个人经验。直觉、预感、个人经验，也能使我们产生假设。自己或他人的经验常常会让我们产生各种各样的想法。这一点有时被我们忽略，却受到许多心理学家的重视。海德（F. Heider, 1958）就持有这样的观点。他认为，通俗心理学是人际知觉过程的理论家进行系统分析的基础。

个人所做的访谈、个案研究和调查是产生假设的可靠来源。例如，人们认为，教师的问题行为（不符合教育规律的教育行为）可能影响学生的心理健康。从逻辑上说这是可以研究的问题，因为心理不健康的教师不可能培养出心理健康的学生。但究竟教师的问题行为表现在哪些方面？哪些变量与学生的心理健康有关呢？研究者事前对此并不清楚。在这种情况下，研究者可以先进行深度访谈、个案研究或小样本的调查，借以了解教师问题行为的变量和指标是什么，再提出恰当的假设。

4. 启发式。麦圭尔（W. J. McGuire, 1997）认为，心理学的教科书和方法课程往往着重于检验假设的程序（例如，测量、实验设计），而忽视了产生假设的程序。为此他提出了49个简单的规则（启发式）来形成待检验的假设。限于篇幅，我们不可能把这些规则全部列出。我们列举主要的几条，希望读者能从麦圭尔有关科学的思考中得到启发。例如：(1)考虑不符合一般趋势或原理的事项；(2)分析一下自己在类似情境中的行为，(3)倒转一下因果关系的方向，看看是否有理；(4)把过去互相补充的实验糅合在一起；(5)从其他学科中借用观点或理论；(6)数学建模。

5. 敏感性。除了文献资料、现有的理论，抑或个人经验和启发式，你对身边的心理现象保持足够的敏感性，坚持探索的精神，也有助于产生思想观点和假设。例如，无论前面四种假设产生的来源中的哪一种，都要留意理论预测与现实现象之间的差异。在阅读研究文献，观察身边的心理现象时，要仔细关注微小的理论与现象的不同甚至矛盾的地方。要听到这些微小的声音，觉察到细微的缺陷，辨别出其中的问题。当你觉察到遗漏了什么或有什么错了，记下来，然后再思考它们。这样做，日积月累，以后它们会起作用，你的收获可能会很大。

**(四)什么是良好的假设**

判断良好的假设有许多标准。其中，最主要的一个标准即可检验性(testability)。

1. 假设应该是可检验的。

(1)如果假设所指称的概念没有充分的定义，那么该假设就不具有可检验性。例如这样一个假设，嫌疑犯之所以想刺杀国家领导人，是因为他有心理障碍(mentally disturbed)。除非"心理障碍"有一个统一的定义，否则这个假设是不可检的。不幸的是，心理学家和精神病学家对于"心理障碍"这样的术语没有统一的意见，对于这类概念经常缺乏可接受的操作定义。操作定义的作用除了在沟通时可以增加清晰性之外，它也提供了一种手段，用于评价我们的假设是否包含了科学上可接受的概念。

(2)如果假设是循环论证的，那么假设就具有不可检验性。当一个事件本身被用来作为该事件的解释时，该假设就是循环论证的假设。例如这样一个假设："一名8岁儿童在学校里注意力分散，阅读困难，是因为他有注意力缺陷的问题。"注意力缺陷问题被定义为无能力予以注意。因此，这个假设可以简化为，儿童不能集中注意力是因为他没能力集中注意力——这是循环论证。

(3)如果一个假设的观念或论证它的力量并不被科学认可，那么假设就具有不可检验性。科学要求的是可观察性、可显示性和实证性。例如这样一种说法："人们实施恐怖暴力行为是因为恶魔在指使他们。"这便是不可检验的，因为它提出的观念("恶魔")不属于科学范围之内。这种假设也许对哲学家或神学人员是有价值的，但对于科学家来说没有价值。

2. 假设应该与同一研究范围内的已经证实的事实或结论相一致，而不宜有明显的抵触。例如，社会心理学已有的研究表明，普通人在生活中常常做归因。但有人提出与之相反的假设，即普通人在生活中是从来不做归因的。这显然与已有的知识相矛盾，是不值得进行检验的。

3. 假设应该简单，不应该包含不必要的复杂概念，也不应该附加其他假设。一般来说，假设是有关两个变量之间关系的，不应该有过多的变量掺杂其中；也不应该将两个假设合在一起陈述，因为这需要其他假设被证明后才能验证本假设，而简单的假设可以避免陈述不清和难以检验。

4. 假设应针对研究问题而提出，是为解决问题而提出的尝试性回答，不应该远离所要研究的问题，甚至与研究问题毫无关联。例如，要研究父母教养方式与儿童侵犯行为关系的问题，如果提出这样的假设——"儿童信息加工能力发展的缺陷影响了社会行为"，尽管社会行为包含了侵犯行为，但这样的假设还是偏离了要研究的主题。

5. 假设应该尽量以量化的形式加以表达。

# 第三节　研究类型和研究过程

什么样的研究类型决定了用什么样的方法和途径来进行研究，所以我们应该首先了解研究有哪些类型，以及我们如何依据研究目的、研究问题、研究时间和对象等因素来确定用什么研究类型。

## 一、研究类型

研究大体上有四大类型，它们是探索性研究、叙述性研究、因果性研究和解释性研究。

### （一）探索性研究

探索性研究是对研究问题的初步摸索。由于研究问题缺乏前人的经验和成果的积累，研究者对该问题所涉及的范围不大清楚，对该问题涉及的变量究竟有哪些，它们之间的关系又如何没有把握，因此，难以提出较好的、明确的假设。由于没有现存的理论可以借鉴和提供指导，形成明确的研究构思和研究设计则较为困难。如果盲目地投入许多人力、经费和时间，可能要走很长的弯路，所得的数据多半不能被利用，浪费极大。此时，应该小心谨慎，先进行小范围的试探性研究，发现问题的真相，再提出问题的假设以及找到关键的变量和变量间的联系。

探索性研究常常采用以下几种方式。

1. 文献调查。正如前文所述，进行文献资料的调查，对于形成假设是十分必要的。文献资料的调查是最简单的探索性研究。主要的方法是收集前人的研究材料，分析其研究结果，总结其尚未深入探讨的方向和内容，提出有可能验证的假设，尝试预测这些假设得到验证后可能有的理论意义和实践意义。因此，文献调查最主要的目的，是要考察前人这些研究是否可以作为自己研究的基础。文献调查的重点要放在与自己研究相类似的或密切相关的理论、论文与研究报告等，但也可关注与自己研究领域有关的其他心理学科的研究文献。例如，研究社会认知的学者，十分关心认知心理学的相关理论与研究成果，以此作为借鉴。当然，适当关注一下与心理学无直接关系，但可以启发我们思路的其他学科的理论和观点，如社会学、哲学、计算机科学、医学等，也是有用的。

2. 经验调查。这是由于要研究的问题缺乏现有理论的参考，也没有前人的研究成果可资借鉴，但从现实情况来看又迫切需要进行研究，因而采用经验调查的方法，深入实际，对问题所涉及的实际工作人员进行访问或请教专家。例如，农民工进城务工是我国独有的现象，在全世界绝无仅有。因此，没有前人的理论和研究结果可以借鉴。这就需要进行经验调查。为了了解农民工进城务工的职业选择心理，有些研究者为此查阅了大量相关资料，对相关人员（如农业局的工作人员、乡镇企业家和管理人员、乡镇培训中心和城市劳动力市场工作人员，以及有代表性的农民工）进行了访问（有关情况，可参见郑全全、赵立发表的《农民择业心理倾向研究》等论文）。经验调查以解决问题为重，构建理论为次。提出的解决办法主要是应时之需，供决策者参考。

### （二）叙述性研究

叙述性研究，也称为描述性或呈现性研究。我们要解决问题，就必须先了解问题的全貌，了解客观现象事实上是怎样的，因此要进行叙述性研究。

叙述性研究是对社会心理现象的状况、过程和特征进行客观、准确的描述。描述性研究的目的是系统地了解某一社会现象的状况及发展过程。它通过对现状准确、全面的描述来解答社会现象"是什么"和"怎么样"的问题。

以叙述为目的的研究，是为了证实一类现象或关系的存在。大部分叙述性研究，其兴趣是描述这个世界的状态，包括在某一时间或空间内，特定事件发生的频率。例如，不同种类精神疾病的分布、犯罪比例的变化、紧急状态下干预的可能性、集体游行的参与程度等；或是评估特定状态或条件之间关系的程度，例如，上网时间与人际亲密性之间的关系，环境气温与暴力犯罪之间的关系，经济景气与集体心理对抗之间的相关等。虽然绝大多数叙述性研究是在现场进行的，目的是评估自然发生的现象，但也有某些研究是在有控制的心理学实验室背景下进行的。性别差异或个性类型的研究就常在实验情境下进行。进一步说，社会心理学中许多经典的研究——包括谢里夫（M. Sherif, 1935）的群体规范形成的研究，阿希（S. Asch，1956）的从众研究，米尔格兰姆（S. Milgram，1963）的服从权威的研究以及塔吉弗（H. Tajfel，1970）的偏好内群体的最初研究——基本上，都是在实验室里做的社会心理学现象的呈现。可以说，日常见到的社会心理学研究大半都是叙述性研究。

叙述性研究的一个例子是三峡库区移民心理问题的研究。如此大规模的移民在全世界都是独一无二的，为了给三峡库区移民社会心理发展与库区社会与人的现代化的建设提出对策，就必须弄清三峡库区移民的社会心理现状，分析影响三峡库区移民心理形成的各种因素。华中师范大学的佐斌教授在这方面做了很好的研究（佐斌，2002）。

叙述性研究可以是：(1)注重样本之间的差异分析，如大学生四个年级的心理健康状况的比较；(2)探讨某些样本的特征，如本省普通居民对环境保护的认识；(3)关注研究的预测性，如调查普通民众未来几个月内消费的意愿；(4)侧重于挖掘哪些变量是联结在一起的。例如，农民工的职业选择是否与社会支持网络有关。但这类叙述性研究所谓的变量之间关系只是一种共存的关系，并没有涉及一个变量引起了另一变量出现的问题。从研究设计的差异角度上，我们还可以把叙述性研究分为调查性研究、关系性研究和发展性研究，由于篇幅关系，这里不再赘述。

### （三）因果性研究

验证某一假设中所叙述的变量间是否存在因果关系的研究，称为因果性研究。

虽然一个事件是否同另一事件一起出现，两者是否有相关性，这本身令我们感兴趣。但是绝大多数时间里，科学家对于两个事件的协变是否反映了因果关系更感兴趣。于是，许多研究不仅仅是呈现存在着的关系，而且在特定变量之间建立因果联系（即测试"如果 $X$，那么 $Y$"的关系）。

因果性研究的目的是寻找真正的原因，从而控制或操纵所鉴别的原因因子，以便带来结果的改变。换句话说，有关因果关系的研究，是试图表明在一种状态下所做干预产生的改变，能带来随后结果的改变。这里，研究的目的是建立因果联系，而不是描述它们怎样发生、状态如何。从这点上来说，我们是在功利主义的意义上利用因果关系这个概念的。

当研究是出于建立因果关系的目的时，所提出的原因因素，一般称为"自变量"，而结果或效应因素称为"因变量"。事实上，这类术语的使用对于我们的目的来说是一种很恰当的陈述。然而，在自变量的含义上，各类研究有重要的区别——这种区别显然与所假设的原因因子产生的变异有关。有关这一点有两种情况。一种情况是，当在研究者控制下，自变量的状态是由干预而产生时，我们说正在做的是所谓的"实验"或"准实验"。但是，还有一种情况，即我们在现场进行相关研究时，所谓的"自变量"并不是研究者操纵的或者是控制的，变异是自然发生的而得到评估的，以此来建立这些变异与随后结果变量的变异之间的关系。在这种场合下，因果推论通常是根据暂时前提条件来预测的，从而确立假设的原因变异先于假设的效应变异。这些暂时的前提条件是必需的，但不是推论因果关系的充分条件。在这类情况下，自变量最好被称为"预测"变量（"predictor" variable），而因变量最好被称为"结果"变量。正如我们将要看到的那样，自变量如何定义及如何改变这方面的差别，将强烈地影响因果推论的效度。有关对因果关系进行推论的内容，请读者参阅本书第四章《因果关系推断及其概化》。

### （四）解释性研究

用来解释因果关系为什么会产生以及在什么条件下产生的研究，称为解释性研究。

就研究目的来说，功利主义的因果关系对于绝大多数的应用和行动研究来说是足够了。了解了存在于 $X$ 与 $Y$ 之间可靠的因果关系，是设计干预的关键一步，以此带来所希望的结果改变。就功利性目标来说，什么东西起作用，就利用什么东西，而不管它为什么起作用。但是，就基础的、检验理论的研究目的而言，知道了因果关系的存在还不够，还需要进一步探索在 $X$ 与 $Y$ 变异之间的关系中起中介的干预过程。这就需要对因果关系的"本质性"（essentialist）进行探索，以便深入了解因果关系的机理并进行概念化和模型化。这种研究的目的就是解释性的，是绝大多数学者现在所赞同的。以解释为目的的研究，具有一个目标，即不仅要决定是否存在因果关系，而且要说明，为什么存在因果关系，以及在什么条件下存在因果关系。

## 二、研究过程

研究过程始于我们对现象的兴趣和鉴别，这种现象正是我们想要了解的。然后，产生了具体的问题和假设，以及决定这些问题或假设是否具有普遍性。接着，我们以某种具体的方式操作我们假设的构念，选择恰当的研究设计，分析结果，以及决定在什么程度上我们最初的假设得到了支持。凭借我们收集到的证据和根据数据的形式所做出的结论，我们希望对感兴趣的现象有更进一步的理解，但也可能比开始时产生了更多的疑问。随后，我们带着修改过的问题或新产生的问题再一次开始这个循环过程。这样，我们逐渐就某一现象积累了知识，到一定程度后，我们可以运用这些知识来应对和解决社会问题。具体的社会心理学研究过程可分为下述几个步骤。

### (一)感兴趣的现象

通常我们所关注的现象来自于观察周围的世界，包括我们的经历，看到其他人的令人好奇的行为举止，不良的社会行为等。不管什么特定的现象，我们实际关注的、要做出努力来研究的必然是其中的一小部分。在我们鉴别和定义令我们感兴趣的部分现象时，它已经过我们构思过程的过滤，我们已做出了决定，这种决定限制了我们从现象中发现新的东西。

观察到感兴趣的现象，使我们产生疑问和困惑，于是便有了想要研究的问题。在这里我们需要注意的是，首先，不同的科学家感兴趣的现象不同，因为不同的期望、背景和环境使他们关注不同的现象，或现象的不同方面，或从不同的角度来定义不同方面的现象。其次，现象不是静止的，它们在不断地演变和发展。

### (二)选择要研究的问题

令人感兴趣的现象和由此产生的问题有很多，但研究者选择的不光是一个研究领域，还要选择一个具体的问题来研究。这是研究过程中最困难的一步。有关如何选择要研究的问题，我们在前面已说得比较详细了。

这里要提请注意的是，决定研究问题不一定完全取决于研究者个人的构思过程。什么现象值得研究，它们如何被界定，常常由该领域的发展趋势、研究热点等构成的环境所决定，研究领域的许多特征对研究过程有着极大的影响。

### (三)建立研究假设

选择了要研究的问题后，研究者以归纳和演绎的逻辑思维过程，预测研究的可能结果，于是产生了研究假设。

这里要注意的一点是，假设不是研究者空想或臆造出来的，假设是建立在实际生活的经验、前人的研究结果和理论之上的。因此，必然以一定的方法论和理论为依据，为出发点，也就是说有一定的理论框架和方法来指导。我们所要做的绝大部分研究都须理论构思先行，没有一定的假设或设想为指导，研究就是盲目的。

### (四)选择变量

确定了假设后，研究者要根据假设来选择和标明恰当的变量。主要的变量有自变量、因变量、控制变量和干预变量。

为了确定什么因素对行为产生影响，研究者要控制或操作一些因素，这些因素叫做自变量。一个最简单的研究里，自变量至少有两个水平，通常它们分别代表了有没有进行某个处理。进行了某个处理的条件，通常被称为实验条件。不进行某个处理的条件叫做控制条件。有关这些内容，在实验心理学中都有详细介绍。读者也可以参考本书第三章《实验设计》，这里不再重复。

有时，自变量的水平是由研究者选择的，而不是操控的。一个典型的情况就是个别差异变量（或哑变量）作为自变量的时候。个别差异变量是个体或群体之间的一种特点或特质。例如，有人想要研究大学生心理健康问题，于是比较了男女大学生、不同年级的大学生、不同家庭经济条件的大学生之间在心理健康上的差异。这些是个别差异变量，很显然，不是研究者操控的。像智力、年龄、侵犯性、性别、大学生联谊会成员等，都是个别差异变量的例子。当然，我们是从已经存在的群体中选择个体的，所以这些变量有时被称为自然群体的变量。正如前面所述，自变量这个术语，可用作个别差异变量，也可用作操作变量。当然这两种自变量是有区别的。用作个别差异变量，最好称为"预测变量"。

被用于评估自变量的效应并对行为进行度量的因素称为因变量。如果要清楚地表明因变量的差别是不同自变量处理条件的结果，那就必须利用恰当的控制技术。

### （五）操控与设计

只有认真地考虑上述这些早期的步骤，研究者才能决定进行什么样的测量能反映他们的构念并使这些构念能被恰当地操作化，从而最终决定收集数据的最佳方法。

所谓操控是指在上述步骤中确定了自变量和因变量后，对自变量进行操作和对无关变量进行控制，其目的是明确变量之间的关系。

所谓设计是将研究的构思进行具体和详细的说明，也即将如何对所提假设进行验证的各个步骤列出。

一般来说，在决定对表征构念的变量如何操控之后，就需要做出如何设计的决定。但这两者常常是同时发生的，因为这些决定是彼此制约的。例如，欲了解群体的内聚力对完成各类群体任务的影响，研究者如何能捕捉到原来现象的本质？是对真实的企业环境中群体（如生产班组）如何完成各类任务进行调查，还是创造一个模拟的情境来考察两者之间的关系及其产生的心理过程？这些决定受到研究者的目标是否是探讨该现象的因果关系所影响。

在社会心理学中，要达到厘清因果关系这个目标，一般需要进行实验设计，也意味着要对情境进行模拟。但这个决定受到研究者用什么样的方法才能清楚地得到问题答案所影响。如果研究群体内聚力对完成各类任务的影响中涉及真实的人际交往过程，那么设计就应该包括或反映某些长期的影响因素，就应该进行追踪研究。如果用模拟实验，可能较快地得到结果，但这样也许会丧失了研究中令人感兴趣、重要和关键的一些方面。

### (六)测量和测量工具

研究者在进行研究后必须以某种方法来测量有关的变量。测量提供了仔细和有控制观察的记录，体现了科学方法的特征。科学方法的测量，最典型的是物理测量，随着技术的进步，现在的物理测量越来越精确。尽管有些心理学家利用物理测量，但是心理学研究中绝大多数维度的测量都不是物理测量，而是心理测量。在某种意义上说，人类观察者就是心理测量的工具。更具体地说，观察者之间的一致性提供了心理测量的基础。如果几位独立的观察者一致同意，某种行为在测量侵犯行为的 7 点量表上得到 3 分的评定，那么我们可以说，对该行为的侵犯性进行了心理测量。测量工具要尽可能地精准，这当然很重要，但同样重要的是，测量既要有效也要可靠。所以，对于心理学研究来说，测量的信度和效度是十分关键的。有关信度与效度的问题我们将在下面的章节讲到。

自然，我们依赖工具来测量事物，如测速器、温度计等。我们知道，如果工具不准确会造成什么问题。同样，我们也需要工具来测量行为。冯特(W. Wundt)于 1879 年建立第一个正规的心理学实验室，标志着科学心理学的诞生。冯特用反应时工具来测量认知加工所需的时间。正如我们所知道的那样，这类测量工具的精确性自冯特实验室建立后的最近 100 多年间，有了极大的改进，诸如皮电反应(GSR)、功能性核磁共振成像(fMRI)、内隐联想测验(IAT)等测量工具相继出现。心理学家有责任对测量工具进行不断的改进，使之尽可能精准。对于社会心理学研究者来说，小心谨慎地选择一份恰当的问卷、调查表或其他测量工具是十分重要的。

### (七)统计分析

通过实验测量、问卷调查和观察所获得的数据，研究者必须以恰当的数理统计方法将零散、繁杂的数据进行简化，寻找出其中的数理规律，以便证实或否定假设，从而得出结论。研究者必须以数量化的方式，简明、清晰地为读者提供进行理论论证的依据。随着各类计算机软件的开发，现在的统计分析工具使用起来越来越方便，计算的精确性越来越高，运算速度也越来越快。

### (八)撰写研究报告

将研究结果写成研究报告或论文，是研究的最后一个步骤。撰写研究报告最重要的一点是，必须用数据说明结果是否支持了我们提出的假设，是否说明了我们所提出的问题。要提供证据来支持对这些问题的回答，证据是研究者立论的根据。

因此，这里的关键是我们能否回答开头提出的研究问题？数据在什么程度上支持了假设？只有当我们已经清楚地说明了研究问题，并且知道问题所被回答的程度时，我们才能说完成了对这个问题或课题的研究。假定我们用了恰当的操控、设计和分析来回答了问题，那么我们的研究结果肯定是有价值的。事实上，有时我们会发现假设没有得到支持，却发现了一个出乎我们意料的结果（有时这个新结果更令人感兴趣），它反而有可能帮助我们超越原先的设想，更好地理解现象。这为我们以后的研究提出了一个新的角度或新的方向。

最后一个问题是，根据研究结果，我们能从原来现象中学到什么？我们学到的东西能使我们重新界定这个现象吗？应该关注该现象的不同方面吗？它的应用可以扩展到哪里？从这里出发，又一次研究之旅开始了，因为我们要进一步研究令人感兴趣的现象了。

我们对有关问题所做出的结论，将决定下一步行动。当然，在研究过程这一步上，研究者能选择多种要前进的方向。他可以利用与原先同样的方法、范式，沿着所取得结果的方向前进（例如，更详细地鉴别潜在的调节变量或中介变量），也可以将结果与其他情境、总体、学科和研究者相联系。这样，在原有取得成果的基础上又一次开始了上述的研究过程的循环。正如勒温（1951）所说的，"逐渐接近"真理，我们就能在更深的程度上理解社会心理现象。

科学由科学研究和科学知识组成，实证性等是科学的主要特征。根据科学的必备特征，社会心理学是一门科学。理论是已知事实的概括和抽象，它与实践密不可分。科学研究的目的可分为着眼于应用和侧重于理论建构两大类，但如何提出研究问题，对科学研究来说非常重要。研究问题要有价值和可行性等一系列特点。提出研究问题时，必须针对问题所涉及的变量间关系提出具体的假设。一个良好的假设对于研究的顺利进行是必需的。就研究类型而言，可分为探索性研究、叙述性研究、因果性研究和解释性研究四大类。在进行科学研究时只有遵循必要的步骤，方能正确地得到科学的结论。

## 本章思考题

1. 什么是科学？社会心理学的科学性体现在哪些方面？

2. 科学方法一般分为哪些步骤？

3. 研究问题的来源有哪些？如何根据已确立的问题建立研究假设？

4. 研究的过程分为哪几步？各个步骤应注意哪些问题？

5. 尝试着在你感兴趣的研究领域中寻找研究问题，并提出可能的研究假设。

（作者：郑全全）

## 第二章 研究设计与效度

效度指的是一项研究的真实性和准确性程度，它一直是社会心理学家最关心的问题。这是因为社会心理学关注的核心问题是社会中的人际交往，而我们看到，许多社会心理学的研究多半是在实验室里完成的，因此人们有理由担心实验室里的社会心理学研究会不会丧失或损害社会关系的真实性。因此，效度成了社会心理学研究方法中最为核心的概念。本章先介绍效度的基本概念和基本类型，然后着重讲述研究设计与内部效度、构思效度和外部效度的关系，从而在研究之初就把效度纳入我们所要考虑的问题。

## 第一节 效度概述

### 一、什么是效度

效度（validity），是指一项研究的真实性和准确性程度，又称真确性。

效度与研究目标有很大关联，能达到我们预期目标的，该研究方法就是有效的，因此效度是达到目标的程度。这也是库克和坎贝尔（T. D. Cook & D. T. Campbell，1979）的观点，即效度是"对命题的真实或错误的可获得的最佳接近"。从这里可以看出，我们不能说研究本身有效度还是无效度，而应考虑从一开始进行研究设计，到从实证研究资料中引出的陈述、推论或结论的过程是否有效度。

传统上对效度的探讨集中在心理测量领域。从测量的角度看，效度是指一个测验测量出其所要测量的特征的程度。一个测验虽然在测量被试特征方面具有相当的稳定性，但不一定反映出该测验测量到被试的真正特征。例如，我们设计一个量表来测量学生的心理健康状况，但是，大量的题目都是有关学生对所学知识的掌握程度。尽管学期开始和学期结束的两次测量的一致性很高，但该量表没有真正测量到学生的心理健康水平，而是测量了所学到的知识。因此，这个量表的效度是很低的。

效度与信度的关系密切。一般而言，信度是效度的必要条件。正如上面我们举的例子，信度高的测验，效度不一定高；但是效度高的测验，信度也必然是高的。有关信度的论述，请读者参阅第十四章《信度、构思效度和量表结构》。

## 二、效度的分类

### （一）内容效度、构思效度和效标关联效度

在心理测量领域，通用的是弗兰士（J. W. French）和米切贝（B. Michbel）提出的分类法，即把效度分为内容效度、构思效度和效标关联效度三类。

内容效度（content validity），是测验用的测题对整个测验内容范围的代表性程度，也就是说，测验题目对有关内容或行为范围取样的适当性。内容效度就是判断测验题目或测验内容是否符合它欲测的目标。

构思效度（construct validity），又称构想效度或结构效度，是指测验工具能够测量到理论上的构念或属性的程度，测验的结果证实或解释某一理论的假设、术语或结构的程度。这里所说的构思，一般也称为构念（construct），是指理论所涉及的抽象的、假设性的概念、特质或变量，如能力、焦虑、自尊等。构念的测量通常先要确定它的操作性定义，然后才能用测验测量。

效标关联效度（criterion-related validity），也称经验效度或统计效度，是指测验分数对某一行为表现的预测能力的高低。或者简单地说，是指测验分数与效度标准的一致程度。效度标准，简称效标，是足以反映测验所欲测量或预测的特质的独立度量，并以此作为估计效度的参照标准。人们一般是用测验分数与效标的相关系数来表示两者之间的一致程度。常用的效标有：学生的学习成绩、企业的绩效（如产值、利润）、员工个人的考核结果（如生产产量、缺勤率）、临床检查、其他同质性测验的结果等。

可见，一个心理测验有多种效度，这是由于各种效度强调的方面不同。采用什么效度要取决于研究者的目的，所以，没有一个统一的效度。

### （二）内部效度和外部效度

以上是从心理测验角度对效度的分类。在社会心理学研究以及其他的实验研究中，还使用了另外一些有关效度的分类法，例如，内部效度和外部效度。而且，目前心理学工作者日益关注对效度本身做出说明，

关心发展效度验证的逻辑与方法，从而使效度理论逐渐跟测验理论相分离。

坎贝尔（D. T. Campbell）于 1957 年提出了内部效度与外部效度的区分。

内部效度（internal validity），指的是在特定研究背景下，在自变量与因变量之间建立起因果关系的结论所具有的真理价值（truth value）。这里的关键问题是，因变量的测量结果所产生的改变，是否确实由自变量的改变而产生，也就是说，如果没有自变量的变化，因变量是否就不会发生变化，即研究自变量和因变量之间存在明确关系的程度。

外部效度（external validity），指的是有关因果关系研究所得结果的概化性（亦称泛化性、普适性，generalizability）。这就是说，研究的结论，即同样的因果关系，是否能够在不同的背景下，通过选取不同的被试，采用不同的方法得到，即研究结果能够普遍化或可应用的程度。

内部效度与外部效度的关系是，内部效度是外部效度的必要条件，但不是充分条件。内部效度低，外部效度必然低。内部效度低的研究，其结果当然难以推广和概化。但内部效度高的研究，外部效度不一定高，其结果也不一定能够推广到总体和其他情境中去。

此外，在社会心理学研究以及其他的实验研究中，也使用构思效度这个概念。它指的是，因果关系能从一个特定研究所用的特定方法和操作泛化至它们所代表的理论上的构念和过程的程度。这一含义与心理测验中构思效度的含义相似。

1979 年，库克（T. D. Cook）与坎贝尔把内部效度和外部效度再次做了细分，分为四种相关的类型，即统计结论效度（statistical conclusion validity）、内部效度、构思效度、外部效度，后三种如前所述。统计结论效度是指，对于实验处理与结果之间相关（协变）所做的推论的效度。也就是说，实验所涉及的自变量与因变量之间是否存在协变关系的推论的效度。这里，在因果推论中与协变成分有关的两个统计推论：（1）研究者所认为的因与果之间是否存在协变。（2）它们之间的协变有多强。第一种情况有：我们的结论可能是，两者有协变，但实际上没有（此称为一类错误，Type Ⅰ error）；或者，认为两者没有协变，但实际上有协变（此称为二类错误，Type Ⅱ error）。第二种情况是：我们可能高估或低估协变的强度，进而错估这些强度所反映的对于估计值的信心。但统计结论效度并不涉及系统性偏差的来源问题，只涉及研究差误变异源和如何适当运用统计显著性检验的问题。因此，它与研究设计的关系不大，我们不再详述。

在第一章中，我们已经讲了社会心理学研究的类型。如果我们从效度的角度来看的话，叙述性研究所得到的结论，在效度上存在着许多问题。这种怀疑是合情合理的，因为叙述性研究只是通过对现状准确、全面的描述来解答社会现象"是什么"和"怎么样"的问题，它并不研究"为什么"的问题。叙述性研究虽然也能揭示哪些变量存在关联，但它所发现的变量之间的关联只是一种共存关系，并不涉及一个变量导致另一变量出现或改变的问题。实际上，在社会心理学中，围绕效度展开的问题有很多。其中，心理测量的效度问题，请读者参阅本书第十四章《信度、构思效度和量表结构》。与因果关系概化有关的外部效度问题，请读者参阅本书第四章《因果关系推断及其概化》。本章则着重探讨研究设计与效度的关系。

## 第二节　研究设计与内部效度

### 一、内部效度中的变量

#### （一）第三个变量问题

我们已经知道，内部效度的本质是反映因变量的变异在多大程度上是由自变量水平或强度的改变而产生的。然而这并不是说，研究的自变量是产生结果的唯一原因，而是说自变量独立于其他原因而对因变量产生影响。我们可以用如下符号来表示：

$$X \rightarrow Y$$

要确定 $X$ 确实是 $Y$ 的原因，必须有三个前提条件：（1）两个变量必须具有共变关系。这就是说，$X$ 与 $Y$ 必须按照假设所预测的方向共同变化（协变）或共同出现。换句话说，$X$ 与 $Y$ 的相关程度与方向必须与假设所能预测的相吻合。（2）两个变量出现有时间顺序。这就是说，必须是影响因素在前，结果因素在后。如果影响因素出现得比结果因素晚，则原有假设不能成立。当然，如果 $X$ 与 $Y$ 互为因果时，这个标准就很难适用了。（3）必须将其他可能的影响因素排除在外。在初步分析时，有些因素似乎是影响条件之一，但深入分析表明这些可能的影响因素实际上并非真正的原因因素，那么这些因素应予以剔除。

实际上，对于"$X \rightarrow Y$"这个命题效度的威胁，来自于上述第（3）点，即来自于看似合理的解释。有时，我们仔细分析后会发现，因变量 $Y$ 所获得的变异可能是由第三个因素引起的，而这第三个因素恰恰与 $X$ 的变异水平相关。这就会对研究的内部效度构成威胁。用符号表示：

$$C \rightarrow Y$$
$$\updownarrow$$
$$X$$

例如,人们认为,某个人经常参加俱乐部活动,所以在处理人际关系上非常熟稔。因此,似乎参加俱乐部活动($X$)影响了他熟稔地处理人际关系($Y$),而研究者分析后认为这两个因素同时受到第三个因素的影响。这第三个因素($C$)就是他的外向型个性,即喜欢社交。在这种情况下,$C$因素是隐藏的第三个因素,$X$和$C$的关系并不是一个因果关系。然而,因为$X$和$C$是相关的,所以$Y$变异的原因可能错误地被归因于$X$,而实际上是由$C$产生的。这里,$X$与$Y$之间是一种共变关系,或被称作假相关。

这类假相关,说明了一个众所周知的观点:相关不能证明因果关系。甚至两个变量没有直接或间接的因果关系,这两个变量也可以彼此相关,这是因为这两个变量都与第三个变量相关。例如,假设我们研究气候与心境之间的关系。研究者发现,抑郁和自杀的发生概率,在下雨天要比晴天大。于是我们做出了"下雨天产生抑郁心境"这个因果关系的结论。但是,真相或许不是这样的。在做出这个结论之前,我们应该考虑一系列与气候有关的其他因素,它们与是否下雨是相关的——如气压、灰色的天空——任何一个都可能是原因。在这个例子中,"下雨产生抑郁心境"这一结论的内部效度很低,因为还可能存在影响因变量(抑郁心境)的第三个变量(如气压),而它与自变量(下雨天)是相关的。

### (二)研究者选择而非操控的变量

我们在第一章已说过,有时自变量的水平是由研究者选择的,而不是操控的。一个典型的情况就是当个别差异变量(或哑变量)作为自变量的时候。个别差异变量是个体或群体之间的一种特点或特质,像智力、年龄、性别、是否是学生会成员等。这些个别差异变量有时称为自然群体的变量。我们也说过,自变量这个术语,用作个别差异变量,最好称为预测变量。

在社会心理学中,许多具有潜在问题的"第三个变量",就是那些由研究者选择而非操控的个别差异变量。假如一个研究者关心的是某些环境变量或实验处理的效应,例如是否参加俱乐部活动影响人际关系的处理。如果自变量的不同水平与人们的个别差异变量是相关的,那么因果推论就要打上折扣。例如,像前面所举的例子,某个人经常参加俱乐部活动,所以在处理人际关系上非常熟稔。然而,我们不能分辨结果变量(处理人际关系熟稔与否)是受参加俱乐部活动的程度(多参加、少参加或不参加)的影响,还是受即使在缺少处理人际关系经验的情况下也存在的个别差异(是否有社交性的个性特质)的影响。

## (三)调节变量与中介变量

影响因果推论效度的除了潜在的第三个变量之外,还有调节变量与中介变量。调节变量(moderator variables)可以增强或减弱因果关系。我们举个例子,假如我们研究后发现,农民工进城务工,他们的技能与找到工作岗位是有因果关系的,有一技之长的农民工容易在城里找到工资较高的工作。但这种显而易见的因果关系受一系列因素所调节,例如,农民工的社会关系网络。进一步研究发现,有一技之长的、具有较强的社会关系网络的农民工寻找工资较高的工作比较容易,而有一技之长,但社会关系网络较弱的农民工找到工资较高的工作就比较困难。社会关系网络的强度成了调节变量。它加强或减弱了农民工的技能与找到工资较高的工作之间的因果关系。然而,这并不意味着,技能与寻找较高工资的工作之间的关系是假的。调节变量(社会关系网络的强度)在没有预测变量(技能)的情况下,并不引起效应。其他调节变量也能增强或减弱因果关系。例如,农民工的知识、自信心、自我效能感等。调节变量可用如下符号表示:

$$C$$
$$\downarrow$$
$$X \rightarrow Y$$

因果关系实际上存在于 $X$ 变量和 $Y$ 变量之间。但是,这两个变量之间的因果关系,由于受到了 $C$ 变量不同水平的影响,从而得到加强或减弱。

内部效度涉及两个重要的第三个变量:一个就是我们上面所说的调节变量,另一个则是中介变量(mediator variables)。完全的中介关系可用符号表示如下:

$$X \rightarrow C \rightarrow Y$$

在这种情况下,$C$ 的出现是在 $X$ 与 $Y$ 之间建立因果联系所必需的。事实上,$X$ 的变化引起了 $C$ 的变化,$C$ 的变化引起了 $Y$ 的变化。例如,某些农民工有强烈的动机进城寻找较高报酬的工作,但是是否能找到适合于他们的工作可能以技能为中介。因此,有些农民工有强烈的动机进城务工,但没有一技之长,就找不到较高报酬的技术工作岗位,而有了一技之长,则很容易找到较高报酬的技术工作岗位。在这个例子中,强烈的动机作为一个自变量,是找到较高报酬的技术工作岗位的一个充分但不必要的条件。$X$ 引起了 $Y$ 的变化,但只有当 $C$ 发生时才成立。

在研究设计时我们必须把两个变量之间的因果关系搞得很清楚。首先一点是要排除可能产生假相关的第三类因素的影响。也就是说,原因因素的变异必须在以下条件上产生或进行观察：第三类因素必须保持恒定，或与 $X$ 的变异无关。这是良好的实验设计必须做到的。

而要做到这一点，一个方法是通过研究设计，尤其是通过实验室实验的设计，相当严密地控制变量，使得通常混淆在一起的因素能够被分开，以致研究者可以对单个原因因素进行操控，从而考查因素之间的因果关系。另一个重要的方法是，把被试随机地分配于所要操控的自变量的不同条件下，这是排除第三类因素对因果推论威胁的主要方法。没有被试的随机分配，对自变量的操控不足以获得真正的内部效度。当然，这并不意味着现场研究或准实验研究不可能有正确的因果推论。要使人们确信这些研究的因果推论的正确性，我们必须一个一个地排除掉影响这些推论的内部效度的潜在威胁。而对被试进行随机分配能完全地排除实验中潜在的虚假的原因变量。

然而应该注意的是，即使最完美的实验设计也不能完全保证其内部效度。构思不良或操作不当都有可能引入许多潜在的第三类变量，从而破坏因果推论。设计优劣程度和进行实验室实验的严格程度，均与内部效度有密切的关系。

## 二、排除对内部效度的威胁

对内部效度的威胁是可以被评估的，也是可以被排除的，即通过考察自变量的协变是不是不经意地与外在变量的协变相关。下面我们来看看影响内部效度的几个因素。

### (一)影响内部效度的因素

#### 1. 成熟效应

成熟效应主要是指由于时间的流逝而对效度产生的影响。实验设计的基本原则是，研究者必须采取措施确保不同实验条件下被试反应的差异仅由研究者所操控的自变量所产生。但这个基本原则可能由下述原因而被削弱，即在两次观察期间，除了实验操作的变量以外，其他因素也发生了作用。不仅是被试，环境也可能改变。这些改变并不是实验处理带来的，但影响了两次观察之间(例如，前测与后测)的变异。这种由时间带来的对效度的影响，即为成熟效应。比如在被试内设计的实验中，被试要做出好几个反应。被试前后反应的差异不仅会受到自变量的影响，还会受到时间流逝的影响。成熟效应有两种重要的形式：练习效应和疲劳效应。这两个效应的共同点是，在完成作为特定因变量的反应测量时，被试已经有了完成它的经验。

#### 2. 历史效应

随着时间的推移，被试所处的环境也会发生变化，这会对内部效度产生影响。在两次观察期间，周围一系列事件的变化影响了被试，例如，气候、经济、政治等条件的改变。发生在研究期间的任何这类改变，被称为历史效应。成熟和历史效应威胁着内部效度，因为它们导致了不同研究时期的各观测之间的系统差异。这就是为什么将被试分配到一个被试内变量的不同水平，是一个不大好的设计的原因。

### 3. 实验效应

另一个与实验情境本身有关的因素是，被试在同一个实验的不同阶段有系统的差异。首先，当被试第二次被观察或第二次做出反应的时候（如，后测），他们的反应可能受到他们了解了先前所做反应（如，前测）的影响。像这类问题被称为测验效应。测验效应，只是一个更为普遍的问题，即实验反应性（experimental reactivity）的一部分。实验反应性指的是，所做的观察能改变观察的过程。如果反应性影响了被试实验中所做的反应，那么它将导致解释上的严重的问题。

反应性表现的一种形式是顺序效应。如果对处理的反应的改变取决于处理的顺序，那么就出现了顺序效应。另一种形式叫做工具性效应，工具性效应与顺序效应几乎以同样的方式破坏内部效度。工具性效应是指，任何与收集数据有关的实验特征，可以是收集数据的人、收集数据的地点以及收集数据的方法等。这些特征会系统地影响被试的反应。

### 4. 样本效应

对内部效度的另一类威胁，与选择被试样本的策略和这些策略产生的影响有关。其中的一种叫选择效应。按照某些特定的标准（如，年龄或在特定测验中的分数），把被试分置于自变量的不同水平之下，这时就可能产生选择效应。因为被试不是被随机分配到不同的条件之下的，所以因变量的改变可能来源于与自变量有关的其他因素，而不是自变量本身。

当研究采用被试内设计，并且被试是根据我们所感兴趣的变量的极端性（即独特性）来选择时，会产生更为微妙的问题。即由于被试的反应存在着向平均数回归（regression to the mean）的倾向，因此会产生统计回归效应。

取样策略方面的最后一个威胁是失败率效应。在两次观察之间，一些被试可能会退出研究。这种情况发生时，研究产生的某种效应有可能与退出的被试的特征有关，而不是与实验操作有关，因此因变量的变异很难说是由对自变量的实验操作引起的。这个问题在以互联网作为研究媒介的研究中尤其容易产生。

### （二）排除对内部效度的威胁

所有对内部效度产生威胁的基本问题都是一样的，即除了操作自变量所引起的变异之外，某些威胁会导致数次实验观察之间的系统差异。但是不管这些威胁多么微妙，通过恰当的实验设计，它们大半都可以被排除。减少这些对效度的威胁的一个最基本原则就是进行良好的实验设计。在进行实验设计时，要对这些威胁进行控制，根本的办法就是随机化和匹配。例如，处理顺序效应、练习效应和疲劳效应的一个好办法是：(1)将被试完成因变量测量的次序进行随机化；(2)不仅是实验组被试，而且控制组被试，都使其以同样的顺序完成所有因变量的测量；(3)通过平衡系统地改变项目呈现的次序。

有关实验控制的一个例子是所谓的真实验设计(true experimental design)，真实验设计能较有效地排除上述威胁。真实验设计是指完成一个前测—处理—后测的同时进行前测—后测的控制。在这个控制条件中选取不同的被试，但应保证前测与后测的实验条件完全相同(例如，包括同样的实验程序和同样的实验者)。

如果被试是被随机分配到上述这两个条件之下，我们就可以将实验条件下的后测结果与控制条件下的后测结果进行比较。这时，显著差异必然来自于对自变量的实验操作，而不是来自于上述任何一种对内部效度的威胁因素。当然，研究者还有其他许多巧妙的实验设计方法，读者可参阅本书第三章《实验设计》及其他有关实验设计的心理学著作，这里不再详述。

## 第三节　研究设计与构思效度

### 一、构思效度与内部效度的区别

对构思效度和内部效度除了可以在定义上加以区别之外，我们还可以用需要特征(demand characteristics，又译成"命令特征"；M. Orne，1962)这个概念来说明方法论上的"混淆因素"(confounds)(它们威胁了构思效度)和方法论上的"人为因素"(它们威胁了内部效度)之间的区别。所谓"需要特征"指的是实验环境中，主试对被试该做出什么样反应的期望，由某些线索传递给了被试。结果被试不再对情境做出正常的反应，而是根据他们猜测到的实验者的需要进行反应。我们就说他们是按照"需要特征"在行动。

需要特征对自变量在因果效应解释中的效力造成了威胁。现以费斯汀格认知失调的经典研究为例说明。实验要求被试执行一件极其枯燥乏味的工作。被试被分成三个组：控制组、实验组1与实验组2。控制组被试直接对实验的愉悦程度打分。实验组被试则被要求对后面的被试撒谎，把实验描述成非常令人愉悦的。两个实验组的不同在于得到的报酬数目。

实验组 1 的报酬是 1 美元，实验组 2 的报酬是 20 美元。最后，两个实验组的被试也要对实验的愉悦程度打分。结果发现，低报酬条件组的态度改变最大。他们对实验的愉悦程度打分最高。费斯汀格认为该实验证明了认知失调理论。实验枯燥，报酬却少，这是一种认知失调状态。因此被试只能改变态度，转而认为实验令人愉快，以减少这种失调。但这里存在一种备择解释，即得到较少报酬的被试之所以对实验愉悦程度的打分较高，可能是因为猜测到了实验者的需求（做出对实验愉悦程度的较高评价）。显然，这个需求特征的备择解释对研究的构思效度产生了威胁。实验者要求拿了钱的被试写一篇反态度的文章，目的是操作从事反态度行为的外在理由的充分性的高低。然而，实验者提供给被试 20 美元，要求他们写这么一篇文章，这就可能提供了一个额外的线索给被试，传递了这么一个信息，即要求做的行为要么是不愉快的要么是不道德的，所以值得付给那么多钱。在这种情况下，这个信息是隐含在自变量里面的，20 美元与 5 美元或 1 美元带来的是不同的线索。结果是，与低报酬条件相比，在高报酬条件下，被试表现出较少的态度改变。但我们不能因此确信，这种改变是由于报酬所提供的充足理由（感兴趣的理论构思），还是由于实验操作内在的需要特征。我们看到，这种混淆因素破坏了构思效度。

同样是上述的例子，我们来看看另一情况，即由实验者本人的期望创造出来的需要特征。因为研究者有一种偏向或预期要在不同条件下引发不同的反应，于是他的指导语会系统地随处理条件不同而不同。例如，提供 5 美元的条件与提供 20 美元的条件下所使用的语调不一样，或者用了不同的非言语线索。这种实验行为是外在于自变量本身的，但是当它们与不同实验条件有着相关时，它们具有程序上的人为性，威胁了对自变量效应的因果解释的内在效度。这个例子说明了，一个拙劣的程序控制如何破坏了实验的内在效度，即使这是个很好地进行了随机分配的真正实验。

## 二、从构念到操作的往复

我们在第一章的研究类型部分中已讲到，因果性研究的目的是寻找真正的原因，从而控制或操作所鉴别的原因因子（agent），以便带来结果的改变。就许多应用研究来说，实用主义的因果关系对于绝大多数的应用和行动研究来说就足够了。也就是说，了解了 X 与 Y 之间存在着可靠的因果关系，我们就可以设计和进行干预，以此带来所希望的结果改变。但是，绝大多数社会心理学研究者并不满足于这种实用层面的因果关系，而是要追寻认知、情感和社会行为之间关系的理论问题，进一步探索在

$X$ 与 $Y$ 之间起中介作用的那些机制。这就是解释性研究。但我们知道，理论是由抽象的概念和假设的构念来陈述的，是不能直接观察到或测量到的。为了能检验理论，必须对理论构念进行从抽象到具体，从概念到操作的转换，才能使之被观察和重复。

### (一)理论检验的循环性质

我们认为，运用于特定研究的特定操作和测量，只是对我们感兴趣的理论构念的部分"表征"——并且是不完善的表征。所以，进行理论检验的研究应该具有循环性质，即：

$$构念_1 → 操作 → 构念_2$$

这里，第一个箭头指的是最初的理论构念转换成实证的假设检验和具体的操作阶段。第二个箭头指的是从实证结果到理论概念水平的推论过程，它又成为下一研究的起点。值得一提的是，因为抽象的定义和理论很少不受到实证研究的过程和结果的影响，所以我们认为，构念_1 和构念_2 在概念上不一定是等同的。在第一个阶段结束时，我们要问，研究中所用的特定操作和测量，作为要检验的理论构念的代表或表征的有效性有多大。换句话说，从构念到操作的逻辑转换有多好。在第二个阶段，推论是从另一个方向进行的，即从实证操作到假设的构念的过程。此时问题变成了：研究者从具体结果引出具有理论水平的结论，其理论的充足程度有多大。

研究最初从构念到操作阶段的效度问题，可由第一章的图 1-1 说明。联系 1 指的是，在实验中自变量的操作定义，与相应的理论水平上的原因概念之间推论上的联系。联系 2 指的是，理论所假设的反应与实验中实际反应的测量之间的类比联系。

雷科弗(S. S. Rakover)认为，在进行社会心理学研究时，应该注意到理论与材料之间存在着的四个问题，即刺激效度问题、反应效度问题、刺激变异的未知范围问题和测量的未知范围问题。

刺激效度与反应效度问题是一个标准的构思效度问题，即实证研究中刺激的变异与反应变异的测量是否真正反映了理论水平上的相应变异。一个典型的例子是，挫折产生侵犯行为的命题。实验室实验中对挫折的操作往往是这样的。例如，实验助手与被试一起完成拼板任务，使被试在完成拼板任务中遭到失败，然后让被试对使之遭到失败的实验助手进行侵犯。常见的侵犯形式是给实验助手以较低的评价从而不让他获得想要的工作岗位。这里的问题是，在完成拼板任务中遭到失败是否真正代表了理论上所说的挫折？给实验助手以较低的评价从而不让他获得想要的工作岗位，是否真正代表了理论上所说的侵犯？以及在完成拼板任务中遭到失败导致给实验助手以较低的评价从而不让他获得想要的工作岗位，是否真正代表了挫折产生侵犯行为？

刺激与反应的未知范围问题，指的是我们不能准确地说明，作为原因的自变量，其怎样的水平能引起因变量的显著变化，以及能引起因变量在什么范围内的变化。例如，领导风格与员工绩效之间的关系，根据有关领导心理的理论，领导风格会影响员工绩效。如果在工厂企业中，让领导改变其领导风格，譬如说，由专制的领导风格改变为民主的领导风格，然后我们测量员工的绩效（如，生产率），那么我们不知道，多大程度上的自变量变化，即多大程度的民主型领导风格，能引起员工绩效（如，生产率）的变化，以及引起员工绩效变化的范围有多大（是生产率，还是出勤率，抑或是两者兼而有之）？

正因为有这些问题，所以我们很难确定，求证一个预期的原因或解释的失败，是代表了理论的失败还是操作的失败。假设的关系，在构念水平也许是真实的，但却没有得到证明，是因为操作难以代表理论上的构念，或者未能指出因果过程发生作用的有效范围。

出现这些问题的主要原因是，不存在标准化的操作能够使这种操作与理论构念严格对应，构念和操作之间的推论步骤太多，使得它们在距离上相当遥远。联系 1 和联系 2 的关系，只不过表征着研究者"直观上的因果联系"。

### （二）原因与混淆变量

有关对效度的质疑常常围绕所操作的自变量的含义来进行，也就是我们前面讲的联系 1，其意思是说，我们操作的自变量，是否足以代表原因构念（causal construct）。在任何研究中，用来代表特定原因构念的操作可以有多种，可以用多种方法来构建。这样，任何一个特定的操作（即操控自变量），很可能与其他假设的心理状态相联系，其中任何一个都可能是真正的原因变量，这种情况就是所谓的自变量的混淆。自变量引起了因变量的变异，但我们不清楚是什么产生了这种结果。

例如，若研究者感兴趣的问题是，社会孤独的人是不是容易受到信息源的影响。那么，就要设计一个自变量来代表社会孤独感的变异（例如，呆在一个房间里但有他人在场；短时间内一个人待在房间里；长时间内一个人待在房间里）。但是，这些实验条件也可能产生其他主观状态的变异，如对未知东西的害怕或认知的反复思考等。这种处理（treatment）产生的任何原因效应都会对社会孤独作出贡献，但在这个特定操作中这些其他的原因便与孤独混淆在一起了。

值得我们注意的是，这类混淆有别于对内部效度的威胁，因为它们是内置于自变量本身的。在这种情况下，处理的原因效应(从效用角度上说)没有受到威胁。但是，当我们对效应进行解释时就产生了问题。构念的混淆是原因因素的混淆，在操作时，它是内在于而不是外在于自变量的。这里面涉及的就是构思效度。

而当自变量与其他变量有相关而没有在处理中被区分，并且与其他变量有协变时，受到威胁的才是内部效度。例如，我们前面举的例子，某个人经常参加俱乐部活动，所以在处理人际关系上非常熟稔。这里研究者选择的个性差异变量影响了人际关系的处理，因变量的变异是由个性差异而产生的。这种效应与自变量变异产生的效应是独立的，这就导致内部效度的问题。

## 三、排除构思效度中的混淆因素

上文说到对威胁内部效度因素的排除，但是对构思效度的威胁就不是这么容易排除了。然而，通过仔细地计划和研究设计的操作，可减少与自变量有关的潜在的混淆因素。

### (一)避免构思效度中的反应性问题

在社会心理学研究中许多潜在的混淆因素来自于被试的"反应性"(reactivity)。罗森塔尔(R. Rosenthal, 1966)认为，即使一个实验的假设被认为是以不偏不倚的方式来检验的，但是研究者也可能使被试以他想要的方式来行动。这就是所谓的反应性。举个例子来说，因为被试对实验者的权力比较敏感，所以在实验中会对某些权力"线索"做出反应，而这些线索正是实验者无意中传达给他们，告诉他们什么是期望他们做的。例如，实验者问被试："你真的想这样做吗?"这可能导致被试认为，正确的答案应该是"不"，然后被试做出了相应的反应。如上所述，这些线索被称为实验者的"需要特征"。

反应性效应除了"需要特征"之外，还有"实验者期望"(experimenter expectancies; R. Rosenthal, 1966)，和"评价性理解"(evaluation apprehension; M. Rosenberg, 1969)。所有这些效应来自于这样一个事实，即比较敏感的、觉察程度较高的被试会主动地寻求研究背景中的线索，以便了解实验者的期望是什么，他们应该做什么，从而以良好的方式来表现他们自己。自变量的不同水平可能含有不同的线索，影响被试对该研究的实际目的和什么是正确反应的猜测。当实验处理和需要特征混淆在一起时，自变量的构思效度就被削弱了。这个问题对于社会心理学研究来说更为突出，这是因为社会心理学的研究多半涉及社会交往，并且被试常常知道他们在参加研究。

## (二)对概念的重复检验

我们常常可以看到,在社会心理学文献中,有许多令人感兴趣的争论,对一个特定现象的理论解释,充满着不同意见。要解决这类争论,就要求能对现象进行概念上的重复检验,要利用不同的操作来表征同样的因果构思。

比如,在阿伦森和米尔斯(E. Aronson & J. Mills,1959)的经典研究中,实验者为了引发被试的认知失调,要求女性被试大声阅读令人难堪的、淫秽的文章,并借口说这是要参加一个讨论组所必需的"入会测试"。这里的自变量是认知失调的程度,其中一个认知是被试的行为(要加入群体必须经过高度难堪的行为程序),另一个认知是所知觉到的群体吸引力,这两个认知之间产生不一致从而引起失调。但是,当被试背诵淫秽词汇(一个认知),然后听群体令人乏味的讨论(另一个认知)时,我们不清楚,这是否能代表主试想测量的概念变量。人们认为,对这个研究中的变量有许多潜在的解释,包括诵读淫秽的材料可能导致性激起并混入到对群体讨论的反应中。如果真是这样,那么自变量应该是激起的转换,而不是背诵淫秽词汇的行为与群体吸引力之间的失调。

为了排除这种备择解释,杰勒德和沃瑟森(H. B. Gerard & G. C. Wathewson,1966)重复了阿伦森和米尔斯的实验,但他们的实验构思与阿伦森和米尔斯的不同。例如,杰勒德等人以电击而不是阅读淫秽词汇作为"入会测试"来检验失调的概念。在他们的实验中,电击作为一个加入群体的理由,是一种情绪性的体验,而不是一种令人难堪的体验;并且被试将要听到的群体讨论是闲谈而与性没有关系。这样,性激起这种影响自变量的实验操作的污染因素就被排除了。他们的研究结果肯定了原先的发现,即为了成为一个无趣的群体的成员忍受痛苦电击的人,要比接受轻微电击的人更倾向于把群体看得有吸引力。这种在相当不同的实验操作下对基本的入会效应的确认,支持了这样一个观点,即正是由一种严肃入会产生的认知失调,而不是某些概念变量,解释了最初实验的结果。在社会心理学中,在从一些复杂实验程序中获得对结果的解释是否有效这个问题上存在类似的争论,引出了大量的研究。通过对概念的重复性检验来评估原因变量的构思效度,既具有挑战性,又对于心理学领域的理论发展具有重要意义。

## (三)多特质多方法

库克和坎贝尔(1979)认为,对任何一个研究方案的构思效度最严重的威胁,来自于"单一操作偏差"(mono-operation bias),意思是使用一种单一的方法或测量来表征特定的理论构念。因为任何一种不变的操作都不能充分代表我们所要研究的构念，它往往包含着其他潜在的无关构念，所以在单一操作基础上进行的解释常常受到挑战。以多种不同的操作对同一构念进行概念上的重复检验，目的就是建立良好的构思效度。

用多种不同操作来进行概念上的重复检验，既能检验聚合效度，也能检验辨别效度。当代表同一潜在理论构念的不同操作基本上产生了相同结果时（正如前面所讲的杰勒德和沃瑟森所做的研究那样），我们就说建立了聚合效度（convergent validity）。然而，同样重要的是，表征所感兴趣的构念的操作显示了预期的效果，而其他不反映该理论构念的操作没有显示出相同的效果。假如杰勒德和沃瑟森证明，由忍受电击产生的失调引发了对群体的吸引力，而性激起没有产生对群体的吸引力，那么他们进一步表明，失调的解释是具有辨别效度（discriminant validity）的。也就是说，失调产生的激起所显示的效应，是有别于其他类型激起所产生的效应的。

聚合效度与辨别效度也可用于因变量的测量。为了建立测量的构思效度，有必要证明，一个特定的测量与测量同一个构念的不同方法所得结果是正相关的，而与同样的方法测量不同构念的结果是负相关的。因此我们可以用"多特质多方法"（multitrait-multimethod，MTMM）来建立构思效度。

多特质多方法是由坎贝尔和菲斯克（D. T. Fiske）于1959年提出来的，多特质多方法的设计使用了两种或两种以上的特质（理论构念），用了两种或两种以上的方法来测量同一个构念，以考察不同方法检验同一构念的概化程度（即聚合效度）以及一种理论构念相对于另一理论构念的区别程度（即辨别效度）。这样，如果一种测量具有构思效度，那么对同一特质用两种不同方法所得结果应该比用同一方法测量不同构念所得结果有更高的相关。

### （四）中介分析

中间过程在原因变量和结果变量的联系上起着中介作用。让我们回到图1-1，通过单独考察自变量（联系1）或因变量（联系2）的构思效度，是不可能解决对心理过程进行理论解释方面的争论的。这种理论争论，要求对中介的生理的、认知的和情感的过程本身进行探讨和操作。

我们在第一章里举了一个与认知失调理论有关的研究例子。费斯汀格（L. Festinger，1957）认为认知的失调导致了一种令人不舒服的紧张状态，这种状态使得人们努力去减少它。也就是说，认知失调产生了一种动机性的激起状态。但是，贝姆的自我知觉理论认为态度与行为不一致的纠正，不是由于激起。我们完全是根据行为来推论态度的，其中没有涉及激起。对人们纠正态度与行为不一致的心理现象，不同的理论提出了不同的观点，形成了社会心理学中长期的争论。在这类争论中，基本的实证结果和研究操作的效度是没有问题的。两方面的理论家都承认，呈现或不呈现外在诱因（如，报酬）与产生的结果，即行为和表达态度的一致性两者之间存在着因果联系。问题是存在于被诱导出来的行为和随后的态度背后隐藏的中介过程的性质是什么。自我知觉理论家认为，中介过程主要是认知的、自我归因的过程；而失调理论家认为，这取决于动机过程，也就是说，有激起的存在。正如许多社会心理学研究的情况那样，建立构思效度的因素有助于使理论精细化和明确化。

之后，有许多研究者都想在这两种解释中找到最合理的一个，但都徒劳无功。每个研究中，同样的实验操作都与这两种理论构思相一致并得到解释。直至一个巧妙的实验直接对动机性激起的中介作用进行了评估，这个死结才被解开。赞纳和库柏（M. Zanna & J. Cooper，1974）设计了一个有关中介过程的实验，结果表明为了产生态度改变效应，激起的出现是必需的。当激起的动机效应受到阻碍后（通过错误归因），反态度行为之后的态度改变就不会发生。这些过程的结果更多地与对该现象的认知失调解释相一致，而不是与自我知觉的解释相一致，尽管他们确认，不仅动机过程，而且认知过程，都是最基本的中介因素。

# 第四节　研究设计与外部效度

## 一、减少对外部效度的威胁

外部效度指的是在一个研究背景中所显示的一种效应（及其内在过程）是否能在另一种背景中用不同的被试和不同的研究程序获得，即研究结果能够泛化（概化）或可应用的程度。

### （一）实验的前测问题

在研究设计中，如果前后两次观测的结果，即前测和后测，与实验操作发生交互作用，致使实验组被试在第一次测试阶段（前测）中的反应显著地不同于控制组被试，那么外部效度就有可能受到威胁。但是，这种反应性不会破坏实验的内部效度——因为效应依然是实验操作引起的——但是，它造成了解释上的困难。这是因为研究的结果只能概化到给予前测的人们所在的情境之中去。换句话说，前测—后测的设计可能会削弱外部效度。

例如，有些研究者认为社会接触方案可能减少偏见（如，种族偏见）。为了检验社会接触方案是否会减少偏见，他们将被试随机分配到实验条件和控制条件下，首先测量每一被试组的偏见程度，然后让实验组被试参加社会接触行动，而不对控制组的被试进行这类操作。最后，实验者再一次测量两个组的被试的偏见程度。这就是有关社会接触对偏见的影响的研究。但这里的问题在于，被试参加了社会接触行动后，他们更为深入地理解了偏见量表上条目的含义，以致在后测的量表上表现出较低程度的偏见。这个研究结果只是告诉我们，接触效果的产生仅仅是因为被试对偏见量表上项目的理解发生改变而已，并没有证明接触作为减少偏见的手段，产生了效果。

这个问题的解决办法是简单地修改一下设计，即取消第一次测量，这样就不存在前测与实验处理的交互作用了。许多社会心理学家采用这种方法，因为它简洁、易行、有效。

然而，实验前测并不是威胁外部效度的唯一问题。就效度而论，为了把研究结果从一个样本概化到总体，样本必须在理论上的相关维度方面代表总体。还有一些问题也颇有争议，例如实验设计的一些特征可能削弱了外部效度。这些特征包括：(1)被试对实验设计特征以及对实验者假设特征的反应性，(2)实验背景的人为性。

### (二)外部效度的反应性问题

有关反应性的定义，我们在前文已说过。威胁外部效度的一种形式就是实验者偏差(experimenter bias)。实验者偏差指的是研究者阻碍了对研究假设进行公证的检验。譬如说，研究者可能有意识地对他所喜欢的反应做更为积极的反应(像点头、微笑)。甚至，一些研究者来"促进"被试做出研究者本人希望看到的反应，以支持实验假设。很显然，这类"骗术"贬损了研究的价值，由此产生的问题也不是仔细进行实验设计解决得了的。与此相对照的，无意识的实验者偏差更容易引起人们的注意，且容易解决。例如，让实验者不知道被试所处的实验条件，或进行双盲实验。

因为让被试了解实验的假设既威胁构思效度又威胁外部效度，所以社会心理学家常常费尽心思来隐瞒实验的意图，例如，告知被试虚假的实验目的，或欺骗被试不告诉他们实验的真实情况。当然，这样做存在一些伦理上的问题，因此社会心理学家往往在实验或研究之后告诉被试欺瞒他们的原因。

除了上述实验者偏差，还有实验者的需要特征也会损害外部效度，由于需要特征已在构思效度部分讲过，这里不再重复。但值得提醒的是，我们在构思效度中也讲到反应性，特别是需要特征是从被试角度上讲的，即比较敏感的、觉察程度较高的被试会主动地寻求研究背景中的线索，因此对构思效度的威胁是内在于被试的。而这里讲的需要特征是从研究者角度出发的，即外在于自变量并且由研究者引入的因果关系的混淆因素。但顺便说明一下，关于构思效度与外部效度之间的关系，心理学家还有许多争论。有些心理学家认为，构思效度属于外部效度，是外部效度的一种形式，而有些心理学家认为构思效度是最基本的效度，它包括了我们所讲的所有效度形式，当然其中包括了外部效度。有关这方面的争论目前尚未解决。

### （三）外部效度的人为性问题

对外部效度最大的威胁是研究者将控制条件下的实验室研究结果过度概化到其他情境中。当研究者进行实验时，他们控制了理论上的相关变量，而使其他变量保持恒定。但强调对变量的控制可能会使变量内涵的丰富性大大降低。大多数研究者认为，实验室实验简化了人们在现实中所面临的日常生活情境。当然研究者可以对实验结果与现实生活之间的关系加以解释。但不管如何，这种过分的简化会带来实践上和理论上的问题。所以，社会心理学者正在探索如何进行多种心理和情境因素的交互作用的研究。在此基础上所得的研究结果，就能被更好地概化。这一点，我们在下文中还会谈到。

## 二、外部效度的表现形式

外部效度不是一个单一的构念，它代表了有关概化的一系列问题，每个问题对于研究结果的解释及推广都有不同的含义。外部效度有三种最重要的形式——稳健性（robustness）、生态效度（ecological validity）和联系性（relevance）。每种形式都对一个特定的研究结果可概化至何地、何时、何人提出了不同的要求。

### （一）稳健性

稳健性（robustness，有些学者直接译成"鲁棒性"）是指，一个特定的结果（发现）在不同历史背景、场合、人员中的可重复性。从狭义上说，稳健性是指在一个实验室里获得的研究结果是否能由其他研究者在另一个实验室里被完全重复验证。从广义上说，稳健性指在广泛而多样的被试总体和背景下，研究结果的普遍性如何。我们可以看到，有些研究结果比较脆弱，可重复性不高，只能在特定背景中，在高度控制条件下才可获得；而有的结果则是不管对之检验的条件如何，都能得到重复验证。

从技术上来说，如果一个特定的研究，其被试是从一个广义的总体中随机选出的，那么该研究结果应该表现出稳健性。这个有关外部效度的方法意味着，研究者必须明确一系列在理论上得到较好定义的总体和背景。这样，他们所感兴趣的效应就能概化到这些总体和背景中去。并且，他们必须建立一个可以从中抽取样本的总体和背景的"仓库"。这类概化形式，通过不断重复、系统地选取背景和被试的类型而建立起来。

例如，在以浙江大学本科生为被试的社会心理学实验室里获得的最初结果，可以到北京的高中生中以及重庆的一个社区组织的成员中进行重复验证。这种重复性策略不仅更具有实践性，而且就检验理论的目的而言，还有许多潜在的好处。如果结果在系统选择的情况下不能被重复，那么至少我们也可获得一些线索，譬如，对于特定效应而言，哪些变量是重要的中介变量，从而影响了预期效应的出现？

跨多个总体和多重背景的概化必须与对一个特定总体的概化相区别。一个现象具有稳健性，是在这个意义上说的，即它对于总体的整体而言是成立的，但可能对特定的子总体或特定的情境不一定成立。如果概化的问题只针对特定的目标总体（譬如说，从大学生概化到年长者），那就必须在那个总体内进行重复性检验。

我们在前面已提到，就从一个总体或研究背景概化到其他总体或背景中而言，实验室背景得到的实验结果最容易产生外部效度的问题。西尔斯(D. O. Sears，1986)曾回顾了采用大学生被试进行实验室实验的情况。他说，在其总结 1985 年最主要的社会心理学刊物上的研究报后发现，74％的研究是以大学生为被试，78％的研究是在实验室里完成。这就是说，这种总体和研究背景的局限性意味着，社会心理学有关人的本质和社会行为的结论建立在狭隘的基础上。但西尔斯并不是说，与任何其他特定类型的人群或背景相比，在大学生被试或心理学实验室基础上得出的结果就具有较小的概化性。效应并不因为产生于特定的现实背景中就比在实验室中会被自动地赋予更高的外部效度。西尔斯只是批评，大量研究采用特定类型的被试和背景，其外部效度有着相同的局限性。

因此，我们必须清楚地知道，大学生被试与来自其他总体的被试的不同之处，以及这些不同如何影响了我们所观察到的效应。根据认知和社会发展的研究文献，西尔斯提出，大学生存在几个明显的特征，这些特征可能与社会心理学的研究结果有关。例如，与一般的民众不同，大学生可能有更高的认知技能，较少形成良好的或固定化的态度和自我概念，较少具有稳定的群体认同——当研究是在实验室进行，用的是学术性或专业性较强的任务时，这些差异可能更加明显。西尔斯认为，由于被试总体和背景的特征，我们的研究结果可能夸大了情境因素和认知因素对态度和行为的影响。

背景或被试总体的特征影响因果关系的推论，实际上是假设、原因与总体或背景有交互作用（或受总体或背景所调节），从而产生该效应。如果把西尔斯的论点转换成术语，那么他认为对自变量的操作与被试特征的交互作用，共同决定了态度改变的程度。例如，要依靠认知上的深思熟虑从而使自变量产生效应，那么所得效应将是不一样的，这种不同取决于测试结果是从大学生被试得来的，还是从年老的、非学生被试得来的。在这种情况下，年龄被认为是调节了需要认知上深思熟虑的处理所产生的因果效应。

外部效度不仅与被试总体相联系，而且与背景有关。当在不同的实验室或不同的现场中，或在具有不同特征的实验者的指导下进行同样的研究程序，如果自变量与因变量之间的关系改变了，那么研究结果的外部效度就受到了挑战。例如，米尔格兰姆（S. Milgram）有关服从的最初研究是在耶鲁大学的实验室里做的，尽管被试用的是招募来的普通老百姓，但是也产生了另外的一个问题。因为被试来自大学之外，许多人对大学生活没有体验，并且对耶鲁满怀尊重和期望，这可能使得被试比在其他场合更易接受实验者的命令，从而更多地服从。为了解决这个问题，米尔格兰姆在十分不同的物理环境中重复了这个实验，把实验移到位于康奈蒂卡特的布兰奇波特工业城的一个破旧的办公室里进行，假称这是一个心理学研究公司。米尔格兰姆希望把有关耶鲁的声誉的影响减少到最低程度。与原来研究所获的结果比较，在布兰奇波特的研究获得了同样的结果，只是服从的程度略微低了一些，但服从的比率仍是很大的。这样看来，在这个研究中，背景确实是影响研究结果的一个因素，但不是一个关键因素。

库克和坎贝尔（1979）则阐述得更清楚，即外部效度问题或概化问题，是有关自变量（处理）和背景变量（如被试的选择、历史和研究环境）之间交互作用产生的潜在问题。换句话说，外部效度的问题基本上是源于调节变量，调节变量限制了或者决定了所研究的因果关系的质量。正如米尔格兰姆的实验所表明的，一旦鉴别了潜在的调节变量，那么通过在实证研究中系统地改变这些因素，同时观察结果的变化，就可以检验出效应的稳健性。

**（二）生态效度**

如果我们问某一效应是不是代表了日常生活中所发生的事件，与问某效应是否具有跨人群或背景的一致性，在某种程度上是不同的。这是生态效度（ecological validity）的本质——在整个总体的典型条件下一种效应是否会发生，强调的是研究程序和效应与日常生活出现的事物的匹配程度。生态效度的概念来自于布朗斯威克（E. Brunswik）所提倡的"代表性设计"，这种设计是以对被试和情境的概率取样来进行的。

代表性与稳健性不是一回事。概化，从稳健性角度上说，是问一种效应是否能跨背景和跨人群地发生；而生态效度是问一种效应是否在它所发生的世界（如，典型的日常生活环境）里确实能发生。在布朗斯威克看来，在非典型的背景（如，实验室）中，从非典型的总体中所获得的结果（如，大学生）在更有代表性的环境中能自然出现之前，是绝没有生态效度的。

许多研究者抱有这样的观点，即绝大多数研究的目的是要表明在特定总体中的事件确实发生了。检验因果关系假设，就需要表明操作原因因素就能改变结果。即使最强调应用的研究者也对这个问题感兴趣，即什么样的干预能改变结果，而不是在现在的条件下什么东西会发生。因此，对绝大多数社会心理学家来说，对于设计用来检验因果假设的研究而言，生态效度的要求实在太苛刻了。然而，生态效度对以描述或展示为目的研究来说则是十分关键的。

进一步说，显示因果效应的背景，与为了显示效度而在真实生活中进行原则性操作的物理背景，并不是一回事。在实验室背景中进行的心理学研究，虽然其背景与现实生活的背景大相径庭，缺乏生态效度，也就是说，不能在现实背景下进行同样的操作，但研究得到的因果关系也可能涵盖能高度表征真实世界的内在事件所发生的过程。

### （三）联系性

在某种意义上，生态效度的问题也是一个联系性（relevance）问题——研究结果与真实世界实际发生的事件或现象之间的关系。然而，联系性有更广的含义：是不是研究结果有潜在的用处或能应用于解决生活中的问题或改进生活质量。从后面一种含义来说，我们看到，联系性并不必然取决于显示该效应的研究背景和最终应用的现实背景之间的物理类似性。一个例子是手眼协调的知觉研究，这种研究往往在高度控制的人为性的实验室背景中进行，其结果对于飞机座舱仪表的设计是有价值的，即使实验室看上去实在不像飞机座舱。

联系性是概化的最终形式。不同的研究在注意联系性方面的差异，主要是一个程度问题，而与研究类别无关。所有社会心理学研究都出于这样的愿望，即理解社会行为及其含义。但是基本的研究结果和应用之间的联系，常常是间接的、累积的，而不是迅捷的。联系性是社会过程的事，也就是说，是有关研究结果如何转化和使用的过程，而不是研究的结果是什么的问题。

## 三、内部效度、构思效度与外部效度的相对重要性

同其他效度一样，外部效度必须从进行研究的目的来评估。当研究基本上是描述性时，生态效度是最重要的。而当研究目的是有效性时，效应的稳健性就更关键。当研究目的是要设计一个干预措施来解决某些应用问题时，联系性就十分必要。片断的、难以概化的研究结果往往会

使理论的应用产生致命的缺陷。而在另一方面，如果研究的目的是要检验一个待解释的理论，那么外部效度可能就不是很关键了，此时，构思效度要比其他形式的效度更重要。

例如，在物理学中，许多现象只能通过实验，在真空中或借助于超限对撞才得以显现。然而，以这些方法所得的结果，通常被认为对理解基础科学的基本原理和最终的应用极为重要。莫克（D. G. Mook，1983）坚持认为，外部效度在心理科学中的重要性被夸大了。他说，绝大多数实验研究并不是意在把实验室人为背景中获得的结果概化到实际生活中去，而是意在检验来自理论的预测。因此不一定要求有较高的外部效度。实际上，莫克认为，当我们进行检验理论的研究时，构思效度比其他形式的外部效度更重要。然而，需要进行概念上的重复检验来建立构思效度时，就要求有一定程度的跨研究操作和跨背景的稳健性，这非常类似于对外部效度的要求。系统化的、程序性的研究类型伴随着对外部效度的研究，无疑这同时对理论的修改和精细化做出了贡献。

效度是指我们测得了要测的特征的程度。在社会心理学中主要有三类效度：内部效度、构思效度和外部效度。它们都与研究设计有密切的关系。内部效度是指因变量的变异是由自变量的改变而产生的。在研究设计中有关内部效度的问题主要有：第三个变量、研究者选择的变量（如个性变量）、调节变量和中介变量。构思效度指特定研究采用的方法和操作所得因果关系能泛化到它们所代表的理论上的构念和过程的程度。在研究设计中有关构思效度的问题有反应性、中介过程等。外部效度是指研究结果能概化或可应用到其他背景或人群中去的程度，而稳健性、生态效度和联系性是外部效度的三种形式。在研究设计中有关外部效度的问题有很多，像实验前测问题、实验的人为性等。在社会心理学研究中，存在着很多威胁上述三种效度的因素，但通过研究经验的不断积累、研究设计技术的日臻完善，这些威胁效度的因素绝大多数都能被排除。

## 本章思考题

1. 什么是效度、内部效度、构思效度和外部效度？
2. 有哪些因素分别影响了内部效度、构思效度和外部效度？
3. 我们如何尽可能地排除影响这三类效度的威胁因素？
4. 外部效度有哪三种形式？它们有什么不同？
5. 为什么我们说研究设计与上述三种效度都有密切关系，请分别予以说明。

（作者：郑全全）

## 第三章 实验设计

研究设计实际上是较综合的研究计划，包括样本的选择、实验的处理、因变量的测量等一系列受研究所隐含的理论模型指引的内容。本章的主要内容包括三个部分：研究设计概述，这部分内容会简单介绍研究设计及其类型和优缺点；自变量的设计，包括单自变量设计、多自变量设计及相应的注意问题；因变量的测量，是否需要进行前测、如何选择因变量的测量项目、特殊因变量—中介变量的测量及其他影响因变量测量的混淆因素等。

## 第一节 实验设计概述

### 一、研究设计简介

自心理学从哲学中分离出来，成为一门独立的学科后，心理学家们一直在探索如何科学地研究心理现象，研究设计则是通向研究科学性的一条途径。研究设计是指研究者为了解答研究方面的问题，说明如何控制各种变异来源的一种扼要的计划、架构和策略。在研究设计中，需要确定主要的变量，做出主要变量的图解，确定研究总体及取样方法，说明如何收集数据，及用什么样的统计分析方法。一般情况下，按照研究是否需要操控变量，研究设计可分为三种基本的类型：

#### (一)实验设计(Experimental Design)

研究者至少操控一个自变量，然后把被试随机分配到各种实验处理中，对变量各水平的操控通常被称为"处理"(treatment)。实验是对环境进行系统的操控，从而观察这种操控对行为的效应。实验者运用自变量和因变量来说明所操控的环境变量和所观察的行为，使其不感兴趣的环境变量保持恒定。

（二）准实验设计（Quasi-experimental Design）

这种设计不需要操控自变量，它与实验的主要区别在于，准实验中没有运用随机化程序进行被试的选择和实验处理，如把两个已经存在的群组分别安排到两种不同的实验处理中。准实验对于提高研究效度和研究结果的普遍性具有一定的意义。单组前后测设计、单组时间序列设计、固定组比较设计、不相等实验组设计等均属于准实验设计。

（三）非实验设计或被动观测设计（Nonexperimental or Passive Observational Design）

这种设计既没有操控自变量，也没有随机分配被试，观察法和相关法是非实验设计的主要类型，非实验设计在心理学研究中较少被采用。有关非实验设计的内容，请读者参阅本书第十七章《非实验数据的分析》。

本章主要关注第一种类型的设计——实验设计。关注实验设计主要有以下两个原因：第一个原因是实验设计对当今社会心理学研究有着非常重要的作用，社会心理学研究越来越走向精确化，而通过实验设计可以获得更加准确的研究结果；另外一个原因是实验设计的优点越来越多地被认识，即使进行现场调查的研究者也开始认识到实验设计的作用，实验设计能够对实验变量进行严格的控制，使得自变量与因变量的因果关系更加清晰和明确。

## 二、实验设计的步骤

一个完整的实验设计包括一系列的步骤：

1. 建立与研究假设有关的统计假设；
2. 确定实验处理和必须控制的无关条件；
3. 确定实验需要的样本数量及抽样总体；
4. 确定将被试分配到各种实验条件中的方法；
5. 确定因变量的测量方法和统计分析方法。

举例来说，受内隐社会认知研究的启发，研究者希望证明动态的归因过程也是一个双重的结构——内隐归因与外显归因。为了证实这项研究预测，研究者决定采用内隐联想测验（IAT）的方法，并提出了相关的研究假设：假设1，除了外显归因外，还存在内隐归因，归因是一个双重过程；假设2，被试在完成内隐联想测验中兼容任务的反应时少于完成不兼容任务的反应时；等等。然后，研究者设计了IAT的实验材料和外显归因的测量材料，并随机抽取了一定数量的被试。采用被试间的完全随机设计，把被试随机分配到各个实验处理中，使其随机接受相容任务和不相容任务的测量，并对实验数据进行了统计和分析。最后确定了相容任务和不相容任务的反应时差异，从而判断实验假设是否得到验证。

## 三、实验设计的类型及选择

### (一)被试间设计、被试内设计和混合设计

#### 1. 被试间设计

有些时候,一个因素存在两个或多个水平,不同的被试被随机分配到因素的不同水平,或者要求每个被试只接受一种自变量处理,对另一被试进行另一种自变量处理,这种实验设计被称为被试间设计(between-subjects design)或独立组设计(independent group design),如表 3-1 所示。按照实验处理是否在被试间随机分配,被试间设计又分为随机组设计(random group design)和配对组设计(matched group design)。随机组设计是将被试随机分配到不同的处理组接受不同的自变量处理;配对组设计是将实验因素划分为若干个不同水平,预先对被试进行前测,根据前测的结果将被试分为不同的等级,再将不同等级的被试进行配对,这样可以使各组中包含所有等级的被试,且各组的情况基本相同。这样做的目的是考虑到被试在不同因素上的差异,更好地保证各组的同质性。

表 3-1　被试间因素设计

| 水平 1 | | | 水平 2 | | |
|---|---|---|---|---|---|
| 被试 1 | 被试 2 | 被试 3 | 被试 4 | 被试 5 | 被试 6 |
| $X_{11}$ | $X_{12}$ | $X_{13}$ | $X_{24}$ | $X_{25}$ | $X_{26}$ |

注:$X_{ij}$ 指被试 $j$ 在处理 $i$ 的观测数据

#### 2. 被试内设计

除了被试间设计外,还有一种设计称为被试内设计(within-subject design),指的是相同的被试接受了一种以上的实验处理。在这种情况下,如表 3-2 所示,被试被随机分配到各组中接受不同顺序的实验处理。如果被试接受实验处理的顺序不是随机的,那么其他因素可能会引起在不同时间进行测量的系统差异,如成熟因素。被试内设计又可分为三个子类型:(1)实验前后测设计(experimental before-after design),是指在被试接受实验处理前对被试进行前测,然后进行实验,实验完成后再对被试进行测试。如果被试间的差异是可以忽略的话,两次测试所得结果的差异就是实验条件所引起的。(2)定时系列设计(time serial design),在被试接受实验处理前在一定的时间间隔内对被试进行一系列的重复测试,然后进行实验,实验后对被试再进行一系列的重复测试。求出实验处理前和实验处理后两个系列测试的平均数,两个结果间的差异可认为是由实验因素导致的。定时系列设计可以看成是实验前后测设计的扩展形式。(3)抵消实验条件设计(reversal experimental condition design),

是指消除实验过程中某一无关变量影响的一种设计，即"ABBA"设计。在实验过程中，有些无关变量既不能被消除，也不能保持恒定。在被试内设计中，前一实验处理往往会影响后一实验处理的效果，产生顺序误差。此时采用 ABBA 的设计，可以有效地避免顺序效应。这种处理在处理 $X_A$ 的情况下得到两个数据，在处理 $X_B$ 的情况下得到两个数据，在统计结果时采用两个数据的平均数就可以了。

表 3-2　被试内因素设计

| 被试 | | 第一次观测 | 第二次观测 |
|---|---|---|---|
| 组 1 | 被试 1 | $X_{11}$ | $X_{21}$ |
| | 被试 2 | $X_{12}$ | $X_{22}$ |
| | 被试 3 | $X_{13}$ | $X_{23}$ |
| 组 2 | 被试 4 | $X_{24}$ | $X_{14}$ |
| | 被试 5 | $X_{25}$ | $X_{15}$ |
| | 被试 6 | $X_{26}$ | $X_{16}$ |

注：$X_{ij}$ 指被试 $j$ 在处理 $i$ 的观测数据

3. 混合设计

混合设计是指在一个实验中同时采用两种以上设计，如一个自变量采用被试内设计，另一自变量采用被试间设计。一般来说，如果一个自变量很可能会影响另一个自变量，那么对这些自变量按被试间设计安排，其余的自变量按被试内设计安排。此种方法可以把被试间设计和被试内设计综合起来，取长补短。

有研究者使用混合设计的方法比较抑郁者和非抑郁者的记忆成绩。他们假设，抑郁者比非抑郁者对于未完成的记忆任务的记忆效果更好。实验中，要求抑郁组和非抑郁组完成 20 项记忆任务，其中，10 项记忆任务在完成前被打断。在全部任务完成后，要求被试回忆记忆任务的名称或尽可能多地描述记忆任务。在这个设计中，被试变量是被试间设计（抑郁者和非抑郁者），任务类型是被试内设计（完成任务和未完成任务）。

(二)单因素实验设计和多因素实验设计

在实验设计中，最简单的就是单因素设计，在实验中只有一个自变量，被试接受这个自变量不同水平的处理。

多因素实验设计(factorial experimental design)是指实验中含有多个自变量，被试接受几个自变量不同水平的结合的实验处理。"多因素"是指实验中包含了两个或两个以上的自变量，而不是指一个自变量的不同水平。它的优点是：（1）高效率，使用多因素实验比单独进行各因素之间比较的实验的效率要高许多；（2）对实验的控制程度好，能在最大限度上对实验的各种条件进行统一，减少了实验误差；（3）实验结果更有价值，可以计算自变量水平之间的交互作用。有关多因素的实验设计我们在下文还会讲到。

### （三）实验设计的选择

实验设计还有许多类型，选择合适的实验设计类型是研究获得成功

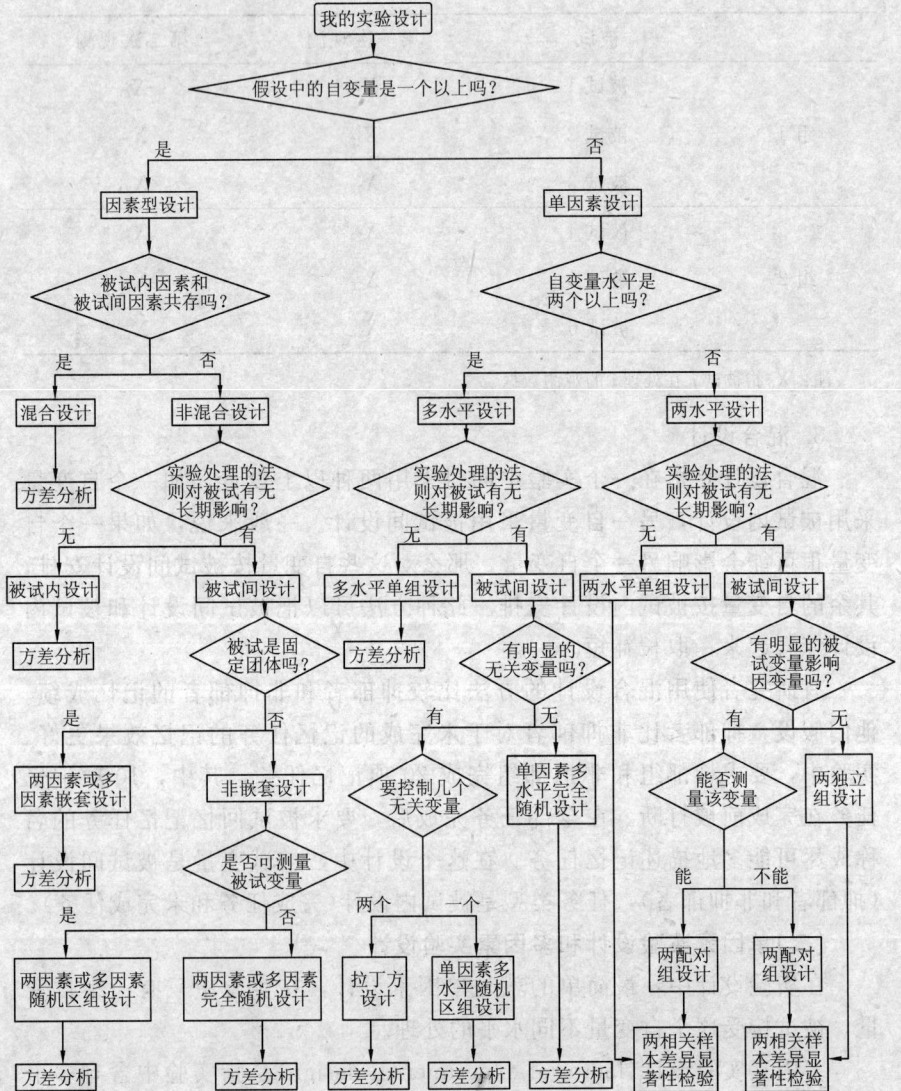

图 3-1　选择实验设计类型的流程图

的关键，袁登华和王重鸣两位学者在 2002 年提出了一个选择实验设计类型的流程图，指导实验者如何选择合适的实验设计，如图 3-1 所示。

研究设计不可避免地与数据分析相联系。一个恰当的设计能够保证数据分析与事实或统计假设一致，以及假设所包含的因果推论是合适的。本章我们主要关注实验设计，关注变量间的逻辑关系，而不考虑与数学有关的数据分析。

# 第二节　自变量的设计

实验设计主要包括自变量的设计和因变量的测量。在本节中，我们先对自变量的设计进行阐述，在下一节，再具体阐述因变量的测量。一般情况下一个实验至少包括两个因素或自变量，因而单因素设计通常较少被采用。实验中实验者所操控的、对被试的反应产生影响的变量称为自变量（independent variables），它被认为可能对因变量产生影响。

## 一、自变量类型——固定或随机因素

### （一）固定和随机因素的概念

一个因素的水平可以被看成是固定的或随机的。若因素的 a 个水平是经过特意选择的，在样本中它的所有可能的取值都出现了，则该因素称为固定因素。固定因素是指因素水平可以严格地人为控制，在水平固定之后，它的统计值也是固定的。例如，几个不同的实验温度，不同的性别等。在这些情况中，因素的水平是特意选择的，所检验的假设及得到的结论只适合于此方差分析所考虑的那几个水平，而不能将其推广到未列入考虑的其他类似水平上。

若因素的 a 个水平，是从包含该因素全部水平的总体中随机取样获得的，其所有可能的取值在样本中并没有都出现或不可能都出现，则该因素称为随机因素。从随机因素的 a 个水平所得到的结论，可以推广到这个因素的所有水平上。随机因素的水平是不能进行严格的人为控制的，在水平确定之后，它的统计值并不固定。

以一个教学方法改革的实验为例。实验采用随机区组设计方法，以成绩作为划分区组的依据，从而消除成绩对教学方法效果的干扰。现将成绩相等的 24 个学生分为 8 个区组，每个区组 3 个学生。三周后对学生的学习成绩进行测试，考察三种不同教学方法对学生的学习成绩是否产生影响。在这个例子中，教学方法是固定因素，它只可能有 1、2、3 这三个值，并且都出现了，它的效应值也是固定的，并且研究结论不能被推广到其他类似的教学方法上；而区组是随机因素，实际上总体不可能只有这 8 个成绩区组，因此要依据样本中区组的情况来推论总体中未出现的那些成绩取值的情况。随机因素和固定因素均为分类变量。

简单地说，固定因素囊括了总体中所有可能的情况；随机因素只是选取了总体中的一部分。因此随机因素必须要"随机"，否则推论到总体就会产生误差。而从外部效度的角度考虑，在研究中我们要尽可能多地选择随机因素，并保证其"随机性"。

假设我们想要调查一起事故的后果（轻微或严重）对人们责任归因的影响。我们可以设计许多不同类型的事故情节，如火灾、交通事故等，这些事故情节的后果的严重程度不同。要求被试阅读每一个类型的事故情节，并对事故的责任程度打分。结果表明，在所有事故情节类型中，后果越严重，被试给予的责任归因越高。这说明什么？答案的关键在于"情节或事故类型"因素。如果认为这些因素是固定因素，那么该研究结果只能适用于这些独特的事故情节；如果认为这些因素是随机因素，那么就可以确保研究结果适用于其他类似的情节或事故类型。

在调查研究中使用的完全随机取样，能够为样本结果推广到总体提供统计学的保证。但在实践中，我们不可能做到完全随机取样，更多的时候采用方便取样。那靠什么推断总体？要靠取样的独立性原则。如果我们把对取样的关注运用到对因素的考虑上，那么有两条经验可以参考：首先，随机取样不是因素随机处理的必要前提条件。研究者可以撰写不同事故类型的故事，而不是选择一些典型故事。一般情况下，我们选择的实验材料应该是调查领域中较好的例子，而不是典型的或有代表性的例子。第二，当研究是重复的，就必须选择不同水平的因素（就像使用不同的被试一样），以最有效的方式在不同的水平证明结果的普遍性。一旦被试因素或其他因素被认为是随机因素时，就可以将结果推广到与研究相类似的被试或因素水平上去。从定义良好的总体中随机取样不是确定一个因素为随机因素的必要条件。

### （二）如何做出因素处理的决定——固定或随机

如果一个因素（如，上述归因研究中的事故类型）既可以作为固定因素处理，也可以作为随机因素处理，研究者应该如何做出决定呢？要考虑这个研究是否需要重复。如果是重复研究，研究者允许因素水平相同，那么这个因素是固定的；如果希望研究结果能推广到其他类似的因素水平，那么这个因素应该是随机的。

一个重复的研究不可避免地要使用新的被试，所以被试变量被认为是随机的。如果研究者认识到研究材料和相似的因素选取太随意，且对结果的推广意义不大，那么在重复实验中应选择新的材料，并对因素进行随机实验处理。在实际中，已经存在的信息、事故情节和相似的材料通常会被重复使用，这样做非常危险。如果我们重复使用相同的实验材料，得出的结论的推广性同样会受到质疑。

的确，很多因素既有固定的一面，也有随机的一面。如在有关专家和非专家的说服效应的研究中，使用的实验材料是多个不同的说服主题。从某种角度看，主题可以被看成是一个随机变量，研究者希望把研究结果推广到其他所有类型的主题上去。但从另外的角度看，具体而特定的主题可以被认为是一个固定变量，但用于这些主题讨论的信息资料可能是随机的。若研究者想要重复最初的实验就有以下几种可能的方式：(1)不做任何改变，使用最初的故事情节；(2)对相同的主题写新的故事情节；(3)重新选择新的材料和故事情节。

### (三)随机因素的统计检验力(Power with Random Factors)

通过因素的随机化处理使所获的实验结果具有较好的推广性，很明显这需要较大的花费。一个固定因素的结果推广，包括处理样本的实验观测数据，获得给定条件下真实的总体平均数的证据。一个随机因素的推广除了包括与固定因素相同的推论步骤，还需增加一个步骤，在总体平均数已知的情况下，要像处理从总体中的样本那样处理研究中的因素水平。一个随机因素的统计检验力是相对较低的，通常是显著意义上的低。研究者希望在他们的设计中使用随机变量意指使用多个处理水平。统计检验力取决于任何随机变量的处理水平数，包括条目(如事故情节)和被试量。然而在具体研究中，研究者往往在很大程度上受到惯例的影响，而不是进行理性分析，比如使用较多的被试(一般来说，一个社会心理学实验会召集包括 $60 \sim 120$ 名被试)和一个较少的因素处理水平(通常是 $2 \sim 4$ 个)。如果是一个固定因素，这样可能比较合适，具体的假设将被证明。但对一个随机因素，如一个刺激的重复，较少的因素水平可能会减弱统计检验力。增加双倍或四倍的因素处理水平数量，比增加同一因素的被试数量要容易，耗费的成本也较少。

被试性别是一个较好的例子。表面看起来这是一个固定因素，但作为性别水平实例的个体被试是被随机分配的。许多研究者发现如果他们仅仅把 John (男子名)和 Joan(女子名)作为被试，不可能得出性别效应，因为它混淆了所有 John 和 Joan 的其他个性特征。很多研究者可能没有认识到每一种性别使用两三个实验者同样是不够的，统计检验力同样较低。相对较大的统计检验力需要每个性别选择 $10 \sim 15$ 个实验者。统计检验力及与此相关的内容，请读者参阅本书第四章第二节《统计检验力分析的意义及应用》。

## 二、单自变量设计

相对于多自变量设计，单独考虑一个自变量的设计应该注意一些问题，如自变量处理水平如何选择，自变量处理水平的极值等问题。

### (一)单自变量水平的选择

在选择后果程度不同的故事情节时，可能有些人会这样写：有一个粗心的司机，把他的车子停在一个小山坡上，但忘记设置停车制动，车子滚下了山坡。这个后果可能是轻微的，车子有轻微的刮擦，并有一点凹陷；也有可能造成较严重的后果，路过的行人被撞到，受了重伤。但对这个故事后果的操控有很多种可能：没有任何伤害、造成三人死亡、碰到了煤气管道引发爆炸导致几十人死亡。那么，在研究中个体究竟应如何确定较合适的操控水平的极值呢？我们有以下几个方法可以考虑：

#### 1. 有力操控设计

有力操控的一个优势是可以提高研究的统计检验力(statistical power)，并且通常能够在实验室里对因素进行操控。研究者要尽量设计出极端有力或极端软弱的论点，有力操控实验材料。如有可能，有力的操控会导致较大的实验效应和统计检验力。但我们仍应该认识到，实验操控并不一定总比日常生活的条件更有力。环境效应也有重要的研究价值，如危及生命的疾病、亲人死亡、长期观看谋杀和暴力攻击的电视，但这些都必须在其自然发生时进行研究，因为它们不能通过操控复制。

#### 2. 生态设计

"生态设计"(ecological design)强调实验操控与日常生活出现的事物相匹配。举例来说，严重事故的情节可以从报纸报道中选取，尽管一个深思熟虑的研究者可能会认识到报纸报道的事故不能代表实际发生的事故总体。生态设计的优点是：首先，它可能会产生某种处理效应大小的有用信息，研究者可以此判断处理效应是否真的重要或有意义；其次，它提高了实验结果的推广力，这也为生态设计增加了直观的吸引力。然而，究竟应该关注现世实在论(mundane realism，实验操控和日常生活间表面特征的匹配)，还是应该关注实验实在论(experimental realism，实验操控对被试的影响和意义)？从这种意义上看，生态设计是一种较高水平的现世实在论。

### (二)因果功效设计

埃布尔森(R. P. Abelson，1995)提出了因果功效(causal efficacy)的概念，其测量方法是用自变量各种处理间的差异除以因变量各种处理间的差异。举例来说，如果一个被试在不同的实验条件下练习了不同次数的某个任务，练习效应可以通过每个练习任务准确率的提高来计算。在一个说服研究中，需要计算论点强大等级差异与态度改变数量差异的商，从而比较两种实验处理，即用自变量各种处理间的差异除以因变量各种处理间的差异。

这个比值公式被广泛用于解释研究结果。它可以帮助研究者避免一些基本错误：研究者设计了一个研究，操控了两个变量 $X$ 和 $Y$，发现 $X$ 有一个更大的效应值，然后宣布与 $Y$ 相比，$X$ 对因变量的影响作用更大。这个结论明显是错误的，因为操控的界限通常是人为选择的，通过对 $X$ 较弱的操控和对 $Y$ 更有力的操控，研究者可能非常容易地获得不同的结果。但对 $X$ 和 $Y$ 的因果功效的估计不受这些人为选择的影响。

## 三、多自变量设计

当一个研究存在多个因素时，我们应该如何进行实验设计呢？以下几种方法是多自变量设计所常用的。

### (一)交叉设计

多因素设计包括交叉因素设计(crossed factor-design)、嵌套因素设计(nested factor-design)和混合因素设计(confounded factor-design)，这也是因素间可能的三种关系。

(1)交叉因素指一个因素的所有水平与另一个因素所有水平的结合。以两因素设计为例，研究中有两个自变量，一个自变量有 a 个水平，另一个自变量有 b 个水平，实验中包含 a×b 个处理的结合。(2)嵌套因素指在因素设计中，一个因素的每个水平仅与另一个因素的一个水平相结合，或者说一个因素的每个水平仅出现在另一个因素的某一个水平上。同样以两因素设计为例，因素 a 有两个水平，因素 b 有四个水平，当 b 因素的 $b_1 b_2$ 水平仅出现在 a 因素的 $a_1$ 水平上时，b 因素的 $b_3 b_4$ 水平仅出现在 a 因素的 $a_2$ 水平上时，叫做 b 因素是嵌套于 a 因素中，此时，实验设计有 4 种处理水平的结合。(3)混合因素指两个或两个以上概念的不同变量较为一致地协变，使得它们的效应不能依据经验进行分解。在心理学研究中常常会遇到某些变量，特别是个体内变量，例如智力、态度，它们对自变量，如教材、教法等来说是额外的、无关的，而对因变量来说却是有关的，因此它们是协变量。

实验设计的一个重要方面在于因素是交叉设计还是嵌套设计。选择被试内设计抑或被试间设计，主要取决于研究者考虑的是统计检验力，还是偏差(bias)。被试内设计的统计检验力更大，因为对大部分因变量来说，被试之间的差异是变异的主要来源，而被试内设计可以避免被试间的差异。但是，被试内设计也存在着多种偏差，包括延续效应(carry-over effect)和猜测效应(guess effect)。因为被试接受了多个处理，如果在某个实验处理中被试的反应是依据前面的实验经历，则存在延续效应。所以，被试内设计的一个前提条件是先前接受的处理不会对后续的实验有持续的影响，不存在学习效应或记忆效应。此外，被试内设计的被试接受了多个处理，更容易猜测实验者的实验意图和实验假设，从而产生猜测偏差。所以在选择被试间因素或被试内因素时，研究者要充分考虑研究的意图，以及上述效应与偏差。

总体来看，使用交叉设计可能有以下三个原因：

### 1. 检验理论预期的交互作用（构思效度）

在一个实验设计中包含交叉因素的最重要原因是验证理论预期的交互作用。交互作用指的是一个因素的各水平在另一个因素的各水平上变化趋势不一致，如果只考虑每个因素对因变量的单独作用，不能揭示因素间的复杂关系。如一个研究要探讨英语阅读教学方法对不同性别学生英语阅读成绩的影响，在研究设计中有两个因素：一是学生的性别（男、女），二是英语阅读教学方法（讲授法、情境模拟法）。如果只考察教学方法对学生英语阅读成绩的影响，结果发现没有显著影响；但考察性别对阅读成绩的影响时，结果发现有显著影响，女生成绩要显著高于男生。当我们同时考察这两个因素时，发现在讲授法条件下，男女生无显著差异，在情境模拟法条件下，男女生成绩存在显著差异，说明性别和教学方法存在交互作用。

再如，有研究者发现，人们能够更好地回忆与期望不一致的信息，而不是与期望一致的信息。如果理论解释认为这种效应依赖于认知过程，那么我们可能会预测喜欢努力思考的人比其他人表现出更强的效应，或者与有充足时间的人相比，无充足时间的人可能因为没有足够时间思考而更少地表现出这种效应。这些预测已被证实并支持了理论。这种交互作用的设计促进了构思效度的提高。

交叉设计在检验理论预期的交互作用上主要有以下几个功能：

（1）阐明理论预期的分离。虚无假设同样是重要的。举例来说，如果一个独特的判断偏差被认为是自动的和不可控的，研究者可能会预测这个独特的判断偏差不受被试动机的影响。一般而言，这种预测不能被单独检验，但可以通过交互作用设计进行检验。为了进一步说明，我们假设研究者预测 a 不影响 b，如果仅仅简单地操控 a 并测量 b，得出 a 对 b 无显著影响的结论是毫无意义的，因为有太多其他的备择解释，如被试量太小导致较低的统计检验力等。我们可以改变一下实验设计，在同一个研究中，预测 X 影响 Z，但不影响 Y。即使这样也可能还存在一个备择解释，即对 Y 的测量工具不够敏锐，或者说与理论无关的原因很难使它改变。如果没有因素能影响 $Y$，$X$ 单独不影响 $Y$ 的结果的理论意义就较小。要解决这种解释的模糊性问题可以通过完全双分离设计(full double dissociation design)，同时操控 $X$ 和一个附加变量 $W$，证明 $X$ 影响 $Z$(但不影响 $Y$)，$W$ 影响 $Y$(但不影响 $Z$)。聚合效度和区分效度的逻辑是必需的，使得获得的虚无假设获得有意义的解释。

(2)解释交互作用。这里简单地说明一下交互作用的解释问题。解释应该关注交互作用本身，还是仅关注最后的效用？举例来说，在一个 $2\times2$(被试性别×处理/控制)设计中，应该关注性别和处理的主效应，还是解释交互作用效应本身？这个问题存在很多争议。关键是要理解交互作用效应恰好是两种简单效应间差异的检验，每个简单效应的方向和显著性是独立的问题。举例来说，显著的交互作用应该是一个因素主效应接近零，另一个因素主效应为正；或者一个主效应是正向的，一个是负向的；或者两个主效应都与零没有显著差异。在许多研究中，假设都是通过交互作用得到检验的——两个简单效应不一致。但在构建和检验既包括交互作用又包括线性关系和相关关系的主效应设计时，研究者还是应该提高警惕。

(3)交互作用的检验力。在一个实验设计中，相同数量的被试被分配到各个单元中，交互作用检验与主效应检验有相同的功效。以简单的 $2\times2$ 设计为例，交互作用和主效应可以被看成在一个单因素设计中，四种实验条件下不同的自由度的比较。然而，如果是对一个或多个因素进行测量而不是对其进行操控，交互作用的检验力较低：首先，如果两个交叉因素都有极端值，交互作用的检验力一定是极低的；其次，测量的不可靠性也可能导致交互作用检验的低功效。

2. 减少误差(统计结论效度)

除了通过检验理论预测提高研究的构思效度外，研究者还会出于其他的原因在设计中使用交叉因素。这个原因与统计结论效度有关：较多的因素能够减少误差，提高研究设计的统计检验力。变量间的因果关系，必将伴随着系统变异和非系统变异而出现。系统变异是指实验处理的效应，系统变异导致分数在一个方向上的变化大于在另一个方向上的变化，即导致一个定向的变化；非系统变异是指由操控中的偶然因素或实验中其他未被控制的变量引起的分数波动。实验设计最重要的功能是使系统变异最大化的同时，控制无关变异，使非系统变异最小。举例来说，如果要研究有说服力的和无说服力的说服观点对一个有争议的社会问题的态度的影响，研究者就要激发和维持被试仔细阅读有关这些观点的信息的动机。被试有关这一问题的背景知识的差异可能会导致非系统变异的出现。而被试个体因素（如，性别）、情境因素（如，一天中的哪个时间段），可能是系统变异，需被记录下来以评估它们对因变量的影响。

（1）协变因素与检验力。为消除无关变量的影响，可以采用一些方法，如让无关变量在实验过程中保持恒定或者采用统计控制，这样可以减少影响因变量的残差。恒定法和统计控制法增加了研究探测其他自变量效应的统计检验力。此类因素代表了变异中与理论不相关的那部分来源，并且具有较强的效应，被称为协变因素（当因素是连续变量）或区组因素（当因素是分类变量）。其中，是作为协变因素处理还是作为区组因素处理，主要依据协变量和因变量之间的相关，如果相关高，那么使用协变实验处理较有统计检验力的优势；如果相关低，那么使用区组较有统计检验力的优势。

（2）协变分析。在研究结果中，协变或区组因素的主效应的理论意义一般较小。然而，研究者感兴趣的变量与协变因素或区组因素间的交互作用却具有较重要的理论意义。举例来说，一则特定的信息可能对持某种初始态度的被试有较大的说服效应，而对持其他初始态度的被试则没有明显的效应。这种交互作用对处理效应的推广有一定意义。协变处理的交互作用分析不能采用传统的协方差分析框架，而要通过线性模型框架进行分析。

在被试内设计中，协方差分析可以在每个被试或每个观测之后进行。举例来说，设计一个研究，让被试重复地对某个社会群体的总体印象打分，那么他们所接收到的群体成员的个体信息也越来越多。在这个研究中，"遇到的群体成员数目"是一个被试内变量。研究者如果能够获得被试个性测量的得分（如，权力主义），并且它会影响实验结果，那么这个变量就是协变量。同样，如果认为实验者的情绪会影响他们评价的积极性，那么在每次打分时都应该测量被试的即时情绪，并作为被试内协变量。这些类型的协变不仅会影响因变量的主效应，而且会与实验因素产生交互作用。

协变问题的一个重要的理论焦点是测量的时间及它们究竟是作为控制变量还是中介变量。通常，协变因素（或区组因素）仅仅用于控制误差，在实验处理前进行测量。如果实验处理随机进行，说明协变因素和实验处理因素均是自变量。然而，在实验处理操控之后测量协变因素会如何？在这种情况下，实验处理除了影响因变量外，同样影响协变量，协变的控制意味着处理效应没有被恰当地估计。这种精密设计通常用于当研究者认为协变量是一个潜在的中介变量，对因变量的处理效应起中介作用的时候。

### 3. 提高研究的概化度(外部效度)

实验设计包括交叉因素的第三个原因与外部效度有关。这里我们再提一下，对因变量测量产生潜在影响的变量进行控制的三种方法：保持恒定、允许因素系统变异(操控或测量)、允许因素非系统变异。我们在前面谈到如果考虑统计结论效度，那么保持恒定和允许系统变异是较好的选择；如果考虑外部效度，那么允许系统变异和允许非系统变异是较好的选择。

让我们考虑允许一个无关因素变异的三种方法，这里，无关因素可能会影响因变量，但其效应却不是研究者感兴趣的。

首先，允许因素的非系统变异。这种方法的设计思路类似于完全随机设计(与保持平衡相比较)，保证了实验结果的最高概化性。举例来说，将实验条件与被试的交互作用联合，实行操控，使用五种不同的联合至少可以说明研究结果平均交叉到联合的个人特征的非系统影响中。把联合随机为五种，这样说明联合是不起作用的，当然也可以看做是提高了外部效度。

其次，允许因素的系统变异。这种方法的设计思路类似于区组设计，把干扰因素作为区分区组的标准，其作用就直接可以视为区组因素的作用。这种方法提供了潜在的优势，就无关因素受自然规律的影响从而对因变量有所作用而言，与非系统变异相比，系统变异会减少误差并增加检验力。结果分析可以确定感兴趣的效应，并使无关因素的每个水平得到控制(不仅是像前面的方法那样，将平均数交叉到各个水平)。这种方法的一个缺陷是背景因素的随机化。正如前面所讨论的，这对研究功效有重要的意义。

最后，让因素保持平衡。这种设计思路类似于通过多个研究进行反复验证。具体说来，就是在研究中让一个因素保持平衡，并依靠研究间的无关变异来提高感兴趣的效应的概化度。这种方法可被用在实验室实验中，也可以是交叉实验(across lab)。重复交叉实验是最可行的方法。不同研究的重复交叉，不管是在一个或许多实验中，或通过其他方法，都可以总结为元分析(meta-analyze)方法，这种方法可以提高实验结果的推广性。

举例来说明上述三种方法。若我们希望研究系别和心理健康的关系。假设"系别"是我们可以操控的自变量，研究假设是文艺学习比数理学习更能促进心理健康。第一种方法是直接分配被试。把所有的大一新生随机分配到各个系别中去。然后在大四的时候测量一下其心理健康水平。这样做的外部效度如何？我们通过随机化把大一新生的气质、性格和心理健康的初始水平都忽略了，因此可以预计，研究结论能够在其他学校进行推广。第二种方法是把所有我们能想到的因素都考虑进来，比如人格、心理健康的初始水平、城乡、家庭条件等，然后将这些因素作为区组。比如分到历史系的人中有一半是外向者，分到数学系的人中也必须有一半是外向者；分到音乐系的人中有三分之一是家庭条件良好者，其他系也这样分配。这些干扰因素在这里就变成了区组因素。这样做的外部效度如何？我们把许多因素都考虑清楚了，在其他学校，如果也只要考虑清楚这些因素，那本研究结论就可以推广。第三种方法是把我们的研究在不同的学校、不同的国家里面重复许多遍，看效果是否稳定。比如，著名的认知失调理论，在不同的失调对象，不同的国家都得到了验证，这说明该理论是"稳定的"，外部效度较高。

### （二）对抗平衡设计（Counter-balancing Designs）

假设一个研究者希望调查被试对某个目标人物先前的期望是否对其回忆目标人物的行为产生影响。实验者告诉被试，一个虚构的人物"张丽"是一个诚实的人，并向被试呈现了一张记录张丽诚实和不诚实行为的列表。结果表明，与预期不一致的行为能被更好地回忆。然而，这个实验设计存在一个问题。诚实或不诚实的行为各自在内容上肯定存在差别，有些行为可能更不寻常、更与众不同、更直观具体、更具有想象性；或者在某些方面存在对记忆影响的差异。我们无法确定这些因素是否与假设相混淆，或者说相同类型的无关因素导致了记忆优势。

有两种方法可以消除这种混淆。实验者可以对所有的实验刺激材料进行前测，如在上述研究中目标人物的行为，先对这些行为的具体性、普遍性和可想象性等进行测量，然后选择在所有这些因素上相似的诚实或不诚实的行为。然而这种方法不仅非常麻烦，而且最后注定会失败：无论多少因素被测量，并使其保持一致，也永远无法保证实验者囊括了所有可能影响记忆效应的因素。黑斯蒂等（R. Hastie ﹠ P. A. Kumar，1979）提出了一种更为简单有效的方法。他们采用了对抗平衡设计。在这种设计中，将一些与预期一致的行为刺激呈现给部分被试，另一些与预期不一致的行为刺激呈现给其他被试。这样，不同组的被试（随机分配）最初看到的刺激仅是诚实或不诚实的行为。然后同样的行为分配给所有被试。这种方法所使用的设计逻辑确保了囊括所有影响行为记忆效果的因素（有些因素甚至研究者都没有考虑到），并使其在整个实验中都保持等同。

在另外一个例子中，假设研究者希望比较人们对来自朋友和来自陌生人的非语言信息线索的理解能力。如果仅仅要求被试带一位朋友作为目标对象来参加研究，而研究助手（或一段录像）作为陌生人，那么被试的朋友的个人特征会影响被试的打分。将被试随机配成对，配对的两人分别被称为 A 和 B。被试带来的朋友都进入实验室，A 的朋友作为 B 的陌生人；B 的朋友作为 A 的陌生人。通过这种方式，在整个实验中，"陌生人"和"朋友"的个人特征将被等同。

　　需要注意的是，以这样的方式将被试配对可能会导致在每对被试间产生潜在的联系，需要在分析的时候把各对当成单元处理。举例来说，A 的朋友的个人特征既会影响研究中 A 的反应，也会影响 B 的反应。此外，需要特别考虑的是，是否有明确的依据把每对成员分配到 A 或 B 的角色。一个二阶的交互作用，可能是男性和女性组对，或者是家长和孩子组对，也可能是男性被试之间组对。在后面的情况中，没有特别的依据将被试加以组对，研究结果可能受分析中被试角色分配方式的影响。

### （三）拉丁方设计（Latin-Square Design）

　　由对抗平衡设计可以引申出拉丁方设计。拉丁方设计是一个含有 P 行、P 列，把 P 个字母分配给方格的设计方案，其中每个字母在每行中出现一次，在每列中出现一次。图 3-2 是一个 5×5 的拉丁方设计，它的每一行和每一列都是一个区组或一次重复，而每一个处理在每一行或每一列都只出现一次，因此，它的处理数、重复数、行数、列数都等于 5。

| C | D | A | E | B |
|---|---|---|---|---|
| E | C | D | B | A |
| B | A | E | C | D |
| A | B | C | D | E |
| D | E | B | A | C |

**图 3-2　5×5 的拉丁方设计**

　　拉丁方设计可以分离出两个无关变量的效应，一个无关变量的水平在横行分配，另一个无关变量的水平在纵列分配，自变量的水平则分配给方格中的每个单元。表 3-2 的设计就是拉丁方设计的一个较简单的例子，两组被试以一种对抗平衡的顺序接受了两种水平的实验处理。组 1 先接受水平 1 再接受水平 2 的处理，组 2 先接受水平 2 再接受水平 1 的处理。这种设计能够把顺序效应从处理效应中分离出来。但这种设计有一个重要的局限：实验处理与组别×顺序的交互作用完全混淆。因此，处理效应只能在假定这种交互作用不存在时才能被解释。在实验设计中，被试被随机分配到各组中，要形成这样的假定没有问题。两个随机组成的组没有理由认为在它们的反应中存在顺序效应。然而，这种交互作用会与实验处理相混淆；相似的，组别×实验处理的交互作用也与顺序效应相混淆。实验处理×顺序的交互作用用于考察任何遗留效应的存在。

我们可以把这个原理推广到是因素而不是顺序与不同实验处理相结合的情形中。在许多研究中，一个实验处理被嵌入到不同的实验刺激中，成为一个媒介物（vehicle）（如，将对身体吸引力的图片操控嵌入到关于一个目标人物的隐藏信息中）。因为检验力的原因，通常希望采用被试内设计，并使用这些材料，但每个被试只能够看到一种实验条件中的各个刺激材料。让被试组对看不同的照片与相同个体的信息资料，或者相同的信息归于一个专家来源和非专家来源是没有意义的，此时，拉丁方设计是一个好的解决方法。

肯尼（D. A. Kenny，1980）提出了恰当建构和分析对抗平衡设计的方法，即把行作为被试组，列作为刺激组，实验处理分配到设计中的每个单元内。如在归因研究中，将描述简单行为的 32 个句子作为刺激使用。将每种行为与附加的一致性、一贯性、特异性信息组对（2×2×2 设计），它们被认为会影响行为的归因。在该实验设计中，每个被试对 32 种行为做出反应，2×2×2 组对所在的每个单元内有 4 种行为。在这样的设计中，很重要的一点是把这些刺激随机分配到刺激组中（在这个研究中有 8 个组）。此外，在这种设计中，拉丁方被用于控制独特刺激的效应，弥补了拉丁方设计对纵列控制的不足。实验没有对顺序效应进行统计控制，因此必须通过其他方式来控制。最后，刺激因素应该被看作是随机的。

# 四、多因素设计应关注的其他问题

## （一）被试内设计的非独立性观测

在任何实验设计中，如果对每个（或每对、每组）被试进行多重测量，那么观测必须满足非独立性。举例来说，被试对给定的刺激人物的多重评估之间可能存在正相关，导致被试大体上对这些人物产生了期望，因此，其作出的评估会在一个特定的范围之内。在另外一些情况下，如有关问题解决小组中领导者和其他成员谈话时间的研究，变量之间可能存在负相关：某个人发言时间越多，则其他人的时间越少。事实上，可能存在的非独立性的潜在来源会影响观测结果，即使实验设计想要关注单个被试。举例来说，如果多个被试在某个时刻坐在一个房间里填写要求单独完成的问卷，他们可能会互相影响（如，低声讨论问卷中的项目或讨论他们的答案），或者环境因素（如，房间中不合适的温度或房间外的吵闹声）可能会对所有被试产生共同的影响。

如果观测间的非独立性在数据分析时被忽略，就会导致误差的出现。贾德（C. M. Judd，1989）描述了不同情况下误差的方向。当被试是嵌套在实验条件(condition)中时，正相关导致了"自由"(liberal)误差($F$检验显著性过大)；反之，负相关导致了"保守"(conservative)误差($F$检验显著性过小)。当被试与实验条件交叉时，产生了相反的模式，即正相关导致保守误差，负相关导致自由误差。观测的非独立性会使犯Ⅰ类错误和犯Ⅱ类错误的可能性都增加。

因此，数据分析时必须考虑非独立性的问题。我们通常使用两种方法：重复测量方差分析(repeated-measures ANOVA)和多元方差分析(MANOVA ANOVA)。重复测量方差分析指一个因变量被重复测量好几次，从而同一个个体的几次观测结果间存在相关，这样就不满足普通方差分析对独立性的要求，需要用重复测量的方差分析模型来解决。多元方差分析指存在不止一个因变量，而是两个以上的因变量共同受自变量的影响。比如要研究某些因素对儿童生长的影响程度，那么身高、体重等都可以作为生长程度的测量因素，都应该作为因变量。相比较而言，多元方差分析方法使用得较多，因为它不需要误差协方差的统计假设，而重复测量方差分析需要该假设。

关于非独立性提出了一个问题：在一个给定的研究中，何为"单元"(unit)？在实验设计中，一个基本的原则是单元分析必须是对与随机分配相同的单元的分析。因此，如果班级里的学生被随机分配到不同实验处理中，研究者会把学生作为分析单元(把班级作为区组变量)；如果完整的班级被随机分配到不同实验处理中，研究者会把班级作为分析单元。然而，测量单元与分析单元可能是同一个，也可能不是。举例来说，教师行为可能是班级水平的一个测量变量，反之，态度和成就测验得分可能通过测量单个学生获得，它们的合计总数形成了班组水平的因变量。

研究成对或成组问题的研究者通常会遇到单元分析问题。在许多研究中，组对被分配到处理条件中，因此组对也成了分析单元。问题在于这样分析的功效较低，因为较少数量的组对与个体被试有相关。如果因变量的实际测量建立在组对的评估水平上，这个问题就没有解决方法。但如果实际测量建立在个体水平上，研究者可以将被试嵌套在组对中，组对嵌套在实验条件中进行分析。如果分析结果表明组对中的被试和实验条件中的组对有大致相等的均方(mean squares)，那么可以把它们合成一个误差项，处理效应将会有较大的功效。

**(二)其他类型的有意混淆(intentional confounding)**

拉丁方设计包括效应的混淆，如处理与组对×顺序效应混淆。我们还可以构建其他一些包括有意混淆的设计，使需要的被试量减少。假设一个研究者希望实行一个 $2^8$ 的实验设计，但这个设计必须限制在128名被试之内，整个设计中只允许 64 个单元。通过部分因素设计（fractional factorial）可以完成这个研究。部分因素设计一般用于做筛选实验，部分因素实验将 $n$ 个具有两个水平的因素安排在 $2^{n-p}$ 次实验中，实验次数受 $p$ 值的调节，$p=1$ 时是 1/2 部分因素实验，$p=2$ 时则是 1/4 部分因素实验等依此类推。实验次数的降低导致了主因素与交互作用以及交互作用间存在混淆关系。因此部分因素设计不可避免地存在一些效应混淆。关键是在这样一个特定情节中，高阶交互作用（如五种方式或更多）不大可能有理论预测作用，即使被发现可能也无法解释。无须考虑这些相关的但不感兴趣的效应，集中考察主效应，以及低阶交互作用这些研究者最感兴趣的内容。

## 第三节 因变量的测量

因变量是由于自变量的变化而发生相应变化的变量。在一个研究中，对一个或多个因变量的测量也是实验设计的一部分，会影响功效、内部效度和外部效度。与因变量测量有关的问题包括是否需要进行前测，如何选择因变量的测量项目，及影响因变量测量的一些混淆因素等。

### 一、前测

对被试进行与因变量相同或相关的前测可以增加功效。像前面所讨论的，前测可被用于确定协变因素或区组因素，区组由前测分数相同的被试构成。功效的增加依据组内协变量与因变量的相关，如果这种相关是 $r$，实验的误差会减少 $1-r^2$，不论是在一个随机区组中，或是在一个协变设计中，如果达到 0.70 以上的相关，那它至少可以减少一半的误差，$F$ 检验的显著性可以提高一倍。

然而，前测在社会心理学实验中并不普遍。为什么不使用前测呢？一些显而易见的原因是：在社会心理学的一些研究中，前测几乎没有意义。如在一个社会认知研究中，因变量是对被试对特定刺激物判断的不同测量，不能要求被试在研究之前对材料进行判断。同样地，在被试内设计中，被试之间的变异没有进入误差项，前测作用很小。但即使在态度改变研究中，对目标态度的前测可以在说服操控之前进行，通常也不使用前测，主要的原因是担心前测会引起误差。进行态度前测的被试与没有进行前测的被试对相关操控的反应会有不同，这会降低研究结果的概化性。如果前测敏感性的消除是以检验力的减弱为代价的，那么最好避免使用前测。控制前测敏感性的另一个方法是在一个独立的环节中进行前测。

## 二、选择因变量测量的项目

在因变量测量的建构过程中,选择测量项目或者刺激类型是一个需要重点考虑的问题。事实上,"项目"可以被看成是一个被试内变量。然而,这里之所以要讨论这个问题是因为项目会影响一个因变量测量的性质。在下面的讨论中,"项目"可以是纸笔测验中的一个问题,也可以是被试需要做出判断的一个刺激材料,等等。

### (一)使用一个项目

一个研究者可能只使用一个项目,在前测的基础上进行项目选择是最适合的。这类似于前面提到的使一个无关因素保持恒定。这种方法的优势是可以减少实验者的时间和耗费的精力;但这种方法也有一个很大的缺陷,即会导致较低的信度,因为结果测量只有一个项目。更重要的是,控制任何因素并保持恒定让研究结果的概化程度变得很低。

### (二)整合多个项目

在研究中很少使用一个项目,研究者更多的时候会使用多个项目,并把多个项目的得分总计(或平均)来用于对因变量的测量。到目前为止,当一个问卷包含多个项目,且这些项目有相同的计分方法时(如,都是7点量表),总计得分可能是最常用的方法。这种方法相当于非系统地改变一个无关因素,使用了多种联合。这种方法为研究结果的推广提供了一定程度的支持,并可以通过一系列项目的操控得到证明。通过使用多个项目也增加了这种方法的检验力。尽管总计或平均已经将具体概念更为简单化,研究者还是希望在整合它们之前先将各个项目(如,零平均值和单元变异)单独进行标准化,避免重要的项目有过大的变异。

### (三)把项目作为一个因素处理

研究者可能会使用多个项目,并在分析中把这些项目作为一个被试内因素处理,并且每个项目应该有相同的计分方式。这种方法类似于系统地改变一个无关因素,就像使用多个处理的联合并分析它们的效应。与仅使用一个项目相比较,这种方法通过使用多个项目获得检验力。如果可以通过操控项目进行证明,那么它同样为研究结果的推广提供了较大支持。

然而,这里存在一个陷阱。显然,在这种情况下,"项目"应该被作为随机因素处理,而不是作为一个固定因素处理。这意味着在合适的统计检验有足够的功效表明感兴趣的效应可以推广到一般总体前,需要较多的项目。如果希望研究所得到的结论能概化到其他项目中(如,故事、照片、行为语句等),而不是仅仅被用在实验中,那么使用较多数量的项目是基本的。

同时还存在另外一个看起来与上一个陷阱相同的陷阱。在设计中把项目作为一个外源性因素处理（无论是固定或是随机因素），是考虑了处理和项目的交互作用。这种交互作用通常会引发研究者极力想避免的问题，因为它们会指向我们研究不充分的地方。以"风险转移"现象为例，当实验材料换成相反类型的决策问题时，可以很恰当地被重新定义为"群体极化"。"风险转移"一般指个体在经过与群体讨论后所作的决定，往往比讨论前更为冒险；而"群体极化"指团体成员一开始就有某种决定偏向，在群体协商后，人们朝偏向的方向继续移动，最后形成极端的决策观点。又如一个听众可能会对某些类型的任务绩效产生积极反应，但也可能会对另外一些类型产生消极反应，导致社会易化产生。研究表明，说服观点的强度对态度改变的影响作用也是不相同的，因为所有的主题在精心设计的说服模型的发展中扮演了一定的角色。在所有的这些案例中，实验处理×无关因素或实验处理×项目的交互作用，都引发了一个创造性的、深刻的理论问题：引发实验处理的情境或项目间的本质差异是不同的。如果要在进一步的研究中针对此问题进行检验，就必须比先前预测所有项目或有关实验处理主效应的理论还需整合更多的数据。

### （四）单独分析各个项目

少数时候，研究者会单独分析多个因变量。如果多个因变量被认为是对相同构思的选择性测量，但产生了不同的结果，而我们并不清楚是什么造成了这种不同。可能一个测量结果的较小的背离或偏差仅源于测量误差或其他偶然因素。当然，我们也不必过分计较在一个测量中效应的显著性达到 0.05 水平，而在另一个测量中只有 0.06 水平。可能在这种情况下，个体最好避免单独分析不同的项目，而选择把项目作为一个因素来分析，当项目因素与实验因素有显著交互作用时，承认误差是有意义的。如果多个这样的交互作用产生，那么"所有项目反映一个潜在构思"这样的原始假设应该被修改。

如果认为不同的因变量反映不同的构思，那么对它们进行单独分析是一个较为合理的方法。相似的结果或许可以用词语"不仅"表示，如实验处理效应不仅由态度测量控制，而且由行为意图控制。

## 三、特殊的"因变量"——中介变量的设计

实验设计可以检验因果关系中的中介效应假设，即不仅仅检验是否是由 X 引起 Z，而且检验是否是由 X 引起 Y，再由 Y 引起 Z。这种设计包括多个自变量、最终的因变量和一个或更多个假定的中介变量。

对于这种模型，最灵活的分析方法是使用 LISREL 或建立一个测量模型（描述观测变量与潜在变量的关系），因果模型总是与无法观测的变

量相联系。如果中介效应如上文所述，即可以操控 $X$ 并测量 $Y$ 和 $Z$，那么不需要进行独立回归和特定比较，只要简单地评估整个假设模型，包括 $X$ 到 $Y$、$X$ 到 $Z$ 和 $Y$ 到 $Z$ 的因果路径。如果 $X$ 到 $Y$ 和 $Y$ 到 $Z$ 的因果路径都是显著的，那么中介效应的假设就得到支持。从 $X$ 到 $Z$ 的直接路径可能是显著的，也可能是不显著的。如果从 $X$ 到 $Z$ 的直接路径是不显著的，反之在忽略 $Y$ 的简单模型中 $X$ 到 $Z$ 的路径是显著的，那么 $Y$ 是 $X$—$Z$ 效应的完全中介变量。更常见的是当 $Y$ 包括在模型中时，从 $X$ 到 $Z$ 的直接路径是显著的，这样可以从理论上说 $Y$ 是 $X$—$Z$ 间关系的一个部分中介变量。

同样的，因果模型分析方法可以通过操控被试组作为一个扩充。举例来说，假设一个自变量包括两种水平，男性和女性被试参加了 $2 \times 2$ 设计的实验，研究者对行为和态度分别进行了多重测量。研究者可能会假定操控对男性被试和女性被试的态度产生不同影响，但由态度到行为意图的因果路径对所有的被试是一样的。一个多组 LISREL 分析可以精确地反映这些假设。研究者可以把男性和女性被试定义为两个组，建立一个因果模型，其中操控是外源变量，然后等价检验两组间所有的模型参数的结合。如研究者首先可以检验测量的等价性，其次检验两组模型与常规因果路径的拟合，然后通过一个单一参数检验两组间差异。

## 四、影响因变量测量的混淆因素

尽管我们希望采用各种方法使实验尽可能没有混淆和污染，但在实验设计中，即使采用了随机化，还是有许多类型的混淆难以排除。实验处理是否能引起观察效应从来就不是问题，问题在于它的效应是通过理论假定的机制起作用的，还是通过其他方式起作用的。实验中的潜在混淆因素包括以下几方面：

（一）需求特征（Demand Characteristics）和实验者偏差（Experimenter Bias）

被试对研究目的的感知（可能正确也可能不正确）会影响他们的反应。针对需求特征的防范是使用一个可信的掩蔽故事，这至少能确保所有被试对研究者的实验目的有同样的感知。一些研究者认为如果被试不能准确地猜测研究假设，需求特征不会影响他们的行为。这个观点是错误的，因为即使错误的猜测也会影响被试的行为，因为他们想成为好被试，遵从实验者的需求（或不想成为好被试，违背实验者的需求）。另一个防范措施是让实验者、助手及其他与被试有接触的人尽可能不知道每个被试接受的处理。这种未知性使得实验者免于以不同的方式对待不同条件的被试，从而人为地导致实验假设得到验证。如在一个归因启动实验中，实验者的实验假设是接受外归因材料启动的被试在归因判断材料中会更多作出外在归因，接受内归因材料启动的被试在归因判断材料中会更多作出内在归因。如果实验者事先知道哪些被试分配到外归因材料启动组，哪些分配到内归因材料启动组，那么实验者在指导语等方面都有可能会对被试反应产生微妙影响。

### (二)被试中途退出

如果被试放弃实验，不管是身体原因还是不能遵从指导，或是给予无意义的答案等，都会错误地导致实验条件间的差异。最好的解决方法是没有被试退出。通常认为如果每个条件的退出率大致相同，不会有什么问题，但这种看法是不对的。在一种条件下，5%的高自我监控者可能会感到灰心并退出实验，反之，在另一种条件下，可能是5%的低自我监控者离开。这样保留下来的分组被试是不同的，因此可能会导致因变量测量的差异。

### (三)来自条件间社会比较的偏差

当被试发现实验处理存在不同的期望时，补偿性的敌对和怨恨是潜在的问题。被试可能会通过努力产生好的反应或者通过偷懒产生不好的反应。这会潜在地造成因变量测量的偏差。在许多社会心理学研究中，对被试情绪的不同处理条件往往与其他相关潜在因素混淆。情绪可能会受很多类型的常规实验操控的影响，并被认为会影响许多判断和行为，正因为这些原因，主试通常会评估被试的情绪，通过分析看看结果是否受情绪的影响。

本章，我们对实验设计的相关内容进行了具体阐述。无论是对于社会心理学的研究，还是对于其他类型的科学研究，实验设计都非常重要。然而很多好的实验设计方法在当前的社会心理学研究实践中没有得到充分的应用，事实上，在当今社会心理学的研究中，有两个重要理由使得我们需要进行实验设计：

首先，现在的社会心理学家对中介效应问题十分感兴趣——$X$如何引起$Y$或$X$是否引起$Y$。

其次，现今社会心理学最重要的不是个别研究，而是研究计划。后者包括把系列研究作为一个精心设计并正在进行的研究主题的一部分，这样就更需要我们进行仔细的实验设计。

因此，在社会心理学研究中，我们要充分使用实验设计，使得变量间的因果关系得以确定。

# 本章思考题

1. 比较被试间设计和被试内设计两种设计，说明它们各适合于什么实验条件。

2. 举例说明如何进行固定因素和随机因素处理。

3. 举例说明交叉因素设计的优点。

4. 拉丁方设计的目的是什么？

（作者：叶映华）

# 第四章 因果关系推断及其概化

心理学是研究人的行为与心理活动规律的科学。心埋与行为的现象纷繁复杂，但其背后的因果关系却相对稳定。心理学知识（理论）的大厦正是通过挖掘心理现象背后的因果关系得以构建的。本章内容即是关于因果关系的界定、推断与概化的。

## 第一节 因果关系的一般概念与鲁宾因果模型

### 一、因果关系的一般概念

在日常语言中，我们都非常清楚"因果"的含义。在西方早期的科学语言中，也没人对"因果"的含义提出过质疑。比如古希腊哲学家亚里士多德在其《物理学》中将原因分为四种：质料因，即事物由之生成并寓于其中的东西，如雕像的青铜；形式因，即形式和模型，"所是东西"的公理及它们的属，如音程中 2：1 的比例、一般而言的数以及公理中的各部分；动力因，运动或静止的起点；目的因（终极因），即所为的东西。因此自然哲学家应该通晓所有这些原因，并运用它们——质料、形式、动力、目的来自然地回答"为什么"的问题。但亚里士多德只是指出了原因的四种形式，并未对原因本身做出阐述。显然，亚里士多德眼中的原因与常人对原因的定义无异。

#### （一）休谟问题

18 世纪，哲学家休谟首先对"因果"的含义提出了质疑。休谟认为，因果关系根本就不存在。比如我们可以观察到当石子砸向玻璃时，玻璃破碎，因此认为运动的石子是玻璃破碎的原因，但我们观察到的只是石子的运动和玻璃的破碎，并不能观察到因果。所以休谟指出："因果关系不存在于经验中，而只存在于人的头脑中。"当人思想中的因果关系投射到经验世界中时，就形成了一种"必要关联"，即人们平常所说的因果关系。这就是著名的"休谟问题"。"休谟问题"看似是对因果概念提出质疑，但实际质疑的却是整个归纳法。

休谟进一步界定了人们日常用语中的因果关系。休谟认为，因果关系的确立必须同时满足三个条件：时间上的先后、经验上的相邻、恒常的关联(constant conjunction)。比如当我们说"A 现象导致了 B 现象"时，这两个现象在时间上是 A 先 B 后；在经验的时间和空间的维度上，A 和 B 是相邻的；另外，A 和 B 总是同时出现的。

**(二)罗素的"或然性"**

休谟之后的许多哲学家都致力于解决"休谟问题"，如康德、罗素、波普尔、艾耶尔等。这些哲学家中有的干脆放弃了归纳法，唯独罗素没有放弃，而是对归纳法做出了修正。鉴于归纳法目前在心理学研究中仍占有重要地位，在此介绍一下罗素对归纳法的修正。

罗素的解决办法是引入"或然性"的概念。他把归纳原则表述如下："(甲)如果发现甲种事物和乙种事物相联系的事例次数越多，则甲和乙永远相联系的或然性也就越大(假如不知道有不相连的事例的话)。(乙)在同样的情况下，甲和乙相联系的次数足够多时，便几乎可以确定甲和乙是永远相联系的，并且可以肯定这个普遍规律将无限地接近于必然。"

罗素强调说："或然性永远是相对于一定的材料而说的……例如，有人看见过许多白天鹅，他们便可以根据我们的原则论证说：根据已有材料，或许所有的天鹅都是白的。这可算是理由完全充分的一个论证了。"罗素不否认随后发现一只黑天鹅可以推翻这一结论中所包含的全称命题，但却不能推翻这一全称命题的或然性；那只黑天鹅已经改变了原有的材料，而或然性是相对于原有材料而言的。换言之，新发现的黑天鹅只推翻了那个结论，并未推翻根据原有材料所作的归纳论证。这表明"归纳法原则不能够仅凭经验反对"。

罗素进而指出，"归纳法原则也一样是不能凭经验证明的"。道理很简单，用经验证明归纳法即用归纳法证明归纳法，因而是无效的。由于归纳原则既不能被经验证明，也不能被经验否定，"可是大家居然毫不迟疑地信仰它"，所以罗素把归纳原则看做一种先验原则。

由此可见，经罗素改造的归纳法已是具有概率性质的归纳法了。下面我们来看一下心理学中对因果关系的界定。

# 二、鲁宾因果模型(Rubin Causal Model)

## (一)鲁宾对因果效应的界定

鲁宾对因果关系的界定并不涉及形而上学的讨论，他的界定完全是在纯操作的层面上展开，与实验设计联系在一起的。鲁宾将因果效应（causal effect）界定为：同一单元在实验中处理条件下与控制条件下产生的变化量之差。其中处理条件除了比控制条件多一个实验处理外，其余均相同，即：

$$CE = Y_t(u) - Y_c(u) \qquad [4-1]$$

式[4-1]中 $CE$ 代表因果效应，$Y$ 代表观察到的被试反应（因变量测量），$u$ 代表研究单元（比如，个体研究中，个体就是一个单元；群体研究中，有时就会将一个群体作为一个单元），脚标 $t$ 与 $c$ 分别代表处理组与控制组。

鲁宾因果模型非常清晰，但存在一个现实中无法解决的问题：同一单元（被试）在处理条件或控制条件下进行实验后，无法复原到实验前的状态。比如，研究者欲研究计算机媒介在人际交流中的作用。该研究中处理条件是被试以计算机为媒介的交流，控制条件是被试面对面交流。处理条件与控制条件除媒介不同外，其余条件如交流时间、交流主题等都完全相同。但"同一被试"的条件无法满足。我们无法做到让被试先接受处理条件的实验，然后再让同一被试完全回复到实验前的状态，接受控制条件的实验。

### （二）三种间接因果推断的实验设计

被试在接受一种处理后不可复原，使得心理学即使在纯操作的层面上也无法直接观察到因果关系。因此只能退而求其次，对因果关系进行间接的推断。而这种推断的可靠性在很大程度上取决于研究者的思辨，即实验设计逻辑。间接推断因果关系的实验设计主要有三种：被试内设计、配对组设计与随机设计。三种实验设计的内部逻辑一致，均是解决"同一被试"问题的不同方法。注意，这里的重点是实验设计背后推断因果关系的逻辑，而非实验设计的具体操作方法。

#### 1. 被试内设计

被试内设计中，被试接受一种处理后，测量被试反应（因变量）；接着要求被试接受另一种处理，再测量被试反应。被试内设计是满足鲁宾因果模型"同一被试"假设最简单的方法。

但同一被试先后两次接受实验处理，难免不受实验进程的影响。因此要以被试内设计推断因果关系还需满足两个假设：第一，反应不受处理延续时间的影响。即被试的反应只能归于处理的效应，而不能归于由处理延续时间带来的其他效应。比如，疲劳、生长发育和成熟，或身体受时间影响的节律变化都是处理延续时间带来的混淆因素。第二，实施的处理或对其反应的测量不会对被试产生持续的影响，即先前的处理或测量不会对后来的处理或测量产生影响，这一点很难完全做到。被试是人，有记忆，有情感，但凡经历过的事情，哪怕自己都意识不到也仍会对其产生影响（如，内隐记忆）。

与一般实验心理学中介绍的被试内设计不同，这里的被试内设计的被试只有一名，姑且称其为纯粹的被试内设计。实验心理学介绍的被试内设计实际上是纯粹的被试内设计与随机设计的组合。比如随机选取一半被试先接受实验处理，后接受控制处理；另一半被试先接受控制处理，后接受实验处理。

2. 配对组设计

配对组设计的逻辑是如果两名被试在知识、能力、人格等所有方面均完全一致，分别对他们实施不同处理后，处理的差异就是因果效应的大小。即当满足式[4-2][4-3]所列条件时：

$$Y_t(u_1)=Y_t(u_2) \qquad [4-2]$$

$$Y_c(u_1)=Y_c(u_2) \qquad [4-3]$$

$Y_t(u_1)-Y_c(u_2)$ 或 $Y_t(u_2)-Y_c(u_1)$ 的值就是因果效应。但该假设也很难满足。心理学研究表明，即使是基因完全相同的同卵双生子，也会在知识、能力、人格等方面存在差异。

同样，这里的配对组设计也不是一般实验心理学中介绍的配对组设计，而是纯粹的配对组设计，只需要两名被试。由于两名被试在各方面均等，因此无论将谁分配到实验组或控制组都一样。实验心理学中介绍的配对组设计仍是纯粹的配对组设计与随机设计的组合。

3. 随机设计

随机设计的做法是在实验实施前，先将被试随机分配到某种实验条件中，即每名被试被分配到实验条件或控制条件的概率是均等的。实施处理后，再对被试的反应进行测量。随机分配被试可以保证实验前，实验组与控制组的被试在群体水平上的期望值完全等同：

$$E\overline{Y}_t=E(\overline{Y}_c) \qquad [4-4]$$

因此实验实施后两组的任何差异都是实验条件造成的。但这里的差异 $Y_t(u)-Y_c(u)$，已经不再是个体差异，而是个体均值的差异。这里，鲁宾因果模型从个体水平转变到群体水平：

$$CE=\overline{Y}_t-\overline{Y}_c \qquad [4-5]$$

注意，由个体到群体的转变对心理学因果推断的意义重大。这意味着即使最终能推断出因果关系，该推断只能适用于群体内个体的平均状况，而不再适用于个体。因此有许多人指责心理学的理论放在他们身上不适用。实际上从这里可以看出，单在技术层面很难严格证明心理学理论可以适用于个体。当然，心理学理论是应该在群体水平做出贡献，还是应该在个体水平做出贡献的问题确实非常重要，但不属于本书的讨论范围。

另外，由式[4-4]可知在随机设计中得到因果关系的前提条件实验组与控制组并非完全等同，而是两个组的期望值完全等同。因为只有当样本量非常大（$n \to \infty$）时，才能满足实验前实验组与控制组完全等同的条件，得到 $\bar{Y}_t = \bar{Y}_c$。同样由于实际研究不能满足 $n \to \infty$ 的条件，因此随机分配方案不同，获得的因果效应的值就不同。所以研究者得到的因果效应永远都不是因果效应的真值，而只是对其真值的估计。那么因果效应是否真的存在，还要进行统计推断。

还有，要做出因果推断还必须满足 SUTV 假定（stable-unit-treat-ment-value assumption），即假定实验条件与被试反应一一对应。SUTV假定具体包括两点：（1）随机分配过程本身不会影响被试反应。即无论被试被分配到实验组还是控制组，被试的反应只受处理条件的影响，而不受分组的影响。（2）被试不清楚其他处理情况或即使知晓，其反应也不会受到影响。例如比较实验法教学与传统教学效果的不同，如果分配到传统教学法班级中的被试拿到了实验教学法班级中被试的课堂笔记，那被试反应（学习成绩）就很有可能会受到影响。因此，SUTV假定的核心是保证对被试产生影响的只有实验（处理或控制）条件，唯有如此不同实验条件下被试反应的差异才可归于实验条件的差异。SUTV假定在具体实验中一般通过双盲设计来满足。

## 三、实例

例 4-1：下面以实例展示随机设计中鲁宾因果模型的应用。我们可以设想一种理想情况，SUTV假定已经得到满足，因果效应大小已知：$CE = u_t - u_c = 0.5$，且对每名被试均有 $Y_{ti} - Y_{ci} = 0.5$。现有 32 名被试，按照随机设计的做法，这些被试被随机分配到实验组或控制组。表 4-1 中 $a_1$、$a_2$、$a_3$、$a_4$、$a_5$ 代表五种随机分配方案，1 表示被试被分配到实验组，0 表示被试被分配到控制组。$Y_c$ 表示当被试被分配到控制组时因变量的值，$Y_t$ 表示当被试被分配到实验组时因变量的值。$\bar{Y}_c = 3.0$，$\bar{Y}_t = 3.5$，总体服从正态分布，$\sigma_x = \sigma_t = 1$。按照科恩（J. Cohen）界定的效果量：$d = \dfrac{3.5 - 3.0}{1} = 0.5$，效果量中等（科恩认为在大多数心理学研究中效果量都是中等）。

表 4-1　五种随机分配方案及控制组与实验组的因变量测量值

| 被试 | $a_1$ | $a_2$ | $a_3$ | $a_4$ | $a_5$ | $Y_c$ | $Y_t$ |
|------|------|------|------|------|------|------|------|
| 1 | 1 | 1 | 1 | 0 | 1 | 1 | 1.5 |
| 2 | 1 | 1 | 1 | 0 | 1 | 2 | 2.5 |
| 3 | 0 | 1 | 0 | 1 | 0 | 2 | 2.5 |
| 4 | 0 | 1 | 0 | 1 | 0 | 2 | 2.5 |
| 5 | 0 | 0 | 1 | 0 | 1 | 2 | 2.5 |
| 6 | 1 | 1 | 1 | 0 | 0 | 3 | 3.5 |
| 7 | 1 | 0 | 1 | 1 | 0 | 3 | 3.5 |
| 8 | 0 | 1 | 0 | 0 | 1 | 3 | 3.5 |
| 9 | 1 | 1 | 1 | 0 | 1 | 3 | 3.5 |
| 10 | 0 | 1 | 0 | 1 | 0 | 3 | 3.5 |
| 11 | 1 | 0 | 0 | 1 | 0 | 3 | 3.5 |
| 12 | 0 | 0 | 0 | 1 | 0 | 4 | 4.5 |
| 13 | 0 | 0 | 1 | 0 | 1 | 4 | 4.5 |
| 14 | 0 | 0 | 0 | 0 | 1 | 4 | 4.5 |
| 15 | 1 | 1 | 0 | 0 | 0 | 4 | 4.5 |
| 16 | 1 | 1 | 1 | 0 | 0 | 5 | 5.5 |
| 17 | 0 | 1 | 0 | 1 | 0 | 1 | 1.5 |
| 18 | 1 | 0 | 0 | 1 | 1 | 2 | 2.5 |
| 19 | 0 | 0 | 1 | 0 | 1 | 2 | 2.5 |
| 20 | 0 | 1 | 1 | 0 | 1 | 2 | 2.5 |
| 21 | 1 | 1 | 1 | 1 | 1 | 2 | 2.5 |
| 22 | 1 | 0 | 1 | 1 | 1 | 3 | 3.5 |
| 23 | 0 | 0 | 0 | 0 | 1 | 3 | 3.5 |
| 24 | 1 | 1 | 0 | 1 | 0 | 3 | 3.5 |
| 25 | 1 | 0 | 0 | 1 | 0 | 3 | 3.5 |
| 26 | 0 | 1 | 0 | 0 | 0 | 3 | 3.5 |
| 27 | 1 | 0 | 1 | 1 | 0 | 3 | 3.5 |
| 28 | 1 | 0 | 0 | 1 | 1 | 4 | 4.5 |
| 29 | 0 | 0 | 0 | 1 | 0 | 4 | 4.5 |
| 30 | 0 | 0 | 1 | 0 | 0 | 4 | 4.5 |
| 31 | 0 | 0 | 0 | 1 | 0 | 4 | 4.5 |
| 32 | 1 | 1 | 1 | 0 | 0 | 5 | 5.5 |
| 均 值 |  |  |  |  |  | 3.0 | 3.5 |

　　下面按照五种随机分配方案分别计算因果效应的大小、因果效应的

置信区间，并对因果效应的大小进行显著性检验。以 $a_1$ 为例：

H₀：$u_c = u_t$，即不存在因果关系

H₁：$u_c \neq u_t$，即存在因果关系

$$\bar{Y}_c = \frac{\sum_c}{n_c} = \frac{2+2+2+3+3+4+4+4+1+2+2+3+3+4+4+4}{16}$$

$$= \frac{47}{16} = 2.938$$

$$\bar{Y}_t = \frac{\sum Y_t}{n_t}$$

$$= 1.5+2.5+3.5+3.5+3.5+3.5+4.5+5.5+2.5+2.5+3.5+$$

$$3.5+3.5+3.5+4.5+5.5/16$$

$$= \frac{57}{16} = 3.563$$

根据式［4—5］，有：$CE_a = Y_t - Y_c = 3.563 - 2.938 = 0.625$

置信区间：$CI = (\bar{Y}_t - \bar{Y}_c) \pm 1.96SE = (\bar{Y}_t - \bar{Y}_c) \pm 1.96\sqrt{\sigma^2\left(\frac{1}{n_t} + \frac{1}{n_c}\right)}$

$$= 0.625 \pm 1.96\sqrt{1\left(\frac{1}{16} + \frac{1}{16}\right)} = -0.068 \sim 1.318$$

$$z = \frac{\bar{Y}_t - \bar{Y}_c}{\sqrt{\sigma^2\left(\frac{1}{n_t} + \frac{1}{n_c}\right)}} = \frac{0.625}{\sqrt{1\left(\frac{1}{16} + \frac{1}{16}\right)}} = 1.768$$

查表，当 $z = 1.768$ 时，$p = 0.0771 > 0.05$。因此不能拒绝 H₀。即根据随机分配方案 $a_1$，不能认为存在因果效应。

同样，可以分别计算 $a_2 \sim a_5$ 随机分配方案估计的因果关系：

表 4-2　对五种随机分配方案因果效应的计算

| 随机分配方案 | $\bar{Y}_c$ | $\bar{Y}_t$ | $CE_b$ | $CI$ | $z$ | $p$ |
|---|---|---|---|---|---|---|
| $a_1$ | 2.938 | 3.563 | 0.625 | −0.068～1.318 | 1.768 | 0.0771 |
| $a_2$ | 3.250 | 3.250 | 0 | −0.693～0.693 | 0 | 0 |
| $a_3$ | 3.000 | 3.500 | 0.500 | −0.193～1.193 | 1.414 | 0.1573 |
| $a_4$ | 3.125 | 3.375 | 0.025 | −0.668～0.718 | 0.707 | 0.4795 |
| $a_5$ | 3.250 | 3.250 | 0 | −0.693～0.693 | 0 | 0 |

从对五种随机分配方案的计算可以看出，因果效应的值会随着分配方案的不同而变化，其中 3/5 的分配方案所求得的 $CE$ 值小于 $CE$ 的真实值 0.5。置信区间估计均将真值 0.5 包括在内。根据假设检验的原理，如

果虚无假设 $H_0$ 被拒绝($p < 0.05$),则认为因果效应是存在的,而 $\bar{Y}_t - \bar{Y}_c$ 的值就是对因果效应的无偏估计量。上述五种随机分配方案的 $z$ 检验结果均不显著,这表明上述五种随机分配方案均不能拒绝 $H_0$,即均不能认为因果效应的存在。

例 4-1 展示了随机设计中因果效应的推断。随机设计中因果效应的推断针对的是群体而非个人。因此对因果效应的估计在平均水平上是正确的,但单次估计则或大于或小于真值。这表明重复实验与对研究进行元分析是非常重要的。另外例 4-1 是我们假想的理想情况,因果效应存在是我们事先设定好的。然而五种随机方案均不能表明因果效应的存在,这有可能是统计检验力过低所致。实际上例 4-1 的统计检验力只有 0.28。这表明对于单个研究,统计检验力是非常重要的,如果统计检验力过低,即使存在因果效应也检验不出来。第二节将对统计检验力的问题进行详细的阐述。

# 第二节  统计检验力分析的意义及应用

第一节例 4-1 中,虽然因果效应存在,但由于统计检验力过低,未能将因果效应检验出来。本节针对这一问题专门对统计检验力进行介绍,包括其含义、重要作用、影响因素,并引用实例说明其应用。

## 一、统计检验力概述

### (一)统计检验力的含义

在假设检验中存在两种错误:Ⅰ型错误与Ⅱ型错误。Ⅰ型错误的含义是:在 $H_0$ 正确的前提下拒绝 $H_0$ 所犯错误的概率,其值用 $\alpha$ 表示;Ⅱ型错误的含义是:在 $H_1$ 正确的前提下拒绝 $H_1$ 所犯错误的概率,其值用 $\beta$ 表示(见表 4-3)。

表 4-3  Ⅰ型错误与Ⅱ型错误

|  | 接受 $H_0$ | 拒绝 $H_0$ |
|---|---|---|
| $H_0$ 为真 | 正 确 | Ⅰ型错误($\alpha$) |
| $H_1$ 为真 | Ⅱ型错误($\beta$) | 正 确 |

在统计学中,$(1-\beta)$ 被称为统计检验力或统计功效(statistical power),从定义看,统计检验力确实非常重要,是"发现自变量真实效应的敏感测度"。

### (二)统计检验力的重要性

统计检验力的重要性主要体现在三个方面:首先,统计检验力反映的是研究的敏感性。如果一项研究或实验的统计检验力过小,则将其检验出来的可能性就非常小。比如 $t$ 检验，如果一项研究的统计检验力只有 0.30，那么两总体即使有差异，能够检验出这种差异的概率也只有 30%。因此统计检验力过小的研究常会导致研究者做出错误的结论。

其次，在行为科学中往往存在着大量的影响因素，因此研究者永远不能期望两总体均值完全相等（即效果量为零）。在这个意义上，$H_0$ 总是错误的，$H_1$ 总是正确的。所以正确接受 $H_1$ 的统计检验力自然就很重要了。

最后，对于假设检验来说，有时研究者关心的并非是推翻 $H_0$，而是证实 $H_0$。比如，希望通过 $t$ 检验不显著证明两总体没有显著差异。此时，当 $p$ 值不能达到显著性水平时，应做出的结论是：没有充分证据推翻 $H_0$，$H_0$ 是否正确则需对统计检验力进行检验，这是因为 $H_0$ 没有被推翻有可能是因为 $H_0$ 确实正确，但也有可能是统计检验力不足所致。此时要做出 $H_0$ 正确的结论就必须要求统计检验力能够大到一定的程度，也就是 II 型错误必须小于一定值。这与接受 $H_1$ 时要报告 $\alpha$ 值的原理是一样的。

### （三）统计检验力的影响因素

1. 统计检验力的影响因素

由统计检验力的含义可知，统计检验力在某种程度上反映了一个检验的敏感性。所谓敏感性是指统计检验区分总体中的真实处理效果（差异）与取样误差的准确度。敏感性主要是由样本容量 $N$ 决定的。当 $1-\beta > \alpha$ 时，样本容量越大则统计检验力越大，因此样本容量是影响统计检验力的首要因素。

统计检验力还受效果量（effect size，ES）的影响。效果量是反映自变量和因变量关联强度的指标，其大小不依样本容量的变化而变化。效果量越大统计检验力也越大。

另外，显著性水平（$\alpha$）也是统计检验力的一个影响因素。由于 $\alpha$ 与 $\beta$ 存在此消彼长的关系，因此将 $\alpha$ 设定得越大，统计检验力也越大。

实际上，在任一统计检验中，样本容量、效果量、显著性水平及统计检验力都组成一个封闭的系统，四者之间是相互影响和决定的。如果其中三个已知，就可以确定剩下的一个。因此对任一给定的统计检验，统计检验力都是由样本容量、效果量与显著性水平决定的。

样本容量与显著性水平毋庸多言，这里需要注意的是效果量。效果量可以分为两种：一种是研究完成之后所计算的样本效果量，另一种是研究之前要估计的总体效果量。样本效果量的计算目前有多种不同的方法，按照公式可以直接确定；而总体效果量大小的估计颇具挑战性，因为研究者在研究之前永远不可能准确地做出估计(否则就没必要研究了)。

2. 总体效果量的估计方法

参照前人对总体效果量进行估计的方法，可以将其归纳为两类：

第一类方法为演绎法，即利用现有理论或观念对效果量作出粗略的估计。

比如，已有的关于人类认知能力的理论大都认为特殊能力与一般能力都有一定的关系，而一般能力又与学业成绩密切相关。如果研究者开发了一套特殊能力测验，而该能力在理论上又与一般能力有较大相关，那么研究者就可以推测该测验与学业成绩相关的效果量至少是中等。

第二类方法为归纳法，也就是利用前人的具体研究、经验及事实估计效果量。比如前人在相关领域所积累的大量相关研究与数据，对某一领域几年或几十年的研究所做的元分析，或者对相当多的领域的元分析所做的收集、总结和整理。

前人的具体研究、经验与事实实际上在某种程度上确立了设定效果量的"惯例"，而现在国外及国内期刊上出现的元分析报告则更是提供了估计效果量的科学依据。甚至还有研究者对众多领域的元分析进行了收集、总结和整理，这更是让总体效果量的估计变得轻松自如。利普西和威尔逊(M. W. Lipsey & D. B. Wilson, 1993)就曾在美国心理学家杂志上发表过一篇题名为"心理、教育与行为处理的功效"的文章，该文汇集了与心理、教育及行为处理有关的多个元分析报告的效果量(以 $d$ 表示)，可供研究者参考。

比如，假定研究者研究不同戒烟方法的有效性。研究者查阅与此相关的文献，结果发现利普西和威尔逊的文章中有两个独立的元分析报告，一个是医生劝诫的方法($d=0.34$，8 个研究)，另一个是工作场所戒烟系统($d=0.20$，20 个研究)。则经过加权，研究者可以预期不同戒烟方法的效果量差不多是在 $d=0.24$ 左右。

## 二、统计检验力分析的应用

统计检验力分析最重要的应用可以归纳为以下三项：(1)研究前的计划，(2)研究后的诊断，(3)对显著性水平 $\alpha$ 的设定。

### (一)研究前的计划

在进行研究之前，一般来说研究者都会依照某些规则对样本容量进行设定。比如有研究者指出，在进行多元分析时样本容量应是解释变量个数的 10 倍。又如进行探索性因子分析时，样本数与项目数之比一般要求大于 5。然而这种对样本量的设定规则是由统计学定律以及先前研究经验决定的，带有普遍的性质，并不能对某个具体的研究进行针对性的估计。因此，并不是每项研究都可以依照这些已有的规则对样本量进行设定。统计检验力分析恰恰能够帮助研究者针对具体研究选择合适的样本容量。这样就不至于造成被试的浪费，也不会由于被试量太少而得不出显著结果；而如果研究者的资源有限，根本达不到所需样本容量的话，可能就应该考虑修改研究计划甚至彻底放弃，等有充足资源的时候再进行研究。

科恩（J. Cohen）按照统计检验方法的不同，为样本容量的确定绘制了方便研究者查阅的表格。只要对效果量进行了估计，对所需统计检验力与 $\alpha$ 进行了设定，就可以通过查表找出所需的样本容量。检验方法不同，效果量的表示方法也不同（如，在 $t$ 检验中，效果量用 $d$ 表示；在相关系数差异的比较中用 $q$ 表示；多元回归中用 $f^2$ 表示），因此样本容量也要用不同的表格进行查找。幸而墨菲等人（K. R. Murphy & B. Myors, 2004）对科恩的方法做出了改进，绘制了 $power = 0.80$，$\alpha = 0.50$ 条件下，各种测验通用的查找样本量的表格。这种方法虽略显粗糙但更为实用。只要确定好效果量（均以 $d$ 或 $PV$ 表示），就可以找出所需的样本容量。

例 4-2：假定研究者要检验高中学生空间思维能力的差异，根据以往经验，效果量是中等大小（0.50 左右），则至少需要多少被试才能将中等大小的效果量检验出来？

根据墨菲等人绘制的表格，设定 $power = 0.80$，$\alpha = 0.50$，$df_{hyp} = 1$，查表（表 4-4）：

从表 4-4 可以找出，$df_{hyp} = 1$ 时，$d = 0.46$ 与 $d = 0.51$ 时分别需要的 $df_{err}$ 分别为 151 与 125。利用内插法可知，当 $df_{hyp} = 1$ 时，$d = 0.50$ 时，$df_{err} \approx 130$。所需样本容量 N = $df_{hyp} + df_{err} + 1 = 1 + 130 + 1 = 132$。所以至少需要 132 名被试。

**表 4-4 $df_{err}$ 估算表（$power = 0.80$，$\alpha = 0.50$）**

| ES | | | | $df_{hyp}$ | | |
|---|---|---|---|---|---|---|
| PV | d | 1 | 2 | 3 | 4 | 5 |
| 0.04 | 0.41 | 190 | 233 | 263 | 286 | 310 |
| 0.05 | 0.46 | 151 | 186 | 209 | 228 | 247 |
| 0.06 | 0.51 | 125 | 154 | 173 | 189 | 204 |
| 0.07 | 0.55 | 106 | 131 | 148 | 161 | 174 |

注：此表为截图

当然，如果在研究之前由于种种限制限定了我们能找到的被试量，而效果量又不是特别清楚，那么这个表格就可以帮助我们粗略估计研究是否可行。

例4-3：假定研究者要检验四种不同的领导风格对组织绩效的影响，但被试有限，研究者只能找到50名被试。那么能否通过统计检验力分析来粗略估计一下该研究的可行性呢？

同样是采用上述表，设定$power=0.80$，$\alpha=0.50$，$df_{hyp}=3$，$df_{err}=$ N$-df_{hyp}-1=50-3-1=46$，查表：

表4-5　$df_{err}$估算表（$power=0.80$，$\alpha=0.05$）

| ES | | | | $df_{hyp}$ | | |
|---|---|---|---|---|---|---|
| $PV$ | d | 1 | 2 | 3 | 4 | 5 |
| 0.19 | 0.97 | 36 | 44 | 50 | 55 | 59 |
| 0.20 | 1.00 | 34 | 42 | 47 | 52 | 56 |
| 0.22 | 1.06 | 30 | 37 | 42 | 47 | 51 |
| 0.24 | 1.12 | 27 | 34 | 39 | 42 | 46 |

注：此表为截图

从表4-5可以找出，$df_{hyp}=3$时，$df_{err}=47$与$df_{err}=42$时，分别能检测出$PV=0.20$与$PV=0.22$的效果量。运用内插法可知，$df_{err}=46$，即在研究者只能收集到50名被试的前提下，只能检测出$PV=0.204$的效果量。根据$PV$的含义（自变量解释的变异在因变量的总变异中所占比例）可以看出，只有当组织绩效中约有20%的变异可以归因于领导风格时，此研究才能将其检测出来。无论是查阅相关文献还是通过理论推演，影响组织绩效因素甚多，领导风格的影响是不太可能占到20%的。所以此时研究者倒不如先将研究计划搁置，等到有充足被试的时候再进行。

**（二）研究后的诊断**

一般而言，研究者进行研究之后把重点都放在对具体结论的讨论，而很少对研究的总体结果进行分析。比如，在相关研究中有时我们所假定有关的相关系数全都不显著，或大部分都不显著。这就提示我们应该进行统计检验力分析：自变量的真实效应有可能是存在的，只是因为样本容量太少或$\alpha$设定得太小，致使研究的统计检验力不足，而没有将本来存在的效应检测出来。反之，如果不仅最初假定有关的相关系数全都显著，而且假定无关或现有理论无法预测的相关系数也有很多都显著的话，我们同样也应该进行统计检验力分析。因为这些显著的结果可能不是因为效果量足够大，而是由于我们的研究工具太敏感，连细微的差异都检验出来了。当然这两种情况也可以采用强制报告效果量的方法使研究者不得不对自己的研究进行检验（美国心理学会在 1994 年发出通知，要求公开发表的研究报告都包含效果量的测定）。

另外，如前文所述，有时 $H_0$ 是研究者希望得到或证实的结果。此时要做出 $H_0$ 正确的结论，就必须要求统计检验力能够大到一定的程度，因此不仅需要将研究的统计检验力报告出来，还要求此统计检验力的数值比较大。

在上述两种情况下都需要在研究后对统计检验力进行计算。对于统计检验力的计算仍然有两种途径，如上所述，一种是科恩提供的，虽繁琐但更精确；另一种是墨菲等人提供的，虽稍粗略但很简单。由于篇幅有限，这里只介绍此简略方法，总共只有三步：(1)计算效果量的大小（以 $d$ 或 $PV$ 的形式表示）；(2)确定研究的自由度（$\mathrm{d}f_{hyp}$ 与 $\mathrm{d}f_{err}$）；(3)查一站式 PV 表（One-Stop PV Table），确定统计检验力的值。下面我们再举一例。

例 4-4：假定某研究者用 125 名被试对三种教学方法的效果进行检验。研究之后，计算效果量：$PV=0.06$，则该研究的统计检验力是多少？

根据题意，$PV=0.06$，$\mathrm{d}f_{hyp}=3$，$\mathrm{d}f_{err}=125-3-1=121$。查表：

表 4-6　一站式 *PV* 表

| $\mathrm{d}f_{err}$ | | | $\mathrm{d}f_{hyp}$ | | |
| --- | --- | --- | --- | --- | --- |
| 120 | | | | | |
| | 1 | 2 | 3 | 4 | 5 |
| pow .5 | 0.031 | 0.040 | 0.046 | 0.049 | 0.056 |
| pow .8 | 0.062 | 0.076 | 0.085 | 0.092 | 0.099 |

注：此表为截图

从表 4-6 可以找出，当 $\mathrm{d}f_{hyp}=3$，$\mathrm{d}f_{err}=121$ 时，$PV=0.046$ 与 $PV=0.085$ 时，*power* 分别为 0.50 与 0.80。运用内插法可知，$\mathrm{d}f_{hyp}=3$，$\mathrm{d}f_{err}=121$，$PV=0.06$ 时，*power*=0.668。即统计检验力为 0.668。

**(三)显著性水平的选择**

一般而言，统计检验力能够达到 0.80 以上是比较理想的状况，最低不能低于 0.50。这类似于将 $\alpha$ 设定为 0.01 或 0.05。但这只是对Ⅰ型错误与Ⅱ型错误比率粗略的设定，遇到具体问题仍要具体分析。因为某些情况下犯Ⅱ型错误的危害可能要比犯Ⅰ型错误的危害更大。

例 4-5：某药物机构想要研究某种治疗抑郁的药物 A 是否有副作用。依题，$H_0$：无副作用；$H_1$：有副作用。在这种情况下，漏报副作用比虚报副作用的危害要大得多。因此，Ⅱ型错误就比Ⅰ型错误更严重。

有学者曾提出估算Ⅰ型错误与Ⅱ型错误相对严重性的公式，使研究者对自己设定的 $\alpha$ 与 $\beta$ 的值有更加清醒的认识：

$$ARS = \frac{P(H_1)\beta}{[1-P(H_1)]\alpha} \qquad [4-6]$$

式[4-6]中，$ARS$ 表示犯Ⅰ型错误与Ⅱ型错误严重程度之比；$P(H_1)$ 指 $H_1$ 正确的概率。

例4-6：某研究处理有效果的概率为 0.7，则按照惯例将 $\alpha$ 设定为 0.05，统计检验力设定为 0.80 时，Ⅰ型错误的相对严重性是Ⅱ型错误的多少倍？

根据题意，$P(H_1) = 0.7$，$\alpha = 0.05$，$power = 0.80$，代入公式，得 $ARS = 9.33$。即Ⅰ型错误的相对严重性是Ⅱ型错误的 9.33 倍。

两类错误都是研究者力图避免的，但在样本容量与研究设计不变的前提下是不可能使两类错误同时降低的。因此研究者必须对二者进行权衡，然后才能设定适合自己研究的 $\alpha$ 水平。不难发现，只要将式[4-6]稍作变化，得到式[4-7]，从而可以对所要设置的 $\alpha$ 水平进行估计：

$$\alpha_{desired} = \left[\frac{P(H_1)\beta}{1-P(H_1)}\right]\left(\frac{1}{DRS}\right) \qquad [4-7]$$

式[4-7]中，$DRS$ 表示研究者所认为的Ⅰ型错误的严重性是Ⅱ型错误的倍数，$\alpha_{desired}$ 表示在这种情况下适宜的 $\alpha$ 水平，替换字母的含义与式[4-6]相同。

## 第三节　现场实验的因果推断与因果关系概化

### 一、影响因果推断的因素与解决办法

我们在第二节对统计检验力分析的意义与应用进行了介绍，但统计检验力分析只是在统计层面帮助研究者更有效地推论出因果关系。真实验（包括实验室实验与自然实验）由于控制条件严格，因此很少有其他因素能影响到因果关系的推论。但现场实验与真实验不同，现场实验是在实际工作、学习和生活情境中进行的，缺少严格的控制条件，因此就会出现很多复杂因素影响到因果推断。下面介绍现场实验中影响因果推断的因素与相应的解决办法。

#### (一)主试方面

1. 主试对随机化设计的影响

主试会在两个方面影响随机化设计：一是实验之初影响被试的随机分配，二是在实验进程中影响随机设计。

比如研究者想研究及时胸透是否可以降低妇女因乳腺癌致死的比率。如果要做出因果推断，则必须保证患者是否进行胸透是完全随机的。但研究者对加拿大相关实验的回顾发现，是否让患者进行胸透在绝大多数相关实验中都不是随机的。女病人来找医生时，医生是根据她是否有乳腺癌的家族病史或本次患病前是否曾患乳腺相关疾病的信息来决定患者是否需要进行胸透的。这样，因乳腺癌致死就不仅是胸透导致的，还是由家族病史或先前病史导致的。这就是随机化分配遭到破坏，进而对因果推断的正确性构成了威胁的情况。

还有一种情况虽然是随机分配，但在实验进程中随机设计遭到了破坏。如，研究实验法教学是否比传统教学的效果更好。研究者可以把学生随机分配到实验教学班或传统教学班。但随着实验的进行，某些教师发现实验教学更有效，因此就将传统教学班中的优秀学生私自调换到实验教学班中。这种情况就是在实验进程中破坏了随机设计。

2. 解决办法

第一种解决办法自然是加强对随机化分配与实验进程的监控。上面第一个例子中，如果能及早发现并纠正，使患者是否进行胸透完全由随机决定，就会大大增强因果推断的有效性。第二个例子中，如果研究者及时到学校了解情况，也不会发生调换学生的事情。

第二种解决办法是在不同的地区实施不同的处理。比如，随机选取几所学校进行实验教学，另外几所学校进行传统教学。但要注意，此时随机设计已经不再是个体水平，而是群体水平。虽然这种变化不会影响因果推断，然而却会给数据统计带来麻烦。此时最简单的做法是将群体作为分析单元。但注意，将群体作为分析单元时，因果推断的结论就只能适用于群体的平均水平，而非群体内个体的平均水平。比较复杂的方法是应用多层线性模型，将群体因果效应与个体因果效应区分开来。感兴趣的读者还可以参阅本书第十八章的内容。

**（二）被试方面**

1. 被试不愿参与实验对随机设计的影响

当把被试随机分配到实验组或控制组后，并非所有被试都会完全服从实验设计的要求，接受相应的处理。比如，为了研究拓展训练对团队凝聚力的影响，可以在企业中随机选出一部分员工，从这些员工中随机选出一半参加拓展训练，另一半不参加。但并非所有被选中参加训练的员工都愿意参加训练，很可能有些员工不愿去或者有其他安排。这种情况就是被试本身对随机设计的影响。

## 2．被试流失对随机设计的影响

除被试不愿参与实验会对随机设计产生影响外，有时现场实验，特别是系列实验中，被试流失也会对随机设计造成影响。比如被试参与了实验，但由于种种原因(如，自然灾害、搬家、研究者丢失了被试的联系方式等)无法对某些被试的因变量进行测量，使得因变量测量数据不全，从而破坏了随机化设计。

## 3．解决办法

首先，找出原因。假定我们在实验前进行了详尽的前测，前测数据涵盖了被试所有特征(如，被试的年龄、性别、能力、人格等)。这样就可以对实验前测的值进行组别与是否参与实验的 2(实验组 vs. 控制组)×2(未流失被试 vs. 流失被试)方差分析。该分析的目的是检验被试实验前存在的差异。若组别主效应显著，则表明随机化失败；若是否参与实验的主效应显著，则表明未流失被试与流失被试存在差异，这样即使根据未流失被试可以得出因果显著的效应，也不能将此结论概化到流失的被试，即影响了因果推断的外部效度；若交互作用显著，表明实验组与控制组中流失(未流失)的被试不同质，此时按照未流失被试数据进行因果推断就有可能犯错误，即影响了因果推断的内部效度。检验时同样要注意统计检验力的问题。但由于在某次具体分析中效果量、样本量已经不能改变了，因此有研究者建议可以适当放宽 I 型错误的要求，将 $\alpha$ 的值设定得稍大一些，如令 $\alpha=0.25$。

其次，如果上述办法表明随机化设计没有遭到破坏，且实验组与控制组中剩余被试是同质的，则可按照下面三种方法进行因果效应的估计。

(1)直接比较实验组所有被试(无论被试是否接受实验处理)与控制组所有被试因变量均值差异是否显著。但这种方法得出的结论较保守。

(2)将实验组中未按要求参与实验的被试的结果全部剔除后，比较实验组剩余被试与控制组所有被试因变量均值差异是否显著。这里可以将实验组中未参与实验的被试视为缺失值。然而这种方法对因果效应的估计是有偏的(除非能够保证这些未参加实验的被试在实验组中是完全随机的)，而且不能确定该有偏估计是更保守还是更冒险。

(3)CACE 法(complier average causal effect)，即参与实验被试平均因果效应测定法。具体做法是剔除实验组中未参与实验的被试以及控制组中相应被试后，比较剩余被试的因变量均值差异是否显著。运用CACE 法时要保证控制组中没有任何实验处理，或实验处理仅为因果效应推断提供基线水平。该方法对因果效应的估计也是无偏的，但与方法1 不同，根据方法 1 得到的因果效应可以适用于实验组所有被试，而根据 CACE 法得到的因果效应仅适用于实验组中参与实验的被试。

下面以实例说明上述三种方法的不同：

例 4-7：与例 4-1 类似，我们仍可设想一种理想情况，SUTV 假定已经得到满足，因果效应大小已知：$CE = u_t - u_c = 0.5$，且对每名被试均有 $Y_{ti} - Y_{ci} = 0.5$。$2 \times 2$ 方差分析，表明主效应与交互作用均不显著。表 4-7 的随机分配方案 $a_6$ 中，控制组（$a_6 = 0$）被试 1～16 分别并依次与实验组（$a_6 = 1$）被试 17～32 进行完全匹配；因此控制组与实验组没有参加实验的被试（$c_1 = 0$ 表示未参与实验；$c_1 = 1$ 表示参与实验）也依次对应，即被试 1～5（或 17～21）无论分配到实验组还是控制组都不会参与实验。

下面分别采用三种方法进行因果推断：

（1）直接比较实验组所有被试（无论被试是否接受实验处理）与控制组所有被试的因变量均值差异是否显著。

$$\bar{Y}_c = \frac{1 + 2 + 2 + 2 + 2 + 3 + \cdots + 4 + 5}{16} = 3.0$$

$$\bar{Y}_t = \frac{1 + 2 + 2 + 2 + 2 + 3.5 + \cdots + 4.5 + 5.5}{16} = 3.344$$

$CE = \bar{Y}_t - \bar{Y}_c = 3.344 - 3.0 = 0.344$，比照 $CE$ 真值 0.5，此估计值低估了 31.2%。

（2）将实验组中未按要求参与实验的被试的结果全部剔除后，比较实验组剩余被试与控制组所有被试因变量均值差异是否显著。$\bar{Y}_c$ 依然为 3.0，$\bar{Y}_t = \frac{3.5 + 3.5 + 3.5 + \cdots + 5.5}{11} = 4.045$

$CE = \bar{Y}_t - \bar{Y}_c = 4.045 - 3.0 = 1.045$，比照 $CE$ 真值 0.5，此估计高估了 109%。

表 4-7　三种统计控制方法示例

| 被试 | $a_6$ | $c_1$ | $Y_c$ | $Y_t$ |
| --- | --- | --- | --- | --- |
| 1 | 0 | 0 | 1* | 1.5 |
| 2 | 0 | 0 | 2* | 2.5 |
| 3 | 0 | 0 | 2* | 2.5 |
| 4 | 0 | 0 | 2* | 2.5 |
| 5 | 0 | 0 | 2* | 2.5 |
| 6 | 0 | 1 | 3* | 3.5 |
| 7 | 0 | 1 | 3* | 3.5 |
| 8 | 0 | 1 | 3* | 3.5 |
| 9 | 0 | 1 | 3* | 3.5 |

表 4-7　三种统计控制方法示例　　　　　　　　续表

| 被试 | $a_6$ | $c_1$ | $Y_c$ | $Y_t$ |
|---|---|---|---|---|
| 10 | 0 | 1 | 3* | 3.5 |
| 11 | 0 | 1 | 3* | 3.5 |
| 12 | 0 | 1 | 4* | 4.5 |
| 13 | 0 | 1 | 4* | 4.5 |
| 14 | 0 | 1 | 4* | 4.5 |
| 15 | 0 | 1 | 4* | 4.5 |
| 16 | 0 | 1 | 5* | 5.5 |
| 17 | 1 | 0 | 1* | 1.5 |
| 18 | 1 | 0 | 2* | 2.5 |
| 19 | 1 | 0 | 2* | 2.5 |
| 20 | 1 | 0 | 2* | 2.5 |
| 21 | 1 | 0 | 2* | 2.5 |
| 22 | 1 | 1 | 3 | 3.5* |
| 23 | 1 | 1 | 3 | 3.5* |
| 24 | 1 | 1 | 3 | 3.5* |
| 25 | 1 | 1 | 3 | 3.5* |
| 26 | 1 | 1 | 3 | 3.5* |
| 27 | 1 | 1 | 3 | 3.5* |
| 28 | 1 | 1 | 4 | 4.5* |
| 29 | 1 | 1 | 4 | 4.5* |
| 30 | 1 | 1 | 4 | 4.5* |
| 31 | 1 | 1 | 4 | 4.5* |
| 32 | 1 | 1 | 5 | 5.5* |

（3）CACE 法：剔除实验组中未参与实验的被试以及控制组中相应被试后，比较剩余被试的因变量均值差异是否显著。

其中，实验组因变量均值计算与方法 2 相同：

$$\overline{Y}_t = \frac{3.5 + 3.5 + 3.5 + \cdots + 5.5}{11} = 4.045,$$

但控制组因变量均值则按照剔除相应被试后计算：$\overline{Y}_c = \frac{3 + 3 + 3 + \cdots + 5}{11} = 3.545$

$CE = \overline{Y}_t - \overline{Y}_c = 4.045 - 3.545 = 0.5$，与 $CE$ 真值 0.5 完全一致。

但在实际研究中，研究者很难确定控制组中哪些被试（即使被分配到实验组中）不会参与实验。然而还是有研究者想出了处理办法。比如最简单的做法是假定处理效应对所有被试的影响都是恒定的。这样可以根据方法1，将 $\overline{Y}_t$ 的值倒推，如本例中 $CE = 0.344 \times \frac{16}{11} = 0.5$。其他研究者如安格瑞斯特（J. Angrist）、莱透（R. Little）等人都对 CACE 法进行了更深入的研究，有兴趣的读者可以参考。

## 二、因果推断的概化

### （一）因果推断与因果关系的概化

本章前述的因果关系推断的核心是随机化设计。按照鲁宾因果模型，因果关系推断的核心在于将被试随机分配到实验组或控制组。随机分配程序以及实验进程中对随机分配程序的严格执行是正确做出因果推断的最重要条件，因此是否随机分配被试也成为实验与准实验设计的分水岭。然而单次实验中得到的因果关系是否能概化到总体却不是随机化能够保证的。

对于理想的统计模型来说，要做到因果关系的概化只要能够保证取样随机即可。唯有如此才能保证当把样本中的因果关系概化到总体时，不存在系统误差（只存在随机误差）。然而在实际研究中，从总体中随机取样常常无法实现。因此实际研究中，研究者更多采用方便取样的方法。方便取样只要满足处理条件是随机分配的，就不会对因果推断造成威胁。但如何将方便取样，以及其他非随机取样中获得的因果关系有效地概化到总体水平呢？

下面介绍库克提出的提高因果推断概化水平的五项原则：

### （二）库克因果推断概化的五项原则

1. 最佳近似原则（the principle of proximal similarity）

最佳近似原则是指研究样本中选作研究对象的单元（units）、实施的处理（treatments）、对因变量的测量（observations）、情境（settings）应尽量与所要概化到的总体的单元（Units）、处理（Treatments）、测量（Observations）、情境（Settings）保持一致，或者是总体中的典型情况。但这种近似不是绝对的，而是最佳近似（proximal similar），即只要在可测量的方面，样本的 u×t×o×s 与目标总体的 U×T×O×S 保持基本一致就可以，并不一定要求样本与总体所有方面都一致。

2. 异质无关原则（the principle of heterogeneous irrelevancies）

最佳近似原则的目的是样本 u×t×o×s 与总体 U×T×O×S 尽可能保持一致，但有时样本 u×t×o×s 的特征未能充分代表目标总体 U×T×

O×S的特征，却包含了某些目标总体中没有的特征。比如有关态度的研究，几乎所有对态度的测量都采用问卷方法，但问卷测量(o)不是态度(O)的一个特征。异质无关原则要求在验证某一因果关系时进行多次实验，且每次实验中凡与因果推断无关的u×t×o×s都有所不同。这样可以保证得到的因果关系可以跨单元、处理、测量、情境而成立，不受特定单元、处理、测量、情境的影响。

3. 辨别效度原则(the principle of discriminant validity)

辨别效度原则是指只在特定的单元、处理、测量、情境中存在因果效应，而与之类似的u×t×o×s中不存在因果关系。比如研究者提出工作环境中，挫折情境(因)会导致人的攻击行为(果)。其中挫折情境的含义是个体通向目标行为遇到的障碍。挫折影响攻击行为理论的概化不仅要求被试(u)、挫折的类型(t)、对挫折的测量(o)、挫折情境(s)都尽量与工作环境中相应的U×T×O×S保持一致(最佳近似原则)，且进行多次实验，每次都变换与因果推断无关的u×t×o×s(异质无关原则)；还要证明类似的处理，如工作性质令人兴奋，不会导致人的攻击行为(处理满足辨别效度原则)，且挫折只导致攻击行为而不会导致其他情绪反应，如抑郁(测量满足辨别效度原则)。同样也可以使单元和情境满足辨别效度原则。

4. 因果解释原则(the principle of causal explanation)

因果解释原则是指当因果关系确立后，还要进一步明确原因如何(how)或为什么(why)导致结果。因此对该原则的具体运用常落实到两点：一是进行中介分析，二是排除其他可能的因果解释。这两点的统计运算都可以借助计算机程序实现，但是中介变量与竞争模型的选择却取决于研究者对理论的思考。同时库克指出，因果解释原则虽能加强因果关系的概化，却既非概化的充分条件，亦非必要条件。在实际研究中，几乎不可能在概化之前找到所有的中介变量或竞争模型。

5. 经验的内推与外推原则(the principle of interpolation and extrapolation)

经验的内推与外推原则是指实验组处理量大小不同，因果关系的概化程度也不同。比如，研究某个自闭症干预计划的有效性，控制条件可以设定为没有任何干预，但实验条件应设定为几年呢？假设有三个实验组，分别设定为干预一年、三年、五年。比如，如果想了解干预两年或四年的效果，就要利用内推(interpolation)，即通过不干预、干预一年、干预三年、干预五年的被试反应推论干预两年的被试反应。但如果想了解干预六年或七年的效果，就要以控制组与实验组的被试反应进行外推

(extrapolation)了。从这里可以看出,外推的把握没有内推的把握大,且如果要外推到十年、二十年,把握就更小了。

当然实验组的实验处理设定得越多,越紧密,所获得内推与外推结论的可靠性就越高,而更精确的方法是进行剂量反应(dose-response)实验。只要绘出了剂量反应曲线(dose-response curves),因果效应的精确值就能通过该曲线内推得到。

因果关系是哲学中争议很大的概念。自休谟问题以来许多哲学家都对因果的含义提出了质疑。心理学对因果关系的界定是依附于归纳法的,并且根据实验得出的因果关系只能适用于群体均值,而不能适用于单一的个体。本章还提供了在实验室实验以及现场实验中更准确地进行因果推断的方法,特别是对统计检验力分析的方法本章单列一节进行阐述,希望能引起读者的重视。按照坎贝尔的说法,如何从实验中更好地获得因果关系应属于研究的内部效度,而如何将此因果关系概化到目标总体则属于研究的外部效度。最后本章介绍了库克关于因果推断与概化的五项原则,为读者提供了一个提高研究外部效度的框架。

另外需要指出的是,随机化是推断因果关系的必要条件。但从另一方面来言,随机化却会对研究的生态效度造成威胁。此时就需要辅以替换方法,如访谈法、问卷法,提高研究的生态效度。有时还需要实施准实验。有关准实验的内容国内相关文献已经有较完整的介绍,本书不再赘述。

## 本章思考题

1. 鲁宾因果模型是如何界定因果关系的?该模型为什么只能适用于群体均值而不能适用于个体?

2. 按照第二节统计检验力的计算方式计算例 4-1 的统计检验力。

3. 举例说明如何应用统计检验力分析。

4. 在现场实验中都有哪些因素会影响到因果推断,应该怎样解决?

5. 如何概化实验获得的因果关系?

(作者:谢天)

# 第五章 计算机模拟法

在心理学中，构建理论的传统手段主要是文字陈述和数学建模两种。随着计算机技术日益渗透到自然科学乃至社会科学的各个领域，另一种强有力的手段——计算机模拟法（Computer Simulation）已在心理学研究中崭露头角。虽然相对于认知和神经心理学领域，社会心理学中的计算机模拟法普及得较晚，但其应用潜力却十分巨大。这种现代化的研究工具与社会心理学的传统方法相结合，为研究者们开辟了新的道路。本章从模拟法讲起，先对社会心理学中传统的模拟研究作一简单回顾，然后着重介绍计算机模拟的方法，包括其一般知识、应用实例以及在理论建构方面的价值。

## 第一节 模拟法概述

### 一、模拟法

#### （一）基本概念

1. 模拟

模拟（simulation）是指通过设计与原型（如，行为现象或心理过程）相似的模型，来间接地研究原型规律的一种研究方法。相似性是模拟的基础，它既可以是外形、结构的相似，也可以是功能、机理和联想的相似。对客观现象进行模拟的思想自古有之，如我们所熟悉的象棋游戏，就是对古代作战的模拟。随着科学技术的进步，人类对世界认识和改造过程的加深，模拟的方法逐渐渗透到自然科学乃至社会科学的各个领域，有着较为广泛的应用。

2. 模型

模型（model）是表征研究对象基本特征的抽象模式，它由研究对象中研究者最关心的那些因素组成，并反映出这些因素的关系。

从理论建构的角度，模型是指一种严密表达理论基本结构的方式。在心理学中，理论存在着三种抽象水平：最为抽象的是文字表述式的，用于分析和解释行为的总的方式或系统的框架，如场理论、认知理论等；中等的抽象水平是大部分心理学家所谈论的"理论"，即足以使我们获得有关行为现象预测的基本的相互关联的原理、原则的集合，如场理论框架下的社会沟通理论；最具体的水平，是将理论应用到一个具体的实验任务中，用以作出预测并与行为数据进行比较，也就是上文所说的"模型"，如将社会沟通理论应用于委员会政策制定的任务情境来预测群体讨论的内容。

### (二)模拟法的分类

一般说来，根据模型代表原型方式的不同，模拟法可分为三类：(1)物理模拟，是以模型与原型在物理或几何上的相似性为基础，对实际行为或过程进行模拟的方法，或称实物模拟。早期的模拟研究大多是物理模拟，心理学实验中常用的情境模拟也属于这类模拟。其优点是直观、形象，并能使所研究的现象反复出现，尤其对那些难以用数学公式准确描述的对象具有广泛的应用价值。(2)数学模拟，是以模型与原型的类比为基础，用数学的语言、方法近似地刻画实际对象的模拟方法。如，后面将提到的数学建模，许多计算机模拟也是建立在此基础之上的。(3)混合模拟，是把物理模型和数学模型以及实际对象联合在一起进行模拟的方法，这种方法在工程系统中(如，实战演练)比较常用。

### (三)社会心理学中的模拟法

广义地说，任何一门学科都是对研究对象的模拟。当然，不同学科、不同领域模拟有着不同的形式。在社会心理学中，模拟研究主要有以下三种形式：

#### 1. 模拟实验

早期的模拟研究主要是模拟实验，即研究者设计一种人为的情境，对真实的社会情境进行模拟，以探求人们在特定的社会情境下心理活动的发生与变化及其内在机制或规律。例如，要研究人们在什么样的社会情境下容易发生助人行为。研究者可以设计不同的情境，如请工作人员扮演醉汉、病人或残疾人，在公共场合中故意摔倒，来观察周围的过路人是否进行帮助，对哪些困难者帮助得最多，等等。

社会心理学中最有名的模拟实验之一是津巴多(P. G. Zimbardo, 1973)等在斯坦福大学进行的"模拟监狱"研究。研究者在心理楼的地下室设立了一所模拟监狱，并用 15 美元/天的报酬招聘了 24 名 17～30 岁自愿参加"狱中生活"心理学研究的大学生。然后随机分派其中的 6 人扮演"看守"(发给其警服、哨子、警棍,并告之值班时需维持秩序、作好应付紧急事变的准备),其余 18 人扮演"囚犯"(要求其穿上囚衣、戴上镣铐、喷防虱液、按手印、使用身份证号码和叫号应答,并将其分别关入只有一张吊床、一个门洞的单人牢房)。这些被试都同意在两周内担任这种角色,他们的公开行为均被观察、录像和录音。这种"模拟监狱"的环境不久就使所有被试的行为远远超过了正常扮演者所应有的界限。"看守"们逐渐开始维护他们的权力,从侮辱、恐吓以及非人性地对待同辈中获得乐趣,不时命令"囚犯"做俯卧撑,拒绝其上厕所的要求,并做出各种虐待狂似的行为。"看守"们变得越来越像看守。而"囚犯"们最初还进行反抗,但很快就走向被动、抑郁,并陷入愤怒、沮丧、无助的境地,变得越来越像囚犯。6 天后,有一半"囚犯"被试要求释放,表示无法再继续下去,感情几乎达到崩溃的边缘。研究者不得不终止整个研究,并为消除实验给被试带来的消极后果作了很多努力。尽管这个研究的伦理问题值得商榷,然而它所揭示的问题却发人深省。研究不仅证实了研究者的设想——监狱条件可能会扭曲人性和改变正常人的行为,更昭示了角色地位的改变将对人的社会心理与行为产生极大的影响,以及非人道的专制环境对人性发展的巨大损伤力。

模拟实验的最大优点是可将某些复杂的社会现象简化后进行研究,尤其是对一些客观环境中难以控制或操纵的社会现象(如,犯罪、法庭审判、监狱拘禁、国际仲裁等),通过巧妙的模拟使研究成为可能,以对其中的心理与行为机制获得更多的理解。如果设计得好(无副作用),条件允许,还可以重复进行,以确定结果的稳定性。当然,由于模拟是在人为的环境中进行的,即使设计得十分逼真,被试都知道自己是被作为研究对象,这种意识本身将不同程度地影响其心态与行为的真实表现。另外,它对变量的控制与操纵并不十分严格,因此所得的结果往往只是建议性的(表明几种因素的相关),而非结论性的(说明因果关系)。

2. 数学建模

数学建模是把研究对象的主要特征或各因素间的关系抽象成一种数学表达式来进行模拟的研究。社会心理学中最著名的要数有关态度改变和认知失调的研究了。安德森等人(N. Anderson & N. H. Anderson,1981,1991,1996)将这种对社会现象进行数学建模的方法推向了高潮。他们将"认知代数"(cognitive algebra)模型应用于从配偶选择到颜色知觉等一系列社会和心理物理现象中。如,有关印象形成的平均法则(averaging principle)就是在社会知觉研究领域普遍公认的心理规律。数学建模法的长处在于能够促进理论表达的精确性，并为研究设计和量化测量提供了指导。

3. 计算机模拟

随着信息科学的发展、计算机技术的进步，一种新型的模拟——计算机模拟或计算机建模（computer simulation）应运而生。这种方法将传统的模拟法与现代计算机技术结合，在理论和实践两方面促进了心理学的发展。一方面，它为理论建构提供了一种新的强有力的手段。它通过把一定的认知或心理模型编译成计算机程序，以程序在计算机上是否能顺利运行来说明模型的可行性，从而检验、修正某种理论或建立新的理论。另一方面，它实现了实验操作的自动化，通过计算机呈现物理刺激、自动记录、处理和分析实验数据等，大大提高了研究的效率。

鉴于计算机模拟法对于社会心理研究的巨大潜力和重要价值，我们将在本章的余下部分对其作　详细的介绍。需要强调的是，我们是将其作为一种理论建构的手段来加以讨论的。

## 二、计算机模拟法

### （一）计算机模拟的概念

世界上最早的计算机模拟是由冯·诺依曼（J. Von·Neumann）和乌拉姆（S. M. Ulam）完成的，它被公认为是计算机模拟的现代起源。对于人类心理的模拟，始于 1952 年纽厄尔（A. Newell）和西蒙（H. A. Simon）编制的模拟人类问题解决的计算机程序"逻辑理论家"。随后计算机模拟便在认知、神经以及社会心理学等领域逐渐盛行开来。

关于计算机模拟，不同的学科、不同的研究者和使用者有着不同的理解。戴维斯（D. W. Davies）等人认为，当"模拟"一词被计算机专家、统计学家和管理科学家使用的时候，通常指建立一个抽象的模型来表示真实世界中的某些系统；模拟把这些系统的有关方面表示成一系列的方程和关系式，并把它们嵌入计算机程序中。约翰逊（D. W. Johnson）把计算机模拟描述成"通过一段计算机程序来定义系统变量、变量的取值范围及其相互关系，这种定义对被研究的系统来说应足够详细，以便能够产生相应的结果"。《心理百科全书》的定义是，通过计算机的运行来进行实验验证，以建立一个与研究对象相类似的模型，从而探索心理特征和规律的心理研究方法。

这些定义从不同角度对计算机模拟作出了界定。需要说明的是，计算机模拟有广义和狭义之分。广义的模拟，是利用逻辑运算、计算机技术以及数学方法相结合的方式去模拟系统。而这里所说的或社会心理学常用的，是狭义的模拟。它包括建立模型、输入、输出三个基本部分。

例如，如果用一个程序模拟印象形成的过程，那它应该包括输入一组有关目标人物特质的信息表征，而后产生一种印象作为输出。如果要模拟小群体决策过程，那么应该先确定一个模拟群体成员的集合，赋予每个成员一组与决策相关的背景信息，模拟他们的交互过程，最终输出一项群体决策。

### (二)计算机模拟的一般步骤

从理论上说，计算机建模的策略是创建一个"程序"来模拟系统的基本行为。概括地说，计算机模拟一般包括以下几个步骤：

(1)明确模拟的系统。即明确模拟系统的哪一部分，系统什么样的行为，系统所处的环境特征，并根据模拟的目的确定系统的规模、边界及约束条件，系统的变量特征及数量以及模拟的精度，等等。

(2)建立数学模型(或画出流程图)。考虑建立什么样的数学模型与研究目的密切相关。如果仅仅研究系统的输入刺激和对应的行为输出，则需建立一个描述系统该行为的黑箱模型。然而对社会心理学而言，更重要的是了解这种行为背后的心理规律或机制。这时，就需要设法建立一个描述系统输入集合、状态集合及输出集合之间关系的模型(如，认知建构或心智模型)。

(3)模型变换。把数学模型转换成计算机可以接受的形式，即模拟模型。

(4)设计模拟程序。利用数学公式、逻辑公式或算法等来表示实际系统的内部状态和输入/输出的关系。

(5)模型试验。将模型"装"入计算机，利用计算机在特定的任务环境下对模型进行试验，并测定其输出。

(6)模型检验。利用理论定性分析、经验分析或系统实施数据定量分析来检验模型的正确性；利用灵敏度分析等手段来检验模型的稳定性。

(7)试验结果的评价和分析。首先要确定评价标准，然后反复进行模拟，对各次模拟的数据进行分析、整理，从备择假设中选出最佳拟合的模型或找出系统行为的最佳值，进而为建立、检验或修正相应的理论提供有力的依据。

以上步骤可用图 5-1 表示。具体的过程我们将在本章的后几节通过实例加以阐述。

```
                              ┌──────────┐
                              │  明确目的  │
                              └────┬─────┘
                                   ↓
              ┌───────────────▶┌──────────┐◀──────────────┐
              │                │ 建立数学模型 │               │
              │                └────┬─────┘               │
              │                     ↓                     │
              │      ┌──────────▶┌──────────┐             │
              │      │          │ 建立模拟模型 │             │
              │      │          └────┬─────┘             │
              │      │               ↓                   │
              │      │    ┌─────▶┌──────────┐            │
              │      │    │      │ 设计模拟程序 │            │
              │      │    │      └────┬─────┘            │
              │      │    │           ↓                  │
              │      │    │      ┌────────────┐          │
              │      │    │      │ 模拟的运行（试验）│          │
              │      │    │      └─────┬──────┘          │
              │      │    │            ↓                 │
              │      │    │         ◇模型检验◇ ──否──────────┘
              │      │    │            │是
              │是    │是   │否           ↓
              │      │    │      ┌────────────┐
              │      │    │      │模拟结果分析和评价│
              │      │    │      └─────┬──────┘
              │      │    │            ↓
           ◇模拟模型◇◀否─◇程序?◇◀否──◇满足假设?◇
              否                        │是
                                       ↓
                              ┌────────────────┐
                              │ 支持、修改或抛弃理论 │
                              └────────────────┘
```

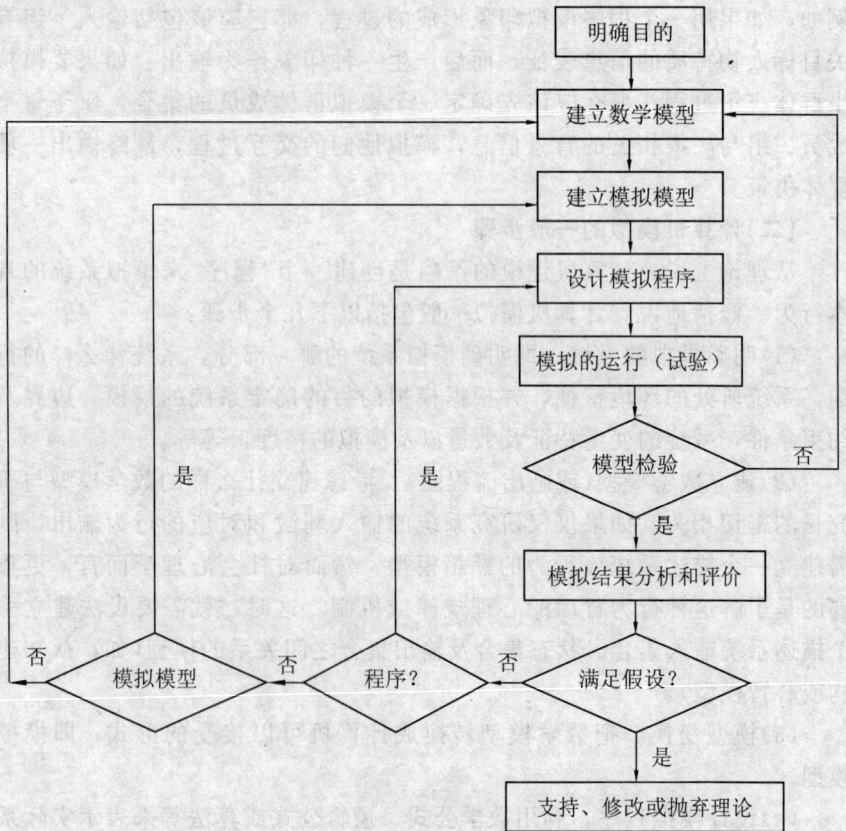

**图 5-1　计算机模拟的一般步骤**

### （三）采用设计良好的程序

　　除了自己设计程序以外，另一种更为简便的模拟方法是直接使用一些成熟的、设计良好的计算机程序（或者说"程序环境"）。这些程序通常是由理论心理学家设计的，其中包含了某种有关人类认知建构的假设。例如，联结主义的平行分布式加工器（Paralled Distributed Processing，PDP；J. L. McClelland & R. E. Rumelhart，1989）、认知理性理论（A Cognitive Theory-Rational，ACT-R；J. R. Anderson，1993）、执行过程交互式控制器（Executive-Process Interactive Control，EPIC；D. E. Meyer & D. E. Kieras，1997），或并存容量—有限激活式产生系统（Concurrent Capacity Constrained Activation-based Production System，3CAPS；M. A. Just & P. A. Carpenter，1992）等。在程序所假定的认知建构特征的基础上，研究者就可以在设定的任务环境中模拟感兴趣的行为。

　　采用理论家提供的模拟程序能够给我们带来许多好处，如，提高模拟的概括性和系统性，共享模拟中对一般方法论问题的解决方案，与其他相似的模型进行比较评估等。

## 三、计算机模型的分类

根据不同的标准，计算机模拟模型有不同的分类，这里仅针对社会心理学研究谈一谈。由于我们无法严格区分社会心理学的范围及其与相关学科的界限，因而这种划分也是近似的。

从宏观的角度，根据模拟社会现象的水平，可将计算机模型分为：有关个体社会认知的建模、两人的社会交互过程建模、小群体(20人以下)模型、较大组织中的社会现象以及社会系统的模型。

从实证研究的角度，有研究者(R. Hastie & G. Stasser，2000)将社会心理学的计算机模拟模型分为以下几类：联结主义关于个体认知的建模、基于典型事例推理的模拟模型，对社会信息的联想性网络表征的社会认知模型，以信息加工观点(如，信息汇集和观点更新)为基础的群体交互过程模型，以及基于假设的支付矩阵的社会交换过程的模型。此外，一些模型并不关注特定的实证结果，而是向我们展示如何通过一组简单的理想化假设得到一些看似不合常理的行为结果。比如，在囚徒两难模拟中，当采取某种高度适应性的策略后，完全个人利益导向的个体也可能做出合作行为(Axelrod & Hamilton，1981；Axelrod，1984)。

在下一节中，我们以一个简单却十分经典的计算机建模为例，来说明这种方法的操作过程和具体应用。

# 第二节 计算机模拟法的应用——伴侣选择模拟

## 一、匹配假设(Matching Hypothesis)

社会心理学中一个经典的议题是：在交往、约会或是婚姻方面，人们是不是倾向于选择那些外表更有吸引力的个体呢？经过大量的实际观察，研究者提出了"匹配假设"，即人们往往倾向于选择那些与自己外表水平相似的异性作为伴侣。遗憾的是，假设并没有被随后的实验所证实。那么，是不是研究方法本身(如取样的偏差、实验的人为性)导致了结果与假设的不一致呢？

卡利克和汉密尔顿(S. M. Kalick & T. E. Hamilton，1986)在总结了实际观察和实验研究后认为，从行为动机的角度，对匹配假设的理解存在三种水平，相应的也存在三种形式的命题。首先，最强的匹配，人们实际上就是偏好那些与自身吸引力水平相似的个体(命题1)。其次，中间水平的匹配，虽然人们更喜欢较有吸引力的异性，但各种现实的考虑(如，被拒绝的可能性)往往使他们在权衡自身的水平后降低了选择的标准(命题2)。最后，最弱的形式，"匹配"确实发生了，但其出现却不是人们有意识地、主动寻求"匹配"的结果，换句话说，个体选择伴侣还是基于对方吸引力的"最大化"（命题3）。三种命题都有各自的证据支持。

于是，卡利克等人（1986）采用了计算机模拟对三种假设进行了检验。模拟的实验任务是，当个体在遇到某个异性时，根据对方的外表吸引力，决定是否选择其作为自己的伴侣。这里，采用计算机模拟的优势就在于，它能够在较短的时间内给出较为全面的过程的细节，从而为实现一个有序的、理论驱动的数据收集过程创造条件。

## 二、"伴侣选择"的计算机模拟

### （一）环境模型

在大多数心理学理论中，环境必须得到理论化的描述。计算机建模的一个优点在于，它迫使研究者明确隐含的环境特征，因为一个模拟模型是无法在含蓄的假定之上运行的。

环境模型主要涉及任务环境和社会环境两个方面。伴侣选择模拟的任务情境主要包括四个部分：（1）"约会"阶段，男性和女性参与者两两相遇；（2）评估阶段，对对方和自身的吸引力进行评估；（3）决策阶段，约会的双方分别决定接受/拒绝对方作为自己的伴侣；（4）配对阶段，相互选择的个体成功配对，同时其吸引力的信息被记录下来。

社会环境是由假定的男性、女性及其各自的吸引力水平决定的。在模拟的开始，计算机会产生一定数量的男性和女性参与者（男、女性人数相等，且在模拟的过程中被永久地识别），并为每个假想的个体指定一个单一的"特征"。特征的值是一个介于1～10之间的随机整数，值的大小代表了该个体相应的外表吸引力水平。比如，"1"代表最低水平的吸引力，"10"代表最高水平的吸引力。这些吸引力水平值是由计算机随机指派的，其在整体上遵循着"均匀分布"（各个整数出现的概率相同），并在整个模拟过程中随个体保持不变。

### （二）个体心智模型

第二组理论假设构成了个体的心智模型。它是一组相对稳定的算法、操作，或者说"认知策略"。

在"约会"过程中，约会的双方都要做出决定，是否接受对方作为自己的伴侣。而这种接受/拒绝的标准，即个体的决策策略，部分是基于概率的：接受的可能性是对方/自身吸引力的一个特定的函数。根据匹配假设的三种形式的命题，卡利克等提出了三种可能的策略函数：

#### 1. 吸引力最大化偏好

个体的决策标准是基于异性的吸引力水平，吸引力水平较高的个体更有可能被接受作为伴侣，即接受的可能性仅仅是对方吸引力的一个单调增函数：

$$P_1 = \left(\frac{A_P}{10}\right)^3 = \frac{(A_P)^3}{1000} \qquad [5-1]$$

在公式[5-1]中，$P_1$ 表示在第一轮约会中个体接受与之相遇的异性的可能性，$A_P$ 表示该异性的吸引力水平值。因此，假如个体的吸引力数值为"10"，那就意味着该个体在每次约会中都会被接受；而假如个体的吸引力值为"1"，则个体被接受的可能性只有 1/1000。进一步说，两个吸引力值都为"1"的个体，只有 1/1000000 的可能性结合成为伴侣（成功配对）。

每一次模拟都包含着若干轮"约会"，在一轮约会结束，成功配对的个体就会被转移，剩下未配对的个体又进入新的一轮"约会"。为避免模拟运行时的大量时间花费，研究者在第二轮及随后的约会中，对个体的策略函数进行了相应的修正——引进了"约会次数"这一变量。修正后的接受概率函数为：

$$P_{1c} = \left[\frac{(A_P)^3}{1000}\right]^{\frac{(51-d)}{50}} \qquad [5-2]$$

$P_{1c}$ 表示在经历配对失败后个体被接受的可能性，$A_P$ 表示在某轮约会中与个体相遇（随机）的异性的吸引力水平值，$d$ 表示约会的次数（如，在第二轮约会中，$d=2$）。值得注意的是，在第一轮约会中 $P_{1c}$ 的表达式与 $P_1$ 相同。随着约会的不断进行，未被选择的个体接受异性的可能性逐渐增加。当进行至第 51 轮约会时，个体被接受的可能性均为 1，所有的个体都完成了配对。

2. 吸引力相似性偏好

个体的决策标准是与自身吸引力水平的相似性，与自己吸引力越相近的个体，越容易被接受作为伴侣。个体接受对方的可能性函数的表达式为：

$$P_2 = \left(\frac{10 - |A_O - A_P|}{10}\right)^3 = \frac{(10 - |A_O - A_P|)^3}{1000} \qquad [5-3]$$

$$P_{2c} = (P_2)^{\frac{(51-d)}{50}} \qquad [5-4]$$

$P_2$ 表示在第一轮约会中个体接受与之相遇的异性的可能性，$P_{2c}$ 是在考虑了上述修正因素后，在随后的各轮约会中，个体选择接受的可能性。$d$ 代表约会的次数。$A_O$ 代表个体自身的吸引力水平，$A_P$ 代表某次约会与之相遇的异性的吸引力水平。因此，假如 $A_O$ 和 $A_P$ 相等，那么约会的双方接受对方的可能性均为 1；$A_O$ 和 $A_P$ 相差得越大，两人成功配对的可能性就越小。同样，随着约会的不断进行，未被选择的个体接受另一方的可能性逐渐增加。当约会进行至第 51 轮时，个体被接受的可能性均为 1，所有的个体都完成了配对。

3. 混合偏好

个体的决策标准是吸引力最大化和相似性的权衡，即接受的可能性是上述两种偏好下可能性函数的代数平均。表达式为：

$$P_3 = \frac{P_1 + P_2}{2} \qquad\qquad [5-5]$$

$$P_{3c} = (P_3)^{\frac{(51-d)}{50}} \qquad\qquad [5-6]$$

由此我们不难发现，三种偏好假设分别代表了三种心智策略，用于检验匹配假设的三种命题：策略 1 与命题 3 相对应，策略 2 与命题 1 相对应，策略 3 与命题 2 相对应。

### (三)模拟的操作过程

一旦设计好模拟的环境和认知策略，接下去的任务就是编写一个程序以实现所需研究的过程。一个完整的伴侣选择模拟应该包含一系列的异性参与者之间的相遇或者说"约会"。约会应该持续、重复地进行直到达到一个特定的标准(如，完成一定次数的约会后，全部或一定比例的参与者成功配对)。同时，个体间的相遇，以及接受/拒绝的决策过程都应该包含充分的随机因素。

最初的伴侣选择模拟是在大型计算机系统中，以 Fortran 程序语言实现的。随后研究者在微机系统中运行了模型(A. Aron，1988)。模拟的基本流程如图 5-2 所示，它主要包括以下几个阶段：

(1)产生一定数量的假定的男性和女性参与者，男、女数量相等，且在模拟的过程中被永久性识别。

(2)为每一个体随机指派一个单一的吸引力数值，该值为介于 1～10 之间的某一整数，且在整个模拟过程中随个体保持不变。所有个体的吸引力数值整体服从均匀分布。

(3)男性和女性参与者之间两两配对(约会)——这种"约会"的安排是随机的，即任一男性遇到另一女性完全是偶然的。

(4)约会的过程包含了个体作出接受/拒绝对方作为自己伴侣的决策过程。约会的双方首先依据特定的函数(三种策略函数)计算接受对方的可能性。在实际决策时，Fortran 程序会产生一个介于 0～1 之间的随机小数，只有当计算得到的概率函数值大于或等于这个随机小数时，个体才会作出"接受"的决定。这个过程是重复进行且相对独立的，即新一轮约会的开始程序又会为每一参与者随机指派一个新的小数。

(5)当且仅当约会的双方都选择接受对方时，个体成功配对；只要其中的任何一方选择了拒绝，配对就不成功。

(6)成功配对的个体被转移到一个独立的区域。

(7)在一轮约会结束后，成功配对个体的吸引力数值也被成对记录下来。

(8)未成功配对的男性和女性又随机"相遇"，开始了新一轮的"约会"。

(9)重复步骤(3)到步骤(8)，直到满足了特定的标准。一方面，为了考察完整的配对过程及各阶段的模式，选择"所有的参与者都两两结合成为伴侣"作为模拟结束的标准（虽然在现实生活中，配对并不是完全的，总是存在着一些"单身者"）。另一方面，事先规定的接受概率修正函数在

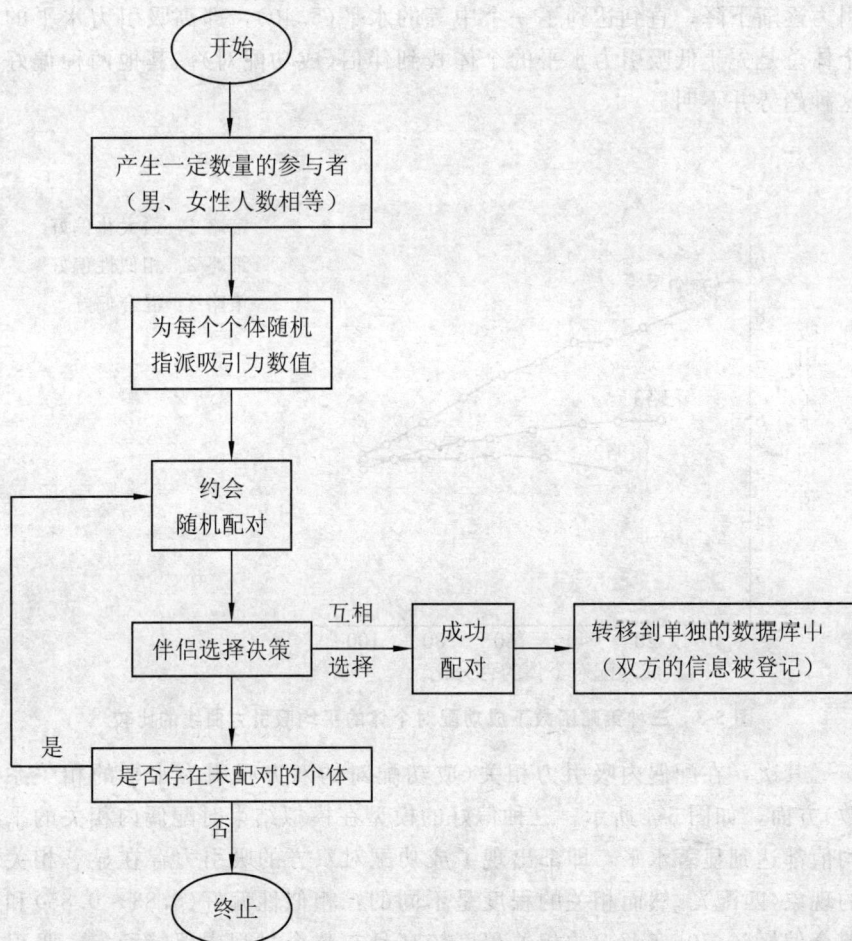

图 5-2　伴侣选择模拟流程图

很大程度上节省了模拟运行的时间(根据函数表达式,当第 51 轮约会时,个体选择接受的可能性均为 100%,所有剩下的个体都会成功配对)。

**(四)模拟的结果**

卡利克等人(1986)模拟了 1000 名男性和 1000 名女性的伴侣选择过程,从三方面将模拟结果与实证数据进行比较后得出:个体是基于对方吸引力最大化来选择伴侣的,而选择的总体结果却是配偶间吸引力的相似性(匹配)。

首先,在成功配对个体吸引力的平均值方面,如图 5-3 所示,三种策略函数的累积平均吸引力曲线的比较表明,吸引力最大化假设的模拟结果最符合实际:随着越来越多的非高吸引力个体的成功配对,平均吸引力逐渐下降,直到达到了一个中等的水平(5.40),即高吸引力水平的个体总是先于低吸引力水平的个体找到伴侣(成功配对)。其他两种偏好这种趋势并不明显。

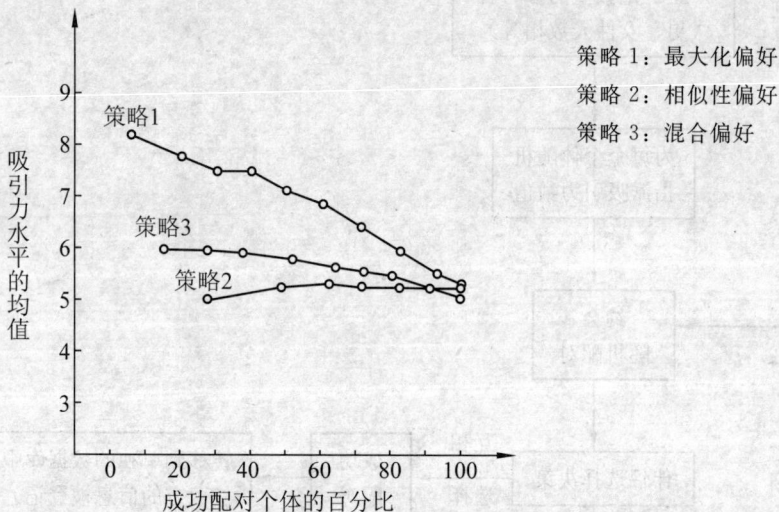

策略 1:最大化偏好
策略 2:相似性偏好
策略 3:混合偏好

**图 5-3　三种策略函数下成功配对个体的平均吸引力曲线的比较**

其次,在配偶内吸引力相关(成功配对的双方吸引力水平的相关系数)方面,如图 5-4 所示,三种偏好的模型在模拟结束时配偶内相关的平均值都达到显著水平,即都出现了成功配对双方的吸引力存在显著相关的现象(匹配)。然而相关的程度是不同的:相似性偏好(0.83~0.85)和混合偏好(0.70~0.74)的相关程度较高且在整个过程中保持稳定;吸引力最大化偏好呈中等程度的相关(0.55),这与许多实证调查结果最为吻合。

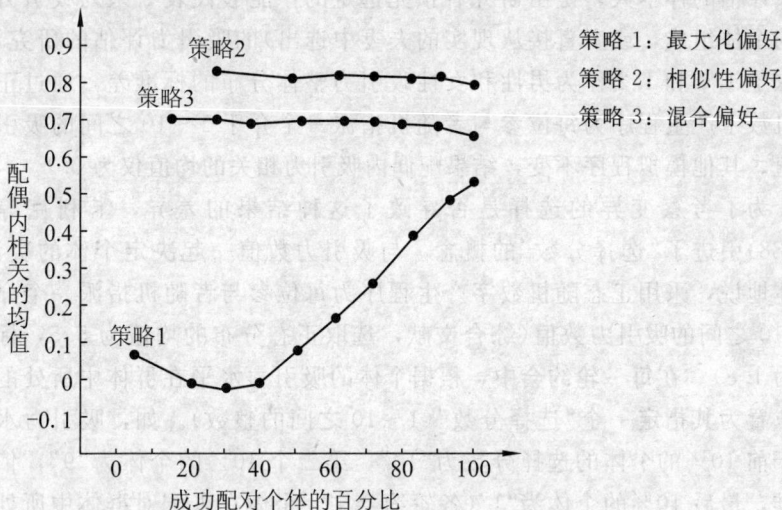

策略1：最大化偏好
策略2：相似性偏好
策略3：混合偏好

**图 5-4　三种策略函数下配偶内相关均值的比较**

值得注意的是，从曲线的斜率上反映，按照吸引力最大化假设，不论是男性还是女性，高吸引力的个体总是更快地找到伴侣，因而在模拟的前阶段，成功配对个体的吸引力分布是比较扁平的，相应的配偶内相关也就不太明显。随着较低吸引力个体的成功配对，整体吸引力分布的范围逐渐扩大，配偶内相关也就显著起来。

最后，在形成配偶的速率方面，相似性偏好中所有个体成功配对的速率最快（第 15 轮约会结束，已有 99% 成功配对），混合偏好次之（经 25 轮达到此标准），吸引力最大化偏好最缓慢且在整个过程中速率相对均衡。另外，将约会的最大轮数限制在 51 次很可能低估了完成配对所需的时间。这些都表明吸引力最大化偏好假设与现实（如，存在一些长时间未找到伴侣的人）最为一致。

## 三、模型的检验和修正

大部分社会心理学的模拟模型都是后验的，先前所获得的人类行为数据是模型修正的依据。限于本章篇幅，这里仅对两个主要的程序修正作一简单介绍。

### （一）吸引力水平的分布

最初的模型假定参与者整体的吸引力水平是均匀分布的（即各个水平的人数相等），但现实情况中这种分布更可能是正态的。这就引出了一个问题：如何确定吸引力分布的变异程度。

阿伦（A. Aron，1988）在总结了四个涉及对"非预选"样本（其他研究中被评估的样本大多是由研究者预先选定的，能够代表一系列吸引力水平的个体组成，或者直接从现实的夫妻中选出）的吸引力评估的研究后，选取了 1.0 和 1.2 作为男性和女性吸引力整体分布的标准差，通过正态随机数字产生程序为每位参与者随机指派一个介于 1～10 之间的吸引力数值。其他模拟程序不变，结果配偶内吸引力相关的均值仅为 0.1。

为了考察变异的选择是否导致了这种结果的差异，卡利克等人（1988）引进了"选择分数"的概念，与吸引力数值一起决定个体的决策。具体地说，采用正态随机数字产生程序为每位参与者随机指派一个介于 1～10 之间的吸引力数值（综合文献，选取正态分布的均值为 5.5，标准差为 1.8）。在每一轮约会中，根据个体的吸引力水平在群体中所处的百分位置为其指定一个"选择分数"（1～10 之间的整数）。如，吸引力水平处于前 10% 的个体的选择分数为"10"，第二个 10% 的个体为"9"，依此类推，最后 10% 的个体为"1"（各轮约会中，个体在未配对群体中所处位置不同，相应的选择分数也会发生变化）。按照吸引力最大化偏好假设，只有当对方的吸引力数值大于或等于个体的选择分数时，个体才会接受对方作为伴侣。改进后的模拟结果，最终配偶内吸引力相关的均值为 0.55，与最初的模拟相同。

**（二）"宽大效应"的检验**

在最初的模拟中，为减少模拟运行的时间，卡利克等将"约会次数"引入了接受概率函数表达式（公式[5-2][5-4][5-6]），使得第 51 轮约会结束，所有参与者均成功配对。这一修正表现为：从第二轮约会开始，随着配对失败次数的增加，未配对的个体在选择过程中逐渐放宽自己的标准（宽大效应）。虽然这与先前研究报道的"随结束营业时间的到来而变得机灵"（Prettier at Closing Time）的现象相一致（J. W. Pennebaker，1979），但它似乎在某种程度上暗示了"相似性匹配"这一竞争性假设：失败使得个体逐渐"察觉"自己的吸引力水平。

为此，卡利克在新的模拟中去除了修正因素，使用吸引力正态随机分布和选择分数对 300 对参与者的"吸引力最大化"假设模型进行了检验，得到的结果与最初的模拟相似（如，最终 300 对配偶内相关的均值为 0.61），但约会次数却大大增加（70% 的参与者成功配对需要 300 轮约会；而经历 5000 轮约会后，82% 完成配对）。显然，模拟运行（完成全部配对）的时间本身是"宽大效应"的一个函数。然而，"宽大"因素的存在并不影响对"吸引力最大化"假设的支持，因为其与"相似性"假设是本质的区别而非仅仅是程度的差别。

## 第三节　计算机模拟的检验与评估

作为一种理论手段，计算机模拟并不是单纯地运行模型，而是包含从建模到实验再到分析的三个基本部分，并且"执行、检验、修正、再执行"这一循环贯穿了模拟的始终。上一节的伴侣选择模拟的目的在于更好地把握个体水平的事件与观察到的系统结果的关系。在社会心理学的计算机模拟中，这类模型是相对简单的。对于一些更为复杂的心理活动或社会过程而言，模型的检验和评估尤为重要。下面我们将对此作进一步的阐述。

### 一、计算机模拟的检验

正如其他行为理论一样，模拟的目的在于理解和预测行为，为了使模型最大限度地符合真实行为，就需要对模拟的结果进行仔细的分析和检验。检验的核心是模型与实证结果的匹配。与一般的计算机模拟检验相似，社会心理学模型的检验有以下几种常用的方法：

#### （一）理论分析检验

从逻辑上对模型的每一个细节进行认真的分析，追踪建模过程的每一个步骤，确保模型在理论上站得住。比如，在伴侣选择模拟中，环境的描述是否全面？三种策略函数是否分别代表了三个不同的假设？模拟的过程是否符合逻辑？模型的输出是否提供了分析检验所需的充足的证据？等等。

#### （二）经验、实例检验

这是一种事后检验，即将模拟结果与先前观察或实证调查的结果加以比较，考察模型与现实的符合程度。比如，大量的实证调查发现，现实中配偶（频繁约会、准备结婚、结婚不久以及结婚多年）的外表吸引力间有着显著且稳定的相关，相关系数一般在 0.38 到 0.63 之间。在卡利克等人的模拟中，"吸引力最大化"假设模型的运行结果，配偶内相关的均值为中等水平，并处于此范围之内。另外，从成功配对的速率来看，"吸引力最大化"假设最缓慢且在整个过程中相对均衡，这些结果均与现实情况最为一致。

#### （三）实验检验

主要涉及将多次模拟结果的均值和人类行为的均值进行比较。其中人类被试的行为数据可以来源于先前存在的实验研究，也可以通过创设一种实验情境而获得。比如，黑斯蒂（R. Hastie，1988）的有关印象形成和记忆的加工器模型（The Impression and Memory Processor，IMP）就为我们提供了这方面的范例。他在每种实验条件下运行了 1000 次模拟试验，并采用这 1000 次试验的平均值作为描述性统计量，与人类被试的平均值(R. Hastie 和 J. E. Mazur，1981；一项有关社会印象形成的实验研究)进行比较。图 5-5(a)和图 5-5(b)分别显示了人类和 IMP 模拟的平均

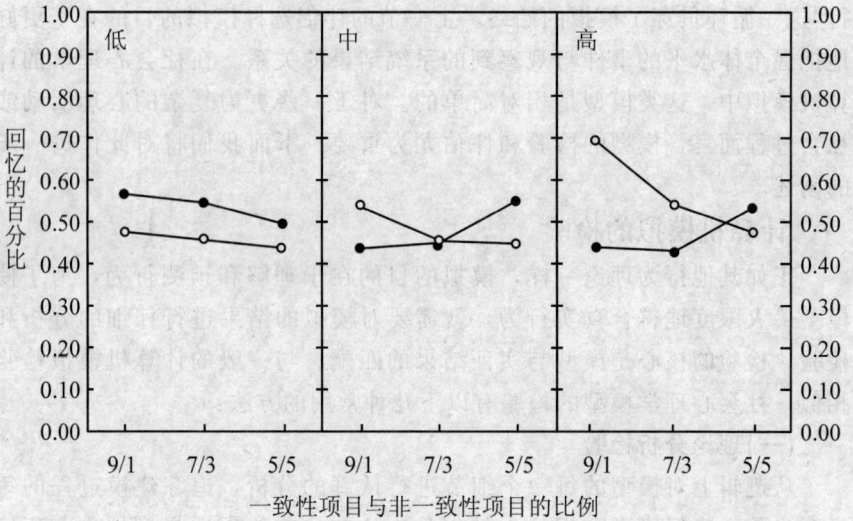

**图 5-5(a)** 自由回忆任务中人类被试(圆点)的平均结果

注：实心圆点表示一致性项目的回忆结果；空心圆点表示非一致性项目的回忆结果。实验条件：高不一致[高]、中不一致[中]、低不一致[低]。

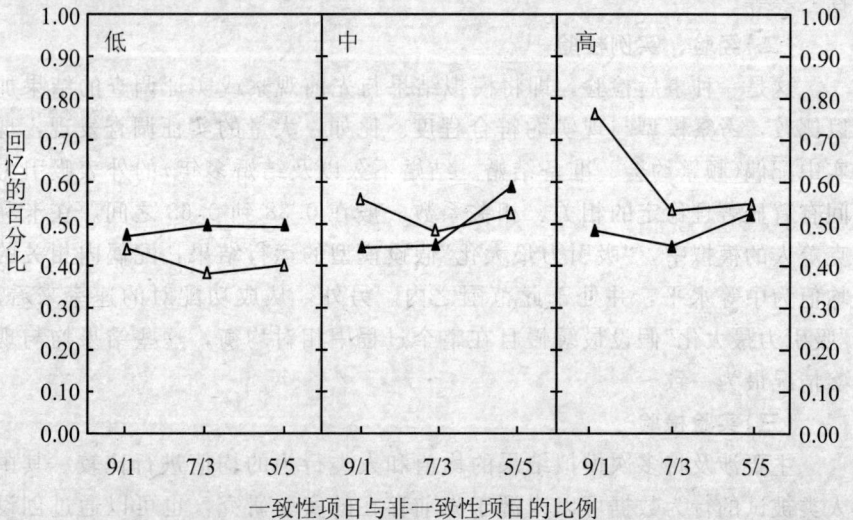

**图 5-5(b)** 自由回忆任务中 IMP(三角形)的平均结果

注：实心三角形表示一致性项目的回忆结果；空心三角形表示非一致性项目的回忆结果。实验条件：高不一致[高]、中不一致[中]、低不一致[低]。

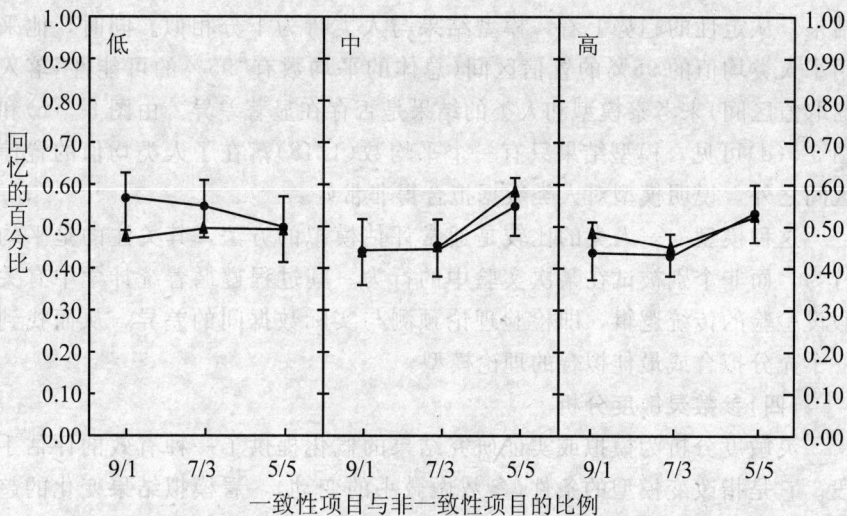

**图 5-5(c)　IMP 与人类被试对一致性项目回忆结果的比较**

（人类均值的 95％的置信区间）

注：实心圆表示人类被试对一致性项目的回忆结果；实心三角形表示 IMP 对一致性项目的回忆结果。实验条件：高不一致［高］、中不一致［中］、低不一致［低］。

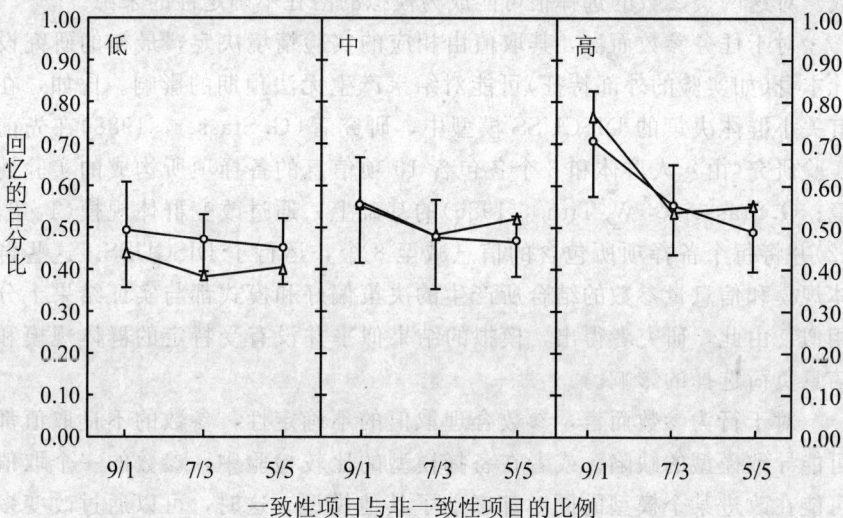

**图 5-5(d)　IMP 与人类被试对非一致性项目回忆结果的比较**

（人类均值的 95％的置信区间）

注：空心圆表示人类被试对非一致性项目的回忆结果；空心三角形表示 IMP对非一致性项目的回忆结果。实验条件：高不一致［高］、中不一致［中］、低不一致［低］。

**图 5-5　黑斯蒂等(1981)的印象形成和记忆任务中人类一模型结果比较**

结果。从定性的趋势上看，模型结果与人类行为十分相似。同时，他采用了人类均值的95％的置信区间（总体的平均数有"95％的可能性"落入的取值区间）来考察模型和人类的结果是否存在显著差异。由图5-5(c)和图5-5(d)可见，模型结果只有一个平均数(1/18)落在了人类均值的置信区间之外，说明模型对人类数据拟合得非常好。

这种模型——人类的比较是通常评估模拟的方法，其关注的是平均行为，而非个别被试在某次实验中的行为。其过程遵循着统计学中有关假设检验的传统逻辑，即检验理论预测与实际数据间的差异，从而找到一个充分拟合或最佳拟合的理论模型。

### (四)参数灵敏度分析

灵敏度分析为模拟或实证研究结果的概化提供了一种有效的评估手段。它是指改变模型的条件（参数做微小的变动），看模拟结果变化的趋势，是否符合理论或经验预计的趋势以及模拟结果与系统的稳定性是否相一致。也就是说，在合理的取值范围内系统地改变参数的输入值，考察对其模型预测产生的影响。

前面我们谈到，模型存在着两类参数，与任务有关的参数和行为参数。对这两类参数的选择很可能成为模拟的潜在不确定性的来源。

对于任务参数而言，其取值由相应的实验情境决定，最初的研究设计本身（如实验的外部特征）可能对结果产生无法预期的影响。比如，在有关小群体决策的DISCUSS模型中，研究者(G. Stasser, 1988)在先前实验研究（由4人群体和3个各包含16项信息的备择项所构成的实验情境；G. Stasser & W. Titus, 1985）的基础上，通过改变群体规模(4, 8, 12)并将每个备择项所包含的信息减至8个，运行了DISCUSS。这些群体规模和信息量参数的结合所产生的决策偏好和模式都与实证结果十分相似。由此，研究者得出，模拟的结果似乎并没有受特定的群体规模和信息负荷选择的影响。

对于行为参数而言，参数合理取值的不确定性，参数的不良取值都可能导致模型的缺陷。或者在备择模型的比较检验中，参数的一个取值可能在改进某个模型的同时却影响了其他模型。这时，可以通过改变多个参数不同取值的组合，从而在备择模型间进行系统的比较。限于本章篇幅，这里就不一一详述了，具体例子可参见史塔瑟(G. Stasser, 1988)对非支持规范和支持规范的DISCUSS模型进行比较的研究。

## 二、计算机模拟的评估

### (一)模型的随机化过程

计算机模拟能够成功的关键是在计算机中实现了真正的随机化过程，

而随机化产生的基础就是随机数字。所谓随机数字就是具有给定概率分布的随机变量的可能值。例如，（0，1）区间上的均匀分布。目前在社会科学中广泛使用的随机数产生方法是数学方法（如，数学迭代或递推公式），这种随机数是根据确定的公式求得的，存在着周期现象，而且对初值的依赖性更大，一般难以满足真正随机数的要求，所以有时又被称为"伪随机数"。

计算机模拟的一个突出特点就在于，采用随机数字产生程序来为模型引进变异。它专门提供了这样一个独立装置，通过随机化的输入产生特定的行为。上一节的伴侣选择模拟包含了随机化的成分。例如，在最初的模拟中，计算机为每个参与者指派了一个介于 1～10 之间的随机整数作为个体的吸引力水平，其在总体上满足均匀离散分布；每轮约会开始，男性与女性随机配对；个体决策时，在计算了接受的可能性（基于不同假设下的决策标准函数）后，程序即启动了一个随机数字算法，返还的数字（0～1 的随机小数）被用来决定接受/拒绝对方作为自己的伴侣。这种随机化过程和概率决策的使用也许可以看作是对许多未知事实的妥协。

那么，在什么条件下，将随机化过程纳入到模拟模型中是合理的呢（H. Poincaré，1952）？

第一，当一个过程遵循确定性的法则，但初始条件的微小变化导致结果的巨大差异（如，混沌学中的"蝴蝶效应"）时，随机过程模型是有用的。比如，有研究者总结，心理评估的过程在时间上遵循着复杂的非线性动力模式，如在任何时间点上个体的评估是可预测的，但其精确性在很大程度上依赖于个体思维的起点。那么，简单地采用一个随机过程来模拟这些模式在理论上是有效的。

第二，当一个过程遵循确定性的法则，但其结果却由许多相互作用的因果效应共同决定时，随机过程模型可能是有用的。比如，个体的配偶选择决策还取决于许多其他的因素，如个性差异、情绪状态、自尊水平、对被拒绝可能性的感知等。尽管原则上大部分变异可以通过对相关变量进行测量而得到解释，但理论家也许更愿意跳过这些细节去关注吸引力评估的影响。那么，通过随机过程来概括（或简化）因果动态系统以使理论重点转移到研究关注的问题上，就是一个有用的策略。

第三，当一个过程遵循确定性的法则，但其中一些极其微小的原因事件的值未知时，随机过程模型也可能是有用的。这种潜在的原因往往是较低的、基层水平的事件（如，分子水平的大脑神经联系）。例如，我们可能认为配偶选择决策会受吸引力水平被知觉（或比较）时人脑的生理状态的影响，如大脑某一部分的血流量的改变。虽然从假设上这些较低水平的事件是可以测量，并可以用来解释认知行为变异的，但没有研究者会愿意将这一水平的因素纳入其有关人际吸引的理论模型中。在模拟中，这种较低水平的事件可以通过随机过程忽略。

不论如何，建模者在使用随机程序前都应该仔细思考为何将其引入模型以及在理论上是否合理，并在随后报告模型时明确地说明这些问题。对随机过程的谨慎假设，允许我们在解决理论问题的同时明确地承认（通过随机过程）对于相关现象的忽略。

### （二）模型的参数

"参数"是指这样一种变量值，其在模型的某一次应用（或运行）中被设定在某个常数的水平，而在新的应用（或运行）中又可以被指定为其他不同的值。在计算机模拟中主要存在着两类参数：一类是与实验任务有关的参数，如伴侣选择模拟中参与者的数量、个体外表特征数（此例中以单一的吸引力水平值表示）；另一类是与人类行为有关的参数，如约会的次数、配对终止的规则以及模型修正后的"选择分数"等。

通常，研究者可以根据实际需要自由设定参数值。比如，在上一节的例子中，为了观察整个配对过程配偶形成的进展情况，同时尽量缩短模拟运行所花费的时间，研究者将接受概率函数中的"$d$"设为51，使得第51轮约会结束，所有参与者均成功配对。一般说来，任务参数总是由模型的任务情境所决定的，而行为参数则是依据模型效果的最佳化来选择的。

有些研究者提出了两种参数值选择的途径：模型拟合与模型验证。在模型拟合中，参数被确定为能够使模型的预测与实际数据达到最佳匹配的值，即系统地考察一个参数的允许范围和合理取值，进而找出能够最大限度拟合一组特殊数据的最佳值。一种常用的方法是选择参数（如，线性回归方程中的系数）使得模型估计与待匹配的数据之间差异的平方最小。当然也有许多其他的方法能使模型的拟合程度最大化。比如，可以搜索多维参数空间（每一个待匹配的参数为一个维度）来寻找各个参数值之间较为理想的组合。通过最大限度地减小最小平方值（[模型预测—被试数据]²）来确定最佳参数值。在模型验证中，参数的取值是基于理论考虑和实证资料。通常，会存在竞争性的理论论断或互相矛盾的实证结果，这就需要对参数值的不同选择再加考虑。比如，在作出吸引力总体正态分布的修正后，阿伦总结了仅存的四个涉及"非预先选择"样本的吸引力评估的研究，选取1.0和1.2作为男性和女性吸引力整体分布的标准差，结果配偶内吸引力相关的均值仅为0.1；而若将此标准差设定为1.8，相关均值则上升至0.39。在这类情况中，模型的好坏需通过在先前证据所提供的不同条件下进行比较性评估来确定。所有的这些探索将使我们能够成功地"再现"人类行为的特质。

**（三）模型的简洁性与复杂性**

计算机模拟的一大优点是它允许理论家将复杂、动态的关系纳入一个有关人类行为的"可运行"的模型中。增加模型的复杂性往往可以提高理论的精确性。当然，良好的理论还需要理论家在复杂性和简洁性间进行权衡。

上述伴侣选择模型是相对简单的，它包含着一些"捷径"：参与者的外表吸引力仅仅是由单一特质（吸引力数值）决定的，且这种特质的分布是规则的（均匀分布、正态分布）；异性间的约会是完全随机的；个体的选择动机（吸引力最大化/相似性/混合偏好）只是性质的不同，而不存在强度的差别；所有参与者均遵循着相同的策略函数（不存在个体间选择偏好的差异）；在混合偏好假设中，策略函数仅是两种偏好的简单代数相加；只要双方都选择接受，那么伴侣关系在初次约会后即确定；此外，没有考虑成功配对后关系破裂进而再次进入约会的情况等。但不论如何，模拟的结果却向我们充分证明了，某种看似复杂的定性效果可能由一组简单的理想化假设产生。

计算机模拟也允许研究者在模拟的过程中不断加入自己的想法，从而达到一种交互的效果。这就需要研究者对过程进行仔细的思考，甚至考虑不同模型间的结合。比如，当外表的吸引力是基于若干个体特质的结合时，是否可以将有关印象形成的模型纳入其中？史塔瑟等人（G. Stasser & S. L. Vaughan，1996）给出了模型间结合的一个较好的实例。他们将一个参与发言模型（SPEAK，G. Stasser & L. A. Taylor，1991）增加到群体讨论决策模型（DISCUSS，G. Stasser，1988）的发言者选择过程当中，同时加入了一种与任务有关的个体参与度分层方式（如，记住越多信息的成员发言也越多）。这里，对简洁性的思考需要研究者回答这样一个问题：增加的理论值是否能够说明增加的模型（如，DIS-CUSS的发言者选择过程）的复杂性是恰当的。另一个相关的、也许更容易回答的问题是，在对理论感兴趣的情况下，增加的复杂性是否改变了模拟的结果。比如，史塔瑟等发现，当群体规模较小（4人）或讨论前所有信息均可被所有成员获得时，增加的模型（发言模式）的精确度并没有影响模拟的过程和结果（如，讨论的内容、群体决策）；而当群体规模较大（6人或12人）或讨论前信息为不完全分享时，SPEAK确实改变了决策的结果。由此他们总结，SPEAK为DISCUSS的发言循环提供了一种典型的时间模式，并且由于侧重点的不同（侧重理论或侧重实际），先前的模型和基于 SPEAK 的模型产生了不同的结果。

# 第四节 计算机模拟法的价值

好的理论必须以好的方式表达。计算机模拟在理论建构与表征方面也许不是最优的手段，但它却有着其他手段（文字表述、数学建模）无法比拟的价值。一个好的理论，可以通过成功的建模而获得。在本章的最后，我们将从理论效标的角度对计算机模拟方法作一简要评价。

## 一、表达的清晰性

计算机模拟促进了理论表达的清晰性。一个好的理论应该尽可能清晰、简洁，不论是在描述、归纳，还是演绎上。其基本命题、假设和特定于任务的模型间的关系应该是明确的，从而促进理论家与其他研究者之间的沟通和交流。在这一点上，文字式理论也许面临更为严峻的挑战。对计算机模拟而言，构建模型的过程促使理论表述向明确、完整和稳定发展，因为计算机迫使建模者详细地说明每一个细节，不允许任何猜测。当然，不是说模拟模型就不存在表达不够清晰的问题，它也可能是难于理解的。但无论如何，计算机模型要比文字和数学形式的理论较少地存在这类问题。

## 二、预测力和推断力

计算机模型提供了一种有效的推论工具，它在获得理论含义方面是其他形式理论所不能及的，这也是计算机建模超越其他理论表征方法的主要优点。一个事先的预测性假设可以根据任何一个成功的建模实例而获得。卡利克等人（S. M. Kalic, et al. 1986）的伴侣选择模拟告诉我们，吸引力匹配现象，并不是个体有意识寻求"匹配"的结果，个体的目标是使其配偶的吸引力最大化。无数次模拟运行的结果令我们吃惊，其揭示的隐含意义与我们有关社会行为的直觉和常理相悖。一旦理论作为模拟模型被执行的时候，就可以使我们相对容易地发现这些超越实际资料的真知灼见，从中获得一系列有效的预测。

## 三、促进理论间的联系与整合

一个好的理论应该以一种与其他理论相关联的形式表述，完全孤立的理论很难成为好理论。模型间的结合促进了理论的整合。例如，有关印象形成和记忆的加工器模型（IMP）可以将较为成熟的有关社会判断的理论与人类记忆理论的基本假设结合，进而探索两个理论之间的相关和交互。类似地，有关小群体讨论决策的模型（DISCUSS）也可以将原本独立的个体记忆、态度改变和群体沟通的理论整合到一个共同的理论中去。

不仅如此，计算机模拟为不同水平理论间的联系提供了便利。比如，将伴侣选择模型与更高水平的进化选择理论相联系，或者将一个社会判断理论与更低水平的决策过程大脑机能的神经理论相联系应该是可能的。此外，模拟模型也为促进个体差异的分析提供了十分有利的条件，比如，调整个体差异变量的参数（如，记忆、评估的准确性，动机）或任务的策略，等等。

在理论的整合方面，不同手段的相对优势很大程度上取决于相互关联的理论的类型。假如两个理论是以相同的手段实现的，那么整合最为容易。当然，计算机模拟的优势还在于：由于其表征方式的灵活性和丰富性，可以相对容易地实现不同形式理论间的整合。

## 四、促进动态过程的测量

计算机模拟优于文字和数学方法的另一个好处是：它推动了复杂的、动态的过程测量。模型可以展现相对复杂的"行为"的序列，从而促进对多重中介和结果变量的预测。运行模型的过程常常激发研究者去发现新的自变量以对人类被试进行测量。同时它还鼓励研究者设计一些既能提供行为结果又能反映中介过程的研究，这对探求理论所涉及的因果关系和过程机制有着重要的指导价值。在某种程度上，理论提供了"通往不在现场"的某些东西的桥梁，使得我们的世界看起来更有逻辑性、合理性和组织性。

与此同时，作为一种研究手段，计算机模拟也大大缩短了理论和研究的进程，它允许研究者在一个相对短的时间内，获得整个行为过程的丰富资料，尤其是当所研究的现象需要跨越时间的纵向研究来实现的时候。比如，在对匹配假设的检验中，从初次建模到在计算机系统中运行和检验，再到一些令人感兴趣的修正和再次运行，这短时间内获得的进展是大部分实证研究无法达到的，它同时促成了一个更为有序的、理论驱动的数据收集过程。

## 五、创造性

模拟的方法提供了充分的证据证明某种定性的效果可能由一组简单的理想化假定产生（通常是意料之外的）。在模拟中，较大的系统被表征为由一系列较小的、简单的，通常是以数学公式的形式表达的部分组成。部分以某种特定的方式行动，整个系统则描绘了这一行为的整体结果。这一方法的价值在于，部分的、简单的、先于程序的行为可能导致了整体系统的出乎意料的结果，这使我们能够同时理解系统和部分是如何运作的。比如，伴侣选择模型向我们证明，个体寻找配偶在总体上确实呈现出匹配性，尽管个体的目标是使其配偶的吸引力最大化。凯利

(H. H. Kelley，1985)通过一个简单的社会交互模型说明：某些有关反对者的信息将使行动者在一系列博弈中不断倾向于个人收益最大化等。

## 六、可检验性

一些批判的观点认为模拟阻碍了科学的进步，因为它们是很难被证伪的。一个好的理论必须具有可检验性。可检验性意味着与实证资料的吻合。一个理论绝不可能被证实，因为它要求观察与某一现象有关的所有事例，这显然是不可能实现的。理论的效度或多或少取决于支持它的证据的数量。然而，也有这种可能，即一个理论适合所有的已知资料，但具有不可检验性。一个理论可以被推翻。一个明确的反面例子足以拒绝该理论，尽管这样的例子在实际中很少发生。

最普遍的情况是，不适合该理论的资料促使研究者回顾他的程序，此时决定修正哪一部分理论应尽量简单。这一点，模拟和数学形式的理论也许优于文字表述的理论，因为它们能够自然地对数量和有序关系进行操作。另外，可检验性也与理论的抽象水平有关。对于特定的任务模型，模拟是最为精确的，并能产生最多的有关人类行为的预测，因而是最有可能被证伪的。当然，由于计算机模拟手段能够如此容易地创造出不同的特殊模型，因而有时也不可避免地存在不可检验性。

## 七、心理的一致性

计算机模拟的一个基本问题是：心理的相似性有多大？或者说，当模拟某个实验任务时，我们的主观体验是否与基于模型的过程相一致？计算机模拟的最大优势之一就是它与心理的一致性。在这方面，IMP 模型可以说是一个成功的实例。比如，当听到或看到个体做出了一个出人意料的行为时，我们就会产生一种高度关注的主观印象，甚至注意到我们正试图"解释"这个行为发生的原因；或者，当尝试回忆一组有关某个人的事实时，我们会感觉到一种由于记忆系统的封闭性所导致的不断增加的障碍；主观上，我们总是会回忆起一些相同的信息，似乎很难"回避它"去寻找新的、未被回忆过的信息。这些体验与 IMP 模型的编码和提取过程有着直接的相似之处。大多数研究者为模型设计了与人类被试所经历的实验条件相同的任务环境（输入），试图产生与人类相同的行为结果（输出）。有的研究者关心计算机是否经历了与人类被试所经历的相同的中间步骤。为了构造一个完整的计算机模型，我们不应该只在输入和输出方面下工夫，心理现实性的目标应该扩展到具体研究过程的所有步骤。

计算机模拟，作为理解复杂现象或系统的一个辅助手段，已在物理学、经济、商业、社会科学等各个领域得到了广泛应用。社会心理学研究中的计算机模拟，由于种种原因，还没有被完全理解和充分利用。在新的世纪，社会心理学在发展的同时，计算机科学与技术也在与时俱进。计算机模拟法要在社会心理学中被更好地应用，要求理论家和研究者不断地探索与创新。计算机模拟的目的是为分析而模拟，从模拟的设计到模拟的实现都要融入研究者的智慧。当然，模拟不能代替实证研究，但它们能够激发我们的概念模型，帮助我们发现这些模型的隐含意义，有助于加强概念与数据间的联系。模拟手段为研究者提供了许多十分有用的参考(不是解决问题的直接结论)，这些参考或者是一些数据(不仅是指数值)，或者是一种展示(不仅是过程展示)，而研究者如何运用这些结果才决定了模拟的价值和意义。因此，需要在模拟的基础上进行更高层次的归纳总结，不断地对计算机模拟方法进行改进。社会科学与自然科学之间本没有一条不可逾越的鸿沟，在社会心理学中使用计算机模拟法，也将促进计算机技术的进一步发展。

不论是计算机模拟还是其他形式的媒介，想要建立一个独创性的、见解深刻的理论总是很困难的。正如其他方法一样，计算机模拟模型也可能因为某些缺陷而遭受失败。但是，我们相信，计算机模拟有着文字、数学手段无法替代的优点，它是当研究者感到自己能力有限时所能借助的一种强大的工具，并以其巨大的潜力吸引着越来越多的追随者。

## 本章思考题

1. 什么是计算机模拟法？它的一般步骤有哪些？
2. 在伴侣选择模拟中，研究者是如何通过计算机程序对匹配假设进行检验的？
3. 对计算机模拟的检验有哪些常用的方法？如何对模型进行评估？
4. 试对计算机模拟的方法进行简要的评价。

（作者：赵立）

第二编

研究程序

# 第六章　行为观察法

　　在本章，我们首先简要介绍观察法的定义、类别、程序和对观察法的评价，然后重点阐述一种典型的结构观察法——行为观察法，包括其特点、编码方案的制订、观察资料的编码过程、编码者一致性的评价以及观察数据的修正和统计分析等。

## 第一节　观察法概述

### 一、什么是观察法

#### (一)观察法的定义

　　观察法是研究者通过感官或借助一定的科学仪器，在一定时间内依据研究目的，有计划地系统考察和描述客观对象(如，人的各种心理活动、行为表现等)，并收集研究资料的一种方法。在心理学研究中，当研究者无法随机选择与分配被试，也无法主动操作自变量、确定因变量和控制无关变量时，或研究不适宜采用实验法或其他方法时，观察法是常用的方法。它适用于在一定的情境中了解人的行为表现，以发现变量与变量之间的共存或共变关系，并分析、初步判断人的行为和心理活动的发生和发展规律。观察法既可以单独运用，也可以作为辅助方法与其他方法结合使用。

#### (二)观察法的特点

　　作为科学研究方法的观察法应具备以下几个特点：(1)受一定的研究目的和理论指导，观察有明确的指向性；(2)观察前有较系统的计划；(3)观察过程中，有较系统的观察或测量记录；(4)观察者受过一定的专门训练。

## 二、观察法的分类

### (一)自然观察和实验室观察

根据观察场所的不同,观察法可分为自然观察和实验室观察两大类。

自然观察是指在实际的社会生活环境中,如家庭、车间、操场等,对自然发生的事件和活动进行的观察,这种观察一般较少对观察的场所和对象进行控制。实验室观察是指在配有单向透镜、摄像机、录音机等设备的实验室中,给被观察者布置具体的任务,在较短的时间内对其进行的观察。

另外,还有介于二者之间的现场实验观察,即在日常的生活环境中,有意创设一些看似自然的情境,观察目标对象的反应。它集中了实验室观察和自然观察的优点,通过巧妙地操纵情境条件,可以在短时间内收集到所需的较真实的资料。

### (二)非结构观察和结构观察

根据观察程序的不同,观察法可分为非结构观察和结构观察两大类。

非结构观察是指事先未制订严格的计划,只有概略的观察目的和要求,或大致的观察内容和范围,研究者依照现场情况对事件和行为进行全面观察和记录的方法。非结构观察获得的资料较为零散,难以进行定量的分析和处理,一般仅用于对所研究对象和行为的定性描述。

结构观察是指按照事先确定的观察内容,运用标准化的观察程序,使用预先设计好的表格,在特定的时间和地点对目标行为进行记录的观察。其结果可用于定量分析和对比研究。这种观察法又被称为系统观察(systematic observation)。自 20 世纪初以来,该方法已在社会心理和行为的研究中得到了广泛应用。

### (三)非参与观察和参与观察

根据观察者角色的不同,观察法可分为非参与观察和参与观察两大类。

所谓非参与观察,就是观察者不介入被观察者的活动中,尽量不引其注意,不影响观察对象,只是作为一个旁观者置身于所观察的现象之外,观察研究对象的活动和表现。它是对事物表象的记录,不易深入。实验室观察就是典型的非参与观察。

参与观察则是指观察者投身到所观察的社会现象和社会生活中去,成为其中的一员,参与活动并进行观察。依据参与程度的不同,又可分为完全参与观察和不完全参与观察。完全参与观察指被观察者完全相信观察者是其中的一员,一点儿也不知道他是观察者。不完全参与观察指研究者参与全部的活动,同时说明自己在做研究。参与观察能获得相当深刻的个案资料，但很难产生对总体的精确描述。

### (四)直接观察和间接观察

根据观察时是否借助相关仪器，可以把观察法分为直接观察和间接观察。

直接观察是指直接通过感官考察各种事件和行为表现，收集研究资料的一种方法。如，研究者出席会议，直接观察和记录会上人们的互动情况。间接观察指通过一定的仪器设备，观察、记录研究对象的活动过程和行为表现，收集有关资料的一种方法。如，通过监控设备在另一房间观察会议情况。观察仪器促进了对复杂的行为变化过程和互动模式的微观分析，对音像资料的反复观察提高了行为描述的准确性、广度和深度。这种方法已得到了越来越普遍的应用。

在以上四种分类中，各种不同类型的观察法之间存在着一定的联系。比如，实验室观察通常是非参与观察，并且常常采取结构观察的形式。参与观察显然是直接观察，并且常常采取非结构观察的形式。

## 三、观察法的实施程序

运用观察法进行研究的全过程可分为三个阶段：准备阶段、资料收集阶段和资料处理阶段，每个阶段又包括几个主要步骤。

### (一)准备阶段

首先，确定研究目的，理解和把握研究问题的性质和内容。其次，制订观察计划，包括将研究变量操作化，确定观察指标，确定观察对象，事先了解观察对象的活动规律，指定观察地点、时间，选择观察记录方法，以及详细考虑在各阶段中可能遇到的各种问题。一个好的观察计划应该既能准确地体现研究目的，又能确保观察内容可以被观察到。最后，做好物质准备，如制订简单易行、可靠有效的观察记录表，选择仪器设备，调试观察仪器设备，培训观察员等。

### (二)资料收集阶段

采用一定的观察方法，实施观察，并做好现场记录。

### (三)资料处理阶段

整理和分析观察记录，进行统计处理，得出观察结论，提出理论解释，并在此基础上撰写观察报告。

由于采用的具体观察方法不同，上述步骤并不完全相同。需注意的是，在整个过程中都要尽可能地减少来自观察计划、观察者、被观察者、资料整理者的偏差，以确保观察资料的可靠性和有效性。

## 四、对观察法的评价

### (一)观察法的优点

一般说来,我们可以将心理学研究分为三种类型:探索性研究、描述性研究与解释性研究。观察法在这三类研究中均有着重要的作用。

观察是探索性研究的主要手段。当现有文献对研究问题的阐述较少,没有明确的概念和假设时,一般要先进行探索性研究。通过观察,对研究对象的特点有一个初步的了解,有助于形成明确的理论假设,为下一步的深入研究做准备。在描述性研究中,研究者通过观察可以详细了解研究对象的情况,描述研究对象是什么,它是如何发展的,它的特点和性质是什么。观察对解释性研究的作用则表现在,若要探寻某一现象的原因,研究者可先根据某些理论和实际的观察找出各种可能的影响因素,然后运用形式逻辑中的"穆勒五法",即求同法、求异法、求同求异法、共变法和剩余法,来分析资料,从中筛选出最主要的因素,建立因果模型,并进行进一步的验证研究。

作为具体的研究方法,观察法的独特优势在于:第一,比较适合对言语或非言语的行为过程,尤其是群体互动过程的演变及其动力因素的研究;第二,适用于研究无语言文字沟通能力的对象,例如对动物、婴幼儿和聋哑人的研究;第三,在非参与观察和完全参与观察中,被观察的对象很难觉察到观察者的存在,因而能得到自然条件下真实的行为资料;第四,可以弥补其他方法的缺陷,如调查法中调查对象不愿接受访谈、不交回调查问卷的情况;第五,可用于验证第二手资料,如果第二手资料缺乏可信度,或不能排除失真的可能性,研究者就需要通过观察对其进行验证。

### (二)观察法的局限性

首先,我们很难对某些特定种类的行为进行观察,这类行为或者很少发生,或者只会在私下发生。如,观察犯罪现场的目击者的反应、家庭暴力等。

其次,有些观察形式可能影响观察对象正常的表现和行动进程。如果这种影响出现并持续存在,就会导致观察者难以收集到真实可信的资料。

最后,观察资料的收集和观察结论的提炼也容易受到观察者个人经验、能力、个性倾向等因素的影响。

## 第二节 行为观察的编码方案

结构观察法有两种形式：等级评定量表法（rating scale）和行为观察法（behavioral observation）。两者都关注一个或几个特定的不同性质的行为，都要事先识别行为的类别，都有赖于对观察变量的清晰的操作定义，都要求有事先设计好的记录格式。不同的是，前者的记录格式是评定量表，要求观察者在观察的同时或之后对观察目标做出评价判断，容易发生评定者误差和偏见，如晕轮效应、宽大效应、趋中效应等。后者则要求根据编码方案对观察目标进行记录编码，因而观察的可靠性较高。以下我们将对行为观察法作一重点论述。

### 一、行为观察法的定义

作为结构观察法的主要形式，行为观察法在群体互动、行为过程的研究中应用得比较普遍。按照美国学者巴克曼（R. Bakeman，2000）的观点，观察法属于测量领域，而测量是指根据规则为事物或事件赋值。所以，行为观察法就是观察者依据编码方案的定义和规则，把代码分配给正在发生的、连续不断的事件中研究者感兴趣的各类行为。这些连续不断的行为可以是现场正在发生的，也可以是用仪器记录下来的。现场既可以是实验室，也可以是实际的生活环境。当然，因为预定的编码方案可能限制了观察内容，这也会导致观察缺乏灵活性。

行为观察的特点是，观察有据可依，不同的观察者在相似环境下，运用编码方案能得到相似的研究结果，从而降低了观察者的个人特征对观察结果的影响。因此，编码方案的制订是关键。

### 二、编制行为编码方案

#### （一）相关概念

1. 代码

代码是编码方案的基本要素，与所观察的行为或事件各维度的类别相匹配，以简单、易记、易认的符号表示。比如，若为幼儿交往中的退缩行为设置代码，根据已有的研究，幼儿交往中的退缩行为分为三类：抑制行为（表现为在自由游戏过程中无所事事和旁观）、安静退缩（表现为单独地探索和建构游戏）、活跃退缩（表现为单独的动作和装扮游戏），那么可以用代码"YZ、AJ、HY"或者"1、2、3"分别表示。

2. 编码方案

编码方案是行为观察的工具，指研究者将行为或事件分为若干有意义的、可以观察和处理的类别，将大的行为单位（即行为维度）分解为独立有限的小的行为类别（即代码），为观察、记录和随后的分析处理制订出的一整套符号系统。一个编码方案可以由一个行为维度构成，也可以由多个行为维度组成，每个行为维度即是一个编码单位。

观察研究可以运用一种编码单位，只研究一种性质的行为，如将婚姻关系中的依恋关系作为编码单位，对其类别进行编码。也有些研究用两个或更多的编码单位，如研究者对母亲的批评方式和孩子的反应进行编码。还有一种情况是编码单位在层次上有嵌套关系，比如研究者录制了教师20分钟的课堂教学活动，但只对其中的课堂提问活动感兴趣。研究者的主要编码单位是课堂提问活动，但他的关注点是提问中的师生互动，要求编码时考虑第二层次的编码单位：互动反应。这样编码单位有嵌套的两个层次：（1）对课堂提问活动识别并编码；（2）对师生互动反应进行编码。

3. 编码手册

编码方案构成了编码手册的主体，编码手册要详细地对编码方案进行说明，包括编制背景说明、编制的理论依据、编码程序（如，编码前是否看完全部的观察资料）、编码单位及其相互关系、每个代码的定义、适合或不适合某个代码的例子、编码规则（如，一个行为必须持续至少3秒钟才能被编码）、完成一次观察的时间以及编制时的心理测量数据等。对复杂的编码方案，有的还提供编码培训手册。

**（二）行为编码方案的编制**

1. 编制新的行为编码方案的决策

是否编制一个新的编码方案，主要看现有的编码方案是否适合研究的问题和要观察的行为。一般而言，应尽量采用现有信度和效度较好的编码方案，或对其进行适当修改。使用相同编码方案的好处是可以比较不同的研究。如，需要编制新的编码方案，则应依据研究的理论指导，针对研究问题和要观察的行为，参考已有的编码方案来编制。使用不同的编码方案的好处是，可以促进对问题的创造性思考，且几个编码方案产生的相似观点和结果能增强观察的可靠性。若结果不同，则需谨慎分析并做进一步研究。

2. 编制行为编码方案的主要步骤

编制新的编码方案，有几个步骤值得注意：第一，要明确研究问题，确定需要观察的行为；第二，根据研究问题的指导理论和相关文献，确定行为的维度，以及每个维度大致的类别（即代码）；第三，对要研究的行为进行细致的观察，补充类别；第四，在行为现场中试用、讨论和提炼试验性的编码方案。如果研究者能解释每个代码对研究问题的作用，那么保留该代码；否则就应丢弃。

下面以"用于群体心理治疗的攻击行为观察量表"（Aggression Observation Scale for Group Psychotherapy，AOSGP；M. L. Lanza，J. Anderson，H. Satz，et al.，1998）为例说明具体的步骤。

(1)对编制的必要性进行思考。要开展"群体心理治疗对攻击性的干预作用"的研究，需要对攻击性行为进行记录的观察表，这种观察工具可以提供丰富而深刻的信息，识别与特定干预有关的活动，揭示攻击性行为的心理动力型群体治疗模式。这往往是通过其他方法难以获得的。

(2)查阅文献。在明确的理论框架和具体研究问题的指导下，针对特定研究所开发的观察表，可能是最有效和可信的。为此，研究者要阅读大量有关群体中攻击性行为和针对攻击者的群体治疗等方面的文献。这一过程也有助于对误差源进行控制。

(3)开发编码方案。在经过大量文献阅读和思考后，形成一定的指导方针，在其指导下对类别进行设置。将待开发的方案命名为"用于群体心理治疗的攻击行为观察表"。对该观察表的要求是理论清晰、简单易用，并能准确地反映要研究的问题。分类要求完整、不重叠，类别不必太精细，但也不能太概略，因为两者都可能增加观察的难度，降低观察者间的一致性。据此，研究者精心设置了要观察的攻击行为的维度和类别。主要分为两个维度：内容和过程。内容维度涉及个体的言语，不断增加的对愤怒的认识和责任。过程维度涉及潜在的心理动力问题，它描述一个从避免愤怒、间接表达愤怒到直接表达愤怒的连续体，还包括指导者的干预。

(4)试用。研究者最初在群体治疗会议中对该工具进行了尝试性检验。当某一类事件出现时，就在设计好的观察记录表上标明。结果表明，并非所有的分类都是独立的，于是将类别拆散，重新进行设置。

(5)正式检验。采用两个治疗小组对该工具进行正式检验。第一个小组由具有攻击性的男性组成，他们要进行历时 6 个月的心理动力型治疗。在应用过程中，观察表被进一步改进。该阶段形成的编码方案是：内容维度有 8 个类别，过程维度有 12 个类别，每个类别又包括 3～13 个亚类。每个亚类由一个二分变量表示，以出现或不出现记分，类别是相互独立的。当然，观察中发现，有时在同一时间出现的并不只有一个亚类。为便于识别，各个类别均用数字标识，罗马数字表示内容维度的各个类别，阿拉伯数字表示过程维度的各个类别，各代码则用大写英文字母标识。例如，

内容维度：

Ⅰ……

Ⅱ. 情绪处理适当

A. 识别情绪

B. 承认情绪

C. 表达情绪

……

Ⅷ. ……

过程维度:

1. ……

2. 识别攻击防御

A. 治疗师识别并对群体沉默进行讨论

B. 成员(们)交谈,以便减少痛苦的情绪,或使群体的关注点从让人痛苦的主题中转移

C. 成员(们)不理睬治疗师

D. 笑

E. 成员(们)威胁要离开

F. 成员(们)离开群体

……

12. ……

然后采用第二个治疗小组进一步考察内容和过程维度及其类别设置,并用这两个小组的数据进行观察表的信效度分析,同时开始对最初主题"攻击性行为的心理动力型群体心理治疗模式"的研究。该观察表的最终形式为:内容维度有 8 个类别,过程维度有 12 个类别,每个类别包括 0~13 个亚类,总计 85 个代码。

## 第三节 行为编码的过程

行为编码过程是行为观察的关键环节,包括转录,选择、培训编码人员,编码和数据的输入,数据修正,信度分析等。这里主要以录像资料的整理为例说明行为编码过程。

### 一、录像资料的转录

是否需要将仪器记录的观察资料转化为文字记录,取决于以下几个方面:(1)原始资料的模糊程度是否对编码者的一致性有较大影响,比如,两个编码者对含糊的言语内容可能作出不同的理解;(2)编码者同时具有多个复杂的编码任务,如,对儿童游戏活动进行的嵌套编码,既要对冲突情节进行识别和编码,又要对冲突情节中的冲突解决行为进行编

码，这是否会损害编码的质量；（3）是否有标准化的程序指导转录工作，如，是否转录非言语材料，对哪些非言语材料进行转录，转录员如何使用标点符号等，以确保转录的准确性；（4）转录的工作量是否过大，甚至比编码花的时间更长。

在对这些问题都有清晰答案的基础上，若决定转录，一般可以运用三步转录程序，来保证转录的准确性：首先，由第一个转录员直接从录像带转录资料，形成转录草稿；其次，将草稿和录像进行比较，进行必要的修改；最后，由第二个转录员对照录像，检查第一个转录员的工作，进行修正，或增加第一个转录员可能忽略的资料。

虽然转录是件耗费时间和资源的紧张工作，但高质量的转录可以节省时间，并将编码的误差最小化。

## 二、编码者的培训

### (一)选择编码者

使编码者受观察资料影响的程度保持一致很重要。因为转录人员受的培训少于编码者，所以一般而言转录者和编码者是不同的人。如果编码者和转录者是同一批人，那么首先需要评价这些转录员工作的认真性和可靠性，再决定是否将他们培训为编码者。

编码者可能影响编码数据的可用性，因此需要认真挑选。编码者要对细节有较好的洞察力，能接受和其印象不一致的编码规则，能很好地独立工作，既能表达自己的意见，又善于接受他人的意见。不合格的编码者会加重其他人的工作，甚至阻碍整个编码进程。

性别、种族和生活经历会影响一个人对事实的理解和判断。如有必要，在选择编码者时，应考虑编码资料的特点，平衡这些因素的影响。比如，已婚和有孩子的编码者对行为互动的评价会与其他人不同。当对亲子互动进行编码时，有孩子的编码者会与家长有更多的共鸣，而年轻的大学生则对青少年有更多的同情。

### (二)编码者培训

#### 1. 培训目的

培训的目的是帮助编码者高效地对观察资料进行分类编码。不同的编码方案涉及的代码之间的关系不同，最简单的是识别某个行为类别的每个实例，而不考虑正在发生的其他任何事情。也有些编码方案要求编码者对几个同时发生的行为类别都分配代码，或者从几个同时发生的行为类别中识别最匹配的代码。如，在对儿童自由游戏时攻击行为的研究中，要对攻击行为进行编码。攻击行为分为两个维度：攻击实施的方式和攻击时的面部表情。前者有四个类别：身体攻击、言语攻击、间接攻击和胁迫行为；后者有两个类别：消极情绪、中性或积极情绪。要求观察者同时对实施方式和面部表情编码。如果观察对象同时做出了身体攻击和言语攻击行为，但研究者不想以"身体攻击＋言语攻击"的联合代码表示，而要识别最匹配的代码，那么就需要编码者认真决定。比较复杂的编码方案要求编码者先识别一般的类别，然后识别该类别内的特定代码，即编码单位在层级上的嵌套关系。

2. 注意事项

培训是个连续的过程，常常以群体的形式通过数次会议进行。随后在整个编码期间，通过监控编码者的一致性，决定是否需要进行补充培训。编码期间对编码者一致性进行持续监控，对于保证编码数据的完整性和统计效力是非常必要的。在编码者群体内，为了减少诸如性别、种族和生活经历等人口统计学变量的影响，可在培训时对这些因素进行讨论，这有助于提高编码的一致性。需要强调的是，在整个培训和正式编码期间，不能向编码者、转录者透露研究的主要假设。

3. 培训程序

第一阶段：编码者自己阅读编码手册；熟悉代码的定义后，研究者向编码者说明每个代码，强调代码间的不同，解释可用的编码决策程序和代码之间的关系；让编码者聚在一起通过培训用的录像带（以下简称培训带）讨论代码的实例。在最初的会议中，鼓励编码者提出问题。其中指出编码手册中的含糊之处非常重要，这有助于改进或澄清编码手册中存在的问题。

第二阶段：编码者独立对培训带进行试编码；在培训会议上，针对彼此意见不统一的编码，说明并讨论各自的理由。经过这些程序，研究者可以了解编码者对编码方案的哪些方面尚不清楚。编码者也会体会到，他们的反应是如何发生的，如何与其他的编码者不同。

第三阶段：正式检验，以确定编码者是否达到了预定的胜任水平，可以开始实际的编码工作。使用培训带，与熟练的编码者（常常是研究者）进行比较，考察其编码的一致性。

在正式编码期间，应定期召开由编码者参加的编码会议。这样做的好处在于：（1）可以监控编码者一致性，澄清问题，加深编码者对编码规则等的认识；（2）研究者可借此表达对编码者的感谢和其取得的进步的满意，以维持或增强编码者的积极性；（3）研究者也可能发现，最初合格的编码者在实际编码时变得不合格了，此时，研究者要考虑是用另一套培训带进行再培训，还是为其分配别的任务，如数据的输入等。

### 三、对观察资料的编码

当给观察资料分配代码后，就获得了数据。对表现为行为顺序的观察资料的编码，因强调事件或行为的发生次数或延续时间的不同，可分为四种形式：不计时的事件序列(untimed event sequences)、状态序列(state sequences)、计时的事件序列(timed event sequences)、间隔序列(interval sequences)。相应的，有四种形式的数据：不计时的事件序列数据、状态序列数据、计时的事件序列数据、间隔序列数据。

#### (一)不计时的事件序列编码

这种形式强调按事件或者行为出现的顺序编码，其关注点是各个事件的发生，并不显示事件的时间模式，可用于探测特殊类型的行为。比如，对一个幼儿 10 分钟游戏活动中的交往退缩行为进行编码，得到如下一串前后相随的事件顺序数据：ACAB(A 表示抑制行为，C 表示活跃退缩，B 表示安静退缩)。

#### (二)状态序列编码

这种编码形式关注的是事件状态的持续时间，当研究互动行为时，通常各行为主体的行为状态流中，不同类型状态的同时出现是研究者的兴趣所在。一个状态流就好比一个加入了时间信息的不计时事件。这样，编码的单位是状态，但各个状态可以用时间单位表示。在实际观察中，为精确起见，计时的单位应恰当。

最简单的状态事件编码仅记录一种事件流，由一个或多个代码组成。如观察儿童在课堂上某段时间内的注意维持情况，A 表示注意，B 表示不注意，时间单位是分钟，则 A(12)B(2)A(6)B(2) 表示注意状态持续了 12 分钟，然后不注意状态持续了 2 分钟，接着注意状态持续了 6 分钟，最后不注意状态持续了 2 分钟。较为复杂的状态事件编码则是记录多种事件流，如既编码教师的讲课行为，又同时编码学生的注意保持行为。

#### (三)计时事件序列编码

计时事件序列的编码较为复杂，是四种编码形式中最常用的。研究者既可以用代码描述瞬时行为(关注的是频次而不是持续时间)，此时只需记录行为开始的时刻；也可以描述持续行为，这时开始和结束的时间均需记录。当然，对持续行为的记录也可转化为对行为状态的编码。

#### (四)间隔序列编码

通常间隔序列表示的是一系列连续的时间间隔，这个间隔可以很短，如每隔 3 秒记录一次某一行为是否出现；或者记录每个 5 秒的间隔内，出现目标行为的类别。这种情况下，使编码者在每个间隔的开始和结束点上保持一致很重要。时间间隔序列很容易被转化为对持续行为的编码，但转化的主要问题是计时不准确。间隔也能用一个特定的事件表示，如对一段 30 分钟的课堂教学录像中教师的提问行为进行编码，这时间隔就是提问事件(qe)本身。将提问事件分为三个维度：提问问题的类型、回答问题的正确性、教师对回答的反应。第一维度（Ⅰ）有两个代码，分别为事实性问题(11)和推理性问题(12)。第二维度（Ⅱ）也有两个代码，分别为正确(21)和不正确(22)。第三维度（Ⅲ）有四个代码，分别是表扬(31)、批评(32)、鼓励(33)、不置可否(34)。假设有三次提问被识别，编码的结果见表 6-1。

这四种数据编码形式各有其特点：不计时的事件序列表现为离散事件；状态序列和计时的事件序列以时间为单位（常常为 1 秒）；间隔序列的间隔通常根据时间定义，具有离散性。

表 6-1　教师的三个提问事件的间隔顺序编码

| qe<br>维度 | qe1 | qe2 | qe3 |
| --- | --- | --- | --- |
| Ⅰ | 11 | 12 | 12 |
| Ⅱ | 21 | 22 | 21 |
| Ⅲ | 31 | 33 | 31 |

### (五)计算机编码程序

目前人们已开发出计算机编码程序，可以减轻编码者的负担。如贝克曼等(Bakeman & Quera)开发的一个功能强大而又灵活的程序——通用序列查询者(the Generalized Sequential Querier，GSEQ)——用于分析和计算以 SDIS 格式表示的行为序列数据，由此形成的描述性统计量可用于 SPSS 程序，进行其他统计分析。SDIS(the Sequential Data Interchange Standard)即序列数据互换标准，可将上述四种形式的编码数据，转换成相同的格式，以便于 GSEQ 进行分析。不过，SDIS 对这四种数据的记录格式有一定的要求。设计者认为，编码者可简便地用这种格式直接记录数据，也可以容易地设计一些程序改变过去的数据格式，使之适应 SDIS 的要求。一旦行为序列数据以 SDIS 的规则表示出来，就可被应用于 GSEQ 程序。该程序还能修改已有的代码(如，再编码或将已有的代码归类汇总)，或产生新的代码(如，用"和""或""非"等标准化逻辑运算符将已有的代码联系起来，或界定输入的新代码等)。此外，包含

SDIS 数据的分析程序也能与他人共享①。

# 第四节　编码者信度的评价

## 一、编码者一致性

对行为观察而言，在设计好研究计划，确立了具有良好信度和效度的编码方案，选取了恰当的观察地点和观察对象并尽量使其活动不受干扰，以及记录下所研究的活动过程或事件之后，要保证观察数据的质量，必须控制编码者因素的影响，努力提高编码的信度。

根据经典测验理论的观点，信度是指真分数的变异数与实得分数的变异数之比。表现在实际的测量中，当不同评价者之间的判断一致时，测量便是可信的。通常用编码者一致性系数来评估编码的信度，编码者一致性（coder agreement）是指由两个或两个以上的编码者对同一组观察资料独立观察和编码时，编码结果之间的一致性程度。如果不同编码者的编码数据相同，那么研究者就能保证这些观察并未受个人主观印象的影响，观察数据准确地反映了被观察的行为，随后的统计分析结果也是可信的。相反，若编码者一致性较低，则说明数据的客观性较差，观察很可能是个人的片面认识。运用这样的数据进行研究，即使获得了显著的结果也无多少价值。编码者的一致性系数可用以下方法计算。

## 二、编码者一致性系数的计算

### （一）一致性百分比

一致性百分比的计算公式是：一致数/（一致与不一致数之和）×100。可以分别计算各个代码的一致性百分比，也可以针对一个案例的编码单位，计算其一致性百分比。不过，由于它没有排除偶然的一致性，而常常发生误导，所以在现在的文献中已很少被使用。

### （二）Kappa 系数

科恩（J. Cohen）的 Kappa 系数消除了一致性百分比计算中分子和分母的偶然性，因而常用于估计编码者一致性。Kappa 系数既可用于编码者的培训，也可用于论文发表时的信度报告。一般的，Kappa 系数是针对编码单位而非各个代码计算一致性，研究者可以计算各个案例的各个编码单位的 $k$ 系数，也可以计算跨案例合并的各个编码单位的 $k$ 系数。

下面以两个编码者对某个幼儿社交退缩行为的编码为例加以说明。如上一节提到的，A 表示抑制行为，B 表示安静退缩，C 表示活跃退缩。

---

① 详见 http：//www.gsu.edu/～psyrab/sg.htm

如果编码的数据是不定时的事件序列数据，那么一致性矩阵中的数值为各类行为出现的频次。如果数据是状态序列数据，那么矩阵中的数值是以时间为计数单位所获得的值。比如，假设时间单位为1分钟，某一类别的行为持续了3分钟，则在矩阵中相应位置记入3。两个编码者的编码结果见表6-2。

表 6-2　两位编码者的编码一致性矩阵

| 编码者 2 | 编码者 1 | | | 合计 |
| --- | --- | --- | --- | --- |
| | A | B | C | ( $x_{i+}$ ) |
| A | 3 | 1 | 0 | 4 |
| B | 0 | 5 | 1 | 6 |
| C | 0 | 2 | 12 | 14 |
| 合计( $x_{+i}$ ) | 3 | 8 | 13 | 24 ( $x_{++}$ ) |

上述一致性矩阵描述了两个编码者对社交退缩行为的编码结果，设 r 代表编码方案中的代码数，这里为 3，一致性可以在这个 3×3(r×r)矩阵中计算。横排代表第一个编码者，纵列代表第二个编码者，两栏都用相同的 r 个代码标识。左上到右下的对角线表示两人一致的编码数，远离对角线的数据表示不一致的编码数。这种一致性矩阵对于准确地检查出编码错误的类型非常有效。分析这一矩阵，研究者就可以确定，不一致是由于某(几)个特定的代码容易混淆造成的，还是由于某个编码者的个人原因。

Kappa 系数本质上是描述观察到的一致性与偶然一致性的差值，并为使度量一致性的指标值不超过 1，而对这个差值进行修正后的值。

令 $x_{ij}$ 为矩阵的某个元素，"＋"表示加总，那么，$x_{i+}$ 表示第 i 行的总数，$x_{+i}$ 表示第 i 列的总数，$x_{++}$ 表示矩阵中分数的总数。则观察到的一致性比值为：

$$P_1 = \frac{\sum_{i=1}^{r} x_{ii}}{x_{++}}$$

偶然一致性比值为：

$$P_2 = \frac{\sum_{i=1}^{r} x_{i+} x_{+i}}{x_{++}^2}$$

新世纪高等学校教材·

社会心理学研究方法

Kappa 系数为：

$$k = \frac{P_1 - P_2}{1 - P_2}$$

本例中，　$P_1 = (3+5+12) / 24 = 0.833$

$P_2 = (4 \times 3 + 6 \times 8 + 14 \times 13) / 24 \times 24 = 0.420$

$k = (0.833 - 0.420) / (1 - 0.420) = 0.712$

计算 $k$ 值的一个重要细节是，不同编码者在某一行为维度上的代码总数应是一致的。如果计算出的 Kappa 系数值 $k$ 小于或等于 0，那么可以判断，这两个编码者的结果是偶然一致的。只有当计算的 $k$ 值大于 0 时，才能进行一致性的显著性检验。当然，由于对编码者一致性的评估主要是看 $k$ 值的大小，因而 $k$ 值显著只是最低的标准，不能作为判断编码者之间是否一致的最终标准。对编码者一致性合适与否的判断，可以参考弗莱斯(J. L. Fleiss)的建议：若 $k$ 值介于 0.40～0.60 之间，则编码者一致性是可接受的；若介于 0.60～0.75 之间，则一致性是较好的；若超过 0.75，则一致性是极好的。此外，扩展的 $k$ 值可用于两个以上的编码者(Fleiss, Nee, Landis, 1979)。

### （三）加权的 Kappa 值

如果研究者认为应对编码者之间的不一致加以考虑，那么可以采用科恩(J. Cohen, 1968)提出的加权不一致的计算方法。

计算加权的 Kappa 值时，要明确分配权重的基本规则。对编码者之间不一致程度（即权重）的估计，可以按如下方式进行：编制一个权重矩阵，该矩阵对角线的元素是 0，表示一致；靠近对角线的单元是 1，表示较低程度的不一致；距对角线较远的单元为 2，表示不一致程度更高，依此类推。仍以上

**表 6-3　权重矩阵**

| 0 | 1 | 2 |
|---|---|---|
| 1 | 0 | 1 |
| 2 | 1 | 0 |

述对某个幼儿社交退缩行为的编码为例，其权重矩阵见表 6-3。

则加权的 Kappa 系数为：

$$k_{wt} = 1 - \frac{\sum_{i=1}^{r} \sum_{j=1}^{r} w_{ij} x_{ij}}{\sum_{i=1}^{r} \sum_{j=1}^{r} w_{ij} m_{ij}}$$

其中，$w_{ij}$ 是权重矩阵中第 i 行第 j 列的元素；

$x_{ij}$ 是两位编码者的一致性矩阵中第 i 行第 j 列的元素；

$m_{ij}$ 表示两位编码者的偶然性矩阵中第 i 行第 j 列的元素；

$$m_{ij} = \frac{(x_{+j} \times x_{i+})}{x_{++}}$$

上例中，两位编码者的偶然性矩阵见表 6-4。

表 6-4　两位编码者的偶然性矩阵

| | | |
|---|---|---|
| $3\times4/24$ | $8\times4/24$ | $13\times4/24$ |
| $3\times6/24$ | $8\times6/24$ | $13\times6/24$ |
| $3\times14/24$ | $8\times14/24$ | $13\times14/24$ |

经计算，上例中的 $k_{wt}=0.776$。

若权重矩阵中所有远离对角线的元素为 1，所有对角线上的元素为 0，则 $k$ 和 $k_{wt}$ 相同。

## 三、组内相关系数

除了 Kappa 系数外，要想更规范地分析总的测量信度，可以运用概化理论的方法。在概化理论中，测量信度的概念为概化系数（generalizability coefficient）和可靠性指数（dependent index）。其中，概化系数用于常模参照测验（Norm-referenced Test，测验目标是把被试的水平有效地区分开来），可靠性指数用于标准参照测验（Criterion-referenced Test，测验的目标是对被试的真实水平作出恰当估计）。评估编码者的信度，若使用概化系数，则在编码者个体层面进行概化，对未来相似的编码者编码时的信度作出估计。其计算公式是：

$$\alpha=\frac{MS_p-MS_r}{MS_P+(n_0-1)MS_r}$$

这里，$n_0$ 是编码者的个数，$MS_P$ 和 $MS_r$ 分别是被观察者的均方和残差（即误差，此处指编码者和被观察者间的交互作用）的均方。根据经典测量理论的假设——观察分数由真分数和误差分数组成（$X=T+e$），概化系数是组内相关系数。就所测的行为而言，高组内相关表明，相对于被观察者间的差异引起的变异，编码者造成的变异是较低的。组内相关系数可以针对每个代码分别计算，以反映特定行为类别总数的一致性。它也是发表论文时报告信度的较好选择。

例如，假设表 6-5 是两个编码者对四个幼儿的社交退缩行为中的抑制行为的编码数据，经过计算后得到的方差分析表，由此可以计算出编码者的概化系数。

表 6-5　编码者信度的 G 研究方差分析表

| 来源 | SS | d$f$ | MS | G 研究方差分量的估计值 |
|---|---|---|---|---|
| 案例（被观察者） | 37.450 | 3 | 11.483 | 0.4417 |
| 编码者 | 3.200 | 1 | 3.200 | 0.0074 |
| 案例×编码者 | 7.500 | 3 | 2.500 | 0.1565 |

注：$\alpha=(11.483-2.500)\div(11.483+1\times2.500)=0.642$

根据概化理论的基本原理，影响测验分数变异的来源有被试方面的（被试水平的稳定性、被试间水平的差异）、测量工具方面的（试题对所测知识和能力的代表性、试题间的同质性）、评分者方面的（评分者自身评分标准的稳定性、评分者间评分标准的一致性），以及其他方面（如测验环境等）的因素。对行为观察而言，编码者一致性仅说明了观察者之间的潜在误差，如果要问：行为在另一个时间、地点或其他稍有不同的条件下被评价，我们能否得到同样的结果？那么，编码者一致性本身并不能告诉我们，一个特定案例的分数是否是其他我们要概化的行为样本的代表。所以，除了编码者一致性外，可以根据不同的研究目的，针对这些误差源理解对结果的影响大小，决定评估真分数时，是否还要考虑上述其他的误差源。

## 第五节  行为观察数据的统计分析

### 一、数据修正

在对研究变量进行正式统计分析之前，需要先了解收集的数据在整体上是否恰当，能否反映所研究的特定的行为维度。认真地进行数据修正，慎重地设置新代码，既可以简化数据，又能更好地反映研究构思。

#### （一）数据预览

集中所有的案例，运用相应的统计软件，计算出每个代码的描述统计量，如频次、平均持续时间等。这时，我们要考察的是所有的数据，关心的是代码使用得是否频繁，而不是某个案例是如何变化的，某个案例的分数如何。当了解了所研究的行为在全部数据中出现的情况后，就可以决定是否需要修正数据。

#### （二）数据修正的方法

数据修正要求运用一系列的步骤，合并原来的数据，形成修正数据。一些修正涉及在行为者之间进行代码的合并。例如，如果在学生间加以区分是不重要的，可以将所有学生合并起来编码。另一些情况则是在行为之间进行合并，如将功能相似的行为合并。有人（R. Bakeman，2005）提出了以下对数据进行修正的思路。

（1）在编码期间，如果发现编码者不能稳定地区分两个代码，而若将其组合为更有概括性的代码后，概括性的代码较为可靠，则可以将这两个代码合并为一个新代码。

（2）如果发现有些相似的代码不经常出现，若将其视为不同的代码，有些案例的得分可能是0，或者很低，则可将其合并为一个代码，以使分析更为简单，减少模糊性。

(3)根据更可靠的理论，把几个代码合并为一个更有包容性的新代码。

(4)将同时发生的事件代码合并为一个新代码（如，在互动行为研究中，用一个代码表示丈夫对妻子说话，同时妻子眼望窗外），可以减少描述统计量。

(5)将间隔很短的相同代码合并，如已对亲子互动中的"忙乱"进行了编码，但检查数据时发现，"忙乱"的平均持续时间仅为几秒钟，且常常出现得很密集，则可以创设一个新代码，如定义为"一组分散不到5秒的'忙乱'"，来描述忙乱的情节。

或许有读者会问：既然有可能合并数据，最初为何还要进行精细的编码呢？我们认为，第一，详细而精确的编码方案为编码者提供了更多的指导，可以减少编码者编码时的不确定性，保证编码的信度和效度；第二，精细的编码会获得更丰富的数据信息、更多的分析选项，有更多的选择去考察大量的研究问题。如果代码不精细，那么研究者若对更具体的信息感兴趣，除了重新编码外，别无选择。

## 二、简单统计量：频次、比率、持续时间等

对数据进行描述性统计通常的做法是，根据各个案例的数据，计算每个案例的各个变量的频次、比率（每个单位时间内发生的次数）等，报告均值、标准差或变异程度，或者综合所有案例的数据，报告每个变量的上述统计量。当记录了活动开始和结束的时间后，也可以报告用于不同活动的时间比例。

比如，对瞬时事件序列数据的简单描述，可使用频次（某一代码使用的次数）、频率（某一代码的次数占多大比例，如占所在维度总次数的比例）、比率（某一事件在单位时间，如1小时内发生了多少次）。

对持续事件序列数据的描述，包括频次、频率、持续时间（代码所表示的事件持续了多少秒）、平均持续时间（代码平均每次持续多长时间）、概率（代码的持续时间占总时间的比例有多大）、最短最长时间（事件持续的最短和最长时间值）。频次、平均持续时间、时间比率之间有一定的关系，其中一个值可以由其他两个推导而来。例如，对一个幼儿的社交退缩行为的统计表明，在20分钟内，抑制行为被观察到5次，平均每次持续30秒，那么12.5%的时间用于这一行动。所以，在实际使用时，根据需要选择其中的两个就够了。

## 三、条件统计量：关联的度量

人的活动常常是一组复杂的、同时或相继发生的社会物理事件的组成部分，研究者的任务之一就是通过寻找条件与行为发生的关系，来确

定影响行为发生的关键因素。这类问题的研究形式之一是：在行为 A 下，行为 B 是否在特定的时间内开始？例如，教师的课堂提问是否导致学生注意的集中。这就需要运用条件统计量来度量关联情况。条件统计量能反映同时（如，母亲批评孩子时孩子争辩的概率）或相继（如，攻击行为研究中，言语攻击后出现身体攻击的概率）的关联。下面介绍几种常用的描述关联关系的条件统计量。

**（一）优势比（Odds Ratio）**

1. 建立一个四格表

假设我们想知道事件 B 是否与事件 A 同时发生，可以先建立一个四格表，将横栏表示为"A"和"～A"，纵栏表示为"B"和"～B"，其中"～"代表不发生，如表 6-6 所示。

**表 6-6　同时四表格**

|  | B | ～B |
|---|---|---|
| A | $a$ | $b$ |
| ～A | $c$ | $d$ |

$a$、$b$、$c$、$d$ 代表各个单元格的频次，这样 $a$ 是事件 A 与事件 B 同时出现的次数。在数据间存在时间顺序的研究中，一般研究者会为每个研究概念设置一个四格表。

假设我们想知道事件 B 是否跟在事件 A 后面，也可建立一个四格表，与上表不同的是，应在表上标明延迟的时间，见表 6-7。例如，可用 lag0 表示每行延迟 0 秒，因为事件 A 先发生；lag2 表示每列延迟 2 秒，意即事件 A 发生 2 秒后，事件 B 发生。

**表 6-7　延迟四表格**

|  | lag2 | |
|---|---|---|
|  | B | ～B |
| lag0　A | $a$ | $b$ |
| ～A | $c$ | $d$ |

2. 计算优势比

估计的优势比 $=\dfrac{a/b}{c/d}$，该公式也可表示为：估计的优势比 $=\dfrac{ad}{bc}$。

优势比可以从 0 到无穷，若该值大于 1，表示在出现行为 A 的条件下行为 B 的发生率，比行为 A 不出现条件下行为 B 的发生率高，即二者是正相关。若该值小于 1，则表示在行为 A 出现的条件下行为 B 的发生率，比行为 A 不出现下行为 B 的发生率低，即二者是负相关。若该值等于 1，则表示行为 A 与行为 B 相互独立。若要作进一步的统计分析，如 $t$ 检验、方差分析、多元回归等，那么最好使用它的自然对数。

**（二）对数优势比**

$$对数优势比 = \ln\left(\frac{ad}{bc}\right)。$$

该值也是从 0 到无穷，0 表示无关联。不过该公式的估计是有偏的。无偏的估计，即当某个单元格为 0 时也可以使用的公式是：

$$对数优势比 = \ln\left[\frac{\left(a+\frac{1}{2}\right)\left(d+\frac{1}{2}\right)}{\left(c+\frac{1}{2}\right)\left(d+\frac{1}{2}\right)}\right]$$

以表 6-6 为例，正值表示行为 A 对行为 B 有促进效应，负值表示行为 A 对行为 B 有抑制效应。以教师提问—学生注意为例，对数优势比为正值，表示当教师提问时，学生注意的次数比偶然发生的注意次数多，即教师提问促进了学生的注意；对数优势比为负值，表示当教师提问时，学生注意的次数比偶然发生的注意次数少，即教师提问降低了学生的注意。对数优势比等于 0，表示当老师提问时，学生注意的次数和偶然发生的注意次数一样多，即教师提问和学生注意无关。

**（三）Yule 的 $Q$ 值**

$$Q = (ad - bc)/(ad + bc)$$

$Q$ 值是由优势比转化而来的，这两个指标是等值的。其范围从 $-1 \sim +1$，其中 0 表示无关联，正负值的含义分别与对数优势比相同。应当注意，如果四格表任何一边（横行或纵列总值）为 0，$Q$ 值无法计算，应视为缺失。

当要考察的两个行为发生的频次很低，使用 $Q$ 值或优势比的准确性就无法估计。这时从一个单元格到另一个单元格数值的变化会导致较大的 $Q$ 值的变化。因此，巴克曼提议，除非所有边缘总数（横行和纵行的总数）达到 5，否则计算 $Q$ 值是无意义的。

**（四）$\Phi$ 系数**

$\Phi$ 系数是另一个用于四格表的常用指标，根据表 6-6 的四格表，其计算公式是：

$$\Phi = \frac{ad - bc}{\sqrt{(a+b)(c+d)(a+c)(b+d)}}$$

和 $Q$ 值一样，$\Phi$ 在 $-1 \sim +1$ 之间变化，0 表示无关联。$Q$ 和 $\Phi$ 的差别相对较小，所以在实际使用中用哪个区别不大。

上述各统计量，都可以根据数据特征，恰当地选择非参数统计技术，如卡方检验、U 检验、对数线性分析等，或参数统计技术，如 t 检验、方差分析、多重回归等进行分析，以达到研究的目的。

总之，观察法是收集研究资料的一种重要的方法，其应用范围相当广泛，包括定性和定量的研究。其中最能体现结构观察法特点的行为观察，能比较精确地描绘所研究的行为，能对研究假设进行较有说服力的检验。

编码方案是行为观察的基本工具，决定是否开发一个新的编码方案需要仔细斟酌，并且要保证所用编码方案的信度和效度。当使用仪器设备录制观察资料，随后对录制的资料进行编码时，可能比现场的观察、记录、编码更为复杂。当编码工作比较复杂时，需要进行事先的转录和培训转录人员。要重视对编码者或观察者的培训，关注编码者的一致性，这是观察研究的必要条件。另外，对顺序事件的编码因强调事件次数或持续时间的不同，可分为四种形式：不计时的事件序列编码、状态序列编码、计时的事件序列编码、间隔序列编码，以此产生相应形式的数据。

初步编码后的数据，如有需要可进行代码的合并修正。如果各个代码的发生率充足，它们的频次、比率等一些简单描述统计量，以及各种条件统计量，都可用非参数或参数统计技术进行分析。恰当地使用这些统计技术，有助于研究者揭示蕴藏在数据内的复杂行为的真相。

## 本章思考题

1. 什么是观察法？它有哪些优缺点？
2. 行为观察法有何特点？编制行为编码方案应注意哪些事项？
3. 如何保证编码者的一致性？怎样计算编码者一致性系数？
4. 怎样对编码的数据进行合并修正？

（作者：王颜芳）

# 第七章　小群体研究方法

　　在社会心理学中，对群体的研究有着悠久的历史，对群体的含义也有不同的理解。有人粗略统计，群体的定义有几十个甚至上百个，目前还很难提出一个公认的统一定义。郑全全教授认为，群体是由两个或两个以上具有共同目标的个体组成，个体互相有着接触和交往，有着稳定的联系和某种程度的依赖性，在心理上意识到对方，并认为他们是属于同一群体的人群。而本章的群体是指一种常被称为小群体的实际群体。更具体地说，是指一群人的集合，他们有共同的经历、共同的目标及相互交往，并被人们知觉为一个社会单元。其中，共同目标是将小群体和其他社会单元区分开的关键特征。

　　且不说小群体内部的复杂性，光是群体的持久性及其相互作用就使小群体的系统研究成为难题。那些被群体互动问题所吸引，准备投身于这一领域的学生常常会问：这个领域中最值得探讨的问题是什么？我们能从中学到什么，能获得什么回报？本章将尝试回答这些问题。群体现象是独一无二的，研究结果对社会心理学是非常重要的。通过对群体现象的探讨，大家会感受到，复杂群体中个体行为现象是颇具挑战和饶有趣味的。

## 第一节　小群体研究概述

### 一、相关定义

#### （一）群体情境（Group Contexts）

　　群体情境指的是群体成员主要关注任务完成（但并不是仅仅关注任务完成），并试图通过与他人合作来达到共同目标的情境。也就是说，在群体情境中，人们从事集体的任务，群体过程和结果是这些活动的中介因素、缓冲因素或者结果。例如，中超联赛中的一支足球队就是典型的群体情境，他们有共同的目标，即赢得更多的比赛。

虽然群体情境与其他人际互动的社会情境有很多相似之处，但是群体仅仅关注完成某些任务。值得注意的是，这里的任务并不是指可以获得报酬的正式工作。虽然许多正式工作包含集体性的任务，因而是一种群体情境，但也有许多需要群体合作来完成的任务不是正式工作。因此，我们认为群体情境包含小群体和暂时的任务取向的集体。

我们也应当注意到，群体情境和其他社会情境的区别并不是很鲜明，在抽象中比在实际生活中更容易区分。让我们考虑一下，家庭是不是群体情境呢？家庭是典型的从事共同活动，并且多数是为达成某个目标的小群体。比如，准备一日三餐和做家务是家庭作为一个团队所从事的典型工作。但是这些活动有时不仅仅是为完成一项工作，人们在一起的时候可能会进行争论或者表达各种情感。而且，家庭成员共同参与的其他活动，比如，野炊或者安慰悲伤的家庭成员也不是任务取向的。可见许多社会情境不是只有群体情境的元素，群体活动中也混合了为其他目的服务的行为。

## (二)群体过程和结果

社会心理学通常研究群体情境中与任务无关的现象。例如，塞格尔(M. Segal, 1979)在运动团队中调查了一些人际吸引的中介变量，即参加者相互之间的积极情感。本章中，我们主要关注与任务相关的活动和结果的研究方法，任务就是前面强调的将群体情境与其他情境区分开的主要特征。当然我们很难列出全部的特征，表 7-1 中列出了其中的主要问题。

## (三)研究群体与研究群体过程或结果的区别

群体的定义（通常指小群体）包含了以下要点：持久性，交互作用，实体性(entity)，任务关注。前面提到的中超联赛中的足球队符合关于小群体的这些定义。然而，实际生活中的群体很难在控制条件下研究，部分原因是群体的发展需要时间，而且这个过程通常要求群体成员有机会互相自由地交往。另外，当研究者对已经存在的群体进行研究时，很难对群体的历史施加控制，同样也很难对群体的经验施加控制。

但是，这并不意味着短时的实验研究对理解小群体现象没有重要贡献，也不是说将来可以放弃这方面的努力，恰恰相反，表 7-1 中所列的群体过程和结果可以在控制的情境中通过实验来研究。这样，我们可以对群体情境中的过程有更深的理解。只是我们应当注意，这些研究的对象都不是实际中的群体（即目标导向、交互作用和高实体性），因此，在对研究结果推广的时候应该谨记这些区别。

### 表 7-1 群体研究的主要问题

#### 群体内过程

**群体形成与发展**

群体成员有什么作用？

群体成员如何被吸纳和融入群体？

群体发展及发挥作用要经过规范的阶段吗？

**群体结构**

群体成员之间的关系（如，喜欢、权力、交流等）模式是什么样的？

这些模式对群体功能有什么影响？

群体中有什么规范引导群体行为？

**社会影响过程**

群体成员对其他人施加影响的基本过程是什么？

影响领导出现及其效力的个人和情境因素有哪些？

**群体绩效**

群体成员、群体特征及任务特征如何影响群体绩效？

什么因素会影响群体绩效，使实际绩效低于或者超过了潜在的绩效？

**群体决策**

有没有将个体和群体的选择联结起来的系统规则？

在什么条件下群体决策的质量高于（或者低于）个体决策？

将群体决策过程与个体决策过程区分开来的关键过程是什么？

**群体内冲突**

群体成员之间相互依赖的模式如何影响个体行为？

群体成员交换资源来解决冲突的方式有哪些？（如，通过谈判，形成联盟等）

群体成员如何协调个体与群体利益之间的冲突？

**环境过程**

物理环境的特征如何影响群体及群体成员的行为？

群体如何管理对物理环境的使用？

#### 群体外过程

**群体作为行动的情境**

置身于群体中，特别是非常大的群体中的个体的思想和行为会发生什么样的变化？（如，去个体化）

**群体间的关系**

群体间冲突的原因及解决途径是什么？

群体成员的属性（如，内群体/外群体）如何影响社会知觉？

## 二、研究群体现象的意义

在进入本章的重点即群体和群体过程的研究方法之前，我们先来思考一个重要的问题，即为什么要研究群体现象。一种答案是，因为群体现象是普遍的，不能了解人类社会群体，就无法了解人类的社会行为。这一点在社会心理学家中几乎没有争议。另外，群体研究者们相信，群体水平上的概念会比个体水平上的概念对我们理解行为更有效。社会行为科学中有好多例子可以说明这一点。例如，有研究（R. Bray & N. Kerr，1978）表明面对特定类型的智力问题，群体通常不能发挥其潜能，群体成员的增多会加剧这种不理想的状态。这个问题虽然可以通过考察个体水平上群体大小对成员的知觉和行动的影响来进行分析，但是群体水平的分析会使我们更简单有效地理解数据的整体模式。也就是说，不管群体实际上有多大，当群体成员面对面轮流讨论问题的时候，群体最后都会和单个个体发挥一样的功能。虽然可以根据个体的知觉来描述这一现象（如，知觉到的竞争，个体责任感等），但是这样却不能获得对群体现象的理解和预测。

## 第二节　小群体研究方法

在群体研究中，不仅需要多个研究来分别验证一个假设的不同方面，也需要完全不同的方法来互相补充。在这一节当中，我们将结合一些经典研究来说明一般研究方法的优点和缺点。

### 一、现场研究

通过仔细观察人们的日常生活，人们可以获得关于群体过程和结果的知识。例如，谢里夫（M. Sherif）通过观察夏令营成员的活动研究了群体结构和凝聚力的形成及群体间冲突。1961 年谢里夫进行了一项经典研究，请互不相识的 12 岁男孩参加夏令营。研究分几个阶段进行。第一阶段历时一个星期，参加实验的被试被分为两个独立的小组，相互不知道对方的存在。研究者分别安排两个小组进行一系列活动，如准备野餐、作为一支队伍练习棒球等。这一阶段的共同活动和交往，使两个小组分别转变成了群体。每个小组都发展起了自己不成文的规则、非正式的领导者，以及其他一些组织化群体所具有的特点。有些小组甚至自发地为自己的群体起了名字（如，红魔，响尾蛇等）。虽然谢里夫对被试也进行了周期性的非正式访谈，但数据主要来自对夏令营队员的观察。例如，谢里夫通过观察男孩们在完成任务时如何根据别人的行动而采取行动，解释了社会结构的出现。这些观察提供了群体发展及其功能的见解。

现场研究的显著优点是自然性。研究者可以随着行为的自然发生而对其进行考察。谢里夫对群体间和群体内冲突的研究就利用了这个优点。现场研究的一个目的是发现需要理解的自然现象。社会心理学的许多经典主题都是来自日常生活的某些具体经验。另一个目的是，证实利用控制性更强的研究方法得到的知识是可以推广到自然情境中去的。这种方法可以更好地根据某社会过程对社会情境的影响，来考察它是否重要、需要考察哪些特质及其与其他社会因素的相互影响。

现场研究的缺点也很明显。一是现场研究可能存在某些偏差，例如外部力量干扰了自然群体功能的发挥，或者假设的提出者直接介入到数据收集中从而导致偏差。二是现场研究不是一个检验假设的好办法，研究假设是因果性的，而现场研究的数据至多是相关性的。其他的未加控制的、未测量的混淆变量也可能会影响研究。原则上，人们可以通过附加的测量来解决这种模糊性，但这就要求控制研究现象，违背了现场研究的本质。现场研究的本质在于事件的发生是由自然过程控制的。

按照传统的观点，现场观察有两类：非参与观察和参与观察。前者指研究者在事件的自然发展过程中严格保持其旁观者立场。后者指研究者至少在某种程度上参加到研究的活动中。

### (一)非参与观察

绕线室(bank wiring room)观察实验作为著名的霍桑实验的一个组成部分，是行为科学家最早研究工业群体的例子，也是经典的非参与观察。在这些研究中，研究者被称作"墙上的苍蝇"，只是看和听，尽量不介入任何事件中去。研究者被允许将生产电开关的工作群体换到远离生产区域的较小的房子里。研究者负责记录群体成员的行为数据，一些数据是关于具体的常规活动，如某人主动与某人的交往；另一些则是对简单事件的总结，如某人冒险回到了主厂区，取回了一些必需品。

当时这些记录是手写的，研究者边观察边记录，很辛苦。如今可以用录像设备来收集数据。与真人在现场观察相比，采用录像的好处有：(1)录像可以获得长期的、逐字逐句的记录。这样，研究者就没有必要事先判断需要观察的内容，而可以通过反复看录像带来决定需要选择哪些内容。(2)与即时编码(coding on-line)相比，研究者在选择数据时的应激程度更低，因而可能更准确。(3)录像往往是更丰富的数据档案，保存了对原始数据的记录。(4)录像设备的微型化使摄像头不会显得很唐突。然而，录像所获得的数据的原始性也存在缺陷。录像设备会录下所有的细节，使得录像带很长，这样研究者观看录像并挑出不必要的内容就比较困难。而且，对录像带进行编码而不是随事件的进行随时记录信息，有时会导致记录的不准确和时间上的延迟。

### (二)参与观察

与其他社会学科相比，参与观察在社会心理学中的应用要少得多，其中费斯汀格(L. Festinger)等 1956 年的研究是一个经典的例子。费斯汀格研究了形成于 20 世纪 50 年代早期、被称为"拯救者"(the seekers)的群体。密歇根一个小镇的一个妇女声称从外星人那里获得信息，在某年某月两个失踪的大陆将重新出现，引起的洪水将会毁灭地球。外星人正在赶往地球的途中去解救那些其到达时刚好在农场里的人类。

这个妇女和她丈夫立即到处宣扬大灾难即将到来，呼吁人们加入到拯救人类的运动中。有些人确实与这对夫妇聚在一起来讨论解决办法，举行会议，缓解人们的压力等。当大难的日子来临时，他们都转移到农场为离开地球做好准备。这些人中就有费斯汀格及其助手。他们观察了该群体成员的行为，尤其是当关键时刻来临以及后来并没有任何灾难发生时人们的行为。据此，费斯汀格认为失败的预言会引起人们的认知失调。费斯汀格从人群内部关注事件的发展，尽量不作任何事情以防影响到正在发生的事，但他们仍要参加群体的活动并与其他群体成员表现完全一样。

费斯汀格的研究是参与观察的典范，研究者作为完全隐藏的参与者与其他任何人的行动一致。参与观察的显著优点是，研究者可以有独一无二的机会获得群体过程和结果的第一手资料，这是外部观察者无法获得的。参与观察也有缺点，第一，数据质量比较差。有些研究者认为参与观察是不科学的，因为观察通常是不系统的。第二，研究者做到完全的中立是不容易的，由于无法证明研究者的表现和行为是否对事件产生影响，所以现场研究的自然性打了折扣。第三，参与观察常常要花费很多时间，并且代价昂贵，因为研究者需要事先进行许多活动才能成为群体的一员。

## 二、档案研究

档案研究是对现存资料加以分析、整理的一种研究技术。

档案法可用来研究社会心理学课题的跨文化适应性。由于对任何人来说在 50～200 个社会中进行横向研究是不可行的，所以需要间接的方法。对验证跨文化及特定文化内的假设来说，许多不同种类的未被充分利用的档案是一笔财富。这里我们简单描述如何通过一种丰富的关于全世界原始文化的跨文化档案——人类关系区域档案(The Human Relations Area Files，HRAF)来验证假设，以此来说明这种假设检验的方法。人类关系区域档案是在全世界近 400 种文化内收集形成的 80 万页之多的原始资料，包括书、杂志、论文、未发表的现场研究等。研究主题可以从莫多克(G. Murdock)等提出的世界文化框架(Outline of World Cultures，OWC)和文化资料框架(Outline of Cultural Material，OCM)

中获得。前者根据地理位置进行编码，例如 A 代表亚洲(Asia)，E 代表欧洲(Europe)，F 代表非洲(Africa)，M 代表中东(Middle East)，N 代表北美洲(North America)，O 代表大洋洲(Oceania)，R 代表俄罗斯(Russia)，S 代表南美洲(South America)；后者则根据不同的研究主题编码。

假如要检验假设：在没有安全感的社会中比有安全感的社会中，不同性别的劳动分工更明显。样本来自标准的跨文化样本(许多研究用过的关于原始文化的 186 种社会样本)中所描述的社会。罗纳(R. Rohner, 1975)已经研究过该样本社会中儿童经验的质量，儿童的积极经验(如，温暖的感觉)、消极经验(如，严厉苛刻的体验)，这是一种对样本中原始社会的心理不安全感的间接测量。不同性别的经济和社会分工得分来自于奥罗那夫(J. Aronoff)和科罗纳(W. Crano)1975 年的研究。现有的结果证实了最初的假设，即在对待儿童苛刻的社会中性别分工更明显。

档案研究的主要优点有：(1)档案研究中，为研究目的而进行的测量及分析不会改变被测量现象本身；(2)档案研究有可能对前一阶段内事物发展的趋向进行考察；(3)档案研究有可能寻找因果方向的证据。档案研究需要注意的地方有：(1)对难以获得分析的材料，也就是说有时不知道这些材料是否存在，如何去获得，及这些材料能否和读者见面等问题；(2)档案研究并非纯客观的，而带有一定程度的主观性，因为档案材料的信息来源依然是人，同时研究者如何解释与档案有关的问题也带有主观性；(3)对档案材料的内容分析是一项既费时又费钱的工作。

## 三、现场实验

现场实验是在现场情境中直接操作研究变量的研究方法。也就是说，它的实验条件是由实验者加以设计和引进的，但其背景对于被试来说是真实的生活环境。这种方法可以整合现场研究和实验研究的优点，即可以得出因果推论。

艾根(D. Eden, 1990)曾作过一个关于领导者对群体绩效的期望值如何影响群体绩效的现场实验。实验干预控制的目的就是利用专家提供的信息，通过培训来提高群体领导者对群体绩效的期望值。这些群体是由以色列国防军(Israeli Defense Forces)的官兵组成的。他们在期望很高的排长的领导下，进行为期 11 周的训练。在训练结束时，他们的体能和认知测验结果要比对照组好。现场实验的经典研究还包括米尔格兰姆(S. Milgram, 1969)的实验等。

现场实验的优点：(1)较实验室实验带有更少的人为性；(2)由于是在真实生活背景中得到结果，因此研究结果能很快地应用到实际生活中去。现场实验的局限在于要对条件进行控制。为保证实验成功，研究者必须对实验情境，对如何控制变量有十分清楚的了解和掌握。另外，在某些情况下，现场实验还需要获得有关部门的批准。

## 四、实验室实验

设计真正的实验可以大大推动因果结论的获得。考虑下面的假设：一种类型的人格特征导致层次性的群体结构，而另一种人格特质则导致平等的群体结构。在现场情境中通过观察得到的人格和群体结构的关系可能受到多种因素的影响，例如观察者偏见、文化因素、政治因素、地理因素等。那么，想一下设计什么样的实验可以促进对这一假设的检验呢？

通过实验室实验法，选一批具有焦虑、低信任人格特征的学生被试，同时选择另一些具有安全感、关注自身能力的学生被试。如果发现前者以一种层次组织的方式活动，而后者以一种平等的方式活动，这样既重复了现场研究的结果，又可以减少备择解释，提供了对假设强有力的检验。

另外，实验室实验法还可以系统检验一组相关假设。例如，假设具体的人格特征会使个体以一种与个性相称的方式来行动。实验者可以通过改变实验任务或指导语来直接操作群体结构，让具有不同人格特征的学生在不同的实验情境下工作。对情境和人格特征的操作就可以允许人们检验群体结构和人格特征对群体绩效的联合效应。例如，有研究（J. Wilson et al.，1975）表明，不同个性的人在自己喜欢的群体结构中更有生产力。

## 五、群体活动的系统编码

群体活动可以分为两类，一类是群体成员通过集体和个体的努力来解决面临的问题，另一类是群体成员通过进行不同的活动来保持温暖的情感关系。用贝尔斯（R. Bales）的术语来说，就是社会交往中的工具性维度和社会情绪性维度。前者指在任何群体要解决的问题方面给予咨询、建议，或者指导群体中工作导向的任何活动；后者指强调群体中人际关系的协调、意见的尊重、冲突的调停、紧张的化解、相互的接纳等关系导向的任何活动。贝尔斯根据这两种分类提出了经典的互动过程分析系统（Interaction Process Analysis，IPA）。IPA是贝尔斯于1950年在哈佛大学以大学生为研究对象所创的群体过程分析工具，用来说明、观察与测量群体成员之间的互动行为。互动过程分析系统将群体成员的互动行为区分为相对应的四大类，共12项行为反应，关注群体所面临的6个共同问题，见表7-2。从该表中不难看出，1～6与7～12是对称的行为。

## 表 7-2　贝尔斯的群体互动过程分析表

| 行为模式 | 行为分类 | 行为表现 | 核心问题 |
|---|---|---|---|
| 社会情绪性行为：积极的 | A. 积极反应 | 1. 显示团结，提升他人地位，给予协助和奖赏 | 整合方面的问题 |
| | | 2. 显示紧张解除，开玩笑或者大笑，表示满足 | 紧张管理的问题 |
| | | 3. 同意，表示积极接纳，了解，意见一致，顺从应允。 | 决策方面的问题 |
| 工作任务性行为：中性 | B. 尝试回答 | 4. 给予建议，指导，暗示他人的自主性 | 控制方面的问题 |
| | | 5. 给予意见，分析，评估，表达感受、期望 | 评估方面的问题 |
| | | 6. 给予方向，信息，重复，澄清证实 | 引导方面的问题 |
| 工作任务性行为：中性 | C. 询问问题 | 7. 请求给予方向，信息，重述，证实 | 引导方面的问题 |
| | | 8. 请求给予意见，分析，评估，表达感受 | 评估方面的问题 |
| | | 9. 请求给予建议，指导，可能的行动方法 | 控制方面的问题 |
| 社会情绪性行为：消极的 | D. 消极反应 | 10. 不同意，表示消极地拒绝，形式上的接受，拒绝协助 | 决策方面的问题 |
| | | 11. 显示紧张，请求协助，退离现场 | 紧张管理的问题 |
| | | 12. 显示敌对，贬损他人地位，防御或肯定自我 | 整合方面的问题 |

　　利用 IPA 可以确认群体成员行为的主要定向。例如，斯莱特（P. Slater，1995）采用贝尔斯的 IPA 系统发现群体可以区分两种角色——任务专家和社会情绪专家。同样，IPA 也可以用于对社会心理学实验材料的效度检验。假如实验要求实验材料录像中，男女学生有相似的工具性和社会情绪性行为，我们就可以通过利用 IPA 分析录像中男女学生的行为，对实验材料进行效度检验。另外，IPA 还可以用于定义复杂的人际间角色，如有研究（K. Benne et al.，1948）用贝尔斯的编码方法定义了群体中重要的任务角色（如，发起者、寻求意见者、评价者）和保持角色（如，鼓励者、调节者、设定标准者）。通过这种方式客观定义的社会角色能更好地描述各种群体中复杂的行为。贝尔斯提出的 IPA 系统被广泛使用的原因在于它能以简单有效的方式抓住所有群体面对的两个共同问题，即控制和群体成员之间的情感联系。

　　半个世纪以来，对群体情境中的行为进行系统编码的努力为将来的研究提供了经验和指导。第一，任何试图囊括全部活动的编码都必须包含工具性的和社会情绪性的分类；第二，研究者应当根据研究目标采取最有效和实用的编码系统，因为虽然有计算机等新型工具的出现，编码仍然是项艰苦的工作。假如关于群体结构的研究主要关注某种具体的任务行为(如,控制和引导),那么就可以将其他不相干的活动编码为"其他"或者干脆不去编码。

## 六、群体结构特征的分析方法

群体是如何组织的?群体成员之间的关系(如,权力、地位、影响等)是一种什么样的模式?为了回答这些问题,目前已经有许多群体结构研究的技术。

### (一)社会测量法(Sociometry)

探索群体成员间关系结构特征的传统方法是莫雷诺(J. Moreno,1953)提出的社会测量技术。社会测量技术认为,不同人在反映不同评价意义的各个方面的肯定性或否定性选择,实际上反映了他们之间的人际关系状况。通过考察不同人在不同方面进行选择的情况,就可以测量该群体的人际关系状况。

社会测量法所运用的选择方法有五种:(1)参数顺序选择法,(2)非参数顺序选择法,(3)非参数简单选择法,(4)参数简单选择法,(5)接纳水平等级分类法。社会测量法的选择结果可以用社交矩阵(sociomatrix)来表示,也可以用社交图(sociogram)来表示。根据最后的社交图,我们可以发现所谓的"明星"(即被大多数群体成员选择的成员)、"孤独者"(被很少或者几乎没有其他群体成员选择的成员)、"联结者"(即在群体中起协调作用的成员)、"交互对子"(即成员之间彼此互相选择)。

### (二)社会网络分析

社会网络分析有些类似于莫雷诺的社会测量法,但是它更灵活,作用更强大,在群体结构分析中应用更广泛。社会网络分析也是采用两人关系作为基本的分析单元,用矩阵来总结原始数据,有时也用图来表示人际关系结构。然而,社会网络的分析技术比社会测量法更完善,而且可以用于分析更加多样化的关系,总结整个网络不同方面的特点,以及分析更庞大更复杂的社会类别中的结构模式等。

米歇尔(M. Michael,1997)对种种不同的社会网络概念进行整合,提出社会网络分析的四个维度,也可以看作社会网络的四个基本构成要素。(1)结构要素,是指行为主体之间的关系形式与关系强度。(2)资源要素,是指网络中流动的事物,包括能力、知识、财产、性别、宗教、个性等。其中,行为主体的资源既包括自身所占有的资源,也包括能够接触到的资源。(3)规则要素,是指影响行为主体的各种规则。(4)动态要素,是指影响网络形成与变化的各种机会与限制。

社会网络分析有两种不同的研究取向:整体网络分析方法和自我中

心网络分析。(1)在整体网络分析中,网络分析的样本可以是界定明确的自然群体(如,一支足球队),也可以是从非常大的集体中随机抽取的群体(如,1000名小学生)。我们可以通过档案、直接观察和自我报告等几种方法获得数据。同社会测量法一样,整体网络分析主要采用社会矩阵方法与社交图示法来整理数据。(2)自我中心网络分析中,网络分析的样本是单个成员。自我中心网络分析的数据收集主要有以下几种方法:互动方法、角色关系和情感方法以及社会交换法,其中后两者在社会心理学的研究中比较常用。情感方法要求被试指出与其关系最为密切的人,如最好朋友提问法或者十项提名法。社会交换法以社会交换理论作为基础,认为拥有报偿性互动资源的人在影响被试的态度和行为的时候相当重要。

社会网络分析假设,行动者之间的关系及个体在网络中的位置对个体单元及整个系统都有重要的影响。因此社会网络分析通过网络特征来分析行为,而网络特征的分析可以在三个水平上进行。第一,在特定行动者水平上分析,如分析联结程度(degree,即行动者与其他人的直接联系)、接近性(closeness,即行动者与他人建立关系的容易程度)、中心指数(centrality,即行动者在网络中的中心性)、声望指数(prestige,即行动者成为选择关系的接受者而不是发出者的相对水平)等。我们可以对网络中不同位置的行动者赋予不同的角色,如明星和孤立者(该角色的含义同社会测量法)、联络人(liaison,即将本人并不属于其中的小集团联系起来的行动者)、桥梁(bridge,即同时属于两个或两个以上的小集团的行动者)、看门人(gatekeeper,即将网络的一部分与另一部分联系起来的行动者)等。第二,在两个行动者之间的联结水平上分析,描述特定联结的特征,或者平均来说联结的特征,如联结在时间上的稳定性、对称性或方向性等。这些分析还可以扩展到分析三个行动者之间的联结。第三,还可以在整个网络水平上进行分析,如分析网络的大小、连通性(connectivity,即行动者之间的平均距离)、联结性(connectedness,即发生交互作用的行动者之间的联结占所有可能联结的比率)、中心性(centralization,即位于中心的行动者相对于其他所有成员的中心程度)、密度(density,即现有联结占所有可能联结的比率)等。

社会网络分析可以通过社会网络分析软件包进行。目前,已经设计了大量的网络分析软件,涵盖了从数据录入到建模、画图与生成报告等一系列的功能。在研究中主要使用的网络分析软件有:Uninet 和 NEGOPY。前者是研究者使用较多的网络分析软件;后者是历史最为悠久的网络分析软件之一,比较容易使用,也是国内心理学者使用过的网络分析软件。

## 七、群体研究的新型方法和工具

传统的小群体研究很少利用科技手段。例如，早期对群体过程的观察依赖观察者的即时编码，这影响了观察数据的数量和质量。另外，对群体环境、结构或过程的操作一般是粗糙的，并带有强制性的。最近，科技的快速发展使更精细、更可信、更复杂的小群体研究成为可能。下面我们将描述使用现代科技的具体方式。

### （一）自动录像设备及分析软件

正如前面提到的，对小群体观察来说最重要的技术革新是可信、便携却并不昂贵的设备的出现，如微型摄像头、录像机等。这些设备可以实现对群体交互作用的自动录音和录像。正如前面提到的，录像记录有很多优点，如可以多个人同时观察和编码，可以通过慢放揭示容易忽略的行为等。远程录像技术、录像编辑设备可以使人们关注于微妙的特定行为，或者对观察到的行为进行整合。这些技术使更精细的记录成为可能。

尽管如此，对群体行为的观察编码都是一项艰苦的工作。当前，有许多技术可以减轻编码工作的繁重程度，有些计算机程序允许通过计算机键盘对多个事件进行实时编码，如观察者（The Observer 3.0）。The Observer 3.0是观察研究中广泛应用的数据收集和分析软件包。The Observer 3.0具有以下特征：（1）对事件进行记录。The Observer 3.0支持所有通常使用的取样和记录方法，可以通过键盘记录事件、某个行为状态的持续时间及发生时的时间。（2）对视频进行编码，可以通过键盘控制视频的播放。（3）对观察数据进行分析。数据分析方法包括信度分析、延迟序列分析、对行为的整合分析，同时扩展了描述统计的范围。（4）丰富的说明。The Observer 3.0提供了广泛的在线帮助。另外，也有许多硬件和软件包可以用来对录像数据进行编码，如MacSHAPA、PROCODER、VTLOGANL等。这些程序都具有有价值的特征。采用这些技术，可以同时对几个交互作用的特征进行编码，对感兴趣的行为进行标记并自动回到该点，还可以利用反馈检测出乎意料的数据模式。此外，我们还可以在程序内进行标准或者非标准的数据分析，或者为其他软件包的进一步分析转换数据。

以上介绍的视频分析软件都需要研究者本人的判断。研究者可以开发无须人为决策的设备用于研究群体互动中的一些简单问题。例如戴伯斯（J. Dabbs）等开发了群体讨论中关于发言进程和结束的自动操作系统。总之，科技的进步使许多编码任务自动化，也使编码更准确和有效。

### (二)计算机技术

对社会心理学来说，20世纪后期最具革命性的技术变革毫无疑问是个人计算机的发展。这里，我们主要考察计算机如何为群体研究服务。以计算机为中介的群体实验研究可以分为三种一般方式：(1)整个群体使用一台电脑工作。这时，计算机提供实验指导，或者作为刺激呈现装置，或者数据记录装置。例如，群体头脑风暴中用计算机而不是通过便笺本记录点子，可以获得更丰富的数据。(2)群体的每个成员分别使用一台独立的计算机。这特别适用于没有实际交互作用的群体过程(如，社会促进现象)的研究，或者有限制的互动过程的研究。该种形式也可以用于特定的群体模拟，例如实验者介入并控制其他群体成员反应的群体情境。例如，麦斯克(D. Messick，1983)使被试相信，研究者可以根据电脑的反馈监控群体其他成员从共有的资源库中获得的收入。事实上，反馈并不是被试实际选择的反馈，而是研究者提供的虚假反馈，用来检验被试对不同资源使用模式的反应。(3)每个群体成员有自己的电脑，并且可以通过计算机网络进行交流。例如，郑全全等(2005)关于群体决策的研究就是采用这种方式进行的。

研究者可以通过几种不同的方法获取需要的计算机软件：(1)研究者获得已开发软件的最典型方式就是从使用过该软件的研究者那里得到。目前，已经有许多用于小群体研究的程序，通过仔细考察已有的实证文献或者搜索心理学软件的数据库可以获得这些软件。使用现成软件的一个缺陷就是这些软件不够灵活，一般不允许在程序或者实验参数方面有任何修改。比较好的群体研究软件包括用于研究两人交流的CDS和至多允许六个群体成员之间的交流GROUPCOM。(2)如果研究者是计算机程序员或者能够聘请计算机程序员，那么就可以根据自己的研究问题编写计算机程序或者网络程序用于研究。这种方式当然很灵活，但是研究者一般缺乏这方面的经验。(3)目前也有专为一般目的的心理学实验设计的程序，但大多数软件包都是实验心理学家和认知心理学家提出来的。这些软件包通常包含非常有用的实验工具，如允许对刺激呈现顺序进行平衡，对刺激呈现的时间和反应时进行准确记录等。但是据我们所知，目前还没有基于计算机网络的程序。因此，这类程序只能用于前面所说的第一种和第二种研究方式，即群体成员之间没有实际的交互作用的情境。(4)研究者可以将群体交流支持系统(GCSS)和群体绩效或者决策支持系统(GPSS、GDSS)等更实用的技术直接或者稍加修改后用于群体研究。

GCSS是使人类交流超越面对面交往这种简单形式的工具。目前，GCSS技术允许同步式或分布式交流。这些技术涵盖了从最普通的(如，电话、书面邮件等)到日渐普遍的(如，手机、声音邮件、电子邮件等)再到相对新的(如，网络可视会议、交互式聊天室等)交流手段。虽然目前的小群体研究中并未普遍使用 GCSS，但是它却有非常大的潜力。

GPSS 不仅促进群体成员之间的交流，而且试图重构群体的共同任务，整合新的交流技术来提高群体绩效。GPSS 技术不仅促进了相关商业的发展，也促进了学术研究的发展。Group Systems 软件包是 GDSS 一个很好的例子。Group Systems 是一个基于 Web 的 GDSS 软件，它将群体决策过程分为"思想产生—提取—明晰—组织—评价—达成一致"等步骤，在每个步骤中都可以选择群体决策的方法(如，头脑风暴法、分类器、论题总结器、提纲规划器等)来完成特定决策活动，这是商业用途最广泛的网络 GDSS 软件。该软件包的最大不足是在很大程度上固定了群决策流程，对决策效果有所影响。

虽然群体绩效是社会心理学研究的重要主题，但是很少有社会心理学家主动投入到群体研究技术的开发和应用中去。我们认为，对群体研究技术的开发不仅为观察和控制群体行为提供有用的工具，而且会带来许多有趣的研究问题。

# 第三节　群体互动的方法

本节中，我们将介绍几种引导群体互动的方法：头脑风暴、焦点群体、质量圈、记名群体技术和德尔菲法。这些方法大致是按群体互动中结构性及限制性增强的顺序排列的。

## 一、群体头脑风暴(Group Brain Storming)

头脑风暴是由奥斯本(A. Osborn)于 1957 年提出的一种通过面对面的群体互动促进观点产生的方法。奥斯本提出了头脑风暴的四个规则：第一，禁止在提意见阶段批评他人，反对意见必须放在最后提出；第二，鼓励自由想象，只需要报告进入大脑的任何想法，而不去考虑想法的质量及是否实用；第三，鼓励产生更多的点子，想法越多的人越可能最终获胜；第四，群体成员应当尽力对别人的观点进行整合、改善及发展。

奥斯本曾经过分夸大了群体头脑风暴的效用，例如，他认为一般来看个体在群体中产生的想法数量是单独时的两倍。但是系统的研究并没有证实这些假设。与此相反，研究表明，群体头脑风暴产生点子的数量和质量都不如相同大小、相同结构的具名群体(即群体成员独立工作，群体的产出是所有成员在剔除多余想法后的产出之和)。目前的研究指出了头脑风暴中过程损失(process loss)的几种原因，如在特定时刻只有一个人可以发言从而导致产出阻滞、群体成员以低产出者为榜样，以及对评价的担心等。通过校正这些过程，如对群体成员提出的想法单独记录，允许一段时间的沉默及轮流发言等，可以缩小头脑风暴和具名群体绩效的差别。

最近，随着科技的进步出现了电子头脑风暴（Electronic Brain Storming，EBS）。在电子头脑风暴中，每个群体成员都有一台与所有其他计算机联网的计算机，可以自由输入产生的想法。同时，群体成员在任何时候通过键盘就可以看到群体所产生的想法。由于计算机只是记录想法，并没有在想法和提出者之间建立联系，因此群体成员是匿名的。最近研究（A. Dennis et al.，1993）表明，对于中小群体（小于 10 人），EBS 和同样大小的具名群体一样有效，而对于大型群体（大于等于 12 人），EBS 要比同样大小的具名群体更有效。因此，需要进一步的研究来确认 EBS 的过程获得（process gain）的来源。

## 二、焦点群体（Focus Group）

焦点群体是一种定性的半结构访谈技术，常用于营销和广告研究。焦点群体指的是 8～10 人的小群体在主持人的监督下讨论感兴趣的话题。这些话题通常限定在很窄的范围内，如消费者对一种新产品会如何反应，在实际生活中是如何使用新产品的，从焦点群体中获得的信息可以直接用于决策或用于更系统和定量的技术。

在开始焦点群体之前要做大量准备工作。首先，需要明确讨论的目标——我们需要什么样的信息。其次，需要选择主持人并向主持人简要介绍讨论的目标，同时要准备好指导语。指导语是讨论主题的详细框架，包括每个主题什么时候开始讨论，需要讨论多长时间等。最后，需要选择合适的参与者，并确定选择参与者的方法。由于焦点群体研究的样本都比较小，而且不追求量化的数据，不同特征的群体对产品的需求及使用也会有所不同，因此需要具有特定特征的参与者。焦点群体成员是通过电话抽取或者从公司推荐名单中抽取等不同方法选择的有酬志愿者。可以说，焦点群体是典型的同质性群体。如果人们想获得不同的亚群体（如，男人和女人、老人和年轻人）的信息，就可以从相应的同质性焦点群体中获得。

焦点群体虽然没有固定的步骤，却有大量的共同特征。焦点群体有时会通过电子会议进行，但大多时候还是面对面的，并对全过程进行录像。有兴趣的观察者可以通过单向玻璃观察。主持人通过群体讨论的一般步骤来引导焦点群体：先进行介绍规则等一般性定向，接着通过一般性的讨论把话题引到焦点话题上，再集中关注要研究的具体话题，最后总结。主持人是讨论的促进者，可以采用多种方式尽量鼓励和引导谈话

158

而不是主导谈话，如呈现商品模型、促进沉默的参与者发言等。群体讨论中，对特殊的参与者(如，老人、儿童或专家等)可以采取特殊的步骤。群体讨论结束后，主持人还可以与参与者进行交流，最后提交一份正式的总结报告并解释焦点群体讨论的内容。

焦点群体的优点有：(1)用焦点群体比传统的调查和访谈更容易而且花费更少；(2)通过群体情境可以洞察有趣的社会影响；(3)群体情境鼓励更大程度的诚实、卷入和自发性；(4)研究者可以获得更有用的信息，如参与者的情绪反应、新颖的观点等。美中不足的是，这些优点主要来自于焦点群体使用者的非正式观察和体验。如果这些优点可以被证实的话，焦点群体将可用于评价态度、对社会过程做内省分析以及提出研究的探索性假设等。

## 三、质量圈(Quality Circles)

质量圈或者质量控制圈主要用于商业和工业情境中，被看作传统层次组织的替代者。20世纪60年代，日本最先出现质量圈，随后迅速扩大到西方工业中。胡特金斯(D. Hutchins，1985)认为，质量控制圈是由从事同种工作或者相似工作的3～12个人组成的小群体，每周从工作日中自发地抽出大约一个小时的时间，在上司的领导下训练识别、分析、解决工作中的问题，并给管理者提出解决办法，有可能的话自己执行解决方案。

质量圈整合了大量的群体技术。例如，识别工作中的问题和提出解决方案时利用群体头脑风暴技术，限制群体大小以进行面对面的会议，实行每人一票的民主决策。质量圈的实现不仅仅是由同事组成小群体，而且要求广泛的组织承诺和支持。

质量圈会使员工更多地参与和卷入，随之带来许多好处。例如，减少跳槽、减少抱怨、提高生产力、提高质量、提高工作道德、增强组织忠诚及认同。但是，目前的研究并没有完全支持这些结论。虽然对质量圈的评价缺乏强有力的方法，但是质量圈的日益受欢迎和早期的积极结果吸引了更多研究者关注。质量圈除了可以为群体和组织过程的研究提供有趣而重要的问题外，还可以用于研究团队本身。

## 四、具名群体技术(Nominal Group Technique，NGT)

在面对面的群体讨论中，有许多不可控的因素影响了群体问题的有效解决和决策。心理学家德贝克(A. Delbecq)等1975年提出具名群体技术，用来克服面对面讨论中其他因素对群体决策的干扰，尤其是那些阻碍所有群体成员透彻讨论的群体过程。这些过程包括：(1)某些群体成员不愿意参加讨论，尤其是在大群体中；(2)讨论由那些爱提建议的人、健谈的人、喜欢重复的人或者地位高的人主导；（3）人们把时间和精力用在组织和保持群体关系上，而不是用于提出及评价想法上；（4）在某一个争论上花费时间过长；（5）在权衡所有信息之前匆忙做出决策。另外，群体成员受到群体一致性压力的影响，这种压力可以来自外显的要求，也可能是内隐的。这会导致群体讨论中出现以下问题：（1）群体成员可能对最初公开表达的观点表现出过分承诺；（2）群体成员可能通过拒绝讨论来避免领导或者群体大多数的制裁；（3）为了避免制裁，群体成员可能妥协或者改变立场。NGT 试图将这些问题的干扰降低到最低程度，它不要求群体成员达成一致，没有明确规定决策规则，并且通过对所有偏好的统计整合来得出群体结果。

NGT 包括四个步骤：第一，主持人提出问题，并给予群体成员 10～20 分钟，让他们尽量写出想法，越多越好。最佳的群体规模是 7～10 人。第二，每个成员轮流陈述自己的方案，主持人把每个方案都记录在黑板上。第三，对解决方案进行开放式讨论，强调对每一个想法进行分类和评价，不一定要达成一致。第四，要求每一个成员私下对解决方案做出排序，由主持人进行综合后得出群体的偏好。

NGT 的支持者认为，有大量证据表明具名群体技术优于群体头脑风暴，这也间接说明了具名群体在观点产生方面优于常规的面对面群体。有研究（Van de Ven，1974）证明了这种推论，并且发现群体成员在 NGT 条件下比在自由交互群体中满意度更高。虽然关于具名群体的证据还不是很充分，但是现有的研究表明具名群体是有效的。今后，GCSS 的出现带来了对传统 NGT 进行革新的机会。

## 五、德尔菲法(Delphi Technique)

德尔菲法又叫专家评估法，是通过主持人发送问卷来搜集专家群体就某个研究主题的意见的方法。它不是面对面的交流，而是一种背对背的技术。主持人(可以是个体，也可以是团队)是专家之间交流的通道。第一步，主持人确定最初问卷发送的专家小组。最初的问卷除了包含预备性主题(如，解释项目的程序，争取参与者对项目的承诺等)，还应该提出根本性的问题作为后面进一步讨论的基础。这些问题应当是开放性的，目的是让群体成员而不是主持人来定义相关建议的范围。第二步，问卷回收之后，主持人提出新的问卷。新问卷应当准确客观地总结群体成员最初的意见，同时提出更加聚焦的问题作为下一轮讨论的基础。新的问卷再次发给群体成员，关于前一轮讨论的反馈应当确保群体成员的匿名性。如果群体成员的意见还可以进一步整合，那么重复进行发放问卷、回收并总结、再发问卷的过程。这一过程至少需要两轮。

德尔菲法最适用于以下几种情况：虽然手头有相应的信息但决策只能依靠主观判断；不可能进行面对面讨论；人们想避免面对面讨论所带来的各种可能削弱群体决策效果的问题。德尔菲法的局限性在于它要求参与者完成几轮问卷。如果群体成员很忙，问卷复杂或冗长，都会影响德尔菲法的有效性。另外，这个过程也是昂贵而费时间的。

目前，还没有足够的实证数据支持德尔菲法的有效性。虽然有些研究(N. Dalkey，1969，1970)表明德尔菲法优于面对面的群体互动，但是这一论断的效度和概化程度还需要进一步的系统研究。

本章中，我们先是讨论了小群体研究中的关键概念，然后简单介绍了当前群体行为实证研究的方法，并注意到技术革新给群体研究带来了新的机会，最后描述了为不同目的服务的基于群体交往的技术。

斯坦纳(I. Steiner，1986)曾经说过，20 世纪末社会心理学的元范式(meta-paradigm)的主要特征是个体水平的分析，关注行为的单一影响因素及认知中介。这种元范式对群体现象研究是不利的。然而，随着社会心理学的发展，我们相信曾经在社会心理学出现之初占主要地位的群体问题会重新获得它应有的地位。

### 本章思考题

1. 什么是群体情境？
2. 贝尔斯的互动过程分析系统是什么样的？
3. 什么是具名群体技术？包括哪些步骤？
4. 档案研究有哪些优点与缺点？

（作者：耿晓伟）

## 第八章 日常经验的研究方法

　　人们生活在一个由形形色色的日常事件拼接贯穿起来的世界中。各种各样或大或小的事件如同风过水面，使得人们产生了相应的经历、感受、所思所想，这些主观感受就构成了人的经验世界。缤纷繁复的生活事件看似杂乱无章，其实在它们背后却都有着各自独特的结构和节奏。诚然，人们在性格、能力、认知风格等方面都存在着许多细微的差别，导致人们对同一刺激、同一事件产生的经验感受大相径庭；但是从某种程度上，人类的生活体验确实存在某些共同的规律和法则，反映着人类的本质和共性。因此，对人的日常经验进行深入细致的探讨就可以让我们透过貌似琐碎的日常生活事件来洞悉人类行为，理解各种心理现象及其本质。

　　日常经验研究就是这样一种针对人的日常生活经验进行探索的方法，通过在自发、自然的情境中，对生活事件发生之时人的"当下"感受进行研究来获得关于人类个体及其社会行为的详尽、准确、全方位的描述，进而从有别于传统研究方法的视角提出假设、建立理论模型。

## 第一节　日常经验研究概述

　　既然日常经验研究能够帮助我们了解和洞悉人类心理的本质，那么我们的问题是，到底什么是经验，什么是日常经验？什么样的研究才能够叫做日常经验研究？对日常经验的研究又该如何进行？

### 一、经验与心理学研究中的经验

　　很多时候，人们习惯性地将经验理解为个体的一种感性体验，也就是人在同客观事物直接接触的过程中通过感觉器官所获的对事物、现象的表面属性及其外部联系的认识。与理性认识相比，经验似乎是感性的、非系统性的。但是，从更宽泛的角度来看，经验指的是人类在适应环境、改造环境的过程中所有感性活动过程和结果的总和，感性经验则只是其中的一部分。从本质上说，经验是人类活动的本源，它构成了人的生活经验场，解释了人的行为动因，缔造并体现了人的生存意义。

心理学研究涉及的经验包括三种，分别是示范性经验（exemplary experience）、重构性经验（reconstructed experience）和当下经验（ongoing experience）。

### (一)示范性经验

示范性经验是在各种特定的、严格控制的，或其他特殊情境中对行为进行观察所获得的经验。这里的"示范"包含了两层意思：一是可推荐、值得模仿的行为，二是在某种情境下作为榜样的典型性行为。示范性经验研究既可以是实验室研究，也可以是观察性研究。前者是人为地、有目的地控制和改变某种条件，以使被试产生所要研究的某种心理现象或过程，然后分析得出心理现象发生的原因或规律性的结果；后者则是在相对自然的情境中对所研究的现象、过程进行观察记录，进而分析心理活动产生和发展的规律。

当前的心理学研究大多数都是示范性经验研究。这种研究方法的优点是控制性强、精密度高，可以节约大量的人力和时间，缩短研究的周期。可以说，示范性经验对心理学研究而言，不仅是必要的，而且是必需的。但是，严格控制的实验室情境必然在一定程度上限定了行为的可变范围，而研究情境、观察者的介入很可能产生诱导作用，导致参与者的行为与日常不符。因此，示范性经验虽然对于心理学研究来说十分重要，但却并不能代表心理经验的全部，而只是其中的一部分。

### (二)重构性经验

重构性经验是研究者从参与者的视角观察到的现象、特点等。重构性经验研究要求被试从过去、现在或将来的角度审视自己，忠实地描述自己的体验和感受，并在自我总结的基础上尝试着对自己的心理现象和过程进行评价、解释。定性研究方法（qualitative method）就是一种典型的重构型经验研究。这种方法主张以研究者本人作为研究工具，在自然情境下采用多种资料收集方法对社会现象进行整体性探究，使用归纳法分析资料和形成理论，通过与研究对象互动解释其行为和意义。它强调研究者必须通过亲身体验来解释参与者的生活故事、构建意义，将参与者看作是他们自己的生活世界、生活领域的专家，倾听当事人对其生活事件的表述和理解，通过与参与者的交互作用与其一起构建有关个人生活世界的知识。

### (三)当下经验

当下经验研究关注的是情节性信息以及瞬时信息对心理现象及过程的影响，强调对日常生活经验进行直接而即时的报告。它并不特别关注用外部效度最大化的方法对因果假设进行检验；相反，它考察的是大量伴随着日常的自发行为而产生的心理过程或现象。当下经验往往是一些日常生活中正在进行的、司空见惯的"普通"事件和"平凡"时刻。当下经验研究就是要从平凡、普通的"鸡毛蒜皮"中探查诱发目标行为的情境，模拟目标行为自然变动的模式，考查预设变量与自发反应结果之间的协变，揭示目标现象和过程的普遍性及本质。

大量实证研究表明，日常生活中的小事或微小变化和重大事件一样，都对人的心理状态和行为有着重要影响。与重大事件相比，日常小事虽然影响强度较低，但是由于发生频率很高，因此对人的影响是连续而微弱的。还有研究表明，日常事件能够忠实地反映重大事件对人造成的影响。所以说，当下经验对于心理学研究来说是十分必要的，而对此类经验进行研究就必须借助日常经验研究方法。

## 二、日常经验研究方法

日常经验研究方法指的是一种通过研究日常生活中各种事件发生时人们的瞬时感受而在自发、自然的情境中对人的心理现象、过程进行探索的方法。其目的是通过获得关于个人日常生活中某些特定事件或特定时刻的详细描述，来提取有关思维、情绪、行为的持久性、周期性、变化性以及时间结构等方面的信息，并确定上述因素之间是否存在情境或倾向的相关。

与其他研究方法相比，日常经验研究主要有以下两个突出特点：

### (一)自然自发性

日常经验研究最为突出的一个特点就是研究情境的自然、自发性。同时，这种方法的亮点也恰恰表现在，它能够对反映了自然、社会情境的人的行为进行详细、准确而多方面的描述。

人是社会性动物，要想深刻理解、解释人的心理和行为就必须将之与其背后的情境联系起来。简单地将行为与背景剥离开来不仅是一种毫无意义、因噎废食的做法，而且对心理学研究百害而微利。而日常经验研究则是格外强调情境对于人的心理和行动的影响，力图最大限度地保持研究情境的自然性。这种做法有助于研究者在日常的、自主选择的情境中理解相关的社会心理过程，并详细地概括出这些情境因素的特点。

### (二)即时性

日常经验研究方法的另一个特点是即时性。自我报告法是当前心理学研究中最常使用的一种方法。被试用书面或口头说明的方式回答研究者提出的各种问题。这种方法简便易行，受时间、地点等因素的影响较小；但被试所提供的信息或多或少总会受到记忆偏差的影响，并且回忆距离事件发生的时间越久，记忆偏差的影响就越大，研究所得到的数据就越不精确。而日常经验的方法则要求参与者在事件发生后就立刻进行记录、回忆、评价，即便最长的记录间隔一般也不会超过 24 小时。这一做法有效地控制，甚至消除了记忆偏差对研究的影响，大大降低了因回忆偏差而造成的研究误差，保证了研究数据和结果的准确性、有效性。

## 第二节　日常经验研究的设计

　　日常经验研究包括多种形式和测量方法。有些研究要求对某段时期内每天的情绪和活动进行报告，有些则要求参与者记录下一天之中任一指定时刻的想法、感受或行动，有些则仅对某些特定事件(如，社会交往、撒谎、抽烟等)进行记录。尽管在表现和执行上存在不同，这些方法首先都要求研究者必须正确认识到寻常行为的复杂性、丰富性和信息性。

## 一、日常经验的取样

　　根据获取数据方式的不同，可以将日常经验的取样方法分为间隔追随记录、信号追随记录以及事件追随记录。

### (一)间隔追随记录

　　间隔追随记录也叫时间追随记录，要求参与者在预先设定好的、有规律的时间间隔内报告他们的经验。追踪记录采用的时间间隔往往具有一定的逻辑或理论意义，如每隔 15 分钟、每隔 4 个小时、每天早晚 10 点、每天等。间隔追随记录通常适用于两种情况：一是考察某一变量随时间的变化情况，二是对具有某种内在意义的时间单元进行总结。

　　时间间隔的选择是间隔追随记录的关键问题。间隔较短有助于获得大量信息，并能够使研究者灵敏地探测有价值的信息；但这会加重参与者的负担，增加了虚假数据出现的可能性。但若是时间间隔较长的话，则又可能会遮盖自然的循环周期。

### (二)信号追随记录

　　信号追随记录是最常用的经验取样方法，它要求参与者在接收到信号的同时记录下该瞬间的行为。信号由专门的仪器发送，可以是随机的也可以是固定频率的(也可以采用混合形式)。确定信号随机与否的标准在于研究的目的和性质。在能够保证参与者可以随时进行记录的前提下，随机信号追随记录可以用来评定行为、情绪状态等心理现象在时间上的普遍性及分布情况；而在允许参与者自由参与的研究中，可以用规律性信号来获得一些不具代表性但却可能对关键问题有重大影响的信息。信号追随记录尤其适合于对一些复杂多样、起伏不定的现象进行追踪记录。

### (三)事件追随记录

事件追随记录要求参与者无论何时何地,只要满足预设定义的事件发生就将其记录下来,例如记录每次持续时间超过 10 分钟的交往过程,记录每次抽烟的时间、地点、周围环境等。事件追随记录的关键在于清晰、准确地界定需要参与者记录的事件,这种界定既包括对定义的澄清,也包括持续时间范围的设定。事件追随记录能够较好地捕捉那些发生频率较低的事件。

### (四)三种取样方式的比较

表 8-1 列举了三种取样方式各自的优缺点及其适用情况。需要注意的是,这三种取样方法是针对特定的操作环境和理论目标设计的。它们在操作、流程,以及适用情况上都存在不同,并且在某种程度上,研究的结果也部分依赖于取样方法的选择。因此在进行日常经验研究时,必须慎重选择取样的形式和方法。

表 8-1　三种取样方式的比较

|  | 优　点 | 缺　点 | 适合的研究情况 |
|---|---|---|---|
| 间隔追随记录 | 1. 便于进行时间序列分析<br>2. 减少参与者负担<br>3. 一定技术条件下可以检验参与者的服从程度 | 1. 可能存在参与者的反应偏见<br>2. 某些情况下会导致参与者描述困难或对重大事件的漏报<br>3. 可能导致参与者日常经验的改变 | 1. 回忆偏见较小<br>2. 需要最大限度地降低参与者的负担<br>3. 时间间隔具有内在的理论或逻辑意义<br>4. 需要进行时间序列分析或评估变动或协变的周期循环 |
| 信号追随记录 | 1. 降低参与者的反应偏见<br>2. 一定技术条件下可以检验参与者的服从程度 | 1. 可能会干扰参与者的正常生活<br>2. 难以进行详细记录 | 1. 回忆偏见的感受性较高<br>2. 研究目的是确定不同行为或现象的相对分布,或是对不同现象或行为进行比较<br>3. 需要对记录的时间进行校验 |

表 8-1　三种取样方式的比较　　　　　　　　　　　续表

| | 优　点 | 缺　点 | 适合的研究情况 |
|---|---|---|---|
| 事件追随记录 | 可以降低参与者的反应偏见 | 必须对事件进行严格定义 | 1. 回忆偏见的感受性较高<br>2. 研究者感兴趣的事件相对少见但定义明确<br>3. 研究目的是比较某一类型事件内部相对罕见的变动<br>4. 需要获取事件和状态的多阶段信息 |

注：引自里斯、贾德编著的《社会与人格心理学研究方法手册》"用于日常经验研究的事件取样及其他方法"一章。

此外，经验取样的方法并非只有上文提到的三种形式。在某些情况下，混合形式的经验取样既可以充分发挥各种取样形式的优势，又可以克服其不足之处，从而可以更好地适应特定研究的要求，并具有了解决某些新颖有趣的问题的潜力。所以，在选择经验研究的取样形式时，需要研究者综合考虑研究目的、变量出现（或变动）的相对频率、时间框架以及参与者负担等多方面的因素。

## 二、研究工具的选择

日常经验方法研究工具的选择主要包括文本记录的选择和记录工具的选择。

### （一）文本记录的类型

常用的记录文本类型主要有开放式问题、等级量表及清单式量表三种。

1. 开放式问题

开放式问题允许被试自由地对提出的问题进行回答、解释。有些情况下，还要求被试使用自己的语言（不是冠冕堂皇的客套话）来回答问题。如："当你感到××的时候，你有哪些反应"，"你对刚刚结束的交往活动有何感想"。

开放式问题可以获得较为丰富多样的信息，但是分析起来比较复杂，并且分析结果在很大程度上受到研究者主观经验的影响。此外，被试所使用的自发言语有时候会不符合研究目标的关键特征或中心维度，从而增加了研究的风险性。

## 2. 等级量表

等级量表是用量化的方式来表示事物的程度。等级量表的问题都是封闭式的,被试要做的就是对问题进行简单的程度上的评定。利克特量表(总加量表)、累计量表、一致定位量表以及语义区分量表等都属于等级量表。

等级量表一般结构规整,填起来简单方便、便于进行量化的分析处理;但其获得的信息量相对较小,且很有可能出现被试的虚假反应。

## 3. 清单式量表

清单式量表是向被试呈现所有可能的选项供其选择,它尤其适合用来获取有关优选、顺序等方面的信息。清单式量表涵盖的范围广,信息量较大;但也正是由于范围太广,在制订的时候必须有所限制,选项往往被局限在较为常见的标准事件上,而遗漏掉一些发生频率很低但性质特殊的"重要"事件。

表 8-2  三种记录类型的比较

|  | 优　点 | 缺　点 |
|---|---|---|
| 开放式问题 | 1. 信息量丰富<br>2. 能够反映个体特征 | 1. 信息处理过程繁琐<br>2. 信息处理带有一定的主观性 |
| 等级量表 | 1. 简单明了<br>2. 便于进行量化分析 | 1. 信息量相对较小<br>2. 可能存在参与者的虚假反应 |
| 清单式量表 | 1. 涵盖范围广,信息量较大<br>2. 对参与者的侵犯性相对较小 | 可能会遗漏某些相对罕见但却具有重大意义的事件 |

表 8-2 列举了三种记录类型的优缺点。一般来说,记录形式的选择有赖于研究者的目的和兴趣。通常情况下,探索性研究多采用开放及半开放的清单式量表以广泛获取相关信息,而验证性研究则更倾向于采用等级量表,以便对作用机制、中间变量等进行解释。从操作层面来说,被试每次记录的时间不能超过 15 分钟,每天记录的次数应控制在 5～7次;问题应该以良好的组织形式呈现给被试(如,使用粗体字、画线和变化的字体将相关问题连贯地编排起来)。

### (二)记录工具

日常经验研究的记录工具包括纸笔记录和电子记录两种。

纸笔记录简单易行,省时省力;但在控制回忆误差、检验参与者的服从程度以及数据的输入和处理等方面存在很大不足。电子数据记录则通过专门的程序,使用手提电脑等便携式数码设备发送信号,呈现、记录问题，收集信息。电子记录的优势是能对参与者记录的确切时间进行标记，为检验参与者的服从性提供可靠的依据；其问题呈现方式灵活多样；可以简化数据的输入、管理工作，提高数据处理的准确性。但另一方面，电子记录花费较大，受多种情境条件的制约，操作的复杂程度也较大。

## 三、几种常见的日常经验研究方法

### （一）罗切斯特交往记录（Rochester Interaction Record，RIR）

RIR是一种事件追随记录，该方法是惠勒和尼兹利克（L. Wheeler & J. B. Nezlek）针对人际交往活动而设计出的一种密集式重复测量方法。它要求参与者在符合预设定义的事件发生之后，立即完成一系列以标准化表格的形式呈现的等级评价量表以及描述性项目问卷。

例如，尼兹利克等人（2002）在一项研究中要求被试在两周的时间里，从质量和数量两个方面描述每天的社会交往活动。被试需要记录的内容包括：人际交往对象的性别、年龄、与被试的关系等（若交往活动涉及的对象超过三个，那么只需简单地报告男、女性的数量即可）。另外，被试还需要报告每次交往活动发生的时间、地点以及具体行为，并对每次活动的质量从愉悦程度、亲密度、自信感、得到的反应程度以及对交往的影响度等几个方面进行评价。

### （二）日记法（Diary Method）

日记法是在RIR基础上建立的一种日常经验研究方法，也是最典型的一种日常经验研究方法。日记指的是任何以追踪有关时间变迁的信息为目的、以"天"为单位进行的事件记录程序，或是任何在较短时间框架内对有关主体经验、认知、行为以及社会交往过程的信息记录进行回应的数据收集方法。

一直以来，研究者很少将日记作为社会心理学研究的主要手段。1961年，格维奇（L. Gurevitch）开创性地将交往日记（contact diary）作为主要工具来收集有关个体人际网络的数据。参与者在为期100天的时间里每天都要记录下交往对象的社会人口统计学特征。通过这一方法收集到的大量数据信息，揭示出"熟人"圈子的社会结构。

日记研究最鲜明的特征就是以"自然天"为周期来收集数据，要求被试在每天临睡前对一天当中的主要经验（特别是那些符合规定的目标行为或事件，如社会交往、心境状态等）进行记录。通过对日记资料进行分析，研究者既可以了解到现象、行为的动态变化情况，又能够灵敏地捕捉到发生频率很小的特殊事件。

### (三)经验取样法(Experience Sampling Method,ESM)

经验取样法是最早的也是最为经典的信号追随记录,是一种在自然情境中对日常经验以及当下行为进行深度研究的方法。作为一种"半自然主义"的日常经验研究方法,经验取样法要求参与者在从事日常活动的过程中进行一系列自我报告,从而对人们在自然情境中交往的主观体验进行研究。在多数使用 ESM 的研究中,实验者交给参与者一个电子呼叫装置和一本自我报告手册,参与者根据随机出现的电子信号记录下该刹那的行为、想法、感受等。此外,参与者还要报告经验发生时的情境特征,包括社会性方面以及环境特征方面等。

例如,在一项考查工作事件、心境与工作行为之间随时间变动的关系研究中,被试需要在每个工作日回答一些问题,这些问题通过掌上电脑进行呈现,内容包括:接收到信号之前一个小时内发生的与工作、上司以及同事有关的事件,被试当时的心情以及正在进行的任何行为。每天要进行四次这样的报告,信号为随机设置。

### (四)生态瞬时评估法(Ecological Momentary Assessment,EMA)

EMA 是 ESM 的变体,要求参与者报告他们的一般特征或态度,或是要求参与者尝试着总结其典型体验或行为反应。该方法的突出之处是将自我报告与个体在自然状态下的瞬时生理状态联系起来,以便在自然情境下获得关于人们日常经验的详细信息。EMA 既可以采用信号追随记录,也可以采用事件追随记录。

例如,有学者使用 EMA 对儿童情感障碍进行考察。从每周星期五下午 4 点到下周一上午 10 点的时间里,被试将接到共计 12 通电话访问。访问的内容包括接到电话时的地点和行为、当时的社会背景信息、被试对当时情绪状态的评价、正在使用的媒体工具(包括电视、音乐、网络、书籍等)、预期的后续行为以及接到电话前 24 小时内发生的重大事件。研究持续时间为 8 周,共进行 60 次电话采访(中间有一至两周不进行采访)。为了降低被试的负担,每次采访只涉及上述信息中的几个方面。除此之外,被试还要在进行电话采访的几周里佩戴腕部生理测定仪(wrist actigraphy),以记录每分钟的生理数据(包括血压、脉搏、心率等),从而获得有关被试静息—活动节律、睡眠—觉醒周期等方面的信息。

### (五)描述性经验取样(Descriptive Experience Sampling,DES)

与以上几种方法不同,DES 是一种非量化的经验取样方法,旨在对内在体验的描述而非基于精细描述的量化。该方法要求被试在自然生活情境中携带 DES 随机信号器,并留意收到信号时的"当下"经验。DES 与上述几种方法的区别在于,被试的记录是描述的、现象的、质性的。被试要做的是"冻结""当下"经验，并用自己的语言对自己的内在体验进行简短的描述。研究者的兴趣并不在于获得被试对自身经验的判断和评定，也不是为了解释他们为什么这么想、为什么这么做，而只是让被试描述自然发生的个人体验，从而从每个参与者的具体、连续报告中发掘可能存在的规律性，获得具有相似经历的人群的普遍规律。

## 第三节　日常经验研究数据的分析

### 一、日常经验研究数据分析的特点

#### （一）日常经验数据分析与一般数据分析的区别

与一般数据相比，经验研究数据具有以下几个特点。

第一，由于研究中要对同一问题进行反复测量，因此个体内数据之间并非独立。与传统研究不同的是，日常经验数据并非一次性获得的，而是一点点、一件件、一天天逐渐积累的。因此，经验研究收集到的数据之间必然存在某种相关。在很多情况下，这种关联甚至会非常密切。

第二，时间模式(temporal pattern)或周期性循环可能导致数据内部具有某种程度的嵌套。由于日常经验采取的是连续记录的方式，所以观测变量很有可能随着时间而呈现循环波动的态势，比如对情绪状态的长期观察数据中就包括了以"天"和"周"为周期的循环模式。

第三，数据之间可能存在序列性相关。这种序列相关主要体现为时间上相互毗邻的两个观测值之间可能存在拟似相关。产生这种相关的一个普遍原因是两个相邻观测的误差项并非独立。在其他条件保持不变的情况下，两个观测在时间上离得越近或是在情境上越相似，相关效应就可能越大。当这种相关密切到一定程度时就可能会对标准误造成影响，进而影响显著性检验的结果，并有可能歪曲连续个体内变量集合之间的相关，因而必须予以重视。

第四，数据在数量及变动上可能存在不均衡性。

日常生活中的很多事件在发生的时间、地点、频率、对象上都具有非常强的偶然性，这也就意味着对这些事件的记录数据必然是散点的、非均衡分布的。这种不均衡性同时也体现在数据的变化波动上。综上所述，以上诸多特点决定了日常经验研究数据的分析远比通常的数据分析复杂得多。

日常经验数据分析可以采用的方法包括聚类分析、因子分析、个体内回归分析以及多层模型分析等。聚类分析和因子分析是心理研究经常用到的分析方法，这两种方法使用广泛，但不太适合分析日常经验数据。例如，它们往往要求所有分析单元的观测次数相等，观测数据彼此相互独立；更重要的是，它们对误差的解释过于简单，往往笼统地将随机效应的误差项作为固定效应进行处理，且无法兼顾与样本有关的以及与取样过程有关的随机误差。对日常经验数据来说，更适合使用多层模型进行分析。

### (二)日常经验数据分析的两个水平

标准的日常经验研究包括两个分析水平——宏观水平(个体间)和微观水平(个体内)，涵盖了三个问题——分析变量在个体内部的嵌套，分析、解释个体间差异及其交互作用，分析宏观与微观水平之间的交互作用。

宏观水平的分析就是对个体一般经验及个体间差异的分析，也就是利用收集到的所有数据模拟出每个个体的回归模型，从而考察变量在个体内的普遍情况及其变化，初步检测个体内变化的类型，检验聚类数据中的个体间差异并对其进行解释。

微观水平的分析则主要考察各变量水平随时间的变化趋势。对时间过程的建模包括两个基本问题，一是研究开始时参与者的一般水平，二是个体的变量水平随时间变化的一般过程。个体内过程的建模十分复杂，但它却能深刻揭露个体在各项变量上随时间变动的过程，从而帮助研究者透彻地理解日常研究数据。因此，无论研究者对时间变化感兴趣与否，都最好在过程模型中包含有关时间及周期性效应的参数。

## 二、使用多层模型对日常经验数据进行分析

多层模型也叫做多层嵌套模型或多层线性模型。通常情况下，多层模型泛指多层线性模型(hierarchical linear modeling，HLM)和多层随机系数模型(multilevel random coefficient modeling，MRCM)。多层模型的基本原理是将变量方差分解为两个部分，一部分是同一小组内的个体差异，另一部分是不同小组之间的个体差异。

多层模型的优势在于它允许同时对个体内效应、个体间效应及其交互作用进行分析；能够在分析单元观测次数不均衡(包括数据缺失)的情况下处理多重连续性预测指标；简化了随机效应的处理方法；最为重要的是，多层模型充分使用了极大似然估计(maximum likelihood estimation)，尽管运算过程相对复杂，但却大幅提高了参数估计的准确性。

在使用多层模型分析日常数据时，首要一条就是要牢牢记住斜率、截距这两个概念以及它们分别代表的意义。

### (一)基本模型

建立多层模型的第一步是建立一个不含任何自变量的零模型(null model)。零模型又叫做完全无条件模型(totally unconditional model)，

指的是每个水平的模型均只包括截距而没有斜率，这样的模型可以说明每个水平上 $y$ 的总体变异，也就是每一水平上变异的总量。而变异量在各水平上的分布情况又为下一步的分析方向提供了有力的线索和依据。

假设我们要进行一项对个体主观幸福感和压力水平关系的研究，计划在两周的时间里对被试的主观幸福感和压力水平进行记录。那么，基本模型就应该表示为如下形式。

1. 微观水平（个体内水平）

$$y_{ij} = \beta_{0j} + e_{ij} \qquad [8-1]$$

在这里，$y_{ij}$ 表示的是第 $j$ 个被试在第 $i$ 天的主观幸福感，$\beta_{0j}$ 作为一个回归系数表示的是该个体在两周中的平均主观幸福感状态，$e_{ij}$ 为误差，其方差即主观幸福感在微观水平上的残差。

2. 宏观水平（个体间水平）

$$\beta_{0j} = \gamma_{00} + \mu_{0j} \qquad [8-2]$$

在这个模型中，$\gamma_{00}$ 表示样本范围内的平均主观幸福感情况，$\mu_{0j}$ 是 $\beta_{0j}$ 的误差，其方差代表了主观幸福感在宏观水平上的残差。

（二）初步模型

根据我们的研究计划，参与者需要每天按照程序设计的要求报告主观幸福感（因变量）和压力（自变量）的程度。有研究表明，坚韧性作为一种人格特质对主观幸福感——情绪状态之间的关系具有一定的缓冲作用，因此还要对被试的坚韧性进行测量。从两个水平构建分析模型：

1. 微观水平

$$y_{ij} = b_{0j} + b_{1j} x_{ij} + e_{ij} \qquad [8-3]$$

$y_{ij}$ 指的是第 $j$ 个参与者在第 $i$ 天的幸福感水平，$b_{0j}$ 是该个体在 14 天中的平均幸福感水平，$x_{ij}$ 是该个体当天的压力大小，$b_{1j}$ 是回归系数，它说明在给定的某天，压力 1 个单位的变化所造成的主观幸福感变化的程度，$e_{ij}$ 为误差。

2. 宏观水平

$$b_{0j} = a_0 + a_1 z_j + \mu_{0j} \qquad [8-4]$$

$$b_{1j} = c_0 + c_1 z_j + \mu_{1j} \qquad [8-5]$$

其中，模型[8-4]中的 $a_0$ 指的是样本范围内的幸福感的平均得分，$z_j$ 代表个体的韧性得分，$a_1$ 是回归系数，说明韧性一个单位的变化所导致的个体平均主观幸福感变化的程度，$\mu_{0j}$ 为误差。

模型[8-5]中，$c_0$ 代表样本中压力对主观幸福感的平均效应，$z_j$ 是韧性得分，$c_1$ 为回归系数，说明韧性一个单位的变化产生的主观幸福感—压力关系斜率的变化程度，$\mu_{1j}$ 为误差。换句话说，$c_1$ 表示韧性对主观幸福感—压力之间的关系是否具有缓冲作用。

将模型[8-4]和模型[8-5]合并入模型[8-3]就得到：

$$y_{ij} = a_0 + a_1 z_j + \mu_{0j} + (c_0 + c_1 z_j + \mu_{1j})x_{ij} + e_{ij} \qquad [8-6]$$

或者：

$$y_{ij} = a_0 + a_1 z_j + c_0 x_{ij} + c_1 z_j x_{ij} + \mu_{0j} + \mu_{1j} x_{ij} + e_{ij} \qquad [8-7]$$

模型右边的第2、第3、第4项分别表示了 $z$ 和 $x$ 的主效应以及二者的交互作用，$e_{ij}$ 仍然是方差——回归分析的误差。多层模型与普通方差分析的不同之处就在于，通常的方差分析忽略了 $\mu_{0i}$ 和 $\mu_{1i}x_{ij}$，而这两项则分别代表了随机效应的截距和斜率。在随机效应模型中，这两项的意义在于保证了我们得到的推论是无偏差的；没有了它们，关于测量变量的推论就很难顺利地推广到总体中去。

**(三)对时间序列模型的分析**

正如我们在本节开头提到的，日常经验数据是通过一次次、一天天的数据取样过程收集起来的，收集到的数据不可避免地要受到某些时间关系模式或者周期性变化的影响，所以变量的时间序列模型是使用多层模型对日常数据进行分析的又一个重要问题。

1. 日常数据中的趋势与周期

数据的趋势和周期对日常经验研究来说意义重大。首先，在很多情况下，第三变量的变化会对预测变量以及标准变量造成干扰。例如，交往活动中的即时情绪状态和行为会受到现场其他人的影响，特别是对被试意义重大或关系特殊的人影响尤其明显。比如说，当竞争对手、顶头上司或恋爱对象在场时，被试的即时情绪状态和行为都可能发生改变。这种重合趋势可能会导致研究者得出错误的因果结论。

其次，如果数据之间确实存在某种趋势或者周期，那么人为地删除日常数据的趋势和周期势必会破坏变量之间的本质关系。例如，在情绪状态和工作满意度的关系中就包含了某种时间趋势。有研究表明，员工的情绪状态从周一到周五呈现明显的变化趋势。若忽略了这种变化趋势就会导致研究者做出不当甚至是错误的结论。

在有些时候，研究者的研究兴趣可能恰恰就是发现、探索人们日常经验中的变化趋势和周期。目前心理学研究的一个普遍趋势是关注动态、过程性问题，通过探索人的心理活动随时间变化的规律得到关于人类发展的普遍规律，以更好地对人类和社会进行预测和控制。在这种动态的过程研究中，心理活动及其变化的趋势和周期才是研究者最为关心的问题。

假设我们要研究消极情绪与工作绩效之间的关系，采用日常经验取样的方法收集到每个被试的即时消极情绪和工作绩效，那么我们就可以根据之前的方程[8-3]得到被试内消极情绪与工作绩效的关系模型，并在此基础上得出方程[8-4]和方程[8-5]。要注意的是，即时情绪及工作绩效都是按照时间顺序收集起来的，因此可能存在某种趋势或者周期性变动。

如果想要消除趋势对研究结果的干扰，一般可以以时间或观测为基准对数据进行回归处理。对于非线性趋势来说，则需要选择其他适当的手段对数据先进行转换。例如，对于即时情绪状态来说，其趋势模式就是按照线性递增或是递减的序列得到的回归方程。

对于周期的判断在原理上与趋势分析是类似的，只是分析步骤更为复杂。首先要通过光谱分析(spectral analysis)确定数据之间是否存在周期变化，变化的大小如何，以及周期变化的时间和频率。然后通过时间的正弦或余弦函数来确定相关变量的周期模型。

2. 日常数据中的序列相关性

数据的序列相关性是日常经验数据分析的又一个难点。由于数据在收集上具有一定的序列性，因而在时间上毗邻的观测数据之间会表现出一种虚假的相关。并且，两次观测之间的时间间隔越短，这种虚假相关就会越大。这种相关残差(这个问题的另一称谓)会影响对标准误的推算，进而影响结果的限制性；或者会歪曲两个个体内连续变量之间的相关，致使研究者得出错误结论。

对序列相关性的判断可以通过相关分析程序如德宾—沃斯顿检验(Durbin-Waston test)或 ARIMA 时间序列模型(Box-Jenkins function)进行①序列相关分析的第一步是判定序列依存性的程度：一阶迟滞效应(lag 1 effect)代表某个观测与下一观测之间的相关误差，二阶迟滞效应意味着相关误差延伸到了下两个观测，以此类推。第二步是对数据的序列相关性进行控制处理，比较常见的方法是从结果数据中排除先前观测数据的影响，剔除所有与先前结果有关的方差(包括误差)，但这一方法仅适用于相对简单或时间较短的迟滞。

多层模型最大的优势是能够将因变量的变异分解为群组内变异和群组间变异，纠正了标准误的计算方法，有助于研究者改进对个体内效应的估计，帮助研究者形成有关跨水平效应的假设并对其进行检验，还能

---

① 详情参见《社会与人格心理学研究方法手册》(*Handbook of research methods in social and personality psychology*)"用于日常经验研究的事件取样及其他方法"("Event-sampling and other methods for studying everyday experience")一章。

够帮助研究者离析各水平内的方差和协方差成分。总之,多层模型对日常经验研究这种多层数据的分析来说是一个非常有用且有效的分析手段。

但是,多层模型并非万能灵药,它并不能解决日常经验数据分析中遇到的所有问题。首先,多层线性模型仍然是以线性和正态分布假设为基础的;其次,它仍然是研究由多个变量来预测一个变量的相对简单的回归结构;此外,从目前的统计分析技术上看,它仍然无法进行三层以上数据模型的分析计算,在对随机系数的模拟上也还存在着许多有待进一步改进的问题。

最后需要说明的是,多层模型并不是日常经验数据分析的唯一方法。很多时候,心理学研究者不得不在简单而具有启发性的分析方法与更为精确、复杂的统计分析方法之间做出选择。针对这一问题,美国心理学会统计推论特别小组曾建议,在较为简洁的方法就足以应对的情况下,研究者应该避免使用过于复杂的统计方法。毕竟我们的目的是进行心理学研究与探索,舍本逐末为了统计而统计的做法不仅不能提高学术研究的水平,推动相关研究领域的进展,反而会阻碍整个学科的进一步发展。

## 第四节　日常经验研究的优劣势及适用范围

作为一种社会过程研究范式,日常经验研究的方法为研究者提供了一个崭新的视角,也拓宽了心理学研究的领域和方向。

### 一、日常经验研究方法的优势

#### (一)能够揭示有意义的个体内变量及个体内过程,更好地解释某些心理过程

人的心理现象是一个动态的过程。个体内因素与心理现象的本质之间有着密切的关联,有时这种关联甚至举足轻重。日常经验研究注意到了这一点,以微观层面为切入点,动态地探查心理现象和过程随时间、空间变化而产生的相应变动。通过对日常经验的密切追踪,研究者可以确定特定社会过程和现象在现实世界中的普遍性和影响,辨别心理过程中的情境性背景,界定过程操作的必要条件或边界条件,析离变量的循环周期及其协变量,澄清研究者与参与者的交互影响等,而这些却是用其他方法难以实现的。

#### (二)降低了参与者的回忆偏见,提高了研究结果的准确性

在传统的回忆性调查研究中,参与者报告的准确性在很大程度上受情境记忆(episodic memory)和语义记忆(semantic memory)的干扰。参与者在自我报告的过程中总是不可避免地带上了先前经验以及个人主观意识状态的影响,使得数据资料的真实性大打折扣。而日常经验研究则试

图通过在关键状态或事件发生的当下，直接对相关心理现象进行评定来降低这种误差。尽管并不能彻底摆脱回忆偏见的干扰作用，但是与传统研究相比，日常经验研究方法围绕着特定事件进行即时报告、评价所得到的情境性结果更接近个体的真实经验。

### （三）在自发、自然的环境中进行研究，大大提高了研究的生态效度

日常经验研究使得在真实的时间、地点、社会情境中研究人类的经验和行为成为可能。传统的心理学研究范式最为人所诟病的一点就在于，通过控制、操作等途径固然能够直接而清楚地了解自变量与因变量之间的关系。而正如之前所说，人是社会的动物，人的行为、感受以及其他心理过程必然要受到特定自然、社会情境因素的影响。脱离了心理、行为产生的背景，人的各种心理过程就成了空中楼阁、镜花水月。日常经验研究格外强调情境对于人的心理和行动的影响，力图最大限度地保持研究情境的自然性，让参与者在其日常生活的间隙，在自然、自发的情境中报告相关的事件和经验，从而获得关于参与者的经验世界的最为真实的资料。这种做法有助于研究者在日常的、自主选择的情境中理解相关的社会心理过程，并详细概括出这些情境因素的特点，为人们提供了一条用其他方法无法得到的、有关人们生活的、心理的详实数据的途径。

## 二、日常经验研究方法的局限

### （一）对参与者的依赖性较强

由于参与者要在几天甚至几周的时间内按照研究者的指示进行描述、记录、完成问卷，所以参与者的合作与否会对研究结果产生直接影响。因此，即便研究者可以通过一系列措施来减轻参与者的负担，但是研究给参与者的正常生活带来的干扰仍是不可避免的。在此意义上说，参与者的配合程度对日常经验研究的意义就显得格外重大。

### （二）抽样及数据点选取的代表性问题

由于各方面条件的限制，日常经验研究的取样规模往往较小。尽管有研究者提出，可以通过增加数据取样点来平衡样本规模的弊端，但对于混合了个体内及个体间分析的多层次研究来说，参与者数量的不足必然会引起对数据代表性的质疑。此外，密集的数据采集固然能够获得较多信息，但这是以增加参与者负担、增加虚假反应的概率、降低参与者配合度为代价的。更为重要的是，参与者对某个信号的反应疏漏很可能关系到一个甚至多个利害攸关的变量，乃至对个体变化产生系统性的影响。

### （三）花费较大

日常经验研究无论在资金、设备还是精力、时间上都需要相当高的

投入。短则一周长则半个月到一个月的观察周期不仅对于参与者来说负担沉重，同时对于研究者的精力也是一个不小的挑战。而且在研究开始之前要对参与者进行培训，研究进行中需要一定的设备(电子呼叫器、掌上电脑、腕式血压计等电子测量装置)，为提高参与者的配合度而支付一定的报酬，这些都增加了日常经验研究的资金投入。

### (四)数据分析方法欠完善

尽管目前的分析手段已经有了极大发展，研究者致力于采用更为严谨的分析方法，如使用多层随机系数模型(Multilevel Random Coefficient Modeling，RMCM)等来分析日常经验，但仍然存在许多至今未能得到解决的问题。另外，如何在常态、同质性前提无法满足的情况下处理数据，如何判断多层设计的效力，如何处理密集重复测量中的时间周期等问题上，学者们的观点仍存在很大分歧，尚待进一步完善。

## 三、日常经验研究的适用及不适用的范围

### (一)日常经验研究方法的适用范围

综上，里斯(H. T. Reis)等人建议，在下列情况中可以或应该采用日常经验研究的方法：(1)研究需要在自然、自愿、自发的情境中对现象进行观察；(2)回忆以及其他偏差可能产生误导性结果；(3)出于伦理或效力原因无法在实验室条件下复现某一社会过程；(4)研究对个体间模式及时间模式有明确要求；(5)生态效度是研究的首要目标。

### (二)不适合使用日常经验研究的情况

而在以下六种情况中，研究者最好选择其他方法：(1)必须对其他同时进行的过程进行严格控制时某一效应才可能显现；(2)对理论进行修正时，需要创设一种与众不同、相对罕见甚至不合情理的情境；(3)研究的首要任务是排除虚假的因果关系；(4)研究的理论焦点是综合、普遍的现象；(5)参与者无法或很难严格按照抽样记录文本的要求对经验进行记录；(6)研究对象是无法通过自我报告获得的现象。

日常经验研究目前已被广泛应用于人类学、社会学、心理学、教育学以及组织管理等领域。心理学研究者运用日常经验研究方法对社会交往过程、动机、情感、应激与健康、自我、团体间关系、人格理论、精神分析、组织行为等方面的问题展开了深入而细致的研究，极大推动了相关理论及实践的发展。并且研究者还在致力于进一步拓展、深化日常经验研究的应用范围。随着人们对心理现象及其过程认识的不断深入、统计分析方法的不断发展，日常经验研究方法必将日趋成熟，发展出更多适于日常生活情境的个体内过程的信效度检验方法。

值得一提的是，日常经验研究并不仅仅是作为传统心理学研究方法的补充，或对现有的研究结果进行复制、检验，也不是为了推翻、取代传统的研究方法，而是在方法三重验证（methodological triangulation）的原则指导下，与其他各种方法结合起来，帮助研究者从不同角度理解心理现象及其过程的概貌和性质，从而最大限度地探索、了解人类的心理世界。随着人们认识的不断深入，理论复杂程度的不断增加，其催生的前沿问题也越来越交叉化、多元化。为了弥补单一方法无法避免的局限性，也为了在更广泛、更综合的范围内考察人类心理，我们更加需要这种多研究方法的结合来提高研究的准确性和可靠性。

## 本章思考题

1. 什么是日常经验研究？它的主要特点有哪些？
2. 日常经验的取样方法有哪几种？
3. 举例说明如何使用多层模型对日常经验数据进行分析。
4. 试对日常经验研究方法作简要评价。

（作者：李文静）

# 第九章　调查研究

不管是哪一个学科领域，任何一种研究方法都有其局限性，心理学也不例外。比如，有控制的实验室实验，实验条件下的人为控制降低了研究结果的外部效度；观察法虽然实现了研究的自然性，但却不能实现实验室研究的严格控制，也不能得出明确的因果关系。综合考虑心理学研究方法的这些局限性，许多方法论者均建议使用多重的手段，交替选择各种研究方法。本章将介绍一种社会心理学研究的重要方法——调查研究法。调查研究是现场研究的一种特殊类型，包括通过问卷收集取自定义良好总体的样本数据。本章将分三个部分阐述调查研究法：首先是调查研究的概述，介绍调查法的发展，及其对社会心理学研究的价值，并略述各种研究设计的效用；其次对调查取样和问卷设计的基本过程作一回顾；最后详细介绍数据收集的程序。

## 第一节　调查研究概述

### 一、调查研究简介

调查研究（survey research，又称"调查法"）是通过被试回答问题来收集资料的一种方法。一般认为调查法包括问卷法和访谈法两种方法。问卷法是以书面形式，采用严格设计的心理测量项目或问题，收集有关研究对象的资料和数据的方法。由于现代化的生产方式、日常的教学计划和秩序、有限的人力、物力等因素，现场实验和实验室实验等方法的采用都受到一定的限制，而问卷法的优点和作用日益凸现，逐渐成为社会心理学、管理心理学、儿童心理学、教育心理学和消费心理学等领域主要的研究方法。访谈法是研究者通过与研究对象的交谈来收集有关其心理特征的数据资料的方法。访谈法的一个独特优点是可以通过访谈收集比较深入的资料。目前，访谈法也越来越多地被应用于心理学研究的各个领域。调查研究的基本过程包括：从总体中选取恰当的、有代表性的样本，设计用于调查的问卷，采用问卷或访谈的方法收集数据资料，最后对收集到的数据资料进行分析。

　　传统的心理学研究一般以实验法来体现研究方法的科学性。但研究实践逐渐表明，仅仅以实验法的一些测量指标，如反应时、错误率等，已经不能准确地阐明人类心理的发展与变化，不能精确地描述某些心理特征。原因很简单，人类的心理现象与物理现象、化学现象等截然不同，它不是冷冰冰、机械化的，而是生动丰富的。除了一些严格控制的实验外，心理学研究可以更多地采用谈话、问卷、个案和口语报告等方法，以更完整地揭示人的心理活动规律。以注意研究为例，在研究儿童的注意品质时，运用实验法研究儿童的注意保持时间，但实验结果很多时候受儿童实验时的情绪状态等无关因素的影响，即便进行了实验控制，也不能完全保证实验的效度。此时，可以采用访谈或问卷调查法，让儿童自己回答或填写与注意保持时间相关的问题，然后对调查结果进行编码和统计分析，得出相应的研究结论。通过调查法得出的关于儿童注意保持时间的结论可以弥补实验法的不足。

　　当然，并不是说实验法已经过时了，它在许多研究中仍具有不可替代的作用。我们只是强调可以把实验法和调查法这两种重要的研究方法结合。近十几年，关于内隐社会认知的一系列研究结果的获得就是这两种研究方法结合的结果。内隐社会认知研究采用实验法作为主要的研究方法，如内隐联想测验、投射测验和启动实验等。以内隐自我概念的研究为例，研究发现，在内隐层面被试更多把自我视为积极的、健康的，而外显层面与内隐层面并不一致，因此，自我概念的成分是双重的。在测量被试的内隐自我概念时，研究者采用了实验法，如内隐联想测验；而在测量外显自我概念时，则采用了自陈问卷。这是实验法与调查法结合的一个典型例子。

　　除了在同一个研究中结合使用调查和实验法外，在调查的实施中也可以有实验设计。一般情况下，很多人都认为调查法和实验法是两种截然不同的研究方法，二者无论是在概念上还是操作程序上都很少有重合的地方。但事实上，在调查过程中很难避免二者之间的交叉，调查研究并不排除有实验设计，这也是调查法的优势所在。

　　近几年，随着网络的发展，出现了一种新的调查研究形式——网络调查。网络调查是指将网络技术与传统调查结合，利用网络交互界面良好和信息反馈速度快等优点，收集信息资料的一种方法。网络调查的内容主要包括虚拟社会行为和现实社会行为两个方面。从网络调查的类型看，主要有网络问卷调查法、电子邮件调查法、聊天室访谈法、网络电话访谈法、网络社区专题深入访谈法、网络观察法和网络文献调查法等。应该说，网络调查法是传统调查法的一种有效补充，有其自身较为突出的优点，尤其是对一些敏感问题（如，同性恋、艾滋病等）具有匿名性，因而更能获得真实的结果。但它也有一些缺点，比如在取样上局限于网民。因此，网络调查应该与其他调查方法结合使用。

## 二、调查研究的设计类型

研究设计对于任何一项研究来说都是非常重要的。调查研究包含许多不同的设计形式，但要注意的是，从研究设计的角度，调查法的具体设计应当是适合于特定问题的，采用怎样的形式取决于社会心理学家长远的研究目标和取向。下面，我们将介绍几种标准的设计及其适用情况，包括横断调查、重复横断调查、专门小组调查，同时我们还会把调查法与实验法结合起来探讨。

### （一）横断调查

横断调查（cross-sectional surveys）是在单一的时间点上收集取自特定总体的样本资料的一种调查方法。这种设计常被用于证明总体某一特定属性的普遍性，如评估人们出现某种行为的频率，或持有某种特殊态度或信念的人数。

横断调查为评估变量间的关系和总体中各个子集之间的差异提供了机会，而很多学者认为其价值也仅限于此，但事实并非如此。横向的数据能够以多种方式检验因果关系假设。举例来说，采用统计手段，如通过双因子方差分析评估变量 A 对变量 B 的影响。这种分析基于一个重要的假设，即变量间存在因果关系，这种假设在必要时能够被修正和检验。此外，通过路径分析来检验因果关系的中介变量假设，探讨其背后的心理机制。横向的数据也能用于确定变量间的调节关系，从而促进对动态因果过程的研究。如学生一般自我概念与外貌自我概念的关系，受到学生对外貌自我概念重视程度的影响：很重视外貌的人，长相不好会降低其一般自我概念；不重视外貌的人，长相不好对其一般自我概念影响不大。因此，对外貌的重视程度是调节变量。对于调节变量的缓冲作用及变量间调节关系的研究，就可以采用横断调查设计。

此外，单一的横断调查可以评估整个社会事件的影响。例如，克罗斯尼克（J. A. Krosnick）和金德（D. F. Kinder）在真实情境中研究了伊朗反对派丑闻的"引导作用"。1986 年 11 月 25 日，美国公众获知国家安全委员会的成员把资金（通过向伊朗出售武器获得）提供给反对派武装，以推翻尼加拉瓜的桑蒂尼斯塔(Sandinista)政府。虽然此前几乎没有新闻媒体关注过尼加拉瓜和反对派武装，但该次披露却导致了一个戏剧性的变化，在接下来的几个星期，美国人都在为这个国家祈祷。克罗斯尼克等人怀疑这种状况首先反映了美国人对政府卷入尼加拉瓜事件的态度，并以此作为评价罗纳德·里根总统工作绩效的依据。

为了验证这一假设，他们利用1986年美国总统选举时一个全国性调查所收集的数据来进行分析。由于选举的关键日期是25号，因此调查者简单地将调查样本分成两部分，一部分是25号前的被调查者，另一部分是25号后的被调查者。与预期一致，25号后的被调查者比25号前的被调查者对总统工作绩效的评价更多地依据对政府卷入尼加拉瓜事件的态度。此外，研究者也发现，这种引导效应主要发生在对政治知识不是很了解的人身上——如果把全国成年人中精通政治的人作为样本，则得出了不同的结论。这说明当观点及其形成过程不是严格依据过去的经验或知识时，新闻媒介的引导作用就显现了，在传媒力量无孔不入的现代社会更是如此。从政治角度上说，这个发现说明新闻媒介的引导性是非常强的，尤其是在民众缺乏政治经验的情况下，政客们可以通过电视等媒介来引导民众趋向他们所倡导的政治发展方向；而在精通政治的人群占总人口比例较高的国家，人们对某项政策的评价可能并不依赖于引导作用，而会更多地从自身的知识和经验出发。横断调查设计是社会心理学经常使用的研究方法。

### (二)重复横断调查

重复横断调查(repeated cross-sectional surveys)是在两个或两个以上的时间点，收集来自同一总体的独立样本数据的调查方法，即从同一总体中抽取独立样本进行两次或多次调查，但不保证前后两次抽取的样本是同一批被调查者。假设两个变量间存在因果关系，那么自变量一个波段的变化将引起因变量一个波段的变化。例如，假定种族接触会减少种族偏见，那么一段时间内种族接触的增加应该与种族偏见的减少平行。此时可以用重复横断设计对这一假设进行检验。预先确定两个时间点，即时间1和时间2，这两个时间点被试种族接触的时间与次数是不同的。在时间1和时间2分别测量被试种族接触和种族偏见的情况，从而确定被试种族偏见减少的波段与种族接触增加的波段是否基本平行。

横断调查是在单一的时间点收集来自总体的样本数据，而重复横断调查则是在两个或两个以上的时间点上收集来自同一总体的样本的波段变化数据。重复横断测量的数据同样为评估变量间的关系和总体中各子集之间的差异提供了可能，同时它也能用于证明变量间的因果关系或线性关系。比如，假设变量 A 的变化引起了变量 B 的变化，在两个时间点对变量 A 和 B 分别进行测量，然后以前后测量的差异数进行线性回归分析，以考察两变量是否存在因果关系。

当然，重复横断调查也能用于研究在调查期间发生的社会事件的影响。如上述克罗斯尼克和金德在真实情境中对伊朗反对派丑闻的"引导作用"的研究，在横断调查中，以 25 日为分界线，把调查样本分成两部分，25 号前和 25 号后的被调查者；若采用重复横断调查，则可对同一总体在 25 号前和 25 号后进行两次独立抽样调查，以此来评估这一总体的前后差异。此外，重复横断调查的数据也可以联合成一个单一的数据库进行统计，使用一个调查的数据来评估另一个调查的参数。

### (三)同样本调查

同样本调查（panel surveys）也是一种常用的调查设计，这种设计可以广泛应用于收集群体对某些社会事件的态度资料，指利用同一样本作长期的调查，以集中力量于样本变化研究上，故又称追踪调查（logitudiual surveys）。一般而言，在同样本调查中，数据是在两个或两个以上的时间点对同一个样本收集获得的。即以某个社会事件的发生为分界线，确定两个不同的时间点，然后在这两个不同的时间点收集人们对事件的态度。同样本调查数据的最明显特点在于，其对评估和肯定心理结构的稳定性的决定作用。虽然这种数据的获得带有相当强的主观性，但是它可以通过两种方式检验因果假设。首先，可以检验随着时间的推移，自变量在个体水平的变化是否伴随着同一时间段里因变量在个体水平的变化。举例来说，当采用这种设计研究种族接触与偏见问题时，我们可以检验种族接触增多的个体其种族偏见是否减少，种族接触减少的个体其种族偏见是否增加。其次，可以评估随着时间的推移，先前自变量的水平能否预测因变量的变化。比如，在时间 1 种族接触最多的人，是否在时间 1 到时间 2 间种族偏见减少得最多。这将提供与因果假设方向一致的强有力的证据，因为反之，因变量的变化是无法引起自变量的最初水平的。类似的设计在社会心理学中常常使用。

如该方法曾被应用到有关"预测假设"的社会心理学研究中。预测假设来源于认知一致性理论，它认为人们总是倾向于高估对自己喜欢的人的赞同程度，低估对自己不喜欢的人的赞同程度。下面以一个非常典型的例子来说明。在 20 世纪 80 年代后期，许多美国政治心理学家进行了大量的横断调查，调查结果认为人们对美国总统候选人政策主张的知觉很可能受其对候选人本身的态度的影响，两者之间存在相关。为了研究这个问题，同时避免其他研究设计可能存在的缺陷，大多数心理学家认为采用同样本调查比较合适。克罗斯尼克(J. A. Krosnick)用这种设计考察了在某个时间点测得的对总统的态度，是否能够预测随后个体对总统政策主张知觉的变化。结果这种预测没有发生，这说明先前已证明的相关关系并不一定是必然的，而更有可能归因于其他过程。

同样本设计也可用来测量社会事件的影响。例如，克罗斯尼克(J. A. Krosnick)和布兰农(D. F. Brannon)使用同样本数据研究了新闻媒体的引导作用。他们想知道1990年至1991年海湾战争怎样影响公众对于总统工作绩效的评价。这场战争使海湾地区的媒体对事件的新闻报道剧增。克罗斯尼克和布兰农猜测这种报道引发了公众对海湾战争的态度，从而影响了公众对老布什政绩的评价。他们通过对同一样本在战争前和战争结束后的面谈，比较其对1990年和1991年总统绩效的评价后，证实了该假设，即人们对总统绩效的评价在很大程度上受到媒体新闻报道的影响，媒介拥有影响人们社会认知的强大能量。在这种调查设计中，与重复横断调查设计不同，由于相同的被调查者在两个时间接受了面谈，得出的因果关系可能被假定为是由新闻媒介引导作用造成的；而若不同的被调查者在伊朗反对派力量被揭露前和揭露后接受了面谈，人们对总统先后两次评价表现出的因果关系模式，可能会被误认为是新闻媒介引导作用的证据，因为前后两次调查不同的被调查者的个体差异也会导致这一因果关系，其结论会受到攻击。这里，对同一组人的资料收集可以避免这种攻击。

事实上，同样本调查与重复横断调查有类似的理论构思和操作思路，因而也具有较类似的优点，然而同样本调查通常是采用访谈形式收集数据的。

同样本设计也存在着一些缺点。第一，虽然人们通常愿意完成多重面谈，但也有部分人更愿意参加单一的横断调查，而不喜欢重复地被调查。另外，由于某些个体搬迁或去世等原因，可能很难找到该被调查者再次进行访谈。如果先前的被访者不愿参加随后的面谈，那么可能影响调查样本的代表性，进而影响结果的准确性。第二，被调查者在首次调查中可能对问题敏感，导致其对这些问题给予特别的关注和思考，结果影响了随后的调查反应。例如，布里奇(R. G. Bridge, 1977)等人发现，调查前对健康问题并不关注的个体，在参加有关健康的调查面谈后，把这一问题看得更为重要，并且非常关注与健康有关的信息。可想而知，对健康这一主题增加的关注程度会导致个体行为上的改变。而当再次接受面谈时，其对健康问题将变得敏感，面谈的结果也将受到影响。再如，美国大选前接受有关政治面谈的个体，即使起初对政治不感兴趣，访谈后对投票的热衷度也会增加。甚至是那些只回答了一个有关选举意图问题的被调查者者，在选举日投票的可能性也有所增加。第三，同样本调查的被调查者者往往希望自己的每一次回答都能保持一致。因此，人们往往不愿意报告与首次面谈不一致的观点或行为。这种表现一致的动机可能掩盖一段时间内的真实变化。

综上所述，研究者可以利用各种设计的优点，如将横断调查和同样本调查结合到一个研究中。若对"两次"同样本调查感兴趣，但害怕连续效应，则可在第二次调查时附加一个横断调查，即将同样的调查应用于同样本样本和来自同一总体的其他独立样本。若两个样本的数据间有显著的差异，则说明存在连续效应，事实上这也是同样本设计的问题所在。因此，更有效的做法是，将横断调查的被调查者者作为对照组，同样本调查的被调查者者作为实验组。

### (四)调查中的实验设计

一般认为调查法和实验法是两种截然不同的研究方法，两者间没有重合，但事实并非如此。实验法更多的是检验变量间的因果关系，然而某些因果过程也可以通过在调查中设计实验加以证明。如果将被调查者者随机分成实验组和控制组，那么两组间的差异可以归因于实验处理。如让一些被调查者者(通过随机取样获得)接受一种版本的问卷调查，另一些被调查者者接受另一版本的问卷，两者作答的差异可以归因于问卷在某个具体因素上的差别。这种将调查和实验结合来探索社会心理现象的例子已十分普遍。上述任何一种调查设计都可以包含实验操纵，所以"调查中的实验设计"与上述三种调查设计类型不应该是平行的关系，更应该是一种改进和创新。下面是有关调查设计类型的三个例子。

#### 1. 种族偏见的研究

种族偏见是西方社会心理学研究中的一个重要领域，因此我们可以从这个领域获得各种调查设计及在调查中结合实验的典型例子。

佩弗雷和赫维茨(M. Peffley & J. Hurwitz, 1997)采用这种设计研究了种族定型对犯罪判断的影响。他们假定虽然一些美国人对黑人持消极定型，但这些消极定型只影响对犯罪行为或与有关罪犯的公共政策的判断，并且发生在犯罪者的特征与这些消极定型相一致的情况下。

实验操纵中，研究者告知被调查者者(横断调查取样)某人被控犯罪，要求其回答这个人实际犯罪和将来犯同种罪的可能性。被调查者者被随机的告知犯罪者是白人或黑人，以及所犯罪行是暴力或非暴力的。当被告知这个犯罪者是黑人且是暴力犯罪时，对黑人持极端消极定型的被调查者者比其他被调查者者更多地回答犯罪者确实实施了犯罪且将来还会再次犯罪；但当犯罪行为是非暴力的或犯罪者是白人时，消极定型对犯罪及重犯可能性的判断没有太大的影响。在另一次实验操纵中，对黑人持极端消极定型的被调查者更多地反对给予暴力犯罪的黑人"模范"囚徒休假，但并未特别地反对给予白人或非暴力犯罪的黑人休假。这说明对待反定型的黑人犯罪者，种族定型对有关罪犯公共策略的制定没有太大的影响。

### 2. 社会归因的研究

归因研究也可以通过调查中结合实验进行。如在"领导者对下属低工作绩效归因的影响因素研究"中，有很多因素可能影响领导者对下属低工作绩效的归因，包括领导者与下属的心理距离、下属低工作绩效行为后果的严重程度、领导者与下属个体特征的相似性程度以及领导者有无自我服务归因偏见等。以领导者与下属的心理距离为例，研究假设是，与下属心理距离越近的领导者会越把下属的低工作绩效行为归于外因；反之，归于内因。在这个研究中，可以先采用调查法，设计有关影响因素的调查问卷，其中包含了心理距离的两个水平——心理距离近和心理距离远，相同的被试接受了"心理距离"这一因素的两个水平的测量，以考察这一因素对被试归因的影响。

### 3. 情绪和生活满意感的研究

施瓦茨和克劳(N. Schwarz & G. L. Clore, 1983)在调查中进行了实验，研究情绪和错误归因。他们假设一般的情绪状态会经由错误归因而影响判断。特别的，他们假定天气状况会影响情绪，进而影响人们的生活满意感，因为判断时人们可能将即时的情绪错误地归因于一般的生活状况，而非偶然的天气状况。结果，人们在心情较好时也会夸大地将这种快乐体验归因于生活状况。为了验证这个假设，研究者分别在晴天和阴天对人们进行了电话访谈。在随机选取的被调查者中，晴天接受访谈的人比阴天接受访谈的人表现出更高的生活满意感；但若事先提问"顺便问一下，你那里的天气如何"，晴天和阴天的被访者的满意感则基本一致。对天气的提问可能促使人们将部分即时的情绪正确地归因于天气，从而排除了情绪的错误归因对生活满意感判断的影响。

在调查中结合实验有哪些优势？它们是否可以在实验室中以大学生为样本进行呢？显然，对第二个问题的回答是肯定的。在横断调查中进行实验的优势至少表现在三个方面。首先，调查研究的对象分布广泛，可以代表总体的一般水平。这显示了研究结果的价值，因为以大学生为被试的实验室研究结果的可推广性，一直受到多数非心理学研究者的质疑。其次，调查效应的估计值为评价社会心理过程在日常生活中的重要性提供了更为精确的依据。在实验室中看起来很明显的效应实际出现的可能是很小的，因而在一般总体中的社会因果效应也是很小的。最后，调查允许研究者探究在实验中无法实现的而在一般总体中普遍存在的个体特征(如，年龄、教育成就)的差异，以及这种差异是否改变了因果效应的强度或其产生的过程。

## 三、调查研究的优势和局限性

### (一)社会心理学研究重心的转变——从普通心理过程转向特殊心理过程

以往的社会心理学研究集中于理解人们如何影响社会环境以及如何被社会环境所影响。从某种意义上讲，社会心理现象对不同类型的人来说是普遍的，但普遍的现象对不同人的影响却是不同的。比如，每个人都有可能存在态度的形成及转变过程，但这些过程对不同类型的个体的作用却不相同。近年来，心理学研究越来越多地关注人类心理与社会行为的因果关系。今天的社会心理学研究也不再是对普遍的心理过程进行大量的论述，而更注重提供有关"什么人，在什么条件下，更有可能表现出某种特殊的心理现象或过程"的充分理由。在许多情况下，社会心理过程的本质特点在很大程度上依赖于个体特点，在不同个体间存在较大的差异。

举例来说，态度转变的发生过程对低认知需求个体和高认知需求个体是不同的。高认知需求个体的态度转变倾向于依据有说服力的、严密的论据，而人际影响等因素的作用相对较小；而低认知需求个体则倾向于依据有说服力的、有关背景的线索或信息，如来源的吸引力，而受论据本身说服力等因素的影响较小。类似的，人们对不同社会群体成员的归因也存在差异。人们倾向于把与自己同属于一个群体的成员的积极行为归于稳定的、内在的原因，而把相同的但由不同群体成员作出的积极行为，归于不稳定的、外在的原因。社会心理学这种研究重心的转变使调查法的作用日益突出。与神经生理现象可以通过实验准确测量不同，个体的社会心理，如人际影响、印象形成等本身有其特殊性，受个体因素的影响较大。因此，问卷法和访谈法以其自身的优势在特殊心理过程研究中发挥着越来越大的作用。

### (二)调查法的优点

实验室研究的缺点之一是其结果的可推广性受到质疑。实验结果是否具有可推广性与取样的代表性有很大关系，即"谁"参加了研究对结果有着深刻的影响。因为这直接关系结果要推广的范围。对于大多数社会心理学研究，"谁"通常指的是经常作为实验被试的大学生，因为这个群体比较容易成为样本。而西尔斯(D. O. Sears, 1986)认为，大学生群体在很多个性特点上均不能较好地代表总体。以态度转变为例，在许多问题上，与老年人相比，年轻人更容易发生态度的转变，并较难形成自我形象。因此，过分依赖这类被试会导致一个严重的问题，即实验室研究结果的推广性，以及对人类行为本质的曲解。这对于一直试图向公众传递研究结果的科学性的心理学来说，是个危险的信号。然而，批评以大学生为主要被试和取样对象的做法时，西尔斯引用的证据虽在很大程度上揭露了某些特征的普遍性（如，频繁的态度转变和稳定的社会认同），但没有指出这些特征产生过程的年龄差异。事实上，目前我们对总体中其他子集社会心理过程的特征知之甚少，因而无法评价这种偏差的程度，及其与研究结果差异的关系。

因此如果需要考察样本的话，样本应该足够代表总体，但要使大部分样本成员进入实验室显然是不可能的，没有哪一项研究能够承受这样做带来的经济与其他方面的负担。况且，有时候也没有必要这么做。然而，如果我们换个思路，通过现场研究来研究某个样本的代表性则相对容易，且较可行。一直以来，利用概化理论的基本原理，调查研究的专家已经发展了很多有效的策略来获得有代表性的样本。当样本是通过这样的方式收集时，谨慎选取的样本反映了总体所有的异质性，我们就能确保样本对总体的代表性，并有信心把结果推广到整个总体。此外，在确保样本代表性的同时，调查研究还可以探索整个研究过程中的个体差异及其相互间的交互作用，为研究本身及更多研究领域的开拓提供了理想的空间。

（三）调查研究的缺点

任何一种方法都不是十全十美的，对社会心理学来说，调查研究存在两方面的局限性。

第一，调查研究比大多数有控制的实验室研究更耗费财力和时间。不管是问卷调查还是访谈调查，虽然可在一定程度上省时省力，如使用问卷可在同一时间里完成对几千人甚至更多人的调查，但所需要的样本量较大，因而在整体上可能更耗费财力和时间。从这个角度看，与其他代价低廉的方法相比，调查法就显得不是很经济。

第二，调查研究对一些较为复杂的研究内容会显得无能为力。比如，要开展自然状态下复杂的社会交互作用，这对调查法来说是不现实的，尤其是在有控制的情况下。然而这些事情可以在实验室中进行，比如，就大学生被试而言，在现场实验中他们更愿意配合，而自然情境下的调查研究却可能包含太多的干扰因素。当然，调查研究的这一局限性还是可以克服的，就像我们后面要讨论的，可以在调查中加入一些实验程序和操纵。

简单地说，社会心理学可以使用大学生这个特殊样本进行部分研究，并且假定这些结果能够推广。当然，在结果的可推广程度方面，我们可以与其他学科的、可推广性的怀疑论者共存，承认个体的文化、历史背景对社会心理过程的影响；或接受挑战，探索研究结果在总体中的可重复性；还可以建立推广性的假设，或通过增加新的中介变量或调节变量来改善我们的理论。下面的内容对接受挑战的人会有一些帮助。

## 第二节　调查取样和问卷设计

### 一、取样

一旦某种调查设计被确定，下一步的工作就是选取样本。取样指从一个总体中抽取部分具有代表性的个体作为样本，然后根据样本的结果去推断总体。例如我们要研究上海市小学生的识字量，由于全市小学生数量巨大，不可能对每个学生都进行测量，只能在小学生总体中抽取部分个体进行识字量的测验，然后根据研究结果推断全市小学生的识字量。

在这一节中，我们将介绍各种取样的方法，并讨论其优缺点。这里，我们将用到"元素"（element）这一概念，它是指信息获得的单位。在大多数研究中，元素可以是构成总体的个人，也可以是一组人，如家庭、企业或部门。总体是元素的完整集合，样本则是元素的部分集合，人们希望从样本中获得的结果能够推广到总体。

取样的方法一般分成两大类：概率取样（probability sampling）和非概率取样（non-probability sampling）。

**（一）概率取样**

在概率取样中元素被随机地选择，每一元素被选中的概率已知并且是非零的。这里并不要求所有的元素有相等的被选概率，也不排除某些元素被选中的概率为100％。然而，它要求每个元素的选择必须独立于其他任何元素。概率取样有两个较大的优势：第一，当使用概率取样时，研究者能够确信选取的样本代表了总体；第二，概率取样允许研究者精确地估计由取样误差造成的数据变异。

1. 简单随机取样

简单随机取样（simple random sampling）是概率取样的最基本形式。采用这种方法，元素是被随机地从总体中选出，并且所有元素被选择的概率是相等的。简单随机取样可以是放回取样，也可以是非放回取样。这里的"放回"是指每一次选择后，把被选元素又放回总体，使它们可以被再一次选择。而在实际研究中，非放回取样是较常见的。

虽然简单随机取样的程序十分简单，但在实际中相对较难实现，且执行的代价较高。它的主要缺点是要求总体中所有的成员是确定的，这样元素才能够独立且直接地从总体中被选出。一旦这些确定了，就可以通过使用一些随机的数字从以一定方式编号的总体中选出样本，使得某些元素被选择，某些元素不被选择。然而，在许多情况下，列举总体的所有元素是不现实也是不可能的，这就限制了简单随机取样的使用。

假定研究者要进行一项《杭州市小学生识字量研究》，要在杭州市小学生这个总体中抽取有代表性的样本，可采用简单随机取样法。具体地说，就是对所有杭州市小学生进行编号，然后从这些号码中随机抽取样本。当然这种方法使得取样成本无限增加，在实际研究中不太使用。

2. 系统随机取样

和简单随机取样一样，系统随机取样（systematic random sampling）要求所有的元素都是确定并被编号的。依据总体中元素的数目和所需的样本量，可确定取样间隔。例如，如果一个总体包含 20000 个元素，而所需的样本量是 2000，那么取样间隔应是 10，也就是每 10 个元素中将有 1 个被选入样本。

取样过程开始时，首先在 1 到 10 之间随机选择一个数字，总体中具有与这个数字相同编号的元素被选入样本。然后以这个数字为起点，每隔一个取样间隔选取一个元素，直到取满所需的样本量。举例来说，若随机选择的起始点是 7，取样间隔是 10，则总体中的第 7、17、27 号……元素将被选入样本。

值得注意的是，只有当元素被随机编号（或者说随机排列）时，系统取样法所选取的样本才能代表总体。如果元素排列不具有随机性，样本就不一定具有代表性。当元素是以某种周期性的模式排列时，这个潜在的问题就会加剧。如果元素的周期模式与取样间隔相同，那得到的样本就完全没有代表性。比如一个人想研究婚姻生活中的抱怨现象，总体按"丈夫、妻子、丈夫、妻子……"的次序排列，而取样间隔是偶数，那么最后选择的样本要么全是男的，要么就全是女的。

3. 分层取样

在分层取样（stratified sampling）中，总体被分成许多子集，取样过程在各层中能单独进行。如在上面的例子中，可先将总体分成很多层级，再通过系统取样或简单随机取样从每一层级中抽取元素。分层取样在样本结构上提供了更多的控制，使研究者可以确定依据分层变量取样的代表性。若分层变量与感兴趣的因变量相关，则分层取样就可减少由简单随机取样导致的偏差。

分层取样包括比例取样和非比例取样。比例分层取样是在每个层级中抽取相等比例的元素。非比例分层取样是在不同的层级抽取不同比例的元素。如果研究者希望减少一个层级的标准误，那么该层级的标准差就可能较高。通过增加这个层级的样本数，可提高分配给它的样本数量的比例。这通常能确保有足够大的二次取样样本用于二次总体分析。例如，在全国性调查中，研究者有时候会提高占少数的人群的取样比例，使得对这些群体的参数估计更为可靠。

分层取样要求研究者事先了解，总体中哪些变量代表了元素间的主要差别。上述例子中，性别是一个重要的维度，婚姻抱怨中男性和女性的差异被认为是真实存在的，否则样本只包括男性或只包括女性就没有太大的关系。分层取样的功效取决于分层变量和研究中其他关键变量的关系，关系越强烈，采用分层取样所收获得就越多。

例如，对某校 800 个学生进行学习态度的调查，拟抽取 20％的学生（160 人）作为样本，成绩变量代表了元素间的主要差别。首先按成绩评定标准将学生分成优、良、中、差四层，优 160 人，良 320 人，中 240 人，差 80 人。然后随机地在这四层中按比例分别抽取样本：从优等中抽取 32 人（160×20％＝32），从良等中抽取 64 人（320×20％＝64），从中等中抽取 48 人（240×20％＝48），从差等中抽取 16 人（80×20％＝16）。这 160 人组成了最终分层取样的样本。

4. 整群取样

如果总体分散于一个较大的地理区域，那么简单随机取样和系统取样会使样本也分散得较广。这给实行面对面的访谈带来了麻烦，因为将大量的时间和金钱耗费在到达访谈地的路途中，而在任何一个地点却只能收集很小一部分数据资料。

为了避免这个问题，研究者有时会实施整群取样（cluster sampling），即选择一个整体作为样本，而不是一个接一个地抽取元素构成样本。举例来说，考虑到地理区域的整体性，研究者可能会随机选择一个邻近的地区，收集该地区的所有家庭的数据资料。比如，美国针对成年人总体的面对面访谈就是整群取样的一个典型例子，研究者在随机选择的邻近地区抽取了 80～100 个家庭作为样本。这使得访谈花费保持在一个可控水平。

整群取样虽然可以减少时间和金钱上的花费，但由于取样误差的增加可能会影响研究的准确性。群体成员可能表现出较多的相似性——在许多方面这种相似性远高于随机选择的个体间的相似性。因此，与某些群体成员会谈所获信息的精确性要远远低于与相同数量的随机选择的个体会谈所获的信息。此外，这也潜藏了对统计检验的前提假设——观察的独立性的违背。

### (二)非概率取样

非概率取样是指总体中某些元素被抽取的可能性为零，或者被抽中的概率是未知的。这种方法近来被社会心理学家频繁地用于有关文化对社会心理过程影响的研究。一些顶级杂志中刊登了大量的此类研究，即将来自一个国家的样本与来自另一国家的样本进行比较，样本间的差异被归因为不同文化的影响。为使比较更有说服力，证明将差异归因于文化是正确的，从每种文化中选取的样本当然也应该具有代表性。要实现这一目的，上述概率取样的方法是必需的。但也可以这样认为，假定文化的影响在一个国家是非常普遍的，即每个个体都受到了文化的影响，因此任意选取的样本也能反映这个国家的文化。因此，绝大部分跨文化研究都使用了非概率取样的方法。

#### 1. 随意取样

样本的选择仅仅是依据便利性。如海因和莱曼(S. J. Heine & D. R. Lehman，1995)比较了日本一所公私合办大学与加拿大一所公立大学在参加心理学课程的学生方面的差异，贝尼特和沃勒(V. Benet & N. G. Waller，1995)比较了加拿大两所大学招入的学生与加利福尼亚双生子登记处所列的美国人间的差异。在所有这些研究中，研究者把各种文化下所获样本的结果推广到整个文化中，并假定样本能够代表整体。然而，由于是随意取样(haphazard sampling)，我们不可能知道所获样本能否真正代表总体，不可能估计样本误差或参数估计的置信区间，因此对样本差异的统计检验是无效的，因为检验的前提假定是简单随机取样。

更重要的是，随意取样很可能导致对结果的不同解释。比如贝尼特和沃勒(V. Benet & N. G. Waller，1995)的一个研究结论是，与美国人相比，西班牙人更支持一种"激进"的个人主义。要证明这一结论，"非传统的""特殊的""奇怪的"与"令人钦佩的""高级别的"等词汇在因子分析中的负荷，在西班牙样本中应该是相同的，在美国人样本中则应不同。然而，贝尼特等人的美国大学生样本显然是较年轻的，在年龄方面比加利福尼亚双生子样本更具有相似性(两个样本的平均年龄分别是 24 岁和 37 岁，标准差分别是 4 岁和 16 岁)。在美国，年轻人比老年人更倾向于持非传统的价值观，因此所研究的文化效应可能简单地被年龄效应所取代。

在一些情况下，研究者通过张贴布告招募自愿参加研究的被试，这些志愿者会因此而获得报酬。这当中存在一定的问题，因为志愿者往往比一般公众对研究的主题更有兴趣，而某些社会心理过程很可能因这种兴趣或专业知识发生改变。

### 2. 目的取样

目的取样（purposive sampling）指在一个总体中任意选择一个亚群体。这种方法在社会心理学研究中常被用于"已知群体"的比较。举例来说，为研究高校辅导员的心理压力源问题，研究者可能就会选取自己所在高校的辅导员作为研究样本。

在这些研究中，样本群体确实具有所研究的特征，但群体的其他特征同样也可能是导致结果的原因。因为在"已知群体"中使用典型的取样程序可能会导致样本过多的同质性。

### 3. 雪球取样

雪球取样（snowball sampling）是目的取样的一个变式，即先找到一个亚群体中部分成员的位置，然后要求每一个成员提供亚群体中其他成员的信息，以便研究者联系。如，研究者用这种方法研究人们对妇女儿童保护政策的态度。为了收集持极端观点的样本，调查者首先联系了参加女权组织的女大学生，然后让她们提供在这个问题上与她们持有相同观点的其他女性的名字。像整群取样一样，这种方法也违背了独立性假设。

### 4. 配额取样

非概率取样中最有名的要数"配额取样"（quota sampling），它是指从总体的各个不同亚群体中选择一定数量的成员来组成样本，这可以精确的反映总体的已知特征。采用这种方法需要事先确定每个亚群体的人数，如招募一个男性和女性各占一半的样本，其中学历为高中以下、高中、大学及以上个体的比例均为 1/3。如果将配额应用于一个概率取样程序，同时如果配额依据的是有关总体构成的准确信息，那么最后的样本可能比简单随机取样更为精确。

然而，配额通常并不被用于概率取样，而常用于随意取样。因此，只有配额标准与总体结构相匹配时，这种方法才能使随意取得的样本具有代表性。一个典型例子是 1948 年总统选举前预选民意调查的失败，当时预测杜鲁门会赢得美国总统的职位。虽然在选择被调查者时遵照一定的配额，但最终的样本缺乏代表性，在某些方面没有明确的配额依据。卡茨（D. Katz，1942）认为，即使配额标准没有明确地采用诸如一个家庭中的成员、土生土长的美国人、受过良好教育的人等类型特征时，调查者也会倾向于选取这类人作为样本。

上面我们讨论了四种非概率取样的方法，目的是希望大家在使用这些方法时，能够认清非概率取样的一些内在缺点，从而能够对总体及其与样本的差异做出定论。比较样本与总体的特点，目的是在适当的时候为样本结果的可推广性提供证据，使研究者在做出推论时更有信心。然而如果认为概率取样对于描述总体是必需的，那么试图将一个大学生样本推广到一个国家的做法是不可取的，因为这种做法很可能损害社会心理学的可信性。

那么我们是否可以反过来说，即所有以大学生为样本的研究都只具有最小的科学价值而不具有可推广性呢？这也是不对的。事实上，绝大多数实验室实验的价值并不在于把它们的结果普遍化到总体。相反，它们只是为了检验一个特殊的心理过程是否发生，确定它们的因果路线和调节因子。沿着这一思路的任何论证都有其科学价值，至少这些研究结果增加了我们对人类大脑活动规律和行为规律的理解——即使被证明的现象只发生在所选择的大学生身上。

此外，研究者应尽可能地评估其取样的代表性，因为样本的代表性非常重要。应该说，不管是概率取样还是非概率取样，最关键的是考虑样本的随机性和代表性。代表性越高的样本，其结果的普遍性就越大；反之，若样本缺乏代表性则往往会导致研究的失败。如 1936 年美国的总统大选，当时美国《文学文摘》杂志曾做了一次大选民意调查，调查结果预测兰登将在选举中获胜，罗斯福将落选。但事实正好相反，结果是罗斯福当选了总统。虽然《文学文摘》的民意调查样本量很大，约 20 万，但样本是从电话号码簿和汽车登记册中选取的。1936 年正值美国经济大萧条过后，拥有汽车、电话的人仅代表了选民中的某个特定阶层，对于选民总体来说缺少代表性。调查失败的原因在于取样偏差，样本的整体特征与总体特征不符。

当然，我们仍无法回避这个问题，即在初始的效应、过程或趋势得到证明之后，随后的研究如何评估这项结果的可推广性。许多学者认为，一些实验室研究的结果并不是能够被无限推广的，推广需要考虑总体的范围，同时要详细说明相关的限制条件。无论是在自然科学领域，还是在人文科学领域，抑或是在社会心理学这个既接近人文又依赖自然科学方法的特殊领域，在我们还没有对推测进行适当、直接和强制的检验时，我们必须谨慎地说明这种推论的解释力，并明确它的有限性。

## 二、问卷的设计和前测

选定样本以后，研究者需要进行调查问卷的设计。设计问卷时，要考虑一系列的问题。例如，是采用开放式问题还是封闭式问题？对于封闭式问题来说，答案是以等级式还是比率式呈现？如果使用了等级问卷，应当设计多少个等级？这些等级用怎样的词语加以标识？是明确向被试提供"无所谓"这类中立的答案，还是忽略这些不置可否式的选项？答案以怎样的顺序呈现给被试？这些问题的题干用怎样的词语来表达？最后，一旦所有的问题都被确定，还必须对问题的顺序加以编排。

**(一)问卷的设计**

1. 开放式问题与封闭式问题

开放式问题允许被调查者用自己的语言作答。比如，"当前国家面临的最重要的问题是什么"，"学生校园暴力行为产生的原因是什么"，等等。封闭式问题则要求作答者在一系列备选答案中进行选择。如针对上述问题的封闭式提问可以是："当前国家面临的最重要的问题是什么？通货膨胀、失业、犯罪、联邦预算赤字，或者其他？"

当使用开放式问题时，最大的挑战就是对答案的编码。在一项 1000 人的调查中，如果逐次考虑每个答案的话，几乎有 1000 个关于上述"最重要问题"的回答。若要研究这些回答，就必须将其归为一系列相对较少的类别。这就需要一套适用于每个开放式问题的编码方案，同时需要有为数众多的人来阅读这些回答并将其归到各自的类别中去。编码者间的一致性程度必须是较高的，如果不同编码者的一致程度太低，就必须对编码程序加以提炼并重新编码。对于这样的过程来说，时间、财力、物力的耗费都是很高的。除此之外，还要求作答者在填答问卷时书写清楚。所有这些，都导致多数研究者更倾向于使用封闭式问题。

然而，在实际应用中，封闭式问题也有着明显的缺陷。最重要的一点是，作答者倾向于将他们的答案限定在研究者所提供的备选范围中，即使研究者不希望这样。如果一个问题所提供的一系列答案是不完整的，那么即使要求作答者提供详细的各种答案的排序，也可能与从开放式问题中得到的回答不同。因此，封闭式问题只有备选答案是全面的时，才能有效地发挥其作用。而这种全面性只能通过将问题以开放的形式设计，并进行大规模的前测才能实现。当然除大规模的前测外，还有一个方法可以弥补封闭式问题的缺陷：研究者可以在问卷的最后设计一些开放式问题，这些开放式问题可以为前面的封闭式问题提供参考，从而避免前测编码带来的挑战。

对开放式问题的回答受到很多因素的影响。很多情况下，作答者的语言表达能力往往直接影响其回答。开放式问题对表达能力不好的人来说效果并不好，因为他们可能在阐述自己的想法方面有一定的困难，而这对善于口头表达的人来说就没有什么困难或障碍。除了语言表达能力外，作答者的心理定势也会影响其回答。具体地说，在开放式问题中，作答者可能倾向于提供最重要的答案而非最适当的答案，因为在回答过程中他们自己会对各种可能的答案进行排序并选择其中的一个，把它表达出来。如针对"学生校园暴力行为产生的原因是什么"的提问，作答者可能想到社会因素、家庭因素或个人因素，但若其认为社会因素最重要，则会选择回答社会因素。然而，尽管在设计题目和分析答案时存在种种问题，开放式问题仍有助于研究者获得许多自身无法获得的信息，这些信息可能对研究来说是非常关键的。因此，开放式问题的探索形式还是值得我们去努力尝试的。

2. 顺序评定与等级评定

对顺序或等级问卷的选择应结合实际情况。设想我们要确定人们更喜欢吃苹果还是香蕉。我们可以要求被调查者直接回答这个问题（顺序评定），也可以要求其分别列出对苹果和香蕉的喜好程度（等级评定），研究者可以据此推断哪一种水果更受欢迎。对于这样的研究目的，单个顺序问题似乎更可取，它比问两个等级问题更直接。但如果有一大组对象，顺序评定要花费更长的时间，且与等级评定相比，被调查者可能会感到比较枯燥。此外，顺序评定可能强迫被调查者在他们认为差不多的对象中做出选择，而等级不仅能反映被调查者更喜欢的对象，而且能揭示对对象评价的差异。

然而，在有些情况下，顺序评定比等级评定更有效率，因为等级评定可能遭遇评价无差别的困境。如果在单个量表中对一组对象进行等级评估，被调查者对多个对象的估计往往是相似的，很难真正区分出先后顺序。虽然他们能够投入思考，从记忆库中重新寻找相关信息，并报告对对象的不同态度，但他们也很可能简化这一过程。他们会选择一个看起来对量表中大部分对象都较合理的估计点，反复选择哪一点，而不是仔细考虑每一个对象，并做出不同的估计。有时他们甚至不假思索地判断，结果使得顺序评定的信度和效度要优于等级评定。因此，虽然顺序评定对于感知距离缺乏间隔水平的测量，且统计分析起来比较麻烦，但当研究者的目的在于确定对象的优先次序时，这种方式更为有用。

在设计等级量表时，我们必须事先在量表中指定几个点（等级）。许多研究已经较成功地比较了不同等级数的量表的信度和效度。对两极量表（如，等级从积极到中立再到消极）马特尔和雅各比（M. S. Matell & J. Jacoby, 1971）认为七点量表的信效度是最高的。对非两极量表（如，从很不重要到非常重要），威克曼和沃纳里德（A. Wikman & B. Warneryd, 1990）认为五点量表的信效度是最高的。很多研究者指出量表的刻度点用词汇标识时所收集数据的质量会更好，被调查者也会感到更满意。在选择标识时，研究者应尽量选择一系列在意义上能把某种连续性分成近似相等单元的标识。比如，"较好、好、差"这样的组合应该避免，因为这些词汇没有均分连续性：与"差"相比，"好"与"较好"的含义更接近。

很多领域的研究者常常设计诸如"同意—不同意""真—假""是—不是"的选项。然而这种设置是有问题的，因为它可能导致一种同意偏向（acquiescence bias）：有些人会倾向于选"同意""真""是"，而不考虑问题的内容。此外，这类答案更适合于认知技能相对有限的个体，因为他们容易产生疲劳，而更难的项目总是放在一份问卷的后面部分。许多研究已经证实了同意偏向对调查结果的歪曲。

最关键的是，在回答"同意—不同意""真—假""是—不是"等问题前，人们通常需要先在头脑中回答一个参照的等级问题。举例来说，如果个体被问及是否同意"我不是一个友好的人"这一表述，那么他首先需要确定他有多友好，然后把这个结果转变成恰当的等级选项来回答问题。若问"你有多友好"，则可能更简单而直接。事实上，任何类似于"同意—不同意"的选择都没有严格要求作答者沿一个连续的维度为对象评定心理等级，因此采用直接询问的方式较简单和直接。

3. 选项的呈现

对封闭式问题的回答可能受备选答案呈现顺序的影响。当答案以视觉形式（如，自陈问卷）呈现时，人们往往会产生首因效应，倾向于选择最先出现的选项。但当答案以听觉形式呈现时，则可能出现近因效应，即倾向于选择最后出现的选项。当问题有较高的认知要求时，这些效应在低认知技能的被调查者身上更为明显。根据满意解决理论（the theory of satisficing；J. A. Krosnick, 1991），回答的顺序效应是由特定的评价偏见、认知疲劳和记忆偏差（支持最近听到的选项）导致的。因此，最好的解决方法是降低问题的难度，以及在被调查者间变换选项的呈现次序。

4. 无观点的过滤和态度的强度

很多时候，我们应考虑被调查者可能对问题确实没有想法，他们会承受不能提供看法的压力。因此，问卷设计者通常需要明确地提供无观点时的选项。事实上，更多的人回答"不知道"的情况要多于回答"知道"的情况。人们倾向于在"知道"的情况下提供答案，在问卷中做出选择。然而，大多数人回答"不知道"是出于冲突的感觉或信念，以及对选项含义或问题内容的不确定。当对"不知道"的选择多于其他选择时，所收集数据的质量不高也就不足为奇了。

区分"真实的观点"和"无明确态度"的一个很好的方法是使用一个或更多的追踪问题来测量态度的强度。许多研究者认为，强烈的态度不会随时间的推移而改变，并对认知和行为有着强大的影响。

## 5. 问题的用词

在调查过程中，研究者需要确保被调查者对问题内容的理解是一致的，这样不同的回答就可以归因于他们对这个问题看法的差异。如果一个问题的表述是模棱两可的，那么不同的个体对它的理解就不同，答案也会不同，因而就无法确定不同的回答是否是由个体对同一问题的不同态度造成的。因此，应避免使用模棱两可的问题。同时问题的用词也应尽可能简单，易于理解，这可以通过使用简洁的词语来实现，因为人们往往对其更为熟悉。当必须使用复杂或专业的术语时，最好对它们做出详细说明。

另外，应该避免双重问题，即一个问题中包含了两个问题。如"社会环境和学校环境对中学生的攻击性行为会产生影响吗?"如果一个被调查者认为社会环境会而学校环境不会，那么将没有合适的回答，因为备选答案只有简单的"是"和"否"。

有时候，问题中特殊词汇的使用会对被调查者造成很大的影响。举例来说，史密斯(T. M. Smith，1987)发现，被调查者对"接受救济的人"的支持程度较对"穷人"的支持程度低。但是，也有研究发现，更多的人倾向于对一个有争议的行为表示为"不被允许"，而非"被禁止"，尽管这两个概念的意义是相同的。可见问题表述的微小变化有时会导致很大的差异，因此在设计问卷时，应准确地表达问题的内容。而遗憾的是，在现实中我们很难找到词汇选择的具体原则和指导。

## 6. 问题的顺序

问题顺序设计的最重要目标是提高被调查者的满意感和动机，以提高数据的质量。如果问卷一开始就是一些高敏感性、有争议或耗费认知资源的问题，那么被调查者很可能感到不舒服、不感兴趣或缺乏动机，甚至终止他们的参与。因此，建议在问卷的开始放一些容易理解的、无争议的问题。

当进入某个主题后，可以设置与该主题有关的一组问题。因为一旦被调查者开始思考某个具体的主题，对他们而言继续该主题比在主题间转换会更容易一些。排在前面的问题也可能影响对后面的相关问题的回答，而造成这种影响的原因非常多。此外，对于同一组有关联的问题最好能在不同被调查者间进行问题次序的变换，从而对回答的顺序效应进行必要的测量和统计上的控制。

## 7. 应避免的问题

除了要掌握适当的技巧之外，我们还应当避免以下几个方面可能存在的问题。

第一，要注意回忆与事实之间的差异。一般而言，研究者感兴趣的是被试在某一段时间内态度或信念的趋势。为了达到这一目的，需要对同一组被调查者进行重复测量。而这种做法的一个明显缺点是，要求人们回忆在过去的某个时刻对此问题所持的观点或态度。可回忆并不是百分百可信的，大量证据表明人们的这种回忆能力是很差的，通常个体回忆起的是他现在认为的或一直认为的。因此，这种问题经常会导致研究者疏忽真正的事实与回忆的事实之间的差别，应尽量避免。

第二，要避免描述问题。由于研究者通常对人们思想、行为的原因感兴趣，因而他们总是试图直接向人们询问为什么这样想或为什么表现出这样的行为。这包括要求人们反省和描述他们的认知过程，这是现代心理学的核心研究方法，并被广泛应用。然而，很久以前许多研究者就已认识到这种方法并不完美，其原因也众所周知。许多认知过程是很快并且自动发生的，隐藏在人们的头脑"黑箱"中，人们不能意识和描述它们。因此，为避免得到不科学的描述内容，这类要求描述的问题也应尽量少用。

### (二)前测

即使是设计得最仔细的问卷，有时候也会包含一些令人感到模棱两可、难以回答的问题。一些在研究者看来非常容易理解的问题，作答者的理解却可能完全不同。因此，前测是十分必要的，它的目的在于发现和弥补这些问题，使问卷更加完美。另外，前测也可以提供有关作答率、数据收集的花费、时间框架、现场组织的效率，以及数据收集人员的技能水平等方面的信息。社会心理学领域已发展出很多前测的方法，像下面所列举的，每一种方法都有自己的优缺点。

### 1. 传统前测

在面对面和电话调查等的传统前测(conventional pre-testing)中，调查者通常需要先进行少量的面谈(15～25 次)，然后在汇报中与研究者讨论他们的经历。他们可以描述任何自己遇到的问题，以及被调查者在作答时给他们留下的印象。研究者可能会发现前测面谈中作答率较低的项目，这说明该项目可能是有问题的。根据这些信息，研究者可以对问卷进行修正，以提高每个项目的可理解性，从而使面谈过程进行得更为顺利。

传统前测能为调查工具的开发提供有价值的信息，尤其是当面谈者参与调查数据收集的时候。但这种方法也存在一定的缺点。举例来说，前测面谈中问题的组成通常是很宽松的，因此面谈者的报告会存在较大的差异。此外，汇报有时相对松散，这也可以进一步归因于面谈者报告的差异。当然，研究者可以通过将汇报面谈标准化，从而减少前测面谈者报告的差别。但是，面谈者对被调查者反应的知觉却不可避免的是主观的，并可能对被调查者对调查工具难易程度的感知做出不精确的判断。

2. 行为编码

第二种方法称为"行为编码"（behavior coding），这是一种更客观、标准化的方法。行为编码包括监测前测面谈，记录面谈者和被调查者交互过程中所发生的事件。它反映了与原始调查工具的所有偏差，通过译码，研究者可以发现并弥补这些偏差。如，面谈者对问卷的误解、向被调查者询问补充信息，或者被调查者做出了一个不充分或不完整的最初回答等，都可以为研究者所利用，通过这种偏差的分析，找到引起偏差的问题，并对其进行修正。

虽然行为编码比传统前测更系统、更客观，但它同样存在着一些缺点。最主要的是，行为编码可能会遗漏与对要调查条目的误解紧密相关的问题，而这些问题可能并未引起明显的偏差，从而掩盖了事实的真相。

3. 认知性会谈

为了克服这些缺点，我们可以从认知心理学中借鉴一种称为"认知性会谈"（cognitive interviewing）的方法。它要求小部分被调查者做问卷时"大声思维"，把在回答过程头脑中所想到的内容尽量外显化、言语化（B. H. Forsyth & J. T. Lessler, 1991）。这种"大声思维"程序的设计是为了评估被调查者回答问题时的认知过程，为研究者提供有关被调查者对各条目理解和设计答案的策略的信息。面谈者也可以询问被调查者某个问题中的独特元素，如对某个具体的词、短语或问题整体理解。

4. 各种方法的比较

上述三种前测方法都在实际中被广泛运用，它们关注的是调查数据收集过程的不同方面。研究者希望通过它们发现调查中存在的不同类型的问题。事实上，许多证据表明，这些方法的使用要看具体情况，它们优缺点的表现完全依赖于其发现问题的类型及发现的可靠性。

大量研究证明，行为编码对考察被调查者的回答与原始调查工具之间是否存在显著的偏差有着较好的效果；传统前测可以发现某些类型的潜在问题，但信度较低；认知会谈的信度也较低，它更倾向于发现被调查者在回答问题方面的困难。

# 三、调查误差的控制

虽然认识到调查法对社会心理学具有重要的价值，但研究者有时候不太愿意使用它，主要原因是在预算有限时实施的可行性，认为调查会挤占有限的经费。事实上，一些大型调查机构进行的重要的全国性调查所需的花费虽然数目庞大，却基本上在大部分心理学家的研究预算之内。近来，一些方法学专家扩展了汉森(M. H. Hansen)等人早期的研究工作，他们把调查设计的问题放入一个具体的成本—收益框架。这种被称为"整体调查误差"的观点，能够给社会心理学家的决策提供综合的框架和具体的指导方针，使其在预算有限的情况下能很好地进行调查并获得最佳的数据资料。

整体调查误差的观点认为，调查研究的最终目标是使测量更加准确。整体调查误差是各种不同来源误差的总和，它主要包含四个部分：取样误差、无应答误差、范围误差和测量误差。应该考虑每一种来源的误差，并减少四种误差的总和。下面我们就对这些典型的误差一一进行分析。

### (一)取样误差

取样误差(sampling error)指的是样本数据与总体的真实数据间的差异，这些差异可以归因于样本与总体间的随机差异。如果研究者使用的是概率取样，那么能够对取样误差进行计算，概率取样的误差描述了对已获得的参数估计的不确定性大小。取样误差最典型的是用一个估计的标准误表示，即样本估计值对总体真实值的变异（这里假定为重复取样），也就是观察的样本估计值与总体真实值之间可变距离的概率。概率理论为计算从无限大的总体中抽取单一样本的标准误提供了一个等式：

$$取样误差 = \sqrt{样本方差/样本容量} \qquad [9-1]$$

如公式[9-1]所示，取样误差的一个决定性因素是样本容量，当样本容量增加时，取样误差减小了。然而，这种减小不是线性的——随着样本容量从小到适中，取样误差逐渐减小，但随样本容量的继续增大，取样误差减小的幅度却越来越小。因此，研究者需要在样本容量增加所导致的成本增加与这种增加所带来的精确性增加之间找到一个平衡点。

公式[9-1]只有在总体容量无限大时才成立。如果总体是有限的，那么应该在这个标准误公式中增加一个修正因子。因此，样本容量与总体容量的比值成为取样误差的另一个决定性因素。如果500个人的样本是从100000个人的总体中抽取出来的，其取样误差要比从1000个人的总体中抽取出来的取样误差大。当样本是从有限总体中抽取时，可使用下面修正的取样误差计算公式：

$$取样误差 = \sqrt{样本方差/样本容量} \times \sqrt{(总体方差-样本方差)/总体容量}$$
$$[9-2]$$

作为一般原则，只有当样本占总体的比例在5%以上时，才需要进行修正。像公式[9-1]和[9-2]所说明的，取样误差是基于变量的变异值。如果变量的变异为零，按公式[9-1]，取样误差将不存在。随着变异的增加，取样误差也随之增加。当样本容量为 1000 时，一个在总体中按 50/50 分配的两分变量标准误估计的置信区间的宽度约 6%。然而，一个在总体中按 10/90 分配的两分变量，其标准误的置信区间的宽度约为 3.7%。

取样误差的标准计算公式以及相关的统计程序均以简单随机取样为准。如果采用其他概率取样方法，实际的取样误差可能会略高于或低于根据公式计算出来的误差。这种取样策略对取样误差的影响被称为"设计效应"。更正式地说，即"对同一特征的样本真实变异与简单随机样本变异间的比值"。

任何整群取样的设计效应都超过 1.0，即整群取样的取样误差要大于简单随机取样的取样误差；而分层随机取样的设计效应一般小于 1.0，并且其取样误差均小于简单随机取样的误差。研究者应该重视这种设计效应，因为对它们的关注能够增加统计检验的效力。

### (二)无应答误差

无应答误差(non-response error)是指数据资料不是从样本的所有元素中收集而来时所产生的误差。即使在调查中使用了概率取样，也不可能保证被抽取到的样本 100% 都能够联系得到或者愿意提供信息。因此，大多数调查样本都包括一些无数据收集的元素。一个调查的结果很可能受这种无应答误差的支配，在这个意义上，无数据收集的样本元素与其他样本元素之间存在着系统的差异。

为了减少潜在的无应答误差，研究者采用了很多办法来鼓励尽可能多的被选中的个体积极参与调查。研究者可以采用这样一些方法尽可能让这些潜在的被调查者参加调查，如给潜在的被调查者寄一封信，通知他们将被邀请参加一个研究，研究者在不久后会与他们联系；或者向他们解释因为他们在这个主题或领域中的专长，他们的参与对研究能否获得成功具有至关重要的意义，同时说明参加研究是愉快而有价值的；或者向他们保证会对调查结果保密，并提供研究的目的和发起人的信用度等信息。研究者应该努力接触这些潜在的被调查者，尽量说服不太愿意参加的被调查者，必要时可以提供报酬或小礼物作为被试费用。但一些研究结果表明许多电话调查的作答率都难以超过 60%，而面对面调查则很难超过 70%。

就算是最好的学术性调查，即便有相当高的作答率，调查样本在人口统计学构成上仍可能存在较大的偏差。例如，布雷姆(J. Brehm, 1993)的研究证明，在两个重要的、重复的有关公众观点的全国性学术调查中，具有某些人口统计学特征的群体因其过多或过少的数量而严重影响了样本的代表性。如，青年人和老年人过少，男性过少，教育水平较高的人过少，有较高收入的人过少。

虽然作答率可能与100％相差较远，但低作答率并不必然意味着一个研究有关非人口学变量的内容肯定会受到误差的污染。如果是否参加调查不涉及利益问题，那么无应答不会影响结果。从这个角度看，投入大量的金钱和努力去提高作答率并不一定能带来数据质量的提高。

有研究报告(P. S. Visser, J. A. Krosnick, J. Marquette & M. Curtin, 1996)提供了有关这一事实的明显证据。研究者花了15年时间在美国俄亥俄州进行研究，比较了自我管理的信件调查和电话调查在预测全国总统选举结果时准确度的差异。虽然信件调查的作答率仅约20％，电话调查的作答率约60％，但信件调查预测选举结果的准确率(平均误差为1.6％)却大大高于电话调查(平均误差为5.2％)。此外，信件调查的投票者在人口学特征上比电话调查更具代表性。由此可见，较低的作答率并不必然导致较高的无应答误差。

有关无应答率对相关分析结果的影响目前尚无定论。如布雷姆(1993)发现，对样本构成的人口学特征偏差的统计修正对相关分析的真实结果影响很小。然而，较早的一些研究者(M. W. Traugott, R. M. Groves & J. M. Lepkowski, 1987)则得出了完全相反的结论。这些调查者对两组人数相当的被调查者进行了完全相同的电话会谈。在通过事先邮寄信件通知其中一个样本有关调查的事项后，其作答率更高(从56％增加到70％)。某些成对变量间的相关在这两个样本中是一致的；另一些成对变量在低作答率的样本中呈较弱的正相关，在高作答率的样本中呈较强的正相关；其余的成对变量在低作答率的样本中呈较强的正相关，在高作答率的样本中呈零相关。因此，作答率的提高可能会改变真实结果。

不论如何，我们有必要评估无应答误差对样本数据资料的歪曲程度。在这方面有两个方法可供选择。第一种方法是做一些建设性的努力，如重新联系先前拒绝参加调查的人，以获得一个随机样本，并从那些个体中收集数据资料，从而评估同意参加调查和先前拒绝参加调查的人之间的差异的大小。第二种方法是基于这样一个假设，较难获得信息的被调查者(要么这些人较难联系，要么一开始不同意参加后来被说服了)比相对较容易获得信息的被调查者，与无应答者更为相似。研究者可以比较那些立即愿意参加调查的人和重新联系或被说服参加调查的人之间的回答。两组间的差异越小，调查受无应答误差的威胁也越小。

### (三)范围误差

范围误差(coverage error)是指来自可能的被调查者总体中的一个样本不能代表真正的总体时所产生的误差。由于经济上的原因，研究者有时并不从总体中获取随机样本，而是在一个更窄的范围内取样。总体和取样范围间的差别越大，潜在的范围误差也越大。这种误差可能会导致有关总体的推论失效，因为这些推论是根据有偏样本的资料得出的。

例如，近来美国的许多全国性调查，包括电话会谈，虽然其对象是全国总体，但取样范围却被限制于有电话的家庭。虽然大部分美国成年人的住处有电话(约95％)，但总体和取样范围间仍存在5％的差别。由于来自无电话家庭的个体和来自有电话家庭的个体存在一定的差异，因而对样本结果的推广很可能是不恰当的。

与那些家中有电话的人相比，家中没有电话的人更可能是收入较低、受正规教育较少或年纪较轻的，也更有可能属于少数民族人群。这些人对政府发起的帮助穷人的社会救济措施更有可能持肯定态度，而采用电话调查恰恰低估了这部分公众对救济措施的支持率。对与收入无关的行为或态度的测量，来自有电话家庭和无电话家庭的个体并没有表现出较大的差异。即便如此，研究者还是应该注意由不完整的取样范围所导致的范围误差，并尽量估计和修正这些误差。

### (四)测量误差

测量误差(measurement error)是一种因测量手段的偏差而造成的常误，包括系统误差和随机误差。它通常由反应者自身的行为、调查者的行为和调查问卷所导致。在相同条件下作一系列观测，若误差的大小及方向表现出系统性或按一定的规律变化，那么这类误差称为系统误差；若误差的大小及方向表现出偶然性，即从单个误差来看，误差值不表现出规律性，但从大量误差的整体来看具有一定的统计规律，这类误差称为偶然误差或随机误差。系统误差是定型的，比较容易被发现，进而得到纠正。通常的做法是检验测量工具，如在回收的问卷中60％的被试在某个项目上的数据是缺失的，说明该项目存在一定的问题需要修正。随机误差是偶然性的，只要样本量足够大往往能相互抵消，因而对于此类误差尚可容忍。

## 第三节　资料收集

资料收集是调查研究过程中至关重要的一步，对这一环节的仔细操作是研究获得成功的关键。下面，我们将讨论与之有关的资料收集模式、访员的选择、培训与管理等方面的问题。

# 一、资料收集的方式

## (一)几种资料收集的方式

### 1. 面对面访谈

面对面访谈往往需要大量受过良好培训的访员,这些访员常常要到被访者家中进行访谈。当然,面对面访谈不局限于家庭访谈,它也可以在图书馆或其他类似的地点进行。不管是哪种情境,面对面访谈都包含口头呈现调查问题,有时还需要借助于图像。目前,访谈大都是由访员将被访者的回答记录在纸质问卷上,然后再送回到研究者手中。

随着电子技术的发展和研究经费的增加,许多访员开始配备笔记本电脑,整个资料收集过程可由电脑程序控制。在计算机辅助的个人访谈(Computer-Assisted Personal Interviewing,CAPI)中,访员根据电脑的提示进行工作。在显示屏上,问题按适当的顺序一个接一个地呈现。某个问题的答案被输入电脑后,后一个问题会立即呈现。CAPI可以减少访员的某些失误,同时也允许研究者根据被访者对前面问题回答的情况来调整特定的问题。它还可以使实验处理的整合变得容易,因为各种处理可被直接输入到CAPI程序中。另外,系统也不再要求访员事后将访谈结果输入电脑。

### 2. 电话访谈

与面对面进行的访谈不同,电话访谈中收集资料的最主要工具是电话。同时,鉴于计算机化的资料收集方式在面对面访谈中的应用与发展,大规模的电话调查组织也开始使用这种系统。事实上,计算机辅助的电话访谈(Computer-Assisted Telephone Interviewing,CATI)已经成为一种产业标准,目前已有多种软件包可用于简化电脑程序。与CAPI相似,CATI程序也包括各个问题的依次呈现,访员根据显示屏的提示一一提问,并将被访者的回答直接输入电脑,等等。

### 3. 自我管理问卷

一般来说,问卷总是被邮寄或直接散发到被调查者家中,附带的还有如何将填好的问卷寄回的说明。另外,也可以在大街或其他公共场所叫住路人并要求其完成一份问卷,或者将类似的问卷发送到为参与某个调查而聚集在一起的大量个体手中——有时这些人是与调查毫无关系的(比如,在上课过程中或在员工会议上)。不管是何种发送方式,自我管理问卷的特点是要求被访者填答书面形式的问卷,并将其返还给研究者。

纸笔的自我管理问卷在某些场合已被便携式电脑所取代,被访者可在屏幕上依据指导程序完成问卷。这种工具允许被访者根据自己的节奏作答,并能保证完全的私密性。这一计算机辅助的自我管理访谈

（Computer-Assisted Self-Administered Interviewing，CASAI），具有计算化的面对面访谈与电话访谈的所有优点，同时还具备了自我管理问卷本身的优点。此外，最近又发展出音频的 CASAI，在这种方式中计算机为被访者大声地读出问题，被访者听到耳机里的内容后将答案输入电脑。

**（二）资料收集方式的选择**

面对面的访谈、电话访谈和自我管理问卷都有各自的优缺点，因此在它们当中进行选择时需要权衡利弊。选择方式时应考虑几个因素：成本、被调查群体的人口学特征、取样策略、预期的作答率、问题形式、问题内容、问卷长度、资料收集期的长短，以及工具的便利性等。

1. 成本

当我们选择一种方式时，首先需考虑的因素就是成本。一般来说，面对面访谈比电话访谈成本要高一些，而在可比较的范围内，电话访谈又比自我管理问卷调查的成本高。

2. 被调查群体的特征

许多被调查群体的人口学特征是与方式的选择相联系的。比如，自我管理问卷要求被调查者具备基本的阅读、书写能力，不具备这种能力的被调查者显然无法完成调查。当被调查群体有不能忽略的比例的个体达不到这种基本要求时，该方式也是不适宜的。而在使用计算机辅助的自我管理问卷时，一定的计算机常识也是必需的，同样，当被调查人群中有相当比例的人不具备这种常识时，这一方式也是不合适的。此外，动机是另一个相关的因素，当研究者怀疑被访者没有足够的动机参与调查时，应选择其他的方式，如使用受过良好训练的访员来激发被访者动机的互动方式。高明的访员通常能通过使被访者相信调查的价值并说服他们参与，来提高作答率和资料的质量。

3. 取样策略

有时，某些取样策略可能要求研究者采用相应的资料收集方式。比如，一些选举前的预测性民意调查往往从登记在册的投票者中抽取样本。这些记录通常只提供姓名与地址，这就使资料收集的方式局限于面对面的访谈或是自我管理的问卷调查。

4. 回复率

显然，自我管理的邮件调查的回复率是较低的，当使用单一的邮递方式时，回复率常低于 50%。目前已发展了一些提高回复率的技术，但这些技术非常复杂而且代价高昂。面对面的访谈与电话访谈通常可以得到较高的回复率，从而减少了潜在的无应答误差。

5. 问题形式

如果调查包含开放式问题，那么面对面或电话访谈是较为合适的，因为访员可以以一种标准化的方式对未完成或模棱两可的答案进行推测，以保证被访者资料的有用性与可比较性。

6. 问题内容

如果调查涉及的问题是比较敏感的，自我管理问卷可以为被访者提供更好的隐秘性，也因此可以获得比电话访谈和面对面访谈更为真实的回复。

7. 问卷长度

面对面的方式允许的调查时间最长，可以是 1 个小时或者更长。电话访谈的持续时间则相对短一些，一般情况下不超过 30 分钟，因为被访者呆在电话边的时间过长会感到不舒服。在使用自我管理问卷时，问卷长度增加的同时回复率也相应降低，因此一般来说它所允许的持续时间要更短一些。

8. 资料收集期的长短

通过邮寄发放问卷需要较长的时间，邮递过程更是延长了整个运转期。相似的，面对面的调查要求较多的现场时间。相比较而言，电话访谈或许可以在非常短的时间内完成，一般在几天之内。

9. 人员与设备的可用性

自我管理的邮件调查对设备的要求最低，同时只需很少的调查人员就可完成。面对面的访谈或电话访谈在访员和管理人员人数较多时更容易开展。此外，电话调查只需要一个不大的、有足够办公空间和电话线来容纳一批访员的地方就可以方便地开展。

## 二、实施访谈

当资料通过面对面或电话的方式获得时，访员的角色是至关重要的。因此，有必要探讨一下访员的角色及其选择、培训和管理。

### (一)访员的工作

调查研究的访员一般有三项责任。第一，寻求并获得被访者的合作；第二，"训练"和"发动"被访者进行思考，提供真实的答案；第三，确保调查以标准化的方式进行。这里，第二项与第三项责任似乎是相互冲突的，但当调查是建立在友好的气氛上时，访员为被访者提供清晰的、对访谈任务要求的提示是可以用一种标准化的方式进行的。

### (二)选择访员

最好使用有经验的、付报酬的访员，而不是志愿者或学生，因为研究者可以对前者进行选择并挑出那些合格且最富技巧的访员。另外，志愿者与学生往往对研究的重要结果持有自己的兴趣和关注点，在访谈过程中可能带有与资料收集相悖的个人期望，这会影响资料的科学性。

不管是否给予报酬，所有的访员必须具备较好的阅读和写作技能，并且能够表达清晰。除这些基本要求之外，访员的某些个人特质可能会影响访谈结果，如种族及宗教信仰等。此外，访员的性别也可能对结果产生影响，比如男性访员和女性访员在婚姻、家庭问题上的态度是不一样的。

### (三)培训访员

访员的素质是保证数据资料质量的一个重要前提。对访员进行全面的培训可以减少由于其失误或调查执行的非标准化所引起的偶然和系统误差。因此有必要对访员进行培训，特别是当研究者使用无经验和志愿访员（如学生）时更是如此。在一些调查研究组织中，培训计划通常要持续两天或者更长的时间，因为过短的培训时间对于访员准备来说是不充分的，结果可能导致资料质量的重大缺陷。

一般情况下，培训包括以下几方面内容：（1）访谈工具的使用；（2）在家庭中随机选择被访者的程序；（3）发动被访者参与调查，应对被拒绝的技巧；（4）熟悉调查工具，练习问卷的施测；（5）了解何时以及如何对未完成的回答进行探究；（6）如何记录开放式和封闭式问题的答案；（7）在确保标准化的同时如何建立友好的关系。

培训可以采用各种形式（如，演讲、写训练材料、观看真实或模拟的访谈），但有一点是重要的，即在培训环节应包含监控下的访谈演练。比如，参加培训的小组之间可以轮流扮演访员与被访者的角色。

### (四)对访员的管理

对正在进行着的资料收集过程进行监控有助于对问题的早期检查，并且可以提高资料的质量。在自我管理问卷调查中，研究者应该监控被访者对问卷提出的问题。在面对面的或电话访谈中，研究者应该对各个访员的平均回复率、工作效率和完成每个访谈的成本保持动态的评估。

此外，对每个访员指导完成的问卷的质量也应该加以监控。如果可以的话，访员自身也应该受到监督。当调查是通过电话来开展时，对访员的管理相对较容易且不需要付出昂贵的成本，因此更应有规律地进行例行管理。当访谈是面对面地进行时，可以录下访员的访谈过程以便对访谈的各个方面进行评估。

### (五)访谈的确认

当资料是在单一的地点收集时（如，从一个中央电话展开的电话访谈），研究者们可以比较确信资料是真实可信的。若资料不是在同一个地点收集时(比如,面对面的访谈或者从访员家里打出电话进行访谈),资料的可信度会相对低一些。另外,一些访员可能会伪造一些问卷交回给研究者。为了杜绝此类事件,研究者一般需要采用一定的方法来确认从所有访谈中随机选出的一部分访谈是否真实发生过(如,重新联系一些被访者并询问访谈是否发生以及持续了多长时间等)。

资料收集是调查研究中很关键的一个环节,在确定调查设计的类型后,研究者需要做的就是培训合适的访员,设计相应的调查资料来收集调查数据,从而得到相应的研究结果。

在过去的几十年当中,社会心理学已经逐渐对社会态度与行为的复杂性有了更恰当的认识。有关"个体怎样行为"的理论正在被"某些类型的个体在某些环境中会怎样行为"的理论所取代。社会心理学家越来越多地意识到在某一社会群体中十分明显的心理过程在另一社会群体中可能完全不同,人格因素、社会认同和文化规范等对许多社会心理现象有着十分深远的影响。

本章,我们对体现社会心理学价值与意义的调查法进行了回顾,包括调查研究的基本理论及其对社会心理学的价值、各种调查研究的设计、取样和问卷的设计以及数据收集的过程等。

借助能准确反映总体特征并加以推论的样本,调查法可以使研究者们更好地探索社会心理现象。将实验操纵整合到调查设计当中的做法也提供了特别的好处。我们相信调查法的这些优点将使它成为社会心理学研究者方法库中有重要价值的一种。并且,将这种方法整合到整个研究计划中,使得研究者能够在工具、方法方面进行多维测量,与单一途径相比,提供了有关社会心理现象的更有说服力的证据。

## 本章思考题

1. 请阐述在社会心理学研究中使用调查研究方法的优势。
2. 举例说明如何在调查中进行实验?
3. 请以"大学生恋爱心理"为例设计一份调查问卷。
4. 试论述如何避免调查过程中的各种误差?

(作者:叶映华)

# 第十章 启动及自动化加工的心理过程

对于情境在认知、动机以及行为中所起的作用来说，启动(priming)技术以及自动化(automaticity)技术都是非常有用的。当前的意识流会对个体产生持续的影响，这些影响在目标任务已经完成或者中止了之后还会继续。相对于社会心理学研究来说，这样的情境效应在日常生活中更为普遍。

## 第一节 启动及自动化加工研究的起源与发展

在20世纪的大部分时间里，特别是行为主义占统治地位的年代里，心理学界不允许采用认知机能与加工来解释和模拟心理现象。对于今天的研究者来说，这也许难以置信。究其原因，当时检验内部心理状态的研究技术只有内省和自我报告，然而这些方法是有缺陷的：可能会混淆观察者和被观察者。

所幸，今天的情形已经不样了。本章所介绍的研究方法不再是自我报告，而是由外部观察者报告的，并且可以在同样的条件下重复报告，这就体现了社会认知心理学的科学性。运用这种方法，我们可以从被试的反应时，或者在被试同时完成多个任务的情况下，从被试事后回忆起的人和事件的顺序中，推论其认知加工的过程和结构。也就是说，跟其他学科一样，在可观察的现象的基础上，我们可以推论、演绎和建立起心理学理论，并且检验它们。

正如我们所知，认知表征和加工通常被视为环境事件和心理反应之间的中介。在本章中，我们主要关注被动的或者无意识的认知中介形式，从而研究作为社会心理现象中介的心理表征和加工。启动技术和自动化技术恰恰为我们提供了这样一个思路：内部心理状态，可以用一种被动和内隐的方式，调节社会环境对心理反应的影响。

下面，我们就来回顾一下认知表征和加工研究技术的起源与发展过程。

## 一、信息和知觉体验

冯特和铁钦钠(W. Wundt & E. B. Titchener)早期提出的元素论认为，对于直接的感官事件来说，知觉是完全可以解释的；但是，事实上任何本质上由内省得到的对于客体知觉的反应（而非客体本身的感觉特征）是超越当前呈现的信息的——是一种推论，而不是实际感知到的东西。接下来，格式塔运动率先反对元素论。格式塔学者们认为，人们事实上确实超越了所获得的信息，根据一些精确的形式和关系的原则把客体当作整体来知觉，并且这些形式和关系不能被单独地简化为感官刺激。

## 二、知觉研究的"新视野"运动

20世纪40年代，在知觉研究领域占主导地位的观点是：知觉体验是由刺激特征单独决定的。对此，知觉研究领域出现了一种"新视野"，突破了上述传统观点，第一次假设在知觉过程中可能有个体差异存在。

前面提到过，格式塔学者们的研究展示了人们在知觉过程中的确超越了环境中实际呈现的信息。但是，关于人们为什么这么做的机制，研究者们认为是普遍的现象。在当时对亮度等刺激特征的判断研究中，围绕着平均值波动的实验数据被当作误差项来对待。然而很多研究者注意到，在这些误差项中存在相当一致的个体差异：一些被试的实验结果一致地低于平均数，而另一些被试的结果通常高于平均数。尽管有些矛盾，这个问题渐渐被视为"恒定的误差"。

如果这些误差项的出现主要是由于一些随机原因，那么某个被试的结果应该是围绕着他个人判断的平均数随机分布，而不是呈现系统的变化。认识到这一点，有研究者提出这些"恒定的误差"根本不是误差，而是在知觉体验中真实的个体差异。并且，他们猜测观察到的个体差异很可能与其他个体差异是相关的，如动机、需要，以及价值观。于是，知觉研究的"新视野"就诞生了。

至此，心理学研究的各个领域，如态度和价值观、情绪、动机和目标搜寻、人格、临床和心理动力理论等，都有了一座通往实验心理学的桥梁。随着研究者们对于知觉体验中个体差异探索的深入，"新视野"运动繁荣起来了。一直以来与"科学"心理学相联系的实验室技术，终于可以被其他领域采用了——这不仅是收获知觉研究领域的累累硕果的一个绝好途径，也成了实验心理学真正普及的开端。

# 第二节 启动技术

## 一、启动技术研究的起源

尽管"新视野"运动的确证实了个体差异（如，动机、需要）在知觉体验中所起到的作用，但是它并没有提到我们现在用来代表启动的内容——新近或当前的体验是如何自动地（不受行为或者意愿的影响）激发内部准备状态。直到布鲁纳（J. S. Bruner，1957）提出范畴可接近性理论，这个问题才有了经典论断：当前目标使得与实现这些目标有关的表征变得更为可接近，并且随时可能被环境中的相关客体和事件所激活。值得注意的是，这指的是一个十分主动和有意的内部状态。

### （一）新近经验的影响

谈到被动的环境效应，邓克尔（K. Duncker，1945）关于心理定势的初创性工作，是一个相当接近的例子。他的研究显示了个体对于客体及其功能的惯常的思考方式可能会阻碍其对新颖的、创造性问题的解决。比如说，让我们假设被试甲接受了一个把两根绳子系在一起的任务。可是这两根绳子一直在摆动，两者之间的距离比较远，甲抓住了一根，就抓不住另一根。甲手头还有一把锤子，但是他却想不出来该怎么利用这把锤子完成任务。然而，当实验者似乎无意中把其中一根绳子做出摇摆的动作之后，就发生了下面一幕：甲把锤子系在绳子的末端，使得绳子和锤子组成了一个单摆；甲首先抓住了一根绳子，利用单摆的晃动同时抓住了另一根绳子，并且把它们系在了一起，完成了实验任务。需要注意的是，甲根本不知道是实验者的那个动作促成了问题的正确解决。如今，我们将这个现象解释为被动的概念启动效应的一种。这个被激活的概念—实验者的动作—对意识判断和问题解决有着强烈的影响。

希金斯和查尔德（E. T. Higgins & W. M. Chaired，1980）的研究展示了更为现代的启动技术。在他们的研究中，被试的任务是给蜡烛作一个平台，这就需要把一个盒子用大头针钉到墙面上。作为实验的一部分（明显与实验目的无关）实验者给被试一盒大头针，并且向一部分被试重复呈现词语"或者"，而向另一部分被试重复呈现词语"和"。结果，那些被"或者"启动的被试更可能把这盒大头针看成是两个独立的部分：一个盒子和一些大头针，与被"和"启动的被试的情况形成了对比。这个研究显示的正是启动效应。

术语"启动"首次被使用是在拉斯利（K. Lashley）1951年的一篇论文中，内容是关于反应倾向的暂时的内部激活。当时，拉斯利正在研究连续的反应序列的问题。他认为，在意志行动或意图，以及有意行为的产生过程中存在一些中介状态，正是这些中介状态把行动组合成适合的序列。他把这个现象称为"反应的启动"。

这样，启动被用来指一种心理表征服务于反应功能的准备状态。这里，拉斯利所描述的激活来自于内部，甚至是有意识的来源。然而，在斯托姆斯（L. H. Storms，1958）的研究中却意外地发现了被动的启动现象。

在斯托姆斯的研究中，他首先给被试一张单词列表让他们记忆，然后让他们对一系列作为刺激的单词进行自由联想。出人意料的是，在记忆任务中呈现过的那些单词更可能被作为联想项。斯托姆斯报告了这个效应，但未能作出解释。

西格尔和科弗（S. J. Segal & C. N. Cofer，1960）第一次用术语"启动效应"来指这样一种现象：在先前任务中对某个概念的使用，对于在后续的无关任务中这个概念被使用的概率具有一定的影响。西格尔和科弗再现了斯托姆斯的发现，与之不同的是，他们没有使用明显的指导语来要求被试回忆。结果显示，先前呈现给被试的那些单词在后续的自由联想任务中被使用的概率有所增加。

在这之后，启动开始被作为一种实验技术来使用，特别是被用来显示信息是如何被储存进记忆中的，尽管个体可能回忆不起来。也就是说，先前实验中呈现过的单词在后续的任务中依然比通常状况下更有可能被作为联想项而出现，尽管被试在实验的最后并不能把这些单词回忆出来。这样，这些对启动的早期研究就成了对内隐记忆和外显记忆差异研究的根源。

### （二）启动技术研究在印象形成中的新发现

对于社会心理学来说，开创"启动"这一领域的是希金斯等人（E. T. Higgins，W. S. Rholes & C. R. Jones，1977）的研究。他们的研究显示，不仅是词语，有关人格特征的概念（如，"喜欢冒险的"或"独立的"）也可以通过近期的使用而被启动。他们采用的是无关任务的研究范式。也就是说，在研究中作为第一个任务，也是记忆任务的一个部分，实验者向被试呈现一些反映某种人格特征的同义词。接着，在无关任务（即第二个任务）中，要求被试阅读关于目标人物的一些材料。在这些材料中，该人物的行为与先前呈现的人格特征之间的关系是含糊的，如"独自横渡海洋"以及"喜欢自己一个人学习"等。结果，那些在先前任务中看见过诸如"喜欢冒险的"和"独立的"等特征词的被试，比那些先前看见"不计后果的"和"冷淡的"这些词的被试，对目标人物形成了一个更为积极的印象。值得注意的是，被试显然不知道他们已经被先前记忆任务中呈现的特征词影响了！

对比一下，在自由联想研究中，被试的反应涉及对启动词本身的使用，而这个研究要求被试给出对目标人物的整体印象或者评价，这就是这个研究比以往研究的进步之处。被启动的并不仅仅是与刺激词相对应的、单一的、具体的词汇，而且还有抽象的特征概念。正是因为这种特征概念被启动，才导致被试对于目标人物的印象出现了积极或消极的偏差。

希金斯等人的研究第一次显示了个体的新近经验怎样以一种被动和无意识的方式影响对他人行为的知觉和解释。在他们的研究中，所有的被试阅读了同一个目标人物做同样事情的材料，然而结果却是他们对这个目标人物的印象有明显的不同。研究者认为，只有被试新近使用的特征概念的不同才能解释研究结果的这种差异。

## 二、启动研究技术

启动研究包括多种实验技术，它们的共同之处在于，都关注一个环境事件对后续的思维、情感以及行为所造成的无意的结果。

### (一)概念启动(Conceptual Priming)

概念启动指的是在一个情境中某种心理表征的激活，对后续的无关情境产生了被动的、无意识的影响。最典型的就是特征概念启动效应研究。例如，使用单词"诚实的"作为语言测验的一部分，导致被试在随后的实验环节中将目标人物评价为更为诚实的。用这种方法，启动效应源于被启动的概念(独立于加工目标)，而不是对一个特定心理过程的启动，它有别于下面所提到的另两个启动类型。

在概念启动中最关键的是，在先前的任务中激活研究所感兴趣的内部心理表征，并且不让被试知道在随后的无关情境中这个激活事件的后期影响。

事实上，在实验过程中，被试可能意识到(或未意识到)启动了某个给定概念的实际刺激。为避免这种情况，不同的启动技术采用了不同程度的控制。所以，概念启动分为阈上启动和阈下启动。

1. 阈上启动(supraliminal priming)

在阈上的或者"意识的"启动中，研究者向被试呈现的启动刺激，是一个意识任务的一个部分。也就是说，被试完全意识到启动刺激本身，但是并没有意识到服务于被启动概念的某个潜在模式。一个经常被使用的阈上启动技术是由科斯廷(F. Costin, 1969)最早作为临床投射测验而设计的"句子拼接测验"，后来被用于有关特征概念启动的研究中(T. K. Stull & R. S. Wyer, 1979)。研究者告诉被试，实验目的是测量他们的语言能力，并要求他们把各组单词串成连贯的符合语法的句子。在这个过程中，实验者向被试呈现一些单词，这些单词与实验者希望启动的概念有关。

一般说来，启动刺激是通过在标准辞典里寻找与将要被启动的概念接近的同义词来选择的。如果需要更多的或者各种各样的启动刺激，还可以采用前测来补充这个同义词序列：另外找一组被试，对每个潜在的启动词与目标概念之间的关联程度进行评估。对于句子拼接测验来说，尽可能多地使用不同的同义词是一个好方法，因为重复某个词会增加被试猜出任务意图的可能性，或者多少有些意识到实验是聚焦于某个特定概念的。

2. 阈下启动(subliminal priming)

与阈上启动相对照，阈下启动技术通常被用来研究无意识知觉到的刺激的效应。

阈下启动技术主要遵循三个原则：(1)启动项极短的呈现时间，(2)利用其他刺激产生即时掩蔽，(3)适当的意识核查。

(1)呈现的短暂性

呈现的短暂性可以转换成内部表征被激活的数量。粗略地说，内部激活量由等式 $D \times I = A$ 确定，其中 $D$ 是刺激持续的时间，$I$ 是刺激强度，$A$ 是激活量。虽然在很多知觉研究中，借助于速视仪研究者可以改变刺激亮度，或者使用明胶滤光镜(具有类似太阳镜的效果)来降低刺激的可见度，但是大量研究中的阈下表征都是通过变化刺激呈现的时间，而非刺激强度来实现的。

一个刺激可持续多长时间却依然是阈下刺激呢？考虑到认知阈限通常是以毫秒为单位来测量，并且存在个体差异，所以无法确定单一的答案。确定个体的阈限是个费力和花时间的过程(例如，半个小时的暗适应，A. G. Greenwald, 1989)。常用的解决方法是使用一个即使不是对所有被试，也是对大部分被试来说足够短的持续时间，并且进行保守的意识核查。

(2)掩蔽

仅仅简单呈现一个启动项然后消失，通常是不足够的。这是因为，刺激的有效持续时间往往比它实际呈现的时间更长一些，原因在于：电子化呈现刺激(若采用速视仪呈现就不是问题了)的媒介消退率大于零。较老的显示器采用磷作为媒介，个体甚至都可以看见消退过程的发生；现代化的计算机显示器的消退率要小得多。不管怎样，在购买设备以前，观察这一特性是非常重要的。

但是，即便使用速视仪或是现在市场上最好的计算机显示器，研究者仍然需要掩蔽那些刺激，因为刺激在从显示器上消失以后，依然会在被试的记忆中以视觉图标的形式维持一段时间（G. Sperling，1960）。为了消除这种干扰，使得启动项的有效持续时间与它在显示器上实际呈现的时间相同，应该在同样的位置呈现一个模式掩蔽，使其与已呈现的启动项持续相同的时间，最好是更长的时间。

模式掩蔽刺激应包含与启动项相同的一些特征，以使知觉掩蔽的过程使用相同的心理特征觉察器。然而，为了不干扰启动项的效果，模式掩蔽不应该与任何更高水平的意义相对应。比如，有研究（J. A. Bargh，1986）使用的启动项全部都是单词，而掩蔽刺激则是由一些具有相同特征的单元（字母）但本身不构成单词的字母串（"XQFBZRMQWGBX"）构成的。用这种方法，在启动项和掩蔽中启用了相同的特征觉察器，防止视觉图标储存的发生。

（3）意识核查

尽管所有的实验者都很警惕，但实验过程中被试仍有可能意识到启动刺激的本质，所以需要对被试进行意识核查。

作为意识核查，实验者可以用一些原始的启动实验来加强实验效用。如告诉被试将呈现一些单词或图片，并要求其努力猜出它们是什么。如果被试不能猜出任何单词或者不能鉴别图片内容的要点，就可以肯定实现了阈下表征。更为保守的测验是在每一次意识核查实验之前，把正确答案连同一个或多个错误答案一起给被试，并且把这些实验绩效与实际上没有启动项呈现的控制组的绩效进行对比（J. A. Bargh，1986）。

注意，在这里，如果把实验绩效与几率水平（比如说，两个项目测验中的50％水平）进行比较是不合适的，因为在没有启动的情况下，选择使用的特定错误答案的概率是变化的。如，单词的使用频率或与心理的关联（如，人格特征术语 vs. 作为错误答案的蔬菜名）都影响错误答案以及目标启动词被选择的频率。因此，需要对启动和无启动项的控制条件，就错误答案被选择的频率进行比较。

3. 概念启动的效果

一般说来，呈现给被试的启动刺激越多，启动效应就越强。有研究者在句子拼接测验中同时变化项目的数量（30或者60）和与项目包含特征有关的启动项的比例（20％或者80％）。结果这两个因素都产生了显著的主效应：任务中启动项的总数越多，启动项的比例越大，印象形成中的启动效应就越强（T. K. Stull ＆ R. S. Wyer，1979）。

一般说来，句子拼接测验或其他"意识的"启动任务，与阈下启动相比，具有较强的启动效应。在速视仪上，增加刺激的亮度和刺激的持续时间，可使刺激由不可见变为可见。同样，对启动项有意识加工的激活比阈下激活的程度更大。而一个概念的激活程度越大，它的可接近性和随后被使用的可能性也越大（E. T. Higgins & G. A. King, 1981）。

此外，启动操作越强，启动效应维持的时间也就越长。有研究者考察了关于概念可接近性的"突触"模型（E. T. Higgins, J. A. Bargh & W. Lombardi, 1985）。在这个模型中，启动的频率与启动的新近性形成了竞争。研究采用句子拼接测验，实验者向被试呈现与两个不同特征概念（如，"喜欢冒险的"和"不计后果的"）相联系的刺激，其中一个特征被更为频繁地启动，而另一个特征被在更为接近任务结束的时间内（也就是最后几次呈现）启动。在随后看似不相关的任务中，要求被试阅读关于某个目标人物的材料，这个目标人物做出了一些与两个特征均相适合的行为（如，独自驾船穿越大西洋）。如果在启动任务之后立即询问被试对目标人物的态度，他们的印象与最近被启动的特征更为一致；但是，如果在启动任务一段时间之后询问，他们对目标人物的印象与被频繁启动的特征更为一致。

### 4. 概念启动研究的扩展

长久以来，启动研究都是关注在感知和印象形成过程中的效应。最近，启动研究中的新进展扩展了可被启动的心理现象范围。

近年来，有研究显示之前用来产生知觉效应的那些启动操作，如句子拼接测验，同样可以产生行为或动机上的影响，前提是采用相同类型的因变量进行测量。也就是说，通过采用与原本用于产生知觉效应相同的操作（阈上的或者阈下的），有可能会启动某种行为倾向或某个特殊的目标。如采用句子拼接测验激活有关粗鲁或有礼貌的概念，观察被试是否会因为要从实验者那里获准参加下一个实验任务而打断某次会谈。那些被"粗鲁"启动的被试（63%）远远比没有被启动的被试（38%）更倾向于打断会谈，而那些被"有礼貌"启动的被试是所有被试中最少打断会谈的（17%），并且这种效应并没有受到被试对实验者印象的调节。因此，这个效应在某种程度上可被视为是对行为倾向的启动（J. A. Bargh, M. Chen et al., 1996）。

动机和目标同样也可以被启动。如研究者通过让被试执行一个"单词查找"任务，从而激活了成就动机或关系动机。那些成就动机被启动的被试在随后的单词查找任务中更为努力，并且找到了更多的单词，而那些关系动机被启动的被试则更为关注与同伴的相互作用，而不是对任务的完成（J. A. Bargh & P. M. Gollwitzer, 1994）。

## （二）心理定势启动（Mindset Priming）

心理定势启动的操作让一个情境中的被试积极地参与到（或者阅读一些关于其他人参与的材料）一个目标导向的思维类型中来，以此形成的心理定势——在情境中目标追求的是什么——在后来的无关情境中更有可能发生作用。这样，被启动的是一个程序或者是对于信息或者情境进行有目的思考的一种方法。比如说，有研究者先让一些男性被试阅读一个"男孩遇见女孩"的故事，结果这些被试在随后的实验中微笑得更多，并且对女性同伴表现得更为友好（T. D. Wilson & J. A. Capitman，1982）。

具体来说，心理定势启动同样也是启动动机或者加工过程，不同的是被试开始就具有该目标，或有意执行该心理过程。与概念启动相比，在心理定势启动中，意图和意志扮演了更为重要的角色。因为启动涉及对心理过程的主动和有意地执行，而不仅仅是目标概念的被动激活，所以我们认为心理定势启动与概念启动是不同的类型。

有时候，使用这种启动范式比概念范式更为合适。比如说，在句子拼接任务或阈下启动中，如果概念太抽象了或太过操作化了，以至于不能用单个的单词来进行启动，那么使用心理定势启动任务就更为合理。

这类研究最初是由戈尔维策等人（P. M. Gollwitzer，H. Heckhausen & B. Steller，1990）进行的。实验者指导被试在两种方法中选择一种来考虑一个私人问题：详细考虑某个方案的优点和缺点来解决问题（诱导一种"协商性"心理定势），或者制订一个详细计划来完成某件具有重要人生意义的事情（诱导一种"工具性"心理定势，如控制组的被试在相同的时间里阅读一本画册）。在表面上无关的第二个任务中，向被试提供一篇《精灵传说》的开头几行，要求他们用任何自己喜欢的方式去完成故事。就像预测那样，那些具有工具性心理定势的被试比其他被试更倾向于把主人公实际上已经做的事继续下去，以此来完成一个选定的目标，但是那些具有协商性心理定势的被试更多是按照主人公的想法来写，并且在不同的行为备择项中进行选择结束故事。结果暗示了在第一个任务中被试的目标和心理定势在第二个任务中依然是积极的，并且被试在写故事时无意识地选择了这种思维方式。

## （三）序列启动（Sequential Priming）

序列启动技术不检验新近经验的残留效应，而是检验两个表征间的持久性关联。需要说明的是，在这两个表征之间存在自动传播的激活。比如说，在一个态度客体和它的评估之间，或者在两个不同的概念之间。因此，序列启动技术是研究联想结构的一个选择。我们把序列启动效应技术推迟到自动化技术的部分再进行介绍，因为自动化研究考虑的同样也是长期的结构效应。

### (四)启动技术小结

以上三类启动都表达了个体在对世界的理解和行动中，使用某个表征的残留效应——被启动的表征，或是自动与之发生联系的任何其他表征，在后来某个时间会被激活。在它保持激活状态的时间内，对个体产生了某种效应，然而个体并没意识到或者并不是主动的，因此这种效应就不受个体控制。

不得不引起重视的是，启动是一把双刃剑。也就是说，在实验中，被试的新近经验会潜在影响其随后的反应——不管这种效应是不是实验者有意引起的。所以，在因变量测量之前让被试完成某些问卷可能就会导致出人意料的启动效应的发生。

这一点已在一些研究中得到证明。例如，有研究者(J. A. Skelton & D. B. Strohmetz，1990)让被试首先对有关他们健康状况的一系列单词进行评估，随后这些被试就报告他们有大量的健康问题，这些正是通过同义词列表所测量的。另有研究者(M. M. Marks，R. C. Sinclair & T. R. Wellens，1991)在实验开始阶段采用贝克抑郁量表(BDI)对部分被试(抑郁患者或正常者)进行了测量，与那些没有做过 BDI 的被试相比，做过 BDI 的被试产生了不同的自我判断。

综上，任何好的实验设计都是通过任务分析来获得的。在任务分析过程中，实验者要仔细考虑不同的实验操作和任务对被试的心理状态可能产生的影响。一般认为，在实验环节任务如何设置将通过概念或者心理定势启动，影响随后对因变量的测量。

## 第三节　自动化加工

### 一、自动化加工研究的起源

启动效应研究和自动化研究有一个共同的目标：探索心理表征影响知觉、评价、动机以及行为的可接近性的个体差异。请注意，启动效应研究主要关注个体通过环境而获得的心理表征的短暂激活，以及这种激活对不同的心理现象所产生的效应；而自动化研究主要关注激活的一些更为持久的效应——也就是说，对于社会知识结构的持久的可接近性。下面，我们先来看看有关自动化概念的发展。

现在普遍认为，自动化加工不是一个单一的实体，而是汇集了各种类型加工的庞大体系，这些加工都被认为是无意识的。根据以往的研究结果，有意识的加工具有以下特征：在本质上是连续的(序列的)，而非平行的；受到它在同一时间内可处理的信息数量的限制；与现象意识的内容大致相对应；受个体意图和目标的直接指导。

如果某个加工过程不具备上述一个或多个特征，就可被认为是"自动化的"。这个结论是基于这样的假设——有并且只有两种基本的信息加工类型：有意识的加工和自动化的加工。自动化加工存在两种主要的类型：目标依赖和前意识。

## （一）目标依赖和技能获得

无意识加工的一种类型是技能获得，这些技能的获得是通过大量的练习或者经验而实现的，如驾驶和打字。这些活动一旦开始，都存在一种不需要意识指导就可以进行操作的能力。然而，因为在开始这些活动时要有一个有意识的意愿动作，所以这些技能是有意的。

在这方面，詹姆斯（W. James）的"习惯"概念为现代自动化加工研究提供了一份珍贵的遗产。詹姆斯认为日常生活中的习惯是很重要的，并且相信习惯是通过持续努力的练习而稳固下来的。他的重要观点——个体频繁、持续地参加某种活动，随着时间的推移需要的意识努力也越来越少——成为技能获得研究的一个基础。

举个简单的例子，在谢夫林和施耐德（R. M. Shiffrin & W. Schneider, 1977）的研究中，被试的任务是在快速呈现的字母或数字序列中探测一个特定字母或数字（目标）。在经历了上千次这样的实验操作以后，被试的注意力自动地指向了目标。这个研究说明了练习的频率对自动化形成的重要性。研究同时还表明了连贯性的重要性，因为只有当目标一直是同一个字母或数字时，自动化探测的能力才能够获得；当目标变化了，被试对原先那个字母或数字的反应改变了，自动化反应就不再发展。

在所有有关技能获得的研究中，都有一个基本前提，即要求有一个最初的意愿动作来开始这种自动化行为。不管个体参与到这个活动中去以后加工过程是如何的高效和自动化，如果没有这样做的意愿，个体就不可能开车、打字，或者在视觉呈现中找到目标。我们把这种形式的自动化加工称为目标依赖（J. A. Bargh, 1989）。

## （二）选择性注意和前意识加工

我们前面提到过，"新视野"运动关注在刺激到达意识层面之前就立即对刺激作出反应，它关于前意识的观点推翻了所有知觉活动都是充分有意识的这样一个假设。

关于这一问题的争论开始于布罗德本特（D. E. Broadbent, 1958）对于选择性注意的初创性研究。布罗德本特认为，个体具有一种内部的有意识的选择机制来"调节"注意，使之集中于环境中的特定信息，而忽视其他信息。他提出了注意的"早期选择"理论：注意的信息在早期就被选择了，且先于对信息意义的全面理解。而特雷斯曼（A. M. Treisman，1960）则认为，一些被忽略的信息实际上受到了意义的分析，并且是早于注意选择的。在她的双耳分听实验中，要求被试大声重复仅在一只耳朵中播放的故事，他们都能忽略不被注意的那只耳朵所接受的信息，但是当多放几次之后，他们也能够重复不被注意的通道的内容。这样，单纯早期选择的观点就受到了质疑。

在证明了确实存在某些意识之外的注意选择之后，引出了"有多少"的程度问题。尽管很多人（比如，U. Neisser，1967）赞成相对早期的选择模型——该模型认为仅有有限数量的信息被进行了意义分析——但还是有一部分人（比如，J. A. Deutsch & D. Deutsch，1963）支持后期的选择，即完全分析模型。根据这个模型，对于所有进入感觉的信息，存在针对其意义和重要性的全面和完整的前意识分析，并且依据其对于个体的重要性选择性地进入意识。

诺曼（D. A. Norman，1968）对两种观点进行了综合。他提出，前意识分析的程度是变化的，依赖于外部信息和与该信息相关的内部记忆表征之间的准备状态或可接近性的匹配。所以，认知心理学最终又回归到了"新视野"运动受质疑的观点上：个体内部状态的差异（源于情绪、需要和目标）影响意识知觉获得之前的知觉。

## 二、自动化加工研究

自动化加工是汇集了各种类型的无意识加工的庞大体系。事实上，这个领域已经发展出不同的研究范式，来研究有关"自动化"的无意识加工过程的特征。这些特征主要包括：(1)被试对加工过程的操作是否有意识，(2)这些加工过程是否是有效率的，(3)这些加工过程是否是非有意的，(4)个体是否能够控制加工过程。其中，关于对加工过程意识的测验，在上文的阈下启动部分已经讨论过了。下面我们就着重探讨考察自动化的其他三个特征的方法。

### （一）加工过程的效率问题

加工过程的效率对于研究来说是很重要的，因为在任何一个给定的时刻，通常会有很多客体，需要消耗有限的注意资源或工作记忆资源。因此，在多任务情况下，那些不要求意识注意就可以进行的加工过程就会具有一种优势。在特定的情境中，随着时间的推移，它们将会更稳定地发生，并且通常会形成一个默认的反应序列。

心理加工过程的注意负荷是可以被直接测量的，典型的是通过反应时技术，或者可以用操控对任务的注意程度来评估绩效是否受到了影响。

这两种方法中的任一种都可以提供基本的加工效率的信息，即在注意资源稀缺的条件下进行操作的能力。

1. 心理加工过程的时间

可以根据个体的某个心理过程所花费的时间来测量该加工过程的效率。史密斯(E. R. Smith, 1994)和他的同事做了一系列的实验，阐明了在社会判断领域程序性自动化加工的发展。在他们的研究中，让被试判断一个行为序列中的每一个行为是否是某个特定的个性特征的特例。研究者用毫秒来测量被试作出"是"或"否"的决策时间。结果显示，对行为进行特征范畴归类所需要的时间随着练习次数的增加而减少，这就说明过程效率或自动化加工程度的增加。这个程序化加工过程包括两个成分：普遍成分，关于某个特定的特征(如，善良)，甚至是对新的行为(以前没有判断过的)的判断都是越来越快的；特殊成分，采用相同特征对相同行为进行判断依然是更有效率的。

2. 心理加工所要求的注意

研究者也可以通过操控对完成一个任务所要求的注意来评估一个加工过程的效率。在能够操作的范围内，实验任务要求有注意；在不能操作的范围内，加工过程并不会因为缺乏注意而受到影响，因此是非常有效的。对这些条件的实验室操作可以通过非常快速地呈现信息(信息超载)，也可以通过给被试第二个任务来"分散"注意资源。

例如，有人(J. A. Bargh & R. D. Thein, 1985)进行了一项记忆的研究。研究者在计算机屏幕上面呈现了与"诚实"特征相关的 24 个行为的序列，一次呈现一个，以使被试形成对执行这些行为的目标人物的印象。在一种条件下，被试可以自由阅读每一个行为，按空格键来阅读下一个行为(这种技术具有一种额外的优势，即可通过注视时间来测量，对于不同种类的信息，个体给予了多少注意和考虑)。在另一种快速呈现的条件下，每个行为只呈现 1 秒钟，两个行为间有 1 秒钟的停顿。尽管对于被试阅读一个行为来说 1 秒钟的时间已经足够了，但却阻止了其对行为信息进行任何有意识的深入思考，或者将某个行为信息与其他信息进行整合来形成一个一致的即时印象。结果显示，这样的操作阻止了被试在阅读行为时形成即时印象，迫使他们仅仅在实验最后，基于能够回忆起的信息来形成印象。

另一个利用操控注意来评估效率的方法是双重任务范式。它让被试在实验进行的同时执行第二个任务，比如说在实验过程中记忆一个数字或一个单词。例如，有研究通过采用记忆负荷任务，比较了抑郁和非抑郁被试自我概念的自动化加工效应(J. A. Bargh & M. E. Toal, 1988)。

实验的主要任务是要求被试尽可能快地作出"是"或"否"的回答，来指出一系列积极或者消极的副词是否正确地描述了他们自己（或描述他人的一般状况）。一半的被试被要求在每一次实验中记忆一个 6 位数字，每一次呈现一个不同的数字。首先在计算机屏幕上呈现要求记住的数字，然后呈现要评价的对象（自己或者其他人），最后呈现副词。被试按键回答（以毫秒为单位记录下每一次实验的反应时）以后，屏幕上会呈现一条消息要求被试大声重复那个 6 位数字。从心理加工效率方面考虑，自动化加工所给出的暗示就在于，次要的但需要注意的任务增加了判断延迟的程度。实验结果支持了研究者的预期。

当然，实施这种双重任务需要注意几点。首先，"负荷"任务必须是充分占用注意资源的，以至于几乎没有注意资源可以分配给主要任务。比如说，想像一下如果在上面的研究中，要求被试记住的是一个一位或两位的数字，而不是 6 位或 8 位的数字，那么判断延迟很可能与无负荷条件没有差别。然而，却有可能从中作出错误判断，认为负荷任务不需要任何注意。

其次，让被试在整个实验过程中记住同一个数字串的问题在于，他们学会了这个数字串；也就是说，他们把它储存在长时记忆中，而无需再在短时记忆中一直进行复诵。如果被试成功地学会了一个数字串，那么很明显，该任务对其注意资源的需求不会增加到任何显著的程度。

最后，为了证明负荷操作是有效的，需要进行操作检验：负荷任务是足够困难的，以至于被试不能很好地执行它们。换句话说，被试最好是在报告记住的材料时犯了错误（如果这是他们的次要任务）。但是如果他们犯了太多的错误，研究者就不能确信被试在执行次要任务的时候是否尽了全力。被试应对注意负荷的一个可能的策略是忽视两个任务中的一个，专门集中于某一个，而降低另一个的绩效。如果被试采用了这种策略，那么我们就不能从对主要任务的注意需求中得到任何推论。

所以，我们希望被试犯一些错误，但是不能太多。解决这个问题的一个方法是：如果被试不能正确报告至少一半的数字串的话，就忽略这个被试的数据。备择方法包括被试间和被试内控制条件下，一个更高的负荷操作。如果这个额外的条件产生了与原始的负荷条件相同的结果，那么后者极有可能完全占用了被试的工作记忆；如果结果不一样，那么原始的负荷操作并没有完全占用可利用的注意资源。

同样，也可以通过前测来检验对被试个体的负荷操作，在这个前测中，给予被试已经知道是要求意识努力的一个任务；在这个任务中，无负荷条件应该能够再现之前的研究结果，而负荷条件却不会出现这些结果。

在双重任务范式中，为了对主要任务的注意要求进行评估，负荷和无负荷条件下的任务应该尽可能地保持相似。也正因为如此，很重要的是被试所认为的主要任务是哪一个，也就是两个实验任务中哪一个更为重要。如果在负荷条件下，被试认为主要任务不太重要，那么与那些处于非负荷条件的被试相比，除了注意要求改变了，因变量测量受到潜在的影响之外，被试执行该任务的动机也不会较强。所以，在执行双重任务之前，研究者不应该告诉被试两个任务是同等重要的，相反应该告诉他们实验的焦点任务（判断、归因等）是至关重要的。

**（二）加工过程是否有意的问题**

关于思维、感觉以及行动的非有意效应的一个主要来源是记忆中的自动化相关联结。如果表征"A"的激活（有意识或者无意识的）能够继续导致表征"B"的自动化激活，而不需要任何意向或意识参与，那么后者就可以对判断、评估以及行为产生一种非有意的效应。比如说，有研究通过用一些表达对美国黑人刻板印象的词汇（但是并没有直接用代表刻板印象一部分的"敌意的"）来对白人被试进行启动，被试就能"超越"那些被给予的信息，并且这个启动操作的确影响了接下来对一个目标人物的"敌意"的判断（P. G. Devine，1989）。可能的解释是：因为在原型内部激活的自动化扩散中，"敌意"被非有意地激活了。另有研究也显示，对于那些有性虐待或性侵犯倾向的人来说，在仅仅是"力量"，而不是"性"，被激活以后，他们对于一个女性助手便表示出了更高的被吸引程度，这就说明了"力量"概念的激活自动化地扩散到了"性的"概念（J. A. Bargh 等，1995）。

能说明这种自动化联结存在的主要方法就是序列启动技术。

1. 激活扩散理论及其扩展研究

序列启动任务为检验在记忆表征之间产生联想性自动化联结提供了可能。通过变化启动刺激表征和目标刺激表征之间的时间延迟，评估个体在这些不同的时间间隔条件下对目标作出反应的启动效应，就可以推论这个效应是即时、自动地发生，还是有意识、有目的地发生。本质上，如果在时间间隔中，激活启动刺激的表征所需要的时间对于即时的、有目的的反应来说太短了，以至于无法激活，那么启动和目标概念就可以被认为是在长时记忆中建立了结构性关联。因此，在社会心理学关于记忆结构和自动化加工的研究中，序列启动任务已成为使用最广泛的实验技术之一。

联想网络理论认为，记忆是由互相关联的节点构成，激活从一个节点向另一个节点自动化地传播。仅当已形成联结时，激活才可以传播，并且联结越强，传播到相关节点的激活就越多且越快。对联想网络理论进行检验的早期实验表明，如果一个有关联的节点（如，医生）已经被激活了，那么对目标项（如，护士）的反应将会更快（D. E. Meyer & R. W. Schvaneveldt，1971）。研究者推论，由于激活已经从表征启动刺激的节点扩散到表征目标刺激的节点，因此当目标被呈现的时候，相应的节点已经被激活了，故对其的反应只需要很少的时间。

庞瑟和斯奈德（M. I. Posner & C. R. R. Snyder，1975）认为自动激活的解释是有缺陷的，为此他们在激活扩散理论的基础上增加了一个策略模式，或者说策略成分。他们认为，如果给予这个要求注意的策略性操作充分的时间，那么就可以通过当前任务中的一个目标或策略来抑制自动化激活。诸如"医生－护士"或"太阳－月亮"这样的"启动刺激－目标刺激"配对的自动化序列启动是相对较快的，发生在 300 毫秒或更短的时间内。相反，即时的策略模式就需要较长的时间，因为它们需要注意资源，而这些资源的获得也是花费时间的（G. D. Logan，1980）。如果有注意资源和充分的时间，策略模式是能够抑制自动化激活的（T. Shallice，1972）。

尼利（J. H. Neely，1977）通过变化启动表征序列和目标序列开始之间的时间间隔的程度检验了该模型，他的方法被称为"刺激异步性"（简称 SOA）。在每一次实验中，在计算机屏幕的中央呈现一定时间的启动词，然后消失，接着在相同位置呈现目标词。目标词是一些有关身体方面的词（如，心脏或腿这样的身体部位），或有关家具方面的词（如，椅子、桌子），还有非英文单词（如，trone）。启动词或者是单词"身体"，或者是单词"家具"。被试的任务是词汇判断，即尽可能快地回答一个目标词是一个单词还是非单词。

尼利的研究的一个关键是变化启动和目标之间的时间延迟。在短暂延迟的条件下（如，250 毫秒），仅仅只有自动化加工效应能够发生；这样，启动词"身体"（或"家具"）就能加速对身体部位名称（或家具名称）的反应，因为假设在目标和相应的更高阶的范畴概念之间存在着强大的、自动化的联结。只有在较长延迟的条件下（如，750 毫秒），有意识的策略性期待才能影响反应。有意思的是，在临界条件下，被试对"启动－目标"有一种有意识的语义对立的期待。换句话说，他们预期启动词"身体"后面跟的是家具名称，"家具"后面跟的是身体部位的名称。然而，自动化效应通常会一致地保持下去，因为它反映了长期的联系，并且不能灵活地适应短暂变化的环境。与庞瑟－斯奈德的模型一致，尼利发现在短暂的"启动—目标"延迟条件下，"范畴—名称"启动能够持续促进对该范畴成员的反应，但是在较长时间的"启动—目标"延迟条件下，"范畴—名称"启动促进了对对立的范畴成员的反应。

这些研究，以及后续的一些关于自动化的态度激活的研究结果都与这样一个假设相一致：态度客体即时、自动地激活了记忆中与它们相关的那些评估。因为评估是被如此快地作出，并没有意识的参与，所以很多研究者已经使用这个范式来研究人们不愿承认的社会态度，如刻板印象和对某些社会群体的消极观点。因为因变量是对一个中性任务的潜在反应，所以被试无法进行策略性的反应来消除这种自动化评估。

2. 研究结果处理需要注意的问题

自动化加工研究中的关键因变量与其他许多社会认知的研究一样，是对目标刺激作出反应所需要的时间。对于概念激活的可接近性和自动化反应，以及在两个概念（启动刺激和目标刺激）间的自动化联结来说，反应时都能提供非常重要的信息。但是，我们需要注意以下两点：

首先，通常来说，一个反应时具有许多成分，而不只是实验者所感兴趣的那一个，评估、词汇判断，甚至是发音任务的反应时也不例外。比如说，若将态度的强度操作性定义为"对态度客体的名称作出的'好'或'坏'的反应的反应时"，那么这个反应时越短，态度就被认为是越强。然而，有许多其他因素可能影响这个反应时，如单词的长度（要花更多时间来阅读更长的单词）和词频。进一步研究表明，这些研究者不感兴趣的刺激特征被证明是与评估反应时显著相关的（J. A. Bargh el al.，1992）。如果研究者只简单地使用反应时，认为对它们的可能影响只是态度，那么会产生一些错误的推论（如，推论说对于口香糖的态度普遍强于对流产的态度）。

其次，与反应时分布相关的是怎样处理极端值的问题。极端值指的是那些非常长的，显著影响平均数的，并因此影响实验结果和结论的反应时数据。通常的做法是修正这些极端值，以消除其对研究结果的歪曲。有关修正极端值，我们认为要注意以下几点：

第一，在整个实验中，应该使用相同的修正方法。

第二，关于对于当前任务来说什么是合理的反应时，应该结合常识来判断一个长的反应时是真实的还是错误的反应。比如说，如果任务仅仅是在呈现之后尽可能快地读出每个刺激单词，那么1.5秒、2秒或者更长的反应时就不太合理了，这可能是由于设备问题（如，被试说话声音太小麦克风不能接收到反应），也可能是由于被试没有正确理解指导语。但如果任务是评价一个副词是否较好地描述了自己，那么相同的反应时就是非常合理的——个体需要花这些时间去作出决定。

那些太短，看上去不合理或是不真实的反应时应该被删除，尤其是短于300毫秒的反应时（通常这是非常少见的）。甚至NBA也认可了这个300毫秒"最小反应时间"规则——如果在比赛的计时器上剩下不到0.3秒，在比赛重新开始之后，投篮命中都不允许被记入得分，因为通常认为，在这么短的时间里是不可能作出任何反应的，其中当然包括出手投篮。

第三，只有真正极端的反应时才应该被删除，即超出平均数加减3个标准差范围的，或者在所有反应时中处于最极端的2%的反应时。

第四，被删除的反应时应该在各种实验条件下分布均匀。如果在一个给定条件或者一个条件的子类型下，有特别多的反应时被删除，这就暗示着它们不是由于随机事件或实验错误，而是实验操作的系统效应所致。

### （三）个体对加工过程的控制问题

#### 1. 难以控制的内部激活

我们已经考虑过了这样的情况：个体并没有意识到，或者并不是有意地采用某种方法来知觉、感受或行动——它发生在缺乏意识指向的情况下。但是如果个体事先知道这种效应，那将会发生什么呢？如果个体想要控制反应，他就能控制吗？

自动化加工的另一直接特征是加工过程的难以控制性。也就是说，个体很可能或完全被当前的环境无意识地影响了（正如启动效应），但如果个体对这种潜在影响变得有意识了，那么在判断或行为中能够抵消这种效应。迪瓦恩（P. G. Devine, 1989）的研究证实了刻板印象激活可能是无意识的，但在一定价值观、动机以及任务操作条件下，个体可以控制刻板印象对反应的影响。

普遍认为，尽管起初被激活的事件，如刻板印象，是不容易被全部控制的，但是在大多数情况下，以这些被激活的表征为基础的明显反应是可控制的。较难控制的激活的经典范式是斯特鲁普（Stroop, 1935）的"颜色—单词"任务。这是心理学界所熟知的，叫做Stroop效应。例如，要求被试识别一种颜色，随后以这种颜色呈现一个单词。结果表明，当单词本身与识别颜色这个任务不相关，是另外一种颜色的名字（比如说，用绿色墨水写的单词"红色"）的时候，人们就要花费较多的时间。

在这个范式中常被忽视的一点是：被试在任务中的实际反应绝大多数都是正确的。在错误的情况中，人们并不将用绿色墨水写的单词"红色"识别为"红色"，而是识别为"绿色"，但却需要花费更长的时间，因为需要限制被自动化激活的对"红色"的竞争性反应（G. D. Logan，1980）。所以，自动化效应"难以控制的"不是个体作出的反应，而是内部激活。

这里的关键在于个体对可能的影响是否有意识。如果他没有意识到，就像在启动或者原型激活中，那么结果就可能是有偏的判断或行为（J. A. Bargh 等，1996）。但是，如果被试意识到，他就可以调整和控制这个效应（尽管也可能调整过度）。如，一项研究（N. Schwarz & G. L. Clore，1983）中，研究者在下雨天或者在晴天，通过电话联系被试，询问他们关于生活满意度的问题。结果显示，研究者即使根本未提及天气，天气也确实影响了被试的回答——那些在下雨天联系的被试，比那些在晴天联系的被试报告的对生活的满意感低。很显然，被试无意识地把他们对生活的感受错误地与天气相联系了。但是，如果研究者偶然地提到当时的天气条件，这个效应就消失了。也就是说，研究者把被试的注意引到天气上来使得有关天气的信息进入了被试的意识，当被询问生活满意度的时候，被试可以有意识地控制自己，使自己不受错误归因的影响。

2. 反向加工模型

韦格纳（D. M. Wegner）和他的同事们的研究就为难以控制的加工效应提出了一些实质性的证据。基本的实验技术包括，当被试企图阻止一些事情发生的同时，让被试参与需要注意的次要任务。韦格纳（1994）的反向加工模型作出了这样一个特殊的预测：分心以及其他对注意资源的限制，事实上增加了反向加工发生的可能性。就是说，保持警惕、努力不做某事往往导致被试牢记什么事情是不想发生的。但是，因为抑制或控制它们的行动是需要努力，要求注意资源的，所以反而增加了对个体想要控制或者阻止的那些想法或行为的激活，或者可接近性的反向效应。换句话说，在分散注意条件下努力不做某事通常会有一种让一个人有更大可能，而不是更小可能，去做某事的反向效应。

有研究者（M. E. Ansfield & D. M. Wegner，1996）报道了以谢弗勒尔（Chevreul）钟摆幻觉为基础的一系列实验。在实验中，要求被试让一个钟摆保持静止（不在某个方向发生移动）。正如反向加工理论所预测的，让被试在保持钟摆不动的同时从 1000 开始做 7 的连减导致了钟摆在非有意的方向上发生移动。反向加工为相当一部分难以控制的心理加工过程提供了解释——有意想要控制的行为，因为行为主体当前注意资源的不足，而最终变得难以控制。

在上面的篇幅中，我们讨论了启动技术和自动化加工技术。

启动技术的共同之处是，个体在对世界的理解和行动中，被启动的表征在保持激活状态的时间内，对个体产生了某种效应，然而个体并没意识到或者并不是主动的，因此这种效应就不受个体控制。

自动化加工主要关注社会知识结构的持久的可接近性给社会认知所带来的效应。同样，个体对于这种效应的发生也是没有意识且不能控制的。

## 本章思考题

1. 概念启动和心理定式启动有什么异同？
2. 启动效应可能给认知实验带来什么混淆？
3. 注意资源分配和技能获得之间有什么关系？
4. 为什么个体难以控制自动激活的认知加工过程？

（作者：温逎）

# 第十一章 访 谈

访谈法是科学研究收集资料的最重要方法之一，它在心理科学研究中被广泛使用，具有其他研究方法无法替代的优点。本章从访谈的含义、分类、实施程序、访谈编码、信度和效度的检验，以及访谈者与编码者的培训等方面来描述访谈法的独特性，展示访谈法本身的人文性和艺术性，并体现这种科学研究方法所具有的严谨性。

## 第一节　访谈法概述

### 一、访谈法及其形式

作为科学研究方法的访谈是为了特定的科学研究目的，在一个明确的主题范围内进行设计、操作以获取信息的研究方法。它不同于日常生活中的交谈，也不同于一般的医疗访谈、咨询服务访谈和人员招聘访谈等。

访谈因研究的目的、性质或对象的不同，可以有各种不同的方式。例如，根据访谈中访谈者和受访者的交流方式，可以分为直接访谈和间接访谈，前者是访谈双方面对面的交谈，后者则是通过电话、网络等媒介进行的交谈。根据一次受访者的人数，访谈又可以分为个别访谈与团体访谈。目前科学研究中广泛采用的是根据研究者对访谈结构的控制程度进行的分类，可以分为结构访谈、无结构访谈和半结构访谈。

#### （一）结构访谈

结构访谈（structured interview）又称有结构访谈或标准化访谈，它是一种对访谈过程高度控制的访谈。研究者事先对访谈的程序、内容、记录方式等做出统一的规定，所有的访谈者均以统一的方式提问，提问的顺序、具体内容、记录方式均不能改变。结构访谈通常是按照量化的思路设计的,访谈的结果便于统计汇总与分析。为了消除可能由访谈者造成的偏见,问题的形式通常以封闭式为主,由研究者事先设计好问题及可能的答案,访谈时按顺序依次提问,受访者一般只需要从设计好的答案中作出选择。

结构访谈通常用于调查收集普遍性意见,评定某一特殊总体的行为、态度、偏好和意图等信息,并从中概括其特点。所以结构访谈也叫做调查访谈(survey interviews)。在结构访谈中,访谈所要获得的是已确定变量的资料,并且假定被调查者对这些变量是有意识的,他们能够针对研究所感兴趣的变量来评定自身的状态。因此,结构访谈一般不需要专门的编码者对访谈资料进行编码。例如,大众民意测验评定政治主张和投票意图,市场调查研究消费者的消费意愿或者对休闲活动的意见,政府的人口普查收集人口统计学资料等,都适宜用结构访谈进行资料的收集。

结构访谈的结果能够比较容易地进行编码和统计。但结构访谈的资料要能够反映一个特殊总体的特征,需要特别关注取样的代表性。研究者必须按照统一的标准和方法选取访谈的对象,一般采用概率取样。另外,访谈问题的合理设计也是获得有效资料、确保访谈成功的关键。因为结构访谈的问题往往是封闭式的,问题和答案的选项都是事先确定,且明确而具体的。这样虽然能得到受访者关于预设问题的某种明确的回应,但也有可能使研究者难以深入地了解受访者的世界观及其对一些问题的独特看法。因此,研究者需要认真考虑能充分反映研究主题的问题和备选答案。

### (二)无结构访谈

无结构访谈(unstructured interview)又称开放式访谈或自由访谈。与结构访谈正好相反,无结构访谈对访谈的程序、内容等都不做明确规定,通常只是给出一个讨论的主题或范围,由访谈者和受访者围绕这个主题或范围进行自由交谈。

无结构访谈的目的并不是期望从受访者那里获得相同类型的反应,而是希望能够挖掘有关研究问题不同层面广泛的意见。无结构访谈最大的特点是自由度大,可以充分发挥访谈者和受访者的主动性。访谈的双方围绕主题,就有关的问题、事件、现象,从历史到现实,从原因到结果,从动机到行为,从个人因素到社会环境等进行深入广泛地交谈和讨论。

在传统的定性研究中,无结构访谈是最典型的第一手资料的来源。尽管研究所关注的问题可以通过理论来了解,但是从访谈中却可以获得理论未涉及的、研究者未预料到的新思路或新的研究问题。更确切地说,一些新发现是在对访谈记录进行深入地研究归纳后产生的，研究者随后可通过一系列分析将其组织到研究的主题中去。

　　与结构访谈相比无结构访谈比较费时，从而使调查的规模受到限制。由于访谈过程是非标准化的，访谈中访谈者与被访者之间无拘无束的自然关系，常常难以保证形成的概念可靠和有效。另外，如何组织和呈现访谈的发展也是问题，访谈结果也难于进行定量分析。因此，无结构访谈一般只用于研究初期进行的探索性研究，随着研究的深入，需要转向半结构访谈。

### （三）半结构访谈

　　半结构访谈（semi-structured interviews）既可以包含表达灵活的问题，也可以包含几个高度结构化的问题。在半结构访谈中，对那些要求所有的受访者都提供准确应答的信息，可以使用高度结构化的问题，如有关受访者个人信息和特征的问题。但大多数时候访谈是受一系列有待进一步探究的问题所引导。根据访谈结果是否需要专家来编码，半结构访谈可以分为两种：一种是无编码的半结构访谈或受访者编码的半结构访谈，一种是（专家）编码的半结构访谈。

　　1. 受访者编码的半结构访谈

　　受访者编码的半结构访谈（participant coded semi-structured inter-views，PCSSI）是指访谈内容不需要经过专家评定，受访者自己对访谈所涉及的研究变量进行评定。例如，如果进行一项有关社会支持的访谈，主要考察受访者在 5 个不同的社交圈子里有 10 位熟识的人的情况，以及这样的社会关系网带给他们的好处和令他们感到的苦恼。这样，受访者自己就能对益处和苦恼等变量进行定量评定。

　　在类似的研究情形中，通过半结构访谈可以帮助受访者进行正确的自我判断，并保证受访者理解研究感兴趣的变量。半结构访谈尤其有助于评定复杂的变量，如社会（关系）网，或者那些受访者本人不大可能考虑的变量。

　　2.（专家）编码的半结构访谈

　　（专家）编码的半结构访谈（coded semi-structured interviews，CSSI）是社会心理学中重要的访谈技术。"编码"和"半结构"是 CSSI 的两个最基本的成分。在这里，结构主要是指访谈者在进行访谈时自由处理的权限。所谓"半结构"，是指在整个访谈过程中，访谈问题具有一定的开放性，访谈者能够机动地根据受访者的应答继续提问。因此，在整个访谈过程中，访谈问题自始至终既与所需要的信息紧密关联，又能够自由地展开，使研究问题与受访者的应答之间形成快速的反应连接。在调查研究的结构和对受访者的回答给予快速反应等方面，除了半结构访谈法之外，没有其他测验方法能够提供这种程度的关联。

所谓"编码"，是指专业评价者（或编码者）依据访谈的内容、组织和记录，对一个或多个特殊的心理变量做出的判断。大多数编码的半结构访谈的兴趣点都在于探究内在的心理过程，考察个体是如何解释和表现其生活经验，以及其心理机能是如何组织的。

心理变量可以被分为两部分：一部分是受访者能够直接报告的，一部分是他们不能直接报告的。需要用 CSSI 来研究的心理结构或变量，往往不是处于受访者自身易于了解的意识层面，因而也不太容易从受访者的自我报告中反映。例如，当要求受访者对一个假定的道德两难问题作出反应时，他们可以非常容易地报告他们道德抉择的内容；但他们或许不能直接报告出得到这个结论所经历的思想过程。当然，在访谈中受访者可能并不想直接提供研究者想获得的评价，但只要他们提供了信息，一位受过培训的编码者就能够从中作出判断。或许，依靠专家编码的最根本的原因就是评估过程变量。在国外社会心理学界，已有许多研究者应用 CSSI 成功地进行了诸多高水平的心理结构评估的研究。

## 二、访谈法的特点

### （一）访谈法的优点

#### 1. 较大的灵活性

访谈者和受访者作为谈话的双方，可以交谈，可以质疑，可以追问。访谈者在访谈过程中可以根据受访者的应答改进问题，以澄清或者扩展回答，或探究有意义的、研究者感兴趣的主题。这种相互影响、相互作用的方式，使访谈法比观察法、问卷法和投射法等方法具有更大的灵活性，让研究者可以在广阔、深入的范围内探讨所关心的问题。

#### 2. 能够收集多方面的丰富资料

访谈法具有更详细、更准确、更真实地了解有关细节、深入摸清情况的优势。比如对于调查问卷上漏题不填写的原因，很难从卷面上获得，如果访谈者当面询问受调查者，便可知受调查者不答问题的原因。

访谈是访谈者与受访者面对面进行的，因此，在访谈过程中，访谈者不仅可以获得第一手的言语信息资料，还能够通过对受访者当面的自然观察获得其非言语行为的资料。受访谈者在访谈过程中表现出来的身体语言，如面部表情、眼神、姿态等，有时要比从语言行为中所获得的资料具有更大的价值。

访谈既可以了解主观动机、感情、价值方面的问题，也可以了解客观问题；既可以了解现时资料，又可以追溯历史资料；既适用于文化水平高的受访者，也适用于文化水平低的受访者。因此，与其他调查方法相比，访谈可以获得的资料更丰富，适应面广。

3. 有助于理解复杂的心理结构

通过访谈可以揭示研究对象比较隐秘的态度、情感、观念，获得深层次心理活动的情况。特别是编码的半结构访谈对于理解某类复杂的心理结构具有重要价值，它使研究者可以探究个体的内在心理过程，了解个体是如何解释和表现其生活经验的，以及个体的心理机能是如何组织的。采用其他研究方法往往难以达到这一目的。

4. 有助于研究者形成假设和发展理论

访谈，特别是半结构访谈能够促使研究者深入地理解理论建构，并获得从文献和自我报告中难以得到的发现。研究者常常从受访者那里获得某些信息，转而去建立和考察他们最初的理论假设，从而为研究的构念效度提供某种即时性检验。

5. 情境可控性

访谈通常表现为访谈者与受访者的直接互动，这种直接互动有利于访谈者对访谈过程进行调节和控制。例如，对受访者不理解或产生误解的问题，访谈者可以进行重复或说明；当受访者的回答不完备或不准确时，访谈者可以当面追问；对受访者不愿回答的问题，访谈者可以通过一些技巧获得答案；访谈者还可以通过受访者的表情、姿态等对其回答的真实性等作出判断。

**(二)访谈法的局限性**

1. 花时多、费用大

与问卷法相比，访谈费用高、时间长，从而使调查的规模受到限制。尤其是需要编码的无结构访谈和半结构访谈，其访谈的实施和相应编码系统的设计，选择、培训、监控访谈者和编码者，更需要投入大量的精力、时间和财力。因此，在决定使用访谈法之前，研究者需要对访谈所花费的时间、费用和复杂性作出谨慎的判断。

2. 研究的可靠性问题

访谈是由访谈者操作进行的，因此访谈者的态度、素质、经验等对访谈结果有决定性的影响。如果访谈者在访谈过程中自觉或不自觉地将自己的主观意见或偏见带入访谈过程，那么就会使调查结果产生偏差。如果访谈后还需要对访谈资料进行编码，编码者的素质和能力也是影响访谈结果的重要因素。因此，从事访谈研究的访谈者和编码者都必须经过良好的培训，他们应当具备相当高的专业技能，有能力对大量的访谈和调查表进行操作和评价，并作出必要的解释。从这个角度看，发现和培养有胜任能力的研究人员对于访谈是一个挑战。

另外，对于敏感、尖锐的或有关个人隐私的问题，受访者一般不愿当面回答，或者不做真实回答，往往使访谈法的效度不如问卷法。对于这类问题不适宜用访谈去进行调查。

# 第二节　访谈的程序与技术

访谈是访谈者与受访者之间进行社会互动的过程。访谈的成功，在很大程度上取决于访谈者对这种社会互动过程组织的好坏。访谈的组织工作涉及访谈的整个过程，它要求访谈者具备良好的访谈技能，并能够在访谈过程中灵活地运用各种访谈的技巧。一般说来，访谈大体可以分为访谈准备，进入访谈，访谈过程的控制，结束访谈等几个阶段，每个阶段都需要特别注意的操作技能。

## 一、访谈的准备

访谈前的准备工作主要有：明确访谈目的，选择访谈的方法；选择有代表性的访谈者；设计访谈问题；规定访谈流程，按照程序进行。

### （一）明确研究目的和理论假设

明确访谈研究的目的和理论假设，是访谈设计的基础。文献综述作为一个实际的出发点，它能够为研究构念提供理论基础，以及相关主题研究进展的信息资源。例如，玛西亚（J. E. Marcia）自我认同访谈的设计和提炼经历也证明了文献综述的重要性。在最初考虑如何进行自我认同的调查时，玛西亚的构念来源于埃里克森（E. H. Erikson, 1959）的自我心理分析理论。根据对已有研究的分析，玛西亚概括出三种可能的研究方法：凯利（Kelly）的角色建构行为项目网（role construct repertory grid）、句子完成测验和编码的半结构访谈。尽管第一种方法相对易于评分，但玛西亚认为要了解一种认同结构的存在与否，这种方法过于间接。句子完成测验虽可以通过精心设计来把握诸如"认同"这样的复杂变量，但由于是第一次测量的构念，这种方法涉及的范围过于狭窄。最终，玛西亚决定采用半结构访谈的方法。

### （二）确定适当的受访者

需要根据研究目的来考虑受访者的选择。半结构访谈和无结构访谈都要注意选择符合研究目的且有代表性的受访者，以保证获得有价值的资料。结构性访谈是标准化访谈，多采用随机抽样选取受访对象，以保证结果能进行统计分析。

受访者选定后，要尽可能充分了解受访者的背景，这对于顺利进入访谈，建立和谐的访谈气氛，提高访谈的信度和效度大有好处。

## (三)访谈问题的设计

设计访谈问题就是将研究的理论假设和概念具体化。结构访谈以标准化或封闭式问题为主。无结构访谈和半结构访谈通常没有具体的访谈问题,只需要给出围绕研究目的的一个或多个谈论的范围或主题。

在半结构访谈中,受访者对问题的回答和随之而来的提问都是研究者无法预知的。因此,研究者事先不可能确定和提出每一个具体问题。为了使访谈者能够围绕关键问题进行探究以保证获得充分的信息进行编码,进行访谈的前期准备时应当在研究小组中运用头脑风暴法产生尽可能多的相关问题。研究者还需要与在这一领域具有专长的同事沟通,倾听他们的建议。理想的情况是访谈中的每个问题都有助于评定研究所感兴趣的构念,也有助于在访谈的开始建立一致性,为其他答案的解释提供一种背景,或为不同主题之间的过渡提供架构。

问题可以按照理论、研究内容或被访者的生活历史进行组织,使问题形成一个逻辑的序列。坎内尔和卡恩(C. F. Cannell & R. L. Kahn,1968)提出一种沙漏型的组织,即先是开放式的一般问题,然后是较特殊的问题,到访谈结束时问题再变得宽泛。如 1991 年巴塞洛缪(K. Bartholomew)等进行的家庭依恋访谈,涉及受访者对他们童年时代家庭关系的解释,问题先从人口统计信息入手,涉及家庭成员的组成、居住地的改变等,然后转到对受访者与其监护人关系的一般描述,到访谈中途才开始更多地关注私人问题,诸如被父母接受、认可的感觉,虐待或创伤的经历等。访谈的最后阶段延伸至一系列评价性问题,如童年经历对其当前活动的影响,及其与父母关系的变化。甘怡群等(2006)为其有关"工作特征对农村中学教师职业倦怠的影响"的访谈设计了逐步深入的提纲:第一部分询问受访者的基本信息,包括年龄、学历、教龄、任教年级、任教课程等;第二部分询问作为教师的感受,以及这些感受的表现;第三部分考察教师工作的特征,探讨这些工作特征对第二部分谈到的教学感受和表现的影响。

## (四)预访谈

正式的研究访谈开始之前都应该有一个预测阶段。预测不仅可以使访谈者的技能得到提炼,更重要的是,通过预测访谈可以从受访者那里获得关于访谈内容、流程和问题适宜性的清晰、有价值的反馈,从而有助于检验访谈,并为编码系统的确定提供思路。预测的最终目的是调整访谈和编码系统以保证两者的匹配。例如,玛西亚在进行自我认同的研究时,先采用预测访谈来了解埃里克森关于同一性形成的理论描述是否与实际相符。根据预测访谈结果,他发现同一性的现实类型有四种:实现、混乱、延迟和拒斥，而不仅仅是最初预期的实现和混乱的两种状态。最后，该结果被纳入研究主题的范围内，同一性形成的两个维度(探索和承诺)被确立，访谈的问题被重新组建。

至于预测访谈何时停止并没有统一的规则。它取决于访谈和编码系统的精良程度，以及研究的时间和财力等。

### (五)辅助工具的准备

首先，在访谈进行之前，需要预先设计好研究中要了解的背景资料并制成表格以便要求受访者填写。

其次，要作好记录、录音或录像的准备。在访谈进行时，必须加以记录。记录可以用笔录，也可以用录音。在条件许可的情况下，还可以考虑录影器材。

用于编码的访谈资料可以是录音或者是录像，根据需要它们随后还可以被转换成其他的形式。如果构念包含强烈的情感成分，研究者往往比较偏爱录像的形式，因为这样能够获取大量的非言语信息。但是，用这种方法可能导致受访者过于紧张，同时可能因受访者的体型、外貌特征而引起编码的偏差。录音的花费不多，且不易受到受访者因素的干扰，因此一般都会考虑录音的方法。如果编码系统要求文字材料，通常可由录音进行转换。

需要指出的是，即使有访谈录音，访谈者在访谈期间也要记笔记。记笔记不仅表明对受访者的兴趣，能够提高访谈气氛的和谐性，也能使受访者从持续面对面的注视中放松一下。记笔记也能够迫使访谈者集中注意，并利用记录时间思考或重组自己的思维，同时允许自己安排随即进行的对有关问题的"探测"。最后，万一录音或录像设备发生了问题，访谈笔记可以提供一个作为"补救"的备份。

最后，访谈时间的规划也要预先考虑。访谈的时间长短主要取决于研究构念的复杂程度、受访者的年龄和特点、问题的复杂性、数据收集的完善程度，以及经费情况等一系列因素。一般访谈的持续时间大约在三十分钟到两个小时不等。访谈的时间并不是越长越好，紧凑的时间安排能保证受访者不至于精疲力竭，同时它也迫使访谈者始终集中注意于对相关构念的提问和受访者的回答。

## 二、进入访谈

好的开始是成功的一半，一个好的访谈的开始是整个访谈顺利进行的关键。

首先，一开始就要建立一种访谈者与受访者之间的和谐。和谐关系的建立可以先从诚恳的态度做起，然后以一种轻松的话题作为开场白。

必要时可以先介绍自己的背景兴趣，让受访者了解访谈者的身份背景，这样可以减轻彼此的陌生与不安全感，有助于增进彼此的信任。

其次，访谈者应当说明访谈的目的。当受访者对要发生的情况有所准备时，他们可能感到更放松和舒适。因此，应当在一开始就告知受访者访谈的程序、问题的种类，以及访谈所需的大致时间。同时强调这个研究完成之后对社会将有的贡献，请求受访者的支持和合作。此外，对受访者参与和回答的主动性以及访谈的保密性也应该加以说明。

## 三、访谈过程的控制

### （一）访谈的物理空间的布置

研究访谈的基本目的是从受访者那里获得足够的信息。对研究者来说，为受访者创造一个安全、舒适，甚至是享受的访谈过程也是重要的。

访谈空间的安排，目的是实现舒适和专业化之间的平衡。尽管理想的情况是为所有的受访者提供一致的访谈条件，但有时在布置上，实际的限制迫使研究者做一些变化。例如，样本是特殊人群，如老人、身体残疾者、艾滋病患者，或一些受访者因身体状况无法去研究者的办公室，在这样的情形下，需要在受访者家中，甚至是医院的病房中进行访谈。

### （二）访谈实施中的技巧

在访谈研究中，访谈成功与否并不完全取决于访谈者使用的具体技巧，在很大程度上还受到访谈者个人素质及其与受访者之间关系的影响。我们讨论访谈实施中的技巧问题，是为访谈者反省、调控自己的行为提供一定的参照。

#### 1. 提问的技术

不同类型的访谈对提问有不同的要求。结构访谈的过程是高度标准化的，即对所有受访者提出的问题、提问的次序和方式，以及受访者回答的记录方式等是完全统一的。访谈过程中所有访谈者都必须严格按照既定的问题发问，不能随意对问题作解释，当受访者表示不明白时，只能重复一遍或按照统一的口径进行解释。半结构访谈和无结构访谈事先不预定提问的标准程序，许多具体问题是在访谈过程中边谈边形成的。因此，访谈者对问题的把握和引导至关重要。

谈话的方向应从题外到题内。访谈者要耐心等待有利时机，用插话的方式提出问题，引导受访者把话题转到主题上来。访谈中最忌讳的提问方式是，不管受访者说什么和想什么，访谈者都按照事先计划好的访谈提纲挨个地把问题抛出来。这样的提问既妨碍了访谈的自然进程，也可能把访谈者对于问题的偏见强加于受访者，而无法真正获取受访者的真实想法。

访谈中受访者有时会跑题，这时需要访谈者进行引导性提问，使他回到原来的主题上。访谈者可以将受访者谈的那些漫无边际的情况加以总结说"您刚才谈的是×××问题，很好。接下来请您谈谈×××问题"以此把话题转过来。在受访者跑题的情况下，切忌简单地打断他的谈话，或者说"您讲的跟主题没关系""您回答的不是我刚才的问题"之类的话，这会使受访者感到难堪，从而产生抵触情绪。

当问题从一个话题转向另一个话题时，转换必须是平顺而合乎逻辑的。例如，"刚才我们讨论了母亲，现在我们来讨论父亲"，听起来就显得唐突。比较平顺的转换应该是："您说您的母亲不太关心您在学校的表现，那您的父亲会比较关心吗？"

所有访谈都必须注意的问题是，提问要明确，言简意赅，通俗易懂，不使用名词术语，使受访者听不懂，发生误解。

2. 倾听技术

在研究访谈中积极和有效地倾听是非常重要的。也就是说，访谈者需要有积极聆听并尝试去理解受访者回答的技能。

倾听的技能可以表现为许多形式。比如，访谈者通过自己的目光、神情和倾听的姿态向受访者传递尊重、支持或鼓励的信息。访谈者也可以通过询问来澄清受访者叙述中的明显矛盾，对受访者已触及的一个特殊问题表示首肯，或者注意到受访者对某个问题的误解并要求其重新表述。通过注意、倾听和询问存在的问题，思考先前的内容，能够使受访者感到被理解并促进随后的访谈反应。相反，在情绪上支持受访者，帮助受访者理解或用他们的经验相互理解，与受访者交流对事件意义的认识表现出移情，或者根据自己的经验对问题进行解释，以及对受访者的经历作出解释等，这些做法在研究访谈中都是不适合的，都会造成访谈和访谈后编码的偏差。

访谈过程中重要的倾听原则还包括不轻易打断受访者的谈话和容忍沉默。受访者通常都有自己说话的动机和逻辑，访谈者不应随便打断受访者的谈话，要耐心地倾听，不仅要注意受访者的具体话语，还要思考他是一个什么样的人，具有什么样的动机、愿望和需求。如果在访谈顺利进行的情况下，受访者在某一个问题上突然沉默了下来，这很可能是因为他（她）需要一定的时间来思考问题，或者正在思考以什么方式来表达自己的看法。这时访谈者应该耐心等待，不要为了打破沉默而立刻发话。访谈者首先需要判断对方为什么沉默，然后再根据具体情况作出相应的回应。

3. 回应的技术

回应是指访谈者为了与受访者之间建立一种对话的关系,对受访者在访谈过程中的言行所作出的反应。常用的回应的方式有:认可、重复、重组、追问和自我暴露等。

认可指的是访谈者对受访者所说的话表示已经听见了,希望对方继续说下去。访谈者可以使用"嗯""哦""是吗""这样啊"等言语行为,还可以通过点头、微笑、鼓励的目光等非言语行为,使受访者感到自己是被接受的,鼓励受访者不停顿地说下去。

重复是指访谈者将受访者所说的话重复说一下,目的是引导受访者继续就该事情的具体细节进行陈述,同时检验自己对该事件的理解是否存在偏误。

重组就是访谈者将受访者所说的话换一个方式说出来。例如,一位老师谈到自己每天工作十分辛苦,常常干到晚上十一二点。访谈者可以说"您工作很努力啊",或者"您对教师这个职业十分热爱啊"。这样的重组不仅可以检验自己的理解是否正确,请受访者能够及时纠正,而且可以与受访者实现共情。

追问是访谈者就受访者前面所说的某个观点、概念、事件或行为进行进一步的探询。进行追问要讲究适时和适度,以保证访谈的自然、顺畅。一般在访谈前期不宜频繁使用追问;对受访者所说的一些细节,如时间、人数等,可以进行即时的追问,但对涉及的重大概念可先记录下来,待访谈后期再进行追问;追问时要考虑到受访者的感情、问题的敏感程度。

在访谈过程中,恰当地使用回应技术,可以起到接受、理解、询问和共情的作用。但是,一些不适当的回应方式则可能使受访者产生排斥感和紧张感,不利于访谈的顺利进行。应该避免的回应方式主要有论说型回应和评价型回应,前者是指访谈者表现出知识权利上的优越感和权威感,后者是指访谈者对受访者的谈话内容或观点进行价值上的好坏判断。例如作为一名异性恋者,当你对同性恋者进行亲密关系的访谈时,就不宜把自己的价值观带入访谈过程。如果你能够用第三者的眼光对一位有着长期同性恋关系的受访者进行访谈,就能够创造一种气氛使受访者感到放松,不加隐瞒地表现其厌恶异性的态度。

4. 记录的技术

结构访谈的记录是在访谈过程中,由访谈者在问题表上直接对受访者的回答作出标记。对于半结构访谈和无结构访谈来说,准确记录谈话内容对于访谈后的分析工作极为重要。记录应围绕访谈内容进行,突出访谈问题的变量和结构。记录应尽可能详尽，尤其是开放式问题的回答和围绕主题展开的额外说明更要注意记录下来。除了记录言语行为外，非言语行为如动作、表情等也需记录在案。不能详尽记录的，可先记下关键词或加上符号标记，事后及时回忆补上。

需要注意的问题是，记录中不要试图去总结、分析和改正语句毛病；记录不要妨碍受访者的谈话，不要使他觉得你记不下来而停下来等你记，以致打乱了他的思路或分散了他的注意力。

### （三）应对访谈中可能出现的困难

#### 1. 受访者不想被录音

一般情况下，受访者对访谈录音都不会介意。但也会出现受访者对录音敏感，不愿被录音的状况。这时需要研究者表现出建立和谐关系的愿望和技能。根据一些研究者的经验，如果一个受访者始终对录音感到不自在，一个有用的策略是问："是否能够谅解继续录音？"受访者很可能大方地选择继续录音。访谈者温和的态度和诚恳的愿望，往往会使原本勉强的受访者欣然地接受自己的录音被用于研究项目。如果受访者坚持不愿录音，研究者应当尊重受访者的意愿。

#### 2. 受访者太爱说话

如果访谈的时间没有限制，受访者太爱说话就不是问题。但更多的情况是，访谈者必须考虑时间的限制和可能为编码者带来的额外负担，因为他不得不看许多无关的材料。面对一个啰唆的受访者，有经验的访谈者在访谈中会较早地框定，使用较多的封闭性问题，并只集中于最重要的问题，同时在必要的时候巧妙地打断。当没有其他办法阻止受访者的多余话题时，可以采用更直接的策略，比如关掉录音机，告诉受访者说，虽然你很赞同他所说的，但你更关心的是在规定的时间里完成访谈。对于在社交方面缺乏经验的受访者，这会有意想不到的效果。

#### 3. 受访者不爱说话

如果受访者是一个害羞、担忧或自觉的，那么多一些开放性的问题并进行适当的探究是必要的。同时也应该认识到，对访谈者来说，在访谈中接受一些沉默也是重要的。受访者时常沉默可能是因为他们需要时间考虑问题。当然，访谈过程中的沉默现象也可能是由访谈者的不当操作引起的。如果访谈者的提问方式过于唐突和直接，或者相反，对害羞的受访者过分热情，都会造成受访者的困惑而导致冷场。

#### 4. 受访者较难相处甚至是敌对的

如果一个受访者总是用一个字或省略地回答问题，那么很显然他不愿被访谈。在某个案例中，一个有经验的访谈者面对这种情境，关掉录音机说:"我感觉您今天真的不想接受这个访谈。您是不是愿意换个时间?或者也许您再也不想接受访谈了。您怎么看?"结果,受访者承认她那天很累、很辛苦,是被丈夫强迫来参与这个研究的,但她同意继续访谈。事实上,接下来的访谈过程进行得很顺利,并且在最后的报告中她表示对这次经历感到高兴。

5. 受访者变得心烦意乱

在一些涉及敏感问题的访谈过程中,受访者的情绪有可能失控,哭喊或其他情绪爆发。在这种情况下,是否需要终止访谈,要视访谈的性质和当时的情境而定。如果受访者还能相对自然地继续,访谈就可以继续下去。如果受访者太情绪化而不能继续,那就有必要暂停片刻让其恢复平静。如果一个受访者变得极端狂躁,或很明显地需要立即干预,那么受访者的需要应优先于访谈程序,访谈应该马上终止。

6. 访谈者对问题的不安

如果访谈者的提问不自然,就很可能导致受访者的回答也不自然。例如,由于社会的忌讳有的访谈者一开始可能会对性方面的问题感到尴尬,并可能将这种感受传递给受访者,结果导致访谈失败。为避免这种情况出现,最好的办法就是访谈者事先练习。访谈者的自然,可以使最初感觉困难的主题变得相对坦诚。

## 四、结束访谈

结束访谈是访谈的最后环节。访谈结束应该掌握的原则是:适可而止,访谈时间不宜太长;把握结束谈话的时机。当受访者停顿希望转换话题时,访谈者可插话,圆满结束谈话。有时访谈双方都感到疲劳和厌倦,谈话难以顺利进行时,应该尽快结束谈话。最后要对受访者表示感谢或赠送纪念礼物。

# 第三节　访谈编码系统的建立

使用半结构访谈和无结构访谈常常需要对访谈资料进行编码,以抽取出关键的、有价值的信息。确立和使用可靠的编码系统是使访谈结果有意义的关键。编码系统必须足够灵活和普遍化,让来自不同受访者回答中的同一类心理结构得到评定。同时,这个系统又必须足够具体和详尽,以保证对同一个访谈记录独立的编码者会得出同样的结论。

## 一、编码系统的基础

编码系统既可以建立在理论的基础上,也可以建立在预测访谈的基础上。在某些研究中,编码系统是以理论为依据的。例如,有人(Skoe,1991)确定了一个访谈和编码系统以对吉利根(C. Gilligan,1982)提出的道德推理水平进行操作。在这里，道德推理是根据所关注的道德观念进行的。因此，编码系统就直接建立在吉利根的理论之上。与此相反，蒂（K. Tee，1996）关于南亚妇女文化观念研究的编码系统则是对广泛的预测访谈的结果加以归纳后确立的。

最常见的编码系统来自于理论、先前的研究发现和预测访谈分析的综合。尽管研究者可以根据现有的文献和对该研究领域概念的分析来设计最初的研究问题，但是对于制订一个可行的编码系统而言，广泛的预测访谈通常是必须的。

## 二、编码系统的类型

### (一)分类的编码系统

分类编码系统是最为常见的。它假定所要评估的变量存在一个或多个不连续的类别，如推理形式、个性类型、防御机制等，它们彼此在本质上是不同的。编码的类别可以是多维的，如玛西亚根据探索和投入两个维度将同一性分为四种类型：同一性实现、同一性延迟、同一性混乱和同一性拒斥。这四种类型代表四种同一性状态，也是同一性危机解决的四种途径。编码也可以是单维的，如科尔伯格（L. Kohlberg，1958）的道德推理的水平（如表 11-1）。

表 11-1 科尔伯格的道德认知发展阶段

水平Ⅰ：前习俗水平

    阶段 1：他律道德

        动机：避免惩罚和权威的优势。

    阶段 2：个人主义、工具性目的和交换

        动机：你必须认识到，其他人也有自己的利益，会为自己的需要或利益服务。

水平Ⅱ：习俗水平

    阶段 3：个人之间的相互期待、关系和一致

        动机：在自己和别人的眼光中成为好人，照顾别人。渴望保持那些固定化了的好行为的规则与权威。

    阶段 4：社会体系和良心

        动机：保持机构作为一个整体，避免体系的破裂，"如果每一个人都这样做"，或者命令良心去符合一个人规定的义务（容易与阶段 3 的信任规则和权威相混淆）。

表 11-1　科尔伯格的道德认知发展阶段　　　　　　　续表

水平Ⅲ：后习俗水平

阶段 5：社会契约或功效和个人权利

动机：对法令具有义务感，因为人们有这样的社会契约：为所有人的幸福和保护所有人的权利而制定并遵守法令。对家庭、友谊、信任和工作责任的义务感。关心法令和职责应该建立在对"为最大多数人的最大利益"进行合理分析的基础之上。

阶段 6：普遍的伦理原则

动机：作为明智的人，信任普遍道德原则的有效性，个人有对这些原则承担义务的意识。

　　编码的类别还可以是相互独立的，如卡普兰和梅因（N. Kaplan & M. Main）的成人依恋分类系统。卡普兰和梅因于 1985 年设计了一个半结构的成人依恋访谈来研究依恋表征。访谈主要针对成人的早期童年经验，以及这些经验对个体的影响。访谈包括 15 个按一定顺序设置的问题，这些问题要求个体对早期依恋、失去依恋对象、与依恋对象分离等经历进行回忆和描述，并对这些经历在其个人发展过程中的影响加以评价。他们的分类编码系统是用以判断个体当前对其早期依恋经验的表征，即个体的描述方式以及言谈之中流露出来的对这些经验的态度和情感。编码系统包含四种类型，分别代表不同性质的情感状态，它们彼此之间没有确定的联系：自主—安全（autonomous-secure）、冷漠或忽视（dismissing）、专注（preoccupied）、不确定（unresolved）（如表 11-2）。

表 11-2　卡普兰和梅因的成人依恋编码模式

　　**安全一自主**：对早期关系的看法恰当，能较好地评价依恋关系。无论依恋关系积极与否，都能前后一致地描述，并肯定其重要性，且描述清晰、中肯、简洁。

　　**冷漠或忽视**：否认或低估早期依恋关系的影响，回顾特殊事件有困难，常常将经验理想化；常描述他们早期被拒绝的历史，但很少以具体的记忆为佐证，或评价与回忆的。

　　**专注**：倾向于夸大成人依恋的重要性，沉迷于过去的体验，但不能进行连贯的、前后一致的描述，表现出对过去经验理解的混乱；常常对自己与父母当前的关系表示抱怨，可能表现为指责，也可能表现为暗自生气，谈话时常显得迷惑、愤怒或消极。

　　**不确定**：由依恋对象缺失等原因造成的未解决的创伤体验；可能报告与依恋相关的心理创伤，如丧失或虐待；不能将创伤与现实整合统一。

分类的编码系统很流行，这是因为人们，包括心理学家，似乎都是根据类别对信息进行思考和加工的。类别编码非常直观，并易于研究结果之间的交流。但是，分类的编码系统经常被采用往往是出于习惯或惯例，而非适当性。毫无根据地接受概念的分类，实际上可能会引入测量误差、减少统计量，甚至限制研究问题的种类。因此，研究者需要仔细考虑，用离散的类别来表征他们的构念是否恰当。在互斥的分类系统中，是否有访谈记录显示出不止一种的分类？是否存在着潜在的维度或能够被直接评估的类别特征？如果对这些问题都回答"是"，那么也许应该采用其他评定方法。

## （二）连续的编码系统

如果构念是一个潜在的连续体，如访谈的一致程度（由高到低）、情感表达的强度，那么连续的编码系统就是比较合适的。如蒂（1996）有关文化价值观的编码，在对访谈记录进行仔细透彻的分析之后，受访者被进行了"0～9"的10等级评价，每一等级表示一种意见或观点的强度。另外，等级也能够从一系列类别判断中衍生出来。如果访谈单元（如，条目、句子或访谈片段）在某些二分的类别上被编码，那么可将单元集中起来进行关于特定类型出现的次数或其单元的比率的等级判断。应采用何种类型的编码系统，需视研究构念的特征而定。在实际研究中，当使用简单的分类系统编码遇到困难时，分类测量转为等级测量的情况并不少见。例如，莱昂斯（N. Lyons）于1982年编制的道德判断编码系统，采用了吉利根关于道德判断倾向的二维分类：同情倾向和公正倾向。随后，1988年吉利根等人在先前研究的基础上发现，简单的二分法无法囊括既有同情又有公正的道德判断倾向，因此新增了"同情—公正"组合的类别。接着，克雷布斯（D. L. Krebs）、丹顿（K. L. Denton）等人于1994年又增加了两个中间变量，先同情后公正和先公正后同情，由此产生了同情和公正的道德判断五点量表。编码系统的这种"演变"显示，最初的分类系统是不恰当的。

## （三）次级变量（Secondary Variables）

在编码系统中还需要考虑次级变量，而不仅仅对关键构念进行等级评定。所谓次级变量就是在研究过程中被基本构念包含的，同时也是基本构念的一个要素。如在玛西亚的自我认同访谈编码中，对个体处于何种认同状态的最后评定是建立在一系列截然不同的次级变量判断的基础上的。这些次级变量包括职业选择、宗教信仰、性特征等。受访者在这些次级变量上的特定的等级最终形成一个全面的状态等级、关键结构。使用次级变量迫使编码者考虑受访者在整个访谈过程中的反应，以提高最终编码的可靠性。实际上，访谈的不同部分所起的作用就如同一个测量中的不同项目一样。此外，对每一方面或部分的等级评定可以被单独检验以阐明一般的现象。正如在自我认同访谈中，就认同状态的特殊方面进行的等级评定，有助于阐明认同形成的过程。

对更高层次构念的评估也能通过对更多特殊次级变量的等级评定来补充，这需要编码者在作出最终判断时考虑。这种次级编码对于完善非常复杂或非常困难的编码极其有用。在巴塞洛缪同伴依恋访谈（PAI）中，除了四个基于原型的依恋模式外，有15个次级变量被评估。这些变量的范围从相对直接的评定，如相同或相反的性关系的质量，到基于依恋的关键变量的评定，如分离焦虑的倾向，最后到对全部访谈记录的评定，如受访者描述的关系的内部一致性。当编码者评估总体依恋遇到困难时，通常可以通过回顾次级变量来发现编码误差的来源。另外，多样的次级变量也有助于对关键构念的理解。

## 三、编码系统的修正

编码系统需要精确化和不断修正。促使编码系统被修正的主要因素有：

### （一）新认识的产生

新的理论观点或相关的实验发现，以及从访谈记录中获得的认识等，都是促使修改编码系统的因素。例如，20世纪70年代中期，贝姆（S. Bem，1974，1975）提出了关于性别角色的一种新的理论表述，极大推动了对性别的概念化和研究。与此新观点相符，一项关于对性别角色态度的内容被纳入认同状态访谈中，以重新检验被先前文化所认定的性别角色。

### （二）无法实现编码者之间的一致性

如果编码者之间的一致性程度不高，则表明编码系统不够清楚需要修改。例如，在PAI的一个早期版本的编码系统里，有一个称为"互惠"的指标，用来评定亲密关系的相关程度。在对编码者的培训检验中发现，不同的编码者对这个指标进行编码时，一致性程度始终很低。研究者重新审查、分析编码标准后发现，这一指标其实包含了两种截然不同的互惠形式：占优的互惠和侧重情感的互惠，而它们并不总是同时发生。早期的编码系统没有对这两种互惠形式加以区分，因而造成了编码者之间的矛盾。

### （三）需要将编码系统应用于新的总体

当研究者需要把一个既有编码系统应用于新的总体时，对编码系统的修正往往是必须的。如将一个针对学生样本编制的编码系统应用于教师，或将针对西方中产阶层白人妇女编制的系统应用于其他的社会、种群或性别，都应先进行相应的预测访谈，以了解系统是否适合新的总体，需要作怎样的修正。

## 四、编码手册

访谈之前还需要制订一份评分手册，用于描述评分的标准并提供从预测访谈中得到的回答作为样例。为了实现编码者之间的一致性，需要经过研究小组的讨论，对访谈形式和手册标准进行修订，以获得编码者的一致认可。

编码手册的基本目标是为所有的关键变量和次级变量制订适用的编码标准，并对连续指标评定中的标志点作出详尽的规定。编码手册必须十分详细以便编码人员进行所有必要的区分。用于作结果评定示范的访谈摘录应描述得生动、清晰。手册还应该包含一份访谈问题，以及所有指导语的详细说明。建议那些初次参加编码访谈的研究者，可以从学习其他的编码手册开始。

布雷德利(C. L. Bradley，1996)的普遍关注状态测量(Generativity Status Measure)手册是一个详尽而易于理解的好例子。它始于基本的理论回顾以及有待于评估的概念模型。布雷德利按照潜在的维度标准，即与自我或他人发生联系时的卷入和包容，界定了关于艾里克森的"普遍关注—绝望"心理阶段五个原型的解决办法。接着，对次级变量(即卷入和包容)进行了描述，形成了单独编码的九点评定标准。手册着重于五个普遍关注状态，包括对每个原型状态的说明和访谈摘要的示范说明，即每一状态在访谈所涉及的四个方面(工作、社区、家庭、个人关注)是如何表现的。

# 第四节　访谈编码的信度与效度检验

## 一、信度检验

信度是指评分的可重复性。在研究访谈中，信度主要是编码者之间以及评价者之间判断的一致性程度，即两个或更多的独立编码者根据指导性编码方案进行的评判取得一致的程度。

通常先由第一位编码者对所有的访谈进行一次编码，再由第二个独立编码者进行评判以建立信度。如果先前的编码者被证明是可信度较高的，那么这种程序可以被接受。另一种方法是由两个或多个编码者独立地评定所有的访谈。

对于连续变量的评估，编码者之间的一致性用皮尔逊积差相关表示，即计算两个或多个编码者之间评分的相关。如果是两个或多个编码者共同评定一个访谈的所有样本，那么最终的等级即是他们编码结果的平均值。一般认为，编码结果以平均的形式合成时，能够提高编码者之间的信度，两个或多个编码者评估的均值的信度被视为是有效的。

通过增加一个或多个编码者提高的信度可以用斯皮尔曼—布朗公式来计算。罗森塔尔（R. Rosenthal）和罗斯诺（R. L. Rosnow）的表格提供了与不同评分者数量相对应的有效信度，以及任意两个评分者间的平均信度。就像可以通过检验力的分析来决定样本量的大小一样，为了达到所要求的信度标准，编码者的最低数量应该在涉及编码的研究项目开始之前就加以确定。

对于分类变量的评估，可以使用"两个或多个编码者对受访者的立场取得一致意见的百分比"这一指标。为了避免偶然的一致性，可以加入Kappa系数进行判断。对于分类的编码系统，多重编码同样会提高编码的信度。例如，判断一个特殊的类别存在或不存在，可以给予二分法的评定（分别用"1"和"0"表示），然后可以对多个编码者的评分求平均。这样的程序就把二分的判断转换成了等级的评判——编码者同意某个类别判断的比例。

有关编码者信度的计算方法可参照本书第六章的第四节，这里就不再一一详述了。

什么是可接受的信度标准？这取决于编码系统，以及该研究领域的规范，甚至是研究者个人的标准。同样，不同的评估方法也会产生不同的估计值，例如，根据Kappa系数计算的信度总是低于百分比一致性信度。一般说来，信度在0.80以上是可以接受的，对于难度较大的编码方案，0.60~0.80之间的信度值通常也被接受。

在访谈的评估中，拙劣的编码系统、不恰当的培训以及未受督导的编码者都是较低信度的潜在来源。如果有足够的培训和访谈指导，适当的预测和信度检查，那么所有的这些情况都可以避免。如果研究者就评定标准的阐述和编码者的培训都做了最大的努力，但由于研究固有的复杂性和对编码系统的提炼不足，导致信度值仍然很低，在这种情况下，引入额外的编码者是提高信度的好方法。当然，引入额外的编码者，对其访谈技术、编码指导和彻底培训方面都提出了较高的要求。

另外，如果访谈者同时被当作编码者使用，访谈的信度也会受到影响。因为具有双重角色的"访谈—编码者"能够获知受访者的特征，如引人注意的外表，以及在访谈过程中的行为，包括视觉的接触、微笑和紧张的举止等，这些信息在访谈的录音和笔记中往往无法体现。如果访谈者根据访谈中与受访者面对面的交互来进行编码，而其他可靠的编码者根据录音带、笔记或录像带进行编码，那么测量的系统误差就会出现。可见，所有的编码者应该针对同样的信息来源进行工作，访谈者最好不要担当编码者的角色。但实际上，有时双重角色的"访谈—编码者"是唯一可行的选择，那么在研究开始之前确保编码者的可靠性尤为重要。同时，也应该在研究报告中将这种双重角色加以清楚地说明。

## 二、效度评估

在访谈编码中，效度的检验首先以表面效度和内容效度为基础，看测量是否反映了所研究的内容。区分效度(discriminant validity)在访谈领域是非常有用的。而最重要的是构想效度，它整合了各种类型的效度，涉及对理论和测量的同时评估。构想效度最有效的检验形式是1959年坎贝尔和菲斯克提出的"多特质—多方法"矩阵法(简称 MTMM)。格列芬(D. W. Griffin)和巴塞洛缪1994年关于成人依恋的研究，就采用了多特质多方法的设计。他们用三种方法：访谈评定、自我报告和他人评定，对两个依恋的维度进行评定。通过使用不同方法测量相同特质所获得的相关系数来评估聚合效度，同时，用同一种方法测量不同依恋维度的相关系数来评估区分效度。

# 第五节　编码者和访谈者的培训

## 一、编码者和访谈者的选择

在选择编码者和访谈者时，一般考虑有心理学背景的人，他们有较好的社会技能，能够较好地意识和控制自己的偏见。同时，访谈者和编码者的候选人应该对该研究领域感兴趣并相信研究工作的价值。如果缺乏这种兴趣，他们很可能在研究访谈中缺乏动力，也不可能成为一名可靠的访谈者或编码者。

## 二、访谈者的培训与管理

访谈者需要理解研究目的并熟悉研究项目的理论构念，以及每一个访谈问题的意图。还要理解编码系统，这样才能更好地了解什么问题需要追踪，才会自然地进行更多有意义的探索，并能够把握受访者的应答指向与编码方案有关的问题。因此，访谈者也应当接受编码者的训练，但是，反过来则不一定。

访谈者的培训主要包括：学习相关理论和编码系统，理解研究的目的并熟悉研究项目的理论构念，以及每一个访谈问题的意图；观察、角色扮演和实践相结合，在整个过程中注重讨论和反馈；学习访谈录音的技能和技巧。

为了保证整个访谈过程的质量，需要对访谈者进行不断的管理。可以通过编码者提供有关访谈者的访谈信息在编码时出现的问题及建议，及时对访谈工作的质量作出反馈。鼓励访谈者周期性地收听自己的访谈录音，也是获得对访谈技术反馈的有效方法。

## 三、编码者的培训与管理

编码者的培训方法有许多，包括现场研究、有督导的典型研讨会，以及多种形式的研究班。在多数情况下，一组新手可以由一位内行的编码者指引和管理。另外，他们也可以从详细的编码手册中学习，在需要的时候请教受过培训的编码者。无论何种形式，通过小组讨论进行编码的学习是最方便的，编码者之间的相互切磋，有助于正确地把握编码标准。

对编码者的管理也是非常重要的。一些编码者可能随着时间而变得不太可靠，出现编码者偏离（coder drift）现象，如散漫地使用编码标准、产生编码偏见等。解决这一问题的方法是在项目中期检查编码者的可靠性，而不是等到所有评定都完成时才进行检查。

## 四、访谈者与编码者的偏见

访谈者与受访者在性别、年龄、种族和社会阶层等特征方面的差异，会影响受访者在访谈中能否放松、是否愿意透露特殊的信息。一个不能认同受访者的访谈者也可能无法理解受访者的感觉和经历。

访谈者关于主题材料的预期或个性化访谈方式可能会导致实际的偏差。访谈者无意识地引导，如过分强调某个主题避免其他主题、只询问某个主要的问题等，会影响受访者的回答以及访谈编码的最终结果。为避免或控制可能出现的访谈者偏见，访谈者不应该知道受访者在其他研究测量中的表现，以及研究的假设。确保使用独立的访谈者，或者在某个单一的研究中使用多样的访谈者，可以削弱任何一位访谈者带来的偏见。在研究的整个过程中，严格监控访谈的质量，也有助于识别和纠正大部分的访谈偏差。

编码的偏差一般来源于编码者的特殊背景（如，个人的、文化的、种族的等）、价值观和心理倾向性。研究表明，编码者存在一种倾向，即对他人作出判断时往往以个体经验和期望为参照。若认为有充分的培训就一定能够培养出客观的编码者，这过于理想。然而，重要的是编码者愿意检查自己的错误并在编码过程中对此作出说明。编码者应该学会纠正其特殊偏见，并在感觉困难的方面进行更为谨慎的判断。

对编码者的彻底培训，包括在开始编码之前进行可靠性检查，以及对编码者的严格管理是十分必要的。与访谈者一样，编码者不应该知道受访者对研究所涉及的其他变量的态度，以及研究的假设。如果研究涉及多重的 CSSI，无论是使用了一个以上的半结构访谈，还是同一个半结构访谈用于一个以上的场合的情况，都要求独立的编码者进行编码。

## 第六节　研究访谈的方法论意义

　　研究访谈在目前的社会科学领域中有着重要的地位。进行任何一个研究访谈都是为了达到明确的科学研究的目的。但是，研究目的的确立和达成在某种程度上取决于研究者对待访谈和访谈资料的态度，以及操作访谈和分析资料的具体方法。研究者在访谈中面对受访者的时候，究竟想获得什么样的资料，是客观事实性资料、主观感受性资料还是叙事性资料？研究者以什么样的身份与访谈资料相协调？访谈者与受访者之间的关系建立在怎样的基础上？受访者的叙述与他们所描述的世界之间存在什么关系？不同的研究者站在不同的分析立场上，对这些问题的回答方式是不同的。实证主义、情感主义和建构主义是研究访谈最主要的三种方法论模型。不同的方法论立场决定了研究者有不同的访谈态度和操作方法。

### 一、关于访谈本质的认识

　　长期以来，受实证主义方法论的影响，访谈被习惯性地看作是搜集研究资料的途径和过程。根据实证主义所持有的研究假设，世界的真实性是客观存在的，科学研究的目的就在于发现未知的社会事实和本质。同时，典型的受访者是存在的，他们具有标准化的心智结构，能与分析者的推理过程和他们所使用的语言相匹配。只要找到最有效、最客观的研究方法，就可以准确地、客观地发现关于现实的知识。因此，方法论上技术的专业化比原理的或释义的阐述更重要。对于实证主义者来说，访谈的本质在于弄清存在于现实世界的事实和信念。

　　情感主义者(emotionalism)也宣称他们想要实现对现实世界的描述，但他们所关注的不是获得客观事实而是在于获得主观体验的真实描述。访谈也并不仅仅是"为研究者搜集资料"，更重要的是"为被研究者搜集资料""为被研究者提供发出声音的机会"。因此，情感主义把访谈看作是人与人之间彼此相互理解的过程。访谈者和受访者之间建立并保持一种开放的、相互信任的、长时间的友好关系是实现访谈目的的关键。

　　对建构主义(constructionism)而言，作为整体的访谈是研究者和受访者的共同产物，是访谈者与受访者双方进行意义建构的过程。在建构主义者看来，受访者在访谈过程中的叙述并非只是在描述过去的经验，还是叙述者构建自身的重要方式之一，是个人在日常生活中的自我调适

(adjustment)起了重要的作用。因此，访谈既是搜集资料的过程，同时也是研究的过程。建构主义者关心的是受访者在访谈时赋予自己的话语和访谈场景的意义，以及受访者是怎样进行意义的建构的。

## 二、对访谈资料不同的解读

实证主义者认为，访谈资料给我们提供了了解社会事实的途径。其中最重要的是找到相对独立于研究情境的有效的和可靠的资料。那么达到这个目的最主要的方式就是随机选择访谈样本，并对问题进行标准化操作，如使用便于统计处理的多重选择题。

情感主义者把受访者看成积极建构他们社会世界的经验主体。其中最重要的问题在于能够可靠地洞察人们经验的资料。获得这些资料主要的方式，首先是进行深度的参与观察，在此基础上进行无结构的深度访谈。对情感主义者来说，开放式的深度访谈提供了真实地洞察他人的精神世界的机会，使研究者和被研究者有可能通过对话相互理解和支持，并不断触及问题的核心。

建构主义者(Constructionism)认为访谈者和受访者积极地进行意义的建构。他们不在于要精确地描述"事实"或"经验"，如何建构意义才是他们的研究课题。正是由于这些，人们并没有给予研究访谈特殊的关注，而是跟其他的访谈形式(如，专家—咨询访谈)一样。访谈仅仅被作为一个主题而不是一种资源。建构主义者尤其关注受访谈者是如何建构有关事件和人物的叙事以及人们是如何一步步完成建构的。

这三个方面的观点列在表 11-3 中。

表 11-3 对访谈资料的三种解读

| 方法论立场 | 资料身份 | 方法 |
|---|---|---|
| 实证主义者 | 有关行为和态度的事实 | 选择随机样本 |
| | | 标准化的问卷 |
| | | 制表 |
| 情感主义者 | 真实的体验 | 非结构化的 |
| | | 开放式访谈 |
| 建构主义者 | 相互建构 | 被作为一个主题的任何访谈 |

## 三、访谈追求的知识类型

站在不同的立场上，研究者在访谈过程中所追求的知识类型是不同的。

对于实证主义者来说，在符合统计学的逻辑的调查研究中，访谈的资料应接近于现实事件的"事实"。受访谈者的言语是服务于社会的或心理事实的交流工具。在实证主义者的访谈中,访谈主题主要有六类:(1)事实(facts),主要包括受访者的人生经历、有关组织的结构、政策和行为的可靠的陈述,以及对某一事件或某一团体的描述;(2)关于事实的信念(belief about facts);(3)情绪和动机(feelings and motives);(4)行动标准(standards of action),人们认为应该怎么做或该做些什么的认识;(5)现在或过去的行为(present or past behavior);(6)有意识的理由(conscious reasons)。对于上述每一个主题,无论是某人生平信息还是某种基本信念的陈述,它们都被当作是来自基于事实的现实世界叙述。

当然,对于实证主义者来说,观察所得的访谈结果可能是由访谈情境所造成的,受访者的描述不可能完全反映现实。因此,为了得到更真实和完整的符合现实本来面目的材料,保证访谈在技术上的可靠性受到格外关注,进行检验和修正成为研究设计的重要环节。

情感主义的访谈者试图贴近作为特定角色的受访者,尤其关注他们的生活经历,而认为受访者的情感体验是他们经历的中心。施赖伯(Schreiber,1996)对21位自认为已经从消沉中走出来的妇女进行访谈,重视受访者所描述的不愉快的经历,她认为这些经历建立在受访者的"真实世界"的基础上。对实证主义者来说,这种个人情感体验的描述带有极大的主观色彩,资料的可靠性和研究者所宣称的获得了受访者的"不愉快体验"的有效性都值得怀疑。但相反,从情感主义的立场来说,施赖伯恰恰更多的是关注体验的真实性,而较少关注有可能产生的偏差。

情感主义使研究者注意到受访者是积极的意义建构的主体。然而,情感主义本质上坚持的也是实证主义所主张的,受访者的叙述仅仅是对世界的陈述。相比较而言,建构主义者的兴趣在于论证受访者叙述的方式是"他们所描述的世界的组成部分";叙述不仅仅是对世界的简单描述,叙述本身是他们所描述世界的一部分。显然,建构主义者所关注的是受访者如何积极地进行建构意义。"作为积极的建构,受访者不仅拥有事实和体验的具体细节,而且在为了一定目的而提供给他们的参与过程中,他们可以建设性地增加、删除或转换有关的事实和细节,受访者可以得到有效地尊重而建设性地进行创造。"

那么在实践中这意味着什么?这意味着,如果我们是实证主义者,那么方法论的背景要求我们必须重视良好的访谈技巧以获得客观的事实。如果不是实证主义者,我们必须意识到成功的访谈过程并不取决于访谈者和受访者的访谈技巧性,访谈的技巧其实是社会成员日常人际沟通的基本特征。从根本上说,访谈过程的结构是依据人的日常生活及生活史的结构形成的，访谈者和受访者所共同拥有的常识性知识是访谈过程中共享意义，相互理解的基础。

## 四、访谈的研究任务与操作原则

对实证主义者来说其主要的访谈任务是获得与研究情境、研究者或访谈者保持相对独立的资料。完成这一任务的一个方式就是尝试标准化的访谈。因此，大多数实证主义者对非结构化的访谈相当怀疑，他们认为非结构化的访谈从其本质来说是不可靠的研究手段。尽管他们也承认非结构化或开放式访谈相对于标准化访谈来说具有更大的灵活性，可以对感觉和情感作更广泛地研究，但是会产生研究的可靠性问题。

在实证主义者那里，访谈的可靠性是重要的，所以访谈必须遵循标准化的过程，强调注重访谈技术，"改进研究访谈的质量……并提高整个评价进程的社会控制程度"。

基于标准化的需要，实证主义者所主张的访谈规则主要有：

1. 访谈者必须依照预先制订的访谈计划进行精确地提问，问题出现的先后顺序必须一致。

2. 访谈者应该保持中立，不能对问题的答案表示出惊奇或者不同意，不能即兴地对问题进行解释，或表明可能的答案以及跳过某一问题。

3. 为了确保在资料的收集过程中保证评价的有效性，在整个访谈研究中必须保持刺激情境的一致性。如果刺激情境不一样，那么评价可能会有所偏向，最后用于统计分析的汇总材料的正确性就可能得不到保证。

情感主义者的目标是试图通过描述受访者的内在经历，通过鼓励访谈者与受访者进行情感沟通，把他们自己的感受与受访者和读者共同分享。这意味着情感主义者反对实证主义把访谈者和受访者都看作"客体"的思想。在情感主义者看来，实证主义者所主张的没有伦理困境，没有感情涉入的"纯净研究"是不真实的。事实上，访谈者和受访者都是有感情的主体（见表11-4）。研究者常常在访谈中面临研究原则与经验的冲突。

表 11-4 对访谈关系的两种描述

|  | 实证主义者 | 情感主义者 |
| --- | --- | --- |
| 访谈者 | 客体——遵循研究规则 | 主体——创造言谈情境 |
| 受访者 | 客体——揭示与研究规则相关的项目 | 主体——遵循或反对有关情境的解释 |

情感主义者和实证主义者一样都试图证明现实的状态，区别在于是感情还是事实。因此情感主义者也意识到要使他们所偏爱的状态得到合

理的证明，同样必须克服访谈过程中的"陷阱"。

为此，情感主义主张：

1. 选择开放式的访谈。访谈不需要有标准化的程式，并不存在适合所有受访者的固定的问题序列，受访者有权运用他们特定的方式来界定世界并提出计划表中所不包括的重要问题。

2. 采取人性化的访谈立场。"要想了解对方，我们必须把他们看作是人，他们与我们一起创造对个人生活的阐释"。访谈者不需要努力保持客观中立的立场，可以自然流露自己的观点对事物进行评价。

3. 访谈者的"感情投入"。无论是体验的真实性还是分析的有效性都依赖于访谈者和受访者相互之间"深入的"理解。因此，访谈者要努力与受访者建立起亲密、平等的关系，通过行动传递"友谊"的信息。而且，双方的友好关系不只停留在资料收集阶段，受访者还应全面参与研究过程，如资料分析，甚至文本的撰写。

4. 适当进行"自我暴露"。恰到好处的自我暴露会使受访者感受到交流的对等，从而使访谈者获得更多的反馈，有助于研究计划的调整和进行。自我暴露应选择合适的时机，访谈者要掌握互动的节奏，判断受访者何时需要研究者的自我暴露。

相对于情感主义把访谈作为可以"可靠地"理解他人经验的途径，建构主义者关注的不仅是受访者叙述的内容和意义，同时也关注意义的产生以及意义建构过程的情境，即重视在访谈过程中人们是如何建构意义的。"受访者的回答和评论并不只是对现实世界的反映。相反，他们会考虑在与访谈者合作中如何建构现实的方式。对建构过程的关注程度与对建构的内容的关注程度一样高。"这正如韦伯在讨论社会行动时指出的，社会行动是被行动者赋予了意义的，而这样的意义是可以被我们理解的，而且这样的理解必然与解释联系在一起。

建构主义主张的访谈操作原则主要包括：

1. 了解被研究地区的文化，与受访者共同建立一个"地方性文化"的日常对话情境。研究者要进入受访者的日常系统中去，必须以发生在受访者身上的那些事的习惯语句来表达；然后再将所得信息"转译"为社会研究的语言，对此信息的意义给出解释。

2. 以受访者个人的生活史为访谈的切入点。生活史叙述的重要作用在于追寻受访者行动的原因动机。通过这种方式，"生活中隐秘的意义才会通过叙述体现出来"。从受访者的个人生活史出发，研究者自然能对其赋予访谈内容和访谈场景的意义给出一个合乎逻辑和情理的解释，并能理解和解释受访者在访谈中就访谈内容所主观建构的意义的逻辑（访谈内容之间的内在联系）。

3. 全方位的观察。访谈发生的过程同时也是受访者的社会行动的发生过程。受访者不仅赋予访谈资料意义，同样赋予访谈发生的场景以某种意义，而且该意义与受访者赋予自己叙述的意义是存在着某种联系或一致性的。因此，所有受访者在访谈过程中的表现，诸如动作、表情，以及最重要的叙述行动都应当被观察、理解与解释。

4. 进行"真""假"的意义探究。访谈内容是受访者主观建构的，其中会有虚假的成分。透过对受访者在访谈时显现的对访谈意义脉络的了解，研究者可以来辨认和识别事实，或者通过访问了解这一事实的个体来验证这个受访者叙述的真实性。分辨出"假"并不意味着分析的完结。搞清楚说谎的动机，研究者就获得了受访者赋予说谎行为的主观意义的"真"认识。

5. 访谈资料的多层次解读。首先要对访谈资料进行三方面的分析：理解叙述的字面意思、领会叙述中词句的言外之意、领会叙述的主观意图。在此基础上，进一步认识访谈资料所蕴涵的意义的价值，并在理论概括的基础上去寻求与以前类似专题研究的理论对话点。

总之，访谈研究的方法论立场决定着对访谈的态度，也决定了对访谈进行分析和操作的具体方法。访谈回答是直接提供"事实"或"经验"，还是主动建构的"叙事"行为？每一种立场都是合理的。研究者必须作出解释和证明，访谈研究者将采取什么立场，这种分析立场是否与所要进行的研究相契合。

综上所述，访谈法是重要的质的研究方法，若运用得当，发挥访谈法的各项优点。访谈将不仅仅是单纯收集资料的过程和手段，它本身也可成为科学研究的一个重要环节。

访谈研究，特别是半结构访谈是具有挑战的，能够激发人的思维，甚至是令人兴奋的。它不仅要求而且激励着高水平的智力活动，它推动研究者从新的视角去考虑所研究的问题并质疑已有构念的适当性。尤其对那些惯用实验、依赖于自我报告和观察法的研究者们，访谈能够指导他们谨慎地倾听与之交谈的个体的声音及其内心世界，因为没有其他方法能够产生如此丰富的信息。

实施成功的访谈是艰苦而费力的工作，有多种因素和环节影响着访谈的进程。从访谈前期的准备，到访谈过程的实施和控制，再到访谈资料的统计和分析，每个阶段都需要研究者投入大量的思考、时间和财力。访谈问题的设计，访谈编码系统的建立，访谈者和编码者的选择、培训和管理，提高访谈的信度和效度，处理困难的访谈情境等，都是使用访谈法可能面临的重要挑战，需要研究者以一种有责任心和职业道德的态度进行对待。

## 本章思考题

1. 结构访谈、半结构访谈和无结构访谈之间有何区别？它们分别有什么优点和缺点？

2. 在访谈的设计和控制中，应注意哪些问题？

3. 建立访谈的编码系统要注意哪些问题？

4. 影响半结构访谈效果的因素有哪些？如何提高半结构访谈的信度和效度？

5. 访谈研究的方法论立场对访谈的态度和操作方法会产生什么样的影响？

（作者：张敏）

# 第十二章 内容分析

对于社会科学来说，语言是一种极为重要的信息来源。在心理学研究中，许多现象均与语言有着非常紧密的联系，如沟通、人际关系、归因、角色扮演和定型等。然而，对于语言资料的分析和处理，传统的心理学研究方法具有无法避免的局限性。

内容分析是目前在社会科学领域内被研究者广泛使用的一种研究方法。内容分析不但是一种处理言语资料的有效方法，对于非言语资料（如，姿势、表情、图片、视频等）也同样适用。在本章中，我们将结合社会心理学研究对象的特点，具体介绍内容分析法在社会心理学研究中的应用。

## 第一节 内容分析概述

### 一、内容分析的历史背景

最早使用内容分析的实例可以追溯到 18 世纪。有人曾用此方法对一部瑞典赞美诗集中的象征词进行了专门的分类，以此解决宗教争端。此外，早在 1838 年，也有人曾对不同年龄段盲人梦想中的视觉印象进行了定量的分析（R. L. Van de Castle, 1994）。

在社会科学领域内，内容分析的广泛应用始于 20 世纪初，尤其是在新闻与传播领域，内容分析的方法被广泛地应用于对报纸主题趋势的研究。在 20 世纪 40 年代和 50 年代期间，一些现代传播的研究者（如，B. Berelson, C. E. Osgood & R. K. White 等人）纷纷出版了介绍内容分析方法的著作，标志着内容分析法的日益成熟。第二次世界大战期间，内容分析还被应用于研究宣传技术的效果以及敌方士气等。

20 世纪 60 年代初，随着计算机技术的进步，计算机辅助的内容分析开始发展起来。计算机与内容分析的结合，为研究者提供了极大的便利，尤其是在面对大量定性资料时，计算机辅助的内容分析大大节省了耗时。在国外，与内容分析相关的软件有许多，如 CATPAC、CPTA、Concordance 2.0、Diction 5.0、Gen. Inquirer、TextAnalyst、TEXT-PACK 7.0、TextQuest 1.05、Wordstat 3.03 等。

尽管"内容分析"一词可能最初出现于新闻学领域，但早期的心理学研究中也不乏内容分析的应用实例，如主题统觉测验(TAT；H. A. Murray，1938)，对小群体言语交流的分析(R. F. Bales，1950)以及对梦的报告分析(C. S. Hall & R. L. Van de Castle，1966)。

## 二、内容分析的含义

内容分析可以从多种不同角度进行定义。比较有代表性的观点主要有如下几种：(1)内容分析是对传播过程中的明显内容进行客观而系统地量化，并加以描述的一种研究方法(B. Berelson，1952)。(2)内容分析是通过客观而系统地从文本中识别出具体特征，并以此作出进一步推论的一种研究方法(P. J. Stone 等，1966)。(3)内容分析是从数据中获取可靠且有效的结果，并能将结果推广到现实情境中的一种研究方法(K. Krippendorff，1971)。(4)内容分析是通过一系列程序从文本中作出有效推论的一种研究方法(R. P. Weber，1990)。(5)内容分析是依靠科学化的方法(如，优化设计、信度检验、效度检验、概化、重测和假设检验等)对信息所进行的一种总结性的定量分析方法(K. A. Neuendorf，2002)。

史密斯(C. P. Smith，2000)总结了人格与社会心理学研究领域中的内容分析，认为内容分析是一种通过系统客观地识别资料特征，从大量资料(一般是言语资料)中抽取所需信息的一种研究方法。对于人格和社会心理学研究来说，保证内容分析的客观性是至关重要的，因为只有当内容分析是客观的，才能保证其他研究者使用相同方法能得到相同的结果。

但史密斯同时认为，内容分析中的"内容"一词在某种意义上说有点不恰当，因为对言语资料的分析包含了许多方面，如内容、形式(风格、结构)、功能(个人给出的建议)或者传播顺序等。

内容分析可用于处理各种类型的定性资料，如档案记录、自然情境下发生的行为等。一般情况下，虽然所分析的资料也可能由一些记录下来的行为、图片、视频、艺术作品或音乐构成，但是内容分析往往使用书面的或转录成书面的资料，我们称之为"文本"(text)。

综合上述观点，内容分析具有如下几个特征：(1)方法上，内容分析是一种注重客观、系统及量化的研究方法；(2)用途上，内容分析既可用于描述性分析，也可用于推论性分析；(3)资料及分析单位上，内容分析的资料既可以是言语资料，也可以分析其他非言语资料；内容分析的单位，既可以是资料的内容，也可是形式、风格或功能等。

# 第二节　内容分析的方法

社会心理学要求研究方法必须符合一定的科学规范，如具有一定的信度和效度，从数据中获取的结果可以推广到相应的情境中等。因此，内容分析也应具有一系列严格的实施程序，以保证最终结果的客观性和科学性。

内容分析研究一般包括如下几个步骤：(1)陈述研究的问题和目标，在研究开始前，研究者需要清楚自己要研究的问题是什么，如果是推论性研究，还要尽可能地写出研究的假设；(2)判断内容分析是否适合研究的问题，是否还需要引入其他研究方法；(3)确定哪些定性资料符合研究问题的需要；(4)确定获取定性资料的方法及数量；(5)确定内容分析的编码系统；(6)获取测试资料以及测试编码系统的有效性；(7)对编码者进行训练，以期获得令人满意的编码者一致性；(8)获取资料；(9)对资料进行编码，并检验编码者一致性，或者执行计算机辅助的内容分析；(10)分析数据，必要的话还需要对效度进行检验；(11)对结果进行解释。

下面，我们就内容分析中的几个关键步骤，具体介绍其实施过程。

# 一、分析资料的类型及来源

## (一)确定分析资料的依据

在确定所要分析资料的时候，我们一般需要考虑以下两个方面：

首先，该资料有利于研究我们所要处理的问题，即资料的有效性。例如，为研究文化所传承的价值，研究者可能会从大众传媒或一些文化性产品(如，电影、民间故事、儿童读物)获取研究材料；库姆斯(A. W. Combs, 1947)的一项研究说明在揭示社会性或个人性的无意识的动机时，统觉测验的故事描述资料优于自传性的材料。

其次，资料的可获得性，即获取资料所要消耗的时间及花费是需要考虑的一个重要因素。

## (二)分析资料的类型

一般说来，社会心理学研究所涉及的定性资料主要包括三类：

1. 档案资料，包括文化符号性作品、个人文档、出版物及官方文件等；

2. 自然行为资料，是指在被试没有意识到自己被研究的情况下，研究者所记录的在自然情境中发生的真实行为资料；

3. 诱导资料，根据具体的研究目的，研究者通过访谈或投射测验所获得的资料。

**(三)各类型资料的优缺点**

在分析资料之前，我们需要明确不同类型资料的优点和缺点，这对于后续的研究将产生非常重要的影响。

1. 档案资料

档案资料具有一些特殊的优点，它能大大减少获取资料的时间和花费。例如，如果研究对象是南京大屠杀的幸存者，那么找到这些幸存者并对他们进行专门的采访是一件既费时又费力的事情。但如果存在一些档案资料，其中包括对幸存者的录像采访，那么这些资料对研究来说是很有价值的；并且，档案资料间并不存在交互的影响，这也是档案的一个重要特点。然而，档案资料在取样上可能会存在一些明显的局限，仅依靠档案资料，可能无法获得充足的样本量，样本的代表性也会受到一定的影响。

2. 自然行为资料

自然行为资料在自发性及生态效度上比其他资料更具优势，但是在记录自然行为或将自然行为转换成文本语言时，则会存在一些麻烦。

3. 诱导资料

诱导资料是研究者根据特定的研究目的，通过一定的手段诱导所获取的资料，它使得研究者能对资料获取过程进行更好的控制。例如，在一项访谈研究中，研究者可以决定谁是访谈者或被访者，需要进行多少个样本的访谈，需要问什么样的问题。然而，在访谈中，诱导反应可能受一些无法控制的因素的影响，这是需要尽量避免的。

## 二、获取分析的资料

获取分析资料的过程也就是通常我们所说的"取样"。从理论上说，我们希望能够获取所有与研究问题相关的资料，以保证研究结果的可靠性和说明力。然而，这在实际上是不可行的。因此，科学的取样方法和充足的样本对于研究结果具有重要的影响。

心理学研究一般都会要求进行随机取样，因为只有在随机条件下获取样本，才能保证样本的无偏性或者说对总体的代表性，从而保证样本产生的结果能推广到总体。然而，在内容分析研究中，随机取样并不多见。这是因为：首先，我们可能无法识别总体中的所有成员（如，所有携带艾滋病毒的人）；其次，内容分析研究一般都是探索性研究，其强调的是研究的内在效度而不是外在效度，因而随机取样对研究来说并不是必须的。

当然，这并不是说取样对于内容分析研究来说不重要。尽管内容分析研究中，我们往往会采用方便取样的方法，但是根据不同的研究问题以及所涉及资料的不同类型，内容分析在取样方法和样本量的确定方面仍须符合一定的标准和要求。例如，有研究者认为，在有关传播的研究中，对三个层面进行取样是很有必要的，即出版物或其他来源（如，电台）、主题或日期、主题的内容（B. Berelson，1954）。在对出版物或其他来源进行取样时，研究者还需要考虑其他一些因素，如地理位置、出版的频次、出版时间（早晨、晚上）、目标观众（女性、运动迷）以及发行量等。

## 三、设计内容分析的编码系统

设计编码系统是内容分析的核心。编码系统是内容分析研究客观性的一个重要保证，其作用在于能让其他研究者根据相同的编码系统得到相同的结论。

编码系统一般由下列几部分构成：（1）定义分析资料的单位；（2）建立类别或分类的维度；（3）应用这一系统的标准和规则。这些内容一般都需要详细地记录在编码手册中。此外，编码手册中可能还包括了一些练习性的资料。

### （一）确定编码单位

建立编码系统首先需要确定进行编码的单位，单位提供了文本间比较的基础。在内容分析中，没有最佳的编码单位，应根据不同的研究目标来确定编码单位。

编码单位不同于文本单位，文本单位指的是一个研究中所要分析的最大的资料形式（如，一篇论文，一段访谈等）。而编码单位通常是指文本单位的一部分，是按类别或维度进行编码的基础。

常见的编码单位包括：（1）整个文本单位（如，一篇文章）；（2）语言学定义的部分（如，字、分句、句子）；（3）反应片断（如，对某个采访问题的反应）；（4）物理意义上定义的片断（如，报纸卷册的尺寸）；（5）时间的片断（如，广播时间为多少分钟）。

### （二）确定编码的类别和维度

借助于编码的类别和维度，研究者可以将文本所包含的信息转换成可以量化的变量，由此定量地描述变量的特征。

1. 编码类别（coding categories）

在内容分析中，我们需要用某些思想或观念去整理所获取的分析资料，类别就是这些观念或思想的代表。如果类别的选择与分析的思想相适合，那么我们就能对资料进行有效地分析，若类别不能代表相应的思想，那么所做的分析就可能是无效的。在实际的内容分析中，类别通常表现为将所要处理的问题分为两种或多种可供选择的项目，如在场与不在场，基督教、耶稣或佛教等。有时候，类别也可以是一些连续变量，如按照赞成的程度分为不赞成、无所谓、赞成三个项目。

有时，编码单位会成为编码类别，编码类别也可能成为编码单位。如在一个文本中，不同的主题可以成为编码类别，然而在另一个文本中，主题可能就是研究者进行编码的单位。当一个故事的每一个特征都被确定后，那么接下来进行的工作就是对特征进行分类，此时特征就是编码的单位。然而，当所需要的信息是故事中特征的数量时，此时故事成为编码的单位，而特征的数量成为编码的类别。

2. 编码维度（coding dimensions）

维度一般是针对连续变量而言，如程度或频次等。编码维度均可通过数量比例来衡量，如 0（无冲突）～6（极端冲突）。然而有时对程度的编码可能会存在一些困难，在文本中当程度是由词语来说明时，编码者要对程度作出一个稳定的判断或在一个量表上将其分为间距适当的几个点是十分困难的。如对攻击性程度的判断，与伤害一个人相比，杀死一只动物所代表的攻击性是更强还是更弱一些呢？

有时，我们对一个变量类别的重要性程度进行编码时，可以根据某类现象或记录的频次进行评估。例如表示攻击性的一些行为，一般来说，每个事件都应当给予相等的权重，如果假设某类别的重要性越大，那么其被提及的次数就应当越多。因此，在一个编码单位中得分的数量可以用来测量攻击性程度。需要注意的是，当对频次进行计数时，对编码单位的长度进行控制往往也是很重要的，因为较长的材料会导致较高的频次。为了弥补由于长度差异造成的偏差，许多编码系统在一个编码单位中，像攻击性行为这样的类型只被记录一次，而不管其出现的频率。

3. 建立类别或维度的原则

建立类别或维度是内容分析最核心的环节，根据以往内容分析研究提供的经验，类别或维度的建立须遵循如下一些原则：

（1）符合研究目的。正如收集资料必须符合研究目的，建立类别同样必须符合研究者的研究意图，这是研究中的一条基本原则。

（2）反映研究问题。研究问题和研究假设的设定可以使研究的范围和目的更加明确化，因此对于类别的建立，也须针对当前具体的研究问题或研究假设。

（3）可穷尽。所谓穷尽是指所有内容项目归入设定的类别，若供研究使用的资料中有的项目因不能归入类别或维度而遭到舍弃，那么这种类别系统的设计是不科学的，是内容分析忌讳的。

(4)相互排斥。相互排斥是指一个内容资料不能同时归入两个类别中，因此这就要求每个类别或维度的理论定义和操作定义必须是明确而不含糊的。

(5)独立性。独立性是指任何内容项目归入某一类别时不应该影响其他类别的归类过程。因为在类别的建立过程中，由于所有类别都必须有明确且清楚的操作定义，因此任何内容项目的归类都有相应的原则可循。若操作定义不明确，那么就可能导致归类过程会受到前一归类事件的影响。

(6)可操作性。可操作性是指类别或维度的数目要适当。类别太少，有可能使类别无法涵盖研究内容中的主要问题，从而无法达到研究的要求。类别过多，有可能会导致研究的问题过于琐碎，反映不出研究的重心；而且类别过多，也会影响工作效率，且编码时容易出错。

### (三)确定编码的规则

规则应说明如何应用编码系统以及如何处理系统没有明确说明的一些事件，例如，如何区分单位、如何应用分类，以及如何记录编码决定等。

### (四)编码系统的特征

#### 1. 明确性和具体性

一个好的编码系统应该是明确而具体的。它既应包括对言语资料进行分类的一般指导，也应包括一些说明性的实例。如果编码系统不够具体，那么对于不熟悉该指导原则背后理论框架的编码者，会影响其编码的一致性。

#### 2. 简洁性和复杂性

一些编码系统，由于它们所需区分的类别是大量的，而且这些分类可能是相对抽象的，因此研究者可能需要用一个章节甚至一本书的篇幅来加以说明。在这类复杂的编码系统中，研究者需要使用更简洁的方法，使内容分析更简单易行。如在一项对亲密动机的研究中，研究者简化了其编码方法，如对"你正在想什么"这一问题，采用事件取样法，用"1"表示被试提及生活中或人际关系中的某个特定人物，而如果没有提及特定的人物或关系，则记为"0"。

## 四、编码系统的选择和确定

内容分析的编码系统需要根据研究的实际情况进行选择。有的研究者可能会使用已有的编码系统进行内容分析，但如果不存在，那么就只能设计一套新的编码系统；也有一些研究者会对原有的编码系统进行补充作为自己的编码系统。

### (一)使用已有的编码系统

目前，社会心理学中存在着一些较为成熟的编码系统，如表 12-1 所示。

**表 12-1　社会心理学研究中的一些编码系统**

| 领域 | 研究实例 |
| --- | --- |
| 调整和适应 | 个人的问题解决技巧(G. C. Ronan 等，1995) |
| 认知和人格倾向性 | 代理(A. E. Wessman & D. F. Ricks，1966)<br>因果思维(J. W. Pennebaker，T. J. Mayne & M. E. Francis，1997)<br>心理时间的观点(A. E. Wessman & D. F. Ricks，1966) |
| 认知和归因风格 | 概念整合的复杂性(P. Suedfeld 等，1992)<br>解释风格(C. Peterson，1992) |
| 人生的发展 | 自我发展(L-X. Hy & J. Loevinger，1996)<br>道德推理(A. Colby & L. Kohlberg，1987)<br>对环境的心理态度(C. P. Smith，1992) |
| 心境和情绪 | 愤怒、幸福、悲伤、紧张(C. S. Hall & R. L. Van de Castle，1966)<br>焦虑、希望、敌对性、沮丧(L. A. Gottschalk，1995)<br>情绪表达(J. W. Pennebaker 等，1997) |
| 动机 | 成就(D. C. McClelland & R. Koestner，1992)<br>疏远，逃避成功的动机，权力(C. P. Smith，1992)<br>对失败的害怕(R. C. Birney，H. Burdick & R. C. Teevan，1969)<br>亲密(D. P. McAdams，1992) |
| 心理分析中的倾向结构 | 肛恋，阉割焦虑，自卫投射，自我，优势，生殖力，性受虐狂，口腔期，退步(C. S. Hall & R. L. Van de Castle，1966)<br>客体关系(J. R. McKay，1992；D. Westen，1991) |
| 自我和身份 | 自我定义和社会定义(A. J. Stewart，1992) |
| 价值 | 价值分析(R. K. White，1951) |

注：本表引自 Smith C P. Content analysis and narrative analysis. In：Reis H, Judd C M. *Handbook of Research Methods in Social and Personality Psychology*. London：Cambridge University Press，2000，322—323.

### (二)设计新的编码系统

如果没有与研究有关的编码系统，那就必须设计一套新的编码系统。设计新的编码系统需要考虑下列几个因素：(1)研究目的，如对理论假设进行检验、发展新的理论或将理论应用于实际问题；(2)待分析材料的性质和特征；(3)与编码系统相关的总体(如，儿童或成人)。

此外，还需要注意处理好以下两个方面的问题：

首先，编码类别和维度应该定义清晰而具体，以便不同的编码者对某个类别的区分能达到较高的一致性，如某一类别包括哪些特征的材料或不包括哪些特征的材料。对于类别的定义应尽量加以明确，并以表格的形式罗列出定义所包括的范围，同时举例说明哪种类型的材料应该或不应该包括在内。

其次，新的编码系统中类别的产生方式。一般来说，类别可以通过两种方式获得。(1)根据先前存在的理论获得。即在对材料进行分析之前，研究者根据理论获得用于编码的类别。(2)根据经验数据获得。即通过对材料的分析，获得用于研究编码的类别。这种经验性的方法表现在两个方面：归纳和实验。归纳法常被用于探索性研究或定性研究。例如，在探索性研究中，一个研究者可能会针对某个问题检查访谈的结果，并罗列出每一种反应。接着，合并相似的反应以产生更少数量的类别，这些类别将被用于内容分析。通过实验法获取的类别往往反映了所要分析的材料的某个因变量的变异。这一方法应当归功于麦克莱兰和阿特金森(D. C. McClelland & J. W. Atkinson，1948)等人有关人类动机测量方法的研究，在对知觉到的害怕和饥饿效应研究后，他们开发出了一个动机编码系统。

在实际中，理论和经验的方法常是结合在一起的，理论说明要找什么，经验则可对理论进行修改或补充。当然，不合理的理论类别可能会被丢弃，从经验中获得的类别也可能不具有理论意义。

在现场研究中，随着现场的不断记录和对记录笔记的不断分析，编码系统可能随时间而逐渐发展演进。因此，比较适当的做法是，在建立一套新的编码系统前，先进行预备研究并对编码系统进行反复修改。

## 五、编码者培训

对编码者进行培训主要包括：准备一份清晰的编码手册，提供大量的练习材料以及编码者与研究者对编码进行讨论。一个编码者应该能够识别各类型的特征及其区别。对于编码者所需的练习次数，主要依据编码系统的大小和复杂性。如果研究者所需要编码者的数量为3人，那么至少需要培训4个或4个以上的编码者，选择表现最突出和最有能力的编码者。

## 六、计算机辅助的内容分析

有研究者(K. Krippendorff，1980)回顾了早期计算机辅助的内容分析，认为其中影响最大的是 General Inquirer，它是一套计算机程序，通过使用事先设定好的词典软件对英语单词进行识别和分类。如哈佛心理—社会词典，就是为处理广泛多样的社会研究问题而准备的。其他一些广泛应用的词典包括人类学词典以及类别价值、群体过程和态度词典。卡林(R. Kalin)等人在一项关于酒精中毒的研究中，为 General Inquirer 设置了一种特殊的词典，其由大约 4000 多个词语和 95 个理论上相关的类别构成。

General Inquirer 目前扩展到除了英语之外的多种语言中，并被广泛应用于信息检索过程。该软件可以罗列出某些特定类别的所有事例(如，所有动词)，搜索某些不确定的事件(某个编码单位中两个或更多类别的出现)，或对所有使用特定词语的句子进行检查。

在计算机辅助分析方面，编辑前的阶段(如，文本导入)和准备词典均是非常耗时和耗力的，然而程序的设计过程使研究者们对编码类别更加明白和清晰。在一些研究中，光学扫描仪也能为文本导入提供便利。

目前，在内容分析中使用计算机主要受到必须创建特定的词典这一限制。另外，在计算机辅助软件对文本进行主题或抽象概念的分析方面，如为编码成就动机设计程序，仍不尽如人意。尽管计算机辅助的内容分析存在这样那样的不足，但其在处理较大数量的材料、类别中仍发挥着巨大的作用。

## 七、内容分析的信度与效度

对于任何一个研究者来说，都希望自己的研究结果具有较高的信度和效度，内容分析研究也不例外，也需要接受信度和效度的检验，只有信度和效度达到一定的可接受水平，内容分析研究的结果才是有意义的。

### (一)内容分析的信度

对内容分析的信度检验主要有三个方面，即稳定性、可重复性以及准确性。

稳定性是指内容分析的研究结果应当不受时间变化的影响，即同一编码者在不同的时间编码两次，其结果应当相同。稳定性一般可以用重测信度来进行评估。稳定性是信度中最弱的一个方面，不可用来充当评价内容分析信度的唯一指标。

可重复性是指不同环境、不同地点、由不同的编码者重复相同过程的相似性。可重复性又可称为编码者间一致性。

准确性是指编码过程符合标准或预定结果的程度，因此对准确性的评价必须事先建立可供参考的标准，否则无法进行检验。

在内容分析研究中，人们最关心的信度是编码者间的一致性。在求编码者间一致性时，研究者需要对以下几个问题进行仔细考虑：

首先，编码者人数的确定。从理论上说，编码者人数越多，所获得的一致性越高，那就表明内容分析的信度越高。但实际上，一个研究中，编码者人数过多，也存在一些弊端，如有可能增加编码结果的误差，增大培训编码员的工作量等。从以往的研究经验来看，3～4名经过严格培训的编码员是基本可以接受的。如果由于研究问题的专业性过强，编码员的获取存在较大的难度，那么编码者一致性指标可由一个研究者和一个独立的编码者来提供，或两个互相独立的研究者提供。如果以上两者都无法实现，那么一致性系数也可以通过同一研究者对同一材料在不同时间里的两次编码，或一位研究者和一位专家对练习材料的编码来提供。

　　其次，求编码者间一致性的方法。编码者间的一致性系数可以用多种指标来表示，如百分比、相关系数或者 $\chi^2$ 值，采用哪个指标则需要根据具体的研究情境而定。编码者间一致性的计算一般需要经过三个过程：

　　1. 计算两个编码员间的相互同意度

$$相互同意度 = \frac{2M}{N_1 + N_2}$$

　　上述公式中，$M$ 为两个编码员完全同意的数目，$N_1$ 是第一位编码员应有的同意数目，$N_2$ 是第二位编码员应有的同意数目。

　　2. 计算平均相互同意度

　　根据第一阶段所获得的数据，构建编码员间相互同意度的矩阵表，并求出矩阵表中各个相互同意度的平均值。

　　3. 计算信度

$$信度 = \frac{n \times (平均相互同意度)}{1 + [(n-1) \times (平均相互同意度)]}$$

　　其中，$n$ 为参与编码者的数量。

　　下面，我们用一具体例子来说明上述计算内容分析信度的方法：

　　假设某一项心理学研究建立了 10 个类别，并使用了 4 个编码员进行编码，4 个编码员对 10 个类别的编码结果如下（仅以两位编码员间的相互同意度为例）：

表 12-2　编码员一和编码员二的编码结果对照表

| 类别 | 编码员一 | | | | 编码员二 | | | | 编码员一、二的相互同意度 | | | |
|---|---|---|---|---|---|---|---|---|---|---|---|---|
| | 一 | 二 | 三 | 四 | 一 | 二 | 三 | 四 | 一 | 二 | 三 | 四 |
| 1 | a | b | a | c | a | c | a | c | √ | | √ | √ |
| 2 | b | a | b | b | b | a | b | a | √ | √ | √ | √ |
| 3 | c | a | d | a | c | a | c | d | √ | √ | | |

表 12-2   编码员一和编码员二的编码结果对照表        续表

| 类别 | 编码员一 | | | | 编码员二 | | | | 编码员一、二的相互同意度 | | | |
|---|---|---|---|---|---|---|---|---|---|---|---|---|
| | 一 | 二 | 三 | 四 | 一 | 二 | 三 | 四 | 一 | 二 | 三 | 四 |
| 4 | a | c | c | c | a | b | b | c | √ | | | √ |
| 5 | b | b | d | a | a | b | d | c | | √ | √ | |
| 6 | a | c | b | d | a | c | d | d | √ | √ | | √ |
| 7 | a | b | b | b | a | b | b | a | √ | √ | √ | |
| 8 | c | b | d | a | c | b | a | a | √ | √ | | √ |
| 9 | a | c | a | c | a | b | b | c | √ | | | √ |
| 10 | d | c | c | c | a | b | b | b | | | | √ |
| 完全同意的数目：8+6+4+7=25 | | | | | | | | | 8 | 6 | 4 | 7 |

（1）根据表 12-2，可求得编码员一和编码员二的相互同意度为：

$$\frac{2\times25}{40+40}=0.625$$

（2）计算平均相互同意度。根据相同的方法，可求得其余编码员间的相互同意度，并根据所求得的结果构建出相互同意度的矩阵表，如表 12-3 所示：

表 12-3   相互同意度矩阵表

| | 编码员一 | 编码员二 | 编码员三 |
|---|---|---|---|
| 编码员四 | 0.58 | 0.56 | 0.66 |
| 编码员三 | 0.68 | 0.50 | |
| 编码员二 | 0.625 | | |

根据上述矩阵表，可求得四个编码员的平均相互同意度为：

$$(0.58+0.56+0.66+0.68+0.50+0.625)/6=0.60$$

（3）求信度。根据所求得的平均相互同意度，就可以求出本内容分析研究的编码者间一致性为：

$$\frac{4\times0.60}{1+[(4-1)\times0.60]}=0.857$$

最后，一致性程度可接受的水平。一致性程度多大才是令人满意的呢？对此，许多研究者都曾提出各自不同的标准。从以往的内容分析研究来看，多数研究者认同 0.80 以上的标准，也就是说一致性程度至少应达到 0.80 以上，若信度系数介于 0.67～0.80 之间，那么下结论时就应当格外小心，不可过于武断。当然，在探索性的内容分析研究中，稍低的编码者一致性有时候也是可接受的。

在完成编码一致性的评估后，编码者通常会讨论他们的编码差异，并解释导致这些差异的原因。在这一过程中，编码者可以检查自己的疏漏或过错。因此，最终的编码可能会比一致性所显示的更精确一些。

### （二）内容分析的效度

内容分析的效度是指编码所评估的是否是研究者真正想要评估的内容。一个无偏的样本和较高的信度是效度的必要条件，但非充分条件。目前研究已经区分出了几种不同类型的效度。对于内容分析来说，下列几种是比较重要的：同时效度（对存在的组别作出区分）、预测效度（预测其后的事件或行为）、构想效度（测量处理与理论预期的其他相关变量之间的相关性）、外在效度（来自测量的结果可推广到总体或相关情境的程度）。与效度评估相关的探讨，请参考本书的其他章节。

# 第三节　内容分析在心理学中的应用及举例

## 一、内容分析在心理学中的应用

由于心理学研究同样会涉及处理多种言语性资料，因此内容分析法在心理学研究中的应用十分广泛。表 12-4 列出了心理学研究中内容分析的实例。在其他社会科学领域，内容分析还被用于描述并比较文化间的差异，以及对文化变迁、媒体宣传、影响投票的因素、领导、决策、自杀等一系列问题的研究。

表 12-4　内容分析法在心理学研究中的应用

| 心理学领域 | 代表性研究主题 |
| --- | --- |
| 临床心理学 | 儿童的身体和性侵犯，沮丧，心理治疗的效果，自杀 |
| 发展心理学 | 母亲的概念，概念的复杂性，自我的发展，语言的习得，道德推理，学龄前的危机情境 |
| 教育心理学 | 班级氛围，学习日志，问题解决，文本的阅读能力，书写的技巧 |
| 健康心理学 | 情绪表达，影响免疫系统的因素，生活的质量，压力和应对 |
| 工业和组织心理学 | 买者与卖者的交互行为，广告中的种族和性别，领导，成功管理 |
| 人格心理学 | 焦虑，创造性，认知和归因的风格，依赖性，梦，情绪，心境，激励，个人的因果推断，价值 |
| 社会心理学 | 侵犯，归因，独裁，信仰系统，集体思维，性别角色，人际关系，领导，宣传，自我定义，定型 |

注：本表引自 Smith C P. Content analysis and narrative analysis. In：Reis H, Judd C M. *Handbook of Research Methods in Social and Personality Psychology*. London：Cambridge University Press，2000，315—316.

### (一)传播与媒介心理研究中的内容分析

内容分析在传播与媒介等领域的应用是最广泛的。有人（B. Berelson，1954；O. R. Holsti，1969；K. Krippendorff，1980)对该领域的内容分析进行了总结，认为主要包括以下几方面的主题：(1)沟通内容的倾向；(2)不同媒介间的比较；(3)沟通的风格；(4)宣传技巧；(5)个人或群体的目标和心理状态；(6)大众的态度、兴趣和价值。

戴维斯(1990)采用内容分析法分析报纸中的个人广告，以研究性别角色定型。他发现，女性比男性更重视自己在就业、金融和智力，以及义务方面的地位，而男性则更加强调外表方面的特性。戴维斯最后得出的结论是，这些差异与传统的性别角色定型是一致的。

塔尔、李和斯特恩(1995)运用内容分析法对女性商业杂志中的图片进行了研究，得出结论西班牙裔的美国人在杂志广告中明显没有获得充分的代表性，亚裔美国人的图像反映出社会的定型。

### (二)访谈以及开放性的问卷调查

对于访谈或开放性问卷调查取得的资料，内容分析是一种不可缺少的分析手段。

施耐德、惠勒和考克斯(1992)运用内容分析法，分析了取自对三个金融公司 97 个工作组的 350 名员工的访谈记录。研究要求这些小组成员对他们所在组织中的服务气氛进行讨论。分析表明，惯例、奖励报酬等因素与服务热情(包括对顾客的反应)具有显著的相关性。这一结果为服务企业如何提高组织的服务功能提供了重要的参考建议。

### (三)人格理论和评估

有关人格研究的内容分析，其应用范围包括档案资料、访谈资料、心理治疗记录、梦(包括白日梦)的报告、投射法获取的资料等。

许多西方心理学研究结果均表明，人格特征可由一个五因素模型表示，五个因素是外倾性、情绪稳定性、宜人性、开放性及责任心。为了证明这一模型是否同样适用于非西方的文化背景，有研究者(L. Narayanan, S. Menon & E. L. Levine, 1995)要求印度两所大学的学生描述从他人身上或自己身上所观察到的特别能反映个性的两个关键事件，然后要求若干名对五因素不熟悉的编码者将这些事件分成一些在意义上互相独立的类别。评定的结果表明，除了一个项目外，所有的类别均包含在五个因素之中，说明内容分析所获得的人格维度与大五结构非常相似。

## 二、内容分析的研究举例

为进一步介绍内容分析的具体操作过程，我们选取了一个组织与管理心理的研究实例来加以说明。

在一项针对团队学习行为的探索性研究中，研究者希望归纳出团队学习行为的具体表现形式，以此为下一步的量表编制提供理论基础。在获取相关分析资料的基础上，研究者采用了内容分析法对资料进行了一系列的分析和总结，获得了团队成员学习行为的几类具体表现形式。在该研究中，内容分析过程如下：

**（一）确定分析资料的来源**

该研究的对象主要是目前企业组织中的员工，以及这些员工在团队工作中表现出的学习行为。对团队成员学习行为表现的了解一般可以通过两种途径：一种是自然状态下的观察，研究者作为参与者加入团队工作，对其日常生活进行观察，将观察所得资料以各种形式进行保存；另一种则是员工对自己行为的自我报告。在考虑实际研究条件的基础上，研究者决定采用半结构访谈的方法，通过员工自我报告的形式获取分析资料。

**（二）获取分析资料**

由于企业有各种不同类型的团队，如管理团队、研究团队、市场团队、销售团队等，研究者在选取样本时需要考虑来自不同类型团队的访谈对象的比例。研究者选取了15种团队进行半结构访谈，在征得被访者同意的基础上，对访谈过程进行了录音，以保证对访谈内容的精确记录，访谈对象的基本资料见表12-5。被访谈者所在的团队类型基本上涵盖了目前企业内存在的团队形式。

**（三）设计编码系统**

在团队研究中，并没有现存的针对团队学习行为的编码系统，因此需要研究者设计一个新的编码系统。新的编码系统既可以根据现存的理论进行设计，也可以在对经验资料全面分析的基础上进行开发。在该研究中，研究者以目前的团队学习理论为依据，全面分析了所获取的资料，编制出一套新的编码系统。

1. 编码单位

研究中，编码所用的资料主要是由访谈录音转化而成的文字。根据这一特点，研究者将每个句子确定为一个相对独立的编码单位，因为从语法的角度理解，只有一个句子才能完整地表达一个特定的意思。

2. 编码类别与维度

研究者总结了团队成员学习行为的10个类别的表现特征，并将其作为最后的编码类别，如表12-6所示。

## 表 12-5  访谈对象统计描述

| 对象 | 性别 | 团队类型 | 职责 | 稳定性 | 团队时间（年） | 团队规模（人） | 有无领导 |
|---|---|---|---|---|---|---|---|
| 被试 1 | 男 | 项目团队 | 市场 | 稳定 | 1 | 4～5 | 有 |
| 被试 2 | 女 | 项目团队 | 科研 | 不稳定 | 2.5 | 10 | 有 |
| 被试 3 | 男 | 项目团队 | 生产 | 不稳定 | 0.5 | 20 | 有 |
| 被试 4 | 男 | 项目团队 | 销售 | 稳定 | 1 | 8～10 | 有 |
| 被试 5 | 女 | 管理团队 | 人事管理 | 稳定 | 0.5 | 4～5 | 有 |
| 被试 6 | 女 | 项目团队 | 市场 | 稳定 | 2.5 | 10 | 有 |
| 被试 7 | 女 | 项目团队 | 生产 | 稳定 | 0.5 | 5 | 有 |
| 被试 8 | 女 | 项目团队 | 服务 | 不稳定 | 1 | 5 | 有 |
| 被试 9 | 男 | 项目团队 | 研发 | 稳定 | 3 | 8 | 有 |
| 被试 10 | 男 | 项目团队 | 研发 | 稳定 | 5 | 10 | 有 |
| 被试 11 | 女 | 项目团队 | 销售 | 稳定 | 0.5 | 15 | 有 |
| 被试 12 | 女 | 项目团队 | 服务 | 不稳定 | 1 | 5 | 有 |
| 被试 13 | 男 | 项目团队 | 生产 | 不稳定 | 2 | 6 | 有 |
| 被试 14 | 女 | 管理团队 | 后勤 | 稳定 | 2 | 4 | 有 |
| 被试 15 | 男 | 项目团队 | 研发 | 稳定 | 3 | 8 | 有 |

## 表 12-6  团队学习行为的内容分析编码分类表

| 团队学习行为编码分类 | 编码记分 |
|---|---|
| 主动发表意见和看法 | 有(1) 无(0) |
| 倾听别人的意见和看法 | 有(1) 无(0) |
| 主动向团队内的专长者寻求帮助 | 有(1) 无(0) |
| 向团队外成员寻求帮助 | 有(1) 无(0) |
| 积极回应别人的询问和请求 | 有(1) 无(0) |
| 主动承认工作中的过错 | 有(1) 无(0) |
| 与他人讨论分析自己的过错 | 有(1) 无(0) |
| 合理地解决与别人在观点或意见上的分歧 | 有(1) 无(0) |
| 对过去的工作进行总结 | 有(1) 无(0) |
| 对工作中出现的问题进行讨论 | 有(1) 无(0) |

### 3. 量化

为了使编码者的分析更为简洁，研究者采用简单的类别分数计分，即如果分析资料里面出现了与某个类别相同或相近的内容，则编码者在该编码类别记1，否则记0。采用这种方法，研究者不但能记录到该类别在所选取样本中发生的频次，而且也能以此对编码者一致性进行有效的评估。

### （四）编码者的训练

在该研究中，主要由一位研究者和另一位与本研究无关的独立编码者对访谈资料进行编码。为保证编码方案的清晰度和全面性，在编码之前，研究者对另一位编码者进行了严格的培训，使其对编码标准的理解准确无误。同时，研究者从访谈资料中挑选三份供编码者进行练习，练习过程有助于编码者熟悉分类的标准、每个类别的意义及相关实例。

### （五）编码者一致性评估

由于该研究中内容分析的结果主要以类别分数表示，因此研究者采用一致性百分比系数表示内容分析的信度（K. A. Neuendorf，2002；参见第六章第四节）。一致性百分比系数的计算公式为：$PA_0 = A/n$。其中$PA_0$表示所求的一致性百分比，$A$表示两个编码者在某个类别上所达到的一致性的数目，$n$则表示两个编码者在某个类型上所要分析的资料单元的总量。

根据上述计算方法，求得团队学习行为10个类别上的编码者一致性系数，结果见表12-7。近年来有研究者提出，编码者内部一致性系数达到70%就是可以接受的。由表12-7可见，该研究的内容分析具有较好的信度，在大部分类型上编码者内部一致性系数均达到0.75以上；仅"与他人讨论分析自己的过错"这一类别的一致性系数较低（0.6），这可能是由对该类别的操作定义仍存在模糊性所导致的。

表12-7　两位编码者一致性系数

| 团队学习行为各类别 | 编码者一致性系数 |
| --- | --- |
| 主动发表意见和看法 | 0.93 |
| 倾听别人的意见和看法 | 0.93 |
| 主动向团队内的专长者寻求帮助 | 0.80 |
| 向团队外成员寻求帮助 | 0.73 |
| 积极回应别人的询问和请求 | 0.80 |
| 主动承认工作中的过错 | 0.87 |
| 与他人讨论分析自己的过错 | 0.60 |
| 合理地解决与别人在观点或意见上的分歧 | 0.80 |
| 对过去的工作进行总结 | 0.93 |
| 对工作中出现的问题进行研究和讨论 | 0.73 |

### （六）内容分析的效度评估

研究者主要通过两个方面对效度进行了说明。首先，研究中团队学习行为编码表的构建是基于以往文献和大量访谈资料的，而形成类别是内容分析的核心问题，这就从源头上保证了内容分析的基础是可靠的。其次，事先对编码者进行了严格的培训，同时编码过程完全由两个编码者独立完成，这进一步确保了内容分析的效度。

不同的内容分析研究，由于其所针对的具体研究问题不同，编码系统中的类别的复杂程度也会不一样。上述研究实例中编码系统的类别编码并不复杂，编码者只需要根据类别的意义进行有无的判断，编码比较简单。有些内容分析，一个类别下若需要分成几个不同次级类别，且各个次级类别的区分比较复杂，那么一份比较详细的编码说明书就必不可少了。这里，我们以钟建安等人（2006）的一项关于广告性别角色定型系列研究中的一个内容分析研究为例。

该研究主要针对刊登在杂志和广播两类媒介上的广告内容是否存在性别角色定型这一问题进行研究。根据这一研究问题，结合国内外在这方面相关的内容分析研究及其编码系统，研究者在参考前人的编码系统基础上构建了一个适合于本研究的内容分析编码表，如表 12-8 所示。

表 12-8　内容分析编码表一例

| 类别 | 编码内容 |
|---|---|
| 中心角色 | 男性（　）、女性（　） |
| 年龄（岁） | 18～35（　）、35～50（　）、>50（　）、不能确定（　） |
| 是否关注自己的外表 | 是（　）、否（　） |
| 可信性 | 使用者/呈现者（　）、权威者（　）、陪衬者（　）、替换（　） |
| 场景 | 家庭（　）、娱乐（　）、职业（　）、户外（　）、替换（　） |
| 角色 | 家庭角色（　）、自主角色（　）、替换（　） |
| 产品分类 | 身体/家庭（　）、职业/汽车/体育（　）、替换（　） |
| 背景 | 大量同性/异性（　）、少量同性/异性（　）、无（　） |

由于上述内容分析研究中的各类别均存在多个次类别，且各类别的区别比较复杂，为此研究者为各类别及各类别下的次类别编制了详细的编码说明书，如表 12-9 所示。

表 12-9　内容分析编码说明书

| 类别 | 编码说明 |
|---|---|
| 中心角色 | 中心角色可以是一个或两个，但是不能超过两个，如果广告中的人物很多，请选出最显著的一个或是两个。 |
| 年龄 | 根据您对中心角色的判断，在相应的分类中作出选择，如果很难确定，请选择"不能确定"。 |
| 是否关注自己的外表 | 根据您对中心角色的判断，在相应的分类中作出选择。 |
| 可信性 | 根据您对中心角色的判断，如果认为他或她是代言产品的一个权威人士，请选择"权威者"；如果认为他或她仅仅是一个代言产品的使用者或是呈现者，请选择"使用者/呈现者"；如果认为他或她仅仅是一个代言产品的陪衬者，请选择"陪衬者"；如果不能确定，请选择"其他"。 |
| 场景 | 根据您对中心角色的判断，如果认为他或她在广告中出现的场所在家中，请选择"家庭"；如果认为他或她在广告中出现的场所在职业场所，请选择"职业"；如果认为他或她在广告中出现的场所在娱乐场所(比如，KTV)，请选择"娱乐"；如果不能划入上述分类，请选择"其他"。 |
| 角色 | 根据您对中心角色的判断，如果认为他或她在广告中的角色是无其他职业描述的父母、配偶、家庭主妇，请选择"家庭角色"；如果认为他或她在广告中角色是职业者、工人或是名人，请选择"自主角色"；如果不能划入上述角色，请选择"其他"。 |
| 产品分类 | 根据您对中心角色的判断，如果中心角色代言的产品属于身体类或是家庭类产品，请选择"身体/家庭"；如果中心角色代言的产品属于职业、汽车或体育产品，请选择"职业/汽车/体育"；如果不能划入上述分类，请选择"其他"。 |
| 背景 | 背景是指除了所编码中心人物之外的其他人物(也可以是另一个中心人物)。根据您对中心角色的判断，如果背景中的人物不是小孩，而且大于等于三人，请选择"大量同性/异性"；如果在一人到三人之间，请选择"少量同性/异性"；如果没有其他人物，请选择"无"。 |

有了上述编码表及相应的编码说明书，即使编码类别的次级分类较多，也可以保证编码员能够依据可靠的标准进行高质量的编码，从而保证内容分析具有良好的信度。

本章中，我们首先对内容分析的历史背景、意义及研究价值进行了简要的概述；在此基础上，对内容分析的主要步骤及操作进行了详细的说明，其中包括：确定分析资料的类型和来源、获取分析资料、设计内容分析的编码系统、编码者培训、编码者一致性和效度的评估等；最后，我们还引用了以往的心理学研究以及当前组织管理中的实际研究作为内容分析过程的例证。

内容分析的最大好处在于能够从定性材料提取有价值的信息。与其他的研究方法相比，内容分析能更深入地研究个人、人与人之间的沟通、一段时期内的个体变化及社会变迁等方面的问题。由于内容分析很好地结合了定量分析和定性分析二者的优势，因此在社会心理学研究中的应用也会日益增多。我们希望通过对本章的阅读和学习，读者能够比较系统地掌握内容分析的步骤和方法，并在实际中加以运用。

## 本章思考题

1. 什么是内容分析？内容分析在心理学研究中具有怎样的意义和价值？
2. 什么是编码者一致性？评估编码者一致性具有怎样的研究意义？
3. 简述内容分析的基本步骤。
4. 文本单位与编码单位有何区别？编码类别和编码维度有何区别？

（作者：毛良斌）

# 第十三章 生理指标在社会心理学研究中的应用

社会心理学是研究个体和群体的社会心理现象的心理学分支。但传统上，社会心理学家在研究这些心理现象时能采用的研究方法却是有限的。如，我们通常很熟悉的口头报告法，以及强调严谨的实验设计的实验室实验等。随着社会认知心理学的发展，出现了一些其他研究方法，如启动技术等。在过去的十年间，以社会神经科学为首的研究方法开始进入社会心理学，生理学和社会心理学的同盟关系也越来越紧密。

## 第一节 生理学与社会心理学的联系

在 20 世纪 90 年代，琼斯(E. E. Jones)和西格尔(H. Sigall)创造性地使用了生理学的方法。他们通过电极传感器将被试的身体与一个生理记录设备相连接，使被试相信这个设备记录的生理数据可以揭示出他们真实的想法和感受，而实际上研究者并没有记录被试的生理反应。这种技术被称为假路线技术(Bogus pipeline)，它能激发被试作真实的自我报告，因为被试认为该设备能揭示客观事实。假路线技术的基本原理成为很多测谎工作的基础。不管生理测量能否准确的表征心理学的概念，只要个体相信生理测量是准确的，他们就更有可能展现出他们隐藏的想法和感受。大多数测谎专家或"测谎员"都了解这个事实。测谎仪的成功更多是来源于嫌疑犯的自我招供，而不是与真实和说谎联系的生理记录。

如今，社会心理学家不再仅仅依赖于这种假路线技术。现在，我们在检验理论时，除了使用传统的自我报告和行为测量之外，也使用那些真实有效的生理反应范式。社会心理学家通过利用包括动机、情感和认知等心理过程中的生理指标，来更深入的理解人类的心理活动。在这一章我们希望能帮助读者理解心理生理学过程的本质以及心理生理学测量方法作为社会心理学理论建构基础的效用。我们将首先介绍一些相关的背景知识，如关于认识论问题的讨论，生理指标的本质和生理过程的简单介绍。其次，列举几个目前应用比较普遍的生理指标。最后，我们进行总结评论。

## 一、有关认识论的问题

透过历史的面纱，可以看到在生理学和社会心理学之间进行的一次次关系的重建。在笛卡尔的二元论逐渐被拒绝之后，科学家们开始采用一些新的方法来探索身心之间的联系。新的领域不断出现，比如社会心理生理学、心理神经免疫学、精神神经内分泌学，都证明了在理解身心交互作用方面，多层次或多系统方法的价值。社会心理生理学的前提假设是同一论(identity thesis)。社会心理生理学家假定生理学过程体现在所有的人类行为中，包括思维和感觉。因此，研究者可以借助这些生理学过程来更好地研究社会行为。不幸的是，具体行为和单一的生理反应之间很少存在一一对应的关系。生理过程的多功能性和行为的复杂性造成了单一的对应关系的缺失。比如，有氧运动会增加心率，在机场期待心上人的到来同样也会提高心跳速度，或者完成了一场考试，准备一场演讲等也是如此。因此，心率的增加或是其他"单一"的生理反应，都不能作为一个具体行为的明确的、特有的指标。

一方面，为了让生理反应成为社会心理学的有效指标，必须了解生理反应伴随的生物学和心理学的情境。但是，仍有很多生物学的复杂情境我们无法充分的掌握。早期，社会心理学家和其他人一样，只是简单的假设指标与心理反应之间的可交换性，也就是说，生理指标和心理反应之间的对应关系。比如，自主的和躯体的生理反应，如用心率、血压、皮肤电和肌肉紧张作为情绪和动机的指标。如今，我们仍能在社会心理学的文献中看到这些简单的研究方法。

另一方面，心理生理学家(社会心理生理学家的反对者)一直以来都忽视社会心理学背景。传统上，心理生理学家认为具体行为和生理反应之间的差异不仅仅来源于随机的测量误差，也来自于系统的个体和情境影响的差异。因此，传统的心理生理学家们认为用"个体刻板反应"(individual response stereotype)和"情境刻板反应"(situational response stereotype)两个构念，就可以解释所有相似情境中的个体差异和不同情境中个体差异的误差来源。

心理生理学家不认为心理现象和相关的生理反应之间存在可交换性，而社会心理学家则认为个体和情境对生理反应的影响是有重要意义的，而并不仅将其视为一种误差。社会心理生理学家也不认同，研究者采用一种社会心理生理学的方法必须基于同一理论的假设，即需要对生物心理社会基础（biopsychosocial underpinnings）的全面认识。

## 二、生理指标的本质

恒定性定义了一个概念和它的指标之间的理想关系。在测量的称名水平上，恒定性意味着概念和指标总是一起发生的。如果概念出现了，指标也会出现，反之亦然。例如，免疫学者常将某一病毒抗体的出现作为病毒感染的指标。如果个体表现出任何抗体存在的迹象，免疫学家就认为个体正在或者曾被病毒感染。如果个体没有任何抗体存在的迹象，则认为个体从未被感染过。在测量的顺序水平上，恒定性意味着概念和指标共同发生并以等级排列或顺序的方式共变。例如，用血管造影术来标示冠状动脉疾病，通常会有顺序的增加每一条冠状动脉闭塞的等级，等级的评估可以用血管活动摄影的 X 射线对冠状动脉进行生动的显示。因此，三级的闭塞水平表示比二级水平更严重，但相比四级水平会轻一些。在间隔比率水平，恒定性意为概念和指标总是共同发生，并以单调的形式共变。例如，训练生理学家用综合肌肉运动的潜能来代表肌肉运动能力。综合肌肉运动的潜能越大，肌肉的收缩能力也越大。

尽管有很多研究者的努力，但是生理上的恒定性概念应用到心理学上仍很困难。首先，社会心理学的概念通常是难以定义比较模糊的。比如，冒险、爱情、偏见、自我概念等，都很难确切定义（J. Blascovich, G. P. Ginsburg, 1978）。其次，如前面提到的，心理学概念和单一生理反应之间很少存在一一对应的关系。两者的范畴都很十分复杂。然而，设计出有效的生理指标来对应心理学概念仍是有可能的，甚至可能会有恒定性。

从推论上说，可以存在两种方式来设计生理指标：一种方式可以限制或缩小行为概念，扩大生理反应的群集从而形成指标；另一种方式可以用一一对应的方式发展适合行为概念的有效生理指标。一般认为，限制了社会心理的情境常常也会限制行为概念。扩大生理反应的群集也意味着要随时间的推移检验多个生理反应（J. Blascovich, R. M. Kelsey, 1990；J. Cacioppo, G. P. Tassinary, 1990）。

凯斯欧普和塔斯纳瑞（J. Cacioppo & G. P. Tassinary, 1990）在特罗兰得（L. T. Troland, 1992）工作的基础上，将具体行为概念和具体生理反应之间的关系分为五种类型：一对一、一对多、多对一、多对多、零（null），如图 13-1 所示。一对一的关系形式是心理生理指标的基础。在某种意义上，一对一的关系形式是社会心理生理学指标的发展目标。

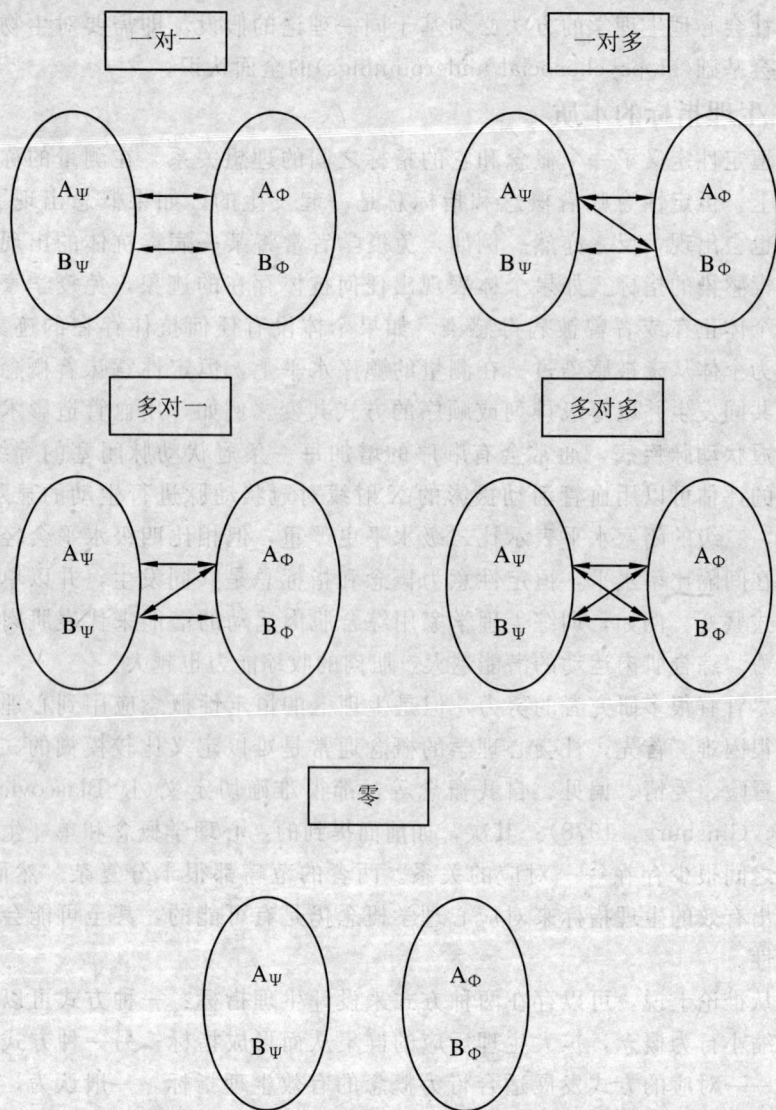

一对一

一对多

多对一

多对多

零

**图 13-1　心理概念(Ψ)和生理反应(Φ)的关系图**

　　图 13-1 象征性地描述了不同的心理学概念(由 $A_\Psi$，$B_\Psi$ 表示)和不同的生理反应(由 $A_\Phi$，$B_\Phi$ 表示)之间的关系。如果我们遵循以下四条命题，则更有可能发展出有效的和有用的生理指标。

　　1. 心理学概念 $A_\Psi$，$B_\Psi$ 在概念上是清晰的。这个命题认为适当的概念分析和操作定义是有必要的。只有当心理学概念有外显的和操作性的定义，才能具有指标意义(Blascovich，Ginsburg，1978)。就心理学概念而言，清晰的和无重叠的概念(如，威胁与挑战、快乐和忧郁)比有重叠的概念(如，威胁和害怕、同情和伴侣爱)更有可能产生有区别性的生理指标。这一命题不仅适用于生理指标，也适用于非生理指标。我们很难识别出模糊的几个概念在生理指标上的差异。比如一些模糊的概念，喜欢和爱情，悲伤和抑郁，成就动机和内部动机等。此外，除非证明心理概念和生理反应间存在一个恒定的关系，否则将某一心理概念和一组具体生理反应等同的方法会产生定义上的操作问题。

2. 生理反应的集合，$A_\phi$ 和 $B_\phi$ 相互间包含更多的关系。根据这个命题，单一的一个生理反应在定义为一个指标的时候，是由逻辑意义上的最小反应构成的；但如果必要的话，也会包含两个或更多值得考虑的反应。对于这个命题有两种主要的争议。其一，在统计意义上，可预测发生的 n 种反应相对于 $n-1$ 种反应而言更不可能是由于偶然的概率发生。因此，减少了 I 型($\alpha$ 型)错误，推论的基础更加坚实。其二，因为身体的生理系统是一致运作的，有时以互补的方式，有时以拮抗的方式出现，构成一个指标的生理反应越多，在心理概念上更具有聚合和区分效度。

3. 生理反应的集合，$A_\phi$ 和 $B_\phi$ 在内容上而不是在形式上有重叠。一组生理反应在内部范式上存在不一致时，比不同组的生理反应具有更强的结果推论性，也更能区别心理概念。因此，同组生理反应如果包含了不同的范式就能提供具有区分性的信息。从一个纯粹逻辑观点来看，关键的一点就是，在一组生理反应中，不需要每个生理反应都必须与它在另一组中的相对的生理反应不同，只要至少有一个生理反应与对应的生理反应不同就可以了。

4. 生理反应的集合，$A_\phi$ 和 $B_\phi$ 要随时间进行持续评估。对生理反应进行持续时间序列的评估可以增加区分度。例如，多重时间点评估(multiple time-point)可以使我们辨别范式，包括线性增长与降低、加速与减速、多项趋向与线性，然而单维的时间点样本或平均 n 点样本则做不到。

有两点需要注意。第一，这些命题并不是一个有效指标的必要条件。一个反应指标在逻辑上是可行的，效度上是可论证的就可以了。第二，满足四个命题条件的指标并不一定是有效的。从而，即使所有的命题满足有一对一的合理基础，如果没有一个理论的基础来联系概念和生理反应集合，也不能成为一个良好的指标。不过，如果某一指标满足了这些命题，可以增加我们在理论上或实验中使用这一指标的信心。

## 三、生理过程简介

生理过程与心理过程之间的关系一直是学者们所关注的内容。同样的，用以观察和记录身体过程的新技术也层出不穷。对于这些我们了解得越多，就越能论证、发展和完成心理生理指标。在这一部分，我们只能粗略的了解生理过程比较重要的方面。当然，我们鼓励读者可以从凯斯欧普等前辈们的著作中获得更多的生理学的背景知识，从而能更好地使用生理指标。

如果从一个系统或子系统的角度来看待身体系统，可以大致将身体系统分为控制系统和操作系统。生理学中身体系统分为神经系统、内分泌系统和免疫系统，之后又加入了心血管系统、消化系统、皮电系统和躯体系统等。所有的系统都包括了基本的细胞和细胞间组织以及过程。从等级上来看，神经系统是直接控制，至少是影响其他控制系统；操作系统都是以直接或者间接的方式通过内分泌系统和免疫系统进行操作（虽然内分泌和免疫控制系统常常也会直接影响神经系统）。在这里，我们简要介绍一下神经系统、细胞组织的结构与功能以及技术背景。

### (一)神经系统

我们必须知道的是神经系统的结构是整体的，不同的神经控制机制不需要对应不同的神经解剖结构。因此，神经系统的结构和子结构不能自主操作，如中枢神经系统（脑和脊髓）、自主神经系统（交感神经和副交感神经）、躯体神经系统。

神经系统作为一个交流和控制系统而存在。几乎所有身体与大脑间的交流都要通过不同的外周传入神经发送信号至中枢神经系统。外周神经通过脊髓和脑干进入大脑。大脑在内部将这些信号传输至接收器，称为躯体感觉皮质。躯体感觉皮质发出直接或间接的信号，由大脑的其他区域和结构解释这些信号，进而产生传出神经和内分泌信号，从而控制末梢或外周生理过程。大脑的控制区域专门化，包括如杏仁核和下丘脑的区域，也包括控制内脏的和其他自主控制的器官和区域，同样包括控制运动皮层、皮层下运动核、肌骨系统。

### (二)细胞组织

单细胞神经元是神经系统的基本成分。整个系统中有数十亿个神经元，大部分位于大脑。神经元的结构允许信号在外周和中枢神经系统进行内外传输，传输的基础是宏观的神经过程。虽然神经元可以从很多维度上进行区分，比如大小、长度和方位（中枢或外周），所有的神经元都以相同的方式操作，接受和传输由身体、大脑结构或其他神经元组织以及产生的生物化学和生物电的信号。神经元细胞的结构和生理使这个功能更为容易。

### (三)技术背景

历史上，心理学家在技术方面首先关注的是非侵入性的测量技术的发展和实现，从感兴趣的身体表面记录开始探索内在生理反应。非侵入性技术的实现得益于不同的生理事件或反应在身体表面都会产生电的或非电的可探测信号。电信号是指发生了真实的电位变化(例如,肌束收缩会产生肌肉动作电位变化),非电信号表示压力的改变(如,动脉内的血压,眼内压),运动(如,心,肺,消化器官,血流),温度和组织(如,汗腺)。

在"假路线"实验中,实验人员不必是技术专家。而从"真实的"渠道或者有效的生理指标角度上说,需要了解社会心理生理学方法的技术专家。这种尖端的技术并不是游离于社会心理学家知识之外的,它的价值远远高于它的成本。接下来,我们了解一下"干"技术,也就是电生理记录技术。电生理记录技术并没有降低"湿"技术的价值,即社会心理生理方法中的生物化学分析。电生理记录技术更多是反映多数社会心理学家使用的、最适合动机及情绪的心理生理指标。

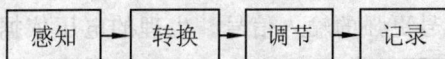

图 13-2　信号通路

如图 13-2 所示,在大多数研究中,生理反应或信号被感知、转换、调节和记录。成功的生理指标最起码要能明示在信号通路的每一个阶段上都发生了什么样的技术改变。生理反应信号的通路在测量的意义上说就是从身体表面一直到记录(见图 13-2)电信号的通路需要三个步骤,而非电信号的通路则需要四个步骤。多出来的这个步骤——信号的转换——是将非电生理信号转换为模拟的电信号。

1. 传感器

传感器上的电极能探测到电生理信号。根据不同的目的,电导的特征在大小、形状上有差异,不过所有电极的功能都是为了探测电位的变化。如果身体的某些部位(如,心,肌肉)在电位上发生了改变,传感器上的电极会使研究者获得最优的记录效果。

非电生理信号的感受器包括电极和其他装置。在这里,电极能帮助研究者向组织发出安全的电流,从而觉察出组织的改变,而不是身体或器官中发出的电位改变。使用相似的原理,其他传感装置通过对身体发出非电刺激探测生理反应的变化,使研究者知道生理上的改变。比如,光体描记仪(photoplethysmograph),用一个很小的灯向皮肤表面发光(如,在指尖或耳垂),感光性细胞可以探测出光在皮肤传播中的变化,类似于血流的功能。当然还有很多其他的非电生理信号,包括运动感受装置,如变形测量器;温度感受装置,如电热调节器。

2. 转换器

如前所述,非电的生理反应信号(如,血流、出汗水平等)必须转换成模拟电信号(如,电压)。大多数转换器通过电桥原理进行操作。桥接电路会产生持续的电压信号,代表了用电极传感器测量的生物电生理反应,如皮肤电传导和胸部阻抗(thoracic impedance)。如果使用一个波动的物理抗性装置,由一个装置推动来探测非电生理反应(如,变形测量仪、电热调节器、光电池),一个桥接电路可以根据非电生理反应的产生模拟电压信号。

3. 调节器

信号通路的下一步是从两个方面解决信号的获得问题:信号的独特性和信号的强度。研究者必须能关注所感兴趣的信号,尽管我们的身体时时都有无数的器官和组织产生电信号,并且电子仪器会产生大量的外周电子噪音。通常,研究者还要能放大所感兴趣的信号,因为记录装置一般需要比身体信号更强的输入信号。生理的电压依据目标生理反应可以从微伏(0.000001V)变化至毫伏(0.001V)。因为应用于身体组织的电压和电流的水平是用以衡量生理反应的改变,如出汗量和血流量,很多非电信号也需要放大,当然要在安全的目标下。

信号的过滤和放大是解决信号独特性和强度的两种典型模式。由于感兴趣的生理反应电位的频率不同,频率高的(如,肌肉运动)可以达到500Hz,也可以低于1Hz(如,心脏电压),甚至胃收缩的频率可以低于0.1Hz。心理生理学家们使用电子过滤器来过滤无关信号,取得感兴趣的信号。电子信号的放大是心理生理学家们增加信号强度的工具,使用放大技术能不用改变信号的原有分布。

4. 记录仪

信号通路的最后一步是记录。历史上曾出现的很多装置都具备这个功能。如,多种波动描记仪(常用作测谎)名字也源于此,是一种多波段的纸型记录装置。这种装置将模拟电压信号转换为笔的移动,即在方格纸上从左至右按电压的改变绘出波形图。这些波形通过手动运算能提供一些有价值的信息。随着电子技术的发展,模拟电压波形可以储存在磁带中。时至今日,很多计算机都可以进行模拟—数字的转换,能即时和高保真的数字化模拟波形,并可以储存在媒体存储装置上,如光盘。计算机软件能代替手工计算,因此在计算机运算法则的帮助下我们能自动的转换模拟信号并减少误差。

# 第二节 生理指标简介

我们将简要介绍一些已出现的重要的生理学指标,如心血管指标、面肌电图、fMRI和眨眼反应。我们期望将来在使用中有更多的改进和能发展出更多的指标。

# 一、心血管指标

　　之前我们提到，心理学概念的定义中存在着模糊性或内隐性的问题阻碍了指标的发展，这里提到的指标当然也包括生理指标。比如，动机状态这个概念就很模糊。不过，我们能够从外显的角度来定义动机状态这个概念，比如挑战和威胁。挑战和威胁是一组相对的术语，是指个体对情境要求和可获得资源的评估(J. Blascovich，J. Tomaka，1996)。如此，挑战意味着能满足或超越要求的资源，威胁则意味着要求超越了资源。回忆我们之前的争论，一种是可以通过缩小或限制心理学情境的方式来发展出强有力的心理生理指标。例如，我们没有必要解释新陈代谢下的心脏的表现，如心室的收缩、心输出量，我们可以解释在新陈代谢情况之外的表现，比如慢跑。同样的，在非新陈代谢的情况下，我们可以比较心脏活动在积极的认知活动中和消极的忍耐活动中的不同差异。

　　在挑战和威胁实验中，就使用了限制情境的方法来使用心血管指标，研究者称之为动机性绩效情境(motivated performance situation)。动机性绩效情境是与个体的目标相关的(goal-relevant)，因此会引起某种程度的自我或他人评价。此外，动机性绩效情境需要认知反应，也常会出现外显的行为表现。研究者可以进一步将动机性绩效情境限制在非新陈代谢需求中，也就是说，排除了一些基线的肌肉运动。虽然这些限制排除了很多与社会心理学相关的情境，但非常重大的行为领域，如展现个人观点，领导人间的谈判，做决策和判断，开始亲密的关系和工作面试，所有这些都可以看作是非新陈代谢范围中的动机性绩效情境。个体每天都会遇到这些情境，其中大多数是目标相关的(goal-relevant)。另外，社会心理学家已经在很多不同的实验情境下利用了动机性的绩效任务，检验了很多不同的理论。

　　虽然挑战和威胁代表了不同的动机激起，每一个都包含了不同的心理反应，心理学家直到最近才关注这些动机过程在生理标记上的差异，即那些被标记为动机性绩效的情境中生理标记上的差异。之前心血管的反应范式在积极的和消极的动机过程中的差异并没有被区分，在大部分的文献中，都是将心血管运动的增加作为一个方便的指标，可能都只是简单地用单一的测量方式，比如将心率的改变看作是应激或威胁在心血管系统中的消极结果(J. Blascovich，E. S. Katkin，1993；K. A. Matthews et al.，1986；J. R. Turner，1994)，或者使用了实际上相同的指标将心血管运动的增加作为动机和积极绩效的积极结果(如，J. W. Berhm，E. Self，1989；R. A. Wright，J. C. Dill，1993)。

因此，不同的研究者使用相同的心血管指标，如心率和血压的增加可能是用于指示完全相反的动机过程，这给了那些对生理指标感兴趣，想用于区分一个或多个高级动机过程的研究者一个两难选择。这种两难困境的出现源于一对多的测量方式，近来这个问题已经得到越来越多的认识，并在理论和方法上都得到了解决。

在传统观念下，人们认为在潜在的应激情境下，心血管反应的增加是不良心理状态的一个必要特征。戴因斯特比尔（R. A. Dienstbier，1989）对此提出了异议，不论是在人类的还是在动物的研究中，都曾发现心血管反应的增加常常也与积极的或者并非不良的心理状态相联系。他指出，增加交感肾上腺髓质（sympathetic-adreno-medullary，SAM）的运动也与良好的心理状态相联系，并能提高绩效；如果在活动单独发生或者是伴随着 SAM 一起发生时，增加垂体肾上腺髓质（pituitary-adreno-medullary，PAC）也会指示不良的心理状态。

有趣的是，几乎与戴因斯特比尔同一时间，卡塞波勒乌兹（A. L. Kasprowicz，1990）和他的同事们发表的一篇文章中，根据占优势的不同心血管反应类型，如"心脏的"或者是"血管的"反应，将个体进行分类。之前的研究认为，个体反应首先是改变心脏活动，然后是血管的活动发生变化。

戴因斯特比尔的理论研究和卡塞波勒乌兹的实证研究，鼓励了很多研究者期望能拥有一对一关系的指标。研究者们应用了戴因斯特比尔的理论观点来选择和搜集被试在动机情境状态下的心血管反应。在前人的研究的基础上（R. A. Dienstbier，J. A. Gray，1982，N. McNaughton，1993），研究者们提出由 SAM 活动标记的良好生理活动范式会产生：(1)交感神经对心肌层的刺激会增加心率；(2)肾上腺髓质会释放出肾上腺素，会在大量的肌肉群和肺部产生血管扩张，全身的血管阻抗会降低。有研究者提出，不良的生理活动范式是由 PAC 和 SAM 共同决定的：(1)提高心率超过静止水平（SAM 活动）；(2)肾上腺髓质降低释放肾上腺素和非肾上腺素（PAC 活动），引起中等程度的心输出量的增加，而不会伴随着系统血管阻抗的降低。

从逻辑上来说，需要分别明确对心脏和血管活动进行测量的方式，且能从技术角度来进行评估，简单的心率和血压并不能作为明确的测量方法。在心理生理学中出现的阻抗心动描记法能使研究者们在相对清晰的情况下测量心脏的活动，比如射血前期（PEP）、心搏量（SV）和心输出量（CO）。此外，连续的血压监视器也出现了，可以和阻抗技术一起明确总外周阻力（TPR）的来源和对血管活动的无创伤测量。

根据戴因斯特比尔的生理韧性理论（physiological toughness theory），挑战和威胁是有不同的心脏和血管反应范式的。具体来说，我们假定，挑战的个体由于他们的资源多于所需要的（比如，危机、不确定性和所需要的努力），在动机绩效情境下会相对多的增加心脏的活动（可以从PEP、SV、CO的指标中体现出来），在血管活动中也会出现较大的减低（可以从 TPR 指标体现出来）；而威胁的个体，需求多于资源，在动机绩效情境下也会显示出心脏活动的增加，而在血管活动中的情况则并不一定。

　　为了能够验证这些指标，我们引入了三种不同类型的研究：相关研究、实验研究和操作生理学。我们想知道假设的心血管反应范式是不是与挑战和威胁相关，如果我们在操作动机绩效情境时引发这些范式，会不会产生挑战和威胁的动机状态，以及是心理学状态源于心血管反应还是相反？

### （一）相关研究

　　在相关研究中，主试在实验中会创造出动机绩效的情境，指导语中告知被试即将进行一个心算任务，需要进行快速且准确的口头减法运算（如，限定为"7 秒""13 秒"等时间的四位数运算）。在看过指导语之后开始真实的任务，此前研究者会要求被试给出对自己的要求和能力的自我评估报告，研究者通过计算需求—资源之间的比率进行总体评估。根据这些比率，研究者将被试分为挑战组和威胁组。所有实验结果都支持了先前的假设。所有研究中，挑战组的被试表现出之前描述的良好的心血管反应范式，包括心脏活动的相对增加和总外周血管阻力的降低；威胁组的被试表现出较少的良好范式，即心脏活动的增加和全身血管阻力的增加。

　　另外，在所有的实验中，挑战组的被试回忆的应激较少，感知到更多的努力，绩效也更好。

### （二）实验研究

　　因为上述这些研究本质上都是与自然状态相联系的，我们还需要证明挑战和威胁的范式是否也可以由实验操作引起（如，J. Tomaka 等做的实验）。同样，被试也要进行心算任务，一组指导语强调威胁（突出任务成绩的精确性和潜在的评估），另一组强调挑战（突出努力和尽最大的能力），完成心算任务之后进行认知评估。在任务进行中和在任务之前的静止时期都会记录生理反应。

　　分析表明，不同指导语的效应显著，即面对强调威胁的指导语相对于面对强调挑战的指导语，被试表现出更高的"需求—资源"的比率。另外，面对挑战指导语的被试表现出更多良好的心血管反应范式。

### （三）操作生理学研究（Manipulated physiological studies）

虽然之前的实验已经证明了心血管指标的有效性，但是没有证据表明生理反应能驱动心理反应。之前假设的观点是，即使是与挑战和威胁相一致的自发生理活动，也不会产生心理反应。为了证明这一点，我们引入操作生理学研究。

在托马卡（J. Tomaka）等人做的后续研究中，有两种不同的生理活动范式，每种范式都有明确的生理诱发模式。首先，操作被试的心血管反应性，使之与"挑战"情境下的心血管反应性相一致。先让被试踏一小段时间的固定自行车，直至能达到相对高的心脏活动量和全身血管阻抗的降低。之后，用冷加压任务来操作被试的血管反应性活动使之与"威胁"情境下的血管反应性一致。冷加压任务能引起血管收缩反应，并且增加全身血管阻抗（M. T. Allen, K. S. Shelley, A. J. Boquet, 1992）。实验表明，非心理上的操作引起了类似于挑战和威胁情境下的心血管反应。但是，并没有引起类似在动机情境下挑战和威胁之间的差异。

以上研究肯定了之前的假设，在动机绩效情境下，与挑战和威胁情境联系的心血管反应是不同的。挑战情境引起心脏活动的增加和血管阻抗的降低，威胁情境会引起心脏活动的增加和血管阻抗的增加，非心理引起的相似的生理反应没有产生心理动机情境上的差异。

## 二、面肌电图

凯斯欧普（J. T. Cacioppo）和他的同事们提出，可以用面肌电图记录特定的面部肌肉变化作为积极和消极情感的生理指标。它的基本原理基于学者们长期对面部表情的研究，从达尔文在进化论中对面部表情的表述到近年来艾克曼和他的同事（P. Ekman et al., 1993）对面部表情的研究。凯斯欧普和他的同事认为因为"躯体神经系统是人们相互作用和变更他们生理和社会环境的最终通路"，特别是因为面部是表情表达最多的部位，因此面肌电图是情感表达最有效的指标。

凯斯欧普和他的团队特别关注皱眉肌和颧大肌（收缩时嘴角向斜上方，产生微笑的表情）。图 13-3 描述出面部肌肉的部位。早期的研究（如，A. J. Fridlund et al., 1984）发现颧大肌和皱眉肌的肌电（electromyograms, EMG）活动与被试的情绪反应变化一致。凯斯欧普等人也证明了高灵敏的 EMG 记录仪可以侦测肉眼无法观察到的面部表情的隐秘变化。还有我们需记住的最重要的一点是，个体能通过努力控制外在的面部表情使之与内在的情感不一致。

研究表明在消极情绪中，皱眉肌的 EMG 会增加，颧大肌的 EMG 会降低；反之，在积极情绪中，皱眉肌的 EMG 会降低，颧大肌的 EMG 会增加。

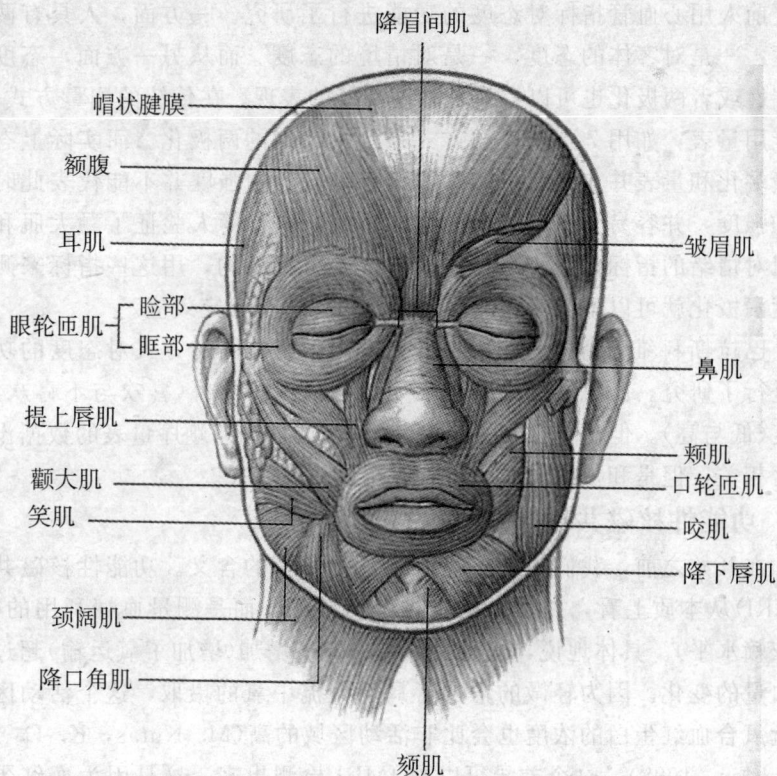

**图 13-3　面部肌肉分布图**

降眉间肌

帽状腱膜
额腹
耳肌
眼轮匝肌 ─┬─ 睑部
　　　　　 └─ 眶部
提上唇肌
颧大肌
笑肌
颈阔肌
降口角肌

颏肌

皱眉肌
鼻肌
颊肌
口轮匝肌
咬肌
降下唇肌

**（一）指标的验证**

凯斯欧普等人用两个非常相似的研究验证了他们提出的情绪的 EMG 指标。研究者给 28 个被试呈现有情绪导向的视觉刺激（积极的，消极的），都是中等强度的刺激。在刺激呈现的 5 秒钟时间里，研究者记录面部和非面部的 EMG，包括了假设相关的肌肉（如，颧大肌和皱眉肌）和与情绪无关的肌肉（如，浅层前臂屈肌）。研究者收集了关于喜欢、唤醒和熟悉度的自我报告。基本上，凯斯欧普验证了情绪的 EMG 指标的效用。与情绪有关肌肉的 EMG 会随情绪不同产生变化，而与情绪无关的肌肉在不同情绪下没有差异。

凯斯欧普等人不仅检验了面部 EMG 与情绪的关系，还检验了视觉标记（如，面部表情）和情绪的关系。从生理记录时的录像上，人们很难简单地区分出积极情绪和消极情绪，因为所选择的刺激强度是最小的。因此，凯斯欧普认为"面部肌电图只有在情绪表达是可以被知觉的情况下，才用以记录情绪反应的方向和强度"。

### (二)态度与面部肌电

前人用心血管指标对态度的功能进行了研究。一方面，人具有两种态度：一是对客体的态度，一是对情境的态度。而从另一方面，态度的极端性或者两极化也可以看作是态度功能的表现。在传统的测量方式上，只能用量表，如用 7 点量表的方式来测量态度的两极化。而实际上态度的极端化和量表并非是匹配的，如 7 点量表上的强度并不能代表此时态度的强度，并容易受锚定效应的影响。凯斯欧普等人验证了颧大肌和皱眉肌对情绪的指标作用，因为这个指标是可持续的，用这些指标来测量态度两极化就可以不受量表的限制，也可以避免锚定效应。

巴拉斯科维奇等人(J. Blascovich)用面肌电图的方式对态度的功能性进行了研究。面肌电图的数据表明，可以预测效价(喜欢与不喜欢)和强度(低与高)。但是，在相关组中，EMG 的数据与顺序量表的数据没有显著相关，但是和被试的口头报告评定具有高相关。

## 三、功能性核磁共振(fMRI)

在开始之前，我们先来了解下"大脑活动"的含义。功能性核磁共振(fMRI)从本质上看，并不是测量神经活动的，而是测量血糖利用的(血氧依赖水平)。具体地说，也就是局部血流的增加(增加了氧运输)超过了脑血量的变化。因为轻微的增加了局部血流中氧的摄取，这个活动区域附近氧合血红蛋白的浓度也会比非活动区域的高(M. Kutas, K. D. Federmeier, 1998)。这个差异可以被 fMRI 检测出来，这是因为血红蛋白去氧之后，会比周围的组织顺磁性更高，会就此产生一种不均匀的环境。fMRI 的基本原理就是一种细胞核有它固有的磁矩。当处于磁场中，这些细胞核会像一个个小磁体排列在磁场中。当第二个磁场恰好以一种频率振荡时，这些细胞核就会出现混乱，它们的磁矩会沿着固定的方向(大的一方)产生运动(如，旋转)。这种旋转的信号就可以被探测出来。在细胞核重新排列好之后，血氧依赖水平的信号就会衰退。物理因素和生理因素都会影响信号衰退的速度。比如，在去氧血红蛋白存在的地方会消退的比氧合血红蛋白存在的地方快，所以 fMRI 可以检测出局部氧合血红蛋白的增加，从而也就能推导出此处神经元活动增加。

fMRI 相对于其他核磁共振技术而言有它的优点：(1)它是非侵入性的技术，可以用来研究正常人的社会过程；(2)改进了非侵入技术中空间定位的问题，fMRI 在认知和情感操作中能进行更精确的解剖意义上的定位，和 PET 成像(正电子发射计算机断层扫描成像)相比，在时间维度上更有优势(秒的水平相对于分钟的水平)；(3)改进了信噪比，从而更为敏感；(4)相对于脑成像技术也更为安全，脑成像技术对人体有放射性。虽然 fMRI 技术有种种优点，但在神经科学的研究会议的报告中，所占的比例却不到 5%(T. S. Lorig，2000)。这个数据让很多想使用 fMRI 进行研究的学者们出乎意料。神经学家有很多理由偏爱那些用动物做研究从而构建的模型，而从 fMRI 的数据结果上难以给出强有力的推论是他们不选择 fMRI 的更重要原因。

**(一)fMRI 研究的特点**

我们可以来看一个 fMRI 研究的简单例子——一个对犯罪感知觉的研究。在研究中，让被试阅读一段描述诈骗罪的文字。之后告诉被试他们将看到的一组照片中，有一张就是犯罪者，他们的任务就是将这个罪犯找出来。每 10 条诈骗罪的描述之后，会呈现 6 张不同的照片，每张照片会呈现 2 秒钟，之后被试要指出他们怀疑的对象是哪一个。将对被怀疑是嫌疑犯的照片的脑成像和其他照片的脑成像对比，就可以显示出某些大脑区域存在着显著的差异。在呈现被试怀疑的嫌疑犯的照片时，杏仁核和上丘(四叠体)的活动加强(忽视视觉系统和梭状回面部识别区的稳定活动)。

从这个例子中，我们可以看出 fMRI 研究可以是非常简单的。首先，刺激是简单的面孔，在扫描之前阅读犯罪文字，这样就排除了眼动的干扰。其次，因为记录的反应是在扫描之后的，所以也没有外在行为驱动的影响。最后，因为是假设的例子，我们也可以说这些激活的区域在所有的被试身上都是一样的，并且在统计上是显著的。从这个例子中，我们是否能得到一些启示？

从这个例子中，我们可以推出的结论：杏仁核和上丘可以作为对犯罪的感知的指标。那么，假如用 fMRI 的反应作为因变量的测量，这样的结果推论就不一定是精确的了。一部分原因与 fMRI 本身有关，还有一部分原因与 fMRI 的研究范式有关。

**1. fMRI 本身的因素**

fMRI 检测的是神经元的活动，而实际上这些脑细胞的神经元是如何实现心理功能的这一谜题，现在可以从言语知觉的研究中得到些许了解。从 1800 年以来，生理学家和心理学家们都相信言语知觉是与大脑的威尔尼克区域的活动相关的。虽然威尔尼克区域是大脑里的一个特定区域，但跨越了左侧颞上回、顶下小叶，甚至还有颞叶中部。神经生理学家们知道这个区域受到损伤会导致接受性失语。EEG、ERP、PET 和 fMRI 的研究都表明，在言语知觉的时候，颞上回的左侧和右后部位会激活。这是在认知神经科学中最恒定的结果之一，引导人们认识到大脑的左半球是言语"中心"这一通俗的概念。为什么言语知觉会与左侧颞上回有如此紧密地联系呢？这些神经网络实际上在干什么呢？近年的研究提出，这些细胞因为它们的结构与其他细胞的联结，使得它们的突触后电位在时间上有高度的重叠。因此，伴随着字词出现的快速共振，使得从耳蜗开始的突触传递中就显示出巨大的重叠，通过听觉系统的不同水平，最终在颞上回进行解码。近来有研究者使用人工神经网络的方式，证明用相同的原理是可以学习字词的(J. J. Hopfield & C. D. Brody, 2001)。

虽然这些细胞组织对心理功能的实现有很大的贡献，但是研究者在使用 fMRI 时，必须注意他们所作出的推论其实是关于细胞团的。通常用"黑箱"来代表这些细胞团，在我们认为终于打开了这个"黑箱"的时候，必须清楚地认识到只是选择了那些最接近区域的细胞。我们并不是在探讨大脑哪些区域是对应于犯罪感、忠诚或者是消极的情绪的，而是在寻找复杂的心理功能在进行神经网络加工时，最简单的特征是怎样的。

## 2. 研究范式

建立可行且有效的 fMRI 实验范式理所当然成为一项具有挑战性的任务。举例来说，扫描是在几秒的时间里发生的，被试身上出现的每一个想法、注意分散、呼吸、气味、声音或者其他刺激都会成为扫描中的一部分。这个过程和拍全家福时的情境有些类似，最理想的状态自然是被试在这几秒钟的时间里都处于静止状态。实际上，你想捕捉微笑的神态却总是同迷惑的神色、换气、姿势等其他所有的动作一起出现在闪光灯前。和拍照一样，在这几秒的时间里被试一直处于动的状态，神经元也一直在活动。大脑在扫描的时间里并不是一直保持着认知或情感活动的，因此在研究感兴趣的任务和大脑反应之间关系的时候，也需要一定时间。研究者(M. E. Raichle, 2001)发现静息状态下的大脑并没有处于消极的状态中，同样有着心理活动。我们在使用大脑基线的方式进行减法运算时，必须注意到这一点。用事件相关设计、随机或者平衡设计可以削弱但不能消除这些变异的来源。

回到之前假设的 fMRI 研究例子中，它的实验目的是为了检验对犯罪的知觉。让被试看一段犯罪描述和几张照片，看完之后告诉研究者哪张照片最像嫌疑人。个体的 fMRI 扫描结果被分类(如，分成嫌疑人组和非嫌疑人组)后，计算平均值。比较这两组平均值。虽然这个过程可以绘制出大脑活动不同的激活地图，但在地图中我们很难区分出什么活动对应的是地图中的哪一区域。被试在看照片和选择嫌疑人的时候，心里会默认出"就是这个人吗？"被试会在心里做笔记，比如照片 1，照片 2……吗？被试在回答研究者的提问之前会保持沉默吗？被试对于嫌疑人的照片会不会表现出更高的注意呢？对于这些照片的反应是不是也包含了情感反应呢？被试会不会有种族上的偏见，或者有其他选择的目的？他们在做出嫌疑人选择或者列为非嫌疑人的时候，是否会想到其他事情？比如，很快将一张照片列为非嫌疑人，在等待下一张照片的 2 秒钟时间里，被试在想些什么？……这些问题都会在比较嫌疑人与非嫌疑人的扫描结果中产生系统上的偏差作用。而实际上，被试是很有可能进行上述事情的，所有的这些都会对 fMRI 的脑成像产生影响。如果被试没有保持沉默，而有口头言语活动，那么大脑的布罗卡区就会被激活；如果被试特别注意嫌疑人的照片或者进行了短时记忆加工，那么其他前额叶和顶叶也会表现出活跃。

更加重要的问题是关于非嫌疑人的，如果被试只是很快将照片列为非嫌疑人，有了思考的时间或者只是简单的觉得无聊，那么整个实验就处于危险之中。因为 fMRI 研究是直接或间接依赖于脑成像的比较的一般实验中，会将两组的平均值简单相减，因此控制组的任何活动在图像上都可以表现为实验组活动的减少或减弱，即控制组的图像会作为一个基准值。

从这个例子中可以看出，不能将社会心理学的经典范式照搬到 fMRI 的研究中。研究者应该从预实验或者相关研究中，找出多种不同的理论解释，然后才能提出假设，什么样的过程会在什么区域上表现出不同的激活。而且，与之前强调的一样，fMRI 显示出的激活区域只是大脑神经网络的一部分，并不是"占有"或者"拥有"这个功能，即使只有这一个区域产生了激活，也并不意味着其他没有激活的区域没有产生作用。

**（二）fMRI 关于自我概念的研究举例**

接下来，我们介绍一个我国心理学家张力、朱滢（2006）等人利用 fMRI 对自我概念的研究。早期的行为实验表明，在西方文化中，自我参照的回忆成绩优于其他形式的语义加工成绩（如，母亲参照、他人参照和一般语义加工）。这种现象被称为自我参照效应，意指自我概念的介入提高了对所记形容词的回忆成绩。而在中国文化情境下，不仅自我参照提高了记忆形容词的成绩，而且母亲参照也得到同样的效果。研究者推测，也许在中国文化影响下，中国人的自我表征和母亲表征可能发生在同一个脑区。因而在完成母亲参照的记忆任务时，可以充分利用自我结构。然而这种猜测如何才能得到证实呢？

随着脑神经科学的发展，fMRI 被引入自我的研究之中。Craik 在 1999 年首次报告了和自我有关的情境记忆对大脑左侧前额叶激活的事实，随后张力和朱滢在运用 fMRI 进行自我概念的研究中也取得了重要的成果。实验结果表明，当中国被试和他人或语义比较时，自我参照激活了内侧前额叶和扣带回；但是，当和母亲参照比较时，内侧前额叶活动消失，提示母亲参照也激活了内侧前额叶。这样就证明了中国人对母亲和自我这两个概念的神经加工过程中都需要内侧前额叶的参与。进一步的研究还表明，中国人的内侧前额叶既表征自我也表征母亲，但西方人的只表征自我。这是首例用脑成像技术印证了中国文化对中国人自我概念影响的实验。实验的结果引起了人格心理学家、社会心理学家和文化心理学家的广泛关注。

综上所述，我们看到 fMRI 技术的发展为社会认知心理学的研究带来了许多新的成果。但是，有一点是所有的心理学家都十分清楚的，那就是脑科学技术提供的只是大脑内的脑电或生物参数，它并不是真正意义上的心理活动，它所取得的数据也只是心理活动的间接数据，而这些数据只能进行相关研究，并不能进行真正意义上的因果分析。另外，fMRI 的研究是以行为实验研究为基础的。像其他实验研究一样，严格的实验设计是十分重要的。人们应该认识到，fMRI 技术对于心理学的研究而言只是一种先进的手段和方法，我们不能奢望仅仅依赖 fMRI 技术就能有效地揭示社会认知过程的心理机制。

## 四、大脑活动的脑电测量方法

在测量大脑活动的技术中，虽然 fMRI 技术是发展最快的测量方法之一，但更传统和使用更广泛的技术也包括脑电图（electroencephalograph，EEG）和事件相关电位（event-related brain potentials，ERP）。脑电图是以分钟为单位，记录大脑皮层神经元的电活动，而事件相关电位使用的是相同的信号，但采用不同的收集范式，它的数据分析技术和 fMRI 研究一样应用广泛。EEG 和 ERP 能提供更好的时间辨析度，而 fMRI 的空间辨析能力更强，三者间可以互为补充。

### （一）脑电图（EEG）

EEG 有时也被认为是"自发"脑电或"进行中"脑电，偶尔也被称为"qEEG"，表明它是一种定量技术。EEG 主要是通过插在头皮上的电极进行记录。通常有多种电极，如 64 道、128 道、256 道等。EEG 的研究范式也非常简单，在一个相对较长的时间里，如 20～40 秒，记录大脑活动。现代设备和数据加工技术可以使脑电的记录在最大限度上不受噪音的干扰，如让电极与头皮的接触保持良好（低电阻），使用电磁屏蔽室等，当然这些都不是必要的条件。

因为记录的时间相对较长，所以分析时常按传统频率的振幅变化将数据分类（如，α、β、γ 等）。EEG 记录会产生大量的数据，在分析时常会用各种方法来减少这种巨大的数据量。最常用的就是基于傅立叶变换的光谱分析。分析后的结果中，α波（8～12 Hz）在心理学研究中是最常用的。α波在心理学中的使用有很长的历史（A. S. Gevins, R. E. Shaffer，1980），一直被认为与大脑皮层的觉醒有关。皮层觉醒的概念只表明大脑皮层存在着或多或少的活动，并不一定要产生不同的活动类型，每种类型有着不同的效应。另一个概念是大脑活动的不均匀性，这和γ波的研究有关。γ波是一种高频波（30～50 Hz），被认为与对刺激物的觉察和偶然事件有关（R. Llina, U. Ribary，2001），被认为是"联合"刺激物的知觉特征的。它可以和α波一起出现，也可以不，只是在α波不存在的情况下出现的频率更高，因为被试更多情况下一直面对着外部刺激。社会心理学家对γ波更有兴趣，但是γ波的活动和fMRI一样，只能作为结果而不能作为因变量。虽然研究者还不足以回答诸如γ波是否会在态度形成过程中出现，或是否会出现在信念不一致的情况下等问题，但是这些测量方法仍可以作为研究范式的一部分，或者在是检验两种对立的大脑激活区域的理论假设中加以应用。

## （二）事件相关电位（ERP）

ERP的记录和EEG使用的是相同的设备，ERP的信号是源于EEG的。不同的是在一段时间中，呈现给被试的是一系列事件。在实验之后，根据这些事件发生的EEG的数据被分割成各个小实验中。因为一个实验中呈现了很多事件，这些时间序列被叠加和平均后作为结果。其他实验情境下的数据同样加以平均，之后用平均后的波形在统计上进行比较。这种方法的优势在于每个小实验中的"随机"活动或噪音的干扰平均后就等于0。这类研究中，将所有非事件的大脑活动都看做是噪音。这种假设的初衷是为了能够使我们的观察更具有深入性，但最新的结果表明，这些"噪音"的范式也许能帮助我们更深入地理解引发的反应（S. Makeig, et al.，2002）。

ERP实验中使用的事件各种各样，如图片、声音、触觉刺激、被试的反应、气味等都可以作为引发大脑活动的事件。当然，也可以是一些混合刺激，还可以加入启动或者注意的操作。因为ERP是相对稳定的，平均后的波形中波峰和波谷可以与认知操作相联系。ERP中的P300是研究最广泛的，对很多操作敏感，包括刺激的相关性和频率（J. M. Ford，1999）。

ERP实验中，Oddball实验模式是常用的经典范式。Oddball模式是指采用两种或多种不同刺激持续交替呈现，它们出现的概率显著不同，称为大概率刺激和小概率刺激。在相应的感觉皮层（如，视觉刺激在枕叶区域），会出现一个小的正成分（P1）和晚正成分（late positive potential，LPP）。P1 成分对负性刺激和情感上一致的刺激敏感（N. K. Simth et al.，2003）。两方面的证据表明包含了上丘、后枕核和杏仁核的神经回路是 P1 负性偏差的背后机制（N. K. Simth et al.，2003）。一是纹状皮质损伤病人表现为盲视，即意识性的视觉丧失，能对投射到盲区的刺激进行判断、辨认，但无意识。二是神经影像研究揭示，在掩蔽（"看不见"）情感的实验情境下，杏仁核、上丘和枕核的脑血流量之间存在相关。因此，虽然纹状皮质的视觉通路能提供高辨析度的视觉加工过程，但上丘和枕核也能提供快的、辨析度相对低的视觉过程，可以引导无意识下的注意（J. E. LeDoux，2000）。

晚正电位（LPP）对刺激的细微变化敏感（J. T. Cacioppo et al.，1993）。LPP 标记的过程也可以自发产生（T. A. Ito，J. T. Cacioppo，2000），可以和口头报告相分离。作为一个研究例子，凯斯欧普等人将内隐刺激和外显刺激分为评估性（快乐，不快乐）和非评估性（人，非人类）两类。一组被试要求数出描绘人的图片数目或者没有描绘人的图片数（非评估性任务），另一组被试要求数出描绘快乐或不快乐的图片数（评估性任务）。与前人的研究一致，LPP 对被试的外显分类任务敏感。例如，在评估性任务中，当快乐的图片和一系列不快乐的图片呈现时，不快乐图片的 LPP 要比快乐的图片更大；不快乐的图片和一系列快乐的图片呈现时，快乐图片的 LPP 也会比不快乐的图片大；且后者的 LPP 比前者也要大，称为消极偏见（J. T. Cacioppo et al.，1999）。更重要的是，LPP 的强度并不受评估性与否的影响，内隐刺激中也存在明显的消极偏见。这些数据也表明，评估过程的早期阶段很可能是自动加工的。

ERP 技术所具有的综合优势，使得其可以从多个维度来分析社会心理学中的理论假设，特别是其高时间分辨率为研究者提供了一个强有力的工具。但是，应注意到 ERP 技术也明显存在一些问题和不足。从理论指导上来分析，认知神经科学假设生理和心理之间是一一对应的关系，所以其认为可以用神经科学方法（如，ERP、fMRI 等）所记录的信息来了解心理加工。然而，到目前为止，社会神经科学研究只发现面孔加工（face processing）、爱等相应的脑结构，对于其他心理结构并没有类似的发现，这容易使人对这种假设产生质疑。正如凯斯欧普所指出的，有时这样的假设可能对研究的开展存在误导，因为很难证实这种一一对应关系，特别当研究对象比较复杂时。所以，我们在对 ERP 研究结论作解释时应特别谨慎。从所研究的加工过程和研究方法的分析层面上分析：当前这些研究侧重于从神经生理水平进行分析，对整个加工过程认识还存在局限。

## 五、眨眼反应

眨眼活动对于生活在地球上的所有脊椎动物而言有很多重要的作用，如保持眼角膜的湿润、防止异物侵入、保护眼角膜不受外物的伤害和刺激等。除此之外，眨眼还和认知过程有着密切的关系。这方面的研究早在 20 世纪 80 年代就已经开始，并且已积累了大量的证据。

兰格及其同事提出(P. J. Lang et al.，1992)可以使用肌电图特别是眨眼反应来反映情绪的效价。兰格等人基于这个原理作出假设，认为大脑组织的行为是遵循欲望－厌恶原则的(appetitive-aversive)，积极的情绪与依恋、完满的行为相关，消极的情绪与回避、防御行为有关。他们进一步指出"一个输出系统(包括外感受性反射)是根据当前的情绪－动机状态来调节的"。因此，兰格(Lang)提出，在当前积极情绪的状态下，与积极情绪有关的反应会加强，同样的在消极情绪下，与消极情绪有关的反应也会加强。并且，这些与情绪相关的反应也会抑制与当前情绪相反的情绪状态。因此，这些反应可以被用来指示个体当前的情绪状态。

兰格和他的同事们关注于震惊的眨眼反射(startle eye-blink reflex)，这种反射发生在没有预料到或者相对较强的刺激的情况下。这种震惊的眨眼反射是一种消极的调节，因此会增加当前消极的情绪，抑制当前的积极情绪。

在一个经典的系列研究中，兰格和他的同事验证了眨眼反应的有效性。维诺纳(S. R. Vrana)、斯宾塞(E. L. Spence)和兰格给被试呈现 36 张消极的、中立的和积极的三类图片，期间会突然插入很响的白噪音，并使用眼轮匝肌的肌电图来反映眨眼反应的强度。和预测的一样，实验数据支持了他们的假设，震惊的眨眼反射对内在情感反应十分敏感。

众所周知，大多数认知过程的发生是无意识的，只在有些时候，最终的结果才达到意识层面上。而很多社会心理学研究者大多没有跳出这个概念的圈子。他们仍然执著于主观心理体验，我们从中学到的经验就是，如何将社会心理学研究的一些问题从主观经验的桎梏中解脱出来，比如情绪等研究。这样，社会心理学才能更为繁荣。

一些人也许对本章中提到的研究方法提出质疑，认为实验设计、数据的获得和统计分析都十分复杂，在生理学和社会过程、表征、行为之间绘制出精确的关系似乎并不值得。实际上，的确需要谨慎和专业的态度，但由此而质疑用生理学指标的方法似乎理由并不充足。生理学的指标并不能完全替代传统的自我报告和行为测量技术，但是如果很好的理解生理学指标的意义并使用恰当，必定会增加社会心理学研究结果的影响力。我们依然期待会有越来越多的研究者认识到生理学指标的益处，并在适当的情况下加以利用。

## 本章思考题

1. 生理指标应用的认识论依据是什么？
2. 简述生理指标的本质。
3. 简述 fMRI 的优点，并举出一个研究案例。
4. 选择一种生理指标方法，完成一个有关社会心理学的实验设计。

（作者：钱白云）

# 第三编

## 数据分析与处理

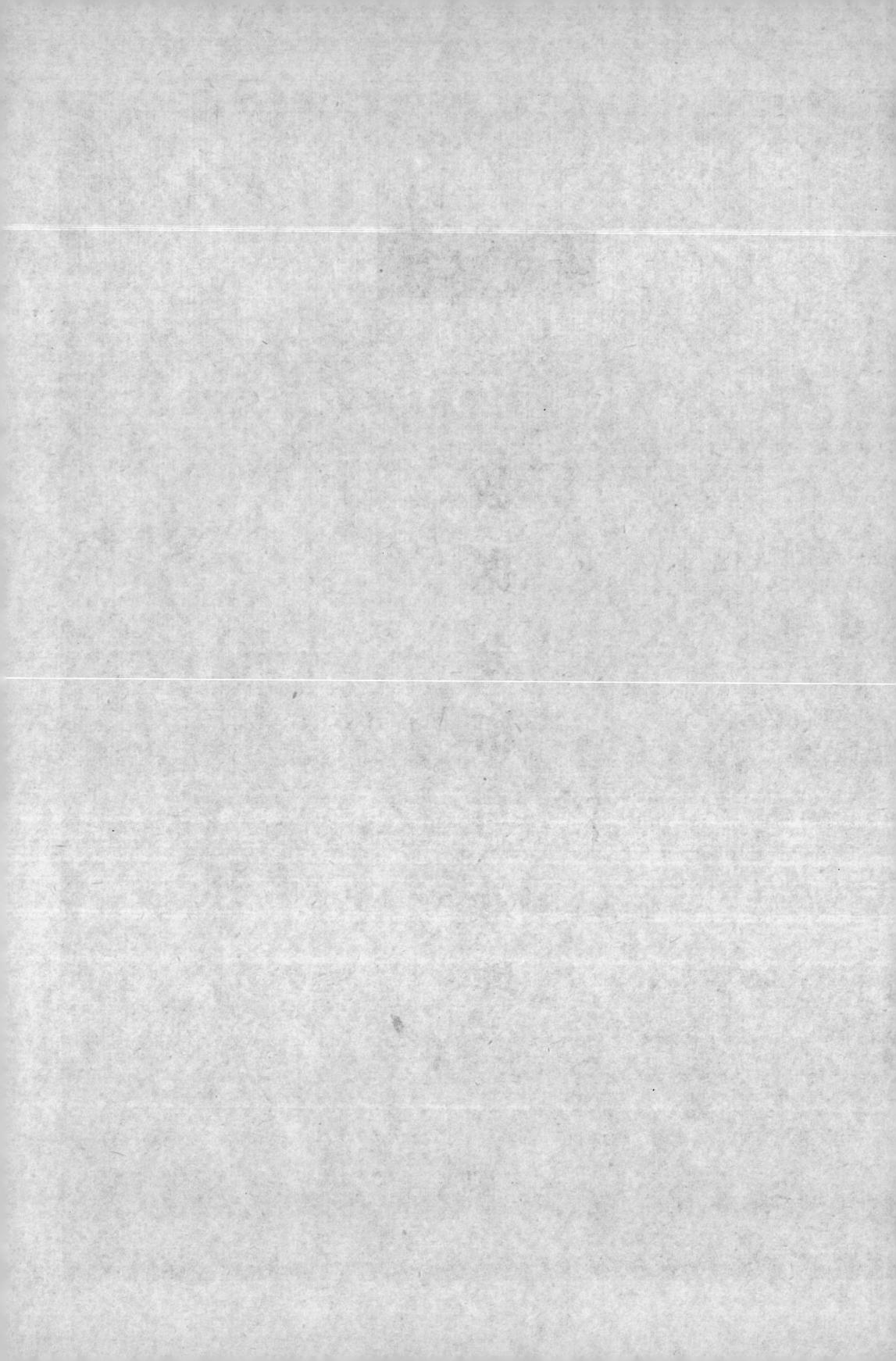

# 第十四章 信度、构思效度和量表结构

一个好的测验工具必须具有可靠和有效两个基本特征，即可靠和有效。可靠是指测量结果具有一致性；有效是指测验能准确地测量到所要测量特性的程度。实际上，信度就是测量的可靠性，而效度就是测量的有效性。在建构和评价测验工具时，我们通常运用信度和效度这两个最重要的质量指标。目前，有关信度和效度的研究很多，涉及的领域也很广。但是，在社会心理学的实证研究中，我们经常会遇到这样的问题，例如 $\alpha$ 系数达到 0.70 是否足够？如何表示量表的有效性？很显然，问题的答案非常重要，而且这些都是测量的基本问题。实际上，信度是效度的必要而非充分条件，效度的大小反映研究者的理论构思是否正确；而理论构思主要涉及构思效度。从方法的角度，一般来说评价测验工具时，我们首先考虑测量效度的必要而非充分条件，即信度；然后考虑研究者的理论构思，即效度以及量表结构。本章从经典测验理论着手，探讨 $\alpha$ 信度系数问题，然后提出概化理论和项目反应理论；紧接着从效度概念出发，把构思效度作为测量的一个中心问题，探讨会聚效度和区分效度，以及运用结构方程模型来验证构思效度；最后，在构思效度背景下，探讨量表结构的问题。

## 第一节 信度

### 一、信度

社会心理学实证研究经常运用到测验工具，需要我们考虑测验工具的可靠性。也就是说，在相似情境下相同被试多次重复测验的测量结果间具有一致性，或测量结果是可重复的。这里就涉及测量的信度，下面我们从经典测验理论着手探讨信度问题。

## (一)经典测验理论

经典测验理论(classical test theory，CTT)又称为真分数理论，它是心理测量发展史上最早实现数学形式化的测量理论。经典测验理论自19世纪末兴起，20世纪30年代日渐成熟。一般认为，20世纪50年代格里克森(B. Gulliksen)的著作使其具有完备的数学理论形式。1966年，洛德(F. M. Lord)和诺维克(M. R. Novick)提出了经典测验理论最终的数学理论形式；两年后，洛德和诺维克的《心理测验分数的统计理论》(*Statistical Theories of Mental Test Scores*)一书将经典测验理论推至巅峰，并实现了向现代测量理论的转换。

经典测验理论由基本假设、信度和效度等概念组成，这三部分内容构成了经典测验理论的三个关键成分。经典测验理论的基本假设是关于真分数与观测分数之间关系的假设。如果一个已知的测量 $X$ 容易产生误差 $e$，那么没有误差的测量 $X-e$ 将代表准确的或真实的测量 $T$。这表明，每个测验能分成真分数 $T$ 和测量误差 $e$，这就是经典测验理论的基本假设。经典测验理论从数学模型上引入了测验的信度、效度的概念。

经典测验理论非常依赖平行测验(parallel test)，也就是说，能以相同程度测量同一心理特质的两个或多个测验，这些测验具有同样意义、变量和分布特征。例如，理论测验中的A、B卷测量同一心理特征，其难度相当，但题目形式不同，这样A、B卷就是平行测验。在这种假设下，真分数和测量误差被认为是互不相关的；观测分数等于真分数和测量误差的总和。计算公式为：

$$变量(X)=变量(T+e)=变量(T)+变量(e) \qquad [14-1]$$

信度为真分数与观测分数之比，也就是1减去误差和观测分数的比值。公式[14-2]表明，如果没有误差，信度是1；如果只有误差，没有真实测量分数，信度为0。计算公式为：

$$信度=变量(T)/变量(X)=1-[变量(e)/变量(X)] \qquad [14-2]$$

## (二)信度的定义

信度(reliability)是测量一致性或可靠性的程度。斯皮尔曼(C. E. Spearman)1904年首次计算出信度系数。一个好的测验工具必须具有稳定性，每次测量结果具有一致性，真正可使用的量表和问卷一般都必须具有较高的信度。许多学者已在经典测验理论框架范围内探讨了信度的定义。为了便于理解信度概念，我们采用学者漆书青、戴海琦和丁树良写的《现代教育与心理测量学原理》(2002)一书中的信度定义。

按照经典测验理论，我们可从三个不同角度来定义测量的信度。第一，把信度定义为观测分数与真分数联系的强度。观测分数与真分数的联系越强，观测分数越能代表真分数。这种定义直接体现了经典测验理论模型 $X = T + e$ 的内在实质。第二，将信度定义为被试在许多平行测验上所得误差分数的标准误。将许多平行测验向同一被试施测所得的观测分数，均会对真分数形成一定偏差，差值就是误差分数。一大批平行测验向同一个体施测所得的观察分数，均会对真分数形成一定偏差，从而形成一大批误差分数。利用这种测量标准误，就可以用被试个体实得的观察分数为中点去估计其真分数值，建立起被试真分数的置信区间。显然，测量标准误越小，置信区间的半长就越短，估计就越准确。所以，这一定义紧扣测量误差统计学上应有的含义。以上两个定义都使用真分数本身，直接运用控制误差来定义测验信度。但是，它们仅仅使用两测验观测分数间的相关，仅仅是间接地概化测验控制误差的能力。因此，测验实际上无法直接测量到真分数和真分数方差，信度只是一个理论上构思概念。第三，将信度定义为两平行测验上观测分数间的相关，用被试在一个平行测验上所得的观测分数去概化被试在另一平行测验上所得的观测分数，用这种能力值的大小来定义测验的信度。这一定义运用测量过程中唯一可实际获得的观测分数，克服了前两个信度定义的缺陷，使信度由"理论上构思的概念"发展为切实可行的计算，而且为概化理论和项目反应理论的出现奠定了基础。

被试特征、测验环境、测验、指导语和主试等都影响信度。例如，被试在完成测量程序的观察、评定或判断时，可能变得疏忽或心不在焉、厌烦或疲倦。因此，根据经典测验理论，一个测验可能不止一个信度系数；信度系数只是对测量分数不一致程度的估计，并没有指出不一致的原因；获得较高的信度系数并不是心理测量追求的最终目的，它只是迈向目标的一步，是使测验有效的一个必要条件。[1]

## 二、α 系数

常用的信度估计方法有重测信度、复本信度、内在一致性系数、评分者信度，以及综合重测信度和复本信度特点的稳定—等值系数五种。内部一致性系数(internal consistency coefficient)也叫同质性信度，是指测验内部所有项目之间的一致性程度，即所有项目测的都是同一种心理特质；所有项目得分之间都具有较高的正相关。在实证研究中，当要表明测量是否可靠时，实际上 α 系数常常是选择的指标之一，甚至 α 系数常常是唯一的信度依据。由于内部一致性系数在研究中起着重要作用，

---

[1] 有兴趣的读者可参考：王小英，张明：《心理测量与心理诊断》，长春，东北师大出版社，2002

现在我们来探讨克龙巴赫（L. J. Cronbach）1951 年提出的 $\alpha$ 系数，它是适用于非 0、1 记分的一种内在一致性系数。例如，并非只有"对"或"错"两种答案的判断题目，以满足多重记分测验的需要。克龙巴赫 $\alpha$ 系数计算公式为：

$$\alpha = \left[\frac{n}{n-1}\right]\left[\frac{S_t^2 - \sum V_x}{S_t^2}\right]$$ [14-3]

式中，$V_x$ 是测验每个项目的方差。

### (一)$\alpha$ 系数的决定因素

估计内在一致性系数常用分半法（split-half method），克龙巴赫 $\alpha$ 系数是分半信度的推论。所谓分半法通常是先把一份测验按项目的奇偶顺序或其他方法分成两个尽可能平行的分测验，然后计算二者之间的相关，即得到分半信度系数。由于这种方法可能低估测验的信度，所以需要再用斯皮尔曼—布朗公式（Spearman-Brown formula）对分半信度系数进行修正，就可以获得修正后的分半信度，即原长测验的信度估计值。斯皮尔曼—布朗公式为：

$$r_u = \frac{2r_{hh}}{1 + r_{hh}}$$ [14-4]

其中，$r_{hh}$ 是分半信度系数，$r_u$ 是测验在原长度时的信度估计值。实际上，$\alpha$ 系数是项目相关和测验长度两个参数的函数。例如，我们假设两个测验的项目间相关矩阵（表 14-1），测验 A 有 12 个项目，测验 B 有 7 个项目，两个测验的 $\alpha$ 系数都是 0.83。但从平均相关来说，与平均相关系数 $r=0.4$ 的测验 A 的 12 个项目相比，测验 B 的 7 项目相关较高，其平均相关系数 $r=0.53$。

斯皮尔曼—布朗公式表明，测验长度能弥补低水平项目之间的相关，而且斯皮尔曼—布朗公式详细说明了测验长度和信度之间的关系。在给定的平均项目间相关水平上，运用斯皮尔曼—布朗公式可以求出某个 $\alpha$ 系数水平所需的项目数量。因此，只要增加的项目没有降低项目间的平均相关，那么量表的 $\alpha$ 信度系数常常随着项目数量的增加而增加。但是增加太多项目的量表 $\alpha$ 系数反而降低，例如与增加 18 个项目相比，增加 6 个项目会导致更高的 $\alpha$ 系数。因此，在运用 $\alpha$ 系数时，如果没有考虑量表的长度，就不能解释实证的结果。一般而言，增加测验的长度通常可以提高测验的信度，而信度又制约着效度，因此增加测验的长度同时也能提高测验的效度。

表 14-1　α 信度系数为 0.83 的两个假设测验的项目间相关矩阵

| 测验 A 的 12 个项目 | | | | | | | | | | | | | 测验 B 的 7 个项目 | | | | | | |
|---|---|---|---|---|---|---|---|---|---|---|---|---|---|---|---|---|---|---|---|
| 变量 | 1 | 2 | 3 | 4 | 5 | 6 | 7 | 8 | 9 | 10 | 11 | 12 | 变量 | 1 | 2 | 3 | 4 | 5 | 6 | 7 |
| 1 | — | | | | | | | | | | | | 1 | — | | | | | | |
| 2 | 0.4 | — | | | | | | | | | | | 2 | 0.7 | — | | | | | |
| 3 | 0.4 | 0.4 | — | | | | | | | | | | 3 | 0.7 | 0.7 | — | | | | |
| 4 | 0.4 | 0.4 | 0.4 | — | | | | | | | | | 4 | 0.4 | 0.4 | 0.4 | — | | | |
| 5 | 0.4 | 0.4 | 0.4 | 0.4 | — | | | | | | | | 5 | 0.4 | 0.4 | 0.4 | 0.7 | — | | |
| 6 | 0.4 | 0.4 | 0.4 | 0.4 | 0.4 | — | | | | | | | 6 | 0.4 | 0.4 | 0.4 | 0.7 | 0.7 | — | |
| 7 | 0.4 | 0.4 | 0.4 | 0.4 | 0.4 | 0.4 | — | | | | | | 7 | 0.4 | 0.4 | 0.4 | 0.7 | 0.7 | 0.7 | — |
| 8 | 0.4 | 0.4 | 0.4 | 0.4 | 0.4 | 0.4 | 0.4 | — | | | | | | | | | | | | |
| 9 | 0.4 | 0.4 | 0.4 | 0.4 | 0.4 | 0.4 | 0.4 | 0.4 | — | | | | | | | | | | | |
| 10 | 0.4 | 0.4 | 0.4 | 0.4 | 0.4 | 0.4 | 0.4 | 0.4 | 0.4 | — | | | | | | | | | | |
| 11 | 0.4 | 0.4 | 0.4 | 0.4 | 0.4 | 0.4 | 0.4 | 0.4 | 0.4 | 0.4 | — | | | | | | | | | |
| 12 | 0.4 | 0.4 | 0.4 | 0.4 | 0.4 | 0.4 | 0.4 | 0.4 | 0.4 | 0.4 | 0.4 | — | | | | | | | | |

### (二)单维性指标

所谓单维性(unidimensionality),是指测验量表或问卷只是一个维度。例如,尽管组织支持感理论的提出者艾森伯格等人(R. Eisenberger, R. Huntington & S. Hutchison , et al. , 1986)所编制的组织支持感问卷有 13 个项目,但是在不同行业和不同组织员工样本中所得出的结果都是一维结构,即问卷具有单维性。α 系数相对来说容易获得和计算。今天,SPSS 等统计软件包都可以计算量表的 α 系数。但是,α 系数并没有测量项目间相关的同质性,也没有表明量表是单维性的。例如,我们假设两个测验的项目间相关矩阵(表 14-1),测验 A 和测验 B 有相同的 α 系数 0.83,但是他们在项目相关的同质性方面存在本质差异。测验 A 所有相关都是 0.4,标准差(SD)为 0,完全同质;然而测验 B 的相关从 0.4 到 0.7 不等,标准差为 1.1,变异很大。由于 α 系数并没有表明这种变异性,1993 年考蒂娜(J. M. Cortina)提出了一个反应项目间相关分布指标(spread index,也就是表 14-1 的相关矩阵),认为应一起报告项目间相关矩阵和 α 系数。由表 14-1 可知,测验 B 的项目意味着具有多维性。7 个项目的反映是两个函数因素:项目 1、2、3 和项目 4、5、6、7 之间的平均相关系数 $r=0.4$,而项目 1、2、3 之间以及项目 4、5、6、7 之间分别具有更高的平均相关,其平均相关系数 $r=0.7$。然而 α 系数不能说明测验 A 和测验 B 之间这种非常重要的差异。

由于 $\alpha$ 系数不能说明这些问题，需要运用其他方法建立单维性。最严格的方法是运用结构方程模型（structural equation modeling，SEM）①的验证性因子分析，它允许我们检验项目间的相关矩阵与单因素模的匹配程度。单因素模型可以完美地描述测验 A 的数据模式，所有项目都有 0.632 的因素负荷，也就是测验 A 所有项目间相关 0.4 的平方根。相反，双因素模型可以与测验 B 的显著匹配，测验 B 的 0.728 项目负荷，也就是测验 B 平均项目间相关 0.53 的平方根。一旦我们知道测验是多维的，我们仍然将 $\alpha$ 系数作为信度指标运用吗？答案是否定的。如果测验不是单维的，那么 $\alpha$ 系数就低估了信度，我们应获得测验多维量表分数，然后运用 $\alpha$ 系数分别标准化其信度。

## （三）$\alpha$ 系数大小取决于构思

1978 年，学者南奈利（J. C. Nunnally）认为，0.7 或更高的 $\alpha$ 系数是足够的；格雷—利特尔（B. Gray-Little）等学者（1977）也认为，0.72 和 0.88 之间的 $\alpha$ 系数常常意味着高水平信度。而且，有的学生常常也会问这样的问题，我的量表的 $\alpha$ 信度系数为 0.70，是否足够？实际上，0.7 的 $\alpha$ 系数不是量表必须的标准。$\alpha$ 系数取决于构思（construct），取决于项目间相关和量表长度这两个参数，以及被测量结构的性质和定义相匹配的程度。

测量构思是解释 $\alpha$ 系数的一个重要参数。例如，为编制内倾性量表，我们可构思下列项目："我喜欢安静的环境""社交活动对我来说意味着许多痛苦""我不喜欢社交活动""我宁愿单独度过一个晚上也不愿意参加社交活动"。虽然这些项目间的 $\alpha$ 系数非常高，但是这些项目本质上可以相互解释，只是运用稍微不同的方法代表了相同的项目内容"社交活动"。实际上，这种类型的量表仅仅只有高 $\alpha$ 系数。对短量表来说，$\alpha$ 系数高达 0.90，甚至 0.95 并不意味着量表具有可靠性，相反是项目内容重复或狭窄的表征。重复或狭窄的内容代表内容同质性，无法真正发挥测量的作用。尽管量表能更精确地预测出席"社交活动"的频率，而且参与"社交活动"的程度也能在一定程度上反映内倾性。但是因为它的视角狭窄——带宽小（bandwidth），不能测量出其他内倾性特征。相反，宽带测量（broad-bandwidth measurement）的预测范围更广，但是同时具有较低的同质性（fidelity），这种现象被称为是宽带—同质性平衡（bandwidth-fidelity trade-off）。如果一个人想测量更宽广的结构，可以设计更多的项目来

---

① 关于结构方程模型，读者可参阅：侯杰泰，温忠麟，成子娟：《结构方程模型及其应用》，北京，教育科学出版社，2004

弥补内容上的异质性。例如，科斯塔（P. T. Costa）和麦科伊（R. R. Mc-Crae）于 1985 年编制、1992 年修订的 NEO 人格问卷（NEO-PI-R），问卷有五个因素量表，每一因素包括六个特质量表，共计 30 个特质量表，每个特质量表各 8 个条目，共 240 个条目。每一维度包括 48 个项目的大五量表的所有信度都超过了 0.90。

### （四）衰减校正

观测分数之间的相关小于相应真分数之间的相关，这是因为观测分数之间的相关由于测量的不可信而衰减（attenuation）。根据经典测验理论，因为测量的信度约束了测量与其他变量的相关程度。如果误差真是随机的，那么测量相关的上限不是 1.0，而是其信度的平方根。因此，当信度不合适时，测量和其他变量之间的相关可能被低估，即衰减。例如，对 0.85 的信度来说，相关上限是 0.85 的平方根，也就是相关系数最多为 0.92，对低于 0.60 的信度来说，上限是 0.77。当信度从 0.95 下降到 0.80 和更低的 0.50 的时候，那么外在相关的上限仅仅由 0.97 下降到 0.89 和更短量表的 0.71。然而，我们同样需要考虑测量工具的其他属性。短量表不仅节省了测量时间，而且避免了被试的厌烦和疲劳，如果测验太长，将得不到有些被试的有效反馈。例如，在进行人格研究时，研究者较少运用信度高于 0.90 的 NEO-PI-R 的大五特征量表，而是运用信度在 0.70 和 0.80 之间的短人格问卷。尤其是当被试的时间和注意力非常宝贵时，量表的长度和信度之间的平衡就显得更加重要。

研究者有时运用信度系数来校正由于不可靠而衰减的两个量表之间的实际相关，有时运用这样的相关来估计以测量为基础的潜变量之间的相关，这对比较变量或研究之间的效果大小来说是有用的。例如，如果我们研究不同群体态度、人格的稳定性，衰减校正公式非常简单，是实际相关除以两个信度结果的平方根。衰减校正表达了由两个不完全可靠的测量而获得的最大相关。

总之，大多数社会心理学研究除了报告量表的 α 信度系数，还应报告他们之间的相关。当多重量表从同样的数据资源获得分数时，当研究的问题在测量结构中具有相对独立性时，相关常常是关键的。预测指标的相关系数对理解多重回归分析的结果非常重要，而且更加关注概念上无关的结构之间的关系。因此，研究者应该报告量表的 α 信度系数、这些测量之间的相关，同样也应报告由于不可靠而衰减的校正相关。

### 三、经典测验理论的发展

#### (一)概化理论

##### 1. 概化理论的提出

随着经典测验理论在心理学中的广泛应用，逐渐显现出它的一些不足。其中，与信度有关的经典测验理论的一个主要不足之处是，如果所有的测验是平行的，所有的误差是随机的，那么不同的信度计算方法应产生同样的结果。而事实上难以保证测验的严格平行，因此不同的信度计算方法所得的结果存在差异。其次，信度分类太简单，信度证据的类型与误差的唯一来源相一致，这导致不能获得多重误差来源，不能扩大测量的运用条件。针对经典测验理论的不足，克龙巴赫及其合作者以方差分析为基础，于 1963 年、1965 年相继发表了三篇有关概化理论的论文。1972 年，克龙巴赫出版的《行为测量的可靠性：测验分数和剖面图的概化理论》(*The Dependability of Behavioral Measurements：Theory of Generalizability for Scores and Profiles*)一书标志着概化理论的正式形成。到 20 世纪 90 年代，概化理论已广泛应用于评分者信度的估计、临界分数误差估计、测验分数的概化和标准参照测验的信度等研究中，是一种前景宽广、备受关注的现代测量理论。

##### 2. 概化理论的基本原理

概化理论(generalizability theory，GT)是经典测验理论与方差分析相结合的产物，它提出了测验编制、施测过程误差控制、测验评价等一整套新的方法。概化理论对经典测验理论的发展主要表现在：在理论观念上，提出了测量情境关系(the context of mensurement situation)概念，并由此出发来界定与考查真分数、测量误差及其来源的问题，改变了真分数固定不变、测量误差只是个含混不清的随机误差、求测验信度就是计算相关系数值等传统看法；在工作方法上，提出"G 研究"(概化研究，generalizability study)加"D 研究"(决策研究，decision study)两步走，以便"拓广"与"概化"误差控制认识成果这样一个工作框架。[①] 为了便于理解概化理论的基本原理和概念，我们采用金瑜的《心理测量》(2001)一书中的概化理论概念。

在概化理论中，测量情境关系是由测量目标(object of measurement)和测量侧面(facet of measurement)构成的。对目标的测量是在特定的测量条件下进行的，概化理论用侧面(facet)这一概念来表示一组特定的测

---

① 漆书青，戴海琦，丁树良：《现代教育与心理测量学原理》，北京，高等教育出版社，2002

量条件，并称条件的数量为该侧面的水平。某一侧面的所有可能水平的全体称为可接受的观察全域。概化理论运用可靠性（dependability）的概念代替经典测验理论中信度的概念，是指从被试一个测量的得分到所有同等程度可能条件下被试测量均分的概化的精确性，也就是从被试在样例测量上的得分概化到全域分的精确性，或者说是从样例概化到可接受的观察全域的程度。概化越精确，越能从一个测量或测验的情况来推断观察全域的情况。概化理论认为，所进行的测量是观察全域中的一个样例，也就是从观察全域中随机抽取出来的，观察全域的所有测量即使有差异，可通过随机抽样的原则来排除。这就是概化理论可靠性的概念所包含的"随机平行测验"的理论假设。与经典测验理论要求每次测量都完全等同的"完全平行测验"假设相比，这种"随机平行测验"假设更容易实现。但是，概化理论的可靠性概念要求被试的知识、态度、技能和其他测量特质都处于稳定的状态。也就是说，与经典测验理论的两次测量误差分数之间零相关的假设相似。但是，在实际的情况中，这种假设往往达不到，会引起相关误差效应（the effects of correlated errors），即测验误差项都是独立分布的，但在实际生活中收集来的数据误差往往是相关的。

概化理论希望从某个实际结果概化到其他类型的实际结果，关注测量的信度，即如何正确地从已知的一系列评定推论出一系列其他判断的评定；或如何根据一系列程序来概化依据不同程序构建的其他相关量表的得分；或想验证在英语文化背景下所开发的量表的概化程度。无论在个体还是全体条件下，概化理论设计方案都能系统地研究这些方面，研究潜在地影响实际分数和估计每一方面的变异，旨在估计变异来源对测验分数贡献的程度。因此，为代替传统信度系数，应运用更多的其他评价方法，例如运用组内相关系数（intraclass correlation coefficient）来考察测量可靠性的特殊方面。概化理论还提供了两个类似于经典信度系数的指标，一个是用于相对决策的概化系数（generalizability coefficient），简称 $G$ 系数，是测量目标方差与测量目标方差加上相对误差方差之和的比率，近似等于观测分数与全域分数相关平方的期望值，其计算公式为：

$$G = \sigma_{(p)}^2 / [\sigma_{(p)}^2 + \sigma_{(pr)}^2 / n'r] \qquad [14-5]$$

其中，$n'r$ 是做决策时的评分者样本数，$\sigma_{(p)}^2 + \sigma_{(pr)}^2 / n'r$ 是测量的相对误差变异分量，通常记之为 $\sigma_{\delta}^2$，它实际是评分者与考生之间的交互效应，反映的是测量的随机误差。另一个指标是用于绝对决策的依存性指标（index of dependability），又称 $\Phi$ 系数，是测量目标方差与测量目标方差加上绝对误差方差之和的比率。其计算公式为：

$$\Phi = \sigma^2_{(p)} / [\sigma^2_{(p)} + \sigma^2_{(r)} / n'r + \sigma^2_{(pr)} / n'r] \qquad [14-6]$$

其中，$n'r$ 是做决策时的评分者样本数，$\sigma^2_{(r)} / n'r + \sigma^2_{(pr)} / n'r$ 是绝对误差变异分量，通常记之为 $\sigma^2_{(\triangle)}$，它不仅包括测量的随机误差，而且包括测量的系统误差。可靠性指数 $\Phi$ 实际上是有效变异占所有变异来源所引起的变异之和的比率。单面交叉设计的 $G$ 系数等于经典测验理论中克龙巴赫(1951)提出来的 $\alpha$ 系数，我们可以通过计算 $\alpha$ 系数来估算 $G$ 系数。目前的常用统计软件，如 SPSS，均有 $\alpha$ 系数计算方面的功能，这就使得概化分析更容易。

总之，与经典测验理论相比，概化理论在测量误差源的综合分析技术、测量条件的推广研究等方面，具有更多的优越性，但是概化理论注重所测心理特质的单维性和方差分量估计上的负值现象等不足之处，限制了它在实际测量中的应用。例如，在社会心理学研究中，项目、测量工具、环境、群体、语言和文化是研究结果概化程度的关键；当在嵌套设计中收集数据并有许多方面可能影响信度时，概化理论尤其有用。然而，在涉及多维性特质的信度考察方面，概化理论虽能将异质作为一个测量侧面对其误差予以考察，但在测量设计及方差分量的计算上仍然显得十分复杂。如果采用经典真分数理论中对多维性特质分别进行处理的做法，将属于每个特质的试题分别看作是一个单面交叉设计通过 $\alpha$ 系数来估计各特质的 $G$ 系数，显然要比用方差分量来计算 $G$ 系数方便得多。由此可见，目前概化理论和经典测验理论各有优点与不足，在当前多种测量理论并存的情况下，取长补短的做法对测量信度的分析具有十分重要的现实意义。[1]

### (二)项目反应理论

1. 项目反应理论的提出

项目反应理论(item response theory，IRT)又称潜在特质理论(latent trait theory)。1952 年，美国著名测量学家洛德第一次提出了项目反应模型，以及与项目反应模型相关的参数估计方法，使得项目反应理论可被用于解决实际的二值记分的测验问题，标志着项目反应理论的正式诞生。此后项目反应理论得到了充分发展，尤其 20 世纪 70、80 年代得到了许多测量学家的关注，在心理学研究中的运用日益广泛。

在经典的信度概念中，个体测验的被试特征和测验特征不能分离，仅仅依据他们对测验的反应来定义个体潜在结构或水平。而且，测验的

---

[1] 关于概化理论，读者可参阅：杨志明：《测评的概化理论及其应用》，北京，教育科学出版社，2003

心理测量特征依靠测量的样本。如果想要采用不同测验来比较相同结构的个体，比较不同个体来检验相同的项目，那么经典测验理论是无法实现的。另外，经典测验理论认为，在样本中测量误差对所有的个体是相同的，项目和测验的不同在于对不同潜在结构水平的被试区别能力的不同。这是经典测验理论的一个难以获得实证支持的假设，且经典测验理论是测验定向，而不是项目定向，因此不能预测个体或群体如何完成特别的项目。项目反应理论能弥补这些局限，而且能描述个体对特别项目的反应和项目特征曲线函数的潜在反应结构之间的关系。这个曲线描述了不同结构水平的个体认可项目的概率，能提供项目区别高、低潜在特征水平的信息，同时也能提供项目难度信息。这些信息对研究者在项目中探测偏差特别有用。

2. 项目反应理论的特点

项目反应理论的核心就是建立数学模型和估计模型参数。项目反应理论假设被试对于测验的反应是受某种心理特质支配，首先要对这种特质进行界定，然后估计被试这种特质的分数，并根据该分数的高低来预测和解释被试对于项目或测验的反应。项目反应理论的基本思路是：确定被试的心理特质值和他们对于项目的反应之间的关系，这种关系的数学形式就是项目反应模型。在建构和评价量表以及其他多项目测验的情形下，项目反应理论允许研究者基于难度和辨别力选择项目，而不是依赖经典测验理论提供的总项目相关。而且，测验信息函数的概念代替了经典测验理论信度的概念，用测验对能力估计所提供信息量的多少来表示测量的精度。这避免了平行测验的假定，并能给出不同能力被试的测量精度。

相对于依靠多步评定量表的社会心理学研究来说，项目反应理论更有用。例如，格雷—利特尔等学者(1997)运用项目反应理论探索罗森伯格(M. Rosenberg)自尊量表10个项目的属性——事实上10个项目是单维特征。然而，在给定的统一项目区分参数中，量表能容易地被缩短。项目反应理论分析同样也表明，相对于高水平自尊来说，较低水平和中等自尊水平的项目区分度更好。对项目分析和量表结构来说，项目反应理论根据难度和区分度提供了定性的程序来描述被测量的潜在结构项目之间的关系，允许研究者选择项目，这些项目能最好地测量结构的特殊水平，并测量由特殊个体组成的群体所产生的偏差项目。当然，项目反应理论也存在不足之处。例如，对于单维性需达到何种标准才能应用项目反应理论，尚缺乏充分的理论依据；项目反应理论的应用仍以两级记分模型为主，且局限于一维反应模型，更高级的项目反应理论模型尚处于理论上的探索阶段；项目反应理论对测验条件要求较严格，样本容量要大，被试的能力分布范围要广，测题数量要多，否则影响精确性。总之，经典测验理论和项目反应理论各有利弊，两者都不可能完全地替代另一方。①

# 第二节 效度

在前面一节中，我们主要论述了经典测验理论、信度的定义、$\alpha$ 系数问题以及衰减校正等经典测验理论方法。一个测验仅有信度还不够，测验分数是稳定的，并不能说明它就能够准确测量到所要测的特质。例如，假设用短跑速度来选拔政府公务员，即使信度很高，有效性也很低。信度是效度的必要条件，但是信度高的测验，效度不一定高；相反，效度高的测验，信度也比较高。因此，好的测验工具不仅需要高信度，而且需要高效度；相对来说，效度更重要。效度的大小反映研究者的理论构思是否正确，而追求合乎理想的理论构思就涉及构思效度。因此，在本节中，我们主要探讨测验的效度问题，从早期定义和建立效度的设计着手，把构思效度作为心理测量的一个关键问题，探讨会聚效度和区分效度证据，以及运用结构方程模型来验证构思效度等问题。

## 一、效度

在很长时间内，许多研究者都是对照某种外部变量来考察测验分数，从而进行效度验证；测验效能仅仅由预测的正确性来评价，整个效度理论极接近于预测理论。直到 1954 年，美国心理学协会（American Psychological Association）才第一次给效度一个形式化定义。

### （一）效度的定义

效度（validity）是指一个测验测量出其所要测量特征的程度。一个测验虽然能反映出被试特征稳定性的程度，但不一定反映出所要测量特征的水平。例如，在一项语文成就测验中，教师本来打算考察学生的现代汉语语法能力。然而，大量的测题却是关于文言文词汇理解的，这就存在一个系统误差。即使前后两次测量的一致性可能很高，但测验并没真正测量到学生掌握现代汉语语法的程度。效度是科学测量工具最重要的必备条件，一个测验若无效度，即使其他优点很多，还是无法发挥其真正作用。在测量理论中，效度是在一列测量中与测量目的有关的由所要

---

① 关于项目反应理论，读者可参阅：余嘉元：《项目反应理论及其应用》，南京，江苏教育出版社，1992；许祖慰：《项目反应理论及其在测验中的应用》，上海，华东师大出版社，1992

测量的自变量引起的有效变异与实得总变异的比率，计算公式为：

$$r_{xy}^2 = \frac{S_v^2}{S_X^2} \qquad [14-7]$$

公式[14-7]中，$r_{xy}^2$代表测量效度系数，$S_v^2$代表有效变异，$S_X^2$代表总变异。值得注意的是，效度是针对测验结果和测验目的，不具有普遍性，没有一种对任何测量目的都有效的测验。效度只有程度上的差异，在对效度进行评价时，在考虑到其用途的基础上，用"高效度""中等效度"或"低效度"来对它进行评价。同信度一样，效度也是一个构思的概念。

### （二）效度的类型

要确定测验的效度，需要收集充分的客观事实材料和证据，这种收集大量资料和证据来检验效度的工作过程就叫做效度验证（validation）。由于研究问题的侧重面不同，效度的种类很多。例如，1955年克龙巴赫和米尔（P. E. Meehl）描述了心理测验委员会最初区分为内容效度、结构效度、标准定位或外部效度、构思效度四种效度类型。目前，广泛采用的是弗兰士（J. W. French）和米希尔（B. Michbel）提出的将效度分为内容效度、构思效度和效标关联效度（又称效标效度、实证效度）三类。内容效度（content validity）就是测验用的测题对整个测验内容范围的代表性程度；效标关联效度（criterion-related validity）也称经验效度或统计效度，是指测验分数对某一行为表现的预测能力的高低。

三种效度类型在操作上和逻辑上是相互关联的，很难说在特定情境下只有单独的某一种效度类型是重要的。实际上，构思效度问题是心理测量的中心，不仅是已经存在的心理测验评价的中心，而且是心理测验发展的每个阶段的中心。如果没有很好的标准，没有一个标准来构建测验的效度，那么我们如何根据测量分数的意义来建立效度？测验分数中有多少变异是来自测验所要测量的构思？这些都涉及构思效度问题。下面我们来探讨构思效度。

## 二、构思效度

### （一）构思效度的整合概念

1. 构思效度的传统概念和确定方法

构念是指理论所涉及的抽象、假设性的概念或属性，它往往运用某种操作来定义，并且用测验来测量。构思效度（construct validation）又称结构效度、构想效度、构念效度，是指测验工具能够测量到理论上的构念和属性的程度，测验的结果是证实或解释某一理论的假设、术语或结构的程度。建立具有构思效度的测验，必须先从某一构思的理论出发，导出各项关于心理功能或行为的基本假设，据以设计和编制测验，然后由果求因，以相关、实验和因素分析等方法，审查测验结果是否符合心理学上的理论见解。

确定构思效度的方法包括：(1)测验内方法，这类方法是通过研究测验内部结构来界定理论构思，从而为构思效度提供证据。(2)确定方法，这类方法是分析测验的内容效度和测验的内部一致性，测验的内部一致性可以由分半信度、α系数、KR20或KR21公式等指标来衡量，它们考察的是测验题目是否同质，分测验与总测验是否一致或同质，这些都可以证明测验所测量的构思是否合理，因而构成了证实构思效度高低的证据。(3)有时分析被试对题目的反应特点也可以作为构思效度的证据。(4)测验间的方法，通过分析几个测验间的相关关系，找出其共同之处，推论出这些测验测量的属性是什么，也可确定这些测验构思效度如何。最简单的方法是计算两种测验之间得分的相关。区分效度、因素分析法也是建立构思效度的常用方法。(5)实验法和观察法证实：观察实验前和实验后分数的差异也是验证构思效度的方法之一。

2. 构思效度的不足

从某种程度上说，构思效度反映了效度的本质。但是，实际上有些构思效度无法直接考察，违反了操作论的原则。总的看来，构思效度把着眼点放在提出假设、检验假设上，从而使测验具有更广阔的发展前景。为了便于理解构思效度的不足，我们采用学者郑日昌的《心理测量》(1987)一书中的说明。

首先，有些构思概念模糊，缺乏一致的定义。同样的构思，不同的研究者可能给予不同的名称；同一个概念也可能被赋予不同的解释。由于构思的定义不同，所以研究结果无法比较。例如，对什么是智力这个古老的问题就至今没有一个统一的看法。电视台举办的智力测验以及科普刊物上登载的智力测验，与标准化的智力测验不相同，其原因即在于对智力的定义和理解不同。其次，确定效度时没有明确的操作步骤与程序。当测验结果无法证实我们的研究假设时，对结果至少有三种可能的解释：(1)不能测量这个构思；(2)理论上的构思可能有错误，因而得出不正确的推论；(3)也许是这个实验设计不能对该假设做出适当的检验。不幸的是，在这三种可能性中只有谬误的实验设计较易发觉，另外两条很容易搞混。因此，当预测失败或假设得不到证实时，无法知道失败的确切原因。这种对反面结果解释的含糊，是确定构思效度过程中的明显缺点。最后，构思效度是通过对测验测量什么、不测量什么的证据加以积累确定的，因而没有单一的数量指标来描述有效的程度。虽然可把来自所测量的属性变异数比例作为构思效度的数量指标，但它随情况而变化。因为构思效度是通过对一组测验进行因素分析得到的。不同的测验组合，便会得到不同的构思效度。

3. 构思效度的整合概念

经典测验理论认为测验不是结构（structure）的完美预测；相反，构思效度认为，观测变量是测量的核心，这与经典测验理论完全不同。1957，伦维纳格（J. Loevinger）提出从构思的这种观点来评价测验的运用，认为观测变量或测量不是结构（structure）的完美预测，不仅仅因为它包含了随机误差，更重要的是，它同时也测量了研究不打算测量的结构，因此也包含系统误差。按照这种观点，观测变量的得分潜在地反映了变量的三个来源：（1）打算测量的结构（会聚效度）；（2）期望避免测量（区分效度）的其他结构（或影响的来源）；（3）随机误差或不可靠性。因此，这种构思的观点强调了区分效度（discriminant validity）和会聚效度（convergent validity），将效度仅作为其他适当测量构思效度的依据。

效度是测量解释的属性，而不是测量本身的属性。构思效度在测验解释和使用中具有重要意义，是理论支持适当的综合评价判断的程度。当然，如果清楚地说明结构的理论原因，就能获得与其他结构或标准有关的预测，也能说明所收集数据支持结构的程度，或说明不确定测验得分的特别解释过程。如果多重依据一起支持假设结构，那么获得具有简单定性指标的可得变量的效度依据非常困难，研究者必须诉诸定性和量表的总结。对更易处理和更客观的数据总结来说，元分析（meta-analysis）方法非常有用。

**（二）构思效度的依据**

1. 内容效度

内容效度（content validity）是指测验项目对有关内容或行为范围取样的适当性。如果从理论方面的构思来说明内容效度，那么这样的依据容易获得。问题是在内容项目集合中没有代表结构定义的某个重要方面内容，但是过度代表另外一个方面的内容。例如，多项选择测验，我们常常建构测验来测量学生的成绩。如果来自于相关教科书或教材材料的测验问题不是公平抽样，我们就不能确定测验是否有效地代表了期望学生所学的知识。研究者可以要求专家判断项目代表性与结构之间的匹配度，或者增加、删除项目。另外，还可以运用因素分析来证明内容领域的假设结构。

2. 实质性效度

实质性效度（substantive validity）是指运用实质性理论和过程模型来进一步支持测验分数的解释，包括在有关程序中假设标准有差异或对照群体间存在差异。例如，1982年，卡西奥波和佩蒂(J. T. Cacioppo & R. E. Petty)建构了一个非常需要认知的大学教师和不大需要认知的装配线员工的比较研究，研究发展了认知需要量表，用来测量思考的偏爱和愉快程度的个体差异。

### 3. 结构效度

结构效度(structural validity)需要与假设内在结构相一致的测量因素结构。α系数不能概化测量结构，测验或量表的潜在结构不是一个信度的问题；相反，对解释结果分数来说，测验或量表的潜在结构是关键，可以采用探索性因素分析和验证性因素分析来进行结构效度检验。

### 4. 概化依据

概化(generalizability)是分数的解释运用于任务或背景、次数或机会、观察者或评定者等的程度，是透过样本的抽样分配特征表达母体的特征。在这样的背景下，概化概念涵盖了传统的信度与效度，信度与效度二者被认为是一个连续体，区别仅仅在于概化的拓展程度。传统的信度研究提供了相对较"弱"的概化验证，而效度的研究提供了较"强"的概化验证。在社会心理学研究领域，值得注意的问题是"方便样本"(convenience sample)的概化程度。

### 5. 结果效度

结果效度(consequential validity)主要集中于分数解释和运用社会方面的结果。它需要施测者面对测验偏差和公平的问题，而且在运用测验来作出个体关键决策的环境下非常重要。因此，相对于测验效度本身来说，测验的有效运用更加重要；相对于社会心理学研究背景来说，结果效度在教育和就业情形中更加受到关注。

### 6. 外在效度

外在效度(external validity)指的是测验预测有关行为、结果或标准的能力。测验或量表应预测与结构有关的标准，即构思效度外在方面的全部证据(外部效度)既需要证明测验测量什么，又要证明不测量什么。1959年，坎贝尔和费思科(D. T. Campbell & D. W. Fiske)提出了区分(discriminant)和会聚(convergent)的术语来区分测验"不测量什么"和"测量什么"。他们是第一个将区分效度和会聚效度系统化设计的学者，而且提出了许多不同的研究方法。例如，运用认知需要理论来研究中学生问题行为时，我们可以运用自我评定、教师评定和家长评定来研究中学生问题行为的不同特征或不同结构(如，学习适应不良、攻击行为、违纪行为、退缩行为、神经质及考试焦虑)，这就是多特质多方法(multitrait multimethod matrix, MTMM)。当然，在这三种评定方法中，对中学生问题行为来说，我们期望会聚效度最大。因为这些系数包括相同的特征，但是又采用不同的方法。坎贝尔和费思科（1959）称其为共同特征—异质方法系数（monotrait-heteromethod cofficients）。而且，如果认知需要理论与中学生问题行为无关，我们期望中学生问题行为测量和认知需要测量之间的区分系数小，即使用同样的方法测量这些特征导致所谓的异质特征—共同方法相关（heterotrait-monomethod correlations）。当然，相对于包含同样特征的区分相关系数，我们预期每个会聚系数更高。总之，不管所运用的方法如何，构思关系应该运用不同方法来概化。

多特质多方法的一个重要认知属性是从来不会测量自身的特征或结构；而是和所运用的方法一起测量特征，每个测量是特征与方法的统一体。多特质多方法设计非常有用，因为它允许我们估计变异，这种变异是方法的效果。也就是说，与测量方法有关的系统测量误差，因为误差反映了无意结构对分数的影响，即不希望的变异出现在测量中。方法变异（method variance）表明，相对于运用不同的方法测量相同的结构来说，例如，被试自我报告的态度、行为与现场观察的被试的态度、行为。当运用相同方法测量两个结构时，自我报告态度与自我报告行为，两个结构之间的相关更高。例如，一般认为，自我感知中积极偏差是心理健康的表现。然而，如果运用自我报告测量积极偏差、心理健康，那么这些测量之间的正相关可能不代表积极偏差和心理健康两个结构之间有效假设，即具有自我感知积极偏差的个体是心理健康的。需要依据区分效度来制订可供选择的假设，如果运用自我报告以外的其他方法测量心理健康，例如临床培训观察者的评定方法，那么将显著地增加积极偏差测量的构思效度。

总之，虽然运用多方法来测量相似结构的研究很少，但是研究者似乎更喜欢多特质多方法。例如，自 20 世纪 70 年代以来，当运用结构方程模型来评价分离特征，为研究方法提供强有力的分析工具时，就出现了许多有关多特质多方法的研究。运用多特质多方法来说明外在效度，将获得会聚效度和区分效度等方面。例如，为了验证爱好偏离容忍度量表的构思效度，我们设计了含有 12 个项目的量表。为说明爱好偏离容忍度量表构思效度的四个方面，我们运用不同的结构方程模型程序。第一，为了验证 12 个项目的会聚效度或内在一致性，我们可分析 12 个项目的内在相关或协方差，验证了构思效度的假设，即 12 个项目是否反应了一个共同因素；第二，为了检验外在效度或效标效度，我们可运用理论一致的方法验证爱好偏离结构是否与偏离行为结构之间的相关；第三，为了说明区分效度，我们可根据两者的构思效度（如，爱好偏离项目与真实爱好项目不同吗?),以及效标效度(如,与真实爱好项目相比,爱好偏离项目能更好地预测行为吗?)来测量真实爱好的区分关系;第四,我们可调查实证效度,即对偏离行为的暂时稳定性和长期稳定性的预测。这些实质性的预测指标非常重要,正如其他心理特征结构一样,我们假设爱好是相对稳定的、长期的个体差异,而不是暂时的状态。

### (三)在构思效度和量表结构中模型化测验

因素分析是研究量表构思效度的一种主要分析手段,结构方程模型中的验证性因素分析可用于评价构思效度。验证性因素分析假设,许多观察数据或项目是误差的潜在来源,验证性因素分析可消除一些在探索性因素分析中常常受到批评的随机(arbitrary)因素。首先,验证性因素分析需要研究者详细说明,观测变量与假设潜变量之间的关系;其次,验证性因素分析提出了比探索性因素分析更先进的验证模型与数据匹配的统计方法;最后,更为重要的是,验证性因素分析允许多模型比较来建立与数据更优(或更差)的匹配。

可用图解表示验证性因素分析模型。我们假设图 14-1 是一个共同因素模型(common factor model),在这个模型中,假设潜变量 $S$ 包括 8 个项目。我们用圆圈代表潜变量,正方形代表观测变量,一个箭头代表直接的回归参数,两个箭头代表间接参数的协方差。值得注意的是,有两个箭头指向每个测量的变量 $R_m$。来自于潜在变量 $S$ 的箭头是一个因素负荷 $L_m$,$L_m$ 代表了潜在结构对每个观测变量影响的强度。另外的箭头包括每个被观测变量的其他潜变量,这些潜变量是独特的因素分数($e_m$),它代表在每个被观测变量中仍然存在的独特或者余下的变量($U_2$)。

单因素模型表明只有一个假设结构。8 个观测变量共变仅仅由于他们都测量相同的潜变量 $S$。也就是说,项目唯一的共同特征是潜变量 $S$,所有其他项目变异是每个项目的特殊属性,因此不能共享。这种结构模型提供了一个新的视角来定义项目的会聚效度和随机误差。特别值得注意的是,结构的项目负荷代表了项目的会聚效度,它的变异代表了随机误差。然而这个模型不能说明区分效度。

两因素模型假设有两个相互区别的结构。假设有两个潜变量 $S_1$ 和 $S_2$。潜变量到观测项目之间的箭头表示会聚效度负荷。会聚效度负荷表明,潜变量 $S_1$ 影响 $R_1$、$R_2$、$R_3$,而 $S_2$ 不影响;潜变量 $S_2$ 影响 $R_6$、$R_7$、$R_8$,而 $S_1$ 不影响。模型分配 $R_1$、$R_2$、$R_3$ 三个项目到潜变量 $S_1$,分配 $R_6$、$R_7$、$R_8$ 三个项目到潜变量 $S_2$,这极大地简化了测量模型,而且同样也能说明区分效度问题。然而,结构的项目负荷代表会聚效度及其独特的变异随机误差,结构的其他负荷也与区分效度有关。值得注意的是,

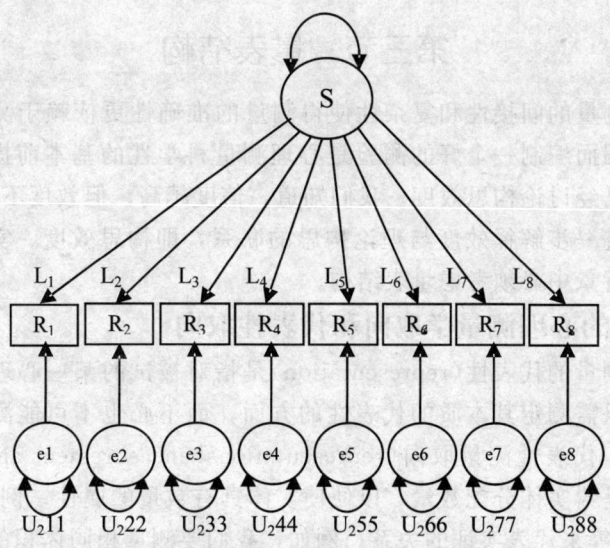

a. 一因素模型

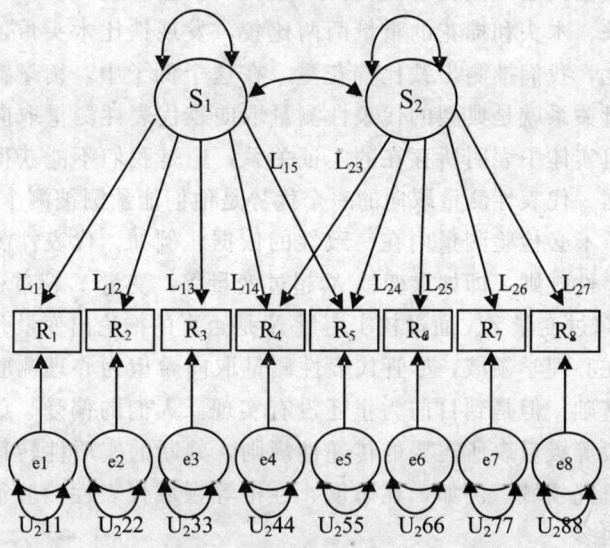

b. 两因素模型

图 14-1　结构方程模型中的测量模型

这个模型包括两个结构之间的箭头，意味着他们之间存在相关或协方差。就结构水平来说，相关关系表明了区分效度。如果这个相关非常高，例如 0.85，我们担心这两个结构没有显著区别，可能仅仅有一个结构；如果相关非常低，例如 0.15，我们确信这两个概念彼此之间具有好的区分效度。当然，这里还有一种可能，即两个潜变量具有更广的成分，在它们之上还有一个上位潜变量 S。

# 第三节　量表结构

　　心理测量的间接性和复杂性使得测量的准确性更依赖于测量工具的科学性，因而编制一个好的测验是心理测量科学性的基本前提。在前面一节我们已经讨论构思效度。我们知道，信度越高，但效度不一定越高。这就需要进一步解释效度与理论构思的联系，即构思效度。实际上，在构思效度背景中必须考虑量表结构。

## 一、测量的心理测量学取向和代表性取向

　　心理测量的代表性（representation）是指对被试的某一心理特征进行测验时，只需测定其本质的代表性的方面，而不必也不可能测定其全部外部表现。代表性测量取向（representational measurement approach）的基本假设是给实体分配数量，以便使实体具有数量的属性，例如，用"超过""增加"等来代表实证的关系。例如，我们要测量相同体积的铁、木头和棉花的重量关系，假设我们现在无法找到测量质量的仪器。我们可以用手来对铁、木头和棉花的重量两两比较，发现铁比木头重，木头比棉花重。因此，我们推测出铁比棉花重。在这个例子中，衡量铁、木头和棉花的重量关系就是典型的代表性测量取向。代表性测量取向的关键特征是在一组实体中表明所存在的实证关系，但是我们不能获得实体真实的观测数据。代表性测量取向的一个优势是他们能预测被测个体的行为，因此提供了不必检验测量内在一致性的依据。例如，代表性测量取向必须遵循传递性规则，即如果变量 $X$ 超过变量 $Y$，变量 $Y$ 超过变量 $Z$，那么变量 $X$ 超过变量 $Z$。通过核实变量 $X$ 是否真的推论出变量 $Z$ 来证明这种预测。在心理学领域，尽管代表性测量取向希望为心理测验提供一个强有力的基础，但是到目前为止还没有实现。人们的偏爱、危险知觉等违背了一般等级量表所需要的传递性规则，判断的实质性转移依赖问题或项目的研究领域。例如，在态度、性格等领域代表性测验很少，而问卷和量表很多。

　　美国学者桑代克（E. L. Thorndike）和麦柯尔（W. A. McCall）认为，凡客观存在的事物都有其数量，凡有数量的东西都可以测量。心理测量就是根据一定的法则用数字对人的行为加以确定，即依据一定的心理学理论，使用一定的操作程序，给人的行为确定出一种数量化的值。与代表性测量取向相比，心理测量学取向（psychometric approach）并不影响这种内在一致性之间的检验。例如，尽管被试在测量中常常选择数字，例如，"1"=非常不满意、"2"=不满意、"3"=有点满意、"4"=满意和"5"=非常满意，但是这些数字并不具有允许一致性检验的代表性意义。

相反，心理测量学取向依靠数据整合模式来评价提出的测量模型。例如，两个自我报告的项目"我是活泼的"和"我是内向的"。大多数被试选择"活泼"和"内向"两个特征之一，而不是全部两个特征，这两个项目的反应倾向于负相关，仅仅一些人具有完全一致性。也就是说，人并非铁、木头和棉花，他们在行为等方面较少具有一致性。因此，心理测量学取向在个体水平方面呈忽视一致性检验倾向，即忽视单个被试评价不同心理测验得分之间一致性的检验，而是依靠在整合水平运用相关或协方差等统计方法。也就是，给活泼的个体相对较高等级而未必给内向较高等级。

## 二、考察量表结构的早期方法

20 世纪 50 年代提出了量表结构的外在、理性直觉和内在（external，rational-intuitive，internal）三种方法。效度类型不同，则量表结构的方法不同。效度的每一特别类型产生相应的方法。下面我们来简单地介绍这三种方法。

一般来说，外在方法强调最高的效标效度。外在定位的研究者运用量表项目来提前预测实验群体和控制群体，实证性地检验两个群体在哪些项目之间存在显著差异。两个群体中存在显著差异的项目将得到保留，而不管实际项目内容或更广的理论考虑。外部方法最显著的例子是明尼苏达多项人格测验（MMPI）和正常成年人的加州心理问卷（CPI）。20 世纪 50 年代出现的量表大部分运用了外在方法。然而，目前运用外在方法的研究日渐减少，主要是因为理论上模糊的项目不能形成心理的一致性结构和启发式结构，且很难重复。

理性直觉是指认识主体已经对客观事物进行了某种程度的理性思考，直接获得了对客观事物的整体性认识。理性直觉方法的基本原则是面向事物本身。在测量领域，学者直接获得他们测量的内容与效度方面，他们称之为不同的理性、直觉和演绎的方法，他们基于自己的理论来概化项目。例如，理性、直觉和演绎的方法来自于迈尔斯 布里格斯的类型问卷（1985）研究，而且部分基于荣格的类型理论（type theories）。迈尔斯—布里格斯类型问卷（Myers-Briggs Type Indicator，MBTI）源自瑞士著名心理学家荣格（C. J. Jung）的心理类型理论，后经迈尔斯（I. B. Myers）与布里格斯（K. C. Briggs）的研究和发展，现已广泛地应用于职业发展、职业咨询、团队建议、婚姻教育等方面，是目前国际上应用最广泛的职业规划和个性测评。虽然外部方法、结构和实质性效度没有依据，但是迈尔斯—布里格斯类型问卷却成为美国最流行的人格问卷。在美国，每年有 300 万人以上参加迈尔斯—布里格斯类型指标的测评和培训，在世界 500 强企业中有 80% 以上的高层管理者、高级人事主管使用过这个工具，例如迪斯尼、百事可乐、西南航空公司、通用电器等。

最后，在 20 世纪 50 年代和 60 年代，构思效度的强调与探索性因素分析的日益增加导致了量表结构的内在方法和归纳方法，研究目的主要是发现项目系列的因素结构，但是很少关注内容的代表性。例如，卡特尔（R. B. Cattell），艾森克（H. J. Eysenck）和吉尔福特（J. P. Guilford）的早期因素分析人格模型就是基于这种方法，而且直到 20 世纪 80 年代中期，才让位于大五人格模型。我们都看到，构思效度的三种方法是逐步出现的，三种方法各有其优点和不足之处，因此需要做进一步的整合。

## 三、以构建为导向的现代测验结构

在心理测量中，测验的编制是较为重要同时也是较难的一个环节。虽然构建测验的方法依测验的性质而异。也就是说，不同类型、不同用途的测验，构建的具体过程是不同的，方法也各异。但由于测验原理大体相同，因而可以概括出一套通用的编制程序，包括确定测验的目的、制订编题计划、编辑题目、题目的试测与分析、整合成测验、测验的标准化、测验的鉴定、编写测验说明书等。目前，研究者仅仅根据早期方法之一来构建测验或量表已很少见，大多数研究者直接或间接采用许多构思效度计划特征，因为量表结构包括理论结构需要一个反复的过程：（1）提出假设；（2）建立模型和合理选择项目；（3）运用结构定义、概化方法和内容效度程序作为指导来提出项目，例如项目信息和反应信息；（4）收集和分析数据；（5）确认和否认最初模型；（6）提出改善模型备选假设、更富有内容效度的项目和更多数据收集等。这种循环一直持续到理想模型为止。例如，20 世纪 50 年代心理测量学领域和构思效度研究的先驱之一伦维纳格致力于研究 30 年，提出了自我发展的语句完成测验。杰克逊（D. N. Jackson）强调了四个更广的步骤：（1）测验内容实质性的定义；（2）测验结构的策略；（3）效度结构成分的评价；（4）效度外在成分的评价。对每一步而言，杰克逊同样鼓励测验概化、会聚效度和区分效度。很明显的是，这四个步骤和两个主要的关注点与构思效度的讨论相匹配。也就是说，应掌握量表结构与构思效度。

## 四、量表结构的文化与翻译

自 20 世纪 90 年代以来，学术界日益重视跨文化的研究。放眼今天的世界，全球化已成为不可抗拒的趋势，其浪潮汹涌澎湃将世界各地不同文化的人群统统卷入其中，跨文化交往正在成为越来越普遍的日常现实。无论是理论还是实践的原因，都需要在其他文化背景中验证我们的心理测量。首先，需要跨文化研究来验证心理理论与模型的概化性。其次，如果多元文化日益增加，那么对理解文化与心理现实来说，跨文化研究是必须的。例如，城市学生到农村体验生活，而农村学生到城市体验生活。学生进行这次活动后，我们测验学生的体验感受，我们可以编制一道这样的题目——"上午下乡，下午进城回家，我玩得很愉快"。这样一个问题，对农村儿童就太费解了，因为他们的经验总是上午进城、下午回到乡下的家里。但如果用这一类的题目来测验城市儿童，那就自然没有问题。实际上，这就是跨文化测验。在量表结构领域，跨文化研究的方法逻辑非常重要。有关跨文化的研究很多，下面我们来重点分析主位—客位方法和等价性问题。

### (一)主位—客位方法

主位研究(etic approach)和客位研究(emic approach)来源于语音分析的音素(phonetic)和音位(phonemic)分析两个重要概念。美国结构语言学家派克(K. L. Pike)从语音分析的这两个角度，提出了主位研究和客位研究的概念，并指出这两个概念对于语言以外的其他文化现象的研究也具有十分重要的意义。在心理学领域，主位研究是指站在研究对象的立场上来研究、分析文化或文化心理，是新兴文化心理学的研究方略；客位研究是指将研究对象看作独立于研究者之外的客观对象，是站在中立的、客观的研究者的立场上研究、分析文化或文化心理，即把所研究的文化作为客体，站在所研究的文化之外去研究文化心理和行为。例如，如果我们研究贫困大学生的心理健康问题，一些研究者以自己的一套理论体系，先入为主地去框套和剪裁贫困大学生的心理健康现状，然后得出自以为深刻的结论，提出自以为得计的对策和建议，实际上这就是客位研究；相反，从事大学勤工俭学的老师，他们对贫困大学生的现状体会很深，他们站在同情和理解的立场上，以更接近贫困大学生的眼光和视角去看待贫困大学生的心理问题，如果他们也从事贫困大学生的心理健康研究就是主位研究。

在两种不同的文化群体中，如果要测量是否存在差异或用是否相关来验证理论，研究者首先必须证明，在两个群体中运用相同方法测量的是相同的特征。最常见的研究策略是翻译原始量表来评价新文化中的结构。研究者从事这类研究，常常是为了验证自己的理论或方法的跨文化或跨社会适用性，所采用的常常是被称之为强加式的客位研究策略(im-posed-etic strategy)。这种研究策略指来自某一文化的心理学者将其所发展的心理和行为的概念和方法先应用于自己的文化研究，再用于其他文化的研究，然后在此基础上把所得结果加以比较。当想验证测量如何概化到其他的文化时，这种强加式客位研究策略非常有用。强加式客位研究策略是广泛结构(客位)方面与特殊文化的本体(主位)方面的比较，比较易获得具有文化普遍性的测验维度及概念。因为在不同的文化中，一般来说测量的结构是存在的，仅仅是程度的变化。例如，修订的艾森克人格问卷在中国适应性很好。但是，如果要识别文化的结构方面，这种强加式客位研究策略非常有限；翻译的测量简单地假定结构是广泛的，但是忽略了潜在文化结构的意义与象征。例如按照人格的特质分类研究，王登峰等人得出了中国人"大七"人格结构，并编制了中国人人格量表（QZPS）。因此，台湾大学心理学系杨国枢教授认为，在进行跨文化或社会的研究过程中，应放弃西方学者所惯用的强加式客位研究策略，采用本土取向的主位研究策略（cross-in-digenous emic approach）。因为研究者与研究对象都处于同样的文化影响之中，表现出同样的文化特征。在文化心理学的研究中，学者们之所以大多提倡进行主位研究而不是客位研究，原因就是人们普遍认为主位研究能够发挥文化契合的优势，研究者可以借助对文化的熟悉而加深对研究对象的理解，避免以相异的文化价值去衡量、评价研究对象而造成"强加式客位"研究。

事实上，无论是异质文化还是同质文化，研究者和研究对象都是文化负载的；研究的过程实质是一种主体间的互动理解过程，在这种理解过程中，研究者就是通过与对象的相似与相异的反复比较，达成关于对象的特定认识的。也就是说，无论研究者与研究对象处于同文化还是异文化条件，都存在理解上的反复对比以便获取深层意义的过程。从主位研究和客位研究的比较看，并不是哪种方式一定优于另一种，而是两种取向都有各自的优点和用处，应该依据不同条件和情境而综合采用。在心理测量中，主位—客位方法形成了两种相互区别的信息类型，需要结合两个方法来提供文化说明。结合主位—客位方法需要研究者（1）通过核心群体、面试、媒介的内容分析来识别结构的主位（固有的）成分；（2）利用强加式客位策略来处理所翻译的测验；（3）评估强加的和固有的测量之间的特殊性和重叠部分。通过比较强加式客位和主位测量，研究者能评价强加的和固有的结构关系，识别不是由强加的（被翻译的）工具代表的固有成分。

### （二）跨文化量表的等价性

由于文化背景不同，量表的文化调适过程也就是考察新量表与原始量表的等价性过程。评价一个量表的不同版本，必须考虑概念、语义、技术、测量四种等价性。概念等价性指所测定的概念在两种不同的文化背景下的等价；语义等价性指所用字词内涵和外延的等价；技术等价性包括测定生存质量所采取的方式和语言的等价性，体现在量表的使用阶段，即调查时采取何种方式才能得到每个问题的最接近真实情况的回答；

测量等价性的要点在于同一种量表的不同语言版本具有可比的信度、效度和反应度，即修订后的新量表必须达到量表的一般标准，才能在当地文化背景下有效使用。考察量表的概念等价性、语义等价性、技术等价性及测量等价性，并进行量表可行性、信度、效度的研究后方可应用。有效跨文化比较必不可少的前提是概念等价，即测量不同语言版本意义是否对称。培育概念等价的方法是运用反馈翻译程序。翻译是跨文化交流，其核心是交流的等价。首先要进行量表的翻译及回译，再进行文化调适。接着背景翻译程序的是，运用构思效度程序来核对翻译。在比较两个运用不同语言表达的量表中，项目和量表统计的不一致意味着缺乏等价性，可能是由于劣质翻译，但是样本与文化的差异也可能与此有关。因此，对验证跨文化和跨语言测量的稳定性来说，项目反应理论已经成为一个有效的和流行的工具。如果样本足够大，同样可以运用验证性因素分析来验证不同语言之间的测量稳定性。总之，验证性因素分析和项目反应理论是跨文化研究有力的工具之一。

本章简单地介绍了经典测验理论，经典测验理论背景下信度的定义；探讨了 $\alpha$ 系数的一些实质性问题，例如 $\alpha$ 系数的决定因素、单维性指标、$\alpha$ 系数大小以及衰减校正等方面；介绍了更具有启发式的概化理论和项目反应理论。其次，从效度的传统定义出发，把构思效度作为心理测量中的一个关键问题，探讨了六种形式的构思效度依据，即内容效度依据、实质性效度依据、结构效度依据、概化依据、结果效度依据和外部效度依据；提出运用结构方程模型来验证构思效度。最后，我们探讨了在构思效度背景下量表结构的问题。

## 本章思考题

1. 在经典测验理论框架范围内，如何理解信度的定义？
2. 如何理解单维性和 $\alpha$ 系数的大小？
3. 确定构思效度的方法有哪些？
4. 如何在构思效度和量表结构中模型化测验？
5. 如何理解测量的心理测量学取向和代表性取向？
6. 在量表结构的文化与翻译中，应注意哪些方面？

（作者：王国猛）

# 第十五章　多元回归框架下的数据分析

多元回归是心理统计中一种常用的数据分析方法。本章将扩展多元回归的"传统功能"，并展示其优越性：第一，较之方差分析，更有助于问题聚焦；第二，提供直观的效果量；第三，扩大了协方差分析与交互作用分析的应用范围。本章介绍的公式较多，读者不需要死记硬背，最好是通过模仿例题的方式来学习。

## 第一节　多元回归与模型比较

### 一、多元回归

#### （一）心理学中数据分析简史

在心理学领域，一般认为主要存在两种不同的研究方法或类型：问卷研究与实验研究。问卷研究主要是对自变量进行测量，发放问卷以获取研究数据；而实验研究则主要是对自变量进行操作，设计并进行实验来获取研究数据。然后，研究者从这两种不同的研究方法中获得的数据，便以不同的分析方法进行分析。如果不考虑比较复杂的模型与方法（如，结构方程模型及与之配套的计算机统计软件），我们一般会用相关和回归的方法来处理问卷获得的数据，而以方差分析的方法来处理实验获得的数据。而且，学过心理学研究方法的读者都知道，心理学研究要得出因果关系并不是件容易事。如果进行的是实验研究，我们认为因变量的变化是由自变量的操作所引起的，自变量与因变量之间有因果关系，所以实验研究的推理方式也被称作"强推理"。而问卷研究要得出因果关系就必须要有相应的理论支持，仅靠数据是得不出因果关系的，所以问卷研究的这种推理方式也被称作"弱推理"。

这样一来，似乎存在两种不同的研究，两种不同的推理方式，以及两种不同的数据分析方法，它们之间似乎存在着一定的差距。然而，二者并非截然对立，方差分析所处理的数据用回归分析都能处理。那么，为什么还有方差分析存在呢？这是因为在没有计算机辅助的情况下，回归分析，特别是多元回归分析的计算量太大，几乎不可能仅凭手算完成。于是我们统计学的老前辈费舍尔先生（R. A. Fisher）便发明了方差分析的方法。

实际上，早在 20 世纪 60～70 年代，坎贝尔（D. Campbell）和科恩（J. Cohen）便开始致力于将心理学家重新带回回归分析。20 世纪 60 年代末，科恩在《心理学公报》（*Psychological Bulletin*）上发表了一篇极具影响力的文章《将多元回归用作一般的数据分析系统》（*Multiple Regression as a General Data-Analytic System*）。这篇文章后来被科恩扩展为一本专门研究多元回归的书，即《行为科学中的多元回归与相关分析》（*Applied Multiple Regression/Correlation Analysis for the Behavioral Sciences*）。

另外，朱狄（C. Judd）等人也著书立说，如《数据分析：模型比较的方法》（*Data Analysis：A Model Comparison Approach*），不仅详述了多元回归的诸种数据分析方法，对多元回归的优越之处进行探讨与证明，还将多元回归提到"模型比较"的高度，为多元回归赋予了新的意义与内涵。本章内容即来自朱狄的启发及笔者进行数据分析的实践经验。

### （二）多元回归的数学基础

本章讨论的多元回归指的是线性多元回归，在线性多元回归中，如果设因变量为 $y$，自变量为 $x_1$，$x_2$，……，$x_m$，那么 $y$ 与自变量 $x_1$，$x_2$，……，$x_m$ 的多元回归便可表示为：

$$\hat{y} = a + b_1 x_1 + b_2 x_2 + \cdots\cdots + b_m x_m \qquad [15-1]$$

$m$ 等于几，就称为几元线性回归。这里，$\hat{y}$ 称为 $y$ 的估计值，表示给定各自变量的值时，因变量 $y$ 的估计值；$a$ 为截距（intercept），又称常数项（constant），表示各自变量均为 0 时 $y$ 的估计值；$b_i$ 为偏回归系数（partial regression coefficient），表示当控制替换自变量不变时，$x_i$ 每改变一个单位，$\hat{y}$ 的变化量。

如果从个体角度看待线性多元回归模型，则方程[15-1]可改写为：

$$y_i = \hat{y} + e_i = a + b_1 x_{1i} + b_2 x_{2i} + \cdots\cdots + b_m x_{mi} + e_i \qquad [15-2]$$

其中 $y_i$ 是第 i 个个体的因变量得分（即 $y$ 的真值）；$a$ 与 $b_i$ 的含义与方程[15-1]中相同；$e_i$ 为随机误差，被假定为服从均数为 0 的正态分布。方程[15-2]表明对每一个体而言，在给定所有自变量取值的条件下，我们能确定的只是因变量的平均取值（$\hat{y}$）。个体的具体取值在我们预测的这一平均取值的附近范围内波动。因此，$y$ 的估计值与 $y$ 的真值之间存在一个差异，即随机误差 $e_i$。

在方程[15—2]中，从 $x_{li}$ 到 $x_{mi}$ 的 $m$ 个自变量以及从 $b_1$ 到 $b_m$ 的 $m$ 个偏回归系数都是用来预测 $y_i$ 的。然而无论怎样调节自变量与偏回归系数，随机误差 $e_i$ 总是存在，不能消除。因此 $e_i$ 又被称作残差。

既然残差无法消除，那就要确保方程中的残差尽可能的小，从而减小估计值与真值之间的差异。为此，人们一般采用最小二乘法进行拟合，即保证各观测值与回归直线纵向距离的平方和最小。当采用最小二乘法时，多元回归模型与方差分析模型完全等价，这也是能够以多元回归进行方差分析的原因所在。

## 二、模型比较的思想

统计学的一个重要作用就是把本来复杂的数据进行简化。比如，心理学研究中大量的研究对象在样本数量较大，且是通过随机取样获得的情况下，样本一般会呈正态或近似正态分布。在这种情况下，如果知道了样本的平均数和标准差这两个参数，就能较好地描述所得的数据。然而对数据进行简化之后，却不可避免地出现误差。因此，我们的任务便是尽可能简洁（较少的参数）地描述数据，同时又要尽可能地减小误差。我们粗略地以方程形式表达便是：

$$数据＝模型＋误差 \qquad [15—3]$$

其中，数据是通过测量得到，即因变量；模型是对数据的描述，起简化数据的作用；误差则是简化数据带来的模型与数据之间的差距。那么，很容易设想，对同一组观测数据，存在许许多多的模型及与这些模型对应的误差。而我们进行数据分析的目的便是比较哪个模型较简洁，误差也相对较小。

在众多模型中，总可以找到一个比较简单的模型和一个比较复杂的模型。我们可以把较简单的模型称作简明模型（compact model），把较复杂的模型称作扩展模型（argumented model）。显而易见，模型越简单，所用参数越少，相应的误差越大；反之，模型越复杂，所用参数越多，相应的误差越小。这样，模型比较变成了简明模型与扩展模型的比较。扩展模型由于增加了参数而使误差减小，如果这个误差的减小量达到一定程度，那么我们就认为增加这个参数是值得的，扩展模型比简明模型要"好"。反之，如果扩展模型虽然比简明模型增加了参数，其误差却没有显著减小，那么我们就认为增加这个参数没有价值，较之扩展模型，还是简明模型更好。

这样，简明模型与扩展模型的比较又变成简明模型与扩展模型误差减小量的比较。若以方程的形式表达，便是：

误差减小量＝简明模型的误差－扩展模型的误差    [15－4]

在方程[15－4]中，误差减小量是有单位的，为了得到没有单位的
"纯粹"的误差减小，可以用误差减小比例（proportional reduction in error，PRE）表示：

$$误差减小比例=\frac{简明模型的误差－扩展模型的误差}{简明模型的误差}\quad[15－5]$$

从方程[15－5]可以看出，只要 $PRE$ 达到一定程度，就表明扩展模
型优于简明模型。这里，可借助 $F$ 检验的方法：

$$F_{pa-pc,N-pa}=\frac{PRE/(pa-pc)}{(1-PRE)/(N-pa)}\quad[15－6]$$

其中 $pa$ 与 $pc$ 分别表示扩展模型与简明模型中参数的数量，$N$ 表示
观测值的数量。

如果 $F$ 检验的结果显著，就说明误差减小量达到了显著性水平，以
扩展模型代替简明模型是值得的；反之，则表明误差减小量没有达到显
著性水平，简明模型才是更好的选择。

## 三、多元回归中的模型比较

在多元回归中，误差一般用 $SSE$ 表示。如果把简明模型记作模型
C，那么简明模型带来的误差可记作 $SSE(C)$；同理，如果把扩展模型记
作模型 A，那么扩展模型带来的误差可记作 $SSE(A)$。这样，在多元回
归中，方程[15－5]便可转换为：

$$PRE=\frac{SSE(C)-SSE(A)}{SSE(C)}=1-\frac{SSE(A)}{SSE(C)}\quad[15－7]$$

如果把计算得到的多元回归方程看作是扩展模型，把自变量不变但
各偏回归系数均为零的回归方程看作简明模型，那么扩展模型的误差就
是一般我们所说的回归方程的误差 $SSE$，简明模型的误差就是我们一般
所说的回归方程的总变异 $SST$。在回归方程中总变异等于回归变异与误
差变异之和（$SST=SSR+SSE$），因此在多元回归中，方程[15－7]可改
写为：

$$PRE=\frac{SSE(C)-SSE(A)}{SSE(C)}=\frac{SST-SSE}{SST}=\frac{SSR}{SST}=R^2\quad[15－8]$$

这样，$PRE$ 就变成了测定系数 $R^2$，从这里我们可以看出，$PRE$ 的
作用有点类似于效果量中的 $\eta^2$。对于 $\eta^2$ 的判定标准，可参考 Cohen 教
授 1988 年出版的经典著作《$Statistical\ power\ analysis\ for\ the\ behavior$
$sciences$》，或参阅权朝鲁老师的《效果量的意义及测定方法》一书。相应
的，在多元回归中对 $PRE$ 的 $F$ 检验就是对整个回归模型是否显著的检
验。因此：

$$F_{pa-pc,N-pa} = \frac{SSR/(pa-pc)}{SSE(A)/(N-pa)} \qquad [15-9]$$

实际上，不仅是测定系数，还有积差相关的平方以及偏回归系数的平方等都是 $PRE$ 的特例。有兴趣的读者还可以将扩展模型与简明模型设为仅有一个偏回归系数不同的两个回归方程（简明模型与扩展模型相对应的一个偏回归系数设为 0）。此时 $PRE$ 便是此偏回归系数的平方，对其显著性的检验就是我们常见的偏回归系数的检验。

# 第二节 多元回归进行被试间设计的数据分析

按照自变量是否是重复测量，以及自变量的类型（类别、连续），可以将实验设计分为以下四种：

方差分析所能处理的自变量均属类别变量，即表 15-1 中甲、丙两种情况。对自变量是连续变量的情况，即表 15-1 中的乙、丁，方差分析无法直接处理，而只能将连续变量拆分成几个类别变量。

表 15-1　实验设计的类型

|  | 类别变量 | 连续变量 |
| --- | --- | --- |
| 被试间 | 甲 | 乙 |
| 被试内 | 丙 | 丁 |

比如，把得分最高的 33％的观测值划为高分组，把得分最低的 33％的观测值划为低分组。但这种处理方式不能使数据得到充分利用，中间 33％的数据派不上用场。因此，在这种情况下我们一般就会采用多元回归，对数据进行充分的利用。实际上，多元回归可以胜任以上四种类型的数据处理。

本节将介绍如何用多元回归处理表 15-1 中甲情况的数据。

## 一、2×2 被试间设计

例 15-1：研究不同的教学方法（A）和不同的教学态度（B）对儿童识字量的作用。[1] 将 20 名被试随机分成四组（每组 5 人），每组接受一种实验处理（即两因素两水平的不同组合）。结果见下表，表中 A 因素表示教学方法，其中 $a_1$ 为集中识字，$a_2$ 为分散识字，B 因素表示教学态度，其中 $b_1$ 为"严肃"，$b_2$ 为"轻松"。每一单元格中的数据为识字量。试分析两种因素对识字量的影响。

### （一）方差分析的方法

此题是典型的方差分析的题目，张厚粲老师已经讲得非常详细了，在此不再赘述，仅将其 430 页的方差分析表列在下面（表 15-3），供对比

---

[1] 本例见张厚粲，徐建平：《现代心理与教育统计》，428 页，例 13-1，北京，北京师范大学出版社，2008

使用。

表 15-2 《现代心理与教育统计学》例 13-1 的原始数据

| B 因素<br>（教学态度） | A 因素（教学方法） | | | |
|---|---|---|---|---|
| | 集中识字（$a_1$） | | 分散识字（$a_2$） | |
| | 严肃（$b_1$） | 轻松（$b_2$） | 严肃（$b_1$） | 轻松（$b_2$） |
| | 8 | 39 | 17 | 32 |
| | 20 | 26 | 21 | 23 |
| | 12 | 31 | 20 | 28 |
| | 14 | 45 | 17 | 25 |
| | 10 | 40 | 20 | 29 |
| $\sum$ | 64 | 181 | 95 | 137 |

表 15-3 《现代心理与教育统计学》例 13-1 的方差分析表

| 变异来源 | 平方和 | 自由度 | 均方 | F 值 | $F_{0.05(1,16)}$ |
|---|---|---|---|---|---|
| A | 8.45 | 1 | 8.45 | 0.36 | 4.49 |
| B | 1264.05 | 1 | 1264.05 | 53.39** | |
| A×B | 281.25 | 1 | 281.25 | 11.88** | |
| 组内 | 378.80 | 16 | 23.68 | | |
| 总 | 1932.55 | 19 | | | |

注：**表示在 0.01 水平上具有统计学意义。

## （二）多元回归的方法

以多元回归进行方差分析一般分三步：第一步，编码；第二步，代入数据；第三步，解多元回归方程。本题详解如下：

1. 第一步：编码

因为处理水平的结合有四种，即四种不同的实验条件，所以多元回归方程中自变量为 $4-1=3$ 个。也就是说，以多元回归进行方差分析，有几种（比如 $n$ 种）不同的处理水平的结合，一个回归方程一次就能且只能分析（$n-1$）种差异。这是对自变量进行编码的第一条规则。本题自变量编码见表 15-4。

表 15-4　《现代心理与教育统计学》例 13-1 的自变量编码表

| | $a_1$ | | $a_2$ | |
|---|---|---|---|---|
| | $b_1$ | $b_2$ | $b_1$ | $b_2$ |
| $x_1$ | 1 | 1 | $-1$ | $-1$ |
| $x_2$ | 1 | $-1$ | 1 | $-1$ |
| $x_3$ | 1 | $-1$ | $-1$ | 1 |

注：$x_1$，$x_2$，$x_3$ 分别代表进入回归方程的三个自变量

表 15-4 的编码表有什么特点？如果仔细观察，你会发现 $x_1$、$x_2$、$x_3$ 这三行，每行 4 个数字相加的和都为 0。**这是我们进行自变量编码的第二条规则——每行编码的和为 0**。比如，第一行 $1+1+(-1)+(-1)=0$ 第二行 $1+(-1)+1+(-1)=0$。**编码还有一个规则，即任意两行，同列数字相乘，最后再将积相加，和也必须为 0**。比如，选取第一行与第三行，$1\times1+1\times(-1)+(-1)\times(-1)+(-1)\times1=0$，第二行与第三行，$1\times1+(-1)\times(-1)+1\times(-1)+(-1)\times1=0$。

这些编码的意义如下：在 $x_1$ 这一行，$a_1$ 下面都是 $+1$，$a_2$ 下面都是 $-1$，因此这一行检验的是 $a_1$ 与 $a_2$ 有无差异，用方差分析的术语来说，就是 A 的主效应。类似的，在 $x_2$ 这一行，$b_1$ 下面都是 $+1$，$b_2$ 下面都是 $-1$，因此这一行检验的是 $b_1$ 与 $b_2$ 有无差异，即方差分析中 B 的主效应。在 $x_3$ 这一行，$a_1b_1$ 与 $a_2b_2$ 为 $+1$，$a_1b_2$ 与 $a_2b_1$ 为 $-1$，正负号既不是由 A 决定，也不是由 B 决定，因此它代表了方差分析中的交互作用。对编码规则感兴趣的读者可参阅舒华《心理与教育研究中的多因素设计》的第九章多重比较。

2. 第二步：代入回归方程 $y=a+b_1x_1+b_2x_2+b_3x_3$

$$\begin{cases} 8=a+b_1(1)+b_2(1)+b_3(1) \\ 20=a+b_1(1)+b_2(1)+b_3(1) \\ 12=a+b_1(1)+b_2(1)+b_3(1) \\ 14=a+b_1(1)+b_2(1)+b_3(1) \\ 10=a+b_1(1)+b_2(1)+b_3(1) \\ 39=a+b_1(1)+b_2(-1)+b_3(-1) \\ 26=a+b_1(1)+b_2(-1)+b_3(-1) \\ \vdots \\ \vdots \\ 29=a+b_1(-1)+b_2(-1)+b_3(1) \end{cases}$$

数据录入 SPSS 的截图如下：

| | y | x1 | x2 | x3 |
|---|---|---|---|---|
| 1 | 8.00 | 1.00 | 1.00 | 1.00 |
| 2 | 20.00 | 1.00 | 1.00 | 1.00 |
| 3 | 12.00 | 1.00 | 1.00 | 1.00 |
| 4 | 14.00 | 1.00 | 1.00 | 1.00 |
| 5 | 10.00 | 1.00 | 1.00 | 1.00 |
| 6 | 39.00 | 1.00 | -1.00 | -1.00 |
| 7 | 26.00 | 1.00 | -1.00 | -1.00 |
| 8 | 31.00 | 1.00 | -1.00 | -1.00 |
| 9 | 45.00 | 1.00 | -1.00 | -1.00 |
| 10 | 40.00 | 1.00 | -1.00 | -1.00 |
| 11 | 17.00 | -1.00 | 1.00 | -1.00 |
| 12 | 21.00 | -1.00 | 1.00 | -1.00 |
| 13 | 20.00 | -1.00 | 1.00 | -1.00 |
| 14 | 17.00 | -1.00 | 1.00 | -1.00 |
| 15 | 20.00 | -1.00 | 1.00 | -1.00 |
| 16 | 32.00 | -1.00 | -1.00 | 1.00 |
| 17 | 23.00 | -1.00 | -1.00 | 1.00 |
| 18 | 28.00 | -1.00 | -1.00 | 1.00 |
| 19 | 25.00 | -1.00 | -1.00 | 1.00 |
| 20 | 29.00 | -1.00 | -1.00 | 1.00 |

3. 第三步：解多元方程组

下面是 SPSS 的输出结果截图：

**Coefficients**[a]

| Model | | Unstandardized Coefficients | | Standardized Coefficients | $t$ | $Sig.$ |
|---|---|---|---|---|---|---|
| | | $B$ | $Std.\ Error$ | $Beta$ | | |
| 1 | (Constant) | 23.850 | 1.088 | | 21.921 | .000 |
| | X1 | .650 | 1.088 | 0.66 | .597 | .559 |
| | X2 | -7.950 | 1.088 | -.809 | -7.307 | .000 |
| | X3 | -3.750 | 1.088 | -3.81 | -3.447 | .003 |

a. Dependent Variable：Y

由上表可知，回归方程为：$y = 23.85 + 0.65x_1 - 7.95x_2 - 3.75x_3$

对 $b_1$、$b_2$、$b_3$ 的偏回归系数的检验即是对其所代表的变量的检验。

由于 $x_1$ 代表自变量 A 的主效应，$x_2$ 代表自变量 B 的主效应，$x_3$ 代表交互作用。所以，对 $x_1$、$x_2$、$x_3$ 进行检验的显著性水平即为对应的 0.559、0.000 与 0.003。因此，A 的主效应不显著，B 的主效应非常显著，A×B 的交互作用也非常显著。这与方差分析所得出的结论完全相同。另外，如果将 $x_1$、$x_2$、$x_3$ 对应的 $t$ 值分别换算为 $F$ 值，则是 0.36

$(0.597^2)$、$53.40(7.037^2)$、$11.88(3.447^2)$其值与表 15-3 中对应的 $F$ 值也完全一致。至此,我们验证了被试间设计,自变量是类别变量的条件下以多元回归进行方差分析的可行性,以及二者分析结果的一致。

## 二、2×3 被试间设计

上例仅验证了以多元回归进行方差分析的可行性并验证了二者的一致。但多元回归不仅可以胜任方差分析可以处理的数据,还具备方差分析所没有的优点。下面我们借助例 15-2 进行具体说明。

例 15-2:假定研究者要考察考官性别(A 因素)与求职者的性别(B 因素)对评阅求职者简历得分的影响。研究采用两因素完全随机实验设计,被试共 24 人。其中 A 因素有两个水平:$a_1$ 男、$a_2$ 女;B 因素有三个水平:$b_1$ 男、$b_2$ 女、$b_3$ 性别不详。如果研究者特别关心求职者性别不详是否会影响求职者的简历得分,或者男考官在检阅女求职者的简历时是否会打分特别高或特别低这类问题,那应该怎样分析实验数呢?

这是一个典型的 2×3 完全随机——被试间设计。为了便于对照,我们套用舒华老师的《心理与教育研究中的多因素实验设计》(1994 年版,2000 年第 2 次印刷)一书 71 页中的数据,见表 15-5。

**表 15-5　例 15-2 的原始数据**

| $a_1$ | $a_1$ | $a_1$ | $a_2$ | $a_2$ | $a_2$ |
|-------|-------|-------|-------|-------|-------|
| $b_1$ | $b_2$ | $b_3$ | $b_1$ | $b_2$ | $b_3$ |
| 3 | 4 | 5 | 4 | 8 | 12 |
| 6 | 6 | 7 | 5 | 9 | 13 |
| 4 | 4 | 5 | 3 | 8 | 12 |
| 3 | 2 | 2 | 3 | 7 | 11 |

如果按照方差分析对数据进行处理,则只能进行如下分析:A 因素主效应、B 因素主效应、A×B 的交互作用。如果 B 因素的主效应显著还可以对其进行简单效应检验,即 A 因素在 $b_1$、$b_2$、$b_3$ 水平上有无差异,或 B 因素在 $a_1$、$a_2$ 水平上有无差异。但对于"求职者性别不详是否会影响求职者的简历得分"这类问题似乎无能为力。因为例 15-2 想要了解的是 $b_3$ 这种情况与其他各种情况是否有差异。而这恰恰是多元回归所擅长的。多元回归进行数据分析时的编码能让研究者聚焦于自己感兴趣的问题,从而使检验更有目的。这样研究者便脱离了"主效应——交互作用——多重比较——简单效应"的思维框架的限制,使问题更明确,目的性更强。

## (一)第一步：编码

由于一共有 $2\times3=6$ 种不同的处理水平的结合，因此每个回归方程可以解决研究者关心的 $6-1=5$ 个问题。比如，研究者可以这样进行编码：

**表 15-6 例 15-2 的自变量编码表 b**

|       | $a_1$ |       |       | $a_2$ |       |       |
|-------|-------|-------|-------|-------|-------|-------|
|       | $b_1$ | $b_2$ | $b_3$ | $b_1$ | $b_2$ | $b_3$ |
| $x_1$ | 1     | 1     | 1     | $-1$  | $-1$  | $-1$  |
| $x_2$ | 1     | $-1$  | 0     | 1     | $-1$  | 0     |
| $x_3$ | $-1$  | $-1$  | 2     | $-1$  | $-1$  | 2     |
| $x_4$ | 1     | $-1$  | 0     | $-1$  | $-1$  | 0     |
| $x_5$ | $-1$  | $-1$  | 2     | 1     | 1     | $-2$  |

表 15-6 依次（$x_1\sim x_5$）考察了如下五个问题：（1）男女考官对简历的打分是否不同（A 因素主效应）；（2）男女求职者的简历得分是否不同（B 因素主效应）；（3）求职者性别不详是否会影响求职者的简历得分（即求职者性别不详与求职者性别明确之间是否有显著差异）；（4）问题（1）（2）的交互作用；（5）问题（1）（3）的交互作用。

## (二)第二步：代入回归方程 $y=a+b_1x_1+b_2x_2+b_3x_3+b_4x_4+b_5x_5$

$$
\begin{cases}
8=a+b_1(1)+b_2(1)+b_3(-1)+b_4(1)+b_5(-1)\\
6=a+b_1(1)+b_2(1)+b_3(-1)+b_4(1)+b_5(-1)\\
4=a+b_1(1)+b_2(1)+b_3(-1)+b_4(1)+b_5(-1)\\
3=a+b_1(1)+b_2(1)+b_3(-1)+b_4(1)+b_5(-1)\\
\vdots\\
11=a+b_1(1)+b_2(0)+b_3(2)+b_4(0)+b_5(-2)
\end{cases}
$$

数据录入 SPSS 的截图如下：

|   | y    | x1   | x2    | x3    | x4    | x5    |
|---|------|------|-------|-------|-------|-------|
| 1 | 3.00 | 1.00 | 1.00  | -1.00 | 1.00  | -1.00 |
| 2 | 6.00 | 1.00 | 1.00  | -1.00 | 1.00  | -1.00 |
| 3 | 4.00 | 1.00 | 1.00  | -1.00 | 1.00  | -1.00 |
| 4 | 3.00 | 1.00 | 1.00  | -1.00 | 1.00  | -1.00 |
| 5 | 4.00 | 1.00 | -1.00 | -1.00 | -1.00 | -1.00 |
| 6 | 6.00 | 1.00 | -1.00 | -1.00 | -1.00 | -1.00 |

## （三）第三步：解回归方程

下面是 SPSS 的输出结果截图：

**Coefficients**[a]

| Model | | Unstandardized Coefficients | | Standardized Coefficients | $t$ | Sig. |
|---|---|---|---|---|---|---|
| | | $B$ | Std. Error | Beta | | |
| 1 | (Constant) | 6.083 | .278 | | 21.845 | .000 |
| | X1 | −1.833 | .278 | −.566 | −6.584 | .000 |
| | X2 | −1.062 | .341 | −.268 | −3.115 | .006 |
| | X3 | 1.146 | .197 | .500 | 5.819 | .000 |
| | X4 | 1.062 | .341 | .268 | 3.115 | .006 |
| | X5 | −.896 | .197 | −.391 | −4.549 | .000 |

a. Dependent Variable：Y

由上表可知，回归方程为：$y = 6.083 - 1.833x_1 - 1.062x_2 + 1.146x_3 + 1.062x_4 - 0.896x_5$

对各偏回归系数检验发现 $b_1$、$b_2$、$b_3$、$b_4$、$b_5$ 皆显著，说明研究者感兴趣的五个问题差异都是显著的。其中问题(3)是传统的方差分析很难分析的问题，但多元回归却可以给出满意的答案。

当然，如果问题是"男考官在检阅女求职者的简历时是否会打分特别高或特别低"这类问题，那么可以按照表 15-7 的方式进行编码。

**表 15-7　例 15-2 的自变量编码表**

| | $a_1$ | | | $a_2$ | | |
|---|---|---|---|---|---|---|
| | $b_1$ | $b_2$ | $b_3$ | $b_1$ | $b_2$ | $b_3$ |
| $x_1$ | −1 | 5 | −1 | −1 | −1 | −1 |
| $x_2$ | 4 | 0 | −1 | −1 | −1 | −1 |
| $x_3$ | 0 | 0 | 3 | −1 | −1 | −1 |
| $x_4$ | 0 | 0 | 0 | 2 | −1 | −1 |
| $x_5$ | 0 | 0 | 0 | 0 | 1 | −1 |

总结一下，以多元回归进行被试间实验设计的方差分析共分三步：第一步，编码；第二步，代入回归方程；第三步，解回归方程。比较看来，稍微有点难度的就是第一步，编码。然而最有技术含量的也是编码。编码可以让研究者的问题聚焦，解决一些传统方差分析很难回答的问题（如，例 15-2），从而让研究者脱离"主效应—交互作用—多重比较—简单

效应"的樊篱。

# 第三节　多元回归分析被试内设计与混合设计的数据

第二节以两个例题展示了如何用多元回归分析被试间设计的数据，以及多元回归较之方差分析的优越性。本节的内容讲述多元回归如何处理被试内设计的数据。然后结合第二节的内容，再举例说明当自变量中一个是被试内设计，一个是被试间设计时，多元回归如何进行分析。

## 一、单因素被试内设计

在第一节中我们了解到，数据分析可以被看作是扩展模型与简明模型之间的比较。在第二节中，我们对这一思想并未提及。实际上，对于被试间设计，扩展模型就是最后我们所要解的多元回归方程，而与之对应的简明模型实际上就是依次缺少每个偏回归系数的一组回归方程。当然，对于单因素被试间设计，简明模型就是没有回归系数，只有常数项与残差的方程。

与之类似，单因素被试内设计中，简明模型是缺少常数项的模型。方程形式如下：

扩展模型：$W_i = a + e_i$ [15－10]

简明模型：$W_i = 0 + e_i$ [15－11]

因此，在多元回归分析中，如果常数项统计显著，则表明被试内设计的那个因素的主效应显著；反之则表明被试内设计的那个因素的主效应不显著。然而一般统计软件不会产生没有常数项的回归方程，所以在单因素被试内设计中，我们还需要进行一点简单的手算。这里，我们给出相应的计算公式，感兴趣的读者可以结合我们下面给出的例子，对公式进行理解和推导。

$$SSE(A) = \sum (W_i - \overline{W}_i)^2 \qquad\qquad [15-12]$$

$$SSE(C) = \sum W_i^2 \qquad\qquad [15-13]$$

$$SSR = [SSE(C) - SSE(A)] = n\overline{W}_i^2 \qquad\qquad [15-14]$$

$$PRE = \frac{SSE(R)}{SSE(C)} = \frac{n\overline{W}_i^2}{\sum W_i^2} \qquad\qquad [15-15]$$

$$F_{(1-0, n-1)} = \frac{PRE/(1-0)}{(1-PRE)/(N-1)} \qquad\qquad [15-16]$$

公式 [15－16] 又可写成：$F_{(1-0, n-1)} = \dfrac{n\overline{W}_i^2}{\sum (W_i - \overline{W}_i)^2/(n-1)}$

$$[15-17]$$

公式可能看似较多，但具体运算并不是特别困难。还是以舒华老师《心理与教育研究中的多因素实验设计》中的数据为例，把该书61页的例子作为我们的例 15-3：

例 15-3：研究者仅用 8 名被试，每个被试阅读 4 篇生字密度不同的文章，并测他们对各篇文章的阅读理解分数……具体数据见表 15-8。

表 15-8　例 15-3 的原始数据

|  | $a_1$ | $a_2$ | $a_3$ | $a_4$ | $\Sigma$ |
|---|---|---|---|---|---|
| 被试 1 | 3 | 4 | 8 | 9 | 24 |
| 被试 2 | 6 | 6 | 9 | 8 | 29 |
| 被试 3 | 4 | 4 | 8 | 8 | 24 |
| 被试 4 | 3 | 2 | 7 | 7 | 19 |
| 被试 5 | 5 | 4 | 5 | 12 | 26 |
| 被试 6 | 7 | 5 | 6 | 13 | 31 |
| 被试 7 | 5 | 3 | 7 | 12 | 27 |
| 被试 8 | 2 | 3 | 6 | 11 | 22 |
| $\Sigma$ | 35 | 31 | 56 | 80 | 202 |

**（一）第一步：编码**

如果想研究 A 因素任两个水平之间是否有差异，则可按照类似方式进行编码：

$W_1 = y_1 - y_2$　　　（$a_1$ 与 $a_2$ 两个水平是否有差异）

$W_2 = y_2 - y_3$　　　（$a_2$ 与 $a_3$ 两个水平是否有差异）

$W_3 = y_3 - y_4$　　　（$a_3$ 与 $a_4$ 两个水平是否有差异）

$W_4 = y_1 - y_4$　　　（$a_1$ 与 $a_4$ 两个水平是否有差异）

注意，上述编码与第二节的编码有所不同。这是因为第二节探讨的是被试间设计，被试间变量的编码是针对自变量进行的。本节探讨的是被试内设计，被试内变量的编码是针对因变量进行的。

另外，在本例中如果研究者还想知道被试间是否有差异，则可这样编码：

$$W_0 = (y_1 + y_2 + y_3 + y_4)/4$$

**（二）第二步：计算及意义解释**

1. 检验 $a_1$ 与 $a_2$ 两个水平差异一例

编码为：$W_1 = y_1 - y_2$

首先计算公式[15-12]要用到的 $\overline{W}_i$ 与 $(W_i - \overline{W}_i)$。计算非常简单，见表 15-9。

**表 15-9 对 $W_1$ 进行计算的原始数据截表**

|  | $a_1$ | $a_2$ | $W_1$ | $W_1 - \overline{W}_1$ |
| --- | --- | --- | --- | --- |
| 被试 1 | 3 | 4 | $-1$ | $-1.5$ |
| 被试 2 | 6 | 6 | 0 | $-0.5$ |
| 被试 3 | 4 | 4 | 0 | $-0.5$ |
| 被试 4 | 3 | 2 | 1 | 0.5 |
| 被试 5 | 5 | 4 | 1 | 0.5 |
| 被试 6 | 7 | 5 | 2 | 1.5 |
| 被试 7 | 5 | 3 | 2 | 1.5 |
| 被试 8 | 2 | 3 | $-1$ | $-1.5$ |
|  |  |  | $\overline{W}_1 = 0.5$ |  |

根据公式[15-12]计算 $SSE(A) = \sum (W_1 - \overline{W}_1)^2 = 10$

根据公式[15-13]计算 $SSE(C) = \sum W_1^2 = 12$

根据公式[15-14]计算 $SSR = [SSE(C) - SSE(A)] = n\overline{W}_1^2 = 8(0.5)^2 = 2$

根据公式[15-15]计算误差减小比例 $PRE$：$PRE = \dfrac{SSR}{SSE(C)} = \dfrac{2}{12} = 0.167$

根据公式[15-16]进行 $F$ 检验：

$$F_{(1-0,8-1)} = \frac{PRE/(Pa-Pc)}{(1-PRE)/(N-Pa)} = \frac{0.167/(1-0)}{(1-0.167)/(8-1)} = 1.40$$

或根据公式[15-17]进行 $F$ 检验：

$$F_{(1-0,8-1)} = \frac{n\overline{W}_1^2}{\sum (W_1 - \overline{W}_1)^2/(8-1)} = \frac{2}{\sum (W_1 - 0.5)^2/(8-1)} = 1.40$$

虽然公式很多，但计算量实际不是很大。感兴趣的读者可以根据公式自己运算。下面是对上述结果进行的解释。

查单侧 $F$ 表，$F_{.05/(1,7)} = 5.59$，$p > 0.05$，不显著。$a_1$、$a_2$ 之间没有显著差异。

上述分析与方差分析的多重比较并没有差别。然而，多元回归的优越之处在于不仅能检验差异是否显著，还能直观地告诉我们差异的大小。这就是多元回归的第二个优点，能够得到效果量的大小。

本例中，$PRE = 0.167$。也就是说，从简明模型到扩展模型，误差减小了 $16.7\%$。参照 Cohen 的标准，$\eta^2$ 在 $0.14$ 以上就应该说是比较大了。因此，扩展模型中引入的这个参数（$a_1$、$a_2$ 之间的差异，即 $W_1$）是可以接受的。

这个信息对我们来说是很重要的，因为"显著"或是"不显著"都只是二分地告诉我们一个"是"或"否"，但自变量的作用究竟有多大却不得而知。借助效果量，我们就能够非常直观地看到自变量作用的大小。其实，早在 20 世纪 80 年代，科恩就开始倡议美国心理学界在报告是否显著的同时也报告自变量的效果量的大小。感兴趣的读者可以进行更加深入研究，这里篇幅所限不再赘述。

当然，对于第二节被试间设计，效果量的指标 $PRE$ 更容易获得，就是测定系数或偏回归系数的平方。

2. 检验被试间差异一例

对被试间是否有差异的检验，就是对 $W_0$ 的检验。对 $\overline{W}_0$、$W_0 - \overline{W}_0$ 的计算类似于对 $\overline{W}_1$、$W_1 - \overline{W}_1$ 的计算。详细数据见表 15-10。

表 15-10 对 $W_0$ 进行计算的原始数据截表

| | $a_1$ | $a_2$ | $a_3$ | $a_4$ | $W_0$ | $W_0 - \overline{W}_0$ |
|---|---|---|---|---|---|---|
| 被试 1 | 3 | 4 | 8 | 9 | 6 | $-0.3125$ |
| 被试 2 | 6 | 6 | 9 | 8 | 7.25 | 0.9375 |
| 被试 3 | 4 | 4 | 8 | 8 | 6 | $-0.3125$ |
| 被试 4 | 3 | 2 | 7 | 7 | 4.75 | $-1.5625$ |
| 被试 5 | 5 | 4 | 5 | 12 | 6.5 | 0.1875 |
| 被试 6 | 7 | 5 | 6 | 13 | 7.75 | 1.4375 |
| 被试 7 | 5 | 3 | 7 | 12 | 6.75 | 0.4375 |
| 被试 8 | 2 | 3 | 6 | 11 | 5.5 | $-0.8125$ |
| | | | | | $\overline{W}_0 = 6.3125$ | |

对 $SSE(A)$、$SSE(C)$ 与 $SSR$ 等的计算也与对 $W_1$ 的计算类似，这里只给出最后两步的结果：

$$PRE = \frac{SSR}{SSE(C)} = \frac{n\,\overline{W}_0^2}{\sum W_0^2} = \frac{8 \times 6.3125^2}{325.25} = 0.98$$

$$F_{(1-0,8-1)} = \frac{PRE/(Pa-Pc)}{(1-PRE)/(N-Pa)}$$

$$= \frac{0.167/(1-0)}{(1-0.167)/(8-1)} = 344.96$$

或：$F_{(1-0,8-1)} = \dfrac{n\overline{W}^2}{\sum(W_i-\overline{W})^2/(n-1)}$

$$= \frac{8 \times 6.3125^2}{\sum(W_i-6.3125)^2/(8-1)} = 344.96$$

查单侧 $F$ 表，$F_{.01/(1,7)} = 12.25$

$344.96 > 12.25$，因此 $p < 0.01$，非常显著。被试之间有非常显著的差异。

其中 $PRE$ 的含义是，从简明模型到扩展模型误差减小了 $98\%$，因此用扩展模型描述数据比用简明模型好。即，被试间的差异非常大，效果明显。

感兴趣的读者还可以分别对 $W_2$、$W_3$、$W_4$ 进行计算。下面，我们再以两因素混合设计的例子说明多元回归如何进行两因素混合设计的方差分析。

## 二、混合设计

例 15-4：研究者想研究旁观者效应在人们完成不同难度的任务操作时对任务完成质量所产生的影响。假定研究有两个因素：A 因素为旁观者效应，A 因素有两个水平，$a_1$ 为有旁观者在场，$a_2$ 为没有旁观者在场；B 因素为不同的任务难度。从 $b_1$ 到 $b_3$，任务难度依次为简单、中等和复杂。我们仍引用舒华老师《心理与教育研究中的多因实验设计》中的数据，原始数据来自该书 94 页。

表 15-11  例 15-4 的原始数据

| | | $b_1$ | $b_2$ | $b_3$ |
|---|---|---|---|---|
| | 被试 1 | 3 | 4 | 5 |
| | 被试 2 | 6 | 6 | 7 |
| $a_1$ | 被试 3 | 4 | 4 | 5 |
| | 被试 4 | 3 | 2 | 2 |
| | 被试 5 | 4 | 8 | 12 |
| $a_2$ | 被试 6 | 5 | 9 | 13 |
| | 被试 7 | 3 | 8 | 12 |
| | 被试 8 | 3 | 7 | 11 |

## (一)第一步：编码

首先对被试间变量 A 编码。第二节对被试间变量编码的方法做过专门介绍。这里，由于情况比较简单，我们只有一种编码方式 $a_1$：1，$a_2$：—1。规则相同，但这里我们的编码表只有一行。

然后我们对被试内变量 B 进行编码，详见表 15-12。

表 15-12　B 因素编码表

|  | $y_1$ | $y_2$ | $y_3$ |
|---|---|---|---|
| $W_1$ | —1 | —1 | 2 |
| $W_2$ | 1 | —1 | 0 |

为便于下一步的计算，我们可以把这个编码表写成这种形式：

$W_1 = (2y_3 - y_1 - y_2)$

$W_2 = (y_1 - y_2)$

另外，我们仍然可以检验被试间是否存在差异：

$W_0 = (y_1 + y_2 + y_3)/3$

对于被试内变量的编码，我们可以在 SPSS 中用 Transform 菜单下的 Compute 过程实现。下面是编码后 SPSS 的截图：

|  | a | y1 | y2 | y3 | w1 | w2 | w0 |
|---|---|---|---|---|---|---|---|
| 1 | 1.00 | 3.00 | 4.00 | 5.00 | 3.00 | -1.00 | 4.00 |
| 2 | 1.00 | 6.00 | 6.00 | 7.00 | 2.00 | .00 | 6.33 |
| 3 | 1.00 | 4.00 | 4.00 | 5.00 | 2.00 | .00 | 4.33 |
| 4 | 1.00 | 3.00 | 2.00 | 2.00 | -1.00 | 1.00 | 2.33 |
| 5 | -1.00 | 4.00 | 8.00 | 12.00 | 12.00 | -4.00 | 8.00 |
| 6 | -1.00 | 5.00 | 9.00 | 13.00 | 12.00 | -4.00 | 9.00 |
| 7 | -1.00 | 3.00 | 8.00 | 12.00 | 13.00 | -5.00 | 7.67 |
| 8 | -1.00 | 3.00 | 7.00 | 11.00 | 12.00 | -4.00 | 7.00 |
| 9 |  |  |  |  |  |  |  |

## (二)第二步：建立回归方程

分别建立以被试间变量 A 为自变量，以被试内进行编码的 $W_1$、$W_2$、$W_0$ 为因变量的三个回归方程。

## (三)第三步：解回归方程

根据 SPSS 的输出结果，三个方程依次为：

$W_1 = 6.875 - 5.375A$

$W_2 = -2.125 + 2.125A$

$W_0 = 6.083 - 1.833A$

## (四)结果分析

首先来看以 $W_1$ 为因变量的方程。下面是 SPSS 的输出结果截图:

**Coefficients[a]**

| Model | | Unstandardized Coefficients | | Standardized Coefficients | $t$ | Sig. |
|---|---|---|---|---|---|---|
| | | B | Std. Error | Beta | | |
| 1 | (Constant) | 6.875 | .451 | | 15.254 | .000 |
| | A | −5.375 | .451 | −.980 | −11.926 | .000 |

a. Dependent Variable: $W_1$

从上表可以看出,常数项的 $t$ 值为 15.254,对应的显著性水平小于 0.001。常数项非常显著。$W_1$ 代表的问题是复杂任务时,是否与任务难度为简单和中等时被试完成任务的质量有显著差异。结果表明差异非常显著。统计显著了,效果量如何?我们可以仿照单因素被试内设计采用的方法,计算出 $PRE$。

$$PRE = \frac{SSR}{SSE(C)} = \frac{n\,\overline{W_1}^2}{\sum W_1^{\,2}} = \frac{8 \times 6.875^2}{619} = 0.611$$

参照 Cohen 的标准,该模型的效果量大。

再看 A 因素。需要注意的是三个方程中都有 A 因素,但 A 因素代表的含义各有不同。在以 $W_1$ 为因变量的方程中,A 因素代表"旁观者所起的作用在任务难度为复杂时,较之在任务难度为简单和中等时是否存在差异"。在以 $W_2$ 为因变量的方程中,A 因素代表"旁观者所起的作用在任务难度为简单时,较之任务难度为中等时是否存在差异"。而在以 $W_0$ 为因变量的方程中,A 因素没有意义。

再回到以 $W_1$ 为因变量的方程,从 SPSS 输出结果截图来看,A 因素对应的 $t$ 值为 11.926,对应的显著性水平也小于 0.001。统计意义上非常显著。效果量如何?下面是 SPSS 的输出结果截图:

**Model Summary**

| Model | $R$ | $R$ Square | Adjusted $R$ Square | Std. Error of the Estimate |
|---|---|---|---|---|
| 1 | .980[a] | .960 | .953 | 1.27475 |

a. Predictors: (Constant), A

从上表可以看出,方程测定系数 $R^2 = 0.960$,也就是说,旁观者在任务复杂时,比在任务难度为简单和中等时起到更大的作用。效果量大。

再来看以 $W_0$ 为因变量的方程。下面是 SPSS 结果输出截图:

**Coefficients**[a]

| Model | | Unstandardized Coefficients | | Standardized Coefficients | $t$ | $Sig.$ |
|---|---|---|---|---|---|---|
| | | $B$ | $Std.\ Error$ | $Beta$ | | |
| 1 | (Constant) | 6.083 | .460 | | 13.218 | .000 |
| | A | −1.833 | .460 | −.852 | −3.984 | .007 |

a. Dependent Variable：$W_0$

从上表中可以看出，常数项的 $t$ 值为 13.218，对应的显著性水平小于 0.001；A 因素 $t$ 值为 −3.984，对应的显著性水平为 0.007。这说明两个问题在统计意义上都是非常显著的。有兴趣的读者可以仿照上面的方法计算二者的 $PRE$，更加直观地把握二者效果量的大小。篇幅所限，不再赘述了。

在这一节中我们认识到，多元回归不仅可以让研究问题聚焦，脱离"主效应—交互作用—多重比较—简单效应"的樊篱，还可以让研究问题从"统计"是否显著过渡到"效果"是否显著，使研究者对自变量的效果有更直观的把握。

## 第四节　多元回归进行协方差分析与交互作用分析

心理学实验的目的是确定自变量与因变量之间的关系，做出因果推论。然而实验过程中，除了自变量，总是存在许多其他变量的干扰，混淆自变量与因变量之间的关系。这些起干扰作用的变量一般被称作混淆变量。将这些混淆变量剔除当然很好，然而许多时候混淆变量是根本没法控制的，比如，性别、年级、地区等。此时用协方差分析，要将不可避免的混淆变量作为协变量，以排除混淆变量的影响，从而更好地检验自变量与因变量的关系。

一般而言，协方差分析必须满足同质性条件，即在自变量不同水平上，协变量与因变量的关系必须保持一致；或者也可以说自变量与协变量不能有交互作用。如果不能满足这个前提条件，协方差分析就不能继续进行下去。但借助多元回归，即使同质性的前提条件不能满足，仍然可以进行分析，并对数据作出比传统协方差分析更为精致的分析。另外，多元回归还可以进行更为精致的交互作用检验，这一内容也会在本节以多元回归进行协方差分析的过程中展现出来。

下面我们转引朱狄曾引用过的科林格（F. N. Kerlinger）与皮德祖（E. J. Pedhazur）在《行为研究中的多元回归》（*Multiple regression in be-*

*havioral research*)一书中 72 页的一个例子进行说明。

## 一、协方差分析

例 15-5：研究者欲考察男女两性在个人成就上的差异。然而个人成就（50 分为满分）受到个人成就动机（使用五点量表测量，以下简称动机）的影响，而个人成就动机的作用在实验设计中很难消除，因此要在统计过程中消除。

**表 15-13 例 15-5 的原始数据**

| 男 性 | | 女 性 | |
|---|---|---|---|
| 成就 | 成就动机 | 成就 | 成就动机 |
| 25 | 1 | 22 | 1 |
| 29 | 1 | 24 | 1 |
| 34 | 2 | 24 | 2 |
| 35 | 2 | 22 | 3 |
| 35 | 3 | 29 | 3 |
| 39 | 3 | 30 | 3 |
| 42 | 4 | 30 | 4 |
| 43 | 4 | 33 | 4 |
| 46 | 4 | 32 | 5 |
| 46 | 5 | 35 | 5 |
| 48 | 5 | | |
| 50 | 5 | | |
| 平均数 | 39.333 | 3.250 | 28.100 | 3.100 |

首先，我们来看这个例子是否符合传统协方差分析的条件。对性别与动机是否有交互作用进行检验（可在 SPSS 中进行，从略），结果发现 $F=10.511$，$p=0.005$，表明交互作用非常显著。因此传统的协方差分析是不能处理该数据的。但多元回归却可以处理。下面是以多元回归进行分析的过程。

### （一）第一步：编码与数据生成

对自变量性别编码，规则还是不同水平相加为 0。比如，可以把男性编为 +1，女性编为 −1。然后生成自变量×协变量的一个交互作用的新变量（interact）。SPSS 数据输入截图如下：

| | gender | motiv | achiev | interact |
|---|---|---|---|---|
| 1 | 1.00 | 1.00 | 25.00 | 1.00 |
| 2 | 1.00 | 1.00 | 29.00 | 1.00 |
| 3 | 1.00 | 2.00 | 34.00 | 2.00 |
| 4 | 1.00 | 2.00 | 35.00 | 2.00 |
| 5 | 1.00 | 3.00 | 35.00 | 3.00 |
| 6 | 1.00 | 3.00 | 39.00 | 3.00 |
| 7 | 1.00 | 4.00 | 42.00 | 4.00 |
| 8 | 1.00 | 4.00 | 43.00 | 4.00 |
| 9 | 1.00 | 4.00 | 46.00 | 4.00 |
| 10 | 1.00 | 5.00 | 46.00 | 5.00 |
| 11 | 1.00 | 5.00 | 48.00 | 5.00 |
| 12 | 1.00 | 5.00 | 50.00 | 5.00 |
| 13 | -1.00 | 1.00 | 22.00 | -1.00 |
| 14 | -1.00 | 1.00 | 24.00 | -1.00 |
| 15 | -1.00 | 2.00 | 24.00 | -2.00 |
| 16 | -1.00 | 3.00 | 22.00 | -3.00 |
| 17 | -1.00 | 3.00 | 29.00 | -3.00 |
| 18 | -1.00 | 3.00 | 30.00 | -3.00 |
| 19 | -1.00 | 4.00 | 30.00 | -4.00 |
| 20 | -1.00 | 4.00 | 33.00 | -4.00 |
| 21 | -1.00 | 5.00 | 32.00 | -5.00 |
| 22 | -1.00 | 5.00 | 35.00 | -5.00 |
| 23 | | | | |

**(二)第二步：建立回归方程**

分别以①性别为自变量；②性别与动机为自变量；③性别、动机及性别、动机的交互作用为自变量建立三个回归方程。

① $Y_i = 33.717 + 5.617X_i + e_i$

② $Y_i = 20.700 + 5.309X_i + 4.100M_i + e_i$

③ $Y_i = 21.069 + 1.646X_i + 3.956M_i + 1.157XM_i + e_i$

其中，$Y_i$ 表示因变量，成就水平；$X_i$ 表示自变量，性别；$M_i$ 表示协变量，动机水平；$XM_i$ 表示交互作用，即"interact"。

**(三)结果分析**

1. 用多元回归判断是否符合传统的协方差分析的条件，即自变量与协变量是否有交互作用

对上述方程③中的交互作用（$XM_i$）一项进行偏回归系数的检验。结果发现偏回归系数一项 $t = -3.242$，$p = 0.005$。这表明自变量与协变量的交互作用显著，不能进行传统的协方差分析。这一结果与刚才用传统

协方差分析的预分析的结果是完全一致的。

实际上，我们也完全可以用模型比较的思想来理解这三个方程。前一个方程可看作简明模型，后一个方程则可看作是与之对应的扩展模型。比如方程②与方程③，方程②是简明模型，方程③是扩展模型。

因此，$Pa=3$，$Pc=2$，$N=21$。

$$PRE=1-\frac{SSE(A)}{SSE(C)}=0.369$$

$$F_{(1,18)}=\frac{0.369/1}{(1-0.369)/18}=10.51>F_{.01(1,18)}=8.28$$

$p<0.01$，交互作用非常显著。

2. 校正均值及校正均值之差的显著性检验

进行协方差的目的就是得到协变量被控制之后的校正均值。如果校正均值的差异是显著的，那么可以说因变量的变化确实是由自变量的变化导致的。

对本例来说，对校正均值的考察直接观察方程②就可以。

② $Y_i=20.700+5.309X_i+4.100M$

其中，$5.309\times2=10.618$即为男性与女性成就水平之差。也就是说排除动机的影响，男性平均成就水平比女性高 10.618 分(满分 50 分)。

那么这一差异是否显著呢？可以检验 $X_i$ 一项的偏回归系数。结果发现，$t=-8.696$，$p<0.01$，非常显著。这里，$PRE$ 等价于偏相关系数的平方$(-0.894)^2=0.799$，可见在控制成就动机时，性别的作用不仅统计显著，而且效果也是显著的。

另外，不仅可以知道男性与女性成就水平的校正均值之差，还可以知道女性与男性的校正均值的确切大小：

$$校正均值(男)=39.333-4.100\times\left(3.250-\frac{3.100+3.250}{2}\right)=39.026$$

$$校正均值(女)=28.100-4.100\times\left(3.100-\frac{3.100+3.250}{2}\right)=28.410$$

## 二、交互作用分析

刚才的分析已经达到并超越了传统协方差分析所能分析的内容。下面，再以多元回归进行交互作用分析的方法对例 5 进一步分析，以期对自变量、协变量与因变量之间的关系有更加直观和深入的把握。

### (一)一般的交互作用分析

以多元回归进行交互作用分析不受自变量类型(类别变量、连续变量)的限制，计算也很简单。整体思路就是控制某个变量观察另一个变量变化的情况。首先来看方程③：

③ $Y_i = 21.069 + 1.646X_i + 3.956M_i + 1.157XM_i + e_i$

如果我们对自变量与因变量的关系，也就是性别与成就水平的关系特别感兴趣，可以把方程③改写成方程④的形式：

④ $Y_i = (21.069 + 3.956M_i) + (1.646 + 1.157M_i)X_i + e_i$

方程④表明在控制协变量，即控制动机水平的情况下，性别与成就水平的关系。其中 $X_i$ 的系数 1.646 表示当且仅当动机水平为 0 时，男性（+1）与女性（-1）成就水平的差异是 $1.646 \times 2 = 3.292$。结合系数 1.157可以看出，虽然对于男女两性而言动机水平的提高会导致成就水平的提高，然而当动机水平提高时，男性成就水平的增幅$[(1.646 + 1.157M_i) \times (+1)]$要比女性成就水平的增幅$[(1.646 + 1.157\,M_i) \times (-1)]$更大。

同理，如果我们对协变量与因变量的关系，也就是动机水平与成就水平的关系特别感兴趣，也可以把方程③改写成方程⑤的形式：

⑤ $Y_i = (21.069 + 1.646\,X_i) + (3.956 + 1.157\,X_i)M_i + e_i$

方程⑤表明在控制自变量，即性别的情况下，动机水平与成就水平的关系。其中 $M_i$ 的系数 3.956 表示当且仅当性别为 0（由于编码时男为+1，女为-1，因此性别为 0 就是男女两性的平均水平）时，动机—成就水平的斜率。而结合 1.157 这个系数，就可以对男性（+1）与女性（-1）的动机—成就水平斜率有更好的认识：对于男性，动机—成就水平的斜率为 $3.956 + 1.157 = 5.113$，而对于女性，动机—成就水平关系的斜率为 $3.956 - 1.157 = 2.799$。也就是说，对男女两性而言，动机水平提高，成就水平也提高（平均变化斜率为 3.956）。如果两者提高相同的动机水平，那么相比女性而言，男性的成就水平将会有更大幅度的提高。

**（二）中心化的交互作用分析**

当然，对于方程④有人会认为动机水平不可能为零，1.646 这个数值没有实际意义。那么，我可以把方程③进行中心化转换，也就是以性别、动机水平以及交互作用的离均差代替原始数据作为自变量重新建立回归方程，进行中心化的交互作用分析。

首先，分别求出各观测值的性别与动机水平的离均差（各数据与平均数之差）。而各观测值的离均差之积即为中心化的交互作用。此过程可以通过 SPSS 完成。完成之后生成三个新变量：中心化的性别（mgender）、中心化的动机水平（mmotiv）以及中心化的交互作用（minterac）。SPSS 截图见下页。

然后，建立以中心化后的性别（mgender）、动机水平（mmotiv）及交互作用（minterac）为自变量，成就水平（achiev）为因变量的中心化回归方程⑥。

| | gender | motiv | achiev | interact | mgender | mmotiv | minterac |
|---|---|---|---|---|---|---|---|
| 1 | 1.00 | 1.00 | 25.00 | 1.00 | .91 | -2.18 | -1.98 |
| 2 | 1.00 | 1.00 | 29.00 | 1.00 | .91 | -2.18 | -1.98 |
| 3 | 1.00 | 2.00 | 34.00 | 2.00 | .91 | -1.18 | -1.07 |
| 4 | 1.00 | 2.00 | 35.00 | 2.00 | .91 | -1.18 | -1.07 |
| 5 | 1.00 | 3.00 | 35.00 | 3.00 | .91 | -.18 | -.17 |
| 6 | 1.00 | 3.00 | 39.00 | 3.00 | .91 | -.18 | -.17 |

⑥ $Y_i = 34.141 + 5.328 X_i' + 4.061 M_i' - 1.157 X M_i' + e_i$

把方程⑥改写为方程⑦的形式：

⑦ $Y_i = (34.141 + 4.061 M_i') + (5.328 + 1.157 M_i')\ X_i' + e_i$

方程⑦同样表明在控制协变量，即动机水平的情况下，性别与成就水平的关系。其中 $X_i$ 的系数 5.328 表示当且仅当 $M_i'$ 取 0 时，也就是动机水平取平均值时，男性（+1）与女性（-1）成就水平的差异是 $5.328 \times 2 = 10.656$。注意，这一数值与刚才所求得的校正均值之差 10.618 非常接近。同样也可以看出，虽然对于男女两性而言动机水平的提高会导致成就水平的提高，然而当动机水平提高时，男性成就水平的增幅要比女性成就水平的增幅更大。

在交互作用分析中可以看出，协变量动机水平是连续变量，然而用多元回归的方法依然可以进行交互作用分析。另外，此例中自变量性别是类别变量，如果为连续变量，也就是有两个连续变量，交互作用分析依然可以按照上面的方法进行，并获得交互作用的直观意义。

至此，多元回归进行数据分析的内容就基本结束了。让我们来回顾一下这个方法的优点。

以多元回归进行数据分析主要有四个优点：首先，多元回归可以分析一些传统方差分析很难解决的问题。通过灵活的编码，可以让研究者对问题聚焦，脱离方差分析"主效应—交互作用—多重比较—简单效应"的樊篱。其次，多元回归借助了模型比较的方法，不仅提供统计显著性，还能直观地告诉我们效果的大小。再次，以多元回归进行协方差分析，可以在不满足传统协方差分析前提的情况下对数据做出分析，扩大了协方差分析的应用范围。最后，以多元回归进行交互作用分析，无论自变量是类别变量，还是连续变量，或者兼而有之，都可以进行分析，突破了传统方差分析只能分析类别变量的交互作用的局限。

另外，由于多元回归不会把连续变量拆分成类别变量，因此可以避免拆分变量所导致的统计检验力的下降。而且，以传统方法进行方差分析时，"独立性"的原则经常被违反，而违反这一原则又会带来诸多不良后果①。如果以本章介绍的多元回归的方法进行数据分析，这些不良后果就可以避免。

## 本章思考题

1. 以多元回归进行数据分析有哪些优点？
2. 简述模型比较的思想及模型比较在多元回归中的应用。
3. 简述"编码规则"，并举例说明。
4. 按照本章所述方法，检验例3中 $a_2$ 与 $a_3$ 两个水平是否有差异。
5. 某商学院想考察 MBA 教学中，案例与原理结合是否比纯粹案例教学能使学员的成绩更好。但学员成绩还与工作年限有关。请分别按照传统协方差分析与本章所述方法进行检验。数据如下：

表 15-14　思考题 5 的数据

| 案例与原理教学结合 | | 纯粹案例教学 | |
|---|---|---|---|
| 成绩 | 工作年限 | 成绩 | 工作年限 |
| 93 | 6 | 55 | 5 |
| 67 | 4 | 66 | 3 |
| 98 | 7 | 78 | 5 |
| 99 | 8 | 78 | 4 |
| 71 | 5 | 69 | 4 |
| 69 | 3 | 71 | 6 |
| 87 | 5 | 56 | 5 |
| 84 | 7 | 75 | 4 |
| 80 | 5 | 69 | 4 |
| 95 | 5 | 71 | 5 |
| 84 | 5 | 61 | 4 |
| 88 | 6 | 66 | 4 |

（作者：谢天）

---

① 有兴趣的读者可以参考 Kenny 和 Judd 在 1986 年合写的文章《*Consequences of violating the independence assumption in analysis of variance*》

# 第十六章　参数检验前提条件的检验及异常值的诊断与处理

在实际研究中，最令人头疼的可能就是辛辛苦苦收集到的数据与理论假设不符，甚至一个"显著"结果都找不到。实际上，部分原因可能就是数据不符合相应的统计检验的前提条件（如，大多数参数检验要求总体正态分布、方差齐性等），或者数据中出现了异常值。但是有关探查数据是否符合统计检验前提条件的方法及对异常值的诊断与处理方法，在国内心理统计的教科书中还并不常见。因此，本章将主要向读者介绍以下内容：单组数据中正态分布检验与异常值的诊断；两组或多组数据方差齐性检验与异常值诊断；回归分析中线性假设的检验及回归分析中异常值的诊断；发现异常值后的其他补救措施，如非参数统计与转换。

## 第一节　单组数据正态分布的检验与异常值诊断

### 一、正态分布的判定

#### （一）检验正态分布的重要性

分析单组数据或多因素实验设计中某个单元格内的数据时，我们往往认为所有的连续变量在总体上都是正态或近似正态分布。然而心理学中，许多数据并不符合正态分布。比如，我国著名心理学家陈立先生早在 1985 年就撰写《习见统计方法中的误用与滥用》一文呼吁要打破心理学对正态分布的迷信。"……在行为科学领域里，正态分布可以说是例外而非常规……行为科学（广义的心理学）的所有对象，很少是正态分布的。"比如，上课铃响进教室的学生人数的分布，学生差不多全在铃声响的时候进课堂，早到的寥寥无几，迟到的绝无仅有，这种分布就像一个正 J 字形，因此在统计中被称作 J 型分布。许多制度行为的分布一般都呈 J 型。又比如陈立先生的一个研究生，在杭州许多类型的工厂里调查工人完成定额的情况，结果是除一个厂例外，其他全是偏态的。该例见下图：

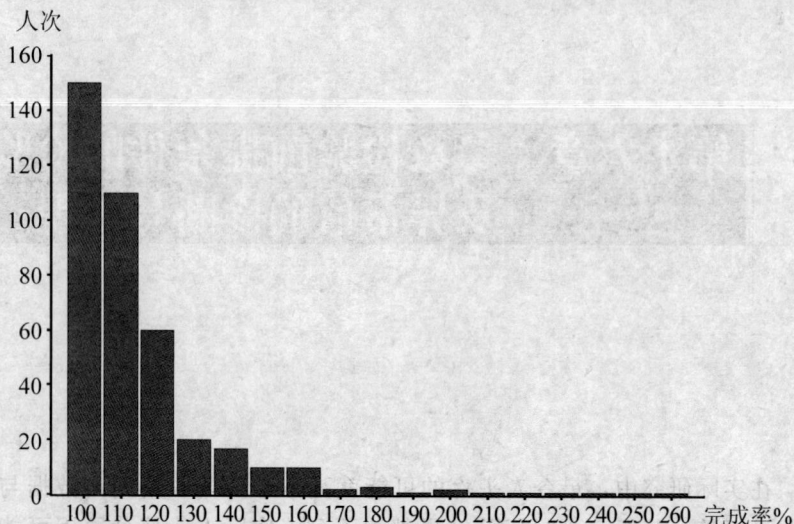

图 16-1　杭州××厂元件车间工人产量完成率分布图（1983 年 1 月—1983 年 8 月）

当然 J 型分布并非本章重点，这里只是要提醒读者注意，并非所有心理学研究收集到的数据都服从正态分布，也不要迷信地认为，只要数据足够多，中心极限定理就可以将数据拉回正态。像上面陈立先生举的例子，样本量再大也是 J 型分布。还有研究者甚至指出心理学研究中服从正态分布的数据是非常罕见的。① 但许多统计检验（如，$Z$ 检验、$t$ 检验、$F$ 检验、回归分析）的前提条件是数据是从正态总体中抽样得到的。如果数据总体不服从正态或近似正态分布，统计检验的结果就会出错。另一方面，在实际研究中由于并非都是大样本，当样本量较小时，即使总体样本分布服从正态分布，样本分布可能也不一定服从正态分布。因此不能简单地从样本分布判断总体是否正态分布。比如，下面的 25 个数据是从一个均数为 50，标准差为 10 的正态分布的总体中抽取的：

例 16-1：70 32 50 56 51 48 29 40 46 37 43 45 53 34 32 53 27 42 27 40 20 41 26 49 49

在 SPSS 中选择 Graphs→Histogram，在 Display Normal Curve 前的方框中划"√"，可以得到以正态分布曲线为背景的直方图，见图 16-2。从图中我们可以看出，在正态总体中抽取的样本，其分布并不符合正态分布。实际上，只有当样本量足够大时，正态分布曲线才有可能出现（如

① 见 T. Micceri 于 1986 年发表在《*Psychological Bulletin*》上的文章《The unicorn, the normal curve, and other improbably creatures》

新世纪高等学校教材

社会心理学研究方法

果总体真的服从正态分布）。然而在社会心理学研究中，特别是实验研究中，数据往往最多只有一两百个。因此根据样本数据分布的直方图（以及茎叶图）虽能直观地表现出样本数据的分布，但不能就此判断数据分布与正态分布相差多少。

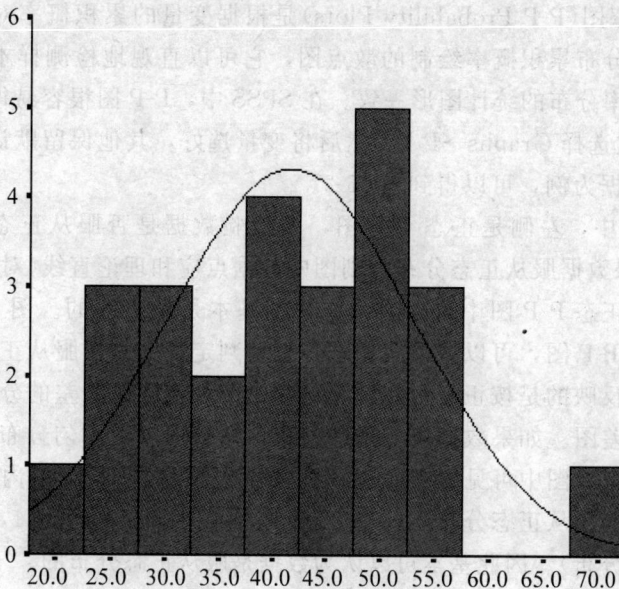

图 16-2　从正态分布中随机抽取的 25 个数据的直方图

## （二）P-P 图和 Q-Q 图

判定数据是否符合正态分布的统计方法有很多，比如心理统计课本上较常见的皮尔逊偏态量数法，峰度、偏度检验法，累加次数曲线法，以及利用 $\chi^2$ 检验的吻合性检验①，还有不太常见的 K-S 检验（柯尔莫诺夫—斯米尔诺夫检验）与 S-W 检验（夏皮罗—威尔克检验）等。那么哪种方法才是最好的呢？实际上，这些方法的有效性和适用条件至今仍是统计学和心理统计学探讨的课题。有兴趣的读者可参照参考文献中的《In-vestigation Of Four Different Normality Tests In Terms Of Type I Error Rate And Power Under Different Distributions》以及《How Do I Test The Normality Of A Variable's Distribution?》。这两篇文章在 Google 上可以免费查阅。限于篇幅，本节仅介绍最直观、最简单，也最有效的 P-P 图和 Q-Q 图，在第二节对两组和多组数据进行正态分布检验时再简要介绍 K-S 检验与 S-W 检验。P-P 图和 Q-Q 图虽然只是统计图，

——————————

① 上述四种方法可参阅：张厚粲，徐建平：《现代心理与教育统计学》，北京，北京师范大学出版社，2008。

但读者一定不要小看它们。除了用于统计描述以外,图形化分析方法在统计推断中的作用也越来越重要,有时其作用甚至超过了各种统计量和检验结果。

1. P-P 图(P-P Probability Plot)

P-P 概率图(P-P Probability Plots)是根据变量的累积概率对应于所指定的理论分布累积概率绘制的散点图,它可以直观地检测样本数据是否与某个概率分布的统计图形一致。在 SPSS 中,P-P 图很容易得到。在 SPSS 中依次选择 Graphs→P-P,然后将变量选好,其他保留默认。以例 16-1 中的数据为例,可以得到图 16-3。

图 16-3 中,左侧是正态 P-P 图,即检验数据是否服从正态分布的 P-P图。如果数据服从正态分布,则图中数据点应和理论直线(对角线)基本重合。从正态 P-P 图中可以看出,数据基本是呈直线的。图 16-3 中,右侧是去势 P-P 图,可以帮助我们更仔细地判定数据是否服从正态分布。去势 P-P 图反映的是按正态分布计算的理论值和实际值之差的分布情况,即分布的残差图。如果数据服从正态分布,则数据点应均匀分布在 $Y=0$ 这条直线上下。图中可见残差正态评分的绝对值都在 0.06 以内(绝对值越小越能说明服从正态分布,在 0.05 以内最好,如果超过 0.1,则说明不服从正态分布)。因此基本可以认为数据是服从正态分布的。

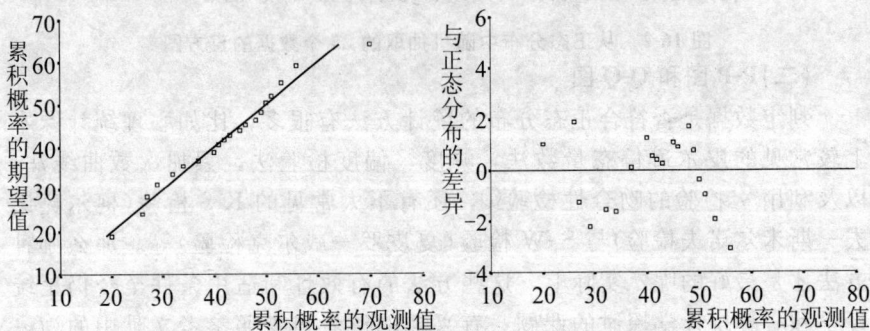

**图 16-3  根据例 1 数据绘制的 P-P 图和去势 P-P 图**

2. Q-Q 图(Quantile-Quantile Plot)

Q-Q 图与 P-P 图的原理和用法基本一致,也可以用于分布的检验,所不同的是 Q-Q 图采用的是变量数据分布的分位数与所指定分布的分位数之间的曲线来进行检验。仍以例 16-1 的数据为例,检验其分布是否符合正态分布,在 SPSS 中依次选择 Graphs→Q-Q,然后将变量选好,其他保留默认,可以得到图 16-4。

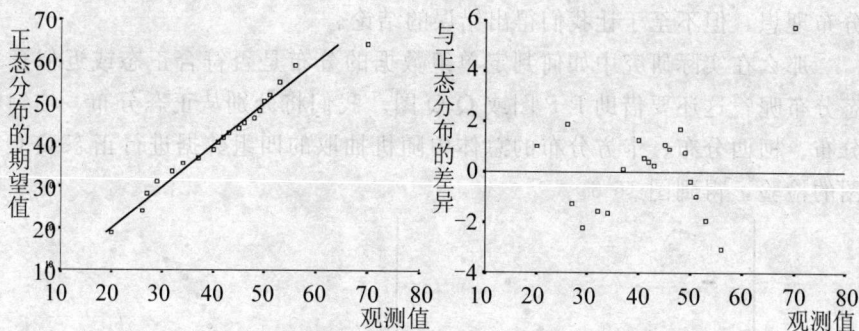

**图 16-4 根据例 1 数据绘制的 Q-Q 图和去势 Q-Q 图**

图 16-4 中，左侧是正态 Q-Q 图，即检验数据是否服从正态分布的 Q-Q 图。图中数据点应和理论直线（对角线）基本重合，说明数据基本服从正态分布。图 16-4 中，右侧是去势 Q-Q 图，与去势 P-P 图类似，也是分布的残差图。图中可见残差正态评分的绝对值都在 0.06 以内（对此绝对值的判定方法同去势 P-P 图），基本可以认为数据是服从正态分布的。

对比图 16-3 与图 16-4，可见 P-P 图和 Q-Q 图非常接近，只是 P-P 图用分布的累积比做检验，Q-Q 图用分布的分位数做检验。

**（三）其他典型的非正态分布**

利用 P-P 图和 Q-Q 图可以帮助我们判定数据是否符合正态分布，但并非所有数据都像例 16-1 那么完美。统计学家概括出一些典型的非正态数据分布类型，即均匀分布（uniform distribution）、柯西分布（Cauchy distribution）、卡方分布（chi-square distribution）。

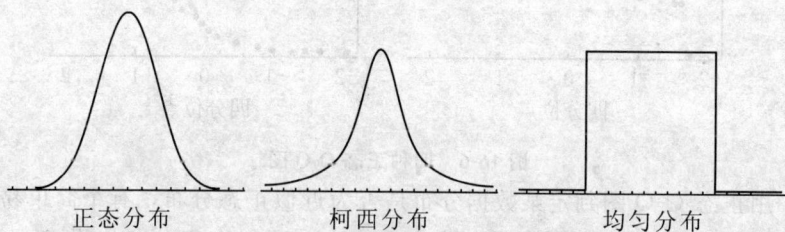

**图 16-5 正态分布、柯西分布、均匀分布的对比**

绝大部分参数统计（如，方差分析、回归分析）都是以最小二乘法分析为基础的，而最小二乘法对数据两端的极值最敏感。在图 16-5 中可以看到，正态分布的双尾与 X 轴无限贴近，因此正态分布的尾端很薄。但是，柯西分布的双尾较之正态分布却很厚，因此数据如果来自柯西分析，就不适合采用借助最小二乘法的参数检验。但并非所有非正态分布都不适合。比如，均匀分布，它的双尾很薄，因此如果我们收集到的数据来自均匀分布，也可以采用方差分析与回归分析。均匀分布虽然不如正态分布理想，但不至于让我们得出错误的结论。

那么在实际研究中如何判定单组数据的分布是否符合正态或近似正态分布呢？这还要借助 P-P 图或 Q-Q 图。我们将分别从正态分布、均匀分布、柯西分布、卡方分布的总体中随机抽取的四组数据进行正态 Q-Q 图的检验，得到图 16-6。

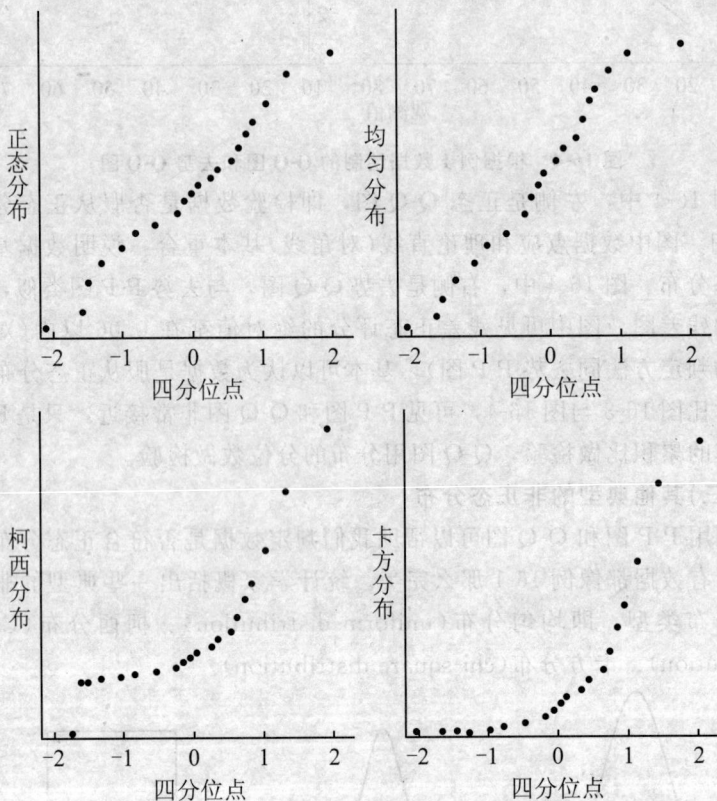

图 16-6 四种正态 Q-Q 图

用正态 Q-Q 图判定某数据分布是否为近似正态分布，有个简单易学的办法。可以将图中的数据点分为上、中、下三个部分。如果上、中、下三个部分的数据点均与对角线重合，那么数据服从正态分布，如图 16-6 中左上所示。如果中间部分的数据点与对角线重合，而上、下两个部分的数据点忽然变平坦，则说明数据尾端很薄，薄尾端也不会对参数统计造成太大的影响，因此也可以接受。如图 16-6 中右上所示，其数据点服从均匀分布。如果中间部分的数据点与对角线重合，而上部或下部的数据点有一部分忽然变陡峭，则说明数据至少有一个尾端很厚，会对最小二乘法的估计造成很大的影响。如图 16-6 中左下所示，其数据点服从柯西分布。如果数据点中间的部分与对角线相差很大，而且上部或下部有一个部分忽然变陡峭，那对最小二乘法的影响就更大了，如图 16-6 中右下所示，其数据点服从卡方分布。总结一下，正态 Q-Q 图中的数据点中间要与对角线重合，上、下两端如果不能与对角线重合，则平坦可以接受，陡峭不能接受。

## 二、异常值的诊断与处理

通过上面内容的学习，我们了解到如果在正态 Q-Q 图上，某一个或几个数据点使数据点曲线的尾端陡峭，则可以说明这些数据点是异常值。但在诊断异常值的问题上，Q-Q 图与 P-P 图就显得不那么灵巧了，我们可以借助统计方法找出异常值。

### (一)标准化残差

第一种方法是，计算样本数据中每个观测值的标准化残差(standardized residual)：

$$r'_i = \frac{Y_i - \bar{Y}}{s}\sqrt{\frac{n}{n-1}} \qquad [16-1]$$

公式[16-1]中，$r'$ 称为标准化残差，$Y_i$ 是第 $i$ 个观测值，$\bar{Y}$ 是样本的均数，$s$ 是标准差，$n$ 是样本容量。不难看出，当样本量较大时，$r'$ 与 $Z$ 分数的计算结果相差无几。只是当样本量较小时，可以对 $Z$ 分数起到校正的作用。

将 $r'$ 与标准 $Z$ 分数进行比较，就能知道观测数据中是否有异常值。比如，标准 $Z$ 分数，当 $|Z| \leqslant 2.58$ 时，可以包括进 99% 的数据，当 $|Z| \leqslant 3$ 时，可以包括进 99.73%。如果样本量是 100，那么有 2～3 个观测值的 $r' > 2.58$，就可以说明这几个数据可能是异常值。如果样本量是 1000，那么有 4 个观测值的 $r' > 3$，就可以说明这几个数据可能是异常值。同理，如果有的观测值的 $r' > 4$，甚至 $r' > 5$，那么可以肯定这几个数据异常。

但是应当注意，如果样本量不大，而异常值又与均数差别很大，那我们计算的均数与标准差就会受到这个异常值的影响。解决办法自然是将该极值剔除之后，重新计算均数、标准差，以及相应的 $r'$，即计算学生化剔除残差。

### (二)学生化剔除残差

学生化剔除残差(studentized deleted residual)的计算思路是先假定第 $i$ 个观测值是异常值，然后计算剔除第 $i$ 个观测值后的标准化残差，最后再将该值与 $df = n-2$ 的 $t$ 值比较。

$$r_i^* = \frac{Y_i - \bar{Y}_{[i]}}{s_{[i]}} \qquad [16-2]$$

公式[16-2]中，$r_i^*$ 是剔除第 $i$ 个观测值后的标准化残差。脚标 $i$ 表明所计算的均数与标准差是将第 $i$ 个观测值剔除后得到的。如果第 $i$ 个观测值 $r_i^*$ 的值显著大于 $df=n-2$ 的 $t$ 值，则表明该数据异常。比如，某样本 $n=30$，第 8 个观测值的 $r_8^*>1.70$ 时，那么有 95% 的把握认为该数据异常。

但是按照公式[16-2]的计算方法，每次都要重新计算均数与标准差，计算量太大。阿特金森（A. Atkinson）又提出了一个简洁计算公式：

$$r_i^* = r_i' \sqrt{\frac{n-1-r_i'^2}{n-2}} \qquad [16-3]$$

公式[16-3]是计算学生化剔除残差的简洁公式。各字母与符号的含义同公式[16-1]。这样借助标准化残差，就可以很容易地算出每个观测值的学生化剔除残差，而不用每次都重新计算均数与标准差。

以上介绍了标准化残差与学生化剔除残差两种诊断异常值的技术指标，但异常值的发现并非仅靠统计方法就能解决。整个研究过程都可以提供线索，帮助研究者发现异常值。比如，在某个谈判的实验研究中，一般小组完成一次模拟谈判的时间大概是 20 分钟左右，但有的小组 5 分钟就完成了。对于这种数据，就要在数据结果上进行标记，统计分析时重点考察。这种对于异常值的发现完全取决于个人的经验、思考以及对整个研究实施过程的警觉。

## 第二节 方差齐性检验与两组数据中异常值诊断

对于两组和多组数据，最简单和最常用的就是均数差异的显著性检验，即 $t$ 检验或方差分析。进行方差分析需要满足三个条件：(1)正态分布，指每组数据的观测值都来自正态分布的总体；(2)变异的同质性，或称方差齐性，指各组总体方差没有显著性差异；(3)独立性，实验中一个被试的观测值应独立于替换被试的观测值。对于第三个条件，只要在一个实验中，每个被试只被观察一次，并且被试是被随机分配到不同的实验条件时就可以满足。因此本节将重点介绍两组或多组数据正态分布及变异同质性的检验。

### 一、正态分布的检验

#### (一)Q-Q 图检验

两组或多组正态分布的检验原理与第一节中介绍的对单组数据正态分布的检验完全一样。不过 SPSS 为我们提供了直接对多组数据进行正态检验的方法。下面用 Q-Q 图进行正态分布检验，并简要介绍 K-S 检验与 S-W 检验。

例 16-2：以张厚粲老师《现代心理与教育统计学》的 306 页例 9-3 的数据为例，检验三种光强条件下数据是否符合正态分布。

这次我们再介绍一种绘制 Q-Q 图的新方法，并且还能一并获得 K-S 检验与 S-W 检验的值。在 SPSS 中依次选择 Analyze→Descriptive Statistics→Explore，先将反应时变量（RT）选进 Dependent List 框，光强等级（Light）选进 Factor 框；然后选择 Plots，并在 Normality plots with tests 前面的方框中划"√"。下面是 SPSS 的部分输出结果：

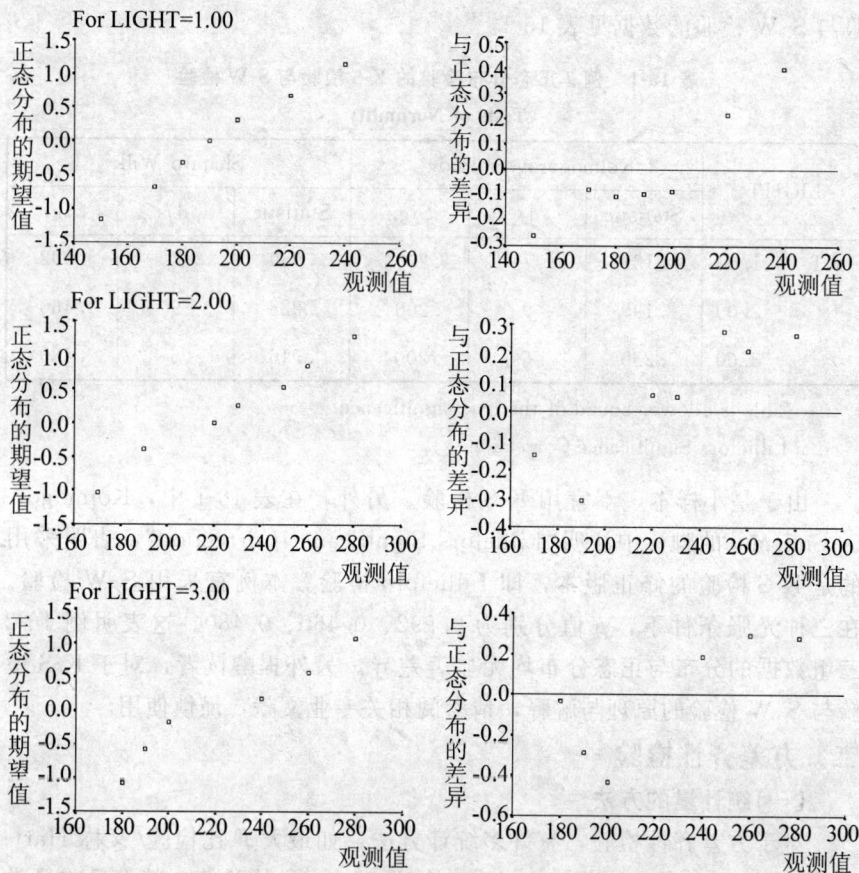

**图 16-7　根据例 2 数据绘制的正态 Q-Q 图和去势 Q-Q 图**

从图 16-7 的正态 Q-Q 图与去势 Q-Q 图可以看出，在三种光强条件下，每组数据均服从正态分布。下面结合本例简要介绍 K-S 检验与 S-W 检验。

### (二)K-S 检验与 S-W 检验

K-S 检验（柯尔莫诺夫—斯米尔诺夫检验）是以变量的经验分布为基础的检验，其目的是推断两样本分别代表的两总体分布是否相同。但一般适用于大样本（还有人认为对于正态分布检验，K-S 至少需要 2000 以上的样本量）。

S-W 检验（夏皮罗—威尔克检验）由 Shapiro 和 Wilk 在 1965 年和 1968 年提出，用于检验一个随机样本是否取自正态分布。S-W 检验适用于小样本，但如果数据中有较多重复数值，S-W 检验也会出现问题。

当用于正态分布检验时，两种检验的 $H_0$ 均是数据符合正态分布，因此 $p$ 值越小，证明数据不服从正态分布的把握越大。对例 2 数据 K-S 检验与 S-W 检验的数据见表 16-1。

**表 16-1　例 2 正态分布检验的 K-S 检验与 S-W 检验**
**Tests of Normality**

| LIGHT | | Kolmogorov-Smirnov[a] | | | Shapiro-Wilk | | |
|---|---|---|---|---|---|---|---|
| | | Statistic | d$f$ | *Sig.* | Statistic | d$f$ | *Sig.* |
| RT | 1.00 | .121 | 7 | .200* | .989 | 7 | .992 |
| | 2.00 | .199 | 9 | .200* | .928 | 9 | .460 |
| | 3.00 | .230 | 6 | .200* | .916 | 6 | .480 |

∗. This is a lower bound of the true significance

a. Lilliefors Significance Correction

由于是小样本，不宜用 K-S 检验。另外，在表 16-1 中，Kolmogorov-Smirnov 的脚标中注明"Lilliefors Significance Correction"，表明采用的是 K-S 检验的修正版本，即 Lilliefors 检验。本例宜采用 S-W 检验。在三种光强条件下，$p$ 值分别为 0.992、0.460、0.480。这表明例 16-2 三组数据的分布与正态分布均无显著差异。另外提醒读者，对于 K-S 检验与 S-W 检验的原理与解释，请参阅相关专业文献，谨慎使用。

## 二、方差齐性检验

### （一）统计量的方法

对于方差齐性检验，有许多统计方法，如最大 $F$ 比检验（又称 Hartley 检验）、Bartlett 检验、Cochran 检验、Levene 检验等。其中目前最常用的是最大 $F$ 比检验（$F = \dfrac{S_{\text{大}}^2}{S_{\text{小}}^2}$）与 Bartlett 检验。但这里提醒读者注意，这两种方法以及 Cochran 检验都要求总体正态分布。而正态性与方差齐性往往是伴随的，即不服从正态分布的数据往往方差也不齐。如果违反了总体正态分布的前提，最大 $F$ 比检验、Bartlett 检验，以及 Cochran 检验的稳健性就会受到很大的影响。因此目前应用最广泛的是 Levene 检验，该检验没有对总体正态分布的要求，稳健性好。

## (二)Levene 检验

Levene 检验(Levene's test)由利文(H. Levene)于 1960 年提出,该方法的实质是将原始数据 $x_{ij}$ 转换为相应的离差 $z_{ij}$,然后用离差 $z_{ij}$ 进行单因素方差分析。Levene 检验的计算公式为:

$$F = \frac{(N-k)\sum\limits_{i=1}^{k} n_i \; (\bar{z}_i - \bar{z})^2}{(k-1)\sum\limits_{i=1}^{k}\sum\limits_{j=1}^{n_i} (z_{ij} - \bar{z}_i)^2} \qquad \mathrm{d}f_{分子} = k-1 , \; \mathrm{d}f_{分母} = n-k$$

[16-4]

公式[16-4]中 $k$ 为组数,$n_i$ 为第 $i$ 组的样本量,$N = n_1 + n_2 + \cdots\cdots + n_k$,即各组样本量之和,$z_{ij}$ 为原始数据 $x_{ij}$ 转换所得的离差。$\bar{z}_i$ 为第 $i$ 组的均数,$\bar{z}$ 为全部数据的总均数。$\mathrm{d}f_{分子} = k-1$,$\mathrm{d}f_{分母} = n-k$。

目前离差 $z_{ij}$ 的转换方法有四种,分别是:

$$z_{ij} = \mid x_{ij} - \bar{x}_i \mid \qquad\qquad [16-5]$$

公式[16-5]中,$x_{ij}$ 为原始数据,$\bar{x}_i$ 为原始数据中第 $i$ 组的算术平均数。

$$z_{ij} = (x_{ij} - \bar{x}_i)^2 \qquad\qquad [16-6]$$

公式[16-6]中的字母含义同公式[16-5]。

$$z_{ij} = \mid x_{ij} - M_i \mid \qquad\qquad [16-7]$$

公式[16-7]中,$M_i$ 为第 $i$ 组的中位数。

$$z_{ij} = \frac{(W+n_i-2)n_i \; (x_{ij} - \bar{x}_i)^2 - W(n_i-1)s_i^2}{(n_i-1)(n_i-2)} \qquad [16-8]$$

公式[16-8]中的字母含义同公式[16-4],其中 $W$ 一般取 0.5,用它可以调整资料分布的峰度。

## (三)统计图的方法

### 1. 幅度—水平图(Spread vs. Level Plot)

幅度—水平图是指框图(Boxplot)的高度与各变量的水平(Level)或均值之间的关系。这种关系采用幅度—数值图示法时,则把每组数据的幅度(框高,即因变量)与对应的水平(即自变量水平)画在一张坐标图上。如果幅度—水平图中的散点聚在一条水平线周围时,表示数据之间不存在某种关系,方差齐性;否则表明幅度与水平存在某种关系,应当进行数据转换。

### 2. Q-Q 图检验

麦克利兰(G. McClelland,不是提出成就动机的麦克利兰)还提出借助 Q-Q 图的直观判定方法。第一节中提到,如果数据服从正态分布,则图中数据点应和理论直线（对角线）基本重合；如果两组数据均服从正态分布，那么两组数据之差的 Q-Q 图中，若 $\sigma_1^2 = \sigma_2^2$，则数据点还是会与对角线重合。

**（四）实例**

例 16-3：假设某心理学实验收集到两组数据，在对其进行两独立样本 $t$ 检验之前，请检验这两组数据是否符合前提条件（假设独立性已经通过实验实施过程得到满足）。原始数据见表 16-2。

**表 16-2　例 3 的原始数据**

| 实验组 | 76 | 62 | 91 | 94 | 57 | 105 | 82 | 83 | 37 | 82 | 106 | 88 | 78 | 78 | 60 |
|--------|----|----|----|----|----|-----|----|----|----|----|-----|----|----|----|----|
| 控制组 | 60 | 44 | 75 | 73 | 34 | 82 | 59 | 69 | 21 | 59 | 92 | 72 | 57 | 64 | 44 |

（1）利用正态 Q-Q 图，结合 Shapiro-Wilk 检验，对两组数据分别进行正态分布检验，结果表明两组数据均符合正态分布（图略）。

（2）将实验组与控制组的数据均按升序排列，对应数据相减，得到表 16-3。

**表 16-3　升序排列后的例 3 数据**

| 实验组 | 37 | 57 | 60 | 62 | 76 | 78 | 78 | 82 | 82 | 83 | 88 | 91 | 94 | 105 | 106 |
|--------|----|----|----|----|----|----|----|----|----|----|----|----|----|-----|-----|
| 控制组 | 21 | 34 | 44 | 44 | 57 | 59 | 59 | 60 | 64 | 69 | 72 | 73 | 75 | 82 | 92 |
| 实验组—控制组 | 16 | 23 | 16 | 18 | 19 | 19 | 19 | 22 | 18 | 14 | 16 | 18 | 19 | 23 | 14 |

（3）判定方差是否一致。进行 Levene 检验，并绘制幅度—水平图；以表 16-3 末行（实验组—控制组）的数据绘制 Q-Q 图。Levene 检验与幅度—水平图可以很容易在 SPSS 的 Analyze→Descriptive Statistics→Explore 过程中得到。以下是 SPSS 输出结果：

**表 16-4　判断例 3 数据方差齐性的 Levene 检验表**
**Test of Homogeneity of Variance**

|   |  | Levene Statistic | df1 | df2 | Sig. |
|---|---|---|---|---|---|
| X | Based on Mean | .886 | 1 | 28 | .355 |
|   | Based on Median | .699 | 1 | 28 | .410 |
|   | Based on Median and with adjusted df | .699 | 1 | 26.152 | .411 |
|   | Based on trimmed mean | .754 | 1 | 28 | .393 |

表 16-4 给出了基于均数、基于中数、基于中数和调整自由度以及基于截尾均值四种情况下 Levene 方差齐性检验结果。表中各显著性概率均大于 5%，表明两组数据的方差是相等的。

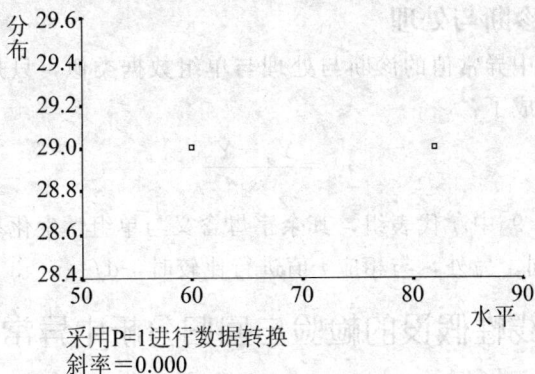

采用P=1进行数据转换
斜率＝0.000

**图 16-8　判断例 3 数据方差齐性的幅度—水平图**

图 16-8 是不进行任何转换的幅度—水平图。观察图中散点及脚标注明的斜率(斜率＝0.000)，可知两组数据之间不存在某种关系，满足方差齐性。

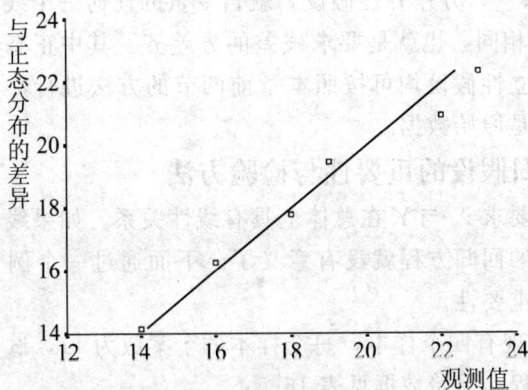

**图 16-9　判断例 3 数据方差齐性的 Q-Q 图**

从图 16-9 可以看出，数据点与对角线重合，表明两组数据的方差一致。这与 $F$ 检验的结果是一致的($F=0.006$，$p=0.940$)。

综上，可以认为两组数据均服从正态分布，方差齐性，可以采用 $t$ 检验的方法对上述两组数据均数的差异进行显著性检验。

这里顺便说一下，例 16-3 的数据很好，实验组与控制组的方差一致，但有时我们也会遇到方差不齐的情况。实际上，总体方差未知且 $\sigma_1^2 \neq \sigma_2^2$ 的两独立样本均数差异的显著性检验是统计学中的一个著名问题。当 $\sigma_1^2 \neq \sigma_2^2$ 时，一般采用柯克兰—柯克斯 $t$ 检验(Cochran-Cox $t$ test)。但这个方法只能提供一个近似值，而且 $\sigma_1^2 \neq \sigma_2^2$ 时，如果 $t$ 检验应用条件被严重违反，该结果也是不准确的。因此统计界目前比较一致的看法是此时应当直接采用非参数检验，这样虽然会降低统计检验力，但不会出大错。

### 三、异常值诊断与处理

两组数据中异常值的诊断与处理与单组数据类似，只是学生化剔除残差的公式变成了：

$$r_{ij}^* = \frac{Y_{ij} - \overline{Y}_{[i]j}}{s_{[i]}} \qquad [16-9]$$

公式[16-9]中 $j$ 代表组，其余字母含义与单组学生化剔除残差公式[16-2]的相同。另外，与相应 $t$ 值进行比较时，$\mathrm{d}f = n-3$。

## 第三节　线性假设的检验与回归分析中异常值的诊断

线性回归分析必须满足四个基本假设：(1)线性假设，要求自变量与因变量之间的关系是线性的；(2)独立性假设，因变量 $Y$ 的取值相互独立，也就是要求残差间相互独立，不存在自相关；(3)正态性假设，就自变量的任何一个线性组合，因变量 $Y$ 均服从正态分布，也就是要求残差服从正态分布；(4)方差齐性假设，就自变量的任何一个线性组合，因变量 $Y$ 的方差均相同，也就是要求残差的方差齐。其中正态性假设、方差齐性假设和独立性假设均可按照本章前两节的方法进行，只是被检验的是残差，而不是原始数据。

### 一、线性回归假设的重要性与检验方法

线性回归要求 $X$ 与 $Y$ 在总体上具有线性关系。如果线性关系的假设不成立，建立的回归方程就没有意义了。下面通过一个例子揭示检验线性回归假设的重要性。

例 16-4：现有四个样本，每个样本的个案数为 11，试分别计算四个样本的回归方程。原始数据见表 16-5：

**表 16-5　回归分析结果相同的四个样本的原始数据**

| 个案 | 样本 1 | | 样本 2 | | 样本 3 | | 样本 4 | |
| | $X_1$ | $Y_1$ | $X_2$ | $Y_2$ | $X_3$ | $Y_3$ | $X_4$ | $Y_4$ |
|---|---|---|---|---|---|---|---|---|
| 1 | 10 | 8.04 | 10 | 9.14 | 10 | 7.46 | 8 | 6.58 |
| 2 | 8 | 6.75 | 8 | 8.14 | 8 | 6.77 | 8 | 5.76 |
| 3 | 13 | 7.58 | 13 | 8.74 | 13 | 12.74 | 8 | 7.71 |
| 4 | 9 | 8.81 | 9 | 8.77 | 9 | 7.11 | 8 | 8.84 |
| 5 | 1 | 8.33 | 1 | 9.26 | 1 | 7.81 | 8 | 8.47 |

表 16-5　回归分析结果相同的四个样本的原始数据　　　　　　续表

| 个案 | 样本 1 | | 样本 2 | | 样本 3 | | 样本 4 | |
|---|---|---|---|---|---|---|---|---|
| | $X_1$ | $Y_1$ | $X_2$ | $Y_2$ | $X_3$ | $Y_3$ | $X_4$ | $Y_4$ |
| 6 | 14 | 9.96 | 14 | 8.10 | 14 | 8.84 | 8 | 7.04 |
| 7 | 6 | 7.24 | 6 | 6.13 | 6 | 6.08 | 8 | 5.25 |
| 8 | 4 | 4.26 | 4 | 3.10 | 4 | 5.39 | 19 | 12.50 |
| 9 | 12 | 10.84 | 12 | 9.13 | 12 | 8.15 | 8 | 5.56 |
| 10 | 7 | 4.82 | 7 | 7.26 | 7 | 6.42 | 8 | 7.91 |
| 11 | 5 | 5.68 | 5 | 4.74 | 5 | 5.73 | 8 | 6.08 |
| $r$ | 0.81642 | | 0.81624 | | 0.81629 | | 0.81652 | |
| $R^2$ | 0.667 | | 0.666 | | 0.666 | | 0.661 | |
| 总和 | 99 | 82.51 | 99 | 82.51 | 99 | 82.50 | 99 | 81.70 |
| 均数 | 9 | 7.50 | 9 | 7.50 | 9 | 7.50 | 9 | 7.43 |

　　如果按照一元线性回归的计算公式计算，表 16-5 四个样本的数据均能得到相同的回归方程：$Y = 3.0 + 0.5X$，且回归方程显著，$t(9) = 4.24$，$p < 0.01$。四组数据的相关系数与测定系数也基本一致，$r = 0.82$，

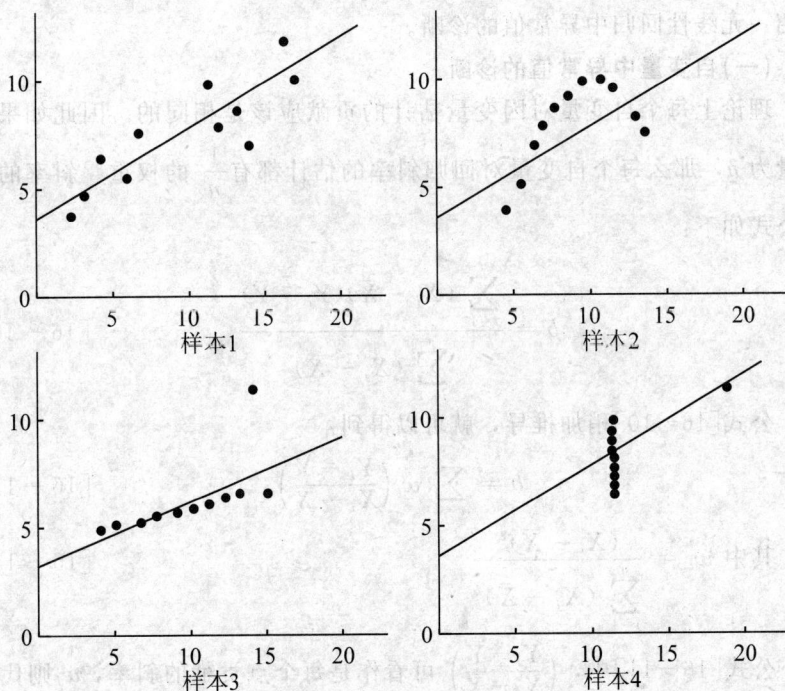

图 16-10　回归分析结果相同的四个样本的散点图

$R^2=0.67$。但如果分别作出四组数据 $x$、$y$ 两列变量的散点图，见图 16-10。从图 16-10 可以看出，样本 1 的散点图符合线性假设；样本 2 的散点图呈现出曲线分布。这种分布需要数据转化后再进行回归分析；样本 3 的散点图中有一个异常值，应将该异常值剔除后再进行回归分析；样本 4 表明 $x$ 对 $y$ 没有影响。

从例 16-3 可以看出，如果不进行线性假设的检验，固然可以得到回归方程，但此时方程已经不能准确反映数据的情况了。因此在建立回归方程前，一定要对方程进行线性检验。最简单也最直观的方法就是作出类似图 16-10 的散点图，既可以检验线性假设，也可以诊断异常值。另外，如果用 SPSS，还可以在 Analyze→Compare Means→Means 的过程中对线性假设进行检验。请读者参阅相关 SPSS 教程，此处不再赘述。

## 二、一元线性回归中异常值的诊断

每个一元线性回归方程都包含两个变量：自变量与因变量，因此对一元线性回归中异常值（回归分析中的异常值还被称为强影响点，这里考虑到行文，还是沿用异常值的称呼）的诊断，除了前两节介绍的方法，还有其独特的方法：（1）自变量中是否存在异常值，（2）因变量中是否存在异常值，（3）同时影响自变量与因变量的异常值。下面分别从这三个方面介绍一元线性回归中异常值的诊断。

### （一）自变量中异常值的诊断

理论上每个自变量对因变量估计的贡献应该是相同的。因此如果样本量为 $n$，那么每个自变量对回归斜率的估计都有 $\frac{1}{n}$ 的权重。斜率的计算公式如下：

$$b = \frac{\sum_{i=1}^{n}(X_i - \overline{X})(Y_i - \overline{Y})}{\sum_{j=1}^{n}(X_j - \overline{X})} \qquad [16-10]$$

公式[16-10]稍加推导，就可以得到：

$$b = \sum_{i=1}^{n} w_i \left( \frac{Y_i - \overline{Y}}{X_i - \overline{X}} \right) \qquad [16-11]$$

其中 $w_i = \dfrac{(X_i - \overline{X})^2}{\sum_{j=1}^{n}(X_j - \overline{X})^2}$ $\qquad [16-12]$

公式[16-11]中，$\left( \dfrac{Y_i - \overline{Y}}{X_i - \overline{X}} \right)$ 可看作是每个点贡献的斜率，$w_i$ 则代表权重。这样斜率 $b$ 可以理解为每个点贡献的斜率分别乘以其权重的平均值。

以例 16-4 表 16-5 中的样本 1 的数据为例，用公式[16-11]和[16-12]计算斜率，见表 16-6。

**表 16-6　例 16-4 样本 1 的斜率计算**

| 个案 | $X_1$ | $Y_1$ | $b_i$ | $w_i$ | $w_i \times b_i$ |
|---|---|---|---|---|---|
| 1 | 10 | 8.04 | 0.54 | 0.01 | 0.00 |
| 2 | 8 | 6.75 | 0.55 | 0.01 | 0.01 |
| 3 | 13 | 7.58 | 0.02 | 0.15 | 0.00 |
| 4 | 9 | 8.81 | $\infty$ | 0.00 | 0.00 |
| 5 | 1 | 8.33 | 0.41 | 0.04 | 0.02 |
| 6 | 14 | 9.96 | 0.49 | 0.23 | 0.11 |
| 7 | 6 | 7.24 | 0.09 | 0.08 | 0.01 |
| 8 | 4 | 4.26 | 0.65 | 0.23 | 0.15 |
| 9 | 12 | 10.84 | 1.11 | 0.08 | 0.09 |
| 10 | 7 | 4.82 | 1.34 | 0.04 | 0.05 |
| 11 | 5 | 5.68 | 0.46 | 0.15 | 0.07 |
| 总和 | 99 | 82.51 | | 1.00 | 0.50 |
| 均数 | 9 | 7.50 | | | |
| 离均差平方和 | 110 | | | | |

如果将每对 $X$、$Y$ 的斜率汇成图，可以得到图 16-11。

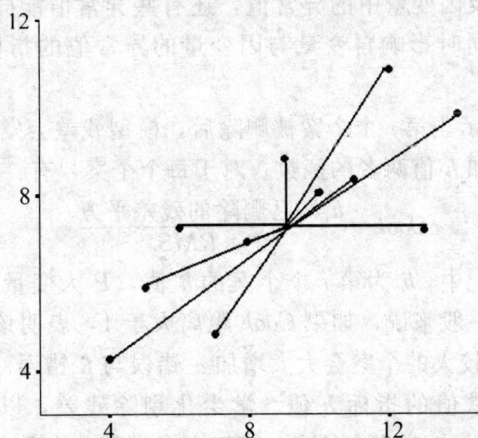

**图 16-11　例 4 样本 1 中各对 $X$、$Y$ 的斜率**

结合表 16-6 与 16-11 可以看出，$X$ 值与均数的差值越大，权重就越大，斜率线越长。在表16-6中可以看出，个案3、6、8、11这四对数据的权重就占到了总权重的75%。越是极端的值占的权重就越大，对回归方程斜率的影响也越大。

如果将公式[16-12]稍加变化，就可以得到 $h$ 值（又称杠杆值，Leverage value）的计算公式：

$$h_i = \frac{1}{n} + \frac{(X_i - \overline{X})^2}{\sum\limits_{j=1}^{n}(X_j - \overline{X})^2} \qquad [16-13]$$

$h$ 值代表了自变量在决定斜率时的权重。该公式不仅适用于一元回归，也适用于多元回归。如果某数据的 $h > \dfrac{2 \times P}{N}$ ，则表明该数据可能是异常值。其中 $P$ 为变量数，$N$ 为样本量。表16-5中个案8的 $h$ 值为 $0.91 > \dfrac{2 \times 2}{11} = 0.364$ ，因此可以认为是异常值。这与散点图的显示的结果也是一致的。

### （二）因变量中异常值的诊断

因变量中异常值的诊断与前两节异常值的诊断类似，此时学生化剔除残差的公式变成了：

$$r_i^* = \frac{Y_i - \hat{Y}_{[i]}}{s_{[i]}} \qquad [16-14]$$

字母含义与单组学生化剔除残差公式[16-2]的相同，与相应 $t$ 值进行比较时，$\mathrm{d}f = n - 3$ 。

### （三）同时影响自变量与因变量的异常值

除了自变量及因变量中的异常值，还有些异常值能同时影响自变量与因变量。考察同时影响自变量与因变量的异常值的指标为 $Cook$ 距离（$Cook's\ D$）。

$Cook$ 距离表示当第 $i$ 个个案被删除后，模型残差会发生多大的变化。它可以写作残差和 $h$ 值两者的函数。对于每个个案，有：

$$Cook = \frac{h_i \times 已删除的残差平方}{P \times RMS} \qquad [16-15]$$

公式[16-15]中，$h_i$ 为第 $i$ 个个案的 $h$ 值，$P$ 为变量数，$RMS$ 为模型残差的均方。一般来说，如果 $Cook$ 距离大于1，表明该个案可能为异常值。$Cook$ 距离较大的个案会大大增加 $\alpha$ 错误与 $\beta$ 错误。

以上诊断异常值的指标 $h$ 值、学生化剔除残差，以及 $Cook$ 距离，SPSS在进行回归分析时都会给出，请读者参阅相关专业书籍。

## 三、多元回归中多重共线性的诊断与处理

前面所述的一元线性回归假设的检验与异常值诊断的方法完全可以

推广到多元回归中。如 $h$ 值、学生化剔除残差，以及 $Cook$ 距离，虽然公式有所变化，但对其理解与一元回归中相同。散点图则变成了净回归图（partial regression leverage plot），即对某个自变量 $X_i$ 不是绘制 $Y$ 对应于 $X$ 的图，而是绘制 $Y$ 的残差对应于 $X$ 的图，但其基本思路还是相同的。以上 $h$ 值、学生化剔除残差、$Cook$ 距离，以及净回归图计算机统计软件都会给出。

**(一)多重共线性的诊断**

还有一个多元回归特有的问题，即自变量之间的多重共线性问题，这在进行回归分析时是必须要考虑的。多重共线性指的是自变量间存在近似的线性关系，即某个自变量能近似的用其他自变量的线性函数来描述。一般来说，自变量之间不可能完全独立，但如果共线性趋势非常明显，就会对模型拟合带来严重的影响，回归方程的预测精度会大大降低。对多重共线性问题的诊断主要有以下几种方法：

(1)作出自变量间或系数间的相关系数矩阵，观察是否有某些自变量之间的相关系数非常高。一般来说，相关系数超过 0.9 的变量在分析时将会存在共线性问题，在 0.8 以上时可能会有问题。但该方法仅能作为初步判断。

(2)容忍度(tolerance)：由 Norusis 等提出，容忍度即以每个自变量作为因变量对其他自变量进行回归分析时得到的残差比例，大小用 1 减决定系数表示。该指标越小，则说明该自变量被其余自变量预测的越精确，共线性可能就越严重。我国著名统计学家陈希孺院士等根据经验得出：如果某个自变量的容忍度小于 0.1，则可能共线性问题严重。

(3)方差膨胀因子(variance of inflation factor, VIF)：由 Marquardt 于 1960 年提出，实际上就是容忍度的倒数，VIF 越大，说明共线性问题可能越严重。

(4)特征根(eigenvalue)：该方法实际上就是对自变量进行主成分分析，如果相当多维度的特征根约等于 9，则可能有比较严重的共线性问题。

(5)条件指数(condition index)：由 Stewart 等提出，当某些维度的该指标数值大于 30 时，则可能存在共线性问题。

**(二)多重共线性的解决办法**

如果根据以上方法可以确定自变量间存在多重共线性问题，就不能直接使用多元回归。此时可以采用的解决办法有以下几种：

(1)增大样本容量，有时候可以部分解决共线性问题。

(2)采用多种自变量筛选方法相结合的方式，建立一个最优的逐步回归方程。

（3）从专业角度进行判断，人为去除理论上认为比较次要的，或者缺失值较多、测量误差较大的共线性因子。

（4）主成分分析。用提取出的因子代替原变量进行回归分析。

（5）岭回归分析（ridge regression）。一般的回归分析是借助最小二乘法来进行估计的，但当自变量间存在多重共线性问题时，最小二乘法就会受到严重的影响。岭回归实际上就是对最小二乘法的一种改进，它以损失部分信息，放弃部分精确度为代价，换取更好的稳健性。

（6）路径分析（path analysis）。路径分析可以对自变量与因变量的关系加以精确的刻画。

## 第四节　异常值的处理

### 一、剔除异常数据

前三节介绍了几种诊断异常值的方法，既有图示的方法，也有统计指标。然而这里要提醒读者注意，某个数据是否是异常值，并不是仅靠统计方法就能解决的。异常数据的剔除并没有一定之规，最终还得由研究者自己做决定，对此研究者有不可推卸的责任。如果结合理论、研究过程，以及研究者对研究的反思，认为某数据确实有问题，那么最简洁有效的方法就是将这些异常数据剔除。

### 二、非参数统计

大家都知道，非参数检验是对总体分布不做严格假定，或在数据不满足等距或等比条件时采用的统计检验方法。但现在我们对非参数统计还存在某些错误的认识，比如只要参数统计的前提条件不能满足，就可以放心使用非参数统计，或者尽量不要用非参数统计，因为非参数统计会使统计检验力大大下降。实际上这两种认识都是错误的。

首先，非参数统计并不是对总体不作任何要求的统计。非参数统计包含两部分内容，即无分布推断（distribution free inference）与非参数推断。所谓无分布推断是建立在样本函数基础上的，而样本随机变量的分布与其所由抽取的总体分布函数无关，因而不需要作出总体的假设。非参数推断则意味着一种检验假设是与总体参数无关的。可是某些非参数检验对总体参数仍有要求，比如曼—惠特尼 $U$ 检验（Mann-Whitney U test），克—瓦氏检验（Kruskal-Wallis test），分别对应于两独立样本的 $t$ 检验与单因素方差分析，虽然这两个检验不要求数据服从总体正态分布，但却要求两样本的分布一致。如果数据中存在异常值，那两个样本的分布也很难一致。因此，并非参数统计前提条件满足不了的数据就全都可以用非参数统计解决。注意，非参数统计也是需要前提条件的。

其次，非参数统计会使统计检验力大大降低的结论也不完全正确。实际上，有些非参数统计方法的统计检验力大约在参数统计方法的95%左右。而且这是在假定参数统计的前提条件完全满足的情况下。但在实际应用中，参数统计的前提条件根本不可能完全满足(即使按照本章前三节的方法进行了检验并剔除了异常值)，特别是样本较小的时候。非参数统计具有的这种天然的稳健性，使其在近年来发展极为迅速，已经成为了21世纪统计学发展的热点之一。

所以非参数统计并非任何前提条件都不需要满足，但只要其前提条件得到了基本的保障，统计检验力是不成问题的。

## 三、数据转换(Transformations)

除了借助非参数统计的方法，某些不能满足正态性假设和方差齐性假设的数据还可以通过数据转换的方法使其符合检验的前提假设。这里简要检验介绍一种最常用的数据转换方法，博克斯—考克斯转换(Box-Cox transformations)。博克斯—考克斯转换是博克斯(G. Box)与考克斯(D. Cox)对幂转换(power transformations)方法进行扩展得到的，既可对不满足正态假设的数据进行转换，也可对不满足方差齐性假设的数据进行转换。幂转换不分析因变量 $Y$，而是分析 $\lambda$ 值：

$$Y(\lambda) = \begin{cases} \dfrac{Y^\lambda - 1}{\lambda} & (\lambda \neq 0) \\ \log y & (\lambda = 0) \end{cases} \qquad [16-16]$$

幂转换对 $\lambda = 0$ 的情况不进行定义，而是用 $\log y$ 函数代替。对 $\lambda \neq 0$ 的情况，减去 1 和除以 $\lambda$ 是为了使幂函数曲线与图 16-12 中 $Y = 1$ 成一线。

实际上，除了幂转换，还有许多种数据转换的方法。当数据不服从正态分布时，常用的转换方法有 1/2 次方转换、对数转换、Fisher 的 $Z$ 转换和幂转换等。其中，计数数据通过 1/2 次方转换更近于正态分布，比例形式的数据采用对数转换更有效，$Z$ 转换则适用于相关系数。当方差不齐时，可以采用幂函数转换，而常见的幂函数转换方法又有几种，如自然对数、1/2 次方、平方、三次方等，都需要根据具体情况进行选择。

本章依次向读者介绍了正态分布假设检验、方差齐性检验、独立性检验、线性假设检验，以及多元回归中多重共线性检验，以及在各种不同情况下异常值的诊断与处理方法。本章提供的方法并不全面，仅是管窥一斑，但希望本章提出的问题能够引起读者的重视，至于有些具体方

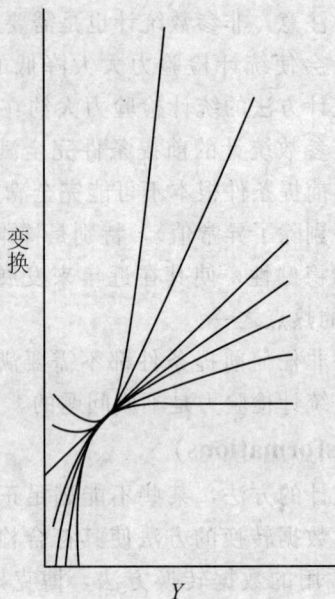

变换

Y

**图 16-12　幂转换**

（在右边的数据呈下降序列，幂是 3，2，0.5，0，−0.5 和−1）

法还可参阅其他相关的专业书籍。

　　本章努力突出一个中心思想，即研究者自身要对数据的分析负有责任。无论是参数检验前提条件的检验，还是异常值的诊断与处理，都不可能有非常清晰的程序，故每一步都要研究者结合自己的研究进行判断与选择。所以本章也特别推崇图形化的分析方法，比如本章介绍了 P-P 图、Q-Q 图、散点图等。图形具有简单、直观的特点，而且一般来说图形提供的信息远比统计量要丰富。在统计图形辅助下进行判断时，研究者不可能将责任推诿于某个统计量是否达到了"某个标准"，因为图形根本不可能像统计量那样有非常明确的标准。

## 本章思考题

　　1. 数据正态分布检验都包含哪几类方法？具体怎样进行？

　　2. t 检验、方差分析，及线性回归之前都要进行哪些前提条件的检验？

　　3. 一元线性回归中异常值的诊断有什么独特之处？

　　4. 异常值的处理一般有哪些方法？研究者应该以怎样的态度对待异常值？

（作者：周厚余、谢天）

# 第十七章　非实验数据的分析

如果把社会心理学家研究的问题分为因果和非因果两类，那么一般认为研究因果问题的理想方法是对自变量进行操纵的实验研究。然而，大量的社会心理学研究采用非实验的研究方法，并且非实验研究收集的数据除了进行非因果分析之外，也可以进行因果分析。本章从因果和非因果分析的角度介绍非实验数据的分析方法，重点论述使用每种方法所要考虑的统计问题和研究设计问题，前者指出统计分析是一个在各种问题上不断作决策的过程，后者则强调实施每种统计分析之前就应该考虑的研究设计问题。可以说，统计分析并不仅是按部就班的计算，更不是点击几个统计软件的按钮，它需要研究者具有本领域扎实的理论基础和丰富的研究经验。统计分析输出的那些图表和数字除非实质的改善了我们对现象的理解，否则再漂亮也没有意义。因此，本章旨在通过勾勒非实验数据分析方法的基本内容，指出使用各个方法的原则和要注意的问题，但数学的计算过程和相应软件操作程序不是文章的重点。我们在简要介绍非实验数据分析的背景之后，对探索性因素分析、验证性因素分析、多维度测量（multidimensional scaling）、聚类分析、多元线性回归、多层线性模型（hierarchical linear model）和结构方程模型（structural equation model）等统计方法逐一进行论述，并指出了这些方法间的区别和联系。

## 第一节　非实验数据分析概述

### 一、非实验研究的情境

#### （一）非实验研究的条件

社会心理学家通常在以下三种情况进行非实验研究：首先，研究问题不涉及因果关系。有时研究目的只是为了描述一个现象，并不关心变量之间的因果关系。如，用社会再适应评定量表来评估不同应激事件的强度。另外，研究者经常会分析某个心理现象背后的维度，例如对社会态度的维度进行分析，发现社会态度包含认知、情感和行为倾向三个成分。这类研究的典型程序是先编制某个心理概念的量表，然后在编制量表的过程中理解和发展这一概念的结构和理论。我们熟悉的智力概念以及智力理论的发展是与智力测验的发展紧密联系在一起的。

其次，研究的自变量不能人为操纵。例如，我们不能人为改变一个人的人格，因此当人格变量是自变量时，自变量就是不能操纵的。同样的，人口统计学变量如性别、种族、年龄等也不能人为改变，社会化经验和文化也是如此。在这些情况下，研究者必须测量变量的自然变化，然后再通过非实验的手段评价它们对其他变量的影响。另外一些情况下，操纵自变量理论上可行，但不符合伦理道德。相比于其他心理学分支，社会心理学研究的伦理问题更加普遍，如津巴多(P. Zimbado)的模拟监狱实验不管是对扮演狱警还是扮演囚犯的被试都造成很大的影响，由于实验伦理问题越来越受到重视，这样的实验在今天已不允许再实施了。因此，很多研究都采用调查的方法收集数据，然后通过某些统计程序来完成因果的分析。

最后，研究问题和变量过于复杂。例如，设想 1 个自变量通过 3 个中介变量影响 1 个因变量。如果完全采用实验的方法，需要对 1 个自变量和 3 个中介变量实施 4 个分离的操纵。相反，如果部分采用实验的方法，在操纵自变量的同时对 3 个中介变量进行测量，再使用相应的统计方法检验中介作用，研究程序将变得更加简单易行。所以，研究的效率和便利也是实施非实验研究的条件。正因为如此，随着结构方程模型等统计方法的发展，格林伯格(J. Greenberg)发现在管理心理学主流刊物上发表的研究中，实验研究的比例近来有下降的趋势。

**(二)非实验数据的分析方法**

研究者通常将一些统计程序视为"实验的"(如，方差分析)，而把另一些统计程序视为"非实验的"(如，相关、结构方程模型)。事实上，这种区分是不恰当的，因为很多统计方法既适用于实验的数据也适用于非实验的数据。比较合理统计方法的区分依据是研究问题的类型。有些统计方法只用于说明变量之间的非因果关系(如，探索性因素分析、多维度测量)；有些(如，多元回归、多层线性模型)则说明因果关系；还有些方法(如，结构方程模型)既说明非因果关系也说明因果关系。需要注意的是，因果关系既可以通过实验数据也可以通过非实验数据来检验，统计方法的选择主要取决于研究问题而不是研究设计的实验与非实验性质。虽然本章介绍非实验数据的分析方法，但是某些方法对于实验数据仍然适用。

本章以所说明问题的类型是因果假设还是非因果假设为框架，先介绍因素分析、多维度测量和聚类分析等说明非因果假设的分析方法，然后介绍多元回归、多层线性模型和结构方程模型等说明因果假设的分析方法。与非因果假设有关的研究问题主要是对心理现象进行分类以及理解一个心理概念的结构或构成维度。例如，人们在冒犯了他人之后，会对自己的行为作各种各样的解释，研究者想找到几个简单的类别来概括这些解释，通过对调查结果进行聚类分析，发现所有的解释都可以归为道歉、辩解、正当化和否认四类。再如研究者要理解组织公正这一概念的结构，通过对编制的量表进行因素分析发现组织公正包含分配公正、程序公正和互动公正三个维度。与因果假设有关的研究问题主要涉及探索变量之间引起和被引起的方向性关系，即自变量的变化引起因变量的变化。但是具体来说，因果假设还可分为很多不同的类型，我们留待第四节介绍。

## 二、非实验数据分析的目标

### (一)数据与模型

数据分析的目标是既准确又简洁地描述数据，通常表现为找到一个既准确又简洁的模型。数据是用数量表示的现象，包含要研究的变量和误差。模型是在原始数据基础上生成的描述变量之间相互关系的更简洁的再生数据。在数据分析建立模型之后，需要对模型进行解释，即以有意义的语言揭示现象背后的规律，此时模型解释是否合理往往要借助理论和经验的指导。假设用一个含有 60 个题目的量表来测量一个心理结构，研究者对 100 人施测这一量表，此时我们得到 6000 个分数。设想分析数据的两种极端情况，如果直接用 6000 个数据作为描述该心理结构的模型是最准确的，然而这个模型将变得极其复杂，没有任何理论意义。相反，如果把每个被试的量表总分算出来，再把 100 个人的量表总分求平均数和标准差，以此作为模型来描述该心理结构是最简洁的，然而这个模型将变得非常粗糙且不准确。因此，我们在实际分析数据时，往往根据一些统计指标找到既准确又相对简洁的模型。也就是说，在准确与简洁之间进行权衡是统计分析的主要决策标准。这一思想将体现在我们对每一种统计方法的论述中。

### (二)理论的作用

从表面上看既准确又简洁是一个清楚的标准，但在实际操作中总是非常复杂，所以不同的心理统计学家对每一种统计方法都提出了许多客观指标来帮助研究者作决定。有相当一部分的指标已获得大量研究的支持，研究者也可以结合多种指标来决定选取哪一个模型。然而，如果仅仅根据统计指标选择模型仍然是不够的，还必须结合理论和经验来选择。一方面，模型是原始数据的再生数据，中间经过了数学的转化，一个在数学上简洁的模型在理论上可能是无法解释的。另一方面，仅从数学的角度考虑，参数完全相同的模型可能有很多个，要想在众多的模型中选择最恰当的一个，也要依靠理论和经验的指导。

此外，与探索性研究和验证性研究相对应，统计方法也可以分为探索性的方法和验证性的方法。一般来说，验证性的方法是直接检验理论的，所以有明确的理论指导统计分析。如果某一理论此前已经被大量研究证实，那么仅仅根据一次数据的不符是不能轻易推翻该理论的。对于探索性的方法来说，虽然没有明确检验某一理论的目的，但是反而需要考虑更多的理论，结合更多的研究经验在众多模型中取舍。并且，探索性方法和验证性方法的区分不是绝对的，当验证性的研究不能证实原有的理论时，往往需要补充探索性的分析进一步发现更好的理论。可以说，不管是探索性分析还是实证性分析，都需要考虑模型的理论意义。此外，理论的考量不仅在统计分析之后进行，更要在数据收集之前进行。安德森（N. Anderson）指出在实证的研究范式下，理论是最基础的，需要优先考虑；其次是现象、行为、测量、设计；最后才是统计推断。因此，在接下来对统计方法的论述中，我们会发现，不管是面对统计问题还是研究设计问题，研究者的理论功底都是非常重要的。

## 第二节  因素分析

我们先从说明非因果假设的统计方法开始，本节主要介绍最常用也是唯一由心理学家发明的统计方法——因素分析法，包括探索性因素分析和验证性因素分析。两者均以公共因素模型为基础，但是分析的过程有很大不同，这里关于验证性因素分析的讨论绝大多数都适于第五节有关结构方程模型的讨论。

### 一、探索性因素分析

#### （一）探索性因素分析的基本原理

当研究者要发展量表或理解心理概念（构思）的结构，但事先又没有充分的理论可以用来预测构成概念的维度数目以及维度与测量变量之间的关系时，通常使用探索性因素分析。探索性因素分析主要用于从大量测量变量中寻找潜变量（因素）的数目和性质，有时也用来发展理论，理解概念的结构。例如，研究者通过探索性因素分析考察态度的结构，发展出态度包含情感、认知和行为三成分的理论。

探索性因素分析以公共因素模型为基础，公共因素模型假定每个测量变量的变异是一个或多个公共因素以及一个特殊因素的线性函数。公共因素是那些影响不止一个测量变量并且解释这些测量变量间相关的不可观测的潜变量(latent variable)。特殊因素是那些只影响一个测量变量的不可观测的潜变量。因此，公共因素模型假定测量变量的变异可以分解为公共变异，即公共因素解释的变异，也称为公共因素方差和特殊变异(包含随机测量误差)。每一个测量变量与其公共因素之间的相关，叫做因素负荷(factor loading)。

实施探索性因素分析时从测量变量间的相关(或协方差)矩阵开始，设定一个特定模型(即包含特定数目因素的模型)与相关矩阵拟合，以使预测的模型和观测的相关矩阵达到最大匹配。然后对公共因素方差、因素负荷以及因素之间的相关等模型参数进行估计，并结合理论和经验来解释因素的性质。

### (二)探索性因素分析的统计问题

#### 1. 因素抽取

因素抽取的方法主要有主因素法(principal factor method)和极大似然法(maximum likelihood，ML)。极大似然法比主因素程序对分布假设的要求更严格，但是如果数据分布没有明显违背多元正态(multivariate normality)，那么极大似然法更合适。虽然在大多数情境下，极大似然法和主因素程序将产生非常相似的参数估计，但是极大似然法能够进行因素负荷和因素间相关的显著性检验，并且大多数模型拟合指数都是以极大似然法为基础发展出来的。

#### 2. 决定因素数目

因为研究者永远不知道真正的因素结构，所以究竟选择包含多少因素的模型是一个在准确与简洁之间进行权衡的问题。对模型因素数目的多估和少估都是不恰当的。多估的模型产生的解可能包含一个或多个在测量变量上没有实质负荷的因素，或者一个或多个因素只负荷在单一的测量变量上。相反，模拟研究表明少估的模型则会产生把很多因素合并成一个因素的情况。为此，研究者提出很多决定因素数目的方法，主要有特征值(eigenvalues)大于1、碎石检验(scree test)、平行分析(parallel analysis)和模型拟合度四种方法。

特征值指每个因素负荷平方根的和。根据特征值大于1决定因素数目虽然客观，但具有一定的随意性。选取一个特征值为1.01的因素而舍弃一个特征值为 0.99 的因素是没有说服力的。并且模拟研究发现该方法容易产生多估。第二种决定因素数目的方法是碎石检验，该法把特征值按降序排列画在图上，然后找到特征值突然下降的点，把该点之前所有因素的数目作为模型包含的因素数。虽然判断"突然"下降具有主观性和模糊性，但模拟研究表明该法非常有效。第三种决定因素数目的方法是平行分析，首先计算从给定样本容量和测量数目的随机数据中产生的期望特征值，然后与真实数据的特征值比较，以后者超过前者的数目为因素数目。模拟研究表明平行分析也非常有效。以上三种方法都是主因素抽取程序使用的方法。

模型拟合度的方法适于极大似然法抽取的因素分析。该法需要计算一系列具有不同数目因素模型的拟合优度（goodness of fit），然后在模型的拟合测量充分拟合数据的情况下选择最简洁的那个模型。例如，研究者为了达到某种可接受的拟合而保留因素的数目，或者使因素的数目超过拟合度不能再提高的地方。该方法最大的优点是能够评估整个模型的拟合度。

总的来说，对于决定因素数目而言所有四种方法都不完美，最好的方法是采用多种标准，机械的遵循一种很差的程序，如特征值大于 1 的原则是最糟糕的策略。此外，决定因素数目不仅是一个统计问题，也是一个理论问题。一个理论上不可解释的模型是不可取的模型。

3. 因素旋转

一般探索性因素分析所得的结果都很难解释，尤其是某些变量同时在几个因素上都有相当程度的负荷时，各个因素的解释更加困难，因此通常进行因素旋转。在多维空间中，以一个相关矩阵作因素分析可能得到无数组因素轴的参考坐标，旋转因素轴可以使每个因素的意义变得清晰，但不会改变变量间的相关模式。具体来说，经过转轴后的因素矩阵，变量应该只在少数几个因素上有较大负荷，而矩阵中零或接近于零的负荷也越多越好。这样的矩阵具有最佳的简单结构（simple structure），最可解释，最具心理意义，也最具有可重复性。

因素旋转有很多方法，主要分为正交旋转和斜交旋转。正交旋转假设各个因素之间是相互独立的没有相关，而斜交旋转则没有这一假设。一个通常的误解是斜交旋转要求因素之间必须相关，实际上不相关的因素同样可以使用斜交旋转。由于很多心理学的构思都是相关的，所以采用斜交旋转比采用正交旋转得到的结果具有更简单的结构，也更符合研究构思的真实表征。目前正交旋转主要用 varimax 法，斜交旋转最常用的方法是 promax 法。

总之，因素抽取、决定因素数目和因素旋转都是实施探索性因素分析时要作的重要决策，研究者在报告研究结果时应说明这些决策的标准。一般来说，合适的做法是使用极大似然法的因素抽取方法，采用多重标准决定因素数目(尤其使用模型拟合的方法，碎石检验法和平行分析法)，以及使用斜交旋转方法获得因素意义。

### (三)探索性因素分析的研究设计问题

#### 1. 测量变量的选择

研究者对测量变量的选择直接决定了探索性因素分析最终得到的公共因素和特殊因素。如果测量变量选择不当，要么得不到重要的公共因素，要么产生与研究目的无关的公共因素，所以研究者要谨慎考虑研究设计。此外，尽可能地给每一个公共因素配置较多的测量变量(一般是3~5个)，虽然仅用两个测量变量也可以产生公共因素，但只有保证公共因素是超决定的(overdetermined)才能对总体值进行良好估计。

选择测量变量还要注意提高量表的信度和效度。低效度的测量或者产生拟合度较差的模型，或者产生拟合度好但很复杂的模型。提高效度意味着用来测量潜在公共因素的指标是有效的，不受无关变量的影响。提高信度意味着研究者选择包含较少随机误差的可靠性高的测量。如果实施因素分析的测量变量含有较少的特殊变异，将会大大提高参数估计(如，因素负荷)的准确性。

#### 2. 研究被试的选取

与取样有关的第一个问题是选取被试的方法。一般来说，按照总体的代表性随机取样是没有问题的，但是社会心理学家经常采用方便取样的方法，因而造成一些问题。如果样本在一个或几个公共因素上比总体同质，将减少变异，减弱测量变量之间的相关，产生对因素负荷和因素间相关错误性的低估。

与取样有关的第二个问题是被试数目。当每一个公共因素是超决定的(包含3个或更多变量)并且公共因素方差较高时(平均0.7或更高)，样本量为100就可以获得准确的参数估计。然而，当这些设计特征较差时，即使样本量大到400~800，也是不足够的。当模型拟合度或参数估计的检验存在问题时，决定样本大小也要结合统计功效水平来考虑。

## 二、验证性因素分析

### (一)验证性因素分析的基本原理

验证性因素分析是探索性因素分析的扩展，同样以公共因素模型为基础，首要目标也是确定一组测量变量背后的因素(即潜变量)的数目和性质，用于发展理论或建构量表。不同的是，探索性因素分析对公共因素的数目和结构没有预先的理论依据，而验证性因素分析首先要对研究的问题提出有一定依据的理论构想，确定公共因素的数目以及测量在因素(即潜变量)上的负荷模式。因此，验证性因素分析只考虑较少的几个具有理论意义的模型。例如，一般认为态度包含认知、情感和行为三个成分，但也可以用"评价"这个单一因素来解释态度的结构，研究者通过验证性因素分析比较了三因素模型和单因素模型，发现三因素模型比单因素模型对数据拟合得更好。验证性因素分析与探索性因素分析的另一个不同是验证性因素分析很少进行因素旋转，因为预期的因素负荷简单结构已经确定。此外，与探索性因素分析相比，验证性因素分析允许对模型参数进行更灵活和集中的假设检验。

由于验证性因素分析只考虑相对较少的有意义模型，所以不能发现事先没有考虑但可能更好的模型。相反，因为探索性因素分析对负荷模式的限制很少，所以能从数据的机遇特征获益，从而识别很多更合适的潜在模型。一般来说，研究者先做一个探索性因素分析确定所有可能有意义的模型，然后再做一个验证性因素分析对其中几个模型进行比较，或者把一个较大样本分成两半，一半做探索性因素分析，另一半做验证性因素分析。此外，如果一个特定的验证性因素分析模型拟合很差，也可以通过探索性因素分析探索可替代模型或找出拟合很差的原因。

### (二)验证性因素分析的统计问题

验证性因素分析主要分为四步：模型设定(model specification)、模型拟合(model fitting)、模型评价(model assessment)和模型修正(model modification)。

#### 1. 模型设定

进行验证性因素分析的第一步是确定要检验的模型，即设定模型的参数。所有参数分为三种，自由参数(free parameters)指未知的需要在分析过程中进行估计的参数，固定参数(fixed parameters)指可指定为某一常数的参数，约束参数(constrained parameters)指限定了与其他参数之间关系的需要估计的参数。设定的模型必须能够识别，即能够在参数估计时计算出唯一解。因此模型设定除了要具有理论的合理性之外，还必须使模型简单，否则很难识别。

在模型设定过程中，还需要考虑替代模型(alternative models)。一个理想模型不仅要充分解释数据，而且要比其他理论上合理的替代模型更佳。当在其他合理模型表现同样好(或更好)的情况下，简单的发现一个模型可以充分解释数据并不能证明该模型是最优的。例如，前面提到的态度三因素模型和单因素模型，支持三因素模型的研究者不仅要证明三因素模型能够很好的解释数据，还要表明三因素模型比单因素模型更合适，即增加两个因素产生的复杂性是"值得的"。因此，在模型设定阶段提出和评价合理的替代模型是非常有益的。

## 2. 模型拟合

确定了要检验模型之后，研究者必须进行模型与数据的拟合，即获得使模型与样本协方差（相关）矩阵之间的差异（即差异函数）最小的一组参数估计。典型的拟合程序是迭代的（iterative），参数的始值先进入结构方程，发现差异后，新的参数值代替进入方程，新的差异与先前的差异相比较，以此类推，直到差异值达到最小。

验证性因素分析中最常见的模型拟合程序是极大似然法。极大似然法之所以应用广泛是因为它有很坚实的统计原理，可以在参数估计时计算置信区间，并且可以产生很多模型拟合指数（fit index）。它的一个缺点是要满足多元正态的分布假设。当多元非正态的程度很小时，极大似然法程序仍然准确可靠，但当非正态很明显时，则需要对数据进行转换，或者采用其他替代程序，如渐近分布自由估计（asymptotically distribution free estimation，ADF）。然而 ADF 程序只在样本较大时（例如，$N=1000 \sim 5000$）才比较有效。当样本较小时，极大似然法在各种违背多元正态分布情况下都比 ADF 好。

## 3. 模型评价

在得到了拟合模型后就要对拟合模型优劣进行评价，在实际研究中通常是用各种拟合指数来对模型做整体的评价。研究者发展了很多拟合指数来反映模型拟合的好坏，常用的有卡方检验、近似误差均方根（Root Mean Square Error of Approximation，RMSEA）、非标准拟合指数（Non-Normed Fit Index，NNFI）、比较拟合指数（Comparative Fit Index，CFI）。

卡方的最小值是 0，但没有上限。当卡方值显著时，表示模型拟合得不好，当卡方值不显著时，认为模型可以接受。卡方检验的虚无假设是模型精确地适于总体，但由于模型与样本协方差矩阵间的差异最小也不可能为 0，所以精确拟合（exact fit）的假设是不现实的。而且，卡方检验对样本大小比较敏感，当样本较小（比如，小于 50）时，卡方值的误差很大；而当样本较大时，卡方值都较大，导致几乎拒绝所有的模型。

然而，在比较两个或多个嵌套（nested）模型时，卡方检验特别有用。当甲模型包含乙模型的所有自由参数并增加一个或更多的自由参数，称为甲模型嵌套乙模型。一般来说，替代模型经常是嵌套的。自由参数多的模型，卡方值比较大，同时自由度也比较小。比较两个嵌套模型的做法是，两个模型的卡方值的差作为一个新的卡方统计量的值，其自由度是原来两个卡方自由度的差。如果新的卡方值比较大，达到显著水平，则认为自由参数较多的模型较好。否则认为自由参数少的模型较好。换言之，当增加自由参数时，卡方值的降低对于自由度的牺牲必须是值得的。

像卡方那样比较假设模型和样本协方差（相关）矩阵的指数称为绝对指数（absolute index）。绝对指数中比较有效，也可以解释模型简约度的是 RMSEA。RMSEA 是对每单位自由度模型差异的估计。因此，减少模型的简约度只有在差异函数实质减少的情况下才能使模型得到改善；如果差异函数改变很小，增加参数将减少模型的拟合度。在众多指数中，RMSEA 受样本大小的影响较小，对错误模型比较敏感，而且惩罚了复杂模型，是比较理想的指数。一般认为，RMSEA 低于 0.1 表示好的拟合；低于 0.05 表示非常好的拟合；低于 0.01 表示非常出色的拟合。

与绝对指数比较模型和样本协方差（相关）矩阵不同，相对拟合指数（relative fit index）比较一个假设模型和一个"虚无模型"的拟合度，典型的做法是假定所有的测量有变异但彼此无相关。最知名也较有效的相对指数是 NNFI，模拟研究表明它只受到样本大小的微弱影响。而且，NNFI 受模型简约度的制约，也就是说，增加不相干的结构路径会减少NNFI，所以受到拟合度的惩罚。一般认为，NNFI 超过 0.9 的模型可以接受。CFI 是另一种常用的相对指数，其原理与 NNFI 类似，接受模型的标准也是大于 0.9，但 CFI 的主要缺点是没有惩罚复杂模型。

评价模型除了要考察拟合指数外，还要评估模型的简约度和模型的可解释性。如果两个模型具有同等的拟合度，研究者应该选择更简单的那个模型。同理，一个复杂的模型如果不能实质地改善对现象的理解或拓展在相同概念下理解的现象类型的话，通常选择简单的模型。模型的评价也受到参数估计的可解释性或合理性的影响，如果一个模型包含一个或多个与现有理论和研究相符合的参数估计，而一个替代模型包含一个或多个很难与现有数据和理论相一致的估计，并且当这种不一致的意外值不能重复获得时，研究者有足够的理由偏好第一个模型。

4. 模型修正

在很多情况下，研究者假设的模型与数据拟合得很差。这时就需要对模型进行修正，即通过增加或减少假设模型的某些路径来改善拟合度。模型中某个约束参数，若容许自由估计时，整个模型的卡方可能会减少，这个减少的数值，称为此参数的修正指数（modification index，MI）。模型修正一般从修正指数最大的参数开始，每次改变一个参数，经过不断调节，找出与样本数据拟合较好的模型。

然而，在实际应用时要考虑让某一参数改为自由估计的理论依据。与数据相比，模型的合理解释更加重要，如果研究者随便修改模型，可能会被数据误导。而且修正的模型只适合于特定样本，要想知道该模型能否适于其他样本，需要进行交互效度（cross-validation）评价。基本做法是再抽取另一样本，对该模型进行拟合评价。如果原来样本容量较大，也可将其分为两半，一半进行探索性模型修正，一半进行验证性分析。模拟研究表明修正指数很少在一个模型真正存在时将其识别。因此，应该非常谨慎地使用实证导向的模型修正指数。

（三）验证性因素分析的研究设计问题

与探索性因素分析一样，设计问题对验证性因素分析结果的价值同样有重要影响。研究者也要仔细考虑测量变量的选择和研究被试的选取，只是两种方法需要注意的侧重点有所不同。

1. 测量变量的选择

因为验证性因素分析对公共因素的数目和性质具有相对明确的理论依据，所以研究者应该选择最能表征每一公共因素的测量变量，而不是像探索性因素分析一样尽量包含与构思有关的所有表征。在实施验证性因素分析时，现有的数据和理论应该为选择每个公共因素的理想指标提供指导。并且，当每个因素都由许多测量变量定义（超决定）时，验证性因素分析是最有效的。方法学家一般建议一个因素至少用三个测量变量来表征。此外，选择具有良好心理测量特征的测量变量对验证性因素分析比探索性因素分析还要重要。如果测量具有高信度，验证性因素分析会更好。然而，对验证性因素分析尤其重要的是每个测量变量受到假设的公共因素的实质影响，且不受其他公共因素的实质影响。因此，当没有关于公共因素与测量变量之间关系假设的理论依据时，通常要先做一个初始的探索性因素分析，在探索性因素分析中包含可能反映每一个假设公共因素的大量测量。然后利用探索性因素分析的结果预测公共因素，选择与每一个公共因素相联系的小组测量变量，进行验证性因素分析。

2. 研究被试的选取

研究者应该对取样方式和样本大小进行谨慎考虑。验证性因素分析的选择性取样问题与探索性因素分析类似，并且在估计所需样本大小时要考虑测量变量的质量和每个因素包含测量的数目。当测量的特殊方差很小，且公共因素超决定时，使用不大的样本也可以获得相对准确的参数估计。然而，因为验证性因素分析经常包含更正式的模型拟合度评价和更具体的假设检验。所以，在确定样本大小时还要结合统计功效来考虑。

# 第三节　多维度测量和聚类分析

对非实验数据进行非因果假设的分析时，除了使用因素分析方法之外，还可以使用多维度测量和聚类分析。两种方法处理的问题相似，它们依据相似性评定指标把对象分类或寻找分类背后的维度。但是，两种方法在很多方面不同。首先，聚类分析要求明确说明判断对象所用的一组特征品质，而多维度测量不需要。其次，聚类分析表征对象间相似性的方式是把它们分配到不同的亚组，而多维度测量是以在多维空间中更具连续性的点的方式来表征。相对而言，多维度测量比聚类分析更适合探测对象分类背后的维度。

## 一、多维度测量

### （一）多维度测量的基本原理

多维度测量（MDS）是一种通过把对象（或概念）表征为多维空间中的点来理解对象间相似性结构的广义几何模型。社会心理学家通常采用MDS来发展一个特定领域对象的分类或识别人们用以区分对象的维度，有时也把维度作为因变量以考察它如何受自变量的影响。在没有充足的理据预测维度的数目和性质时，多维度测量像探索性因素分析一样以探索的方式实施。

实施多维度测量的第一步是获得对象间的接近性（proximities）矩阵。在大多数研究中，接近性是相似性的评定，有时也使用相关系数。第二步是选择一个模型与接近性矩阵相拟合，即以产生一组坐标的方式设定每一对象在多维空间中的位置。这一拟合过程的目标是找到一组参数值使得MDS模型和接近性矩阵之间的差异（以数学方程定义）达到最小，然后用对象的图形化表征来解释获得的维度或发展对象的分类。

### （二）多维度测量的统计问题

实施多维度测量时，研究者必须：选择模型的类型、决定表征对象的合适维度、评价最终表征的充分性并解释其实质意义。

#### 1. 选择多维度测量模型

选择多维度测量模型要考虑的第一个主要特征是多维空间中距离的定义方式，有时称为模型的"度量"（metric）。最常见的度量是"欧式"（Euclidean）度量，欧式度量最普遍的模型是"非权重欧式距离模型"（unweighted Euclidean distance model）。这种模型以维度数目为坐标数目在多维空间中定位对象，以简单距离（可以用直尺来测量的距离）定义对象间的距离。尽管欧式度量的原理符合人们的直觉，具有一定的合理性，但是方法学家提出了很多替换度量，如"城市－街区度量"（city-block metric)和"优势度量"(dominance metric)等非欧式度量。如果没有充分的理论和实证证据选择替换度量，那么使用具有直觉吸引力的欧式度量是可取的。

区分不同多维度测量模型的第二个显著特征是假设的测量水平。一些模型假设接近性测量为等距测量，称"度量MDS"；而另一些模型假设接近性测量为顺序测量，称"非度量MDS"。这种区别只牵涉接近性测量本身而与解的性质没有关系。在大多数情况下，度量MDS和非度量MDS都产生至少具有等距水平性质的坐标，两者也通常产生相似的解。然而，在解并不总是一样的情况下，在两者之间作出选择也很重要。度量MDS更能抵制产生局部最小值(local minimum)和退化解(degenerate solutions)的情况。非度量MDS的优势在于对数据的测量假设要求不严格，也较容易决定合适维度。

多维度测量模型的第三个重要特征是数据的"模式"(mode)。模式指模型是适合单一来源(即矩阵)的数据还是适合多种来源的数据。单模式MDS分析单一的接近性矩阵，如来自单一个体的接近性矩阵或者由多个个体合并的接近性矩阵。而在双模式MDS中，接近性矩阵或者来自两组或多组不同实验条件下被试数据的合并，或者来自同一被试不同时间点数据的合并。之所以叫做双模式是因为分析的数据具有"对象"和"来源"两种模式。最有名的双模式MDS模型是加权欧式MDS模型(the weighted Euclidean MDS model)，也叫做个体差异量表。

2. 决定多维度测量模型的维度

与探索性因素分析选择合适的因素数目类似，决定多维度测量模型包含几个维度不仅是一个统计问题，更是一个理论问题。

决定多维度测量模型维度主要有三种方法。第一种方法常见的步骤是，从一个维度的解开始每次增加一个维度，直到一个解包含了比预期模型多三个维度为止。然后对每个解进行拟合优度的碎石检验以定位增加维度不再产生拟合改善的点。不难发现，这种方法在识别拟合改善间断点时具有一定的主观性。

另一种方法是比较实际分析的拟合优图和不同数目维度的预期拟合优图。方法学家已经编纂出真实维度是单维度、两维度等各种数目的模型的拟合优度值。通过查表，我们可以检视哪个图与实际数据产生的图最接近，然后假定真实的维度数目与匹配最好的模型包含的维度数是一样的。然而，很多模型和拟合指数的预期拟合图还没有编纂出来。并且当真实数据表现为某些维度比另一些维度更重要时，预期拟合图却常表现为相关维度同等重要。因此，真实数据图很少与任何预测值图明显匹配。

第三种选择维度的依据是不同维度解的稳定性。稳定性可以通过考察随机分半样本的解或评价对象从分析中剔除后解的变化来评估。因此，研究者可以考察增加一个维度减少解的稳定性的点。只有所有维度都稳定的解才能用于解释数据。实际上，没有哪一种决定维度的方法是完美的，研究者应该结合使用多种方法，认真考虑不同维度解的可解释性和合理性。

3. 评价和解释多维度测量模型

有很多拟合指数可以用来评价 MDS 模型的充分性，大多数采用一种称为"压力"(stress)的形式。压力是反映模型拟合不良的程度，压力值越小表明拟合越好。各种拟合指数都有拟合原则，但是拟合指数受到很多因素影响。例如，当对象数目与维度数目比例接近 1∶1 时，压力值会产生误导。方法学家建议对象的数目要大于维度数目的四倍。数据有缺失值会导致过低的压力值，而较大误差和使用度量而不是非度量 MDS 会产生很高的压力值。一般来说，样本大小对拟合度的影响很小。

在评价多维度测量模型的解时，研究者必须注意产生局部最小值和退化解的可能性。当迭代 MDS 程序不能在最佳拟合解上聚合(converge)时，表明存在局部最小值。这可以通过不同维度压力值的图来检查。一般来说，随着维度增加，压力或不变或变小。如果增加维度产生更大的压力值，则表明一个局部最小值的存在。另一个检测方法是对同样的维度和数据在参数估计时使用不同的初始值做多次分析，如果不同的初始值产生同样的压力值和参数估计，则不存在局部最小值。退化解指不考虑 MDS 解中接近性数据和对象间距离的关系时可以任意减小拟合指数的情况，当获得退化解时建构模型是很难的。然而，这些解具有 0 或接近 0 的压力值，并呈现出松散的点构形。退化解可以通过对模型施加充分的约束来避免。

目前存在很多解释 MDS 解的精辟讨论。广泛使用的一种主观技术是找到靠近每一维度端点的对象，然后通过考察同一端点上所有对象共同具有的特征来解释维度的含义。另一种方法比较正式，它首先识别构成维度的对象的特征，然后收集每一对象在这些特征上相似性的评定数据。接下来，把每一对象的坐标值作为预测变量，把每一对象特征的评定作为因变量进行回归分析，对对象特征有较强预测作用的维度反映了维度特征。

**(三)多维度测量的研究设计问题**

收集 MDS 数据时需要考虑很多设计特征。最重要的问题是对象的选择和对象包含的内容。如前所述，当对象的数目相对于维度数来说很少时，会对模型的压力值产生误导。因此，事先考虑将出现多少维度以及保证包含足够数目的对象是很重要的，一般要求对象和维度数的比例至少达到4：1。此外，在任何 MDS 分析中，出现的维度都受到所包含对象的影响。如果对象取样不充分，将丢失重要的维度。相反，如果包含了无关对象，结果会因相关对象和无关对象间存在巨大差异而歪曲。

另一个设计问题是接近性数据的收集方式。多维度测量分析大多基于直接的相似性判断，研究者必须控制判断的顺序效应并且结合对象的辅助测量来解释维度。在某些情况下，对象的数目太大以致不能收集所有的相似性评定数据，此时需采用收集和分析不完全接近性矩阵的程序。在另一些情况下，研究者不能进行直接的相似性判断，需要首先把数据转换成接近性数据的形式。

最后一个设计问题是研究被试的选取。像其他形式的分析一样，样本应尽可能代表总体。此外，应该考虑测量与判断对象方式有关的个体差异。例如，测量被试在情感强度上的个体差异并考察这种差异是否影响判断情感相似时所使用的维度。

## 二、聚类分析

聚类分析是根据某些性质的相似性把一组对象分成同质小组或群类的一种统计程序。在社会与人格心理学中，对象通常是接受一组品质测量的人，如对不同的人进行人格特征的测量，然后通过聚类分析识别不同心理疾病所具有的人格轮廓。实际上，聚类分析在临床领域最常用，但是也可以用于广泛的对象分类问题，如分析民众对国家政策的态度的类别。

根据群类的类型，聚类分析可分为"紧凑"（compact）聚类分析和"链式"（chained or connected）聚类分析。紧凑群类指每个成员与群类内任何其他成员比与群外任何成员更相似的群类。紧凑群类具有圆形或球形的形状。链式群类指每个成员与该群类内的另一成员比其他群类的任何成员都更相似的群类。链式群类具有蜿蜒或变形虫式的形状。

根据识别群类的数学程序，聚类分析分为等级（hierarchical）聚类分析和非等级（nonhierarchical）聚类分析。等级聚类分析（有两个或更多组织层次）在上级群类里识别下级群类，而非等级聚类在单一的组织层次上表征所有群类。在非等级的群类内，进一步的次级分类有迭代与非迭代两种方法。在等级的群类内，产生群类的方法可分为凝聚（agglomera-tive）法和分裂（divisive）法。凝聚法指从大多数下级水平开始逐渐产生上级群类的方法，分裂法指从大多数上级水平开始逐渐产生下级群类的方法。

聚类分析有很多局限。首先，目前还没有一套清楚的选择聚类程序的概念指导原则，也没有全面的比较不同程序在产生最佳或相似结果方面的实证资料。其次，结果群类的效度往往存在问题。即使对象在多维空间中的分布是相对统一的，样本数据也几乎总是包含一些区域比其他区域更浓密的情况，因此，总可以从数据创建群类。但是，当群类不能清楚地定义时，把对象表征为分离的群类就是不合理的。研究者在使用聚类分析时应谨慎考虑群类在特定研究领域的理论意义，也应谨慎考虑按照不同群类而不是按照对象连续分散在一组相关维度上进行思考的合理性。与聚类分析相比，前面讲的探索性因素分析和多维度测量是更有概念效度的方法。

## 第四节  多元回归和多层线性模型

前两节介绍了非因果假设的分析方法，下面介绍因果假设的分析方法。首先，我们先分析因果假设的类型。然后，根据因果假设的类型论述每一种分析方法的使用。在使用这些方法时，要谨记它们同样适用于实验数据的分析。并且，尽管这些方法对分析因果假设有很大帮助，但是最理想的检验因果的方法仍然是对自变量进行操纵的实验研究。本节先介绍多元回归和多层线性模型，多层线性模型可以看作多层形式的多元回归。两种方法在本书第四章、第八章、第十四章和第十八章都有相关介绍，这里侧重它们检验因果假设的作用。

### 一、因果假设的类型

因果假设的最简单形式是假设一个自变量对一个因变量有直接的因果影响。比较复杂的因果假设有中介（mediation）和调节（moderation）。中介指一个自变量至少部分通过影响另一（中介）变量而间接影响因变量，即研究者提出一个自变量对一个中介变量有直接的因果影响，该中介变量又对因变量有直接的因果影响。当然，如果一个中介变量对因变量的影响不是直接的，则存在多步的中介。比如，一个自变量对一个中介变量有因果影响，该中介变量又对第二个中介变量有因果影响，然后第二个中介变量直接影响因变量。

调节指一个自变量和因变量的关系强度或性质受到第二个自变量（调节变量）的影响。例如，第一个自变量在第二个自变量的某个水平上对因变量有实质影响，但是在另一个水平上这种影响将变弱。又或者，第一个自变量在第二个自变量的某个水平上对因变量有积极的影响，但是在另一个水平上对因变量有消极的影响。实际上，调节类似于多个自变量的交互作用，交互作用的自变量数目越多，调节越复杂。

当不同类型的因果假设结合在一起时，研究者将面临更复杂的混合假设问题。例如，一个特定的中介关系在某个变量的不同水平发生变化，即一个变量调节了一组变量间的中介关系，这种中介作用称为有调节的中介（moderated mediation）作用。例如，态度改变的详述说服可能性模型（Elaboration Likelihood Model）。在高详述的条件下态度对象的核心价值评价对说服效应起中介作用，但是在低详述条件下对说服效应起中介作用的则是启发式或条件作用等简化过程。

另一种形式的混合假设是一个自变量通过影响某些中介变量调节第二个自变量对因变量的影响，这种调节作用称为中介的调节（mediated moderation）作用。例如，一个调节变量可能对一个中介变量具有因果影响，从而调节了另一个自变量对因变量的影响。这样的假设实际上隐含在社会心理学中的大多数调节效应里，即操纵通过对心理变量的影响（通常以操纵检验来测量）产生了操纵对实验结果的调节作用。另外一种类型的中介的调节是两个自变量对中介变量具有调节作用以及该中介变量对因变量具有直接的因果效应。例如，当产品与消费者个人有关时对产品的选择受到产品广告内容的影响，但是当产品与消费者个人无关时对产品的选择则不受产品广告内容的影响。然而，这种对行为的调节效应可能是通过先影响态度进而才影响行为的。

## 二、多元回归

### （一）多元回归的基本原理

近来，多元线性回归（multiple linear regression）已成为实验和非实验研究共同使用的"日常"分析方法。回归是一个全面且灵活的技术，能说明很多类型的研究问题。大体上说，线性回归假设一组预测变量影响一个因变量，其中的自变量既可以是连续变量也可以是类别变量，因变量是连续变量。多元回归模型是饱和模型（saturated model），它假设所有自变量都相关，所有自变量都影响因变量。此外，多元回归模型假定对自变量和因变量的测量不存在测量误差。模型的饱和性质以及完美测量特征使模型不可证伪，即模型用尽所有自由度，无从评价模型拟合程度。因此，当研究者在控制其他预测变量影响的基础上考察某个自变量对因变量的特定影响时关注的焦点是参数估计问题。

### （二）不同类型因果假设的检验

#### 1. 直接因果假设的检验

多元回归用来检验直接的因果假设的方法很简单，只要在控制了其他潜在的影响之后，要检验的自变量仍然显著地影响因变量，即表明直接的因果关系的存在。如果研究者希望把感兴趣的自变量与其他相关但概念不同的影响因变量的变量相区分，他可以测量这些替代的预测变量并将其包含在回归模型里。

2. 中介的检验

用多元回归检验中介假设的方法已经为研究者所熟悉。第一步做回归分析考察自变量是否影响因变量；第二步检验自变量是否影响中介变量；第三步检验在控制了自变量的影响之后，中介变量是否仍然影响因变量。这第三步的回归还可以检验自变量是否独立于中介变量仍对因变量有影响。从整个过程来看，中介作用的检验通过在假设的中介变量包含在模型中之后自变量影响下降的统计检验来完成。具体的说，如果检验显示自变量和因变量之间、自变量和中介变量之间以及中介变量和因变量之间都具有显著的关系，并且在控制了中介变量之后自变量对因变量的影响显著地降低了，则表明存在中介作用。如果自变量仍独立于中介变量对因变量有显著的影响，则存在部分中介作用。

随着中介变量数目的增加，以回归为基础的检验变得困难，这时研究学者通常采用结构方程模型，具体的方法步骤留待下一节介绍。

3. 调节的检验

多元回归是处理调节假设的有力方法，它通过在模型中包含一个乘积项(即自变量交互作用项)来检验。交互作用是当低层次(主效应)自变量包含在模型中时乘积项对因变量的独特影响。当使用包含调节作用的回归分析时，首先要对每个自变量进行中心化处理，即把每个自变量的均数设定为 0，具体方法参见本书第十五章。

当调节变量是二分变量或类别变量时，研究者可以通过在调节变量的每个水平上分别进行回归分析来检验调节假设。也就是说，研究者分析在调节变量的每一水平上自变量对因变量的影响，然后检查不同组回归系数的不同。尽管这样的一个检验与交互作用检验不同，但是它确实说明了自变量在调节变量不同的水平上有不同影响，这在概念上符合交互作用的含义。直接的调节检验很少使用这种分离的回归分析，但是分离的分析在检验混合假设的情况下很有用。此外，正如本书第三章和第十五章所述，这种分离的分析不应该作为处理连续变量的默认方法，即不应为了在调节变量的每个水平上作分离的分析而将其中一个连续变量二分。

4. "调节的中介"检验

在调节变量是分类变量的时候，有调节的中介作用可以简单地通过在调节变量每个水平上分别做中介分析来考察。研究者只需比较调节变量不同水平上三个关键路径(即自变量到中介变量,控制了自变量后中介变量到因变量,控制了中介变量后自变量到因变量)的回归系数即可。如前所述,调节的中介有时体现为自变量对中介变量影响的变化,有时体现为中介变量对因变量影响的变化,有时则体现为以上两个方面。有调节的中介作用可能产生调节变量和自变量的交互作用,此时,自变量到中介变量和/或中介变量到因变量两个路径有差异;调节的中介也可能不产生调节变量和自变量的交互作用。此时,不同的中介变量产生相同大小的效应或在调节变量的某些水平上中介变量起作用而在其他水平上自变量有直接的效应。例如,佩蒂(Petty)等人发现尽管在高低详述条件下的说服机制存在差异,但两种条件下说服效应相同。具体地说,在高详述条件下存在由思维中介产生的"加工偏见"效应,但在低详述条件下有更直接的"暗示"效应。

5. "中介的调节"检验

多元回归可用来检验两种类型的"中介的调节"。第一种类型是,调节变量与自变量交互影响一个因变量,但调节变量通过某些中介变量(在理论上与自变量有实质交互作用的变量)而起作用。当研究者收集操纵检验数据时,至少隐含着这种有中介的调节作用的逻辑,即一个自变量的操纵会影响在概念上与另一自变量有实质交互作用的变量(通过操纵检验来测量)。检验这样一种效应可以通过如下步骤。首先,检验在对因变量的作用上调节变量与自变量的交互作用。接着,像检验简单中介一样,检验调节变量对假设的中介变量的影响。然后,在控制调节变量与自变量的交互作用(和所有低阶效应)的情况下,检验影响因变量的中介变量与自变量之间的交互作用。当中介变量与自变量交互效应显著,但调节变量与自变量交互效应实质减少时,表明中介变量具有调节效应。如果调节变量与自变量交互效应仍然显著,则表明存在部分而不是完全中介作用。

对于第二种类型,第一步与第一种类型一样,需要检验调节变量与自变量的交互作用。第二步使用相同的模型预测中介变量(而不是最后的因变量)。对这种类型的中介的调节作用来说,调节变量与自变量的交互效应应该在因变量(在第一步分析中)和中介变量(在第二步分析中)上都显著。接下来,中介变量加入最初的预测组里,最终的因变量作为结果变量。如果对因变量的调节效应显著,但调节变量与自变量对因变量的交互效应得到实质的减少,表明存在有调节的中介作用。

## 三、多层线性模型

### (一)多层线性模型的基本原理

多层线性模型(hierarchical liner modeling)也叫多层数据分析(multi-level data analysis),是处理多层次数据的一种分析方法。例如,要研究影响群体讨论参与程度的因素,研究者获得了群体成员对讨论问题的认识以及群体规模两类数据,其中对讨论问题的认识属于对个体特征的低层次测量,群体规模属于对群体特征的高层次测量,两者都会影响群体讨论参与程度,前者嵌套于后者。多层线性模型就是针对这种多层数据发展出来的分析方法。

多层线性模型可以看作多层形式的多元回归,主要使用极大似然估计。在低层的分析中,该模型与传统的多元回归相似,也是一组自变量预测一个因变量。例如,在我们的例子里,每个成员对问题的认识是讨论参与程度的一个预测变量。多层线性模型与传统的回归模型的不同在于包含第二层次的分析,低层次的分析因为其对应变量嵌套在高层次变量之中而在第二层次分析时聚合在一起。例如,在我们的例子中,在分析群体规模这一高层次变量时,属于同一讨论组的个体聚合在一起。在实施多层线性模型分析时,低层次的观测有自己的参数估计(如,回归系数和截距),高层次的观测在其不同水平上解释低层参数的变化。例如,刚才的例子里,首先,在每一个讨论群体里,计算一个回归系数和截距,用对讨论问题的认识预测讨论参与程度。然后,考察不同规模讨论群体的回归系数和截距的差异。

由于本书第八章、第十六章和第二十章都有相关介绍,本章只从多层线性模型如何检验不同类型因果假设的角度简单介绍。

### (二)因果假设的检验

在低层次的分析中,考察不同因果假设的方式与多元回归类似。而高层次的自变量解释低层次回归系数的变化可以理解为一种调节作用。换言之,高层次自变量对低层次回归系数的效应表明低层次自变量(对讨论问题的认识)对因变量(讨论参与程度)的影响在高层次自变量(群体规模)的不同水平上是不一样的。检验高层次自变量是否可以解释低层次模型截距的变异因低层次自变量量表的不同而有不同的概念意义。如果低层次自变量以高层次单位的离均差表示,那么可以将高层次自变量对低层次截距的效应看作高层次自变量和因变量之间直接的因果关系(群体规模影响成员参与讨论的程度)。

多层线性模型也具有检验更复杂因果关系的潜力。首先,它可以检验调节的中介,例如较高层次的变量调节一组低层次的中介关系。显然这种检验非常适合模型的逻辑，与上述过程类似。其次，它也可以检验中介的调节，例如检验一个高层次自变量对低层次回归系数或截距的影响是否受到另一高层次自变量的中介。

多层线性模型具有很多优点，包括改善在高层次单位里对低层次效应的估计，检验跨层次效应的能力，以及把低层次测量的方差和协方差分解为高层次的单位内成分和单位间成分的能力。多层线性模型尤其适于变化的纵向研究。但是，多层线性模型并不是处理多层数据的唯一方法，同样的数据也可以采用传统的多元回归模型来分析。相关的讨论请参阅本书其他章节。

# 第五节　结构方程模型

上一节介绍了多元回归和多层线性模型，实际上这两种方法以及第二节介绍的验证性因素分析方法都可以看作结构方程模型的特例。结构方程模型是近年来量化研究方法非常重要的发展之一，目前已经广泛的应用于社会科学的各个领域。它具有处理潜变量和评估整个模型的总拟合度等多种优势，也是对非实验数据进行因果假设分析的强有力工具。

## 一、结构方程模型的基本原理

结构方程模型，或称结构方程建模（structural equation modeling，SEM），是基于变量的协方差矩阵来确定和评估潜变量和测量变量之间以及多个潜变量之间关系的一种方法，也叫做协方差结构模型（covariance structure modeling，CSM）。SEM 是一种以验证性因素分析（以及回归、路径分析和方差分析）作为特例的广义的数学架构。我们可以把 SEM 看作一个允许在公共因素间存在因果关系的验证性因素分析模型。由于很多社会心理学变量都不能准确直接的测量（即都是潜变量），所以在研究潜变量之间的关系时要考虑变量的测量误差。虽然一些传统的统计方法（如，回归分析）允许因变量包含测量误差，但都假设自变量是没有误差（如，用多个测量指标的均值来表示）。而 SEM 的最大特点就是能够在考虑测量误差的情况下，探索潜变量之间的关系。

简单来说结构方程模型可以分为测量方程（measurement equation）和结构方程（structural equation）两部分。测量方程描述潜变量与测量指标之间的关系，测量指标包含随机误差和系统误差，前者指测量上的不准确行为，后者反映指标，也同时测量潜变量以外的特性。结构方程描述潜变量之间的关系，潜变量不包含测量误差。由于结构方程模型可以评估各种测量变量之间、测量变量与潜变量之间、潜变量之间的关系，并且可以同时处理多个因变量，同时估计因素（潜变量）结构和因素（潜变量)之间关系，所以比回归分析等传统方法具有很多优势，近年得到了快速和广泛的应用。

## 二、结构方程模型的统计问题

### (一)实施结构方程模型的步骤

结构方程建模在很多方面与验证性因素分析十分相似，同样包含模型设定、模型拟合、模型评价和模型修正四个步骤。这里主要讨论两者不同的方面，相同的部分(模型拟合和模型修正)不再重复。

#### 1. 模型设定

结构方程建模首先要设定待检验的模型，即指定变量之间的关系，是固定为某些值(通常为 0)还是让其自由变化(在模型拟合过程中进行评估)。由于结构方程模型包含测量模型和结构模型两个部分，所以比验证性因素分析(不含结构模型)增加了一些特征。除了需要设定测量变量与潜变量之间的关系之外，还要设定各潜变量之间的关系。

许多验证性因素分析模型设定要注意的问题在 SEM 中同样存在。首先，模型必须得到识别(即模型必须有唯一解)。其次，研究者有时也会对检验公共因素的数目和性质(即测量模型)感兴趣。但是很多情况下，这些问题已经得到彻底的探索或者不是主要兴趣所在，研究者的首要目标是理解潜变量之间的关系(即结构模型)。此外，结构方程模型一般假定测量指标受到潜变量的影响，即指定的是效应指标(effects indicators)，因此当测量模型指定的是原因指标(causal indicators)而不是效应指标时，模型识别将是困难的。例如，以收入和教育水平为指标测量社会经济地位，用效应指标表征这一测量是错误的，因为不是社会经济地位影响收入和教育水平而是收入和教育水平影响社会经济地位。此时，应将原因指标复合(如，计算均值)作为潜变量的完美(无误差)测量。

结构方程模型也经常考虑替代模型。替代模型可能在潜变量之间增加或减少路径，也可能在一条或几条路径的方向上不同，还可能对模型某些特定参数估计进行约束。像验证性因素分析一样，这些"约束"模型嵌套在更广义的"非约束"模型里，所以可以实施正式的拟合差异统计检验(例如，使用似然比统计量)。结构方程模型允许研究者在给定的模型中进行关于参数估计的特定假设检验。例如，研究者想知道两个潜变量的系数对第三个潜变量的因果影响是否相同，可以通过在约束这些参数估计相等和不相等的两个模型之间进行模型差异的似然比检验来实现。

#### 2. 模型评价

结构方程模型在模型评价时像验证性因素分析一样也要从评价模型拟合度、评估模型的简约度和可解释性几方面来考虑。研究者可以分别评价 SEM 的测量模型和结构模型两部分的拟合度，也可以评价整个模型的总拟合度（测量模型和结构模型两方面合理性的联合函数）。在模型评价时，与验证性因素分析相比，等同模型问题对于结构方程建模来说更是常遇到的问题，即存在一个或多个数学上等同的模型，各个模型之间不能在与数据拟合的基础上进行区分。研究者尚没有充分合理的规则判定替代模型是否与假设模型等同，但是已发展了一些规则允许研究者通过改变潜变量之间关系的方向产生等同模型。因为产生的等同模型总是与初始模型具有相同数目的自由参数，所以它们不仅拟合程度相同，而且简约度也一样。当存在这些等同模型时，研究者要在其中作出选择，需要仔细考虑参数的可解释性和变量间关系模式在理论上的合理性。

### (二)不同类型因果假设的检验

结构方程模型可以非常灵活地检验各种不同形式的因果假设。而且，不管要研究的构思用测量变量进行指示（每个构思仅用单一指标评估）还是用潜变量进行指示，结构方程模型都能检验与其相关的因果假设。

#### 1. 直接因果假设的检验

结构方程模型可以检验任何形式的直接的因果假设，如一个自变量影响一个因变量，多个自变量影响一个因变量，一个自变量影响多个因变量，多个自变量影响多个因变量。而且，研究者可以设定所有自变量相关、所有自变量无关，或者一部分自变量相关等模型。此外，也可以设定一个给定的自变量只影响一部分因变量的模型。

结构方程建模的一个关键（定义性）特征是设定自变量和/或因变量为潜变量的能力。如果用两个或更多测量变量评估一个潜变量，可以设定该潜变量与模型中其他变量之间为因果和/或非因果关系。用单一测量变量表征一个构思在结构方程模型中有两种处理方法，一些程序把这样的构思看作潜变量（单一指标完美测量）；另一些程序直接把测量变量设定为结构方程模型的一部分，而不把它看作潜变量。两种方式设定的模型在数学上是等同的，并且用单一指标表征的潜变量并不是真正意义上的潜变量。

#### 2. 中介的检验

结构方程模型最常见最有效的用途是检验与中介作用有关的因果假设。例如，挫折影响负性情绪，而负性情绪影响对他人行为的解释，不同的解释产生不同的侵犯水平。研究者想评价这组挫折影响攻击效应的多步中介机制，显然回归分析很难检验这样的假设，但是结构方程建模可以很容易的检验这种模型。实际上，测量变量或潜变量之间任何模式的中介都可以通过结构方程模型来检验，如一个自变量通过一个中介变量影响一个因变量，或者多个自变量、多个中介变量和多个因变量进行任意组合。此外，研究者可以允许自变量之间相关，也可以设定一个特定自变量只影响一部分中介变量和/或一个给定的中介变量只影响一部分因变量的模型。因此，结构方程模型比其他用来检验中介的统计程序具有更大的灵活性。而且，它把一个单一模型与数据拟合而不是做一系列分析，可以评价整个模型的总拟合度。

3. 调节的检验

结构方程模型有两种检验调节假设的方式。第一种是利用交互作用项。当模型中所有变量都是用单一指标进行完美表征的构思时，调节假设可以用类似多元回归的处理方式来检验，即在设定模型中对因变量的因果影响时包含自变量和自变量的乘积项（交互作用项）。这类结构方程模型与包含交互作用项的回归模型在数学上是等同的。

同理，当潜变量由多重指标表征时，可以利用两个或更多潜变量乘积项来检验调节假设。设定潜变量交互作用比设定测量变量交互作用有很多潜在的优点，因为潜变量不包含随机误差，所以利用潜变量产生的交互作用项检验调节假设比利用测量变量交互作用项更灵敏。然而，由于乘积变量（自变量构成的所有交互作用项）不如构成它们的成分变量可靠，所以检验调节效应比检验直接的因果效应更难。

第二种检验调节假设的方法是多样本结构方程建模，特别在调节变量是二分变量时，该方法既简单又有效。多样本方法无须计算交互作用变量，它类似于在调节变量的每个水平上做分开的回归分析。研究者根据调节变量把被试分类，计算每组样本的测量变量而不是调节变量间的协方差矩阵。然后，设定为自变量影响因变量的模型同时与每个矩阵拟合。最后比较从不同矩阵获得的模型参数值。在比较之前，必须建立测量模型的跨组等价性，其方法是约束与因素负荷相关的参数估计跨组等价。

多样本分析提供了检验调节假设相对简单且有用的方法。然而，该方法也有一些局限。第一，这种分析在调节变量是连续变量时也把其按类别变量看待，而样本大小通常不足以给调节变量分组，所以产生很大局限。即使样本足够大，同时把一个模型跟很多组拟合也是相当困难的，并且会造成参数估计的困难。第二，因为个体在调节变量上的分类必须以观测分数为基础，所以在多样本分析中不可能把调节变量表征为潜变量，从而丢失了结构方程模型检验调节假设原本具有的优势。第三，当调节变量不止一个时，样本分组的数目很大，也没有相应的直接的整体检验方法，所以多样本分析很难应用到复杂的调节假设（如，三重交互作用)检验中。

除了以上三种类型因果假设的检验以外，结构方程模型也可以检验的某些混合假设，由于篇幅所限，这里就不一一介绍了。

## 三、结构方程模型的研究设计问题

仔细考虑研究设计将极大增强结构方程模型的效用。因为结构方程模型经常包含潜变量之间因果关系的检验，所以除了像验证性因素分析一样要考虑测量变量的选择和样本的性质及大小之外，还要考虑如何通过研究设计加强因果推论。然而，非实验数据显然并不具有因果推论的优势，严格来说，只有对关键结构的实验操纵才能实质增加因果推论的可靠性。此外，在研究设计中包含纵向特征(即时间顺序)对建立因果条件也是有用的。

本章从分析因果假设和非因果假设的角度介绍了非实验数据的统计方法，包括探索性因素分析、验证性因素分析、多维度测量、聚类分析、多元线性回归、多层线性模型和结构方程模型。前四种用来分析非因果假设，后三种用来分析因果假设。

在非因果假设的分析方法里，因素分析主要用于发展理论和建构量表。如果事先没有明确的理论假设，即为探索性因素分析；如果有明确的假设，则为验证性因素分析。多维度测量和聚类分析主要处理对象是分类数据，相对而言，多维度测量更适合探求分类背后的维度。在因果假设的分析方法里，多层线性模型可以看作是多层次的多元回归，两者都是结构方程模型的特例。相比传统的方法，结构方程模型具有处理潜变量和评估整个模型的总拟合度等多种优势，可以检验各种类型的因果假设，而很多复杂因果假设的检验用多元回归等传统方法是无法实现的。

因为很多统计方法既可以用于实验的数据也可以用于非实验的数据，所以按照研究的实验与非实验设计来区分统计方法是不恰当的。本章介绍的因果假设的分析方法既可以用于非实验研究也可以用于实验研究。并且，要谨记探讨因果关系最理想的方法是对自变量进行操纵的实验研究。此外，在非实验数据分析的整个过程中，甚至在数据收集之前，凭据现存理论和研究者以往经验对理论假设框架进行分析，这项工作比统计方法更加重要。

**本章思考题**

1. 社会心理学家在什么情况下实施非实验研究？
2. 非因果假设的分析有哪几种方法？适合每种方法的研究问题是

什么?

3. 因果假设的类型有哪些? 请举例说明。

4. 结构方程模型的基本原理是什么? 与传统方法相比具有哪些优势?

5. 举例说明理论和经验在非实验数据分析中的作用。

（作者：韦庆旺）

# 第十八章　小群体数据分析

目前，心理学取向的社会心理学研究多半是个体水平的研究，但是许多社会心理学的概念都具有社会性，涉及两人组（如，吸引、依恋、帮助、攻击、沟通）或者更大群体（如，领导、凝聚力、从众、社会助长、群体思维）中的人际互动。因此，社会心理学的理论、研究方法和数据分析等，都应该考虑研究现象中所蕴含的人际本质，否则便不能称为真正的"社会"心理学。

由于人际关系的本质特征是人与人之间的相互影响、相互依赖，所以非独立性（non-independent）便是具有人际本质的群体数据的基本特征。但是，多数传统的统计模型不能兼容由非独立性带来的变异源，反而总是力求保持数据的独立性，于是便限制了社会心理学研究的"社会"性。本章将介绍在小群体研究中的非独立数据的分析方法，内容分为三个部分，首先是概述，其次是个体水平的测量分析，最后是小群体研究中两人组水平的测量分析。因为两人组研究比较常见，所以本章将直接讨论两人组分析，而不是仅仅将其作为群体研究的特例（本章提到的"群体"如无特殊说明，都是指小群体）。

## 第一节　概述

### 一、数据的独立性与非独立性

传统心理数据分析中的数学基础是概率论，而概率论是专门研究随机变量规律的科学，概率的基本定理（如，加法定理和乘法定理）要求事件之间相互独立。所谓独立事件指的是一个事件的出现对另一个事件的出现没有影响。如果事件 A 的概率随事件 B 是否出现而改变，事件 B 的概率随事件 A 是否出现而改变，则此两事件被称为相关事件或相依事件

（张厚粲，2004），本章称其为非独立事件。经典统计方法（如，方差分析、回归分析等）的基本要求之一便是数据之间彼此独立，故不适用于分析非独立数据。群体内成员间分数的非独立性会削弱传统统计假设（如，方差分析、回归分析）的统计检验力。具体分析详见下文"显著性检验的偏差"。

在群体研究中，同一组内的个体之间与该组外的个体相比，可能相似程度更高，也有可能相异程度更高，于是便带来了数据之间的非独立性问题。非独立性可以看作观察变量之间的相关，可以为正相关，也可以为负相关。前者表示来自同一群体的两个成员比来自不同群体的两个成员相似程度更高；后者表示来自同一群体的两个成员比来自不同群体的两个成员差异更大。

条件概率（conditional probabilities）可用来解释非独立性。假设有两个观察结果，将其中一个观察值固定，另一个的条件概率与无条件概率（unconditional probability）没有差异，则说明两个观察结果彼此独立。例如，从无限总体中随机抽取两个分数（$X_1$ 和 $X_2$），已知其中一个数值及总体平均数，却无法从中推知另一个数值，则两个观察值是彼此独立的。但是，假如两个观察值不是随机抽取的，而是以某种方式配对的，例如，两人是伴侣关系，则有理由预期这两个个体间的分数不是彼此独立的。若已知其中一个人的分数高于分布的平均值，则另一个人也可能高于平均值，或者在另一些变量上有可能低于平均值。在这种情况下，第一个分数便提供了第二个分数的信息，两个观察值彼此之间便是非独立的。

群体数据的非独立性有三个来源：

1. 如果样本的选择不是随机的，可能会出现组合效应（compositional effect），比如"电视速配"中的男女嘉宾，有时会有一些已经确定恋爱关系的男女朋友前去参加。这些嘉宾上节目之前便在许多方面存在着相似性，如年龄、受教育程度和智力水平等。

2. 如果群体成员的生活环境相同，他们常常会经历相同的事件，于是便会产生共同命运（common fate）带来的群体内非独立性，例如，被冰雪封冻停滞在高速公路上的旅客。

3. 相互影响（mutual influence）是非独立性的第三个来源，也是引起非独立性的最重要的因素。互相影响可以是直接的，也可以是间接的。在直接影响中，个体的表现会受到彼此互动的影响。例如，在募捐现场，一个人的积极行动会带动群体中的其他人。在间接社会影响中，群体成员的某个方面表现可能会影响群体中另一些成员的另一些方面。例如，妻子的唠叨会促使丈夫延迟回家的时间。

非独立性可以发生在群体、时间序列和空间序列中，本章探讨的是小群体的数据分析，关注的是群体中的非独立性。

## 二、小群体数据的测量水平

两人组研究的因变量有两种测量水平：个体水平和两人组水平；而群体研究的因变量测量有三种测量水平：个体水平、群体内的两人组水平和群体水平。也就是说，以个体为分析单元，便是个体水平的测量；以两人组为分析单元，便是两人组水平的测量；以更大的群体为分析单元，便是群体水平的测量。

具体来说，两人组研究的测量可以在两人组水平上进行，每组只有一个分数；或者在个体水平上进行，每个成员有一个独立的分数。例如，在婚姻研究中，结婚时间是两人组水平的测量，夫妻双方各自做家务的数量是个体水平的测量。

同理，在群体研究中，如果要测量群体的绩效水平，可以在群体水平上测量，整个群体只有一个分数；也可以在个体水平上测量，群体中的每个成员都有一个单独的分数。群体研究还可以采用更复杂的测量方法：当群体中的每个人都与其他成员配对时，测量便可以在群体内的两人组水平上进行。例如，在一个包括成员 A、B、C、D 的 4 人群体中，彼此评价对方的可爱程度，可得出 12 个两人组水平值，即 AB、AC、AD、BA 等。这种两人组水平群体数据构成一个相当复杂的非独立性网络，本章将在第三节阐述采用两人组水平测量的群体研究的分析方法。

将小群体作为分析单元，每个小群体只能得到一个数值。在这种情况下，如果给每个群体成员分配同样的因变量数据，然后将个体作为分析单元，这种方法虽然"简便"，却是错误的。总之，当一个群体只有一个结果数据时，例如，群体总生产力或群体凝聚力的测量必须将群体作为分析单元，这种分析方法的统计效力取决于群体而不是个体的数量。例如，16 个 4 人组群体的测量比 10 个 8 人组的测量统计检验水平更高，尽管后者的总人数更多些。

# 第二节　个体水平的测量分析

个体水平的测量是小群体研究中最常见的测量类型。个体水平数据的分析涉及三个主要问题：首先，如何评估数据之间非独立性的程度；其次，非独立性对显著性检验有什么影响；最后，如何处理非独立性数据。

## 一、非独立性的评估

非独立性的评估，即评估数据之间相关的程度，这是分析群体数据的第一个步骤。群体数据非独立性的评估很重要，因为非独立的程度不仅影响假设检验（如，方差分析、回归分析）的偏差，而且其本身也是重要的理论与实践问题，不能将其作为统计上的累赘而刻意地加以控制。例如，评价妻子的婚姻满意感是否并且在多大程度上与其丈夫的婚姻满意感有关，二者之间的非独立性是婚姻研究的重要课题。

### （一）两人组数据

在统计学上，相关法适用于两个独立的个体，却不适用于相互依赖的两人组成员。在两人组研究中采用相关法之前，必须先考虑同伴之间的关联程度，即"统计上的非独立性"。

两人组研究中，两个成员所属范畴是否相同，这是评估其非独立性之前必须明确的一个问题。这里有两种情况，首先，两个成员的身份可以互换——"可以互换"指的是两个成员来自同一范畴；其次，两个成员的身份可以区别——"可以区别"指的是两个成员来自不同范畴。例如，友谊关系的研究可以关注同性朋友（成员身份可以互换），也可以关注异性朋友（成员身份可以区别）；社会性发展的研究可以关注同性儿童的两人组游戏（成员身份可以互换），也可以关注父子之间的两人组游戏（成员身份可以区别）。

在成员身份可互换的情况下，每个成员都来自同一范畴。例如，男性大学生，数据来自同一个统计分布；在成员可区别的情况下，每个成员属于不同的范畴。例如，父亲与儿子，他们在每个变量上的数据得分来自不同的分布，即分布的平均数、方差或标准差都可能不同。需要注意的是，判断两人组成员是否可以区别，应该以理论假设为指导，而不是单纯看统计检验的结果。因此，即便两个不同范畴的分布在平均数、方差或标准差上都没有差异，其各自的成员仍必须作为可区别的而不是可互换的关系。

当两个成员可以区别时，如何评价其数据的非独立性呢？多数研究者一致认同皮尔逊积差相关法——即组间相关法。组间相关可以评估"关系类似性"（relative similarity）。例如，在婚姻研究中，若某个女人在某个变量上得分较高，那么她往往也会与一个得分较高的男人相匹配。

当两个成员可以互换时，采用组间相关来评价其非独立性就行不通了。下面详细介绍组对成员可互换的非独立性评估方法。

首先来设想这样一个研究：同性室友彼此喜欢程度的调查。表18-1是虚构的一套数据。在这个数据系列中，共有8对室友，分别以$X$和$Y$来表示，在9点量表上评价彼此的喜欢程度。由于数据的录入方式，左列数据作为$X$变量，右列数据作为$Y$变量。$X$与$Y$之间的皮尔逊相关系

数 $r=0.29$，$p=0.490$。因为 $X$ 和 $Y$ 的分配完全是随意的，若把最后 4 个数据对调过来（比如，现在最后一组变成 $X=7$，$Y=9$），相关系数变成 $r=0.40$，$p=0.328$。很显然，相关的大小及其统计显著性会"随意"变化，这意味着积差相关不适合评估成员可互换的情况。

组内相关(intraclass correlation)是在成员可互换的情况下，群体数据非独立性的唯一评估方法(D. A. Kashy & D. A. Kenny，2000)。组内相关指的是同一群体内个体间分数的相关。如果群体中某成员在结果测量上得了高分，而组内相关是正的，那么同一群体中的其他成员也会得到较高的分数；如果组内相关是负的，那么同一群体中的其他成员的分数则相对较低。组内正相关的另一种解释是结果测量的变异率，即如果组内相关等于 0.40，则 40%的分数变异率可由个体所属的群体来解释。

若要评估两人组数据的组内相关，每个组都需要计算两个复合分数(composite score)：$m_i$ 和 $d_i$，前者表示两人组 $i$ 中两成员的平均分，后者表示成员间分数的差异：

$$m_i = \frac{X_i + Y_i}{2}, \quad d_i = X_i - Y_i \qquad [18-1]$$

所有成员的平均分以 $M$ 表示，即 $M = \sum m_i / k$，$k$ 表示组数。

组内相关系数以 $\rho$ 来表示，计算公式如下：

$$\rho = \frac{a-b}{a+b} \qquad [18-2]$$

$a$、$b$ 这两个统计量需要汇总两人组的数据来计算：

$$a = \frac{2 \sum (m_i - M)^2}{k-1}, \quad b = \frac{\sum d_i^2}{2k} \qquad [18-3]$$

例如，表 18-1 中的数据，$M=6.06$，$a=5.89$，$b=3.36$，$\rho=0.27$。

**表 18-1　同性室友彼此间的喜欢程度**

| 两 人 组 | 分　　数 | | | |
|---|---|---|---|---|
| | $X_i$ | $Y_i$ | $m_i$ | $d_i$ |
| 1 | 8 | 7 | 7.5 | 1 |
| 2 | 6 | 4 | 5 | 2 |
| 3 | 3 | 5 | 4 | -2 |
| 4 | 7 | 2 | 4.5 | 5 |
| 5 | 8 | 9 | 8.5 | -1 |
| 6 | 4 | 6 | 5 | -2 |
| 7 | 5 | 7 | 6 | -2 |
| 8 | 9 | 7 | 8 | 2 |

如同皮尔逊相关一样，两人组数据的组内相关值的范围也是从 $-1$ 到 $+1$，解释方法亦相同。组内相关可用 $F$ 值检验其统计显著性。因为无论组内相关是正的还是负的，独立性假设都可能被拒绝，故应该使用双侧检验。如果组内相关是正的，则 $F=a/b$，$\mathrm{df_{num}}=k-1$，$\mathrm{df_{denom}}=k$；组内相关为负时，则 $F=b/a$，$\mathrm{df_{num}}=k$，$\mathrm{df_{denom}}=k-1$。本例中 $F(7, 8)=1.75$，$p>0.05$（双侧），故在统计学意义上，所调查的同性室友之间的喜欢程度非独立性不显著。

### （二）群体数据

组内相关法同样适用于群体数据的非独立性评估，采用方差分析中的均方作为指标。例如，有这样一个群体研究，被试共 48 人，分为 8 个 6 人组，完成一项群体决策任务。每个组完成任务后，要求组内所有的被试在 9 点量表上评价自己参与该组的满意度，数据见表 18-2。

表 18-2　个人对小组的满意感

| | $G_1$ | $G_2$ | $G_3$ | $G_4$ | $G_5$ | $G_6$ | $G_7$ | $G_8$ |
|---|---|---|---|---|---|---|---|---|
| | 5 | 4 | 6 | 7 | 8 | 7 | 5 | 4 |
| | 5 | 3 | 7 | 5 | 6 | 5 | 5 | 5 |
| | 8 | 5 | 7 | 6 | 6 | 6 | 6 | 5 |
| | 6 | 2 | 6 | 4 | 6 | 6 | 7 | 3 |
| | 7 | 4 | 5 | 5 | 7 | 5 | 7 | 5 |
| | 6 | 5 | 7 | 7 | 5 | 5 | 6 | 6 |
| 群体 $M$ | 6.16 | 3.83 | 6.50 | 5.67 | 6.17 | 6.00 | 6.00 | 4.67 |

| 来源 | | | | df | SS | MS | F | Sig |
|---|---|---|---|---|---|---|---|---|
| 群体（G） | | | | 7 | 34.58 | 4.94 | 3.89 | 0.003 |
| 群体内的参与者（S/G） | | | | 40 | 50.67 | 1.27 | | |

$$\text{组内相关：} \rho=\frac{MS_G-MS_{S/G}}{MS_G+(n-1)MS_{S/G}}=0.33 \qquad [18-4]$$

注：$n=$ 每个群体的人数，本例中 $n=6$。

评价群体数据的组内相关可采用方差分析模型，其中有两个方差变异源：群体（G）和群体内的个体（S/G）。即在方差分析中，8 个群体被作为自变量的 8 个水平，满意度作为因变量。组内相关的公式在表 18-2 中，范例数据的相关是 0.33。这个数据表明，在中等程度上，如果小组中的某一个人说他（她）喜欢参加这个群体，则同组中的其他人也会有类似的感受。组内相关是否显著采用 $F$ 检验，$F = MS_G/MS_{S/G}$。例子中 $F_{(7,40)} = 3.89$，$p = 0.003$（双侧）。

这种评价组内相关的方法并没有将研究设计中的自变量效应考虑在内。如果涉及自变量，则需要更复杂的程序来评价组内相关，本章稍后将讨论这些程序。

注意：组内相关的上限总是 1，下限是 $-1/(n-1)$，$n$ 表示群体的大小。因此，两人组数据的组内相关从 $-1$ 到 $+1$，群体数据的组内相关随着群体规模的增大而限定于某个接近于零的负值。如果组内相关为负向的，则应该将 $F$ 值的计算倒过来，即 $F = MS_{S/G}/MS_G$，自由度与之相应。

尽管只要群体内数据之间的相关具有统计上的显著意义，便意味着非独立性显著，但是如果样本数据不相关，却并不能保证总体的独立性。如果有理论基础证明数据是非独立的，即便组内相关不显著，也应该将群体作为分析单元。D. A. Kenny 等发现，如果事实上相互独立的数据被认为是非独立的，统计检验效力的损失是很小的。

## 二、自变量的类型

非独立性的效应依赖于自变量的类型。小群体研究中存在三种自变量：组间自变量、组内自变量、混合自变量（L. Campbell & D. A. Kashy，2002）。

### （一）组间自变量

对于组间自变量（between independent variables）来说，小群体内所有个体的自变量分数都是相同的，但是组与组之间的分数不同。例如，结婚的时间、家庭总收入等都是两人组组间变量（between-dyads variables）。

在群体设计中，群体（$G$）被分配到不同的自变量（$A$）水平下，同一群体内的所有个体（$S$）接受的自变量相同。比如，设想这样一个研究：考察三种领导风格对群体成员动机的影响，自变量"领导风格"（$A$）有三个水平，每个水平下有 4 个小组，共有 12 个 6 人组，72 个被试。表 18-3 表示了群体间设计的基本数据结构（D. A. Kashy & D. A. Kenny，2000）。

### （二）组内自变量

组内自变量（within independent variable）指小群体内部成员接受的自变量不同，但是平均下来，每个小群体都有一个相同的平均分。例如，在婚姻研究中，每个两人组都有一个典型的组内自变量"性别"，因为每对伴侣都是由一男一女组成的；家庭内丈夫与妻子收入的相对比例也是两人组内自变量（within-dyads variables）。

群体设计中如果包含了组内自变量，需要将每个群体分为几个亚群体(subgroup)，每个亚群体接受不同的自变量处理水平。设想这样一个研究：不同情绪状态对群体内合作的影响。情绪状态(A)是组内自变量，分为两个处理水平，$A_1$ 是焦虑，$A_2$ 是生气。研究被试共分为 8 个群体，每个群体中有 6 个成员，其中 3 人接受 $A_1$ 水平，即处于焦虑状态，另外 3 人接受 $A_2$ 水平，即处于生气状态。表 18-4 表示了含有两个水平的组内自变量的群体设计的数据结构(D. A. Kashy & D. A. Kenny，2000)。

408

**表 18-3　组间自变量群体设计的数据结构和变异源**

| $A_1$ | | | | $A_2$ | | | | $A_3$ | | | |
|---|---|---|---|---|---|---|---|---|---|---|---|
| $G_1$ | $G_2$ | $G_3$ | $G_4$ | $G_5$ | $G_6$ | $G_7$ | $G_8$ | $G_9$ | $G_{10}$ | $G_{11}$ | $G_{12}$ |
| $S_1$ | $S_7$ | $S_{13}$ | $S_{19}$ | $S_{25}$ | $S_{31}$ | $S_{37}$ | $S_{43}$ | $S_{49}$ | $S_{55}$ | $S_{61}$ | $S_{67}$ |
| … | … | … | … | … | … | … | … | … | … | … | … |
| $S_6$ | $S_{12}$ | $S_{18}$ | $S_{24}$ | $S_{30}$ | $S_{36}$ | $S_{42}$ | $S_{48}$ | $S_{54}$ | $S_{60}$ | $S_{66}$ | $S_{72}$ |

| 变异源 | d$f$ 公式 | 估计 |
|---|---|---|
| 群体间 | | |
| A | a−1 | 2 |
| G/A | a(g−1) | 9 |
| 群体内 | | |
| S/G/A | ag(n−1) | 60 |
| 总体 | agn−1 | 71 |

A 效应的组内相关：

$$\rho_{G/A} = \frac{MS_{G/A} - MS_{S/G/A}}{MS_{G/A} + (n-1)MS_{S/G/A}} \qquad [18-5]$$

$$F_{[a(g-1),ag(n-1)]} = \frac{MS_{G/A}}{MS_{S/G/A}} \qquad [18-6]$$

注：(1)a＝A 水平的数量(上例 a＝3)，g＝A 的每个水平内部的群体数量(上例 g＝4)，n＝每个群体的被试数量(上例 n＝6)。

(2)该表引自 Kashy D. A. & Kenny D. A. *The Analysis of Data from Dyads and Groups*. In H. T. Reis & C. M. Judd (Eds.), *Handbook of Research Methods in Social and Personality Psychology*. New York: Cambridge University Press. 2000, p. 456.

**表 18-4　包含组内自变量的群体设计的数据结构和变异源**

| $G_1$ | | $G_2$ | | $G_3$ | | $G_4$ | | $G_5$ | | $G_6$ | | $G_7$ | | $G_8$ | |
|---|---|---|---|---|---|---|---|---|---|---|---|---|---|---|---|
| $A_1$ | $A_2$ | $A_1$ | $A_2$ | $A_1$ | $A_2$ | $A_1$ | $A_2$ | $A_1$ | $A_2$ | $A_1$ | $A_2$ | $A_1$ | $A_2$ | $A_1$ | $A_2$ |
| $S_1$ | $S_4$ | $S_7$ | $S_{10}$ | $S_{13}$ | $S_{16}$ | $S_{19}$ | $S_{22}$ | $S_{25}$ | $S_{28}$ | $S_{31}$ | $S_{34}$ | $S_{37}$ | $S_{40}$ | $S_{43}$ | $S_{46}$ |
| … | … | … | … | … | … | … | … | … | … | … | … | … | … | … | … |
| $S_3$ | $S_6$ | $S_9$ | $S_{12}$ | $S_{15}$ | $S_{18}$ | $S_{21}$ | $S_{24}$ | $S_{27}$ | $S_{30}$ | $S_{33}$ | $S_{36}$ | $S_{39}$ | $S_{42}$ | $S_{45}$ | $S_{48}$ |

| 变异源 | $\mathrm{d}f$ 公式 | 估计 |
|---|---|---|
| 群体间 | | |
| $G$ | $g-1$ | 7 |
| 群体内 | | |
| $A$ | $a-1$ | 1 |
| | $(a-1)(g-1)$ | |
| $G \times A$ | | 7 |
| $S/G \times A$ | $ag(n-1)$ | 32 |
| 总体 | $agn-1$ | 47 |

群体主效应的组内相关：

$$\rho_G = \frac{MS_G - MS_{S/G \times A}}{MS_G + (an-1)MS_{S/G \times A}} , \quad F_{[(g-1),ag(n-1)]} = \frac{MS_G}{MS_{S/G \times A}} \qquad [18-7]$$

群体 $\times$ 处理交互作用的组内相关：

$$\rho_{G \times A} = \frac{MS_{G \times A} - MS_{S/G \times A}}{MS_{G \times A} + (n-1)MS_{S/G \times A}} , \quad F_{[(a-1)(g-1),ag(n-1)]} = \frac{MS_{G \times A}}{MS_{S/G \times A}} \qquad [18-8]$$

注：(1)$a=A$ 的处理水平数（这里 $a-2$），$g-$群体数量（这里 $g=8$）；$n=$每个群体中同一处理水平上被试的数量（这里 $n=3$）。

(2)该表引自 Kashy D. A & Kenny D. A. The Analysis of Data from Dyads and Groups. In H. T. Reis & C. M. Judd (Eds.), *Handbook of Research Methods in Social and Personality Psychology*. New York: Cambridge University Press. 2000, p. 457.

### （三）混合自变量

小群体研究中的第三种自变量是混合自变量（mixed independent variable），即变异源既存在于组内又存在于组间。两人组研究中的许多变量具有混合性质，表现在各组内两同伴间分数不同，各个组之间的平均数也不同。例如，婚姻满意度，家庭内部夫妻双方对婚姻的满意度有所不同，不同家庭之间的婚姻满意度也会不同。

现在来看一个群体研究中混合自变量的例子:个体对群体的满意度。该研究中,每个个体都有自己的满意度分数(即个体的自变量得分);而且有些群体的满意度平均水平比较高,有的群体比较低。

### 三、显著性检验的偏差

如果已经获得非独立性显著的证据,那么数据分析必须在小群体水平上进行。此时如果仍然按照独立数据的分析方法来处理,如进行方差分析等检验,则所得结论相对标准假设检验会有明显的偏差,增加Ⅰ类错误(没有差异却得出有差异)或Ⅱ类错误(有差异却得出没有差异)。这种显著性检验的偏差依赖于非独立性的方向和自变量的类型(D. A. Kashy & D. A. Kenny, 2000)。表18-5总结了非独立性假设检验的偏差效应。

表 18-5　非独立性显著而将个体作为分析单元时假设检验的偏差

| 自变量的类型 | 相关的方向[a] | |
|---|---|---|
| | 正向 | 负向 |
| 组间自变量 | Ⅰ类错误提高 | Ⅱ类错误提高 |
| 组内自变量 | Ⅱ类错误提高 | Ⅰ类错误提高 |

注:(1)a 非独立性的方向指小群体成员分数在结果变量上相关的方向。

(2)该表引自 Kashy D. A & Kenny D. A. The Analysis of Data from Dyads and Groups. In H. T. Reis & C. M. Judd (Eds.), *Handbook of Research Methods in Social and Personality Psychology*. New York: Cambridge University Press. 2000, p. 458.

如表18-5所示,如果自变量是组间变量(如,压力对无压力),因变量的组内相关是正向的(组内变异小),则推断统计值(如,$F$ 值或 $t$ 值)将过大,导致所得 $p$ 值过小(相比数据间相互独立的情况)。在这种情况下,犯Ⅰ类错误的概率实际上比标准推断检验所得 $p$ 值要大得多。例如,采用组间自变量的两人组研究中,如果有50个两人组或100个个体,两种处理条件,因变量的组内相关是0.25,那么通常与 $\alpha$ 水平为0.05相关联的统计检验实际上就变成了与 $\alpha$ 水平为0.08相关联;而在群体研究中,如果总体 $N$ 为100,每个群体中有5个人,组内相关0.25,则实际上的 $\alpha$ 水平便是0.17(数学推理过程从略)。因此,若存在非独立性,却仍将个体作为分析单元,会导致Ⅰ类错误的提高。

当自变量为组间变量,因变量的组内相关为负向时,则推断检验会过于保守。例如,如果两人组设计的组内相关是 $-0.05$,共100个参与者,两种处理条件,则实际上的 $\alpha$ 水平仅为0.006,而非0.05,容易接受没有差异的虚无假设,Ⅱ类错误将提高,统计检验效力降低。

如果自变量是组内变量（如，性别），因变量的组内相关为正向，此时将个体作为两人组数据的分析单元，则推断统计值将过小，犯Ⅱ类错误的概率将增加，检验效力低于将两人组作为分析单元的情况。相似的，当群体作为研究对象，自变量为组内变量时，将个体作为分析单元，一般会使检验过于保守，统计效力降低。为什么统计检验效力会降低呢？这是由于每个群体都将被试分配到两种不同的处理条件下，组内自变量的群体设计实质上就是一种重复测量设计。当群体作为分析单元时，群体主效应带来的变异便可以从误差项中抽取出来，可以更好地检验实验处理的效应。因此，正如被试内设计比被试间设计的效力水平更高那样，将群体作为分析单元也会提高统计检验力。

混合自变量的非独立性效应更为复杂，因为在这种研究设计中，自变量和因变量同时在组内和组间发生变化。自变量 $X$ 的非独立性可以用组内相关来计算。如果自变量是混合变量，组内相关 $\rho_x$ 将介于 $-1/(n-1)$ 与 1 之间，$n$ 代表组内人数。当然，如果自变量的组内相关 $\rho_x$ 恰等于 1，则自变量是组间变量；如果组内相关恰等于 $-1/(n-1)$，则自变量是组内变量。

对于混合自变量来说，如果自变量和因变量的组内相关都是正向的，那么将个体作为分析单元的推断检验会过于宽大。

# 四、组间与组内自变量非独立数据的分析

组间与组内自变量设计的非独立数据的分析简单明了，可采用标准分析技术的变式。下面首先介绍控制自变量效应后，评价非独立性程度的方法；其次介绍群体设计存在非独立性时的数据分析方法；最后简单讨论两人组非独立数据分析的特定方法。

## （一）组间自变量

如表 18-3 所示，自变量为组间变量时存在三种变异源：首先是来自自变量的变异，如前文的例子，自变量是"领导风格"，表中以因素 $A$ 来表示，某种风格可能比其他风格的激励作用更强（$A$）；其次，在 $A$ 的每种水平下，一些群体可能比另一些群体受到的激励更强（$G/A$）；再次，群体内一些人可能比另一些人受到的激励更强（$S/G/A$）。

前文曾介绍了如何评估群体组内相关的计算方法，其实质就是评价群体内数据相对群体间数据的相似程度。因此，控制了组间自变量的效应后便可以评价组内相关（注意：计算时自变量的效应应该从组内相关中移除）。也就是说，如果一个自变量有影响，则分数在群体间的变异会更大，而不管群体内是否存在交互依赖（interdependent），计算公式参见表 18-3。

检验组间自变量 $A$ 的效应有几种可能的方法，具体选择哪种方法取决于群体内数据非独立性的水平。如果非独立性检验显著，那么必须将群体作为分析单元，用 $MS_{G/A}$ 作为误差项（error term）。如果非独立性检验不显著，则可以忽略群体而以个体为分析单元，$G/A$ 和 $S/G/A$ 的平方和与自由度可以汇总，得到集合误差（pooled error term）$MS_{S/A}$。

$$MS_{S/A} = \frac{SS_{G/A} + SS_{S/G/A}}{df_{G/A} + df_{S/G/A}} \qquad [18-9]$$

将误差源集合为 $MS_{S/A}$，便只有两种变异源：$A$ 和 $S/A$，这就等同于将群体从模型中剥离出来，重新评价方差分析模型。

如果组间自变量是连续变量，并且非独立性显著，则可以用回归程序来分析数据。本例中，因变量的群体平均值作为回归方程的结果，组间自变量作为预测值，有效 $n$ 值等于群体的数量。

### (二)组内自变量

如表 18-4 所示，组内自变量的研究设计有四个潜在的变异源：第一，群体主效应（$G$），测量群体间在结果变量上是否存在差异；第二，组内自变量的效应（$A$），这是此类研究最感兴趣的效应。回想前文组内自变量的群体设计的例子，自变量是情绪操纵，每个组都包括焦虑和生气情绪的成员，$A$ 效应测量了个体情绪影响合作的程度；第三，群体与处理之间存在交互作用（$G \times A$），这种交互作用评估的是情绪的影响随群体而变化的程度；第四，是处理内部的个体中，由于个体互动而带来的变异源（$S/G \times A$）。注意，对两人组数据来说，$G \times A$ 效应与 $S/G \times A$ 不能分离，因为在每个 $G \times A$ 交互作用水平内只有一个被试。因此，对于两人组组内自变量数据来说，只有三个变异源：$G$、$A$ 和 $G \times A$。

通过控制自变量的效应来评估组内自变量群体设计的非独立性，这是相当复杂的，因为群体内的非独立性有两个来源：群体主效应和群体×处理交互作用。群体主效应的非独立性指数 $\rho_G$，测量的是排除自变量效应后，群体之间是否存在一致差异；根据群体×处理交互作用得到的非独立性指数 $\rho_{G \times A}$，测量的是同一群体同一处理水平下的个体之间得分是否相似。评价和检验这两种组内相关的公式参见表 18-4 的底部。

因为两人组设计没有 $S/G \times A$ 效应，基于群体×处理交互作用的非独立性便无法评估。因此，对于两人组设计，$\rho_G$ 是控制自变量之后非独立性的唯一测量方法。

对于包含类别组内自变量（categorical within independent variables）的群体数据来说，非独立性来自于群体主效应或群体×处理交互作用，这意味着应该将群体作为分析的一个因素。如果已有群体主效应非独立性显著的证据，却没有群体×处理交互作用显著的证据，那么可以将群体作为分析的一个因素，而将个体作为分析单元，$MS_{S/G \times A}$是用于检验$A$效应的误差项；如果存在由群体×处理交互作用带来的非独立性，则将群体作为分析单元，需要采用群体×处理交互作用的均方（$MS_{G \times A}$）作为检验处理效应的误差项。如果前两种非独立性的证据都没有得到，可以将研究设计看作单因素被试间设计，以个体作为分析单元，将模型中的群体因素剔除，相应地控制了群体主效应及与群体有关的交互作用。应该注意的是，因为群体研究中很少采用连续自变量，所以在此没有讨论这种情况。

对于两人组数据来说，如果存在非独立性，可以将组内成员分数的差异作为结果分数，用于评估自变量的效应。对于类别自变量，可以用配对$t$检验。对于连续自变量（如，每个人所做家务的比例），则可以计算两成员结果分数的差异在自变量分数差异上的回归（注意：对于预测和结果变量，差异的方向应该是一致的。例如，A 的家务得分是从 B 的得分中减掉的，则 B 的结果分数也应该从 A 的结果分数中减掉）。这一回归方程可以评估家务差异量与相应结果差异量之间相关的程度。因为差异的方向可能是随意的，所以无法评估回归方程的截距（多数统计软件包的回归分析都有"No-intercept"这一个选项）。即强制截距为 0，保证了回归结果是同样的。

对于两人组内自变量设计来说，如果不能证明数据存在非独立性，则可以将个体作为分析的单元。每个个体都有自己的自变量和因变量分数，可采用$t$检验、$F$检验或回归分析。

## 五、混合自变量研究设计分析：行动者—同伴相互依赖模型

### (一)行动者—同伴相互依赖模型的含义

混合自变量在群体内的个体间不同，在群体间亦不同，因此可以将这种变量看作两种不同的变量：群体间变量，即群体平均数$\overline{X}$；群体内变量，即每个个体的分数与群体平均数之间的差异$X_{ij} - \overline{X}$(D. A. Kashy & D. A. Kenny, 2000)。

行动者—同伴相互依赖模型(the actor-partner interdependence model，APIM)关注的是小群体研究中非独立性的一个重要分支：一个人的预测变量得分不仅影响自己的结果分数，还会影响其同伴的结果分数。这一模型的适应面比较广，可以用于检验行动者效应(actor effects)、同伴效应(partner effects)和行动者—同伴互动效应(actor×partner interaction)。当个体的预测变量分数影响自己的结果分数时，产生的是行动者效应；而当个体在预测变量上的分数影响其同伴的结果分数时，产生的

是同伴效应。例如，在婚姻关系中，我们会发现妻子对丈夫的婚外行为疑神疑鬼，容易产生沮丧情绪，这种不良情绪不仅会影响自己的婚姻满意感，还会影响丈夫的婚姻满意感。妻子的沮丧情绪对自己婚姻满意感的影响称为行动者效应，对丈夫满意感的影响称为同伴效应。

行动者—同伴相互依赖模型中混合变量的互动效应有三种形式：(1)最常见的是乘积式互动(product interaction term)，例如，行动者的神经质×同伴的神经质；(2)绝对差异式互动(absolute difference interaction term)，例如，行动者的神经质与同伴的神经质的绝对差异，这种形式常常用来检验相似/不相似或一致/不一致假设；(3)只需要同伴的分数作为互动项，这是一种不常见的形式，在理论上假设同伴的某种技能或缺陷会引起组间差异，这被称为单个同伴分数互动(single partner score interaction term)，例如，同伴是慢性病患者、抑郁症患者或心理老师等。一般来说，这些不同形式的互动往往都可以导致彼此的高相关。

### (二)行动者—同伴相互依赖模型的评估

只有在混合式预测变量下，才能分离出行动者与同伴效应。评价行动者和同伴效应主要有三种方法(L. Campbell & D. A. Kashy，2002)：(1)集合回归法(pooled regressions)，有人(D. A. Kashy & D. A. Kenny，2000)提出，通过联合两个回归方程的结果来评价行动者—同伴相互依赖模型的效应，但这种方法计算繁杂，检验模型不灵活，原作者在2004年发表的文章中声明这一方法已经被淘汰；(2)结构方程模型(structural equation modeling，SEM)，这种方法在同一模型中检验多个互动时以及变量多于两个时效率不高，具体程序的运用可以参考侯杰泰等著的《结构方程模型及其应用》一书；(3)多层模型(multiple-level model)①，任何多层程序都可以用来评估行动者—同伴相互依赖模型，这种方法较前两种局限性小，对多数研究者来说都是首选。多层模型数据分析方法是一种功能比较强大的方法，也称为层级线性模型(hierarchical linear model)，方差分析混合模型(mixed model ANOVA)，随机系数估计(random coefficient estimation)。

### 1. 多层模型简介

传统线性模型的基本假设是线性、正态、方差齐性及独立。在群体互动研究中，后两条假设往往难以满足，于是出现了多层线性模型(参见张雷等著《多层线性模型应用》，2003)。

设想一个没有控制群体规模的研究设计：研究个体动机水平、领导

---

① 注：本章按照国内约定俗成的提法，将多水平数据模型称为多层模型。

风格与工作承诺之间的关系。一些群体可能人数很多，另一些可能人数很少。一些自变量或预测变量是群体水平变量(group-level variable)，如领导风格；而其他预测变量是个体水平变量(individual-level variable)，如动机的个体水平。这里称群体水平为上位水平(upper level)，个体水平为下位水平(lower level)。群体水平的变量实际上都是群体间预测变量，而个体水平的变量可能是群体内预测变量，也可能是混合预测变量。结果变量在个体水平上测量，本例中是个体对群体的工作承诺。

多水平数据的核心特征是观察的层级性(hierarchy of observations)，低位水平是测量结果变量的水平，嵌套在高位单元内部。在群体研究中，低位水平是个体，而高位水平是群体。

2. 多层模型评估行动者—同伴相互依赖模型的方法推介

采用多层模型评价行动者—同伴相互依赖模型，每条数据记录代表一个人，必须设一个变量代表组对，常用的程序是 SAS 中的 PROC MIXED、SPSS 中的 LINEAR MIXED MODELS、HLM，这些程序都可以评估行动者效应、同伴效应和行动者—同伴互动效应。关于 SAS 中的 PROC MIXED 和 HLM 的运算过程参见文章《Estimating actor, partner, and interaction effects for dyadic data using PROC MIXED and HLM: A user-friendly guide》(L. Campbell & D. A. Kashy，2002)。关于多层模型的 HLM 软件应用程序，读者可参考张雷等著的《多层线性模型应用》。

最后，简单介绍在 SPSS 中检验行动者—同伴相互依赖模型的运算方法。

步骤 1，开始阶段。依次点击"分析/混合模型/线性"：在被试栏输入"组对编号"(dyad ID)；如果被试是可交换的，在"重复测量变量"(repeated measures)中输入成员变量名，如果被试是可区别的，则输入可区别的标识(如，性别)；如果被试可交换，在重复测量变量上选择"复合对称"(compound symmetry)；如果被试可区别，则选择"异质符合对称"(compound symmetry heterogeneous)。点击"继续"(continue)。

步骤 2，点击"线性混合模型"(Linear mixed models)：输入因变量的名称；在"因素"(Factors)输入类别变量的名称；在"协变量"(convariates)中输入连续变量，确保行动者的分数和同伴的分数都作为预测变量。

接下来设置 SPSS 对话框的底部。

步骤 3，点击"固定的"(Fixed)：输入相关项，包括行动者效应和同伴效应；特别注意对话框中部的选项；多数情况下，需要检查确认"包含截距"(include intercept)。点击"继续"。

步骤4，点击"随机的"(random)：在底部的被试分组(subject groupings)，将被试的组对编号移入"合成的"(combinations)；不需要点击"包含截距"(including intercept)。点击"继续"。

步骤5，点击"统计"(statistics)：点击"参数估计"(parameter estimates)；点击"协方差参数检验"(tests for covariance parameters)；可以选择"描述统计"(descriptive statistics)和"案例处理"(case processing)。点击"继续"。

步骤6，运行：点击OK。

# 第三节　社会关系模型

生活中，人们常常会彼此进行评价，比如喜欢程度，这种评价实际上是由三个部分构成的：首先，作为行动者，对他人的喜好评价有一种独特的倾向；其次，作为被评价的同伴，也会对他人有一种普遍的"吸引力"；再次，行动者与同伴之间存在独特的关系，彼此的评价与众不同。分析这三部分变异可以采用社会关系模型，清晰地分离出两人组水平上的个体差异。

## 一、社会关系模型简介

社会关系模型(Social Relations Model，SRM)是一种研究社会知觉和行为的模型。社会心理学家对于在真实社会情境中研究人际互动的呼吁直接推动了SRM的产生和发展，为人际知觉等社会心理学问题的研究提供分析策略和数据分析的工具。

以人际知觉为例，SRM的基本观点可以简单地描述为：个体对他人的判断是自我、他人和双方之间关系的综合体。即当个体评估同伴时，可能要依赖于另一个人的评定，而且也同时受到两个人的关系，即成对关系(dyadic)的影响。SRM主要就是针对成对关系的模型，用实证的方法和数据分析模型作为支持，来分析对人知觉或行为互动关系中的变异来源(张宏宇等，2007)。

## 二、基本数据结构

SRM最基本的设计有两种：循环设计(round-robin design)和区组设计(block design)。

### （一）循环设计

循环设计是比较经典的多重互动设计类型，这种设计要求每个人与群体中其他所有人互动或者评定群体中的所有人。如表18-6所示，假设群体由4个成员构成：A、B、C、D。两人组互动可以在群体范围内进行(A、B、C、D同时互动)，也可以一对一地展开，例如，A 和 B 在一个房间，而 C 和 D 在另一个房间；一轮过后，变成 A 和 C 组对，B 和 D 组对，如此等等。

循环设计的数据通常是有方向性的，因此，A 对 B 的评价和行为方式与 B 对 A 的评价和行为方式可能会有所不同。对角线上的数据代表自我数据(self-data)，即自己对自己的评价(见表 18-6)，评价研究中一般都包括让被试在所测变量上评价自己，于是便会出现自我数据。但是自我数据在某些行为研究中并不普遍，例如，自我表露或非言语行为。

**(二) 区组设计**

区组设计实际上是一系列设计，包括整组(full-block)、半组(half-block)和不对称组(asymmetric-block)设计。在整组设计中(见表 18-6)，一个群体分为两个次群体，每个人只与另一次群体的成员互动。因此，如果群体包括 8 个人：A—H，A、B、C、D 与 E、F、G、H 互动，如表 18-6 所示，整组设计产生两列观察结果：右上部分和左下部分，自我数据在对角线上。

表 18-6  适用社会关系模型的一般数据结构

| 循环设计 | | A | B | C | D | | | |
|---|---|---|---|---|---|---|---|---|
| | A | s | x | x | x | | | |
| | B | x | s | x | x | | | |
| | C | x | x | s | x | | | |
| | D | x | x | x | s | | | |
| 整组设计 | | A | B | C | D | E | F | G | H |
| | A | s | | | | x | x | x | x |
| | B | | s | | | x | x | x | x |
| | C | | | s | | x | x | x | x |
| | D | | | | s | x | x | x | x |
| | E | x | x | x | x | s | | | |
| | F | x | x | x | x | | s | | |
| | G | x | x | x | x | | | s | |
| | H | x | x | x | x | | | | s |
| 半组设计 | | E | F | G | H | | | | |
| | A | x | x | x | x | | | | |
| | B | x | x | x | x | | | | |
| | C | x | x | x | x | | | | |
| | D | x | x | x | x | | | | |

注：x 表示彼此评价的分数、s 表示自我分数。(资料来源：D. A. Kashy & D. A. Kenny，2000)。

有时，数据仅收集分组设计的一半，例如，只有 A、B、C、D 评价 E、F、G、H 而没有反过来评价的数据，这被称为半组设计。不对称组设计与整组设计相似，但前者的参与者 A—D（次群体）在某个变量上与 E—H（次群体）不同。例如，在模拟招聘面试中，一个次群体作为"面试官"，另一个次群体作为"应聘者"。

## 三、社会关系模型的分析

由于社会关系模型的社会心理学意义依赖于结果分数是人际评价还是行为测量，故可用两个示范变量来描述社会关系模型的成分：评价性数据（rating data）和行为测量（behavioral measure）。

为了详细说明社会关系模型，考虑这样一个研究范例：群体由 A、B、C、D 组成，这是 10 个群体中的一个，都由相互不熟悉的人组成，以循环模式进行两人组互动。互动过程录像，并按每个成员的自我表露数量进行编码。每次互动结束后，两人组成员相互评价对方的外向程度。

### （一）社会关系模型的成分

群体内的成对关系（dyadic relation）是由群体水平效应（group-level effect）、个体水平效应（individual-level effect）（包括行动者效应和同伴效应）和两人组水平的关系效应（dyad-level relation effect）决定的（Kenny et al.，2002）。因此，根据社会关系模型，每个两人组分数由四个成分构成。

群体水平效应指的是各个小群体（这里指的是两人组）结果分数的平均水平会各有差异，某些小群体的平均水平可能会显著高于其他群体。

知觉者效应或行为者效应（perceiver effect or actor effect）指的是由知觉者本身的特征所决定的判断风格，或是个体的行为在与不同的群体互动中体现出的一致性。比如，有的人待人友好，倾向于高估其他人的可爱程度。社会关系模型中行动者效应的含义与行动者—同伴相互依赖模型中的含义大不相同。在行动者—同伴相互依赖模型中，行动者效应是指个体在预测变量上的分数对他自己结果变量的影响。在社会关系模型中没有预测变量，行动者效应指的是个体在多个两人组互动中的结果变量上提供一致分数的程度。

目标效应或同伴效应（target effect or partner effect）指的是知觉对象所反映出来的特征，即他人是如何比较一致的看待知觉对象的；在互动中的含义是，人们在与某人互动过程中，表现出一致性行为的程度。例如，有的人天生幽默风趣，所有的人看到他时都会不由自主的高兴起来。这种个体差异变量在传统的研究中常常受到研究者的忽视，因此对这个变量的研究要比行为者变量少得多。与行动者效应一样，行动者—同伴相互依赖模型和社会关系模型中的同伴效应含义也不同。对于行动者—同伴相互依赖模型来说，同伴效应是指个体的同伴在预测变量上的分数对个体在结果变量上的影响；对于社会关系模型，同伴效应是他人与某特定同伴互动中的行为一致性。

关系效应（relationship effect）是指人际知觉中知觉者如何对独特的知觉对象做出行为反应，或在小组互动中控制了行动者效应和同伴效应以后的独特效应，是人们在互动中产生的气氛，也称小组效应（group effect）。比如，婚姻配偶参加亲密关系的研究，原配比临时搭配的伴侣在处理问题时可能会更默契。

分析下面这个例子：A对B的外向评价以及A对B自我表露的程度。表18-7呈现了外向性和自我表露分数的拆分情况。

首先，在群体水平上，A和B的两人组在外向性上的平均得分可能高于其他小组。也就是说，在A对B外向性的评价中，主要受到所在小组的总体外向水平的影响。相似的，A对B的自我表露程度也可能部分反映了自我表露的群体平均成分。

其次，在个体水平上，A的评价或行为具有一致性。对于外向性评价来说，A可能倾向于把每个人都评价为高外向性，所以A对B的高外向性评价可能部分是由于A将其他人看成外向的一般倾向。在自我表露方面，A向他人自我表露的一般倾向也可能是影响A对B的自我表露程度。

同伴效应也是个体水平上的效应，测量了他人对某特定同伴反应一致的倾向。因此，对于A对B的外向评价来说，同伴效应测量了B被他（她）的所有同伴看作外向的程度。当结果测量是行为时，同伴效应测量了某个体倾向于引出与同伴相似行为的程度。在自我表露方面，同伴效应测量了所有群体成员对B自我表露的程度。

关系效应反映了排除个体水平的倾向性后，两个个体的独特组合。比如，对于外向性评价，关系效应反映了A对B外向性的独特知觉；对于自我表露，关系效应反映了A向B自我表露的独特程度。

关系效应的测量往往被混淆，可以通过两种方式将关系效应从误差中分离出来。首先，当同一种潜在结构存在多种测量方式时。例如，A可以在两个外向性指标上评价B：好交际的和健谈的。A对B的评价在两个指标上的一致性称为关系效应，不一致性称为误差。其次，重复测量。也就是说，如果A和B互动两次，每次都测量自我表露水平，A向B自我表露的关系效应才可以从误差（随时间而发生的随机波动）中分离出来。

表 18-7　评价测量和行为测量中的社会关系模型成分

| 分数 | = | 群体平均 | + | A 的行动者效应 | + | B 的同伴效应 | + | A 与 B 的关系效应 |
|---|---|---|---|---|---|---|---|---|
| 评价测量：<br>A 对 B<br>外向性<br>的评价 | = | 外向性的<br>群体平均 | + | A 将所有<br>同伴看作<br>外向的倾向 | + | B 被所有<br>同伴看作<br>外向的倾向 | + | A 对 B<br>外向性的<br>独特知觉 |
| 行为测量：<br>A 对 B 的<br>自我表露<br>水平 | = | 自我表露的<br>群体平均 | + | A 对所有<br>同伴自我<br>表露的倾向 | + | B 引发所有<br>同伴自我<br>表露的倾向 | + | A 对 B<br>自我表露的<br>独特程度 |

注：资料来源：D. Kashy & D. Kenny ，2000。

### (二)社会关系模型的变异

在社会关系分析中，每个群体都要评估三种核心成分的变异：行动者、同伴、关系，然后将群体间的变异汇总起来。例如，在评价研究中，行动者变异测量了同化(assimilation)的程度——某些个体倾向将他人的某个特质高估，而另一些个体倾向于低估某个特质的程度。行为变量的行动者变异(actor variance)，例如，自我表露测量的是某些个体稳定地高自我表露，而另一些个体稳定地低自我表露的程度。评价数据中的同伴变异(partner variance)测量的是一致性(consensus)，例如，所有个体认同某些人在某特质上水平较高，而另一些人水平较低。自我表露(行为变量)的同伴变异，测量的是对于某些同伴每个人都表露较多，而对另一些同伴每个人都表露较少的程度。关系变异测量的是，排除行动者效应和同伴效应后，评价依赖两人组中的特定个体而变化的程度。对评价数据来说，关系变异测量的是，个体知觉对于特定组合来说的独特程度；对行为数据来说，关系变异测量的是，某些行为表现(如，自我表露)是由特定组合而决定的程度。

### (三)社会关系模型中的相关分析

社会关系模型可以详细分析变量成分间的相关，这对于深入理解人际关系的本质有着重要意义。

在个体水平上，行动者效应与同伴效应之间的相关可以评估一般互惠性(generalized reciprocity)。对于自我表露来说，正向的一般互惠相关表明，个体向同伴表露多，也会得到所有同伴的高表露水平。在两人组水平上，两成员间的关系效应的相关可以评估两人组的相互性，也就是说，如果 A 对 B 的自我表露水平很高，B 是否也会向 A 做同样多的自我表露？

个体水平的社会关系模型效应（行动者和同伴）与自我数据和自我差异测量之间的相关。例如，外向性的自我评价与行动者效应之间的相关，测量的是个体看待自己的方式与看待他人的方式的对应性。自我评价与同伴效应的相关，测量的是自我—他人的一致程度（self-other agreement）：他人看某人与某人看自己一样吗？个体水平效应和个性数据的相关可以解释下面的问题：高自我监控的人是否倾向于向所有同伴作更多自我表露？这是个性得分与行动者效应的相关（personality-actor correlation），或者高自我监控者是否更容易接受同伴的高自我表露水平，这是个性—同伴相关（personality-partner correlation）。

**（四）社会关系模型的统计分析方法**

SRM 中多种变异源的分解和相关分析要依据统计分析方法来实现，即研究中需要依据上述模型收集数据，并对数据做出统计分析。金德（D. E. Kinder）于 1957 年最早提出了成对数据的分析模型，之后由华纳（R. Warner）等人于 1979 年作了推广和普及。此后，在概化理论的影响下，肯尼（D. A. Kenny）深入发展了这个数据分析方法，在 20 世纪 90 年代提出了目前普遍应用于社会认知与社会互动研究中的 SRM 研究设计及分析模型。SRM 的统计方法虽然表面看来与传统的方差分析（ANOVA）类似，但实际上二者最重要的区别是，传统的方差分析假设要求变量之间相互独立，而在 SRM 中的数据是高相关的，一般的方差分析结果会导致结果的偏差。因此，肯尼等人发展了专用于 SRM 的统计软件，也可以用 SAS 中的 PROC-SRM 计算，专门的 SRM 分析软件是 SOREMO（适用于循环数据结构）和 BLOCKO（适用于区组数据结构）。

本章介绍的研究设计和数据分析的方法基于群体内的个体之间可能会相互影响的前提条件，介绍了评估群体分数的非独立性的方法，以及在假设检验中忽视非独立性将造成的偏差性后果。还描述了许多数据分析方法，将人际相互依赖现象模型化。

本章介绍的行动者—同伴相互依赖模型是分析非独立数据的新进展，对于精细理解小群体互动过程潜力巨大。该模型的评估程序适用于小群体数据，支持单变量和多变量分析，评估混合自变量的行动者和同伴效应，同时兼容组内与组间变量。这种分析不需要特别复杂的研究设计。要求每个人提供一个结果分数和一个混合预测变量的分数，个体不需要参加多个互动，不需要提供跨时间的多个结果数据。

社会心理学家业已证明，社会关系模型是研究大量人际现象的重要工具。该模型提出了在两个体互动或评价对方的情境下，将其中发生的效应分离开来的方法。社会关系模型对数据要求比较苛刻，因为每个个体必须与几个同伴进行互动或者相互评价，但是，它对于从实证角度深入了解人际本质乃至人性问题无疑有着开拓性的意义。

## 本章思考题

1. 如何理解数据的独立性与非独立性？
2. 组内相关法如何评估数据的非独立性？
3. 小群体研究中有哪三种自变量，如何理解其含义？如何分析其非独立性数据？
4. 如何理解数据的非独立性给标准假设检验带来的偏差？
5. 如何理解行动者—同伴相互依赖模型的含义？
6. 如何理解社会关系模型的含义与基本数据结构？

（作者：胡琳丽）

# 第十九章 发展和变化过程的建模

本章要介绍的是社会心理学研究中很独特的一个应用领域——发展和变化过程的建模研究。之所以要把社会心理学研究中有关发展变化过程的内容单独列一章，是因为这个过程所涉及的理论和方法（如，过程的建模方法、数据的处理方法等）与我们在社会心理学中通常所使用的理论和方法有很大的不同，它能更有效、更精确的解决某类特定的问题。

比如，社会心理学研究中对儿童或青少年群体的研究经常会使用纵向研究的实验设计。以往的纵向研究，研究者往往关心的是某一行为或特质随时间发展的趋势，即对总体发展趋势的研究，而对个体自身的成长和发展所带来的效应及原因很少关注，认为这种差异是不用考虑的或者可忽视的。但是，在发展和变化过程中，个体自身的成长和发展所带来的效应是不能忽视的，所以因变量——发展的总趋势，既来自于外部的实验处理，又来自于个体自身的成长和发展。对于这种发展和变化过程的问题，前面章节所介绍的社会心理学所使用的常规研究方法在这里就不是很适合了，许多研究证实了这一点。随着近年来统计技术的发展，一些新的手段可以帮助我们不仅关注总体的发展趋势，而且可以对个体之间发展趋势的差异以及导致这一差异的原因进行分析。所以很有必要单列一章，专门介绍对这种涉及变化和发展过程的建模和数据的处理方法。

在这一章我们首先介绍或定义一些概念和观点，然后结合例子来介绍发展和变化过程中所涉及的问题最好的解决方法是什么，以及为什么要用这些特定的方法技术手段，最后从实验设计、数据测量、结果分析等方面来讨论在面对发展和变化过程时所需要关注的问题及其他情况。在设计部分，我们会讨论一些有关个体发展变化的纵向研究中所需要注意的事项。在测量部分，我们主要讨论测量动态潜变量的一些方法。分析部分主要是介绍和比较有关个体发展变化问题的几种解决方式，并具体介绍两种解决方法，包括连续的和阶段式的发展问题。

# 第一节 概述

## 一、基本概念

首先，为了便于理解，我们要在这里统一一些在本章中使用频率很高的概念的定义。潜在变量(latent variable)，也叫潜变量，是指实际当中无法直接测量到的变量，包括比较抽象的概念和由于种种原因不能准确测量的变量。与此相对的，我们所能测量的是那些我们认为与潜在变量有很大关联的外显变量(manifest variable)，可以把它们当作是潜在变量的指标。例如，一个人的人格是无法直接测量的，但可以通过一些具体的指标(如，情绪稳定性、外向性、开放性、相容性与责任意识等)加以反映，因而从结构方程模型的观点来看，人格是一个潜在变量，而情绪稳定性、外向性、开放性、相容性与责任意识等是与其对应的一些外显变量。如果许多外显变量都与某个潜在变量十分相关，那么这种多重指标的方式就能提高测量的可靠性。

纵向研究背景下的测量涉及两类不同的潜在变量，静态潜在变量(static latent variable)和动态潜在变量(dynamic latent variable)。静态潜在变量和动态潜在变量是相对应的。动态潜在变量涉及跨时距的个体内的系统改变，而静态潜在变量则并不涉及这种变化。

另一个需要区别的概念是个体间变异(interindividual variablity)和个体内变异(intraindividual variablity)。个体间变异指那些涉及样本中个体与个体之间的变异，最典型的就是我们通常所讨论的方差。个体内变异是指那些只涉及个体自身的变异。在这章中，我们使用个体内变异量来指代随时间变化涉及个体自身而不涉及个体间变化的变量。当出现发展或在成长的时候，就可能出现了个体内的变异。但要注意的是，出现了个体内变异并不意味着也出了现个体间变异；同样，出现了个体间变异也并不意味着就出现个体内变异。这是两个不同维度的变异。

纵向数据(longitudinal data)是指对同一组被试个体在不同空间或时间上重复测量而得到的由截面和时间序列融合在一起的数据。不同个体之间的观测值是独立的，但同一个体的不同观测值可能是相关的，即组间独立、组内相关。其特点是将截面数据和时间序列数据结合在一起，既能分析出个体随时间的变化趋势，又能分析总体的变化趋势。

## 二、个体水平上的发展和变化

### (一)对个体变化的建模

在研究个体间或群体间差异的发展和变化情况时，我们往往会先尝试得到它们发展和变化的总体情况或趋势，这样有利于从总体上来了解数据。但是，这里要注意的是，如果我们只从统计上的这种简单概括的结果来看，有可能会使我们对个体变化的实质情况产生误解，也就是说，总体平均变化情况有可能并不能代表大部分个体实际的变化情况。那么在建模的时候我们如何来调整这种矛盾呢？在对群体或是个体间变化的差异进行建模之前，要对个体的变化进行建模。也就是说，对个体发展的建模是对个体间发展建模的先决条件。只有把个体在某时间段内的变化趋势都理清楚，才能了解相同时间段内的个体与个体之间或者群体间差异的变化趋势。

### (二)容易产生的误判

为什么要这么做呢？我们可以通过一个具体的情况来解释。图 19-1 是一个假设的群体水平发展轨迹（group-level growth trajectories）。所谓群体水平发展轨迹是由个体的发展轨迹经过计算均数后得到的，而个体发展轨迹是由个体在某个时间点或场合下测得的数值均数所绘制而得到。群体水平的发展轨迹一般用来描述整个群体的发展趋势。从这个群体水平发展轨迹图中我们可以看到，这个样本的总体变化趋势呈线性递减的发展趋势。但是，你有没有想到，群体水平的发展轨迹并不一定与群体中的个体发展轨迹是一致的。

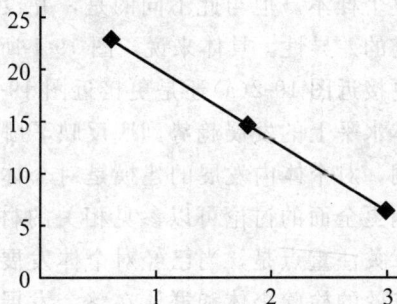

图 19-1　一个假设的群体水平发展轨迹

我们可以假设，一种情况下，个体水平发展轨迹如图 19-2(a)所示，把这些个体水平发展轨迹进行平均后得到的群体水平发展轨迹就是图 19-1。这个并不难想象，群体水平发展轨迹就是这么一个线性递减的趋势，拟合的总体变化趋势与个体的变化趋势是一致的。但是，图 19-1 所示的群体水平发展轨迹也可以是由另一种个体水平发展轨迹平均而得的，如图

19-2(b)所示。这样的个体水平发展轨迹就不是线性的递减趋势了，但是它的拟合群体水平发展趋势却有可能如图 19-1 所示那样。从中我们可以看出，图 19-2(a)所示的个体水平发展轨迹用图 19-1 所示的群体水平发展轨迹来替代是合适的；但图 19-2(b)所示的个体发展轨迹就不用其替代了。

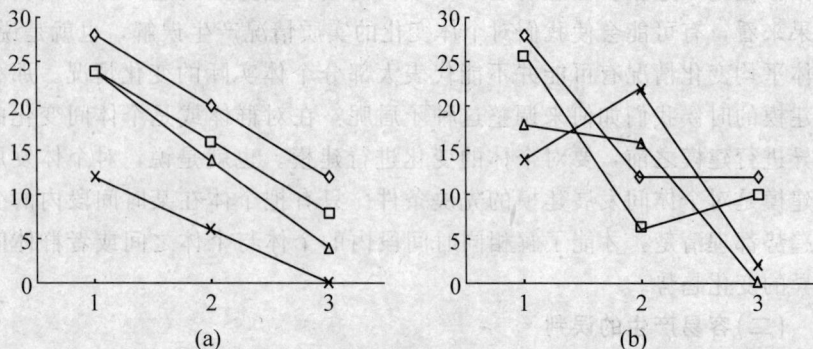

(a)           (b)

**图 19-2　两种个体发展轨迹图，每一个都能得到图 19-1 所示的群体水平发展轨迹图**

从上面的例子可以看出，当我们还没有把个体的变化情况弄清楚时，简单得出个体间或是群体差异的变化情况是没有意义的。因为使用平均发展轨迹会使我们对个体变化的实质产生误解。使用平均数是为了能描绘出数据的中心趋势，而在某个时间点上的群体平均数和群体平均发展轨迹是有很大差异的。当检验某个时间点上的群体数据的平均数时，我们可以同时考虑它的样本的离差，这就可以帮助研究者去判断平均数在多大程度上能代表整个样本。但与此不同的是，并没有一个有效的方法来表达平均发展轨迹的差异性。具体来说，图 19-1 所示的结果并不能告诉读者原始数据是更接近图 19-2(a)还是更接近图 19-2(b)。这就让研究者难以判断这种群体水平上的发展趋势到底反映了哪种个体发展总体趋势。所以我们要强调，对个体内发展的建模是对个体间发展建模的先决条件。对于这个问题更全面的讨论可以参见相关的材料，这里就不再具体展开了。因为本章关注重点是，当已经对个体发展模式进行了建模之后，我们如何能够有效的检验个体和群体在整个发展过程中的变化和发展的情况以及它们的差异性。

# 第二节　针对变化和发展的设计

## 一、横断研究和纵向研究

关于设计的一般问题，本书的其他章节专门对此做过介绍。在这里我们仅讨论有关发展和变化研究所涉及的内容。

针对变化发展过程的设计一般分为两类：横断的（cross-sectional）和纵向的（longitudinal）。当我们对变化的过程进行研究时，首先要在这两种设计类型中做出选择。横断研究（cross-sectional study）是在同一时间内比较不同年龄组的被试；纵向研究（longitudinal study）也叫追踪研究，主要用来分析事物在一段时间内或某几个时间点上的变化趋势以及不同个体之间变化趋势的差异。比如，想要知道在大学期间，学生对伙伴影响的理解的发展变化情况。如果采取横断研究就要对大学四个年级学生在同一个时间点进行测量，并且比较这四组学生对伙伴影响的理解情况。与此对应，如果采用纵向研究的方法，就只会选择大学一年级的新生，对他们跟踪四年进行定期的测量。在横断研究中，研究者可以在一个比较精准的时间点上同时对四个年级学生的情况进行比较；而纵向研究则可以使研究者对同一个体的心理变化过程进行跟踪。

一般认为，纵向研究在心理学中处于特殊的地位。纵向研究设计主要用来研究两个问题，一个是描述总体的平均发展趋势，另一个是描述不同个体间发展趋势的差异。纵向研究与横断研究相比最大的优点是，纵向研究设计可以合理地推论变量之间存在的因果关系。要得出变量之间的因果关系，原因变量和结果变量之间要满足下列 3 个条件：(1)假设存在因果关系的原因变量和结果变量之间是相关的；(2)从时间上来讲，原因变量在前，结果变量在后；(3)在所考虑的模型中，其他原因变量对结果变量的影响能够被控制或排除。由此可见，横断研究是不能满足上述的第二个条件的，所以横向研究数据本身不能探索变量之间的因果关系。正是由于纵向研究有这一显著优点，所以在心理研究中多用纵向研究探讨数据之间的因果关系和分析事物的发展规律。

## 二、年龄、群体和时间

### (一)概念

谢伊（K. W. Schaie，1965）曾指出变化可以被认为由三个因素所引起的：个体的年龄（age），个体所在的群体（cohort），测量的时间（time）。在这里，群体这个词是一种简略的表达方式，用来定义一群有着相似历史（比如，大萧条、战争动荡）和社会（比如，学历、性别角色规范）经历的个体。它可以由研究所关注的年龄段、出生年月、出生的年代以及性别等方面来划分。尽管年龄、群体和时间是截然不同的概念，但有时它们是交织在一起的。

### (二)群体和年龄因素的混淆

在设计时我们采用横断设计还是纵向设计要根据如何处理年龄、群体和时间的关系来进行选择。在横断研究中，群体和年龄是容易混淆的。

举例来说，还是上面的假设情境，在横断研究中如果观察到两个年级学生对某件事的认知差异时，对它的解释可能有三种：(1)这种认知差异只是由于年级差异造成的，也就是年龄因素造成的；(2)认知差异只是由于所在的不同群体的差异造成的，特别是当我们把这两个群体内的个体差异排除或是有理由的忽略时(如，认为两个群体是同质的)，这就是群体这个因素造成的；(3)年龄和群体之间存在交互作用，这两种因素共同影响了认知变化，就是说两个年级学生之间有群体间的差异，而且这种差异在不同年级是不一样的，这种情况下群体和年龄的因素是混合在一起的，仅仅依靠横断研究的数据是不能让我们确定这三种可能性中哪个影响最大。这也就是我们上面所说的，在横断研究中群体和年龄因素是容易混淆的。

### (三)年龄和时间因素的混淆

纵向研究的优势是可以使研究者在整个研究过程中直接观察个体的改变。但是，在纵向研究中年龄和时间是容易混淆的。还是上面的那个例子，当在纵向研究中观察到两个年级学生对某件事的认知差异时，对它的解释也可能有三种：(1)两个年级学生对某件事的认知变化只是随着成长发展的，这就是年龄因素；(2)观察到的认知改变受到了一些社会因素的影响，也就是说，在这个过程中存在着一个整体的、固有的认知变化趋势，而不是成长的改变，比如社会环境和重大事件的经历等，这就是时间因素的作用；(3)这里存在着年龄和时间的交互作用，所以观察到的效应是特定人群在特定时间的结果。同样，纵向研究的数据也不能让我们确定这三种可能性中哪个是最有可能的，所以说在纵向研究中年龄和时间因素是容易混淆的。

### (四)群体—系列设计

有很多学者提出了一些方法来尝试分离年龄、时间以及群体的效应。在这里我们介绍一种方法，称为群体—系列设计(cohort-sequential design)，我们将结合表 19-1 具体说明。这个设计包含了一系列的纵向研究，每一个纵向研究都包含了不同的群体。

表 19-1　群体—连续设计例子

| 群体 | 测量年份 | | | | |
|------|--------|--------|--------|--------|--------|
| | 第一年 | 第二年 | 第三年 | 第四年 | 第五年 |
| 群体一 | 一年级 | 二年级 | 三年级 | 四年级 | |
| 群体二 | | 一年级 | 二年级 | 三年级 | 四年级 |
| 群体三 | | | 一年级 | 二年级 | 三年级 |
| 群体四 | | | | 一年级 | 二年级 |

假设表 19-1 所描述的纵向研究始于某年，对那一年的一年级新生（群体一）进行测量，并对他们定期测量一直到毕业（四年级）为止。在接下来的三年中，这个纵向研究每年都加入一个一年级的班级（群体二、群体三、群体四）。在最后的数据收集阶段，数据被整理为四个连续时间段的群体部分。在群体—系列研究设计中，我们可以判断是否在一个群体中观察到的变化趋势也发生在其他群体中。例如，如果某种效应（变化趋势）在群体间是不一致的，那么这种效应就可能是由于群体自身的特殊性造成的。如果某种效应（变化趋势）在不同群体之间是一致的，而且在某个时间点上而不是某个年级（年龄）上是不一致的，那么就可以证明这种效应是由于某时刻的环境（历史或是社会的）因素造成的。

## 三、数据缺失和样本流失

### （一）缺失值的问题

纵向研究需要对同一观测对象做多次追踪观测，很容易出现数据的缺失。数据的缺失可能是由于实验中被试在完成问卷时少做了一项或多项造成的，或者是由于在纵向研究中被试的一个或多个数据因为某种原因不能获得而造成的。如果数据的缺失是完全随机的，例如，研究中每个被试都有相同的缺失概率，那么唯一的问题就是由于样本数据量减少所带来的统计力的减弱。不幸的是，现实中大量的数据缺失往往都是非随机的。比如，被试不良的阅读技巧、低动机水平以及为了避免问题项目产生的不快感所产生的倾向等，这些都是造成数据缺失的因素。

除上述问题外，纵向研究经常会遇到的问题就是如何处理参与者中途退出，这视为参与者的损耗（attrition），即样本的流失，会严重影响纵向研究的内部和外部效度。如果在实验组和控制组之间的损耗不一致，则会对研究的内部效度产生影响。当发生某部分参与者退出的概率大过其他部分参与者时，外部效度就会受到影响。例如，在学校中社会经济地位较低的学生（如，农民工子弟等），他们的稳定性较差，离开学校或者放弃学业的可能性较大。这样的话，这些参与者的缺失就意味着对低社会经济地位的学生的概括是有限的。

### （二）解决的方法

对此，我们认为可以将程序上和统计上的方法结合起来解决或弥补参与者损耗的问题。一方面，在程序上，为了使数据的缺失最小化，留出足够的资源是很重要的。比如，给参与者足够的时间来完成测验或者面谈过程，并且强烈提示他们不要遗漏任何项目。在纵向研究中，应该用一些资源来寻找和收集那些可能丢失的数据，好的计划可以使其变得简单。例如，在初次数据收集时，我们可以通过获得一些额外的信息来使我们更容易追踪参与者，防止他们中途离开，比如记录工作地点或者有效证件的号码等。

另一方面，在统计上，最新发展的统计程序为解决纵向研究中数据缺失提供了很大的帮助，使得我们可以使用到尽可能多的数据，尽量去除那些非随机损耗的偏差。通过使用缺失数据程序（missing data procedures），研究者可以在现有数据的基础上，估计出在没有参与者缺失的情况下数据的原本情况。此外，选择合适的统计方法也是很重要的，比如采用允许缺失值存在的参数估计模型等。

## 四、纵向研究中观察的数量、时间和时间间隔

在社会心理学的纵向研究中，数据观测点不一定是平均间隔的。例如，在学校研究中，所有被试的数据收集会在学年的开始和结束时。当设计一个纵向研究时，要十分注意在数据收集阶段，数据的数量、时间和时间间隔的问题。一个在纵向研究中常见的问题是，数据采集段太少，并且间隔得太远。这就会造成建模准确性的降低并且大大增加了建模的难度，因为这样会遗漏观察点之外的很多发展情况。

例如，假设一个研究者想做一个低学龄段学生对同龄人依恋情况的研究。理论假设是，在小学时期学生对同龄人的依恋是比较低的，而此时他们对父母的依恋是比较高的；随后学生对同伴的依恋会逐渐稳定上升，在某个年级时达到顶峰；然后随着独立需求的增加，依恋缓慢减弱。图 19-3 中的实线表示了随着时间发展对同伴依恋的变化情况。这条实线就被认为是在连续的时间上测量出的学生对同龄人依恋的情况。现在，我们假设只在研究中挑出 1 年级、6 年级、11 年级这三个时间点来做调查的话，那么图 19-3 中的虚线就描绘了这样结果下的发展轨迹图（虚线），看似线性的增长趋势，但与实际情况有较大差别。从中可以看到，仅对三个间隔的年份进行调查，研究者是不可能获得这个过程演变的准

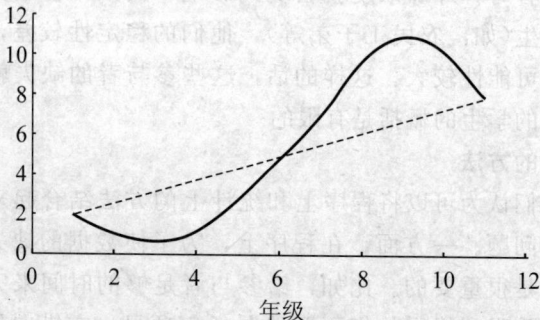

**图 19-3　一个增长轨迹（实线）以及只在 1 年级、6 年级、11 年级测量时所会表现出的样子（虚线）**

确效果的。所以从理论上说，测量越频繁会使得结果越接近真实。

对于部分研究者来说，如果想更好的对个体发展过程进行观察，对数据采集点进行时间上的控制，那么就要格外仔细的计划。在很多情况下，纵向研究中对数据采集时间的决定与研究者在做一个有效的分析时所面临的决定是相似的。我们知道，在一个有效的分析中，研究者必须要对研究中的有效容量做出一个有根据的推测，从而来决定研究中所要的样本容量。这种推测即使不是很准确，但比起不做推测，对样本容量的预测结果还是有很大帮助的。同样的，在纵向研究中数据采集点的时间的确定也是如此。对发展过程的走势和速度能有一个有根据的推测，或是能有一个理论基础的期望那就更好了，它对我们设计观测的时间是很有帮助的。如果在纵向研究中，早期的数据分析发现整个发展过程并不要求观察是均匀间隔的，那么应该在预期的发展轨迹发展最快速的阶段尽可能多地进行测量，而在其他地方可以相对减少测量的频率。

## 五、需要注意的其他问题

发展和变化的研究中，测量往往还会面临着许多其他问题。比如，当相同的测量措施在重复进行时，测量分数的改变很可能是由于被试对测量措施的熟悉程度的增加，而不是真正的被测量的潜变量发生改变的结果。或者，由于在测试或问卷过程中被试所产生的一些烦躁或自负感，这都会增加一些随机误差。另外，随时间的增加，被试对实验操作的理解方式也可能会发生改变。当一个干扰使得一组被试重新评估一些事情，而另一组被试却没有重新评估时对实验结果影响是很大的。这些都是需要注意的。

# 第三节 纵向研究中的测量

## 一、纵向测量中测量的效度

有关效度的一般概念，已在本书其他章节中详述。这里我们着重谈谈在纵向研究中这些效度的测量问题。

### (一)效标效度

1. 效标效度的概念

当我们需要检验测验有效性的时候，一个重要方法是看根据测验所做出的预测是否能被证实，如果一个测验的预测与将来实际发生的事情非常接近，那么这就是一个好测验。

效标效度，就是考查测验分数与效标的关系，看测验结果对我们所关注的行为预测得如何。效标效度可以分为同时效度及预测效度，它们的区别在于收集效标的时间。对于同时效度，效标数据和测量数据的采集几乎是同时的。对于预测效度的评估，效标数据的采集会在后面，比如入学后学生的学习表现等。所以预测效度的效标收集需要花费一段时间。

2. 确定效标效度的方法

确定效标效度最常用的方法是计算效标与测验分数的相关，用相关程度来表示效标效度的情况。当效标与测验分数之间表现出真实、显著的联系，那么它就可以作为效标效度的凭证。对于静态变量，相关法是最常用的。相关法的优点是：可利用回归方程来预测每个人的效标分数；提供了预测源与效标间的数量关系。相关法的缺点是：如果预测源与效标之间不是线性关系，便会低估测验的效度，不能提供关于取舍正确性的指标。

如果对一个动态潜在变量测量的效度进行评估，那么有关效标效度的问题就会表现出某些不同。测量一个总在变化的变量时（随时间而发生变化），效标也必须要跟上这种变化。例如，为了评估同时效标，我们必须要调查清楚是否每一个个体的测量数据和效标数据之间的轨迹是协同变化的。但是，存不存在协同变化是不能通过简单的检验相关的方法来完成的，比如上面所提的相关法。因为如果预测源与效标之间不是线性关系，这种方法会产生很大误导，有可能个体在某个时间点上的特定相关是很大的，但事实上两者之间并没有发生协同变化。因为在静态潜在变量的情况下，我们默认两个轨迹的变化是线性的，所以使用相关法是可行的，但如果预测源与效标之间不是线性关系，那么就会低估测验的效度。对于动态潜在变量的情况，我们就要引入其他的方法，比如发展曲线模型技术（growth curve modeling techniques）等。发展曲线模型技术可以被用来对每个个体的各个变量发展轨迹进行建模，同时也可以检验是否在两个发展轨迹之间存在相关。

3. 动态预测效度

动态预测效度（dynamic predictive validity）是指某个被关注的动态变量的测量符合对应动态效标的程度，但在时间上存在一些滞后。当然，在这种设计中建立动态预测效度是困难的，选择适当的时间滞后是很难的。因为有时候两组数据的对应关系在时间上是错开的，如果将两组数据在同一时间点进行对应的话，这种相关就会被埋没。其中关键点是，只有使用了恰当的时间间隔后，两变量之间的滞后关系才最容易被发现，这要依靠我们现有的知识和对变量之间关系有准确的把握。

例如，一个对挫败感变化的测量，由于对挫败感变化的测量是一个动态的测量过程，那么对它效度的评价就需要使用动态预测效度。首先，我们要确定它的动态效标，根据已有经验，对挫败感的某种操作必然会引起一周后攻击性的某种特定变化，那么攻击性变化就可以作为挫败感变化测量的动态效标。我们可以设想，如果挫败感和攻击性间隔一周来测量，就可以得到它们之间的某种相关关系。但是如果测量的间隔是两个星期或者一个月的话，这种联系可能就不会出现了，这样就会导致我们得出错误的结论，即这个对挫败感测量的预测效度是低的，但事实上这是由于研究的设计没有让测量发生在恰当的滞后时间上。

（二）内容效度

内容效度就是指，测量项目对所要测量领域的内容或行为范围取样的适当程度或覆盖程度。它在成就测验（achievement test）中特别重要。例如，学生会在某个课程结束之后进行考试，而试卷不可能包含这门课程的所有内容，那么教师在出试卷的时候只能尽可能用一个代表性样本来测试，根据分数来推论学生对该范围内知识技能的掌握情况。如果测试的题目是这门课程内容的有代表性的样本，推论就有效。内容效度的主要缺点是缺乏可靠的数量指标，因而妨碍了各测验间的相互比较。

对于动态潜在变量，非常重要的是要考虑测量是由什么构成的。通常我们所关注的是技巧、能力和态度等范围的内容，这与我们在静态变量测量时所考虑的内容是一样的，当然做法也是一样的。但是对于动态潜在变量的测量还有另外很重要的方面。因为动态潜在变量是随时间而发生改变的，在发展过程的不同阶段与之相关的测量项目也应该是不同的。也就是说，测量的手段中应该包括与发展变化过程的早期、中期和晚期相对应的项目。另外，变化过程的不同测量阶段所采用的不同项目，要取决于所要测量的动态潜在变量。例如，皮亚杰所说的不同的成长阶段就需要不同的任务类型项目来测量。

（三）结构效度

结构效度是指测量结果体现出来的某种结构与测值之间的对应程度。结构效度分析通常所采用的方法是因子分析。很多学者认为效度分析最理想的方法就是利用因子分析测量量表或整个问卷的结构效度。

对于静态潜在变量，内容效度的证明通常是通过做出理论预期并通过问题的测量来得到的。同样的，理论预期在确定动态潜在变量的结构效度中可以像在静态潜在变量中确定结构效度中那样使用。但是这里的理论期望一定是随时间而变化的。如果一个理论期望是随时间变化的，那么实际测量时也要能体现这种变化。特别要注意的是，如果一个理论期望不是在整个阶段而是在某个特殊阶段随时间发生变化，或者是某种特殊形式（例如，指数形式等非线形的特殊形式）时，那么测量时也要能反映出这些情况。

## 二、测量的精度

目前社会心理学中最广泛使用的测量精度的概念是经典测量理论中信度的概念。信度被定义为如下形式：

$$\rho XX = \frac{\sigma_T^2}{\sigma_X^2} = \frac{\sigma_T^2}{\sigma_T^2 + \sigma_E^2} \qquad [19-1]$$

在进行测量时，误差是很难避免的，这就使得真实值和测量值之间是不可能完全一致的。我们可以这样来表示测量值和真实值之间的关系：$X = T + B + E$。$T$ 表示真实值，$B$ 表示偏差，即系统误差，$E$ 表示测量误差，即随机误差。由于系统误差很难分解，因而有些书中的分解式将系统误差包括在真实值之中，因而 $X$ 可以简单地概括为 $X = T + E$。对于测量误差 $E$，一般假定它的期望值是 0，而且与真实值相独立，在此假定下，可以证明：$E(X) = E(T)$，即测量分数和真分数的总体均值相等。$\sigma_X^2 = \sigma_T^2 + \sigma_E^2$ 测量值的方差等于真实值的方差与误差方差之和。所以信度就可以看成是真实值的方差在总体方差中所占的比例，这个数值 $\rho XX$ 就叫信度系数。如果一个测量工具有高信度，那么它也许可以被认为是一个好的测量工具。

目前比较知名的经典测量理论都可以帮助研究者测量个体间的差距。由于经典测量理论是由能力和成就测验而得来的。于是，在公式[19-1]中的真实变化量 $\sigma_T^2$ 一般就是个体间方差。所有我们熟知的检验信度的方法，例如，克伦巴赫 $\alpha$ 系数、再测信度等，都是基于个体间方差的。但是，这里要强调的是，这些方法都不同程度地忽略了个体内的差别，所以当测量的对象是不断发展变化的时候它们的使用就有很多的局限。这种测量精度的概念，在以寻求个体间变异量为主要目标的情况下才是非常有效的，例如横断研究和测验。但是在关注发展和变化的纵向研究时，就不再这么有效了。事实上，基于这个信度的定义，对发展变化过程的高精度测量是不可靠的。

举个例子，假设研究者想通过对幼儿园三个年级儿童的测量，来研究幼儿园儿童利他主义的发展情况。假设目前研究者已经有了一个对利他主义的测量，为了评估这个测量的信度，研究者又要对条件相似的一群儿童进行一个纵向研究。我们可以想象，随着时间的变化，儿童自身肯定会有很大改变，但是因为所有的儿童几乎都是相似的年龄和相似的条件，所以任何时候个体间的差异量比起他们自身的变化量可以认为是比较低的，即个体间真实变异量 $\sigma_T^2$ 相对于 $\sigma_T^2 + \sigma_E^2$ 是比较小的，于是根据公式[19-1]信度就是很低的，所以必然会得出这个测量是低信度的结论。当然，研究者也可以试着对幼儿园三个年级的儿童进行横向研究，来获得充足的个体间变异量，从而得到高信度。但是这样并没有解决实际的问题，这就是，在经典测量理论中关于测量精度的定义并没有涉及个体内变化的测量，也就是说，它对纵向研究不适用。

至于信度和效度的关系，我们可以这样概括两者的关系：(1)信度低，效度不可能高。因为如果测量的数据不准确，也并不能有效地说明所研究的对象。(2)信度高，效度未必高。(3)效度低，信度是有可能高的。(4)效度高，信度也必然高。能够有效地说明所研究的对象，必然需要准确的测量数据作为依据。简言之，信度是效度的必要但非充分条件，效度则是信度的充分但非必要条件。

## 三、动态潜在变量的测量：LGS 法

柯林斯(L. M. Collins, 1991)等人对纵向研究的测量问题进行了深入分析，进一步指出，由于测量所依据的理论、模型以及概念化和研究的程序不同，不应采用测量静态的个别差异的方法来对变化进行测量。传统的测量方法几乎是建立在静态潜在变量的概念基础上的，并以对特定时间点上的静态变量的个别差异测量为特点，而将这一方法用于测量动态潜在变量则是不恰当的。通过上面的讨论，我们知道了传统测量精度和信度对动态潜在变量的定义是存在不足的，需要进行改进，所以有必要建立适用于动态潜在变量的理论。在确定所要选择的动态潜在变量的方法时，需要考虑：(1)发展是积累的还是非积累的；(2)发展是单向的还是多途径的；(3)发展是否可逆转；(4)发展是连续的、量变的现象，还是以一系列不同质的阶段的运动为特征的。

柯林斯和他的同事(L. M. Collins, 1996；L. M. Collins & N. Cliff, 1990；L. M. Collins, N. Cliff, C. W. Dent, 1988)改进了经典的古特曼量表(classic Guttman scale)(L. Guttman, 1950)，发展出了几种适用于动态潜在变量的测量模型，其中之一称为"纵向古特曼单纯模型"(longitudinal Guttman simplex, LGS)。LGS 是改进的三项古特曼模型(项目、人和时间)，表示某人某时刻在某项目上的表现。相对于经典的古特曼量表增加了时间这个维度，实现了对纵向发展的测量。LGS 主要用于累积的、单向的、不可逆的连续变化过程，其项目和时间有共同次序(joint order)，在不同个体间这种次序也是一致的。具体来说，LGS 是这样的一个发展模型：(1)变化的特征要么是单调递增(一直增加，无减少的阶段)，要么是单调递减(一直减少，无增加的阶段)。(2)变化是累积的，例如，获得的技术和态度是不会在后来丢失的(或在减少的案例中，丢失的技术和态度是不会在后来获得的)。LGS 模型中，随着情境和时间的

变化，人的状态是变化的，所以个体发展变化的差异可以是无限制的。除了 LGS 外，还有另两类古特曼量表模型（L. M. Collins，1996）。其中一个代表了限制非常多的发展模型，这里个体的状态是不随时间改变的。还有一个模型代表了很少限制的模型，但这里的变化发展是非单调的。目前，已经有一些针对 LGS 的分析程序，如 LGSINDEX、LGSCLUS 等。

LGS 的优点是对具体的发展类型是很符合的，可以被用来建立一些特殊测量手段，从而对特定的改变类型进行有效的测量。既考虑了个体间又考虑了个体内的差异，同时可以处理非线性的变化，提高了测量手段的内容效度。但是，LGS 也会面临一些限制。一个显著的限制是模型仅能应用于二分变量（dichotomous variables）。此外，模型被限制为累积的发展。也有研究者在项目反应理论的基础上发展了一个可以替代的观点，但它同样只是用于二分法。在这方面还有很多需要发展的空间，我们迫切需要对动态变量的更多的其他测量理论和方法。

## 第四节　纵向研究的分析方法

### 一、纵向研究的几种分析方法

近年来，随着计算机软件分析技术和新的统计学手段的涌现，社会科学研究方法也得到了快速发展，出现了一系列分析变量发展趋势的统计方法。概括起来，主要有以下几种：重复测量的方差分析①（以下简称 RMANOVA）（repeated measures analysis of variance）；时间序列分析（time series analysis）；多层线性模型（hierarchical linear model）；潜在变量发展曲线模型（latent growth curve model）。这几种方法各有优缺点。

前面两种方法属于研究纵向数据的传统统计技术，主要是解决总体平均发展趋势的问题，而后两种方法得益于参数评估手段的成熟和计算机软件的发展，除了对总体平均增长趋势进行分析外，同时注重个体发展趋势之间的差异。因此，从心理学纵向研究方法的进展而言，纵向研究的问题逐渐由以往的注重总体平均趋势的发展过渡到综合考虑总体平均趋势和个体发展差异的系统分析的问题。

---

① 重复测量方差分析是对同一个因变量进行重复测量。可以是同一条件下进行的重复测量，目的在于分析各处理组之间是否存在显著性差异的同时，分析被试之间的差异、被试几次测量之间的差异以及被试与各处理组间的交互效应。在重复测量方差分析中，总变异平方和被分解为处理组间变异平方和、被试者间变异平方和、被试者内变异平方和。

## （一）重复测量的方差分析

对于纵向研究，RMANOVA因为计算简单、易于理解等优点，在实际中有非常广泛的应用，其中的一个作用就是用来分析重复测量实验设计（又称被试内设计、混合设计）等得来的数据。该方法通过把总的变异分解为被试内和被试间两部分，对被试的平均增长趋势进行分析，可以通过多项式比较分析线性增长趋势和非线性增长趋势。用于RMANOVA的软件有很多，最基本的有SAS、SPSS和Statistics等。

RMANOVA的局限性也很明显。首先，RMANOVA主要用来描述总体的增长趋势，关心不同时间点的平均数间是否有差异，一般不会分析发展的变异情况，不关注个体发展曲线之间存在的差异。因此，不能就个体之间存在差异的原因进行分析和解释。其次，应用RMANOVA时必须满足协方差矩阵球形（sphericity）的假设条件，也就是说，要求所有重复测量的总体的方差相等，并且所有重复测量总体之间的协方差也相等，并以随机误差的独立性为前提。纵向研究中，这些假设很难得到保证，而且它还不能处理分段间距不等或测量次数不等的数据。

## （二）时间序列分析

纵向研究数据分析的另一类非常重要的统计分析技术是时间序列分析，它是一类很有用途的分析数据时间变化趋势的统计技术，在自然科学和社会科学许多领域都有十分重要的应用价值。特别是在控制应用和预测等方面，以其独有的特点起着不可比拟的作用。时间序列分析的方法是以回归分析为基础，它的应用主要在于测定时间序列中存在的长期趋势、循环波动、季节性变动及不规则变动，并对其进行统计预测。

由于这个理论相对比较复杂、对测试的时间点具有连续性要求和要求较多的测试时间点等限制，并且要求使用者有较高的数学素养，所以在心理学和教育学的研究中用的不是特别普遍。目前常用的统计软件SAS、SPSS和BMDP都含有时间序列分析过程，可以对常见的几种时间序列模型进行统计分析。

## （三）多层线性模型

多层线性模型又称分层线性模型或多水平模型，是用于分析具有嵌套结构特点数据的一种统计分析技术，近年来在教育、心理等领域有相当广泛的应用。当数据存在于不同层级时，先以第一层级的变量建立回归方程，然后把该方程中的截距和斜率作为因变量，使用第二层数据中的变量作为自变量，再建立两个新的方程。通过这种处理，可以探索不同层面变量对因变量的影响。由于它把第一层回归方程中的截距和斜率作为第二层回归方程中的随机变量，所以这种做法也被称作"回归的回归"。有很多专门的软件可以分析多层线性模型的数据，比如 HLM、MLn、VARCL、SAS 和 Mplus 等。

与传统的用于处理多元重复测量数据的方差分析和回归分析方法相比，多层分析法具有以下优点：不仅可以分析总体上个体随时间的变化，而且可以分析个体之间增长的差异，并对这一差异的原因进行解释，并且是在个体与重复测量交互作用基础上来解释数据；相对于传统多元重复测量方法，多层分析法对数据资料的要求较低（对于重复测量的次数和重复测量之间的时间跨度都没有严格的限制，不同个体可以有不同的测量次数，测量与测量之间的时间跨度也可以不同）；多层分析模型可以定义重复观测变量之间复杂的协方差结构，并且对所定义的不同的协方差结构进行显著性检验；用多层分析模型可以考察更高一层的变量对个体发展的影响等。

但是多层分析模型也有缺点，用于多层分析模型的参数估计方法较传统估计参数的方法要复杂得多，与潜在变量发展曲线模型（LGM）方法相比也不能处理变量之间间接的影响关系和处理复杂的观测变量和潜在变量之间的关系。

### （四）潜在变量发展曲线模型

潜在变量发展曲线模型（LGM）是用于固定情形（fixed occasion）纵向研究数据的一种统计分析方法，即适用于在某几个固定时间点观测得来的纵向研究资料。在潜在变量发展曲线模型中，用潜在变量来描述总体的平均增长趋势和依时间变化的情况（K. G. Jöreskog, D. Sörbom, 1993 & K. Y. Liang, S. L. Zeger, 1986）。也就是说，潜在变量发展曲线模型可以同时考虑因素的平均值和方差，不仅可以分析总体的发展趋势，而且可以分析总体之间存在的差异。LGM 可以直接处理变量之间复杂的因果关系，不仅可以分析变量之间直接的影响关系，还可以对变量之间间接的因果关系进行分析。

LGM 的另外一个优点是，因为 LGM 分析可以采用标准的用于 SEM 的分析软件，所以可以得到模型整个拟合的情况，并且可以根据提供的修正指数对模型进行修改。目前基于协方差结构模型（SEM）的分析软件，常用的软件有 LISREL、AMOS、EQS 和 MPLUS 等。

但是 LGM 也有如下缺点。因为 LGM 用 SEM 的基本原理是对变量之间的关系进行分析，所以为了得到可靠的分析和检验结果，往往要求比较大的样本容量；对于所有个体的评估要求测试时间间隔相同，如果个体的变化随时间变化趋势不是很明显，LGM 方法与传统方法相比没有明显的优势。

在社会心理学应用领域中，对于纵向数据的分析，我们往往不满足于对个体增长的平均趋势进行分析，还希望能分析个体之间的差异情况。多层线性模型和潜在变量发展曲线模型作为在传统分析方法基础上发展来的综合统计分析技术，可以比较好地解决这个问题。下面通过两个简单的例子来说明多层线性模型和潜在变量发展曲线模型在分析纵向研究数据时的应用。个体发展曲线建模（individual growth curve modeling）适合于一个连续变量的变化发展情况，而潜在变量转变分析（latent transition analysis）比较适合评估和检验连续阶段发展的模型。

## 二、个体发展曲线建模

### (一)二水平模型

个体发展曲线建模对发展过程的研究采用了两阶段过程。它采用了多层线性模型的范式，使得被分离的那些变化的预测量（因变量）能在个体和群体的不同水平上来测量。简单来说，就是个体发展曲线模型允许在两个水平上来观察因变量的可变性，即个体内和个体间两个水平，对应为水平 1 模型（level 1 model）和水平 2 模型（level 2 model）。其主要优势是可在个体水平上分析个体随时间产生的系统性变化。

水平 1 模型是针对个体变化量的，将个体潜在的变化发展描述成一个时间的函数，并且通过一组模型发展的参数来定义函数。由此建立一个基本的发展曲线模型结构。在水平 1 数据结构中，以追踪观测结果为因变量，以观测时间为自变量，可以建立水平 1 回归方程。与一般的回归方程很相似，区别只在于它的截距和斜率不是常数，而是随机变量，不同观测对象具有不同的截距和斜率，它们可能受到水平 2 变量的影响。当研究者认为变化过程有一个稳定的速率，那么就比较符合一个线性发展的模型。

水平 2 模型是针对个体间的，描述了个体间差异与预测量差异是如何联系起来的。利用这部分内容来丰富刚才建立的模型结构。研究者可以通过建立这个模型来研究个体发展过程的差异及其与自身其他差异的联系，比如：(1)个体特征，如年龄、性别或其他气质维度；(2)背景特征，如邻居间的内聚性或对待差异的态度；(3)预防干预过程特征，如程序内容、持续时间或者时机等。在整个过程中，需要使用一些回归分析的方法。下面我们通过一个研究情境来具体说明。

### (二)在纵向研究中的运用举例

#### 1. 问题的说明

为了进一步理解模型中各部分参数在纵向研究中的实际意义，下面以一组模拟数据为例进行说明。为了研究青春期自我（ego）概念发展的情况，对若干名青少年糖尿病患者及健康的同龄层青少年进行对照研究。假设在五个不规则间隔的时间点来测量一系列的个体和家庭的变量。在研究的开始，每年测量一次，持续 4 年，在第 7 年再测量一次。

水平 1 中，我们可以描述发展过程的个体情况及平均发展的情况。例如，在 7 年里青少年的发展速率是不是恒定的，有疾病的青少年发展水平是否有差别？在水平 2 中，我们可以研究自我概念发展轨迹差异的程度，并看看这些发展的差异是否来源于青少年间的某些特点，比如参与研究时的年龄和健康状况等。

2. 水平 1 的建模

建模之前，我们必须要选用一个恰当的数学模型来表现个体自我的发展。要求是，将所有人的发展过程的数据用相同的函数形式表达，每个人的差别体现在函数参数值的差异上。所以我们必须先要对数据情况进行判断。图 19-4 是从总样本中提取的两名青少年的自我概念得分所绘制的假设的图表。数据的直观表述告诉我们，一个直线发展模型是比较合理的，能够代表在整个时间段上自我的个体改变情况。所以我们以时间的线性函数来建模，使用被试者内回归分析来得到模型的参数。在图 19-4 里面的趋势线是从个体回归中得到的预测值。

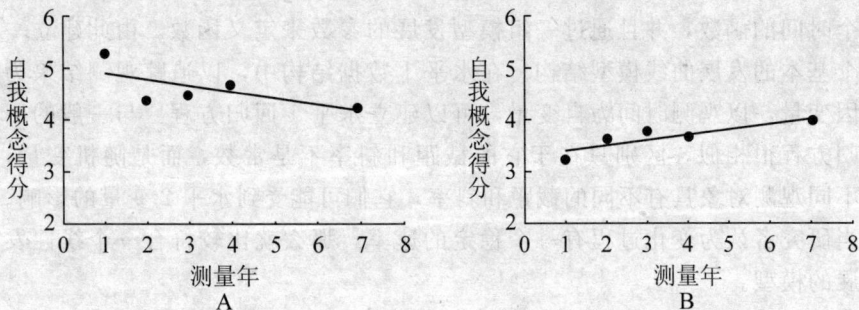

图 19-4　两个青少年的拟合线性发展轨迹

注：在每个图中，拟合线性趋势反映的是得病后的

1 年、2 年、3 年、4 年、7 年后的自我水平测试情况。

水平 1：个体的情况。我们使用下面的直线发展模型来代表每个青少年的纵向记录：

$$EGO_{pt} = \pi_{0p} + \pi_{1p}(TIME_{pt} - 1) + \varepsilon_{pt} \qquad ①$$

在方程①中，下标"0"表示截距，下标"1"表示斜率，下标"p"表示第 p 观测对象，下标"t"表示第 t 次观测时间。$EGO_{pt}$ 代表了被试 p 在时间 t 上自我概念的分数。其中，"$TIME_{pt}$"代表第 p 个观测对象在第 t 个观测时间中自变量 TIME 的取值，是自变量。

"$\pi_{0p}$"是方程的截距，是第 p 个观测对象的平均数，描述的是当时间为零时自我概念的期望值。为了使截距更为直观，同时确保它在水平 2 中作为因变量有实际的意义，对时间量进行整体调整，每一次的时间的测量都调整 1 个单位，即初始时间从 0 变为 1，其他类推。这样，斜率 $\pi_{0p}$ 就代表了初始状态，或者说在开始研究时（在 0 年）自我概念的分数值。

"$\pi_{1p}$"是回归系数，其含义是第 p 个观测对象的变化速率，是一个用来描述在单位时间内自我变化量的个体变化参数。因为测量是按年来进行的，所以可以被解释为自我发展的年增长率，或者是个体 p 每一年自我改变的恒定率。

"$\epsilon_{pt}$"代表残差，其含义是第 p 个观测对象在第 t 个观测时间中的测量值 EGO 不能被自变量 TIME 所解释的部分，即个体 p 的测量分数与预期轨迹的差异量。如果拟合的适当，那么就可以将它解释成每次测量的误差。对残差的分析可以获得测量精度，或者模型拟合数据的情况。这些个体内残差的评估可以被用来确定权重，从而帮助研究者来补偿在水平 1 中的精度变异性。假设 $\epsilon_{pt}$ 是彼此独立的，而且存在于所有的被试和时间中，总体均数为 0 和方差为 $\sigma^2$。那么每一个被试的发展就可以被两个参数 $\pi_{0p}$ 和 $\pi_{1p}$ 完全归纳了。这些参数有利于减少个体测量的信息，并且可以在后面要进行的个体间分析中代表因变量的轨迹。

3. 水平 2 的建模

水平 2：个体间的差异。对每个个体的初始状态和变化率的评估都是以一个拟合直线模型为基础的。然后，个体间分析的第一步是检验这些评估的经验分布，从而来评估样本变化差异的程度。图 19-5 列出了 13 个随机选择的被试的变化拟合曲线。这个合成图表现了个体间在初始状态和改变率等方面的差异。从中我们可以看到，在研究开始时（第 1 年）

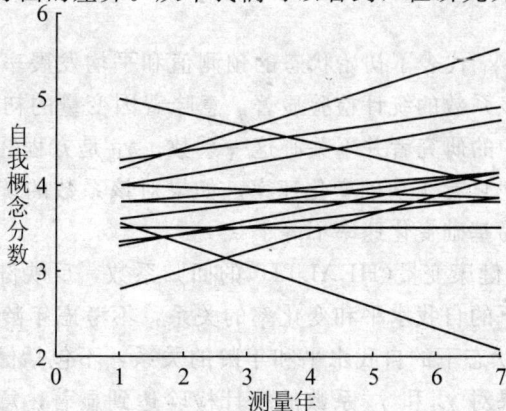

图 19-5　随机选取的 13 名糖尿病青少年的拟合线性发展轨迹

的自我评估分数几乎是分布在整个范围的，表现了初始状态的差异性。同时可以看到，发展趋势既有增长的也有下降的，说明自我概念的改变率是有差异的。最后，我们注意到最大斜率的被试，他们的自我概念水平分布并不是集中在某个区域而是贯穿在整个区域。初始状态和改变间的关系对变化的研究是很重要的，比如，可以判断是否有着高初始分的被试会表现出最快的变化率。

检验个体内变化参数的分布，使用最小平方回归来评估，表明了显著的差异性。初始状态的范围从 2.68 到 4.96，平均数 3.7，标准差 0.42。相应的改变率范围是 −0.11 到 0.32，平均数 0.09，标准差 0.10。这些重要的描述统计量使得研究者可以描绘出平均发展轨迹。

当确定了有哪些发展的差异量要被解释时，我们就要研究这些被选择的变化的预测量。为了回答我们的研究问题——是否健康青少年发展轨迹与那些糖尿病儿童有所不同？是否年长孩子与年轻孩子的变化过程曲线有所不同？这些都是水平 2 模型所关心的问题——我们选择了下面两个个体间模型来表示变化和两个所关心的预测量（自变量）之间的关系：

$$\pi_{0p} = \gamma_{00} + \gamma_{01} \text{HEALTH}_p + \gamma_{02} \text{AGE}_p + \mu_{0p} \qquad ②$$
$$\pi_{1p} = \gamma_{10} + \gamma_{11} \text{HEALTH}_p + \gamma_{12} \text{AGE}_p + \mu_{1p} \qquad ③$$

在第二层数据结构中，分别以方程①中的截距（$\pi_{0p}$）和斜率（$\pi_{1p}$）为因变量，以健康状态（HEALTH，一个两分变量）和年龄（AGE）为自变量。在上面的两个方程中，每个参数都有两个下标，其中第一个下标如果为 0，则表示这是与方程①的截距有关的参数，第一个下标如果为 1，则表示这是与方程①中的斜率有关的参数。所以，方程②建模的是初始状态，方程③是变化率的相关建模。第二个下标如果为 0，表示该参数是第二层方程中的截距部分，第二个下标如果为 1，表示该参数是第二层方程中的斜率部分。

常量 $\gamma_{00}$ 和 $\gamma_{10}$ 代表了初始状态的预测值和平均发展率。$\gamma_{00}$ 是方程②的截距，如果该系数的统计检验显著，意味着因变量的初始值不等于 0，通常纵向研究中的研究者并不关心这一系数。$\gamma_{10}$ 是方程③的截距，在纵向研究中通常把它看作基础变化速率。如果对该系数的统计检验达到显著水平，则认为基础变化速率不等于 0。

$\gamma_{01}$ 和 $\gamma_{11}$ 是健康变量（HEALTH）的回归系数，反映健康和疾病青少年在初始状态下的自我水平和变化率的关系，不考虑年龄的效应。$\gamma_{02}$ 和 $\gamma_{12}$ 反映了初始状态下的自我水平和年龄的关系，不包括健康的效应。追踪研究中，如果对 $\gamma_{01}$ 和 $\gamma_{02}$ 系数的统计检验达到显著，意味着不同自变量水平的观测对象在观测起点上的初始值有显著差异。$\gamma_{11}$ 和 $\gamma_{12}$ 这一系数是纵向研究中最受关心的结果，可用于探索哪些因素能解释不同个体在变化速率上的差异。如果对该系数的统计检验达到显著性水平，意味着自变量是导致个体变化速率差异的重要原因。

项目 $\mu_{0p}$ 和 $\mu_{1p}$ 代表了青少年 p 在初始状态的特定效应，就是非来自于年龄和健康因素造成的个体差异。由于传统回归分析中的最小二乘法（OLS）要以方差齐性和随机误差独立性为前提假设，所以不适合多层线性模型的参数估计。这些参数的差异量可以通过极大相似法、层次模型拟合程序（如，HLM 或 LM3）或结构建模程序（如，LISREL 8.0）来得到。

4. 需要注意的一些问题

至少需要三波次以上的纵向数据。有些纵向研究中只包括了两波次追踪数据，在这种情况下，有些水平 1 的问题无法得到确定。

要根据研究情况合理选择时间变量。时间变量是水平 1 分析中的主要自变量，它既影响研究成本和研究设计，也影响结果的解释。时间变量的选择没有定性的要求，研究者应该根据研究的需要，选择最合适的时间变量。特别要注意的是，各次观测间隔的时间可以是不相等的。

水平 1 中的结果变量必须在各次测量中具有等价性。比如，各次测量都使用了相同的测量工具，那么结果变量的等价性基本可以得到保证，即各次测量结果是可比的。但是，有时候在前次测量中的工具不适合后次测量的需要。例如，考察阅读能力的变化时，每次都需要采用不同的阅读测验，这种情况下不可以简单地根据标准分进行转化，而需要进行测验等价处理。

(三)评估发展曲线的方法

对水平 1 和水平 2 模型变化分析参数的评估有很多策略。从概念上来讲这些方法可以被分成两类：一类是在单变量背景中评估参数，另一类是使用层次结构处理（同时评估）。第一类策略的例子，有时也叫做探索发展建模（exploratory growth modeling），使用了基于最小平方回归为基础的方法对水平 1 和水平 2 模型进行评估。对水平 2 系数的信度判断，是基于 Blomqvist 的边际最大相似法（marginal maximum-likelihood methods, 1977）。在对探索方法的扩展中，Willett(1989)提出了权重最小平方的方法，它可以合并不同的精度，使水平 1 模型可以拟合每个变化数据。权重是与在分析个体内阶段所获得的变化参数的标准误差的数量成反比例分配的。对水平 1 的斜率和截距的评估会降低对水平 2 模型参数评估的权重。

计算机运算法则的优点是可重复和不封闭的计算，使得第二类方法

（使用层次结构来处理）可以实现。这些方法可以克服单变量策略的缺点，如会错误评估标准误差以及对各个水平方差的解释。将发展曲线模型变为一个更加普遍的层次模型的一部分，使得每个水平上差异量的建模成为水平特定预测量的函数。这种策略同步评估水平 1 和水平 2 模型的参数，使用最大期望值（EM）运算法来提供对回归权重、协方差和方差成分的评估。不同水平相结合，结果是一个有混合和随机效应的混合线性模型，这就是所谓的层次线性模型（HLM）。这种方法在社会心理学的应用已经很广泛了，并且发展出很多应用软件（如，HLM 软件等）。

　　每一类方法都有它自身的特点，某个特定的方法只有在一个特定的研究情况下才能体现出它优于其他方法之处。上面的两类方法都适用于纵向测量的数据，增加数据的测量频率可以提高个体发展曲线的精度以及增强测量的信度。单变量策略采用最小平方法测量，并且对斜率的测量至少需要三次的测量数据；多变量策略使用经验贝叶斯测量，仅仅需要参与者的一组测量数据。所有方法对于测量事件并没有要求等间距。被选择的变化过程的数据往往会在不规则的时间间隔，例如，在某些学年的开始和结束时，或者因为研究者想对轨迹的测量更加精确的时候，可以根据研究的关注点来合并相近时间点的数据。所有方法可以通过直线或曲线轨迹来代表个体的变化情况。这些方法可以适应任何类型的曲线发展模型，前提是水平 1 的自变量是预测量的附加函数，但多项式的变化形式是不受限制的。所有的方法可以通过比较模型嵌套的吻合度来进行系统地评估。最小平方法的另外一个优点是它不需要专业和昂贵的软件来实现模型拟合。当然还有其他方法，例如协方差结构方法（covariance structure approach）。由于篇幅关系，我们不在这里讨论了。

## 三、潜在变量转变分析（Latent Transition Analysis）

### （一）什么是潜在变量转变分析

　　发展曲线模型适用于动态变量的连续变化和发展过程。然而有些案例中的发展变化虽然是连续的，但也是阶段性的。在心理学中有很多关于连续阶段的经典例子，特别是皮亚杰的智力成长理论。在皮亚杰的理论中，成长既是定性的又是定量的。孩子的智力成长是发生在一系列的转变阶段中的。显然这缘于儿童自身能力的不断增加，这是连续的变化，但这并不是全部。这里同样还存在着孩子是如何看待世界的改变，这是阶段性的变化。潜在变量转变分析（LTA）就是这么一个用来检验和评估发展连续阶段的程序。

　　LTA 是潜在变量发展曲线模型的一个变化形式。潜在变量转变模型也包括离散潜在变量。在 LTA 模型中包括了四种不同类型的参数，分别对应不同的研究问题：(1)$\Gamma$参数，它用来表示不同组(处理)内的人数比率；(2)$\Delta$参数，它用来表示同一个组(处理)内不同阶段内的人数比率；(3)$T$参数，它用来表示同一个组(阶段)内从一个阶段到另一个阶段发生转变的条件概率；(4)$P$参数，是测量误差。LTA的分析程序是个FOR-TRAN程序，利用最大期望值(EM)法则来评估四类参数。目前，LTA的计算过程已有成熟的计算机软件可以完成，在这里不做详述。LTA程序及具体分析方法可以参见柯林斯(L. M. Collins，1991)的有关资料。

**(二)在纵向研究中的运用举例**

1. 问题的说明

我们结合一个对青少年不良药物预防工作的研究(J. M. Graham，L. M. Collins，S. E. Wugalter，N. K. Chung，W. B. Hansen，1991)来具体说明LTA。我们认为对烟酒的沉迷是一个连续阶段过程，开始于第一次尝试烟草和酒精，然后第一次体验醉酒，随后进一步的发展。模型包括下面六个阶段：不使用；仅仅尝试酒精；仅仅尝试烟草；尝试酒精和烟草；尝试酒精和烟草并且喝醉过；尝试酒精和烟草，喝醉过并对它们有进一步的使用。使用LTA来检验这个模型对实验数据的拟合，比较在两个不同的处理条件下模型阶段的发展情况。

表 19-2　标准条件与非标准条件组潜在转变可能性的比较

| 时间 1 潜在状态 | 时间 2 潜在状态 | | | | | |
|---|---|---|---|---|---|---|
| | 1 | 2 | 3 | 4 | 5 | 6 |
| 标准条件组 | | | | | | |
| 不使用 | 0.744 | 0.176 | 0.001 | 0.079 | 0.000 | 0.000 |
| 仅仅尝试酒精 | 0.000 | 0.822 | 0.000 | 0.129 | 0.016 | 0.033 |
| 仅仅尝试烟草 | 0.000 | 0.000 | 0.632 | 0.254 | 0.000 | 0.114 |
| 尝试酒精和烟草 | 0.000 | 0.000 | 0.000 | 0.836 | 0.000 | 0.164 |
| 尝试酒精和烟草并且喝醉过 | 0.000 | 0.000 | 0.000 | 0.000 | 0.907 | 0.093 |
| 有进一步的使用 | 0.000 | 0.000 | 0.000 | 0.000 | 0.178 | 0.822 |
| 非标准条件组 | | | | | | |
| 不使用 | 0.667 | 0.201 | 0.023 | 0.028 | 0.070 | 0.012 |
| 仅仅尝试酒精 | 0.000 | 0.752 | 0.000 | 0.190 | 0.022 | 0.036 |
| 仅仅尝试烟草 | 0.000 | 0.000 | 0.633 | 0.266 | 0.000 | 0.101 |
| 尝试酒精和烟草 | 0.000 | 0.000 | 0.000 | 0.759 | 0.000 | 0.241 |
| 尝试酒精和烟草并且喝醉过 | 0.000 | 0.000 | 0.000 | 0.000 | 0.494 | 0.506 |
| 有进一步的使用 | 0.000 | 0.000 | 0.000 | 0.000 | 0.000 | 1.000 |

注：1代表"不使用"；2代表"仅仅尝试酒精"；3代表"仅仅尝试烟草"；4代表"尝试酒精和烟草"；5代表"尝试酒精和烟草并且喝醉过"；6代表"有进一步的使用"。

第十九章　发展和变化过程的建模

学生一部分受到过有关教育(标准条件),另一部分没有受到过这种教育(非标准条件)。对学生的测量在七年级进行并且在八年级再重测一遍。在分析中要用到的数据包括三份问卷项目,如:你是否尝试过吸烟?你是否尝试过饮酒(不是为了宗教目的)?你是否喝醉过?对这些问题回答"是"的编码为1,回答"否"的编码为0。另一个复合变量被用来反映对这些药物的低水平的进一步使用情况。如果反映了任何正常的酒精和烟草的使用或任何形式的大麻使用都编码为1;其他的结构都编码为0。

对 LTA 模型拟合的最佳检验是 $\chi$ 方检验。这个例子中的虚无假设,即模型提供了一个对数据的有意义的拟合,将被检验。通过检验发现这个虚无假设没有被拒绝,所以可以认为模型对数据有合理的拟合,从而使得对参数评估的群体差异检验有意义。

2. 结果的解释

LTA 分析得到的最终结果可以帮助我们判断模拟的变化模型是否合适,并且能否对变化过程中各阶段的转变情况有所体现。但是作为其中比较直观的结果,转变概率矩阵往往是最受关注的。表 19-2 列出了标准和非标准组的转变可能性参数情况。参数被罗列为转变可能性矩阵,纵行表示初始状态,横行表示整个干预阶段后的情况,横行和纵行的交叉点数值表示在整个过程后学生情况的改变率。

从这个矩阵我们就能得到一些直观的结论。第一,从总体上来看,标准组比非标准组更不容易进行阶段的转变。一个特例是进一步使用阶段(第6阶段),这里标准组会转到之前的一个阶段,而非标准组则没有。因为干预程序的其中一个目的就是使学生对药物的使用情况从后面的一个阶段(严重阶段)向前面的一个阶段(较轻阶段)进行转变,这表明了标准程序比起非标准程序更有效,即对学生使用这种药物的干预效果是有效的。第二,不论是标准组还是非标准组,青少年开始仅使用烟草比起开始仅使用酒精的在后面转化更快,说明药草对于学生的腐蚀力更强。这些都是和研究预期模型相吻合的。

3. 对 LTA 的评价

LTA 是一个综合的分析方法,可以用来解决很多问题。可以检验并从中确定最合适的模型来描述变化过程中阶段转变的情况;可以用来比较不同的处理,从而检验操作(处理)效果;可以得到个体转变可能性的模式,从而知道被试在各阶段之间转变的走向和强度;从转变可能性矩阵中可以得到一些稳定的变化发展趋势等。这些都是传统的静态分析方法所不能做到的。在使用 LTA 时有几点要注意:LTA 要求样本空间要大,可使用的软件比较单一,计算分析的时间比较长,显著性检验方法还有待发展。

在心理学研究中，人们已经不满足于现象的描述（横断数据资料的分析）和简单的差异检验，希望对人类心理现象发展的内在心理机制进行研究，从而能够把握事物发展的内在规律，因此纵向研究必然越来越受到研究者的重视。在这章中，我们讨论了社会心理学研究中纵向研究的有关设计、测量以及分析的内容。我们以个体发展作为开始的起点，讨论了为什么对个体发展过程的评估是个体间或是群体发展过程评估的必要条件。第二节讨论了年龄、群体和时间的有关内容，以及他们对于研究设计的作用。同时也涉及了其他的一些设计问题，包括缺失数据和参与者流失的处理。数据收集的时间是一个非常重要的也是个经常被忽略的设计考虑，对此我们也进行了具体的分析，同时讨论了对发展过程测量的效度方面的问题。

对于纵向研究的资料，我们往往不仅对个体增长的平均趋势感兴趣，而且希望分析个体之间增长存在的差异。作为综合分析方法，应当能够同时解决这两个问题。潜在变量增长曲线模型和多层分析模型是在传统分析方法基础上发展起来的综合分析的统计技术，这两种方法可以同时解决上面提到的两个问题。从国外纵向研究的发展趋势来看，这两种方法近年来越来越受到重视，不仅是因为这两种方法是新的统计分析技术，更重要的是它们可以帮助我们发掘事物发展更深一层的规律，可以对个体之间的发展变化进行进一步的分析和解释，为理论研究提供更加有意义的实证研究成果。随着纵向研究方法的应用，用于纵向数据分析的综合统计分析技术——多层分析法和潜在变量发展曲线模型必然受到研究者们的青睐。最后，讨论了两个对变化发展过程的统计分析的框架。潜在发展曲线方法提供了一个方法来对发展过程中的个体间差异进行建模。LTA 是一个评估和检验潜在连续阶段模型的方法。

## 本章思考题

1. 为什么说对个体发展过程的评估是个体间或群体发展过程评估的必要条件？

2. 什么是纵向研究设计，它的特点是什么？

3. 如何解决纵向研究中的数据缺失和样本流失问题？

4. 纵向研究的主要分析方法有哪些？它们的特点是什么？

（作者：张晗）

# 第二十章　元分析

　　同所有的科学研究一样，社会心理学中的研究不是孤立的，一个大家感兴趣的研究可能会延续数十年，各个年代各个国家若干名学者都会对此进行探讨。后来的研究往往是在前人研究基础上进行的，有的是改变实验使用的刺激，有的是改变因变量测量方法，或者增加研究变量，或者改变研究条件，但针对同一课题，研究范式通常都是固定的。研究者要进行某一方面的研究，第一步要设法了解关于这一问题前人研究到了什么程度，得到了什么结果，在哪些方面还有空白。但是这些研究的结果很可能是不完全一致的，甚至可能是完全相反的，究竟哪一个才是相对比较合适的结论呢？是什么因素导致研究结果的不一致呢？为了解决这些问题，得到结论性意见，研究者有必要对以往的研究进行一个整合。常用的是定性的整合，就是一般意义上讲的"综述"，结论来自于对相关研究结果的总体印象，但是这种定性的方法也有很大的局限性。面对这样的局限性，有学者提出了定量整合的方法，也就是这一章要讲到的元分析。元分析提出至今有三十多年的历史，在国内只在近两年才有所应用，读者如果在维普数据库中搜索题名中包括"元分析"的心理学方面的文献，在 2006 年有 18 篇，2005 年有 14 篇，而在 2001～2004 年四年的总和才 14 篇左右，由此可见在国内心理学领域内，元分析的方法得到了越来越多的重视。那么元分析到底是怎样一种方法，它比起定性的综述有哪些优点呢？元分析实施的步骤又是怎样的呢？

## 第一节　元分析的概念

### 一、元分析方法提出的必要性

　　一般来讲，研究者从事某一方面的研究，都先要有一个做综述的过程，目的是对其他学者在这一课题上所作的研究做一个大概的了解。譬如要研究谈判动机对谈判结果的影响，那么研究者的做法肯定是先查找研究这一课题的相关文献，看看前人在这一领域都做过了什么，他们是怎么定义自变量和因变量的，是怎么进行测量的，研究结果是什么等。而这种综述往往都是定性分析的，得到的结论也都是描述性的，虽然可以让研究者对这些研究有一个大体的印象，但是这种定性综述的方法却存在着很多问题。

第一，这种定性综述中包含的研究文献往往都是综述研究者能够很方便找到的，他们并没有明确选择研究文献的标准，或者说没有将这种标准明确定义出来，其他人没有办法来判断这种综述所包含的文献是不是合适。

第二，如果关于某一方面的研究数量众多，那么不依赖一些数据单纯对这些研究进行定性的了解，要得到一个一般性的结论是很难的。这样往往会忽略其中一些细节，甚至是一些重要的信息。

第三，综述研究者得出结论只根据所包含的原始研究结果的显著性，而不是具体的数值。例如，要研究工作压力对工作满意度的影响，综述研究者可能只关心是不是所有研究中两者都是明显呈负相关的，即工作压力越大，满意度越低；或者超过半数的研究都得到这样的结果，且数据是显著的，而不考虑这种相关到底有多大。这样得出的结论是不客观的，而且也不能很好地说明总体效果是大还是小。

第四，如果关于某一方面的研究有不一致的研究结果，定性综述不能给出好的解决办法。拿上面所举的例子来看，多数研究可能得到的结果是两者呈负相关，而有的研究因为实验条件或者实验环境等问题，得到的结论可能是两者之间没有相关，那么定性综述往往就会按照数量比来给出结论，如果得出"负相关"结果的文献数量明显多于"无相关"结果，那么综述得到的结论就是工作压力对工作满意度有负面影响作用，或者干脆就罗列众多文献结果。而对于为什么同一课题会得到不同的结果，定性综述由于没有深入分析各个研究间的区别而不能解释。

总起来讲，这种传统的综述方法主观性太强，不管是在选择文献方面还是在对结果的分析方面，得到的结果都依赖于综述研究者的主观因素，其他人对同样的文献做同样的综述可能就会得到不同的结论，结果的说服性相应的就打了折扣。

正因为这种定性的综述有诸多缺点，而一个完善的综述又是做研究的基础，也是推动心理学理论发展的一个必要过程，所以一种更好的综述方法就成了研究的需要。怎样才能有效地运用历史研究的结果数据，怎样才能得到更客观的结论，有人就提出了用定量的综述方法对某一方面的相关研究进行定量的整合，也就是元分析方法。

## 二、元分析的概念

元分析的英文是"meta-analysis"，国内有学者将其翻译成"荟萃分析""元分析""综合分析"，或者更直白一点的"分析的分析""资料的再分析"等，最普遍的译法就是"元分析"。而且按照心理学领域的惯例，像"元认知"就是对认知的认知，"元记忆"就是对记忆的记忆，所以从这个角度来看，"元分析"一词能更精炼地表达其含义。读者在看文献时如果接触到其他译法，能够知道就是元分析的意思。

最早提出"元分析"概念的是美国教育心理学家格拉斯（V. Glass，1976），他认为元分析是：以综合已有的发现为目的，对单个研究结果进行综合的统计学分析方法。他认为元分析不是对原始数据的统计，而是对统计结果的再统计，目的是寻求一个综合的结论。之后有很多学者都提出了类似的定义，就是把元分析看作是一种统计分析方法，一种定量整合的方法，所以米勒斯(J. Milos)把前阶段的元分析称作典型元分析或定量元分析(class meta-analysis or quantitative meta-analysis)。

随着元分析方法的发展，很多学者意识到只有定量的分析是不够的，在综合时要考虑研究的质量，在元分析过程中要对文献有一个概念上的分析，对研究结果有一个系统的定性分析，对整个过程也要有一个系统的思考，因此元分析应该既有定量分析也有定性分析。如艾伦伯格(S. Ellenberg，1988)给出的定义是：对具有共同研究目的相互独立的多个研究结果给予定量分析、合并分析，剖析研究间的差异特征，综合评价研究结果。弗雷斯(L. Fleiss)和格罗斯(J. Gross，1991)的定义很好地概括了元分析的特点：元分析是一类统计方法，用来比较和综合针对同一学科问题所取得的研究结果，比较和综合的结论是否有意义取决于这些研究是否满足特定的条件。

总之，元分析就是以得到综合结论为目的，应用特定的设计和统计学方法，对针对同一问题的大量研究结果进行综合分析与评价的一种方法。

元分析方法有以下两个主要特点：

第一，在方法上，元分析充分利用了定性与定量两种方法。在文献资料的检索上，引入了更严格的筛选机制与标准，而且不局限于已经发表的研究。对研究结果，元分析利用统计的方法进行整合，统计过程中元分析用到了效果量(effect size)这一指标，受样本量大小影响不大，保证了元分析的结果比其他方法更为科学可靠。关于效果量的含义，在第二节会详细介绍。

第二，元分析以得到普遍性的结论为目的。社会科学领域内的研究，即使是针对相同课题进行的研究，也没有两个研究是完全相同的，各个研究的实验条件之间总是会存在或多或少的不同，如实验背景设置、被试、研究者本人等因素，由于这些相异成分的存在，研究结果也往往很难完全一致。元分析方法的出发点就是通过对这些带有分歧的结果进行综合分析，概括出这些研究结果所反映的共同效应，即普遍性的结论。

元分析既然也是一种回顾性的方法，那么它和之前提到的定性综述方法比起来到底有哪些优点呢？

首先，元分析不仅仅用到了原始研究的数据显著性，还用到了研究结果的具体数值，因此在对效果量的估计上更为精确。

其次，元分析过程每一步都有明确的标准和严格的过程，像文献筛选标准、研究特征编码等，较少带有研究者主观意见，因此有较强的可复制性，其他学者可以来检验一个元分析过程是否正确。

再次，元分析可以揭示同类研究间的结果分歧。对于有不一致结果的同一主题的研究，元分析不但可以得到整合的结论，还可以揭示为什么不同的研究得到不同的结果，这主要是通过对研究特征进行编码分析实现的。

最后，利用元分析方法可以综合大量的研究文献，而不像定性综述，在文献数量多时会出现各种各样的偏差。

本章第二节会详细介绍元分析的具体实施步骤，了解了具体操作之后再回过头来看元分析的定义读者可能会有更深入的理解。

# 第二节 元分析的实施步骤

上一节简单介绍了元分析的概念性问题，元分析是一种可操作的具体方法，所以这一节详细讨论元分析的具体操作过程。

元分析的研究过程可以分为相互联系的几个步骤，每一步都是为下一步做准备的，在实施过程中研究者要保证每一步的正确性，才能使随后的工作更容易进行。有时候几个步骤会反复进行以确保元分析过程的科学性。读者在自己实践当中应尽可能按照每一步的要求严格来做。

## 一、确定元分析的目的，设定取样边界

在第一步要尽可能明确研究对象，明确研究的自变量和因变量，明确了这些才能正确设定选取研究的范围。选取范围直接关系到以后的元分析步骤，范围太窄，则分析结果没有说服性；范围太宽，又会没有针对性，而且包含的文献数量太大，分析起来也会耗费精力。元分析虽然

是一种综述的方法，但是从它的优点可以看出该过程可以解决一些有争议的问题，因此元分析课题也多数是为了解决心理学中有争议的问题，可以直观来看不同学者对同一个问题的研究所存在的不一致的地方。比如，国外关于独生子女人格特质的研究存在争议，有的研究者认为独生子女本身就有弊病，而有的研究表明独生子女在人格特质上并不存在特异性。因此元分析可以就这一内容选取文献进行整合分析，用这种定性与定量结合的方法来探讨独生子女是否有独特的人格特质。

确定元分析目的之后研究者要做的就是设定取样边界，也就是说设定一个选入标准（inclusion criteria），根据选入标准收集尽可能多的所需要的原始研究，而进行初选后发现有些研究并不适合，这样还应该有排除标准（exclusion criteria），根据这个标准剔除一些最初选进来但后来发现不适合的文献。在设定选入和排除标准时一般要考虑以下几个因素。

1. 研究变量。这是最首要的，元分析过程必须对要研究的关系中的自变量、因变量、调节变量、中介变量或者其他有重要影响作用的变量作出规定，根据这些变量来选择文献研究。比如，要做儿童攻击行为和同伴关系方面的元分析，一条重要的选入标准就是所需要的研究其自变量必须包含儿童攻击性行为，因变量是同伴关系，当然一些重要的调节变量等还需要单独考虑。

2. 研究方法。对同一课题进行探讨的研究者使用的研究方法各异，尽管心理学研究中某个特定主题都有一固定研究范式，研究者在实际应用时却往往会有所改变，甚至完全忽略固有范式而采用新方法。同一个问题有的研究用实验法，有的用现场研究法，也有的可能用问卷法等，如果把各种方法的研究都包含进来，研究间可能有较大的异质性，组合了很多没有可比性的方法会造成结果的混乱。但从另一个角度来讲，方法论学者认为元分析的目的之一就是分析不同的方法会不会对结果造成不同的影响，而这只能是通过包含不同种类的研究方法得到。在设定研究方法的边界时可以根据实际需要，如果一个课题多数研究都是用实验法，而且研究者不关心其他方法的差异性，那么可以将边界设置成只包含实验室研究；如果研究者怀疑不同的研究方法会造成结果的严重差异，就应该将研究方法的边界设宽，尽可能包括多种方法的研究。但是如果在研究过程中发现用某一种方法研究该课题是有严重缺陷的，那么应该将这种方法列入排除标准。

3. 结果。这里的结果不是指显著不显著，而是指结果的形式。有时候有的研究只是报告一个显著性，没有具体的量值，那么这类研究结果没有办法转化成效果量，没有办法和其他研究整合在一起进行比较，因此这种研究是要排除的。另外有一些结果表现形式不能够转化成研究者需要的形式，所以在针对结果的选入标准里，元分析应该规定报告了哪些具体可以量化的数值的研究才能被选入，例如 $r$ 值、$t$ 值等。

4. 其他，诸如被试数量、发表时间、语种等。但是一般来讲，如果不是考虑到实际情况，应该不管发表时间是早是晚、被试数量是多是少、或者是英语还是其他语种，元分析都应该尽可能的全面包含，因为这几个因素不像上面几个因素那样关系到研究的质量。

在设置边界时有一个重要问题需要提醒一下读者，就是元分析一直非常强调的关于未发表的研究问题。一般来说，不是在公开刊物上发表的研究很难获得，但是略去这些会造成研究结果的偏差，因为通常都是结果显著的研究比较容易发表，虽然对研究者来说，如果结果不显著他们选择不发表这很正常，但是常常还有其他因素影响发表与否，比如作者的产出量，而且在一些学术报告会上报告的研究也不大会出现在正规刊物上，我们应该尽最大努力去获得那些未发表的研究，不能把发表与否作为一个选入标准。

前面也提到，范围太宽太窄都有利有弊，因此制订选入或剔除标准，研究者要考虑自己的实际情况，比如时间、精力等，在此基础上尽可能做到使标准的制订能够满足元分析目的的需要。在研究最后形成论文时，研究者要注意应该把这些选入或剔除标准列入文章，以便让读者对研究的详细过程有所了解，也方便让其他研究者评价或者重复研究过程。例如，倪锋等关于下岗职工 SCL-90 的元分析中明确指出，其选入标准是：(1)研究采用 SCL-90 量表进行调查，(2)研究报告了 9 个因子的平均分和标准差。

## 二、检索相关文献

囊括尽可能多的研究能够提高整合的效度，因此寻找尽可能多的文献是很重要的。根据第一步确定的选入标准制订关键词进行检索，在实际操作中一般先进行初步检索，根据已检索出的文献的反馈逐渐调整检索项，修改检索策略。常用的检索方法有以下几种。

### (一)计算机数据库直接检索

这是最常用的一种方法，就是利用现代发达的计算机网络，利用专业的学术数据库进行搜索。确定一个或几个关键词，或者在题目中或者在关键词或者在摘要中搜索包含关键词的文章，或者搜索作者等，用这种方法要注意定义的搜索项要尽可能的全面，同一个意思可能在不同的文章里用不同的词语表达，比如搜索"元分析"相关的中文文献，可以用"元分析"来搜索标题，可以用"meta-分析"，也可以用"meta 分析"，有没有中间的连接符对搜索结果就有很大影响。所以一定要把关键词的同义词、近义词都列入考察范围，尤其心理学研究中很多要考察外文文献，翻译的准确性或者说模糊性也要考虑，尽可能搜索的全面。例如，用"attitud＊"为关键词搜索肯定就比单独用"attitude""attitudes"或者"attitudinal"效果要好。

### (二)家谱方法

这一方法就是利用已有文章的参考文献。对每一篇文章的参考文献研究者都应该仔细查看，看看参考文献里哪些是重要的，而且根据参考文献找出来的文献又有参考文献，这样就能有一个系列研究。这种方法有助于找到那些发表时间较早，没有被包含进数据库的文献研究，还有就是一些报纸书刊上的内容。用这种方法一般能够检索的比较彻底，而且有利于研究者在头脑中形成一条线索，对这一主题的研究随时间发展的进展情况有一个总体把握。因此，心理学学生应该尽早掌握这种检索方法。

### (三)追踪后续研究

这个方法还是要利用专业数据库，比如说 Social SciSearch 数据库引用过某一篇文章的文献都有收录。如果元分析研究者手中正好有一篇较古老的可以算是要研究的课题的起源且又是典型的研究，那么就可以用这种方法查找此文章之后的追随研究，这样不但可以找到相关文献，还可以在研究者头脑中形成一条时间链，能很直观地了解到该课题的研究思路的发展情况，同上一种方法有异曲同工之妙。

### (四)手工检索

人工翻阅有关文献，包括仔细查看关键杂志上的所有文章，另外还包括书刊、学位论文、复印资料、学术会议论文集等，这种方法可能会发现一些被其他方法遗漏的报道，作为对其他方法的补充。

### (五)非正式方法

前面几种方法都是研究者自己通过一些资源进行检索，最后这种方法主要用来检索未发表研究，这种方法不是一定就有结果的。比如，研究者可以关注一些心理学会议，会议上往往会列出重要的学术演讲题目，而这些可能在公开刊物上是没有办法获得的。研究者也可以同有关领域的专家接触，收集一些重要的信息。或者利用致力于同一课题的研究者之间非正式的团体，通过和他们交流获得数据。

当然，在进行文献检索时，为了保证检索的全面性，可以同时用几种方法，尤其是后面两种方法作为对前面三种方法的补充是必不可少的，虽然实施起来麻烦一些。在检索时最好能有清晰的检索提纲，或者说头脑中有清晰的思路，不要想起来哪个关键词就用哪个关键词搜一遍，结果最后得到一堆零散的没有系统性的样本。对于初学者来说，最好开始时搜索尽可能多的相关文献再进行排除，免得遗漏掉重要研究。而且检索过程也不是说一次就能完成，往往在分析时发现有些重要方面没有包含进来，还需要改变关键词再进行新一轮检索，所以这个过程研究者一定要有耐心。

最后，为了让读者了解研究的过程，让其他专业人员能够评价研究程序，元分析研究者应当说明寻找文献所用的方法、数据库名称、检索的关键词等信息。例如，范会勇等的《过去十年中学生 SCL-90 调查结果的元分析》(2005)一文中指出，"在中国期刊网的中文期刊全文数据库的中文摘要检索 scl，在优秀硕博论文库(1999－2004)中用'中学生、初中生、高中生或者 scl'为关键词检索"。这样，他用到的关键词、数据库、检索方法读者都一目了然。

## 三、对研究特征进行编码

研究特征(study characteristics)，是指元分析所包含的各原始研究的相关特征变量，元分析的解释力很大程度上依赖于研究特征编码的准确性和可靠性，要求能够对各种研究特征进行尽可能客观的描述。麦高(B. McGaw)把研究特征划分为实质性特征(包括实验处理的形式、取样的类型和结果测量的类型等)和方法论特征(指实验设计的类型、结果测量的反应性等)。库利克夫妇(J. Kulik & C. Kulik, 1989)则认为研究特征包括实验的处理特征、设计特征、背景特征和成果的发表特征等。一般来讲，研究特征可以分为三类。

### (一)潜在的调节变量

这里的调节变量不是我们要研究的关系中本身存在的调节变量，不是原始文献中本来就考察的自变量和因变量之间的调节变量，而是指一些与自变量、因变量操作相关的研究特征。比如，消费领域有一个存在争议的就是产源国效应，即商品的原产国对消费者到底有没有影响。如果对此进行元分析，那么要编码的一个研究特征就是产品类型。有的研究用平常人买的日用品来做实验，而有的研究用大宗的工业用品来做实验，这两种不同的产品可能会造成不同的结果，因此这里产品类型就是与自变量操作相关的研究特征。再比如说同一个课题，还要对产品评价的类型进行编码，有的研究测量的是消费者的购买态度，有的测量的是消费者对产品质量的评价，而有的测量的是购买意向，我们会认为对因变量的不同测量方式可能导致了这些研究结果的不一致，这种产品评价的类型就是与因变量操作有关的研究特征。

### (二)研究方法相关的研究特征

很重要的一个特征就是研究设计的类型，是被试内设计还是被试间设计，是否采用盲法，是否采用随机设计等。更进一步说，如果元分析取样范围足够宽，包含了各种研究类型，这种编码可能还会按照现场实验、实验室实验、问卷等方式来进行；使用的被试类型也要考虑，很多实验都是使用学生被试，但也有研究采用其他类型的被试，比如去某个企业或社区选取与研究对象同质的被试，不同被试群体可能会影响结果的一致性。研究方法相关的特征编码也是元分析要关注的，因为很可能是研究方法上的细微差别造成了众多研究结果的分歧。

### (三)某些其他外在特征

像研究的时间、研究地点等变量，虽然一般来讲，这种外在特征不影响研究的结果，但是元分析过程要尽量做到全面，所有的可能都要考虑进去，而且毕竟元分析也是一种综述，要考察某一方面课题的研究进展情况，因此时间信息也应该展示出来。

元分析包含的每一个研究都有很多的研究被试，因此元分析的编码错误可能会比原始研究中的编码错误更严重，尤其是一些重要的调节变量。如果两个针对同样文献的元分析过程编码不一样，那么两者的结果就可能有很大出入。如果编码中有错误，那么元分析结果也就没有任何可信度，因此编码过程应该保证编码的信度。建议编码应该由两个或者更多的编码者来完成，在这种情况下，编码者之间出现不同意见可以通过讨论来解决，最终得到效度较高的编码结果。而且应该先找一小部分研究来进行预编码，类似于研究中常用的预实验一样，看看在编码过程中会出现什么问题。正式编码时应该格外小心，进行更多的尝试。

## 四、定量计算

对重要的研究特征进行编码之后就是元分析过程的主体部分了。前面讲到元分析是定性分析与定量分析的结合，元分析前面的几步就是定性分析过程，只是得到了一些直观的印象，比如说这方面研究有多少、大体结果分布是怎样、常用的实验方法等，而且前面几个步骤是为定量计算这一步做准备的。元分析优于定性综述的地方就在于它的定量性质，它能够将以往的研究结果在数量上整合在一起，从数值上提供更可靠的结论。计算这一步又包括计算原始研究的效果量、计算平均效果量、同质性检验以及选择模型等过程。

### (一)计算效果量

前面说到格拉斯最早提出元分析的概念，他的主要贡献就是将科恩（W. Cohen, 1988）提出的"效果量"（effect size）概念引入元分析，并把它作为元分析的基础。因为不同的研究用到的结果表示方式不同，有的用 $r$ 值，有的用 $F$ 值，有的用 $t$ 值等，情况各异。这些不同的数据不能直接比较，也不能直接通过加减乘除合并在一起，要对这些结果进行整合必须把它们化成统一的形式，这个统一的形式就是本部分讲到的效果量，也有学者翻译成效应值。而且，推论统计检验的一个限制就是检验的结果受实验中样本大小的影响，拿 $F$ 值来说，如果自变量有效果，那么 $F$ 比率将随着样本容量的增加而增加。也就是说，一般文献中的统计检验是受样本量影响的，因此需要一个与样本大小无关的指标来整合各研究结果。效果量概念的提出恰好满足了这种需要。简单来讲，效果量就是不受样本量影响的反映自变量和因变量关联强度的指标。

元分析方法主要有三种，这三种方法的差别主要就是效果量的计算公式不同，为了保持本节内容的流畅性，在这一节只介绍一种，其余两种方法将在下一节作为补充单独介绍。效果量的指标一般包括两类，一类是标准化均数差(standardized mean difference)，一类是相关系数。

格拉斯最早提出的标准化均数差计算公式如下，其中 $M_e$ 和 $M_c$ 是两比较组的平均值，也就是实验组和控制组；$SD$ 为控制组的标准差。

$$d = \frac{M_e - M_c}{SD} \qquad [20-1]$$

可以看到，该效果量是两均数的差值再除以标准差的商，它不仅消除了多个研究间的绝对值大小的影响，还消除了多个研究测量单位不同的影响。

后来，赫奇斯(L. Hedges，1982)和奥尔金(I. Olkin，1985)提出应该用实验组和控制组的联合标准差(pooled standard deviation)来表示，这样更能减少偏向和变异，计算公式如下：

$$S_W = \sqrt{\frac{(N_e-1)S_e^2 + (N_c-1)S_c^2}{N_e + N_c - 2}} \qquad [20-2]$$

但是这个公式高估了总体效果量，样本数量小时会发生偏差，为了使通过样本所取得的效果量对总体效果量的估计更为准确，赫奇斯和奥尔金进行了修正，提出了一个计算效果量的无偏估计公式，即

$$g = J(m)\,d,\ J(m) = 1 - \frac{3}{4(N_e + N_c) - 9} \qquad [20-3]$$

在实际应用中，如果研究样本足够大，使用 $d$ 和 $g$ 所产生的最终结果往往是一致的，而 $d$ 的计算更为方便，因此公式[20-1]在实际应用中为大多数研究者所青睐。(以下凡无特殊说明，$d$ 均表示该公式计算的效果量)

另一种效果量表示方法——相关系数——一般用皮尔逊相关系数 $r$

来表示，计算公式如下：

$$r = \frac{\sum_{i=1}^{N} Z_{X_i} Z_{Y_i}}{N} \qquad [20-4]$$

其中，$Z_{X_i}$ 和 $Z_{Y_i}$ 是变量 $X$ 和变量 $Y$ 的每一个观测值的标准值形式，$N$ 为测量次数。$r$ 值也有一个修正量：

$$\tilde{G}_r = r + \frac{r(1-r^2)}{2(n-3)} \qquad [20-5]$$

其中，$n$ 是样本量，但是在样本数大于 20 时修正量很小，因此常常被忽略掉，在用到 $r$ 时一般就按照公式[20-4]来计算。

赫奇斯和奥尔金还提供了 $r$ 和 $d$ 这两个指标间的相互转换公式，这里 $d$ 是指未经修正的值，即：

$$d = \frac{2r}{\sqrt{1-r^2}} \text{ 和 } r = \frac{d}{\sqrt{d^2+4}} \qquad [20-6]$$

在选用合适的效果量指标上，一般来说，如果元分析所收集到的研究为相关研究，其结果一般以相关系数表示，那么 $r$ 为首选，反之 $d$ 为首选。有时元分析所收集到的研究中，既有相关研究，又有实验处理研究，此时一般选 $r$ 作为效果量的指标，尤其是当研究中存在分类变量或者处理组多于两个水平时。罗森塔尔提倡在任何情况都应该使用 $r$ 作为效果量指标，认为 $r$ 比 $d$ 更具有优势。原因之一是将 $r$ 转换成 $d$，会导致信息的减少，尤其是当 $r$ 表示分类变量的相关时，这种转换是非常不合适的；反之则不存在类似的问题。另一原因是当处理组的水平多于两个时，计算 $d$ 的公式就不适用了，而需要作出一些调整，但 $r$ 却不存在类似的问题，它适用于多水平的情况。

有些研究可能并没有报告相关系数或者群组的平均值与标准差，而仅提供诸如 $t$、$F$、$\chi^2$、$Z$ 等统计检验指标，研究者同样也可以利用这些有效的统计检验指标来构建所需要的效果量。转换公式如下表：

表 20-1　统计值与效果量的转换公式

| 效果量 ＼ 统计值 | $t$ | $F$ | $\chi^2$ | $Z$ |
|---|---|---|---|---|
| $r$ | $r = \sqrt{\dfrac{t^2}{t^2 + df}}$ | $r = \sqrt{\dfrac{F}{F + df_{error}}}$ | $r = \sqrt{\dfrac{\chi^2(1)}{N}}$ | $r = \dfrac{Z}{\sqrt{N}}$ |
| $d$ | $d = t\sqrt{\dfrac{1}{n_e} + \dfrac{1}{n_c}}$ | $d = \sqrt{F\left(\dfrac{1}{n_e} + \dfrac{1}{n_c}\right)}$ | | $d = Z\sqrt{\dfrac{1}{n_e} + \dfrac{1}{n_c}}$ |

表中 $\chi^2$ 值只有在自由度是 1 的时候才能转换成效果量，而且要用 $d$ 的形式话最好先将 $\chi^2$ 值按照公式转换成 $r$ 值，再将 $r$ 值转换成 $d$ 值。

### (二)计算平均效果量

得到每个研究的单独效果量后，研究者可以计算一个平均效果量，通过平均效果量能够看出总体效应值，可以知道要研究的自变量对因变量到底有没有影响。在赫奇斯和奥尔金的元分析技术中，所有的研究结果一般都由 $d$ 来表示，对相关研究结果的处理一般都是先通过公式[20-6]将 $r$ 转换成 $d$，再进行合成。在计算平均效果量时要考虑各研究的权重。公式[20-7]为平均效果量的计算方法。

$$d = \frac{\displaystyle\sum_{}^{k} w_i^d d_i}{\displaystyle\sum_{}^{k} w_i^d} \qquad [20-7]$$

其中 $d_i$ 是各个研究结果转化成的效果量，$w_i^d$ 是各研究的权重，受研究的样本大小和效果量大小影响，计算公式如下：

$$w_i^d = \left[ \frac{n_i^e + n_i^c}{n_i^e n_i^c} + \frac{d_i^2}{2(n_i^e + n_i^c)} \right]^{-1} \qquad [20-8]$$

### (三)同质性检验

元分析的整合不是到计算出平均效果量就结束了，还需要对多个研究的结果进行同质性检验（tests for homogeneity），也可叫异质性检验（tests for heterogeneity），目的就是看看多个研究的结果是否同质，类似于方差分析中的方差齐性检验。一般来讲，只有同质的资料才能把多个研究的结果合并起来。也就是说，只有经过检验发现是同质的，才能用上面的平均效果量来表示总体效应大小，如果不同质还要进行其他转化或者用其他方法，这一点在下文中会讲到。检验同质性的方法用得最多的是 $Q$ 检验，这是赫奇斯和奥尔金提出的，利用 $\chi^2$ 针对效果量指标 $d$ 的同质性进行检验，前面讲过如果多数研究都包括 $r$ 系数，那么效果量最好用 $r$ 来表示，那么在进行 $Q$ 检验时，首先要将 $r$ 利用公式[20-6]先转换成 $d$，检验公式为：

$$Q = \sum_{}^{d} w_i^d (d_i - d)^2 \sim \chi^2_{k-1} \qquad [20-9]$$

公式中的 $d_i$ 就是各研究的效果量，$d$ 是根据公式[20-7]计算出的平均效果量，$w_i^d$ 是根据公式[20-8]计算出的各研究的权重系数。

$Q$ 是服从自由度为 $k-1$ 的 $\chi^2$ 分布，因此用卡方检验。如果结果为 $p > 0.05$，那么说明多个研究差异不明显，具有同质性；如果同质性检验的结果是 $p < 0.05$，那么提示研究者元分析所包含的研究是异质的，不

能直接合并。根据检验结果，接下来的一步是选择模型。

### (四)选择模型及平均效果量的显著性检验

元分析的结果模型主要有两种，固定效应模型(fixed effect model)和随机效应模型(random effect model)。如果上一步同质性检验结果说明包含的原始研究是同质的，那么就应该选择固定效应模型计算其合并统计量。固定效应模型中也包含很多不同的统计方法，因为多数元分析都是使用标准化均数差来表示效果量，所以本书涉及的是这种使用比较多的方法。在这种情况下，合并后的总体效果量就是按照公式[20-7]计算的平均效果量。但是还要对其进行显著性检验，其计算公式为：

$$z = \frac{d}{\sigma_d} \qquad [20-10]$$

$\sigma_d$ 主要是指各加权后的效果量的分布标准差，其计算公式为：

$$\sigma_d = \sqrt{\left(\sum_{i}^{k} w_i^d\right)^{-1}} \qquad [20-11]$$

当然，有 $z$ 值，就相应的有 $p$ 值，这里检验的虚无假设为：$H_0 = d = 0$，也就是说总体效果量为零。所以如果检验不显著说明总体来看要研究的自变量与因变量之间的关系不成立，自变量对因变量没有影响；如果显著，说明总体还是有作用的。

但是多数研究者并不满足于点估计，在计算出平均效果量之后还要有区间估计，能够算出效果量的置信区间，其计算公式如下：

$$[d - z_{a/2}\sigma_d, \ d + z_{a/2}\sigma_d] \qquad [20-12]$$

式中 $\sigma_d$ 由公式[20-11]计算得来。如果置信区间包含了 0，那么基本上可以断定自变量对因变量没有影响，也就是说总体看来是没有任何效应存在的。这也许因为某些研究特征的问题导致部分研究得出了虚假的效应，但是纵观所有同主题的研究，该效应是不存在的。那如果置信区间不包含 0，则很明显要研究的变量间关系是存在的，总体是有效应的。

如果同质性检验的结果是 $p < 0.05$，那么提示研究者元分析所包含的研究是异质的，不能直接合并。如果情况是这样，可以使用敏感性分析、亚组分析，剔除较大、较小或是方向相反的统计量等处理方法，使之达到同质后再使用固定效应模型。如果经过处理仍然不能达到同质，就选用随机效应模型。随机效应模型与固定效应模型的区别在于其权重系数的计算公式不同，在随机效应模型中，权重系数用 $w_i$ 表示，公式变为：

$$w_i = \left(\frac{1}{w_i} + v\right)^{-1}, v = \frac{Q - k + 1}{\sum w_i - \sum w_i^2 / \sum w_i} \qquad [20-13]$$

式中 $Q$ 即是通过公式 [20-9] 计算得到的值。其他过程同固定效应模型一样。

固定效应模型只考虑研究内的变异，随机效应模型则同时考虑了研究内和研究间的变异。但是 $Q$ 检验的功效比较低，不拒绝虚无假设只能说明研究间的变异较小。如果 $Q$ 值在临界值附近，应该同时采用两种模型，比较二者是否有差异，使元分析结果更可靠。

不管用哪种模型，最终都能得到一个整合的效果量，如果效果量的假设检验显著，或者置信区间不包括 0 在内，就认为总体是有效应的。但是这个效应的大小怎么来看呢，效果量达到多少才能说效应大呢？常用的方法是将观测得到的效果量值与科恩(1992)的效果量大小标准进行比较。科恩将效果量分为弱、中等和强三个水平，其对应值见表 20-2。

表 20-2 效果量水平

| 效果量大小 | $d$ | $r$ |
| --- | --- | --- |
| 弱 | 0.2 | 0.1 |
| 中等 | 0.5 | 0.3 |
| 强 | 0.8 | 0.5 |

前面提到如果同质性检验结果发现研究间不同质，那么可以通过亚组分析使之达到同质后再选择固定效应模型。所谓亚组分析就是根据不同研究特征，将各个原始研究分成不同的组，然后再进行合并分析，比较各组及其合并效果量间有没有显著差异。有些因素如性别、年龄等对效果量大小有较大影响，可通过亚组分析进一步了解不同条件下元分析结果。

## 五、结果的敏感性分析

到这一步之前，元分析基本的统计过程已经完成了，这时候研究者已经有了数据结论，有了总体的效果量，了解了研究的同质性情况，但是这种结论是否稳定呢？如果其他条件有变化是否会导致结论的改变呢？因此元分析在基本数据处理过程之后往往会有一个敏感性分析的步骤。所谓敏感性分析就是分析当条件或者变量发生变化时，元分析结果是否也发生变化。敏感性分析通常包含几个方面：采用不同的统计方法或模型考察结果是否变化；选入或剔除那些研究质量有问题及纳入或剔除标准尚存争议的研究，观察结果是否变化；改变选入标准，看结论有无变化；排除异常值后，重新进行元分析与未排除异常值之前的分析结果进行对比，考察差异大小。

## 六、结果的分析和讨论

就像平时所做的研究一样，得到一堆数据不能算是研究的完成，最重要的是对这些抽象的数据进行分析，元分析的分析和讨论分为以下几个方面。

### （一）总体有没有效应

这个主要是针对平均效果量，针对模型做出的分析讨论。前面也有提到关于总体效果量大小的问题，在结果讨论部分应该明确指出根据元分析结果，研究者关心的变量间关系是否真正存在，自变量对因变量是否真的有影响。这里要注意的是，如果大部分文献中只研究了相关关系，那么结果讨论也只能得到相关关系，而如果原始研究中研究了因果关系，则根据数值结果可以得到因果关系，并且可以说明这种效应是大还是小。

### （二）分析变异来源

选入的元分析的研究间如果有异质性，研究者应该讨论异质性的来源及其对合并效果量的影响。异质性的来源主要有：选入或剔除的标准不一致，各个研究的基线水平、干预措施、结果变量不同等。

### （三）分析影响部分原始研究得到不同结果的因素

元分析的一个关键目的就是解决不同研究得到不同结果的争议，即通过元分析研究者可以知道，总体效应是否存在，是否显著，但是对于部分研究为什么得到不同的结论还需要进一步讨论。这里不同于上述第二点讨论，部分研究结果有所差异，可能少数研究结论没有效应，也可能得到的是反方向的效应（比如，变量间是负相关，而总体结论是正相关）。研究者也应该对造成不同研究结果的研究特征进行讨论，比如前面的产源国效应的例子，最终结论可能是应该有产源国效应的存在，而且该效应比较大，但是可能有的原始研究测量的是消费者的意图（研究特征），所以他们得不到产源国效应，或者可能是因为他们是在发达国家做的实验（也是一个研究特征）。所以要讨论哪些研究特征影响了研究的结果。

### （四）讨论元分析过程中可能存在的偏差

元分析每一个过程都可能发生偏差，查找文献时可能检索用词不当，可能存在重复发表的问题，可能有语种偏见等；尤其是"发表偏倚"，即统计学上有显著结果的研究比没有显著结果的研究更容易发表，绝大部分选择发表的文章就会使元分析结果产生偏差，虽然元分析学者一直强调要包含未发表的研究，但是实际操作中还是不可避免会遗漏很多。另外在选入和剔除文献研究时也可能发生偏差；还有就是在从原始研究中提取的数据信息不准确所导致的偏差，对研究质量的评价不恰当产生的偏差等。元分析结果分析讨论部分应该严谨地分析该研究可能存在哪些偏差，为了减少这些偏差做了哪些努力。

### （五）讨论元分析的意义和未来研究方向

从理论和实际两个方面探讨该元分析的意义所在，最重要的是为未来的研究指明方向。元分析是一个综述的过程，在总结前人的研究结果基础上应该对未来研究有个展望，看看前人的研究到了什么程度，哪些方面已经有确定结论，哪些方面可以继续进行下去，有兴趣的研究者在同主题的研究时应该注意哪些方面，应该谨防哪些偏差等。

# 第三节　元分析的其他方法

上一节里谈到了元分析的具体过程，其中最重要的一步就是统计过程，在统计过程一部分我们详细列出了赫奇斯和奥尔金给出的计算公式，其实常见的元分析有三种方法，区别就在于效果量的计算方法不同，上一节中讲到的是常用的一种，这一节里补充介绍其他两种方法，让读者对元分析有更多的了解。这两种方法也是以学者的名字来命名的，分别是罗森塔尔—鲁宾法以及亨特—施米特法。

## 一、罗森塔尔—鲁宾法

### （一）效果量

在罗森塔尔和鲁宾（R. Rosenthal & D. Rubin，1982）方法中，各研究结果所提供的效果量一般都要经过处理转换成 Fisher 的 $Z$ 值，在处理实验组和相关组的研究时，先将 $d$ 转换成 $r$（见公式[20-6]），然后再将 $r$ 转换成 $Z$，转换公式如下：

$$Z_r = \frac{1}{2}\log_e \frac{1+r}{1-r} \qquad [20-14]$$

对 $Z_r$ 的合并也需要依据各研究样本的大小计算出每个研究的权重，计算公式为：

$$Z = \frac{\sum^k w_i^z Z_i}{\sum^k w_i^z} \qquad [20-15]$$

其中，$Z_i$ 为根据各研究结果所提供的效果量经过 Fisher 转换后得到的值，而 $w_i^z$ 为权重，计算方法与前一节里讲到的也不一样，这里的权重只与各研究样本的数量有关：

$$w_i^z = n_i^e + n_i^c - 3 \qquad [20-16]$$

### （二）总体效果量的显著性检验

罗森塔尔—鲁宾法的总体效果量的显著性检验公式为：

$$Z = \frac{\sum^k w_i^z Z_i}{\sqrt{\sum^k w_i^z}} \qquad [20-17]$$

显著性检验的 $Z$ 值是对各研究的效果量经过样本大小的加权后得到的一个加权平均值，其原理与赫奇斯和奥尔金的元分析中对总体效果量的显著性检验相似。

### (三)效果量的同质性检验

罗森塔尔—鲁宾法也利用 $\chi^2$ 的方法，但他们主要是针对效果量 $r$ 的转换值 $Z$ 进行同质性的 $Q_z$ 检验，该方法尤其适合于处理相关研究。检验公式如下：

$$Q_z = \sum^k w_i^2 (Z_i - Z)^2 \chi_{k-1}^2 \qquad [20-18]$$

其他过程与第二节讲到的相同。

## 二、亨特—施米特法

### (一)效果量

在亨特—施米特(J. Hunter & F. Schmidt，1996)的元分析技术中，相关系数 $r$ 或者未经修正的 $d$ 都可以作为效果量来处理，但需要对效果量进行测量误差的修正。他们认为在对因变量的测量中存在的测量误差会影响总体平均效果量，为此他们提出了对效果量的测量误差修正公式，对效果量进行修正，修正后平均效果量的计算公式为：

$$r = \frac{\sum^k N_i r_i}{\sum^k N_i} \quad \text{或} \quad d = \frac{\sum^k N_i d_i}{\sum^k N_i} \qquad [20-19]$$

### (二)总体效果量的显著性检验

亨特—施米特法的总体效果量的检验公式为：

$$Z = \frac{r}{\delta_r} \quad \text{或} \quad Z = \frac{d}{\delta_d} \qquad [20-20]$$

该方法对效果量的估计主要是根据效果量在以平均效果量值为中心的分布形状，$\delta_r$ 和 $\delta_d$ 计算公式如下：

$$\delta_r = \frac{\sum^k N_i (r_i - r)^2}{\sum^k N_i} \quad \text{或} \quad \delta_d = \frac{\sum^k N_i (d_i - d)^2}{\sum^k N_i}$$

$$[20-21]$$

### (三)效果量的同质性检验

亨特—施米特法提供了一种更为特殊的同质性检验方法 $P$，不是利用卡方检验，而是将取样的误差变异与效果量的变异进行比较。他们提出的同质性假设认为，如果取样误差变异等于或者大于 $75\%$ 的所观测到的变异，那么同质性的假设就是可以被接受的。其检验公式为：

$$P_d = \frac{S_e^2}{S_d^2}100 \quad 或 \quad P_r = \frac{S_e^2}{S_r^2}100 \qquad [20-22]$$

其中 $S_r^2$ 和 $S_d^2$ 就是公式 $[20-20]$ 中的 $\delta_r$ 和 $\delta_d$，应用于 $P_d$ 的 $S_e^2$ 计算公式见公式 $[20-23]$，应用于 $P_r$ 的 $S_e^2$ 计算公式见公式 $[20-24]$：

$$S_e^2 = \left[\frac{N-1}{N-3}\right]\left[\frac{4}{N}\left(1+\frac{d^2}{8}\right)\right] \qquad [20-23]$$

$$S_e^2 = \frac{k(1-r^2)^2}{\sum\limits^{k} N_i} \qquad [20-24]$$

根据亨特和施米特所提供的检验标准，当 $P_r$ 或 $P_d$ 的值大于或等于 75 时，就可以认为所研究的效果量是同质的。

以上简单介绍了一下元分析的另外两种方法，其实就是效果量计算的不同方法，读者如果要进行元分析研究可以根据具体数据情况和自己掌握情况选择一种方法来计算。这里还要说明一下，现在有一些专门的元分析统计软件，比如 Meta-analysis 软件可以计算精确概念和效应模型；Meta-Test 可以计算单个研究的敏感度和特异度；MetaWin 可以计算固定效应模型和随机效应模型；另外还有 Review Manager(RevMan)等软件也都可以用来进行元分析。像一些通用软件，比如 SPSS、SAS 等，也有一些模块或宏命令能够进行元分析。借助于这些软件，研究者可以更方便地进行操作。

## 第四节　元分析的局限性及应用

### 一、元分析的局限性

比起传统的定性的综述，元分析因为有定量的因素，所以具有无法替代的优势，在实践中也确实解决了不少有争议的问题，越来越多的领域引入了这种综述方法。但是元分析也存在着一些局限性，对此学术界也一直有争议，有的学者排斥元分析，认为它的结果精确性较差。元分析存在的局限主要有以下几个方面。

#### (一)"桔子和苹果的问题"(Oranges and Apples Problem)

元分析最有争议，对其批评最尖锐的一点就是"桔子和苹果的问题"(Oranges and Apples Problem)。批评认为元分析生硬的把桔子和苹果放在了一起，就是说，由于不同的研究所采用的研究方法和实验材料可能存在不一致，因此对其结果的整合可能是不适合的。元分析虽然对研究特征进行编码，进行同质性检验，但是同质性检验结果显示同质并不能说明这些研究是完全一致的，把它们整合在一起可能会出现问题。尤其是有时候一个研究的焦点可能会回溯到数年之前，那时候的研究框架、研究背景有很大不同，能不能把它们直接整合进来还是个问题。

## （二）"垃圾进，垃圾出"问题(Garbage In and Garbage Out Problem)

元分析中引入的研究质量不能保证，有可能是低质量的。低质量的研究本身在结果估计时就可能存在错误和无法纠正的偏向，那么元分析研究结果的可靠性就无法保证。虽然在元分析框架中要对引入的研究进行质量评价，但是这种质量评价标准也存在主观因素，不同研究者可能得到不同的结果。

## （三）发表偏见的问题

这个问题也是元分析面临争议较多的一个问题。研究结果显著的文章显然比研究结果不显著的文章更容易发表。如果元分析只包含发表的研究或者大部分都是发表的研究，那么不显著的结果就被我们忽略，显然这样的元分析结果是有偏向的，并且是偏向显著的。然而不显著的结果也是该主题研究的一个方面的成果，对不显著的结果进行研究也可以发现一些问题，再简单讲，显著与不显著结果的数量对比也可以说明一定问题。另外，未发表的研究中，作者也可能会提出某些有创意的想法，也可能会对元分析有贡献作用。虽然我们强调元分析的过程必须包含未发表的研究，但是问题就在于这种研究既然未公开发表，那么就不大容易获得，即使元分析研究者很努力去搜索，可能最终得到的大部分研究还是已发表的研究，因此元分析在这一方面的问题是比较大的。

## （四）资料的流失

在检索到的所有研究资料中，可能有的资料不符合选入标准而被剔除掉了，造成了资料的流失。当然一些研究质量有严重问题的资料我们可以很确定的去除，但是很多研究可能没有提供符合要求的统计量。通常遇到这种情况首先要联系原作者尽可能的获取信息，实在没有办法的情况下再抛弃这些资料。这样就会造成一种严重的流失，因为它们很可能没有质量问题。相似的，一些定性的研究资料也是没有办法整合进元分析的。

## （五）时间精力消耗较大

比起定性综述来，虽然元分析结果比较可靠，过程比较标准，但相应地就带来一个耗费的问题。初期搜索尽可能完全的文献，中间进行统计分析，后面检查研究偏倚等过程都需要大量的时间和耐心。

这些是元分析方法现实存在的问题，目前并不能很好的解决。但是在元分析过程中，严格按照元分析过程中的一些标准(比如，尽可能全面的搜寻研究资料、选择恰当的统计学方法、进行严格的异质性检验等)，就能减少这些缺陷，使得结果相对比较可靠。

实际上，元分析的这些局限在传统的综述方法中也存在，只不过因为传统的综述不进行数量统计，本身就是一个模糊的综合过程。对元分析提出这么多批评也恰恰是因为学者对其寄予了厚望，希望它能够更加完善，元分析方法自提出到现在也不过三十几年的时间，可以说是一个正处在成长阶段的方法，因此存在一些问题也在所难免。随着该方法在越来越多的领域中应用，越来越多的学者在对其进行改进，使元分析方法不断深入，不断完善，最终能够成为一个成熟的综述方法。

## 二、元分析的应用

在本章的最后，我们单独用一小部分来讲元分析的应用。实际上在这里，我们只是提供给读者一种观点。

作为一种综述方法，元分析虽然比定性的综述更具有客观性及准确性，但如果研究者有自己的研究设想，做综述仅仅是想了解一下自己关心的课题都有哪些研究结果，用到了哪些研究范式等，那么我们更建议使用传统综述，因为元分析比较花费精力。

通过第二节的介绍，读者可以知道，元分析有一个很完善的过程，不仅仅可以用来做综述，而更是一个完整而系统的研究方法。如果研究者目的就是要整合某研究课题的所有文献，并没有自己的实验设想或者其他研究方法的准备，那么可以用元分析作为研究方法，经过这个完整的过程得出自己的结论，甚至也可能得到创新的观点。因此，元分析是一种研究方法。这一点读者在学完本章后可能有所体会，需要在实际应用中不断加深对元分析的理解。

本章主要探讨了一种比较新的社会心理学研究方法——元分析，该方法是一种综述的方法，目的是整合以往同一主题的研究结果，比起常规的定性综述，元分析方法最大的优点是包含了量化的成分，能对研究结果进行定量的整合，因此其结果比较可靠，而且能同时涵盖大量的研究文献。

元分析的步骤比较规范。首先确定研究目的，设置取样边界；然后根据取样边界采用各种可能的方法搜索相关研究文献，确定包含的研究后，对研究特征进行编码；再然后具体计算每个研究的效果量、整合效果量，并对结果进行敏感性分析，得到结论；最后对研究结果以及整个研究过程进行分析讨论。真正的研究过程中可能会出现前几个步骤交替进行多次的情况，这在元分析研究中是很正常的，主要是为了尽可能全面准确的寻找相关研究，以使研究结果更加可靠。在元分析执行过程中一定要严格按照该步骤。

虽然比起传统的定性综述，元分析具有很多优点，是综述方法的一个革新，但是由于该方法从提出到现在不过三十多年的时间，因此还不够完善，还有很多局限性，比如"桔子和苹果问题""垃圾进，垃圾出"等问题，这些问题都是读者在元分析的应用中应该注意的，同时也是元分析方法的发展中要着重考虑的。

## 本章思考题

1. 什么是元分析？元分析有哪些优点？
2. 简述元分析的基本步骤。
3. 如何讨论元分析的结果？
4. 元分析有哪些局限性？
5. 如何进行全面的文献检索？

（作者：苏倩倩）

1. 艾尔·巴. 社会研究方法. 邱泽奇译. 北京：华夏出版社，2005

2. 陈立. 习见统计方法中的误用与滥用. 心理科学，1985，3：3－8. 见陈立. 心理科学论著选. 杭州：杭州大学出版社，1992，200－210

3. 陈向明. 教师如何做质的研究. 北京：教育科学出版社，2001

4. 范会勇，张进辅. 过去十年中学生 SCL-90 调查结果的元分析. 心理科学，2005，28(6)：1424－1426

5. 盖笑松，张向葵. 多层线性模型在纵向研究中的运用. 心理科学，2005，28(2)：429－431

6. 郭继志，阎瑞雪，宋棠. 网络调查方法的优势与局限. 中国社会医学杂志，2006，23(1)：48－52

7. 侯杰泰，温忠麟，程子娟. 结构方程模型及其应用. 北京：教育科学出版社，2004

8. 候玉波. 社会心理学. 北京：北京大学出版社，2002

9. 黄希庭，张志杰. 心理学研究方法. 北京：高等教育出版社，2005

10. 金盛华. 社会心理学. 北京：高等教育出版社，2005

11. 金瑜. 心理测量. 上海：华东师范大学出版社，2001

12. 雷雳，张雷. 多层线性模型的原理及应用. 首都师范大学学报(社会科学版)，2002(2)：110－114

13. 刘红云，孟庆茂. 纵向数据分析方法. 心理科学进展，2003，11(5)：586－592

14. 刘红云. 如何描述发展趋势的差异：潜变量混合增长模型. 心理科学进展，2007，15(3)：539－544

15. 罗素. 西方哲学史. 北京：商务印书馆，2007

16. 毛良斌，郑全全. 元分析的特点、方法及其应用的现状分析. 应用心理学，2005，11(4)：354－359

17. 潘晓平，倪宗瓒，殷菲．一种稳健的方差齐性检验方法．现代预防医学，2002，29(6)：774—776．

18. 漆书青，戴海崎，丁树良．现代教育与心理测量学原理．北京：高等教育出版社，2002

19. 权朝鲁．效果量的意义及测定方法．心理学探新，2003，86(2)：39—44

20. 舒华．心理与教育研究中的多因素实验设计．北京：北京师范大学出版社，2000

21. 苏金明．统计软件 SPSS12.0 for Windows 应用及开发指南．北京：电子工业出版社，2004

22. 王可定．计算机模拟及其应用．南京：东南大学出版社，1997

23. 王权，李金波．实证性因素分析．杭州：浙江大学出版社，2002

24. 王石番．传播内容分析法：理论与实证．台北：幼狮文化事业股份有限公司，1991，172—321

25. 王小英，张明．心理测量与心理诊断．长春：东北师大出版社，2002

26. 王重鸣．心理学研究方法．北京：人民教育出版社，2000

27. 《心理百科全书》编辑委员会．心理百科全书．杭州：浙江教育出版社，1995

28. 杨国枢等编著．社会及行为科学研究法．第 3 版．台北：东华书局印行，1970

29. 杨国枢，文崇一，吴聪贤等．社会及行为科学研究法．第 13 版．重庆：重庆出版社，2006

30. 叶耀荣，钟建安．广告性别角色定型系列研究(硕士学位论文)．杭州：浙江大学，2006

31. 袁登华，王重鸣．心理实验设计的程序化思路．心理科学，2002，25(3)：300—393

32. 乐国安．中国社会心理学研究进展．天津：天津人民出版社，2004

33. 张宏宇，许燕，柳恒超．社会关系模型(SRM)——个体差异研究的新策略．心理科学进展，2007，15(6)：968—973．

34. 张厚粲，徐建平．现代心理与教育统计学．北京：北京师范大学出版社，2004

35. 张雷，雷雳，郭伯良．多层线性模型应用．北京：教育科学出版社，2003

36. 张文彤．SPSS11 统计分析教程．北京：北京希望电子出版社，2002

37. 郑全全．社会心理学．杭州：浙江大学出版社，1998

38. 郑全全．人际关系心理学．北京：人民教育出版社，1999

39. 郑全全．社会认知心理学．杭州：浙江教育出版社，2008

40. 郑全全，叶映华．归因双重过程模型研究．应用心理学，2007，13(3)：218—222

41. 郑全全，赵立．农民择业心理倾向研究．中国农村观察，2006，71(5)：40—44

42. 郑日昌．心理测量．长沙：湖南教育出版社，1987

43. 郑日昌等 . 心理测量学 . 北京：人民教育出版社，1999

44. 中国大百科全书出版社编辑部 . 中国大百科全书·心理学卷 . 北京：中国大百科全书出版社，1991

45. 朱滢 . 心理实验研究基础 . 北京：北京大学出版社，2006

46. 佐斌 . 迁移者的心灵——三峡库区移民的社会心理研究 . 武汉：华中师范大学出版社，2002

47. Allen M T, Shelley K S, Boquet A J. A comparison of cardiovascular and autonomic adjustments to three types of cold stimulation tasks. *International Journal of psychophysiology*, 1992, 13, 59—69

48. Angrist J D, Imbens G W, Rubin D B. Identification of causal effects using instrumental variables. *Journal of the American Statistical Association*, 1996, 91(434): 444—455

49. Aron A. The matching hypothesis reconsidered again: Comment on Kalick and Hamilton. *Journal of Personality and Social Psychology*, 1988, 54 (3): 441—446

50. Bakeman R, Deckner D F, Quera V. Analysis of behavioral streams. In Teti D M (Eds. ). *Handbook of Research Methods in Developmental Science*. Oxford, UK: Blackwell Publishers, 2005

51. Bargh J A. *The Automaticity of everyday life.* In Wyer R S. *Advances in social cognition.* Ahwah, NJ: Erlbaum, 1997

52. Bartholomew K. Attachment processes: Individual and couple perspectives. *British Journal of Medical Psychology*, 1997, 70: 249—263

53. Berry J W. Emics and etics: A symbiotic conception. *Culture and Psychology*, 1999, 5(2): 165—171

54. Blascovich J, Kelsey R M. Using cardiovascular and electrodermal measures of arousal in social psychological research. *Review of Personality and Social Psychology*, 1990, 11, 45—73

55. Bolger N, Davis A, Rafaeli E. Diary methods: capturing life as it is lived. *Annual review of Psychology*, 2003(54): 579—616

56. Cacioppo J T, Petty R E. The need for cognition. *Journal of Personality and Social Psychology*, 1982, 42(1): 116—131

57. Campbell D T, Fiske D W. Convergent and discriminate validation by the multitrait-multimethod matrix. *Psychological Bulletin*, 1959, 56(2): 81—105

58. Campbell L, Kashy D A. Estimating actor, partner, and interaction effects for dyadic data using PROC MIXED and HLM: A user-friendly guide. *Personal Relationships*, 2002, 9: 327—342

59. Church A T, Katigbak M S. The emic strategy in the identification and assessment of personality dimensions in a non-Western culture: Rationale, steps, and a Philippine illustration. *Journal of Cross-Cultural Psychology*, 1988, 19: 140—163

60. Cohen J. Multiple regression as a general data-analytic system. *Psychological*

*Bulletin*, 1968, 70: 426-443

61. Cohen J. *Statistical power analysis for the behavior sciences*. Second edition, New York: Academic Press, 1988

62. Cohen J. Weighted kappa: Nominal scale agreement with provision for scaled disagreement or partial credit. *Psychological Bulletin*, 1968, 70 (4): 213-220

63. Collins L M, Cliff N. Axiomatic foundations of a three-set Guttmann simplex model with applicability to longitudinal data. *Psychometrika*, 2007, 50(2): 147-158

64. Cortina J M. What is coefficient alpha? An examination of theory and applications. *Journal of Applied Psychology*, 1993, 78(1): 98-104

65. Cronbach L J, Meehl P E. Construct validity in psychological tests. *Psychological Bulletin*, 1955, 52(4): 281-302

66. David S. *Interpreting qualitative data: methods for analyzing talk*. Text and Interaction. London, 2001

67. Fabrigar L R, Wegener D T, MacCallum R C, et al. Evaluating the use of exploratory factor analysis in psychological research. *Psychological Methods*, 1999, 4(3): 272-299

68. Gollwitzer P M, Bargh J A. *The psychology of action*. New York: Guilford Press, 1996

69. Graham J W, Collins L M, Wugalter S E, Chung N K et al. . Modeling transitions in latent stage-sequential processes: A substance use prevention example. *Journal of Consulting and Clinical Psychology*, 1991, 59: 48-57

70. Gray-Little B, Williams V S L and Hancock T D. An item response theory analysis of the Rosenberg Self-Esteem Scale. *Personality and Social Psychology Bulletin*, 1997, 23(5): 443-451

71. Hedges, L. V. Estimation of effect size from a series of independent experiments. *Psychological Bulletin*, 1982, 92(2): 490-499

72. Higgins E T. Knowledge activation: Accessibility, applicability, and salience. In E. T. Higgins & A. W. Kruglanski (Eds. ). *Social Psychology: Handbook of basic principles*. New York: Guilford Press, 1996

73. Hough, S. L. , Hall, B. W. Comparison of the Glass and Hunter-Schmidt meta-analytic techniques. *Journal of Educational Research*, 1994, 87 (5) : 292 -296

74. Hu L, Bentler P M. Cutoff criteria for fit indexes in covariance structure analysis: Conventional criteria versus new alternatives. *Structural Equation Modeling*, 1999, 6(1): 1-55

75. Jackson D N. The dynamics of structured personality tests. *Psychological Review*, 1971, 78: 229-248

76. Jöreskog K G, Sörbom D. *Lisrel 8: Structural Equation Modeling with the SIMPLIS command language*. Chicago: Scientific Software International, 1993

77. Kalick S M, Hamilton T E. Closer look at a matching simulation: Reply to

Aron. *Journal of Personality and Social Psychology*, 1988, 54 (3): 447—451

78. Kalick S M, Hamilton T E. The matching hypothesis reexamined. *Journal of Personality and Social Psychology*, 1986, 51(4): 673—682

79. Kashy D A, Kenny D A. The Analysis of Data from Dyads and Groups. In H. T. Reis & C. M. Judd (Eds.). *Handbook of Research Methods in Social and Personality Psychology*. New York: Cambridge University Press, 2000

80. Kenny D A, Judd C M. A general procedure for the estimation of interdependence. *Psychological Bulletin*, 1996, 119: 138—148

81. Kenny D A, Mannetti L, Pierro A, et al. The Statistical Analysis of Data From Small Group. *Journal of Personality and Social Psychology*, 2002, 83(1): 126—137

82. Kerlinger F N, Pedhazur E J. *Multiple regression in behavioral research*. New York: Holt, Rinehart, & Winston, 1972

83. Krippendorff K. *Content analysis: An introduction to its methodology*. Beverly Hills CA: Sage, 1980

84. Kubey R, Larson R, Csikszentmihalyi M. Experience sampling method applications to communication research questions. *Journal of Communication*, 1996, 46(2): 99—120

85. Lang P J, Bradley M M, Cuthbert B N. A motivational analysis of emotion: Reflex-cortex connections. *Psychological Science*, 1992, 3, 44—49

86. Lanza M L, Anderson J, Satz H, et al. Aggression observation scale for group. *Psychotherapy Group*, 1998, 22 (1): 15—37

87. Liang K Y, Zeger S L. Longitudinal data analysis using generalized linear models. *Biometrika*, 1986, 73: 13—22

88. Lipsey M W, Wilson D B. The efficacy of psychological, educational, and behavioral treatment. *American Psychologist*, 1993, 48(12): 1181—1209

89. Little R J A, Rubin D B. *Statistical analysis with missing data*. New York: Wiley, 1987

90. Little R J, Yau L H Y. Statistical techniques for analyzing data from preventive trials: Treatment of noshows using Rubin's causal model. *Psychological Methods*, 1998, 3(2): 147—159

91. Loevinger J. Objective tests as instruments of psychological theory. *Psychological Reports*, 1957, 3(9): 635—694

92. MacCallum R C, Austin J T. Applications of structural equation modeling in psychological research. *Annual Review of Psychology*, 2000, 51: 201—226

93. Main M, Kaplan N, Cassidy J. Security in infancy, childhood, and adulthood: A move to the level of representation. *Monographs of the Society for Research in Child Development*, 1985, 50 (1—2): 66—104

94. Margolin G, Oliver P H, Gordis E B, et al. The nuts and bolts of behavioral

observation of marital and family interaction. *Clinical Child and Family Psychology Review*, 1998, 1 (4): 195—213

95. McGuire W J. Creative Hypothesis Generating in Psychology: Some Useful Heuristics. *Annual Review of Psychology*, 1997, 48: 1—30

96. Messick D M, Wilke H A, Brewer M B, et al. Individual adaptations and structural change as solutions to social dilemmas. *Journal of Personality and Social Psychology*, 1983, 44: 294—309

97. Micceri T. The unicorn, the normal curve, and other improbable creatures. *Psychological Bulletin*, 1989, 105(1): 156—166

98. Michael D. Social networks and economic sociology: a proposed research agenda for a more complete social sciences, *American Journal of Economics and Sociology*, 1997, 56(3): 287—302

99. Murphy K R, Myors Brett. *Statistical power analysis*. Second edition. Lawrence Erlbaum Associates, Publishers, 2004

100. Neuendorf K A. *The content analysis guidebook*. California: Sage Publications, Inc. , 2002

101. Nezlek J B. Multilevel random coefficient analyses of event and interval-contingent data in social and personality psychology research. *Personality and Social Psychology Bulletin*, 2003, 27(7): 771—785

102. Nunnally J C. *Psychometric Theory*. Second edition. New York: McGraw-Hill Book Company, 1978

103. Öztuna D, Elhan A H, Tuccar E. Investigation of four different normality tests in terms of type I error rate and power under different distributions. *Turkish Journal of Medical Sciences*. 2006, 36(3): 171—176. From htttp: //journals. tubitak. gov. tr/medical/issues/sag-06-36-3/sag-36-3-7-0510-10. pdf

104. Raudenbush S W, Chan W. Growth curve analysis in accelerated longitudinal designs. *Journal of Research in Crime and Delinquency*, 1992, 29: 387—411

105. Reis H T, Judd C M. *Handbook of research methods in social and personality psychology*. London: Cambridge University Press, 2000

106. Rosenthal, R. , Rubin, D. B. Further meta-analytic procedures for assessing cognitive gender differences. *Psychological Bulletin*, 1982, 74 (5) : 708—712

107. Sansone C, Morf C C &. Panter A T. *Handbook of Methods in Social Psychology*, California: Sage Publications, Inc. , 2004

108. Schafer J L. *Analysis of incomplete multivariate data*. New York: Chapman and Hall, 1997

109. Schmidt F L, Hunter J E. Measurement error in psychological research: Lessons from 26 research scenarios. *Psychological Methods*, 1996, 1: 199—223

110. Shaughnessy J J, Zechmeister E B. *Research methods in psychology*. Fourth edition. New York: McGraw-Hill, 1997

111. Slater P E. Role differentiation in small groups. *American Sociological Review*. 1995, 20: 300—310

112. Sternberg R J. *Thinking Style*. New York: Cambridge University Press, 1997

113. Turner J R. *Cardiovascular receptivity and stress: Patterns of physiological response*. New York: Plenum Press, 1994

114. Wayne F V, Rosemarie A M, Collins L M. Latent transition analysis for longitudinal data. *Addiction*, 1996, 91: 197—209.

115. Wright R A, Dill J C. Blood pressure responses and incentive appraisals as a function of perceived ability and objective task demand. *Psychophysiology*, 1993, 30: 152—160

475

主要参考文献